VELO EN FRANCE

Ce guide, réalisé en partenariat avec la Fédération française de cyclotourisme, vous invite à découvrir la France, ses paysages et son patrimoine culturel, avec les plus beaux circuits et parcours disponibles sur veloenfrance.fr.

Des plus hautes montagnes à l'estuaire de la Loire, de la douceur des côtes bretonnes au climat méditerranéen de la Provence, des forêts les plus profondes aux vastes plaines agricoles, la France offre une diversité de paysages étonnante et propice à l'évasion. Une richesse qui se savoure d'autant mieux à vélo puisqu'il permet à la fois de rayonner autour d'un lieu de villégiature et de parcourir des itinéraires au long cours permettant de traverser de nombreuses régions. Pour toutes vos vacances à vélo, veloenfrance.fr est l'outil de référence.

Avec ses 3 700 circuits, ses 2 700 clubs référencés et ses 450 randonnées permanentes, *veloenfrance.fr* saura vous accompagner dans la préparation de votre séjour vélo, que ce soit pour du tourisme, de la route, du VTT ou du bikepacking.

Ce guide vous mène à la découverte de ces trésors à vélo, avec des conseils adaptés à tous types de vacances. Vacances sportives comme vacances détentes. N'hésitez pas à demander conseil aux bénévoles de nos clubs également référencés sur veloenfrance.fr : ils vous apporteront une multitude de conseils pour préparer des vacances à vélos qui vous conviennent, et pourront aussi vous accueillir pour rouler toute l'année pour le plaisir.

Bonnes découvertes à vélo !

FF vélo
FÉDÉRATION FRANÇAISE DE CYCLOTOURISME

VELO EN FRANCE

EDITION

Directeurs de collection et auteurs : Dominique AUZIAS et Jean-Paul LABOURDETTE
Auteurs : Julia VESQUE, Priscilla PARARD, Marie-Charlotte AMBLARD, Sarah DEHAUT, Antoine GROGNET, Stéphan MONTOUCHET, Corine LACRAMPE, , Jean-Paul LABOURDETTE, Dominique AUZIAS et alter
Directeur Editorial : Stéphan SZEREMETA
Rédaction France : Briséis TEMPLE-BOYER, Désirée DEBANT, Emilie SAINT-PASTOU, Nicolas WODARCZAK, Clémence HUBERT
Rédaction Monde : Laure CHATAIGNON, Morgane VESLIN, Pierre-Yves SOUCHET, Henri FRUNEAU

FABRICATION

Maquette et Montage : Romain AUDREN, Julie BORDES, Delphine PAGANO
Iconographie et Cartographie : Anne DIOT, Julien DOUCET

WEB ET NUMERIQUE

Directeur Web : Louis GENEAU DE LAMARLIERE
Technical Project Manager : Hervé MARION
Développeurs : Guillaume BARBET, Adeline CAUX, Bastien MOINET
Intégrateur Web : Mickael LATTES, Antoine DION
Webdesigner : Caroline LAFFAITEUR
Responsable Communication Digital WEB : Alice BARBIER
Community Traffic Manager : Shirley NDEMA-KINGUE, Liman DIEW, Camille LE PROVOST
Content Manager : Aliénor de PERIER assistée d'Emmanuel IJJOU

DIRECTION COMMERCIALE

Directeur commercial : Guillaume VORBURGER
Coordinatrice des Régies locale et nationale : Manon GUERIN
Responsable Régies locales : Michel GRANSEIGNE
Responsables Développement régie inter : Jean-Marc FARAGUET et Guillaume LABOUREUR et Camille ESMIEU
Assistante commerciale Régie internationale : Leila ANTRI-BOUZAR
Responsable commercial Régies et Formateur : Kévin FLAVIGNY
Chefs de Publicité Régie nationale : François BRIANCON-MARJOLLET, Perrine DE CARNE MARCEIN, Jonathan TOUTOUX, Fouzia CHAOUI

DIFFUSION ET PROMOTION

Directrice des Ventes : Bénédicte MOULET assistée d'Aissatou DIOP
Responsable des ventes : Jean-Pierre GHEZ assisté de Nelly BRION

ADMINISTRATION

Président : Jean-Paul LABOURDETTE
Directeur général : Louis AUZIAS
Directrice des Ressources Humaines : Dina BOURDEAU assistée de Sandra DOS REIS et Eva BAELEN
Directrice Administrative et Financière : Valérie DECOTTIGNIES
Comptabilité : Guillaume PETIT, Aminata BAGAYOKO, Franck LAHADY et Touria ZENASNI
Recouvrement : Fabien BONNAN assisté de Sandra BRIJLALL
Responsable informatique : Elie NZUZI-LEBA

PETIT FUTÉ VÉLOTOURISME EN FRANCE

LES NOUVELLES EDITIONS DE L'UNIVERSITE
18, rue des Volontaires - 75015 Paris.
✆ 01 53 69 70 00 - Fax 01 42 73 15 24
Internet : www.petitfute.com
SAS au capital de 1 293 680 € - RC PARIS B 309 769 966
Couverture : © Anastasiia - stock.adobe.com / © freeslab - stock.adobe.com
Impression : CORLET IMPRIMEUR - 14110 Condé-en-Normandie
Achevé d'imprimer : mai 2024
Dépôt légal : 02/07/2024
ISBN : 9782305105598

Pour nous contacter par email, indiquez le nom de famille en minuscule suivi de @petitfute.com
Pour le courrier des lecteurs : info@petitfute.com

FABRIQUÉ EN FRANCE

T

U

V

W

Balade dans les vignobles du Haut-Rhin.

SOMMAIRE

© ALENAPAULUS - ISTOCKPHOTO.COM

ROYAUME-UNI
Barnstaple
Brighton
Plymouth
LE BOULONNAIS
L'AVENUE VERTE ENTRE DIEPPE ET FORGES-LES-EAUX
La Manche
CAP DE LA HAGUE
PONT-AUDEMER, LA VENISE NORMANDE
Rouen
MARAIS DU COTENTIN – PLAGES DU DÉBARQUEMENT
CABOURG ET LES MARAIS DE LA DIVES
Caen
Évreux
LE PAYS D'AUGE, CANTON DE LISIEUX
Lannion
Saint-Malo
BOURBRIAC, LA ROUTE DES 4 COLS
SENONCHES, ENTRE LES PLAINES DE LA BEAUCE ET DU THYMERAIS
Brest
FRESNAY-SUR-SARTHE, LES ALPES MANCELLES
Alençon
UNE TRAVERSÉE PERCHERONNE
DOUARNENEZ, LA POINTE DU RAZ
Quimper
Rennes
BELLÊME, PARC NATUREL RÉGIONAL DU PERCHE
MESSAC, AU PAYS DE REDON
LAVAL, LE CHEMIN DE HALAGE DE LA MAYENNE
Le Mans
ORLÉANS ET SES ENVIRONS
LOCMINÉ, AU CŒUR DES LANDES DE LANVAUX
AU PAYS D'AMBOISE ET DE MONTLOUIS
NORT-SUR-ERDRE – LE CANAL DE L'ERDRE
BEAULIEU-SUR-LAYON – LES COTEAUX DU LAYON
Tours
Nantes
LE PARC NATUREL DE LA BRIÈRE
MONTRICHARD VAL DE CHER
SAUMUR, LE PAYS SAUMUROIS
AU PAYS D'AZAY-LE-RIDEAU
MONTMORILLON – VALLÉE DE LA GARTEMPE
DE SAINT-JEAN-DE-MONTS AUX SABLES D'OLONNE, LA CÔTE DE LUMIÈRE
Poitiers
AMBAZAC – LES MONTS D'AMBAZAC
LA ROCHELLE – ILE DE RÉ
MAUZÉ-SUR-LE-MIGNON – LE MARAIS POITEVIN
La Rochelle
Océan Atlantique
Cognac
Limoges
LA TREMBLADE – PAYS ROYANNAIS
MEYMAC – PLATEAU DE MILLEVACHES
AU PAYS DU COGNAC
SARLAT, GROTTES ET CHÂTEAUX EN PÉRIGORD NOIR
Bordeaux
CAP FERRET, LE TOUR DU BASSIN D'ARCACHON
FUMEL-AIGUILLON, VALLÉE DU LOT
Mimizan
Agen
LÉON, ENTRE PLAGES ET PINS
LE CANAL DU MIDI ET LA VOIE VERTE
LA GASCOGNE
Saint-Gaudens
ASCENSION DU COL DU TOURMALET
SAINT-JEAN-PIED-DE-PORT, LES PORTES DE LA NAVARRE
COMTÉ DE COMMINGES ENTRE FRANCE ET ARAGON
ESPAGNE
100 KM

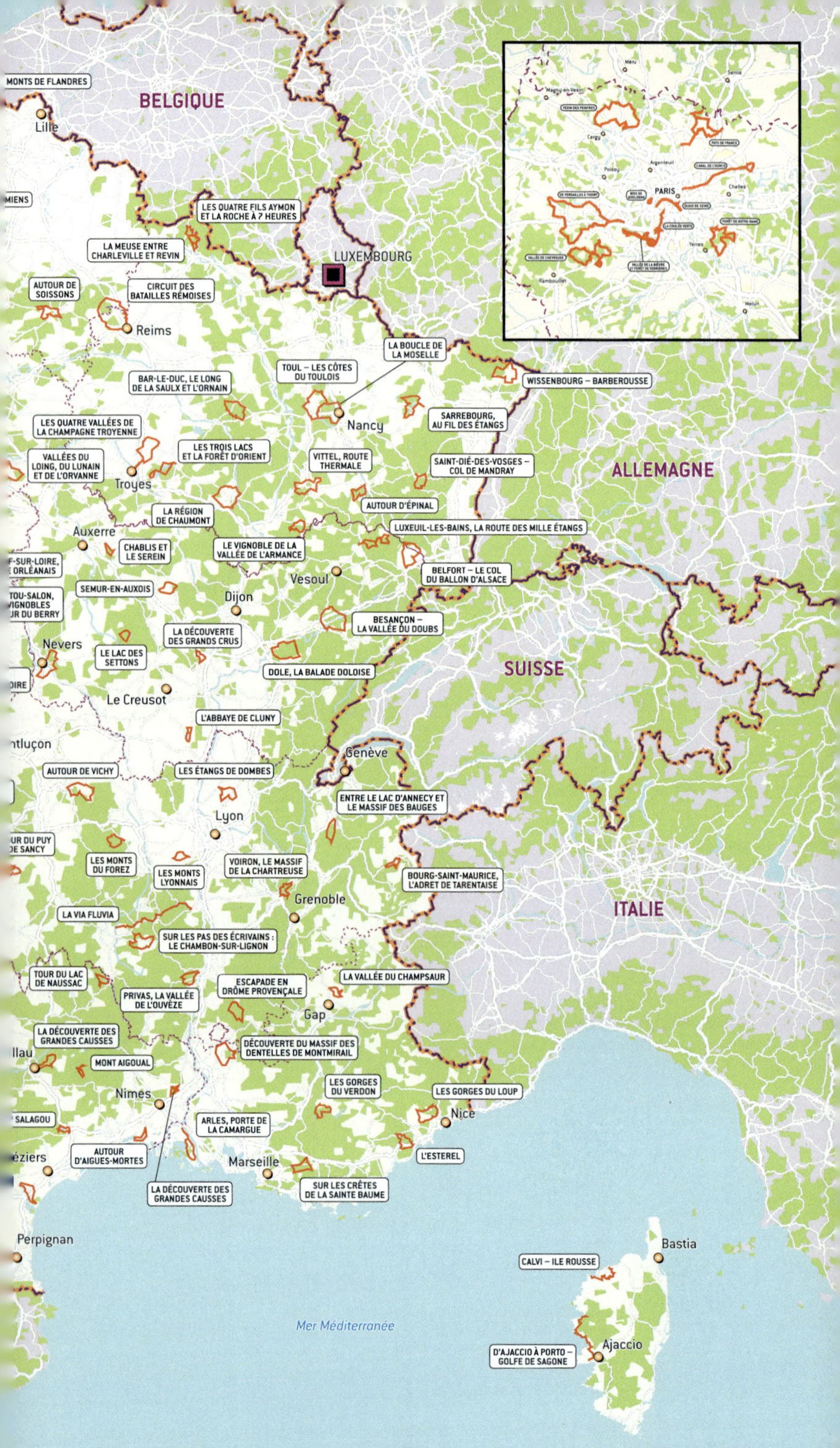
MONTS DE FLANDRES
BELGIQUE
Lille
LES QUATRE FILS AYMON ET LA ROCHE À 7 HEURES
LA MEUSE ENTRE CHARLEVILLE ET REVIN
LUXEMBOURG
AUTOUR DE SOISSONS
CIRCUIT DES BATAILLES RÉMOISES
Reims
LA BOUCLE DE LA MOSELLE
TOUL – LES CÔTES DU TOULOIS
BAR-LE-DUC, LE LONG DE LA SAULX ET L'ORNAIN
WISSENBOURG – BARBEROUSSE
LES QUATRE VALLÉES DE LA CHAMPAGNE TROYENNE
Nancy
SARREBOURG, AU FIL DES ÉTANGS
VALLÉES DU LOING, DU LUNAIN ET DE L'ORVANNE
LES TROIS LACS ET LA FORÊT D'ORIENT
VITTEL, ROUTE THERMALE
SAINT-DIÉ-DES-VOSGES – COL DE MANDRAY
ALLEMAGNE
Troyes
LA RÉGION DE CHAUMONT
AUTOUR D'ÉPINAL
Auxerre
LUXEUIL-LES-BAINS, LA ROUTE DES MILLE ÉTANGS
CHABLIS ET LE SEREIN
LE VIGNOBLE DE LA VALLÉE DE L'ARMANCE
BELFORT – LE COL DU BALLON D'ALSACE
Vesoul
SEMUR-EN-AUXOIS
Dijon
BESANÇON – LA VALLÉE DU DOUBS
LA DÉCOUVERTE DES GRANDS CRUS
Nevers
LE LAC DES SETTONS
SUISSE
DOLE, LA BALADE DOLOISE
Le Creusot
L'ABBAYE DE CLUNY
Genève
AUTOUR DE VICHY
LES ÉTANGS DE DOMBES
ENTRE LE LAC D'ANNECY ET LE MASSIF DES BAUGES
Lyon
LES MONTS DU FOREZ
LES MONTS LYONNAIS
VOIRON, LE MASSIF DE LA CHARTREUSE
BOURG-SAINT-MAURICE, L'ADRET DE TARENTAISE
Grenoble
ITALIE
LA VIA FLUVIA
SUR LES PAS DES ÉCRIVAINS : LE CHAMBON-SUR-LIGNON
TOUR DU LAC DE NAUSSAC
ESCAPADE EN DRÔME PROVENÇALE
LA VALLÉE DU CHAMPSAUR
PRIVAS, LA VALLÉE DE L'OUVÈZE
Gap
LA DÉCOUVERTE DES GRANDES CAUSSES
DÉCOUVERTE DU MASSIF DES DENTELLES DE MONTMIRAIL
MONT AIGOUAL
LES GORGES DU VERDON
LES GORGES DU LOUP
Nimes
Nice
ARLES, PORTE DE LA CAMARGUE
L'ESTEREL
AUTOUR D'AIGUES-MORTES
Marseille
SUR LES CRÊTES DE LA SAINTE BAUME
LA DÉCOUVERTE DES GRANDES CAUSSES
Perpignan
Bastia
CALVI – ILE ROUSSE
Mer Méditerranée
Ajaccio
D'AJACCIO À PORTO – GOLFE DE SAGONE
Méru
Senlis
Magny-en-Vexin
Cergy
Argenteuil
Poissy
PARIS
Chelles
Yerres
Rambouillet
Melun

PASSEPORT

CARNET

LA BALADE À VÉLO

Le cyclotourisme en France poursuit son bel essor, dans un contexte d'utilisation du vélo en hausse. La Loi d'orientation des mobilités de 2019 favorise la mise en place d'un « système vélo », qui associe aménagements, services, accompagnement aux changements de pratique. Cette loi intègre également le schéma national des véloroutes, ce qui lui confère, outre une dimension juridique, une portée stratégique, imposant aux aménageurs la construction d'infrastructures cyclables en site propre. L'objectif est de disposer d'itinéraires de longues distances, continus et interconnectés. Au 1er janvier 2023, la France avait inscrit plus de 26 000 km au schéma national des véloroutes, soit 59 itinéraires, et en avait réalisés 79,5 %, dont 46 % en site propre. Le plan « Destination France » dévoilé en novembre 2021 affiche quant à lui l'objectif de faire de l'Hexagone la « première destination vélotouristique » au monde d'ici 2030 !

Des aménagements et dispositifs pour favoriser les pratiques

Pilier du système vélo, les aménagements cyclables contribuent à une pratique sécurisée et apaisée, si toutefois ils sont conçus comme des continuums, en évitant l'écueil des tronçons disjoints ou « confettis » qui peuvent constituer un frein pour les cyclistes non aguerris. Les pistes cyclables sont des aménagements dédiés uniquement aux vélos, et séparés physiquement des autres voies. Les bandes cyclables sont quant à elle également réservées aux deux-roues non motorisés mais séparées des autres voies uniquement par un marquage sur la chaussée. D'autres dispositifs favorisent la pratique cyclable. Les routes à faible trafic, ou les zones 30, limitées à 30 km/h, induisent des conditions agréables et sécurisantes pour pédaler. Les « tourne-à-droite » (ou « cédez le passage cycliste » au feu) parfois autorisés aux feux rouges (et matérialisés par des panneaux) sont des réglementations qui favorisent la sécurité des cyclistes. Limiter la place de la voiture, via par exemple le stationnement payant, constitue également un moyen de rendre la pratique cycliste plus sûre. À cela s'ajoutent les autres piliers du système vélo : des dispositifs de stationnement en nombre suffisants et sécurisés, des services permettant l'accès au vélo (location, vente, réparation), et l'accompagnement à la pratique (cours d'apprentissage et de remise en selle). Ce sont ces éléments, ajoutés à d'autres, que l'on va retrouver dans les itinéraires dédiés à la pratique de loisirs.

Des itinéraires pour développer les mobilités liées notamment aux loisirs

Les itinéraires cyclables peuvent prendre la forme d'une piste cyclable, voie verte ou route à faible circulation, jalonnés et signalisés (panneaux et marquages au sol indiquant la direction et le kilométrage).

- **Une véloroute** est un itinéraire cyclable touristique, fléché et sécurisé, qui relie des villes et régions entre elles de manière continue. Elle emprunte des routes en sites propres (dédiés aux vélos, comme des voies vertes) mais aussi des petites routes à faible circulation. Les véloroutes sont conçues selon un cahier des charges national. L'objectif est de constituer un réseau d'itinéraires cyclables continus et interconnectés.

Un itinéraire cyclable est plus qu'un tracé signalisé et balisé : il associe souvent tout un ensemble de services : services liés aux vélos (location, réparation), hébergements, mais aussi sites touristiques ou d'intérêt naturel et paysager.

Plusieurs véloroutes s'inscrivent dans des itinéraires grandes distances, à l'échelle du pays ou de l'Europe, comme les véloroutes européennes, appelées également EuroVelos.

- **Les EuroVelos** constituent des itinéraires cyclables culturels européens. Dix EuroVelos traversent le territoire français :
- EuroVelo 1 - Véloroute de la côte Atlantique (suit le tracé de la vélodyssée sur la partie française)
- EuroVelo 3 - Véloroute des Pèlerins
- Eurovélo 4 - Véloroute d'Europe centrale (dont 1 500 km sur la Vélomaritime en France)
- EuroVelo 5 - La Via Romea Francigena
- EuroVelo 6 - Atlantique - Mer Noire (suit l'itinéraire de la Loire à vélo)
- EuroVelo 8 - Véloroute de la Méditerranée
- EuroVelo 12 - Véloroute de la mer du Nord
- EuroVelo 15 – Véloroute du Rhin
- EuroVelo 17 – Véloroute du Rhône
- EuroVelo 19 – La Meuse à Vélo
- **Une voie verte** est un aménagement entièrement dédié aux véhicules non motorisés. Il s'agit souvent d'anciennes voies de halage ou lignes ferroviaires. La continuité du parcours est assurée, et la morphologie de la voie (plate ou avec faibles pentes) permet une large accessibilité. De plus ces voies peuvent constituer un itinéraire culturel et bénéficient d'un cadre paysager qui les rend agréables. Elles incluent également des services (logement, location de vélo, etc.).

1. *Au sud de la baie de Somme : circuit du Gravelot*

Route	**Route**	03:10	**03:10**
Départ	**Saint-Valéry-sur-Somme**	Difficulté	**Très facile**
km	**38 km**	Dénivelé	**67 m**
80	**Somme**		

Le circuit du Gravelot au sud de la baie de Somme est une expérience cycliste de 38 km dans un grand site de France qui mérite le détour. Le trajet débute à l'Office de tourisme et traverse des paysages variés, entre terre et mer. Les points forts incluent la Maison de la baie de Somme, le phare de la pointe du Hourdel, la chapelle des marins à Cayeux-sur-Mer et les phoques que vous aurez peut-être la chance d'observer dans cette baie à la biodiversité exceptionnelle. Le parcours passe également par des plages immenses et des villages historiques, offrant un aperçu riche de la diversité et de la beauté du littoral picard.

COMITÉ DÉPARTEMENTAL DE CYCLOTOURISME 80
15 rue Monsieur,
80300 Englebelmer
06 33 32 31 26
departement80-presidence@ffvelo.fr

2. *Le Mont de Doville*

Vélo	**VTT**	Durée	**01:00**
Départ	**Doville**	Difficulté	**Difficile**
km	**12 km**	Dénivelé	**192 m**
50	**Manche**		

Le Mont de Doville est une randonnée de 12 km pour découvrir les paysages normands. Ce parcours nature, débutant au mont de Doville, qui culmine à 130 m., offre une vue magnifique sur les marais environnants. Le trajet vous emmène à travers un bocage typique et la réserve naturelle de la Sangsurière. Les gués charmants et les chemins creux du bocage cotentinois enrichissent l'expérience, tout comme la lande et les panoramas du Mont de Doville. Ce circuit est idéal pour ceux qui recherchent un mélange d'histoire naturelle et de beauté "Tolkienesque".

COMITÉ DÉPARTEMENTAL DE CYCLOTOURISME 50
Launay
50140 Mortain-Bocage
02 33 69 45 41
departement50-presidence@ffvelo.fr

3. *Rostudel*

Vélo	**VTT**	Durée	**02:15**
Départ	**Quai Kador de Morgat**	Difficulté	**Facile**
km	**21 km**	Dénivelé	**350 m**
29	**Finistère**		

Une balade de 21 km à travers la Presqu'île de Crozon à la pointe du Finistère en Bretagne, pour faire le plein d'air iodé à vélo. Ce parcours, idéal pour les amoureux de sports de plein air, vous fait découvrir la côte sauvage, bercée par les vents et les embruns. Vous aurez l'impression de faire du VTT au milieu des vagues. Les reliefs et ses multiples garennes sont un condensé de ce que peut offrir cette Bretagne aux allures d'Irlande. En chemin, admirez l'architecture unique des petits villages de pêcheurs et les mégalithes cachés. Le retour, plus aisé sous le vent, offre un moment de contemplation dans cette région à la beauté naturelle saisissante.

COMITÉ DÉPARTEMENTAL DE CYCLOTOURISME 29
4 rue Anne Robert Jacques Turgot
29 000 Quimper
02 98 98 75 31
departement29-presidence@ffvelo.fr

4. *En suivant l'estuaire de la Seudre*

Route	Saujon	05:30	Difficile
82 km	Charente-Maritime (17)	223 m	

Ce circuit vous emmène sur une promenade pittoresque de 82 km. Elle permet de découvrir la beauté des marais salants, les cabanes colorées des ostréiculteurs, et les monuments historiques des villages le long de la Seudre. Partant du port de Saujon, le circuit passe par des lieux remarquables comme l'église romane de Saint-Sulpice-de-Royan et le village d'artistes de Mornac-sur-Seudre. Les points forts incluent le port de Chatressac, le pont de la Seudre avec une belle vue sur l'île d'Oléron, et le monde fascinant de l'élevage d'huîtres à Marennes. Ce circuit offre un mélange riche de paysages maritimes et de patrimoine culturel.

La Seudre à Saugon.

COMITÉ DÉPARTEMENTAL DE CYCLOTOURISME 17
square Château Gaillard
7000 La Rochelle
06 74 52 81 34
departement17-presidence@ffvelo.fr

5. *Circuit du Grumbach*

VTT	Koestlach	02:00	Facile
20 km	Haut-Rhin (68)	215 m	

Long de 20 km, ce parcours enchanteur vous invite à découvrir l'Alsace. Il tire son nom de la rivière Petite Largue, offrant un trajet le long de ce cours d'eau rafraîchissant, bordé par d'arbres. Ce circuit est un mélange de nature et de sérénité, idéal pour les cyclistes désirant respirer la beauté paisible de cette région. Les vététistes trouveront de façon plus générale un terrain de jeu idéal dans le Sundgau, avec des parcours adaptés à tous les niveaux.

COMITÉ DÉPARTEMENTAL D'ALSACE
7 rue Chateaubriand
67400 Illkirch-Graffenstaden
06 70 72 00 71
alsace-presidence@ffvelo.fr

6. *Le balcon*

VTT — 01:40
Faverges — Très difficile
20 km — 847 m
74 Haute-Savoie

Le Balcon est un parcours de 20 km en Haute-Savoie réservé aux cyclistes aguerris, offrant des montées et descentes à fort dénivelé. Situé dans la région des sources du Lac d'Annecy, ce circuit promet des panoramas grandioses, traversant un paysage montagneux spectaculaire. Parfait pour les amateurs de défis sportifs en VTT, ce circuit propose une expérience intense.

COMITÉ DÉPARTEMENTAL DE CYCLOTOURISME 74
4 avenue Lucien Boschetti
74000 Annecy
04 50 05 41 29
departement74-presidence@ffvelo.fr

7. *Les plateaux du bas-Verdon*

Route — 04:15
La Verdière — Difficile
56 km — 741 m
83 Var

Cette boucle de 56 km débute à La Verdière, un village doté d'un château historique. Le parcours traverse des paysages variés, offrant des vues sur les Alpes, et un riche patrimoine médiéval. Le circuit passe également par des hameaux traditionnels, des sites gallo-romains, et des vestiges de châteaux féodaux. Ce parcours est idéal pour découvrir la richesse historique et la beauté naturelle de la vallée du Verdon.

COMITÉ DÉPARTEMENTAL DE CYCLOTOURISME 83
11 cours du Général de Gaulle
83860 Nans-les-Pins
06 60 03 32 86
departement83-presidence@ffvelo.fr

8. *Autour du Château de Castries*

Route — 03:20
Castries — Facile
40 km — 225 m
34 Hérault

Un parcours de 21 km qui vous emmène à travers la charmante ville de Castries et ses environs. Ce trajet, idéal pour une sortie en famille ou entre amis, offre des vues magnifiques sur le château historique, les aqueducs anciens, et les paysages typiques du Languedoc. Les sentiers ombragés et les vignobles jalonnant le parcours ajoutent au charme de cette expérience cycliste.

COMITÉ DÉPARTEMENTAL DE CYCLOTOURISME 34
1 impasse des Oliviers
34480 Magalas
06 74 52 74 70
departement34-presidence@ffvelo.fr

9. *Loire et Vienne*

Route — 03:45
Candes-St-Martin — Facile
45 km — 197 m
37 Indre-et-Loire

Ce tracé de 45 km au départ de Candes-Saint-Martin est une une exploration riche en histoire et en paysages pittoresques. Ce parcours facile, malgré quelques

dénivelés, vous emmène à la découverte de deux hauts lieux de la chrétienté, Candes-Saint-Martin et Fontevraud, ainsi que la forteresse de Chinon. Le circuit promet un voyage dans le temps, entre histoire médiévale et la beauté naturelle de la Loire et de la Vienne.

COMITÉ DÉPARTEMENTAL DE CYCLOTOURISME 37
1 rue Lobin,
37600 Loches
06 11 43 08 97
departement37-presidence@ffvelo.fr

10. *La Vallée du Baraci*

Type	Route	Durée	03:10
Départ	Propriano	Difficulté	Difficile
Distance	38 km	Dénivelé	846 m
Département	20 Corse		

Une randonnée cyclotouriste de 38 km partant de l'estuaire du Baraci, traversant Propriano, et s'étendant à travers des villages typiques le long de la vallée. Ce parcours mène jusqu'au cours supérieur du fleuve, dominé par des pins laricio formant d'immenses forêts. Après le Col de Siu, une descente presque ininterrompue vous ramène vers la plaine à l'approche de l'estuaire. Ce circuit est idéal pour les amateurs de nature et de paysages forestiers au coeur de la Corse.

CLUB DES CENT COLS
97A Avenue de Genève
74000 Annecy
09 72 29 92 75
secretaire@centcols.org

Plan d'eau d'Usson - ©Jean-Claude Ducouder

11. *Usson-en-Forez*

Type	VTT	Durée	01:15
Départ	Reugny	Difficulté	Facile
Distance	14 km	Dénivelé	234 m
Département	42 Loire		

Dans le massif du Livradois-Forez, découvrez ce petit bout d'Auvergne dans le département de la Loire. Ce circuit court de 14 km permettra aux familles et aux amis de profiter de ce petit coin de nature vallonnée dans laquelle le VTT offre le plaisir de pédaler entre collines et chemins forestiers.

Départ depuis Usson-en-Forez vers les espaces du Forez-est et les villages d'Hermet et de Danizet. La région est parsemée de lieux insolites tels que les mégalithes de Daniecq. Les sentiers sont aussi couramment empruntés par les randonneurs sur la route de Saint-Jacques de Compostelle, ce qui explique le remarquable patrimoine religieux des environs avec de nombreuses croix et églises érigées sur des sites païens.

De quoi faire un lien entre les Hommes du paléolithique et les pèlerins médiévaux à VTT.

COMITÉ DÉPARTEMENTAL DE CYCLOTOURISME 42
10 allée des Récoltes
42100 Saint-Étienne
04 77 95 55 64
departement42-presidence@ffvelo.fr

À QUI S'ADRESSE LA BALADE À VÉLO ?

Trop âgé pour la balade à vélo ? Trop jeune ? Pas assez entraîné ? En situation de handicap ? Avez-vous déjà entendu l'une de ces sentences ? Eh bien sachez que le vélo est adapté à toutes et tous. Tout est affaire de motivation, parfois d'émulation, éventuellement de formation et d'expérience, mais aussi d'ajustement du matériel, et de choix des itinéraires. Voici quelques éclairages, issus notamment des retours d'expérience de pays ayant une pratique cyclable plus développée qu'en France (Danemark et Pays-Bas où la part modale du vélo représentait en 2002 respectivement 18 % et 27 %). Il apparaît que c'est bien le déploiement d'un « système vélo » qui permet des conditions favorables à une large pratique de la bicyclette. Ce système se fonde sur trois piliers : l'aménagement de voies cyclables, le stationnement et les services (formation, réparation). Voici quelques conseils, afin que la balade soit avant tout un moment de plaisir.

À chacun son rythme et ses envies

Il convient au préalable d'identifier ses envies en matière de balade (découverte en famille, visite d'un site touristique, parcours en forêt, etc.) et de les ajuster à ses contraintes (temps, horaires de train, etc.) mais aussi à ses capacités (condition physique). Un itinéraire en site propre (voie verte) est idéal pour débuter en toute confiance la balade à vélo, seul ou avec des enfants. Ce type d'itinéraire est en général plat, balisé et jalonné de points d'intérêt touristique et de services (restaurants, café, etc.). Pour ce qui est des parcours qui présentent un peu de dénivelés, on choisira un parcours adapté à ses capacités, en veillant toujours à pédaler à son rythme. On n'oubliera pas que les montées font la beauté des paysages et sont associées aussi à des descentes. Pour celles et ceux qui souhaiteraient apprendre à pédaler ou tout simplement se remettre en selle avant de s'élancer en balade, des vélos-écoles présentes sur le territoire permettent un apprentissage à tous les âges. Le choix du vélo peut également orienter votre pratique et le choix de vos itinéraires.

Un vélo réglé et un équipement adapté

Il s'agit d'avoir à la fois un vélo bien révisé, réglé à sa taille, et d'être soi-même bien équipé. En cas de pluie, le garde-boue est un élément important. Quant au cycliste, il adoptera une tenue de pluie qui garantisse son étanchéité : cape de pluie, pantalon imperméable, guêtres. Pour ce qui est de la conduite, il conviendra de redoubler de vigilance, de diminuer sa vitesse, d'anticiper en évitant les freinages brusques et les éléments glissants sur la chaussée (feuilles, etc.). Enfin, pour les adeptes de nouvelles technologies, des applications smartphone existent, pour mieux prévoir les précipitations comme Rain Today ou Alerte Pluie. En hiver, on conseillera de lutter contre le froid par le port de différentes épaisseurs de vêtements, de bons gants, éventuellement des manchons de guidons, et de rester visible (comme par temps de pluie ou de nuit). En été, on veillera à se protéger de la chaleur et des UV (protection solaire et vestimentaire) et de privilégier des parcours ombragés.

Évaluer son temps de parcours

Sur une voie dédiée, on ne craint pas les embouteillages, ni les heurts liés aux voitures. Les temps de parcours sont donc fiables : vous seul êtes maître du temps. Plusieurs éléments rentrent en compte dans le temps de parcours d'une balade, qui doit rester, rappelons-le, une source de plaisir. Il faudra ainsi intégrer les temps de pause liés à vos envies : visites touristiques, pique-niques, baignades, photos, etc.

©LIGHTPOET - SHUTTERSTOCK.COM

À QUI S'ADRESSE LA BALADE À VÉLO ?

© JAYSI - SHUTTERSTOCK.COM

Autre point à intégrer, votre condition physique. Généralement, en matière de cyclotourisme, on conseille de parcourir 30 à 50 km par jour pour une personne peu sportive. Cette distance peut être portée à 80 km par jour pour une personne sportive et jusqu'à 180 km par jour pour des personnes entraînées. Pour information, les systèmes d'informations géographiques qui calculent des itinéraires vélos se fondent sur une vitesse moyenne de 15 km/h pour des itinéraires sur des voies cyclables, donc avec de faibles pentes.

Attention aussi à un ennemi bien connu des cyclistes : le vent de face, qui même sur du plat, peut contribuer à ralentir vos temps de parcours et à rendre la balade un peu moins aisée et agréable. Mais ce sont les aléas du vélo et ils peuvent être anticipés grâce à la météo... et l'expérience.

Dernier point : les distances doivent aussi tenir compte d'autres paramètres tels que la saison (journées plus longues en été), la chaleur et l'ensoleillement (rouler plutôt le matin, éviter les créneaux 12h-16h ou faites une pause à ce moment-là, à l'ombre ou sous abri).

Avec les enfants

Pour les enfants, on conseillera de s'adapter à leur rythme et de réaliser des distances n'excédant pas 40 km par jour. L'idée, pour toutes et tous, est de débuter par des itinéraires courts avant de se lancer dans de plus grandes escapades. Le maître-mot doit rester le plaisir ! Des vélos-cargos (avec remorques) permettent de transporter les enfants selon leur âge. Des systèmes d'attache (barre-tandem, *follow-me*) servent quant à eux à relier votre vélo à celui de votre enfant, lorsque celui-ci n'est pas encore pleinement autonome.

Le vélo, c'est bon pour la santé

« Le vélo ce n'est pas bon pour la santé, à cause de la pollution. » Cette affirmation n'est pas valable, au regard des avantages cumulés de la pratique du vélo. Une étude conduite par l'Observatoire régional Île-de-France, publiée en 2012, indique en effet que les bénéfices sanitaires liés au vélo sont vingt fois supérieurs aux risques (accidents, pollution de l'air). Il convient ici de rappeler, qu'en matière d'exposition à la pollution de l'air, il vaut mieux circuler à vélo qu'être confiné dans un bus, une voiture ou dans le métro. Sur le même parcours, un automobiliste sera exposé à une concentration en polluants 1,5 fois supérieure à celui du cycliste. Dès lors que celui-ci peut rouler sur une piste cyclable, il diminuera par deux son niveau d'exposition. Au Danemark, une étude a mis en avant que les personnes qui pratiquaient le vélo dans leurs déplacements domicile-travail avaient un taux de mortalité inférieur de 28 % par rapport aux autres. Résumons : se déplacer à vélo induit des processus mécaniques et chimiques qui sont bons pour le cœur, les poumons, le système musculaire et osseux. Pratiquer régulièrement le vélo contribue également à diminuer le risque de certains cancers et le diabète de type 2, et favorise le développement neurosensoriel. L'OMS a également mis en exergue le lien entre activité physique et santé psychique : ainsi le vélo peut-il favoriser le sommeil, et baisser le niveau de stress. Une pratique en plein air et dans la nature réduit quant à elle le risque de dépression. Plus il y a de vélos, moins il y a d'accidents... mais aussi moins de pollution. Car le vélo est aussi bon pour tout ce qui nous environne ! Sachez qu'aux Pays-Bas, les plus de 65 ans effectuent plus d'un quart de leurs déplacements à vélo. Le pays, plutôt plat, est traversé de voies cyclables, mais le vent et la pluie n'arrêtent pas les cyclistes de tout âge.

CHOISIR SON VÉLO

Si choisir son vélo peut être source de bonheur pour les passionnés, les cyclistes débutants ou occasionnels peuvent facilement se perdre devant la multitude d'offres. Le choix d'un vélo passe avant tout par la pratique que vous allez en faire. Pour de petites randonnées ou des trajets plutôt plats, de nombreux modèles feront l'affaire. Suivant votre pratique, vous pourrez par exemple opter pour un vélo de ville, un vélo tout chemin (VTC), un vélo tout terrain (VTT) ou un vélo de course. Les professionnels, comme les vélocistes, sauront vous guider dans votre choix. Gardez en tête que l'essentiel est le confort. Un vélo trop grand ou une selle mal réglée provoqueront immanquablement des douleurs qui vous décourageront. Il convient aussi d'être attentif à la qualité des éléments du vélo. Sachez qu'il n'est pas besoin d'investir dans un vélo haut de gamme pour rouler dans de bonnes conditions et se faire plaisir.

Identifier votre besoin

Le choix du vélo dépend de l'usage que vous souhaitez faire : balades occasionnelles sur voies vertes, randonnées sportives sur terrains accidentés, etc. Pour des balades en France sur des véloroutes, un VTC conviendra parfaitement. N'hésitez pas à prendre conseil auprès de professionnels avant de vous lancer dans un achat ou une location : vélocistes, loueurs, réseaux cyclos, vélo-écoles, ateliers d'autoréparation, ou associations. Il s'agit aussi de toujours essayer le vélo en condition réelle au préalable !

Éléments à vérifier

Un vélo doit être adapté à votre morphologie et à votre pratique. On veillera à régler la selle et le guidon à sa taille et à gonfler les pneus suffisamment et en fonction du temps et du revêtement. Pour cela, les professionnels sauront aussi vous aider. Un vélo, c'est bien, un vélo bien équipé, c'est mieux. Voici quelques points à examiner qui vous aideront à choisir une monture adaptée à vos besoins :

- **La selle.** La selle est l'un des éléments fondamentaux du vélo. Pour tout cycliste recherchant le confort, le bon compromis est peut-être de choisir une selle un peu moins légère mais plus confortable : bien rembourrée et souple pour une pratique de loisir ou plus ferme et légère pour une pratique sportive.

- **Les roues.** Elles ont un rôle important dans le rendement de votre machine, un impact sur l'aérodynamisme et ont une grande influence sur le confort d'une sortie. Il existe plusieurs types de roues sur le marché suivant différents critères comme le profil de la jante, la matière (aluminium ou carbone), le freinage (à patins ou à disque), leur poids, le type de roulements, etc.). Sans rentrer dans les détails, les roues sont considérées comme un investissement mais aussi peuvent améliorer notablement les qualités d'un vélo.

- **Les pneus.** Les pneus sont des éléments déterminants en termes de confort, rendements et fiabilité. Il existe différents types de pneus qui correspondent à chaque fois à un type de vélo, pour des personnes, conditions et terrains spécifiques. Plus le pneu est large et plus la surface de contact au sol est grande, meilleur sera le confort de conduite.

- **Le guidon.** Le guidon ou cintre a une influence réelle sur le confort, l'endurance et les performances. Lorsqu'on a mal aux fesses, on pense tout de suite à la selle, mais on ne sait pas toujours que le guidon peut être responsable de certaines douleurs ressenties. En effet, une mauvaise posture de conduite peut être liée à la forme du guidon, sa largeur ou sa hauteur provoquant des douleurs plus ou moins pénibles.

- **Les vitesses.** Les vitesses ou le développement correspondent à la distance parcourue par un vélo à chaque tour de pédale. La majorité des vélos possèdent entre 21 et 24 vitesses, en général 3 à 5 vitesses suffisent en ville pour passer les petites côtes et faux plats. Par contre, si votre conduite est plus sportive, 21 vitesses sont préférables, car cela vous permettra de réaliser des randonnées d'une certaine distance et d'adapter votre pédalage au gré des changements du relief. C'est aussi en pratiquant quotidiennement que vous vous rendrez compte si les développements sont appropriés à votre propre utilisation.

- **Le système de freinage.** L'un des organes les plus importants d'un vélo est le système de freinage. La plupart des vélos possèdent deux poignées de frein indépendants, commandant chacune une mâchoire équipée de patins en caoutchouc venant exercer une force sur la jante par l'intermédiaire de câbles de frein. Certains systèmes de freinage sont basés sur le principe du frein à disque ou du frein tambour, mais plus coûteux et demandent plus d'entretien que leurs homologues de type V-brakes.

Le cadre. Le cadre représente moins d'un tiers du poids du vélo et pour la pratique sportive, mieux vaut un vélo confortable, solide et bien équipé, que léger. Sur le marché, on retrouve plusieurs types de matériaux, principalement carbone, acier et aluminium. Le carbone est plutôt réservé aux pratiquants qui recherchent le rendement et la performance. L'acier amortit mieux les petits chocs et vibrations et vieillit bien. Un bon cadre en acier peut être confortable et est très apprécié par les randonneurs et les voyageurs sur longue distance. Tandis que le cadre en aluminium est en général plus léger, mais plus raide. Un cadre alu endommagé est plus difficile à réparer. Il résiste moins bien aux chocs et vibrations, mais mieux à la corrosion par l'eau salée. Pour ce qui est du choix de la géométrie du cadre, essayez plusieurs vélos, au besoin plusieurs marques. Il est important de se faire conseiller par un détaillant spécialisé qui vous aidera à adapter le vélo à votre morphologie et à votre pratique.

Équipements

Les autres accessoires importants sont un gilet haute visibilité (obligatoire hors agglomération la nuit ou en cas de luminosité insuffisante), des sacoches latérales ou un sac à dos que vous accrocherez sur votre porte-bagages, éventuellement une sacoche avant ou un panier, un casque (obligatoire pour les enfants de moins de 12 ans et vivement conseillé pour les autres). Une béquille et un carter (pour ne pas abîmer ses bas de pantalons) pourront se révéler intéressants. Pour rappel, les éléments obligatoires sur un vélo sont deux dispositifs de freinage, un système d'éclairage et une sonnette.

Différents types de vélo

Vélo de ville. Il existe différents types de vélo de ville. Ce sont des cycles adaptés aux déplacements urbains et confortables pour de courtes distances. On trouve dans cette catégorie le fameux vélo hollandais.

Vélo de route. Les vélos de route ou vélos de course sont adaptés à la conduite sur route (pneus fins), dans le cadre d'une pratique sportive.

Vélo tout chemin (VTC). Il s'agit d'un vélo polyvalent, qui convient à la fois à la pratique en ville et en randonnée sur des chemins peu accidentés. C'est le vélo idéal pour la balade. Il est adapté au port de charge (porte-bagages) et existe avec assistance électrique.

Vélo tout terrain (VTT). Le VTT, appelé aussi *mountain bike*, est un vélo robuste, équipé de pneus larges, et dédié aux pratiques en sentiers

© RYANJLANE - ISTOCKPHOTO.COM

accidentés. Il constitue également un vélo de voyage intéressant, équipé de porte-bagages et d'une fourche suspendue. Il existe également en version à assistance électrique.

Gravel. Issu d'un mot anglais signifiant « gravier », il s'agit d'un vélo hybride, entre VTT et vélo de route, adapté aux sentiers accidentés et à la route.

Autres vélos. Le **vélo pliant**, s'il s'avère pratique dans les transports, est de manière générale moins confortable pour les balades à vélo. À partir de 20 km, le **vélo couché** peut être très agréable, même si moins manœuvrable en ville avec de la circulation. Quant au **tandem** c'est là une question très personnelle, à tester pour voir si cela convient !

Avec les enfants, différentes modalités sont envisageables. Les enfants peuvent avoir leur propre vélo ou des systèmes qui relient le vélo de l'adulte à l'enfant (tandem d'attelage, barque de remorquage ou *follow-me*). Enfin, selon l'âge et le niveau de pratique des enfants, il existe des sièges bébé, remorques ou vélos-cargos.

Vélos à assistance électrique (VAE)

Un vélo à assistance électrique est avant tout un vélo sur lequel on pédale. L'assistance électrique vient accompagner le pédalage, afin de donner plus de puissance à l'effort déjà fourni par le cycliste et s'arrête à partir de 25 km/h et en l'absence de pédalage. Les *speed-bikes* qui permettent de rouler au-delà de 25 km/h avec l'assistance électrique ne sont plus considérés comme des vélos et relèvent de la réglementation afférente aux véhicules motorisés : obligation d'assurance, d'immatriculation et port du casque.

Le choix du vélo à assistance électrique est en premier lieu défini par l'usage auquel on le destine. Pour des balades loisirs ou randonnées, il faudra s'orienter vers des vélos type VTC. Le VTT électrique est une solution possible pour des sentiers plus accidentés. On conseillera le vélo à assistance électrique à celles et ceux qui, pour des raisons de santé, ne peuvent pédaler sur de longues distances, ou qui se remettent à l'activité physique.

Les modes d'assistance : l'assistance « tout ou rien », elle, est liée à un capteur de pédalier et couplé à un moteur dans la roue. Elle se déclenche dès qu'il y a pédalage et peut donner des sensations d'à-coup. L'assistance progressive, elle, est liée à une motorisation pédalier et un capteur d'effort. Elle est délivrée selon l'effort du cycliste, de manière plus progressive, et donne un plus grand confort de pédalage.

L'autonomie des batteries. Pour assurer une bonne autonomie, une batterie d'un minimum de 400 Wh est vivement recommandée. Côté budget, il existe des vélos électriques en dessous de 1 000 € mais ils ne seront pas adaptés pour un usage type balade. Mieux vaut investir un minimum de 1 500 € pour un vélo qui sera un investissement dans la durée. Attention, une fois la batterie déchargée, le pilotage du vélo est nettement moins confortable. Il s'agit aussi d'un vélo souvent lourd, ce qui peut poser des contraintes lorsqu'il faut porter le vélo (dans les transports ou dans des escaliers). Dans tous les cas il est conseillé de s'adresser à un vélociste spécialisé dans les VAE, avant tout achat. Demandez à essayer le vélo au préalable et à faire la manipulation pour enlever et remettre la batterie, pour vous assurer de sa praticité. Le professionnel, outre vous conseiller, pourra effectuer la réparation et la révision de votre vélo. Enfin sachez qu'il existe des aides financières (Etat, Collectivités) pour l'achat d'un VAE (ou d'un vélo muni d'un porte-bagage).

Quelques marques proposant différentes gammes de VAE : Lapierre®, Gitane®, Orbea®, Scott®, Moustache®, Cannondale®, Eveo®, O2Feel®, Giant®, Peugeot®, Winora®, Kalkhoff®, Gazelle®, B'Twin (Décathlon®), Nakamura (Intersport®), Granville®, Haibike®, Cube®, Sunn®, Starway®, Moma®

Pour des VAE reconditionnés : upway.fr

Achat de vélos

Dans tous les cas, il faut toujours essayer le vélo. Moult canaux existent pour se procurer un vélo. Nous conseillons les achats chez les vélocistes, qui vendent du neuf mais aussi de l'occasion, en général des VTC en très bon état, qui ont servi une saison chez des loueurs. Vous pouvez aussi contacter directement les loueurs. Pour ce qui est des petites annonces, nous conseillons les forums ou sites spécialisés de vélos (ex : CCI). Quant aux sites comme le Bon Coin, un peu de prudence s'impose, pour éviter de vous retrouver en possession d'un vélo volé. Il est cependant possible de faire de bonnes affaires (prenez le temps de bien discuter avec le vendeur). Des associations (par exemple MDB) et des bourses aux vélos organisées par des tiers

© IZABELA HABUR - ISTOCKPHOTO.COM

CARNET

© SERGEY RYZHOV - SHUTTERSTOCK.COM

lieux ou des municipalités proposent des vélos d'occasion. Les vélos peuvent s'acheter à partir d'une vingtaine d'euros mais il vous faudra être bricoleur ou bricoleuse. N'hésitez pas à chiner, vous trouverez peut-être chaussure à votre pied, enfin vélo à votre besoin. Pour le marché du neuf, nous conseillerons plutôt les magasins spécialisés, où il sera plus facile de trouver des vélos de qualité, avec des vendeurs compétents et un service après-vente.

Vélocistes et budgets

Face aux nombreuses évolutions technologiques et à la segmentation du marché, il n'est pas toujours facile de faire son choix. Rien ne vaut un vélo de marque acheté auprès d'un vendeur spécialisé. Évitez la super promo proposée par les supermarchés : la qualité est médiocre, comme le service après-vente, et certains équipements essentiels peuvent poser des problèmes. Il sera alors compliqué par la suite de trouver une personne compétente pour les régler, car un grand magasin, en général n'a pas de service pour cela. Un vélociste, au contraire, c'est un entretien gratuit après le premier mois, une taille ajustée, un bon conseil et du suivi si vous le souhaitez. Au bout du compte, les quelques euros que vous pensiez économiser sur l'achat en grande surface seront bientôt engloutis dans des frais de réparation ou de remplacement. Un vélo neuf peut coûter entre 180 € et 5 000 €. À moins de 200 €, vous aurez du matériel bas de gamme et pas forcément confortable. Si vous décidez de faire des balades d'une certaine distance, il risque de ne pas tenir la route, voire de se détériorer rapidement. Si nécessaire, investissez un peu plus afin d'avoir un meilleur équipement. Sachez qu'il existe aussi des vélocistes qui peuvent vous monter un vélo sur mesure à partir d'un cadre et de composants, et des artisans qui fabriquent eux-mêmes les cadres de vélos. Les prix pour un vélo artisanal sur mesure s'échelonnent entre 3 000 € et 8 000 € environ, ce qui est le fruit d'une grande qualité et d'un confort optimal.

Quelques marques et fabricants

- **Fabricants de vélos de cyclotourisme sur mesure** en France : rendez-vous sur le site www.francevelotourisme.com, dans la rubrique « conseils », onglet « vélo et matériel de cyclotourisme » et « fabricant de vélo sur mesure ».
- **Quelques marques de vélos de cyclotourisme** : Lapierre® (www.cycles-lapierre.fr), Gitane® (www.cycles-gitane.fr/), Histoire Bike® (www.histoire.bike), Cannondale® (www.cannondale.com), Giant Bicycles® (www.giant-bicycles.com), et Cyclable® (www.cyclable.com) qui sélectionne vélos et accessoires de haute qualité, nécessitant peu d'entretien ou de réparation avec des marques françaises ou européennes de renom : Peugeot®, Gitane®, Gazelle®, VSF Fahrradmanufaktur®, Genesis®, Kalkhoff®, Brompton®. Côté accessoires: Abus®, Thule®, Vaude®, Ortlieb®, Brooks® Et pour du matériel éco-cousu Made in France : Le rouquin qui roule®, (lerouquinquiroule.com), la sacoche filante® (sacochevelo.fr/), Suzon et Suzette® (suzon-suzette.fr/).

AVANT LE DÉPART

Afin de profiter pleinement de votre balade, quelques précautions peuvent s'avérer utiles. Le choix de l'itinéraire doit répondre à vos envies mais aussi être adapté à votre condition physique. Il s'agira d'établir votre parcours en fonction de vos capacités, sans souci de performance. Vous veillerez également à accorder votre itinéraire à vos contraintes personnelles (temps disponible, etc.), aux éventuels horaires de train pour vous rendre sur le parcours et repartir, mais aussi à vérifier certains paramètres comme la durée d'ensoleillement du jour et la météo (inutile de vous imposer une escapade en plein soleil ou sous l'orage !). Tout cela peut s'anticiper, en écoutant vos envies et en étudiant le profil du parcours, en consultant les prévisions météorologiques et en prévoyant un équipement adapté, pour vous et le vélo. On conseillera également de voyager léger, pour plus de confort, en laissant le superflu à la maison.

Envie et condition physique

Le choix du parcours constitue la première étape de votre balade ! Il s'agit en effet de se mettre d'accord, avec celles et ceux qui seront du voyage, sur un itinéraire qui réponde à vos goûts (visite culturelle, balade le long d'une rivière avec possibilité de baignade, etc.) mais aussi à vos capacités. Une balade à vélo n'est pas une compétition et ne requiert pas d'entraînement spécifique. Il s'agit plutôt de veiller à avoir une bonne hygiène de vie (activité physique, alimentation, sommeil, etc.), de pédaler à votre rythme et d'adapter le parcours (longueur, dénivelé) à vos capacités et sans souci de performance. N'hésitez pas à demander l'avis de votre médecin en cas de doute.

Étudier le parcours et consulter la météo

Avant de partir, pensez ainsi à examiner les principales difficultés du parcours tels que le dénivelé, le profil de l'itinéraire, la distance totale en utilisant le *roadbook* et la carte. Définir des options afin de raccourcir l'itinéraire si besoin peut s'avérer judicieux (par exemple gare SNCF ou arrêt de bus). Le parcours est aussi fait de tout un ensemble de caractéristiques géographiques et historiques. Les sites d'intérêt naturels, culturels ou paysagers peuvent faire l'objet d'une halte touristique, et il conviendra au préalable de vérifier les horaires de visites et d'en tenir compte dans le calcul de votre temps de parcours. Ces points d'intérêt touristiques pourront également vous donner quelques indications et constituer des repères en cas de doute sur la direction. La saisonnalité (durée du jour, chaleur, etc.) et la météo sont aussi des paramètres importants qui vous permettront d'affiner votre parcours (en évitant par exemple de pédaler aux heures les plus chaudes en été).

Voyager léger : l'essentiel, pas le superflu

Voyager léger contribue à limiter les efforts et à garder une sensation de fluidité sur le vélo. On veillera donc à ne pas surcharger le vélo et à n'emporter que l'essentiel. On préférera l'utilisation de porte-bagages sur lesquels on pourra installer un sac à dos et/ou des sacoches. Le port de sac sur soi est en effet déconseillé pour des raisons de confort (il peut être une source de mal au dos et contribue à faire transpirer). Dans les sacoches on emportera de quoi se sustenter (pique-nique ou en-cas selon la durée de la balade). On n'oubliera pas non plus d'emporter une ou plusieurs gourdes d'eau (en fonction du parcours, de la saison, de la possibilité ou non de trouver des points d'eau potable sur le chemin). Les sacoches contiendront les autres éléments nécessaires au bon déroulement de votre balade, parmi lesquels, une carte ou un guide, un téléphone portable, de l'argent, une pharmacie de premiers secours et une trousse à outils pour les réparations (kit anti-crevaison : en général fourni par le loueur de vélo). On veillera également à emporter des équipements adaptés au temps et à la saison, à préparer et régler le vélo en conséquence.

Les équipements obligatoires à vélo en France

- Pour le vélo : deux freins en état de fonctionnement et un avertisseur sonore. Pour les éclairages, de nuit (ou de jour en cas de visibilité insuffisante) : un phare avant (blanc ou jaune), un phare arrière (rouge), un catadioptre avant (blanc ou jaune), un catadioptre arrière (rouge), des réflecteurs visibles latéralement (par exemple, entre les rayons) et des réflecteurs de pédales.
- Pour la tenue du cycliste : un gilet haute visibilité (obligatoire hors agglomération la nuit ou lorsque la visibilité est insuffisante) et un casque (obligatoire pour les enfants de moins de 12 ans et vivement conseillé pour les autres).

© CLICK_AND_PHOTO - ISTOCKPHOTO.COM

La check-list avant de partir

Ça y est, vous avez décidé de vous lancer. Vous avez fixé le jour, l'itinéraire, et vous êtes en forme. Comme dans toute chose, un peu d'imprévu fait partie intégrante du voyage. Voici cependant une petite *check-list* qui vous permettra de partir en toute sérénité :

▸ **Météo.** Consultation des prévisions météorologiques (sur la route vous pouvez aussi utiliser des applications, par exemple, Rain today).

▸ **État des routes.** Vérification de l'itinéraire et de son état : travaux, boue, périodes de chasse (contactez les offices de tourisme, les services de la préfecture ou les collectivités locales si besoin).

▸ **Intermodalité.** Vérification de l'intermodalité au cas où vous prenez le bus ou le train : perturbations, travaux sur les lignes, horaires, éventuellement réservation des places avec les vélos et vérification des modalités d'acceptation des vélos (démontés ou non démontés). Si les vélos doivent être démontés, prévoir une housse de transport ou une bâche et des outils pour démonter roues et pédalier).

▸ **Prévenir.** Tenir informé quelqu'un de votre itinéraire (surtout si vous partez seul).

▸ **Cartes.** Vérifier que vous avez une carte de l'itinéraire, guide papier ou numérique, et penser à bien télécharger le fonds de carte sur votre GPS.

▸ **Batteries chargées.** Téléphone, appareil photo, VAE, vous pouvez prévoir un chargeur solaire pour votre téléphone ou des batteries de rechange.

▸ **Vérification du vélo.** Une bicyclette révisée et réglée à votre taille ; et vérifier notamment le gonflage des pneus, l'éclairage, les freins, la transmission et l'antivol.

▸ **Vérification du matériel.** Sacoches, pompe, kit de réparation et outils, téléphone (avec applications) ou GPS, boussoles, trousse de pharmacie (premiers secours) et couverture de survie.

▸ **Équipement personnel.** Gilet haute visibilité, casque, mitaines, pinces à pantalon, et équipement en fonction de la météo : en cas de pluie, cape de pluie, pantalon imperméable, guêtres ; contre le vent et/ou le froid, veste coupe-vent, polaire, gants, manchons ; et enfin pour se protéger du soleil et des UV, crème solaire, t-shirt ou vêtement long, lunettes de soleil, mitaines, chapeau.

Autre équipement selon vos besoins et la balade : serviette et maillot de bain, couverture ou plaid pour s'étendre, carnet de croquis, etc.

▸ **Horaires et réservations.** Vérifier les horaires des sites touristiques que vous souhaitez visiter, les créneaux d'arrivée pour hébergements ; pensez à vous munir des justificatifs de réservation (billets papiers ou électroniques).

▸ **À boire** (gourde) et **à manger** (en-cas ou pique-nique).

▸ **Documents et argent.** Carte d'identité, carte Vitale et mutuelle, carte d'assurance, carte bancaire, espèces.

MÉCANIQUE ET ENTRETIEN

Entretenir et réparer son vélo sont la base d'une pratique agréable et sans stress. Les rudiments en matière d'entretien et de mécanique s'apprennent rapidement. Connaître les principaux éléments qui composent le vélo et effectuer leur entretien est une première étape. Savoir identifier l'état général du vélo s'acquiert avec l'expérience. Pouvoir réparer une crevaison est un point important mais n'ayez crainte, en cas de difficulté, vous pourrez demander de l'aide autour de vous. Nous vous donnons ici quelques conseils de base mais il existe aussi des livres et tutoriels en ligne. Vous pouvez aussi apprendre la mécanique (ateliers d'auto-réparation, cours ou stages). Sur votre route, vous trouverez des professionnels (vélocistes) qui pourront procéder tant à l'entretien qu'à la réparation de votre vélo. Et puis, en balade, l'entraide fonctionne en général très bien et vous trouverez sûrement quelqu'un pour vous épauler.

Entretien du vélo

La longévité du vélo, sa sûreté et sa fiabilité tiennent en partie à un entretien régulier. Entretenir son vélo ne demande pas beaucoup de temps. A partir du moment où l'état général du vélo semble correct, une simple vérification de routine est suffisante.

Nettoyage, graissage et vigilance. Nettoyez votre vélo régulièrement, notamment après vos balades. Pour cela, vous pouvez vous munir de chiffons, éponges, brosses et d'huile de coude. A l'aide d'un chiffon sec ou de brosses, vous pouvez frotter les éléments à nettoyer. Le nettoyage du cadre, des roues et de la chaîne peut aussi se faire à l'aide d'eau et de savon, en pensant à bien rincer et sécher les parties humides, ce qui évitera à votre vélo de s'abîmer prématurément. Une fois propre, il s'agit de graisser la chaîne, afin qu'elle puisse coulisser et changer de vitesse sans aucun problème. Une chaîne bien entretenue dure cinq fois plus longtemps. Pour nettoyer votre chaîne de manière écologique – et économique –, rien de mieux qu'une brosse ou brosse à dent sur laquelle vous pouvez ajouter du vinaigre blanc. On pourra aussi utiliser une brosse à dents pour graisser la chaîne ou déposer une goutte sur chaque maillon, pour éviter les surplus d'huile. Une chaîne qui « chante » ou reste sèche doit vous alerter. Les éléments de câble (freins et dérailleurs) pourront, quant à eux, être régulièrement lubrifiés. D'une manière générale, soyez attentifs aux sensations de gênes, aux bruits qui peuvent signaler un dysfonctionnement et n'hésitez pas à contacter un spécialiste (atelier de réparation) pour avoir des conseils.

Gonflage des pneus. L'entretien passe aussi par la vérification et le gonflage des pneumatiques. En règle générale, l'usure des pneus est globalement assez facile à déterminer puisque les caractéristiques de détérioration sont généralement visibles. Si votre pneu est déchiré ou fendu et que vous pouvez voir la chambre à air n'attendez pas avant de le changer car le risque de crevaison est maximal. Pour vérifier l'usure normale d'un pneu, il s'agit de regarder son état global comme les flancs du pneu. En passant votre doigt sur la partie inférieure du pneu et si celle-ci s'effrite, c'est qu'il est usé. N'hésitez pas également à le soulever pour examiner l'état du pneu sous la roue. Il est possible dans certains cas d'être confronté à de mauvaises surprises. Pour obtenir une pression correcte dans les pneus, tenez compte de l'indication sur le côté du pneu, qui mentionne un intervalle de pression, mesuré en PSI ou Bars.

© PREDRAG VUCKOVIC - ISTOCKPHOTO.COM

Il est important de bien entretenir son vélo.

CARNET

La crevaison est l'incident le plus fréquent.

La pression dépend de la pratique (type de terrain), de la météo et du poids du ou de la cycliste. Pour les vélos de route et de ville, on recommande de gonfler les pneus entre 6 et 8 bars max. Il vous suffit de vous munir d'une pompe adaptée avec le compteur intégré afin d'administrer la bonne pression. Si vous n'en disposez pas, vous pouvez gonfler vos pneus dans les stations de gonflage vélo qui sont présentes sur le long de certaines voies cyclables, ou chez un vélociste.

▶ **Stockage du vélo.** Quelques autres astuces pour profiter de votre vélo le plus longtemps possible : il est fondamental de mettre son vélo à l'abri de l'eau et du soleil. En effet, l'eau est le pire ennemi du vélo. Elle s'infiltre partout et détruit tout sur son passage. L'idéal est de l'essuyer rapidement avec un vieux chiffon après être revenu si vous avez pris une averse. Quant au soleil, il détériore prématurément les pneus. Mieux vaut donc protéger votre vélo du soleil, si vous ne voulez pas vous retrouver avec une crevaison.

▶ **Précaution sécurité et environnement.** La sécurité commence par vous. On vous conseillera une tenue qui ne craint pas les salissures et vous protégera : gants, blouse, avec un point d'eau, du savon (et éventuellement du marc de café) à proximité pour vous nettoyer les mains. Le mieux est d'effectuer l'entretien dans un lieu ventilé et de veiller à la propreté de l'atelier et au rangement des produits et des outils. Et n'oubliez pas, lorsque vous entretenez votre vélo, de protéger le sol des égouttures. Un litre d'huile peut polluer un km^2 d'eau. L'huile usagée et certains produits (vérifier les étiquettes) sont des déchets spéciaux : contacter la déchetterie ou le service en charge de la collecte des déchets de votre collectivité afin de connaître les modalités d'enlèvement. Pensez également à stocker vos produits et déchets à l'abri des pluies, sur un support étanche et étiquetez-les.

Mécanique : quelques éléments de réparation

Réparer son vélo n'est pas toujours chose facile, mais il est toujours préférable de connaître quelques notions de base. Cela vous fera économiser de l'argent, et vous rendra confiant et autonome envers ce moyen de transport qu'est le vélo.

Réparer une crevaison

La crevaison est l'incident le plus banal qui puisse arriver à un vélo, et sans doute le plus énervant. L'opération de réparation d'une crevaison peut durer entre 15 minutes à plusieurs heures selon votre expérience en mécanique. Avant tout, il s'agit de trouver la crevaison, donc il faut au préalable démonter le pneu et la chambre de la jante. Voici en trois étapes comment démonter un pneu :

▶ Étape 1 : retirer la roue du vélo et dégonfler le pneu en appuyant sur le petit picot situé au milieu de la valve, pas besoin d'attendre que le pneu soit entièrement dégonflé ; s'il est mou, cela suffit.

▶ Étape 2 : enlever le pneu de la roue, pour cela vous devez tout d'abord appuyer sur les flancs du pneu, vers l'intérieur. Le pneu se détache simplement des parois où l'on va pouvoir insérer les démonte-pneus entre le pneu et la jante à des endroits différents. Vous les utilisez comme leviers afin que le pneu sorte des rails de la jante. Attention à ne pas pincer la chambre à air !

▶ Étape 3 : une fois le pneu hors de la jante, il suffit de retirer la chambre à air du pneu. Une fois que c'est fait, gonfler légèrement la chambre, celle-ci laisse entrer un sifflement d'air et permet de trouver le trou. Si la crevaison est très légère et ne siffle pas, il suffit de tremper la chambre à air légèrement gonflée dans l'eau (ou utilisez la salive avec son doigt, à défaut d'eau) : des bulles d'air sortent du trou. L'objectif est de préparer la pose de la rustine. C'est l'opération la plus délicate, il faut bien noter que toute la qualité de votre réparation dépendra de ce passage difficile ! Dans un premier temps, avec l'aide d'un papier de verre, poncez délicatement la chambre à air à l'endroit du trou. Il est conseillé aussi de poncer l'intérieur du pneu qui se situe au niveau de la crevaison, car il se peut qu'une épine ou un morceau d'épine soit toujours logé dans le pneu et puisse re-crever instantanément le pneu. Et puis, appliquez la colle sur toute la surface que vous avez poncée pour ensuite poser la rustine sur le trou en la pressant fortement quelques minutes, sans

CARNET

la faire glisser. Une fois la rustine en place, regonflez très légèrement la chambre afin qu'elle ait une relative rigidité permettant de la glisser plus facilement dans le pneu. Pour finir, faites levier avec les démonte-pneus comme vous l'avez fait précédemment pour replacer le pneu dans la roue, en faisant très attention de ne pas pincer la chambre à air. Une fois la chambre à air ou le pneu changé, gonflez la chambre à air à la pression requise (cf. § entretien) puis resserrez fermement la roue en vous aidant des attaches rapides ou écrous. Dernière opération avant de remettre le pneu et la roue de vélo en place : vous devez vérifier le sens du pneu. Bien sûr, la plupart des pneus ont un sens. Il est indiqué sur le pneu par une petite flèche avec la mention front/rear soit avant/arrière.

▶ Pour mener à bien l'opération, pensez à vous munir d'une trousse à outils comprenant un kit anti-crevaison (mis à disposition par le loueur de vélo) : pompe à main, démonte-pneus, rustines, colles, grattoir, clés, pince, outil multiple et chiffon.

▶ Astuce en cas de crevaison : utiliser une chambre à air de rechange et réparer celle endommagée (pose de rustine) le soir, au calme, une fois votre balade à vélo terminée.

Avarie de chaîne

Lors des sorties, on prévoit souvent le kit de réparation pour crevaison, plus rarement de quoi réparer la chaîne. C'est vrai, l'incident est plus rare, mais tout aussi pénalisant. D'autant que l'outillage est simple et léger : un dérive-chaîne suffit. Le changement de chaîne, dans le cas de bris, n'est pas obligatoire. La chaîne peut être réparée, en supprimant le couple du maillon brisé. La chaîne sera plus courte, mais, à moins que la chaîne ait été précédemment raccourcie, cela n'aura pas d'incidence. Il n'est pas possible d'installer ou de retirer une chaîne d'un vélo sans l'ouvrir. En effet, la chaîne passe autour de la base arrière droite. Pour déterminer la longueur d'une chaîne, copier sur l'ancienne chaîne, en comptant le nombre de maillons, la longueur pouvant différer si l'ancienne chaîne est usée (allongée avec le temps). Ensuite, installer provisoirement la chaîne sur le vélo en la faisant passer sur le grand pignon et le grand plateau. La chape du dérailleur ne doit pas alors être trop ni trop peu tendue. Retirer l'excédant de maillons.

Ateliers de réparation et réseaux d'entraide

Nous vous conseillons les ateliers de réparations associatifs et solidaires, où pour une cotisation annuelle (30 € en moyenne) vous pourrez gagner en « vélonomie », en apprenant à entretenir et réparer votre vélo. Vous pouvez également apprendre seul, à l'aide d'ouvrage ou tutoriels. N'oubliez pas non plus les gens autour de vous : famille, amis, collègues. Ponctuellement des ateliers, des cours d'entretien ou stages de mécanique peuvent être organisés (par des associations, collectivités territoriales, vélocistes) ou lors d'événements ou manifestations vélo. Si vous êtes hermétique à la mécanique et que vous n'aimez pas mettre les mains dans le cambouis, vous pouvez tout à faire sous-traiter cette prestation. Les vélocistes sont des professionnels qui assurent la réparation des vélos. N'hésitez-pas à leur confier votre bécane. Des collectivités, dans le cadre de leur système vélo, ont également mis en place des ateliers de réparations, souvent situés dans des endroits stratégiques (gares).

▶ Pour plus d'informations : wiklou.org, www.heureux-cyclage.org

CARNET

L'ACCUEIL EN BALADE

La balade à vélo ne se résume bien souvent pas qu'à de l'activité physique. Elle offre matière à découvrir tout un patrimoine et un terroir. Cela passe par l'observation des paysages depuis votre bicyclette, des visites culturelles, des baignades, des déjeuners sur l'herbe ou encore par l'accueil chez des hôtes, pour un repas, une nuitée ou tout un séjour. Le réseau des offices de tourisme pourra vous aider en amont et pendant la balade, pour vous indiquer de bonnes adresses. Il existe tout un réseau de prestataires dans l'accueil des cyclistes. Le label national Accueil Vélo référence un ensemble de services liés au vélo, sélectionnés selon des cahiers des charges précis, incluant les activités de restauration et d'hébergement. Sachez également que la balade à vélo est accessible à toutes les bourses et que vous trouverez différents types d'offres pour vos pauses repas, vos nuits, et des tarifs réduits pour des visites touristiques.

Des hébergements pour toutes les bourses

En balade, différentes possibilités s'offrent à vous en matière d'hébergements, selon vos envies et vos contraintes.

Sous la tente. Envie de profiter de la balade pour dormir sous la toile ? Vous pouvez opter pour le camping, qui offre, avec un emplacement pour votre tente, de l'électricité, un espace cuisine et un bloc sanitaire. Selon le standing, d'autres services pourront vous êtres proposés : restaurant, piscine, soirée à thème, etc. Les campings qui ont le label Accueil vélo offrent un espace couvert pour ranger les deux-roues, un coin blanchisserie et un atelier pour les petites réparations. Des aires de bivouac existent également sur certains parcours où vous pourrez passer la nuit, souvent à la condition de planter la tente à la nuit tombée et de la replier au lever du jour.

Une autre option qui peut séduire certains d'entre vous est le camping sauvage. L'idée est de trouver un spot à l'abri pour vous permettre de passer la nuit le plus confortablement possible. Cette pratique est autorisée et réglementée en France, à l'exception de certains endroits (dont villes et réserves naturelles). L'interdiction peut être signalisée par des panneaux et formalisée par des arrêtés municipaux. Renseignez-vous.

Vous pouvez également poser votre tente chez l'habitant, dans un jardin. Des plateformes existent, qui mettent en lien hôtes et voyageurs pour du *gambing* (contraction de *garden* + camping) : www.homecamper.fr

© SHAUNL - ISTOCKPHOTO.COM

Chez l'habitant. Si vous souhaitez passer du temps avec des habitants, les réseaux de *warmshowers* et de *couchsurfing* pourront vous permettre de faire de belles rencontres. Attention, il ne s'agit pas d'un simple hébergement gratuit mais bien d'un partage entre un hôte et un voyageur, qui souhaitent s'enrichir de la rencontre. La communauté *Warmshowers* (« douches chaudes » en anglais) met en relation les cyclotouristes selon un principe simple : se faire héberger pendant un voyage à vélo, le temps d'une escale, tout en rendant la pareille à d'autres dès que vous en aurez l'occasion. Une carte interactive référence les personnes qui peuvent vous recevoir pour une nuit ou plus, avec les détails de leurs moyens d'accueil (une parcelle de camping dans leur jardin, une chambre, repas offert ou non, etc.), ainsi que leurs coordonnées : warmshowers.org ; *Couchsurfing* fonctionne sur le même principe mais est non spécifique aux voyageurs à vélo : www.couchsurfing.com

Hôtels, chambre d'hôtes et gîtes. Principalement installés sur les zones traversées par des véloroutes et autres pistes cyclables, de nombreux hébergeurs proposent des équipements particuliers et des services spécifiques destinés aux cyclotouristes. On y retrouve entre autres les Logis Vélo avec plus de 450 hôteliers sur toute la France offrant un accueil de qualité. Plus d'infos sur www.logishotels.com/fr/nous-decouvrir/logis-et-le-velo

© HALFPOINT - ISTOCKPHOTO.COM

Accueil vélo

Certaines régions de France ont développé leur propre réseau d'hébergements labellisés, et proposent le label Accueil Vélo. C'est une sélection d'hébergements qui bordent un itinéraire cyclable. Regroupés en réseau, ces campings, hôtels, gîtes et chambres d'hôtes vous réservent un accueil adapté : local à vélos, petit matériel de réparation, possibilité de transport de bagages à l'hébergement suivant, etc. Les hôteliers en général vous proposent un petit déjeuner copieux, un panier pique-nique, un local sécurisé pour les vélos et un point d'eau pour les laver, un lavage et séchage du linge, une mise en relation avec un loueur ou un transporteur du réseau, une mise à disposition d'une place de parking pour un véhicule pendant l'absence du client. Vous pourrez trouver un prestataire grâce au moteur de recherche consultable en ligne : www.francevelotourisme.com/hebergements.

Autres hébergements

En balade à vélo, vous pouvez aussi trouver à vous loger en gîte rural. Sur les chemins de Saint-Jacques-de-Compostelle, muni d'une crédenciale, vous pourrez faire halte dans les auberges pour pèlerins. Pour ce qui est des hôtels, auberges de jeunesse ou chambres d'hôtes traditionnelles, n'hésitez pas à les appeler. Ils sont de plus en plus nombreux à s'équiper pour recevoir les cyclistes ou peuvent s'adapter pour accueillir votre bicyclette dans de bonnes conditions (mise à disposition d'un abri protégé pour le vélo par exemple).

Se restaurer sur la route

En balade, vous pourrez opter pour plusieurs formules, selon votre temps ou votre porte-monnaie. Le label Accueil Vélo identifie des restaurateurs *bike-friendly* (www.francevelotourisme.com/restaurants-bars). Dans certaines villes vous pourrez trouver des cafés-vélo qui combinent les services de réparation de vélos, bar et restaurant. Encore une fois, les itinéraires cyclables tels que les voies vertes comportent des services de restauration à proximité ou le long de l'itinéraire. Vous pourrez aussi bénéficier de formules panier-repas à emporter mises en place par certains hôtes. N'hésitez pas à le demander. Pour un pique-nique de qualité, vous pouvez aussi vous arrêter chez les commerçants, producteurs locaux ou marchés situés le long de votre itinéraire. Renseignez-vous auprès de vos hôtes ou des offices de tourisme pour connaître les jours de marché.

Découvrir le terroir

Certains offices de tourisme, dont certains labellisés Accueil Vélo, pourront vous prodiguer des conseils spécifiques. De manière générale, ces établissements constituent des mines d'informations qui vous seront utiles dans votre pérégrination, tant sur l'aspect pratique que pour la découverte du patrimoine et des sites culturels (à noter que certains offices de tourisme mettent à disposition du matériel de réparation pour vélo). Le mieux est de les contacter en amont ou de consulter leur site Internet, afin de préparer au mieux votre voyage. Pour les cyclotouristes qui n'aimeraient pas l'organisation et préfèrent le confort d'un voyage organisé, sachez que des voyagistes proposent des séjours à vélo, en groupe. Ils peuvent aussi vous confectionner un voyage sur mesure pour un groupe que vous aurez constitué.

LES SERVICES EN BALADE

En balade, vous n'êtes pas tout seul ! Un circuit vélo ne se résume pas à un simple tracé et vous pourrez trouver un ensemble de services sur la route ou à proximité. Sachez d'abord qu'il existe des possibilités pour transporter votre vélo non démonté dans les trains, bus, mais aussi métros et bateaux (bacs, ferries, etc.). Des services de location (intégrant, outre le vélo, les sacoches, le kit de réparation, parfois aussi le casque ou d'autres équipements) existent et peuvent être réservés. D'autres services pourront égrener votre parcours et vous faciliter la vie : réparations, stations de gonflage, stations de recharge de batterie de VAE, transport des bagages ou taxis. Les véloroutes et voies vertes intègrent cette notion de service dans leur cahier des charges, ainsi que le label Accueil Vélo. Dans tous les cas, pas de panique. Les circuits sont fréquentés par d'autres cyclistes, souvent prompts à l'entraide.

Intermodalité : vélo et train

Les politiques évoluent en matière d'intermodalité et nous vous conseillons de consulter les sites Internet des transporteurs pour vérifier les conditions de transport des vélos.

Vélos démontés ou vélos pliants. Les vélos démontés et placés dans une housse (de format 130 x 90 cm maximum pour la SNCF), ainsi que les vélos pliants sont acceptés gratuitement dans tous les trains. Toutefois, dans les OUIGO (OUIGO Train Classique et Grande Vitesse), il vous en coûtera 5 € lors de votre réservation pour transporter votre vélo pliable ou démonté.

Vélos non démontés. Les trains TER (Trains Express Régionaux) acceptent en général (mais pas toujours !) les vélos non démontés gratuitement et sans réservation, dans la limite des places disponibles. Consultez au préalable le site Internet TER de votre région. Pour ce qui est du réseau Intercités, il vous en coûtera 10 € lors de la réservation pour transporter votre biclou. Dans certains TGV INOUI, il est possible de transporter votre vélo pour 10 € et avec réservation, dans la limite des places disponibles (idem pour les OUIGO Train Classique). Sachez que vous pouvez également réserver un emplacement vélo payant dans l'Eurostar et dans les TGV Lyria.

Pour plus d'informations, rendez-vous sur www.sncf-voyageurs.com/fr/voyagez-avec-nous/train-et-velo/votre-velo-a-bord/

Réseau transilien et RATP

Pour ce qui est du réseau ferré transilien les modalités sont les suivantes : du lundi au vendredi, avant 6h30, entre 9h30 et 16h30 et après 19h30. Le samedi, dimanche et les jours fériés sans restriction d'horaires. Attention, en cas de forte affluence, l'accès au train avec votre vélo pourra vous être refusé. Le vélo est accepté dans les bus Transilien (dont Noctilien) dotés d'une soute à bagages. Dans les RER, les vélos sont acceptés les samedis, dimanches et jours fériés toute la journée, et les autres jours avant 6h30, entre 9h et 16h30, puis après 19h.

Pour plus d'informations : www.ratp.fr/services-aux-voyageurs/services-aux-voyageurs/services-de-mobilite/service-velo

Vélo et bus interurbains

Nous vous conseillons de consulter les sites ou de contacter directement les transporteurs. Les vélos démontés dans des housses sont considérés comme des bagages, mais les conditions varient selon les lignes pour les vélos non démontés (et la période). À noter, la Loi d'orientation des mobilités prévoit que les autocars de lignes régulières de transport public, en circulation après le 1er juillet 2021, doivent pouvoir transporter un minimum de 5 vélos non démontés.

Vélo et bateau (bac, ferry)

Les itinéraires vélos nécessitent parfois le passage de rivières, mers ou estuaires et empruntent des bacs ou ferry, qui acceptent généralement les vélos. Renseignez-vous auprès des opérateurs de transport. À Paris, le service Batobus (navettes sur la Seine) a la capacité d'accueil d'un vélo non démonté par bateau.

Vélo et voiture

Un dispositif de porte-vélo vous permettra de transporter votre vélo en voiture. Parmi les différentes possibilités on citera le porte-vélos hayon. Il se fixe rapidement sans aucune restriction de hauteur, pouvant transporter jusqu'à quatre vélos, s'il est doté d'un bras articulant.

© VM - ISTOCKPHOTO.COM

Location de vélos

Il existe des systèmes de location de courte ou moyenne durée, à utiliser selon vos besoins. Les locations courte durée se révèlent très pratiques pour la balade et permettent de découvrir différents types de vélos et de louer directement sur le lieu de votre balade. Certains loueurs peuvent également récupérer votre vélo en fin de séjour si vous n'effectuez pas une boucle. Les locations longue durée vous permettent, quant à elles, de bénéficier d'un vélo pour les déplacements du quotidien. Les collectivités qui proposent ce service ont souvent des tarifs intéressants (dont des tarifs solidaires) et incluent d'autres services : consignes, maintenance du vélo, etc. Voici quelques ressources utiles :

- www.francevelotourisme.com (label Accueil Vélo) ;
- offices de tourisme : ils vous informent sur les loueurs et proposent parfois des vélos en location ;
- collectivités territoriales ;
- vélocistes, loueurs privés ;
- associations ;
- l'application en ligne Ouibike (www.ouibike.net) qui propose un service de réservation en ligne 7j/7 et toute l'année. Ouibike propose aussi la location et livraison de vélos au sein d'un réseau de plus de 300 points de location ;
- l'application de location entre particuliers Bebike (www.sobebike.com). C'est la première application de location de vélo entre particuliers. Il vous suffit de télécharger l'application et vous pourrez ensuite trouver un vélo partout dans votre région.

Réparation du vélo

Avant de partir, assurez-vous que votre vélo est en bon état de fonctionnement et bien réglé. En cas de souci sur la route, pas de panique, voyez déjà si vous êtes en mesure de diagnostiquer et traiter le problème. Les itinéraires étant généralement fréquentés par d'autres cyclistes, il est fort probable qu'on vienne spontanément vous aider. Sachez que des réparateurs de cycles sont souvent présents à proximité des itinéraires, en tout cas dans les villes. Le label Accueil Vélo recense un certain nombre de prestataires qui peuvent assurer les réparations ou vous aider. Vous pouvez également contacter le loueur de vélo qui pourra vous prodiguer des conseils ou dans certains cas venir vous récupérer.

Services de bagagerie et taxis

Si vous partez plusieurs jours en itinérance et que vous ne souhaitez pas porter vos bagages sur votre vélo, sachez que sur certains itinéraires, des prestataires assurent un service de portage. Vous retrouverez ainsi chaque soir vos effets personnels dans votre hébergement. Des services de taxi existent également afin de vous transporter avec votre vélo d'un point A à un point B si vous ne souhaitez pas pédaler toute la journée. Ayez aussi un œil sur les horaires de bus ou trains qui acceptent les vélos (sous certaines conditions).

Label Accueil vélo

Cette marque nationale réunit plus de 600 prestataires de différents secteurs : hébergeurs/restaurateurs, loueurs de vélos, réparateurs de vélos, offices de tourisme et sites touristiques qui assurent un certain nombre de services dédiés au vélo selon des critères précis, notamment une localisation à moins de 5 km d'un itinéraire cyclable, des conseils et équipements spécifiques (stationnement vélo sécurisé), etc. Pour plus d'informations :

- www.francevelotourisme.com ;
- contacter les offices de tourisme ou consulter leur site Internet ;
- contacter votre loueur de vélo et votre hébergeur.

SÉCURITÉ ET PROTECTION CONTRE LE VOL

La sécurité est un paramètre important. Cela commence par un vélo correctement réglé et en bon état de fonctionnement. A cela s'ajoute la tenue du cycliste, qui devra associer confort, visibilité et résistance aux aléas climatiques. Une fois équipé, il s'agira, pour s'élancer avec confiance et fluidité, de respecter quelques règles de bonne conduite, ainsi que la réglementation en vigueur, tant dans le trafic que sur les aménagements cyclables et l'espace public. Pour celles et ceux qui auraient besoin de se remettre à pédaler, sachez que des vélos-écoles permettent un apprentissage ou une remise en selle à tout âge. Enfin, afin d'éviter de se faire voler son vélo, ce qui est un risque somme toute fréquent, on conseillera également quelques mesures de prévention. Outre la vigilance, des dispositifs tels que des antivols, ou des systèmes de marquage peuvent dissuader plus d'un voleur et vous éviter de voir disparaître votre monture.

La sécurité à vélo

▸ **Voir et être vu.** La visibilité est le premier atout du cycliste. De jour comme de nuit, il est important d'être bien visible de tous : des automobilistes, bien sûr, mais aussi des piétons, cyclistes et autres usagers de la voirie. Le gilet de sécurité haute visibilité permet d'attirer l'attention de tous, et il est obligatoire la nuit, hors agglomération, de même que de jour par temps sombre ou de brouillard. Des dispositifs d'éclairages, eux aussi obligatoires, assureront votre visibilité (catadioptres, dynamo, lampes amovibles ou systèmes autonomes *reelight*). Il s'agit aussi d'être clair dans ses intentions : tendre le bras pour indiquer chaque changement de direction et s'assurer que notre intention ait été bien comprise par les autres usagers. Les cyclistes sont particulièrement vulnérables aux intersections. Respecter le Code de la route aide aussi les automobilistes à prévoir où se dirigent les cyclistes. En agglomération, soyez attentifs aux revêtements tels que ralentisseurs et grilles d'égout. Attention aux angles morts et aux mouvements latéraux des camions, bus, camionnettes : il est préférable de rester bien derrière.

Le gilet de sécurité haute sécurité permet de bien être vu des autres.

▸ **Code de la route.** Toute une réglementation s'impose aux cyclistes et leur confère des droits mais aussi des devoirs en matière d'équipement, de circulation, ou d'aménagements. La réglementation est évolutive et varie d'un pays à l'autre. Aussi est-il nécessaire de se renseigner au préalable. Pour ce qui est de la circulation en France, des panneaux bleus indiquent les pistes cyclables : le rond à caractère d'obligation et les rectangulaires conseillent de les emprunter. Les voies express interdites sont matérialisées par des panneaux blancs cerclés de rouge.

▸ **Code de la rue.** Il s'agit d'une évolution du code de la route, en vigueur dans certaines collectivités, qui énonce un principe de prudence vis-à-vis des usagers les plus vulnérables (notamment piétons), redéfinit les aires piétonnes et introduit des « zones de rencontre » avec une priorisation selon les différents modes de déplacement.

▸ **Interdictions.** Ecouteurs, oreillettes ou casque audio sont interdits à vélo. L'usage du téléphone portable, même tenu en main, est interdit.

▸ **Pour plus d'informations :** www.securite-routiere.gouv.fr, www.fub.fr

▸ **Oser prendre sa place.** Il s'agira de s'élancer avec confiance et de prendre sa place dans le trafic ou dans les aménagements dédiés. On tâchera de rester maître de son vélo et de sa vitesse en évitant notamment de zigzaguer sur la route.

© AROCHAU - STOCK.ADOBE.COM

Il est important d'avoir une tenue adaptée.

Sous la pluie et sur chaussée détrempée, pensez à anticiper le freinage. Si vous roulez en groupe, assurez-vous de rouler dans une formation appropriée. Évitez de rouler à plus de deux de front. En cas de dépassement par un autre véhicule ou sur une route étroite, roulez en file simple. Il est aussi important de communiquer entre vous afin de prévenir les obstacles placés sur la route (trous, gravillons, etc.), mais aussi d'informer les autres qu'une voiture va doubler ou vient en face. En cas d'incident mécanique, il vaut mieux ne pas s'arrêter sur la chaussée, mais sur le bas-côté droit de l'accotement. Apprendre à pédaler ou se remettre en selle est toujours possible : renseignez-vous auprès du réseau des vélos-écoles, de votre collectivité, ou de la Fédération des Usagers de la Bicyclette (www.fub.fr).

Un vélo réglé et en état de fonctionnement

Pour rouler en sécurité, il s'agit d'abord d'avoir un vélo réglé et en bon état de fonctionnement. Récent ou vieux, le vélo doit être en parfait état de marche : les vitesses doivent changer sans problème (danger en cas de saut de chaîne dû à un mauvais entretien de la transmission). Les freins doivent fonctionner correctement et sans à-coup (il faut de temps à autre surveiller l'usure des patins et câbles). Il est aussi important de vérifier le serrage des boulons et attaches rapides, notamment des roues, du guidon, de la selle et des freins. En ce qui concerne les pneus, ils doivent être regonflés régulièrement en respectant la pression donnée par le fabriquant, indiquée sur le pneu. Parmi les éléments importants à prendre en compte figure la selle, un composant essentiel en terme de confort, surtout pour les longues échappées. Sa hauteur ainsi que celle du guidon doivent favoriser l'ergonomie. Tout vélociste ou loueur saura vous prodiguer les bons conseils en matière de réglage et d'entretien.

Éléments de sécurité du vélo. Les éléments obligatoires sur un vélo sont deux dispositifs de freinage, un porte-bagage, un système d'éclairage, une sonnette. La sonnette sert notamment à prévenir les autres usagers, piétons, voitures ou cyclistes et à éviter ainsi d'éventuels accidents. Les garde-boues vous permettront de rester propre et de ne pas aveugler le cycliste qui vous suit avec des éclaboussures. Un rétroviseur, installé du côté gauche, permet de savoir à tout moment ce qui se passe derrière soi et peut se révéler bien utile dans le trafic. Il est important de vérifier au préalable si le champ de vision n'est pas trop réduit. Une béquille facilite les petits arrêts. Il s'avère également important de disposer d'une pompe (à main, car transportable) et d'une trousse à outils contenant : un démonte-pneus, chambre à air de rechange, colle et rustines ; chiffons, gants, pompe, dérive-chaîne, pince et outil multifonction (clé BTR, tournevis).

Un équipement vestimentaire adapté. D'une manière générale, pour pratiquer le vélo dans de bonnes conditions, il est important de s'équiper correctement et en fonction des aléas climatiques. On évitera les bas de pantalons larges, les lacets de chaussures non lacés, les écharpes tombantes et les longs manteaux s'accrochant facilement : risque de chute ! Préférez des vêtements de couleurs claires qui permettent d'augmenter votre visibilité en journée. Pour les randonnées longues, vous pouvez opter pour un cuissard court ou long en fonction de la saison. Il vous épargnera les désagréments de la selle bien connus des cyclistes professionnels, tels que les échauffements ou brûlures de la peau. Pour le choix du casque (obligatoire pour les moins de 12 ans et vivement conseillé pour les autres), préférez ceux à coque rigide qui protège d'éventuels traumatismes crâniens en cas de chute. Des lunettes de soleil vous protègeront des UV mais aussi de la poussière.

© WAVEBREAKMEDIA - SHUTTERSTOCK.COM

Le casque est obligatoire pour les enfants de moins de 12 ans.

Prévenir le vol

Quelle que soit leur qualité, les vélos sont très recherchés par les voleurs. Selon une étude de 2023, on estime entre 350 000 à 580 000 vélos déclarés volés en France. Dans une majorité de cas, les vols ont lieu dans l'espace public. Comme il vaut mieux prévenir que guérir, voici quelques conseils de première ligne. A l'extérieur, veillez à ne pas laisser trop longtemps votre vélo et dans la mesure du possible, gardez-le dans votre champ de vision. Préférez les endroits fréquentés ou les parkings sécurisés et/ou surveillés. Certaines collectivités, dans le cadre de leur système vélo ont mis en place des parkings de stationnement sécurisés et des locations de box.

Comment attacher son vélo pour pouvoir le sécuriser au mieux ? Sécurisez à la fois le cadre et la roue avant. En effet, il est très important d'attacher la roue avant au cadre, car celle-ci est plus vulnérable au vol que la roue arrière puisqu'elle se démonte plus facilement. Évitez les attaches rapides de selle et de roues de vélo surtout pour une utilisation en agglomération. Ils peuvent sembler pratiques au premier abord, mais sachez qu'ils facilitent le vol de votre vélo. Il faut savoir que les accessoires sont également une proie très facile des voleurs, même les moins expérimentés. N'hésitez pas à garder avec vous vos sacoches, pompe, ou compteur, lorsque vous laissez le vélo.

- **Marquage**. Depuis 2021, le marquage des vélos est obligatoire pour les vélos vendus neufs et d'occasion par les professionnels. Des opérateurs agréés par l'État sont en charge de ce marquage. Sachez que vous pouvez aussi faire marquer un vélo déjà en votre possession. Le marquage est associé à l'enregistrement du vélo sur un registre national unique. Le marquage permet de dissuader les voleurs (difficulté à revendre le vélo par la suite) et facilite les recherches en cas de vol. Nombre de bicyclettes volées et retrouvées ne peuvent en effet être rendus à leurs propriétaires faute d'identification. Pour plus d'information : www.bicycode.fr

- **Antivols.** Un ou plusieurs antivols sont aujourd'hui souvent indispensables pour empêcher le vol si vous êtes obligé de vous séparer de votre vélo un certain temps. Pour un court arrêt, le cadenas en étrier permet de bloquer rapidement la roue arrière. Pour un arrêt plus long, privilégiez les gros cadenas en forme de U, étudiés pour résister à de multiples agressions. Ils sont lourds, mais leur prix est nettement inférieur à celui d'un nouveau vélo. Les antivols en spirale cèdent en revanche à la première pince coupante venue, et les cadenas à chiffres ne résistent pas non plus longtemps au voleur. Un U plutôt court, associé à un antivol bloquant la roue arrière est en général recommandé. Sachez que peu de choses arrêtent un voleur bien équipé et organisé. C'est pourquoi l'ensemble des conseils précédemment évoqués s'applique pour diminuer les risques de vol. La FUB propose un comparateur d'antivol (www.fub.fr/antivols). A noter que certains antivols sont homologués ou certifiés (permettant de garantir un niveau de protection minimal pour l'utilisateur, parfois exigé par l'assureur). Voir aussi www.bicycode.org.

- **Assurance.** Le vol de vélo à votre domicile peut être compris dans votre assurance habitation (se renseigner). Des assurances spécifiques existent également pour le vol de vélo.

- **Un système de parking vélo entre particuliers** : www.velhome.co.

En cas de vol

Zut, on vous a dérobé votre vélo : échappé, volatilisé ! La première chose à faire est d'aller porter plainte au commissariat ou à la gendarmerie. Il s'agit ensuite de le renseigner, via la base de données de votre opérateur, si votre vélo est marqué. Vous pouvez également consulter les sites suivants : www.bicycode.org et www.veloperdu.fr. Consultez également votre assurance et demandez à vos amis d'ouvrir l'œil, regardez les petites annonces. A froid, essayez de comprendre les facteurs qui ont permis le vol afin de mieux anticiper la prochaine fois. Et relativisez : ce n'est que du matériel. Par sécurité, prenez une photo de votre vélo attaché à son emplacement.

S'INFORMER

Voici quelques adresses pour vous aider à chaque étape de votre parcours, de sa préparation jusqu'à la fin de la balade. Vous trouverez des structures qui proposent des ateliers de remise en selle afin de vous permettre de reprendre ou apprendre le vélo en toute confiance. Nous vous présentons également différentes organisations qui pourront vous apporter des conseils en matière de vélo (achat, entretien, conseils pour rouler). Nous vous indiquerons aussi quelques pistes pour préparer vos itinéraires avec des informations et des outils pratiques. Vous trouverez le nom de structures associées au cyclotourisme via lesquelles vous pourrez trouver des compagnons de route et des idées de parcours. Enfin, quelques éléments de littérature, revues et sites liés à l'univers du vélo vous seront présentés, car ils peuvent constituer des sources d'inspiration et contiennent des informations récentes.

Se (re)mettre en selle, trouver un vélo et circuler en toute sécurité

FUB

Fédération Française des Usagers de la Bicyclette
12, rue des Bouchers
67000 Strasbourg
✆ 03 88 75 71 90
contact@fub.fr
www.fub.fr

Créée en 1980, la FUB, Fédération française des usagers de la bicyclette, agit pour apporter des réponses concrètes aux préoccupations quotidiennes des cyclistes et promouvoir l'usage du vélo comme mode de déplacement quotidien, par la mise en réseau des associations locales.

Les principaux champs d'action sont concertation entre usagers et collectivités, le conseil et l'information, les bourses aux vélos, le marquage BICYCODE®, les ateliers d'autoréparation et la vélo-école pour adultes et enfants.

FNAUT

Fédération nationale des Associations d'Usagers des Transports
32, rue Raymond Losserand
75014 Paris
✆ 01 43 35 02 83
www.fnaut.fr

La Fédération nationale des Associations d'Usagers des Transports rassemble aujourd'hui 150 associations implantées dans toutes les régions françaises. Association de consommateurs agréée, la FNAUT conseille et défend les usagers de tous les modes de transport et les représente auprès des pouvoirs publics et des entreprises de transport. Groupe de pression d'intérêt général, la FNAUT s'efforce d'infléchir la politique des transports et de l'aménagement du territoire.

Mieux se Déplacer à Bicyclette (MDB)

Maison du Vélo - 37, boulevard Bourdon
75004 Paris
✆ 01 43 20 26 02 - www.mdb-idf.org

Il s'agit d'une association pionnière en matière de promotion du vélo qui propose des accompagnements (vélos-écoles, ateliers de réparation, marquage, etc.), des projections, des bourses aux vélos, des balades et manifestations cyclofestives, ainsi que des actions militantes (convergence francilienne).

UPWAY

www.upway.shop.fr - info@upway.shop

Cette plateforme en ligne est dédiée au rachat, au reconditionnement et à la revente de vélos électriques, sous garantie d'un an. Leur credo ? Rendre le vélo électrique accessible au grand public avec des offres pour tous les budgets et une livraison assurée à domicile ! Vous retrouverez des marques incontournables, telles que Cowboy, VanMoof ou encore Giant. En plus d'un aspect économique attrayant, la démarche d'Upway s'inscrit dans un cycle vertueux en prolongeant la durée de vie des vélos électriques plutôt que de créer du jetable.

S'informer sur les itinéraires, trouver des compagnons de route

Association française des Véloroutes et Voies Vertes (AF3V)

www.af3v.org

Cette association d'usagers, qui fonctionne avec des délégations départementales, propose notamment des randos vélos de plusieurs types : randonnées militantes (pour faire avancer les voies vertes), randonnées grands itinéraires, randos-découvertes, autres randonnées ; on trouve sur le site une carte interactive et un moteur de recherche qui permet de trouver une véloroute ou une voie verte en fonction de la région, du type de revêtement de la voie et le type d'activité.

© ESTUDI M6 - SHUTTERSTOCK.COM

Cyclo-camping international (CCI)
www.cyclo-camping.international/fr
Cyclo-Camping International est une association sans but lucratif qui regroupe et informe ceux qui voyagent à vélo sans aide motorisée. Elle est animée par des bénévoles et réunit tous les passionnés du voyage à vélo, ceux qui partent demain, et ceux qui sont revenus hier... Elle leur permet de s'informer, de se rencontrer, et de communiquer entre eux à partir de leurs expériences.

CyclotransEurope
www.eurovelo3.fr
CyclotransEurope, fondée en 1996, a pour objectif la réalisation en France d'une véloroute reliant à la fois Paris à Moscou et Saint-Jacques-de-Compostelle à Trondheim (la Scandibérique), autant que possible en site propre. Depuis 2001, CyclotransEurope propose de découvrir une partie de l'itinéraire de la TransEuropéenne, entre amis ou en famille, grâce aux randonnées organisées tous les étés.

Fédération française de Cyclotourisme (FFCT)
www.ffvelo.fr
Les Comités régionaux et départementaux permettent une présence active et soutenue auprès des licenciés, mais également des institutions sportives, touristiques et des administrations régionales et départementales. Les clubs sont les acteurs principaux de la FFCT. À ce titre, ils gèrent et assurent l'activité du cyclotourisme sur le territoire français incluant les départements d'Outre-mer. Ils en assurent la promotion, l'animation auprès de leurs adhérents, l'organisation de manifestations et de randonnées, la création de structures d'accueil et la mise en place d'écoles de cyclotourisme.

France Vélo Tourisme
www.francevelotourisme.com
Vous retrouvez sur ce site des idées d'itinéraires pour vos balades à vélo de 2h ou de plusieurs jours. Grâce à un moteur de recherche et une carte interactive, vous pouvez confectionner un itinéraire sur mesure, selon vos envies et vos capacités (difficulté, durée, thématique et destination), en préconisant des itinéraires cyclables aménagés. Vous retrouvez aussi, sur France vélo tourisme, tous les établissements labellisés Accueil Vélo sur votre itinéraire : hébergements, restaurants, lieux de visite, offices de tourisme, loueurs et réparateurs.

Livres

Littérature, essais et récits de voyage :

- *Dans la roue du petit prince*, de Yannick Billard, Éditions Transboréal.
- *Petit Traité de Vélosophie* de Didier Tronchet, Éditions Plon.
- *Zen ou l'art de pédaler* de Claude Marthaler, Éditions Olizane.
- *Besoin de Vélo* de Paul Fournel, Éditions Points Seuil.
- *Voici des Ailes* de Maurice Leblanc, Éditions Phébus.

Ouvrages spécialisés (réparation, droit) :

- *Comment entretenir et réparer son vélo. Le manuel de survie pour les nu(le)s en mécanique* de Romain Puissieux, Éditions Mango.
- *Le Code du Cycliste* de Ludovic Duprey, Éditions Dalloz.

Livres sur la pratique du vélo :

- *Le Retour de la bicyclette*, de Frédéric Heran, Éditions La Découverte.
- *En roue libre*, de David Le Breton, Éditions Terre Urbaine.
- *Réenchantons le vélo*, de Priscilla Parard, Éditions Terre Vivante.

Magazines et presse spécialisée

- ***Cyclo-camping international***, la revue trimestrielle de l'association CCI (www.cyclo-camping.international/fr/revue/non-categorise/revue) : des récits de voyageurs, des infos et des annonces.
- ***200 le vélo de route autrement***, magazine trimestriel (www.200-lemagazine.com) : des articles en lien avec le monde du vélo, des récits de voyages, pour tout public du néophyte au compétiteur.
- ***Chasse-goupille***, fanzine bordelais (https://wiklou.org/wiki/Chasse-Goupille_(fanzine)) réalisé par des autrices de la France entière dans l'esprit *do it yourself* et dont le thème est « l'émancipation avec et par la bicyclette ».
- ***Cyclotourisme Mag*** (www.cyclotourisme-mag.com), mensuel édité par la Fédération française de cyclotourisme, consacré à l'ensemble de l'actualité de la discipline avec de nombreux conseils pratiques et techniques.

▸ **LE CYCLE**
✆ 01 41 40 32 32 - www.lecycle.fr
6,30 € à l'unité, 64 € l'abonnement d'un an.
Le Cycle est le magazine n° 1 des pratiquants, sa mission est de vous faire rêver et vous faire vivre votre passion avec les meilleurs conseils et guides d'achat. Dans chaque numéro, retrouvez les essais des vélos et des produits avec une analyse en laboratoire et des tests sur le terrain. Découvrez des comparatifs de matériels ainsi que des dossiers techniques. Les reportages Parcours et Col dur mettent à l'honneur une région, son patrimoine, en parcourant trois circuits adaptés. Avec les rubriques Atelier, Diététique, Entraînement, les actus régionales, les suppléments du Guide du Tour, des vélos et des équipes pros sans oublier le carnet Entraînement, vivez votre passion du cyclisme dans toutes les pratiques, du cyclosport à la compétition, de la route au gravel.

▸ **CYCLIST**
✆ 04 73 14 03 00 - www.turbulencespresse.fr
7,50 € le numéro. 39 € l'abonnement d'un an (19,50 € l'abonnement numérique).
Bimestriel dédié au cyclisme sur route à destination des passionnés avec des reportages sur des escapades à vélo en France, des news et tests de matériels, l'actualité des clubs et également des astuces pour bricoler son vélo. Des portraits des grandes légendes du cyclisme, des dossiers thématiques, du coaching, du choix d'un vélo, des interviews de personnalités et des reportages présentant de belles balades sur les plus belles routes de l'Hexagone ; le tout avec des photographies qui font rêver et donnent envie d'enfourcher sans plus attendre son vélo !

▸ **E-BIKE MAGAZINE**
✆ 03 44 62 43 79
6,50 € l'unité, abonnement 1 an : 36 €.
E-bike Magazine, c'est une revue bimestrielle qui est intégralement consacrée au vélo à assistance électrique (VAE). Tous les deux mois, vous retrouvez toutes les actualités liées au VAE et aux derniers modèles. Dans chaque numéro, un chapitre « essais » vous livre les résultats de plusieurs tests et essais techniques. Retrouvez également des portraits de coureurs pro, une rubrique « courrier des lecteurs », des conseils pratiques et des dossiers et des inspirations pour vos randonnées. Un magazine spécialisé au contenu dense et pratique.

▸ **E-BIKE LIFE MAGAZINE**
✆ 03 44 62 43 79
6,90 €/l'unité.
À la suite du succès de *E-Bike Magazine*, les éditions Larivière ont décidé de prolonger le plaisir des « cyclolecteurs » en lançant *E-Bike Life Magazine*. Ce nouveau magazine trimestriel est dédié aux vélos à assistance électrique (VAE) et plutôt spécialisé pour les usagers de VAE en milieu urbain. Partant d'une tendance générale : dans les grandes villes, de plus en plus de personnes cherchent des solutions de déplacement plus écologiques. On retrouvera donc des conseils pour accompagner cette mobilité électrique, des tests techniques et recommandations.

▸ **VTT MAGAZINE**
✆ 03 44 62 43 79
5,80 € à l'unité, abonnement 1 an en numérique : 39 €, abonnement 1 an papier : 56 €.
Mensuel emblématique consacré à l'ensemble de l'actualité du vélo tout-terrain avec des essais matériel et expertises techniques, des focus sur les pilotes les plus charismatiques, mais aussi des sauts impressionnants, entre autres thématiques. Bien sûr, vous trouvez également dans le *VTT magazine*, disponible à l'unité ou en abonnement (papier et/ou numérique), une sélection de randonnées sur les plus beaux sentiers de France et des idées de voyages à faire à VTT partout dans le monde, pour vous inspirer et vous donner envie.

▸ **VÉLO VERT MAGAZINE**
✆ 01 39 13 33 22 - www.velovert.com
À l'unité : 6,95 €, abonnement 1 an : 49 € et abonnement 2 ans : 85 €. Offres avec produits offerts disponibles.
Vélo Vert Magazine, c'est un mensuel consacré à l'actualité du vélo tout-terrain et vélo tout-terrain à assistance électrique, et des numéros hors-série de référence. On y trouve des interviews de coureurs, des conseils pour l'entretien de son VTT, l'agenda des randonnées et courses en France et de nombreuses autres rubriques telles que, par exemple, toute l'actualité des coureurs emblématiques de VTT, des tests techniques des vélos dernier cri, en plus de conseils pratiques. Et chaque année, le magazine fait une sélection et élit « le VTT de l'année ».

Sites et applications

Sites et blogs :

▸ www.isabelleetlevelo.fr/ : un site incontournable avec toute l'actualité vélo (« mais pas que... »).

▸ www.weelz.fr : le mag « leader de pignon ». Ce site encourage la pratique du vélo comme mode de déplacement à part entière.

▸ www.citycle.com : un blog d'actualité et d'information autour du monde du vélo, cyclisme urbain, cyclotourisme, tous les conseils y sont apportés.

▸ www.cyclos-cyclotes.org : un forum consacré au cyclotourisme.

▸ www.cartovelo.fr : une librairie en ligne des guides et cartes.

▸ umap.openstreetmap.fr : pour créer vos propres cartes personnalisées.

Applications pour tracer son itinéraire :

▸ OpenStreetMap
▸ Komoot
▸ IGNrando'
▸ LocusMap

AUVERGNE-RHÔNE-ALPES

Vaste région regroupant douze départements, l'Auvergne-Rhône-Alpes offre une très grande variété de paysages et constitue une destination touristique familiale idéale où chacun trouvera l'activité qui correspond à ses envies. Des accents provençaux de la Drôme au massif des Écrins, du Parc naturel régional de la Vanoise à la station de ski du Lioran, vous aurez suffisamment d'espace pour arpenter, crapahuter, randonner dans cette nature généreuse… et bien sûr rouler ! Ne manquez pas de faire une balade sur le lac d'Annecy, de visiter le musée des Confluences à Lyon, sans oublier le château de La Roche et l'île de Grangent dans la Loire. Pour compléter votre périple, faites un tour dans les alpages pour rendre visite aux fermiers et producteurs d'abondance. Admirez la faune et la flore locales en compagnie d'un guide et dégustez une fondue savoyarde ou une tarte aux pralines roses !

ENTRE LE LAC D'ANNECY ET LE MASSIF DES BAUGES (HAUTE-SAVOIE)

- **Itinéraire :** Entre le lac d'Annecy et le massif des Bauges
- **Total :** 48 km
- **Durée :** de 3 à 6 heures, entre 20 et 10 km/h.
- **Difficulté :** intermédiaire à difficile. Routes de montagne avec un col à grimper.

LIEUX	Km partiel	Km cumul	Routes
VIUZ-LA-CHIÈSAZ	0	0	Bourg
QUINTAL	5	5	D141
ANNECY	8,5	13,5	D5
SEVRIER	4	17,5	D912
COL DE LESCHAUX	12	29,5	D912
ALLÈVES	12	41,5	D5
VIUZ-LA-CHIÉSAZ	9,5	51	D5

Altitude
m
Difficulté : intermédiaire
1000
900
800
700
600
500
400
0
5
10
15
20
25
30
35
40
45
km
Dénivelé positif : 692 m
Dénivelé négatif : 700 m
Flashez pour le tracé GPX
D Départ
A Arrivée
Itinéraire (48 km)
ANNECY
D 41
ANNECY - SEVRIER 19 min - 4,8 km
D 1508
QUINTAL - ANNECY 23 min - 8,5 km
D 5
SEVRIER
D912
D 5A
QUINTAL
SEVRIER-COL DE LESCHAUX 1 h 2 min - 12,0 km
Saint-Sylvestre
VIUZ-LA-CHIÉSAZ - QUINTAL 25 min - 4,5 km
Marigny-Saint-Marcel
D141
Alby-sur-Chéran
COL DE LESCHAUX
VIUZ-LA-CHIÉSAZ
D
A
Montconon
Héry-sur-Alby
D 3
Gruffy
COL DE LESCHAUX - ALLÈVES 33 min - 11,3 km
La Touvière
ALLÈVES - VIUZ-LA-CHIÉSAZ 23 min - 7,7 km
Chainaz-les-Frasses
Le Pommier
Cusy
Saint-Ours
ALLÈVES
Les Toquets
D911
Le noiray
3 KM
Arith

AUTOUR DE VICHY
(ALLIER)

- **Itinéraire :** Autour de Vichy
- **Total :** 71,5 km
- **Durée :** de 3 heures 30 à 7 heures, entre 20 et 10 km/h
- **Difficulté :** moyen à difficile. Dénivelé important avec nombreuses côtes.

LIEUX	Km partiel	Km cumul	Routes
CUSSET	0	0	D906B
CHÂTEL-MONTAGNE	22	22	D906B D25
LE MAYET-DE-MONTAGNE	6	28	D207
FERRIÈRES-SUR-SICHON	7,8	35,8	D49
ARRONNES	9,1	44,9	D995
BUSSET	9,4	54,3	D995 D121
SAINT-YORRE	4,9	59,2	D121
VICHY	11,5	70,7	D131 D2209

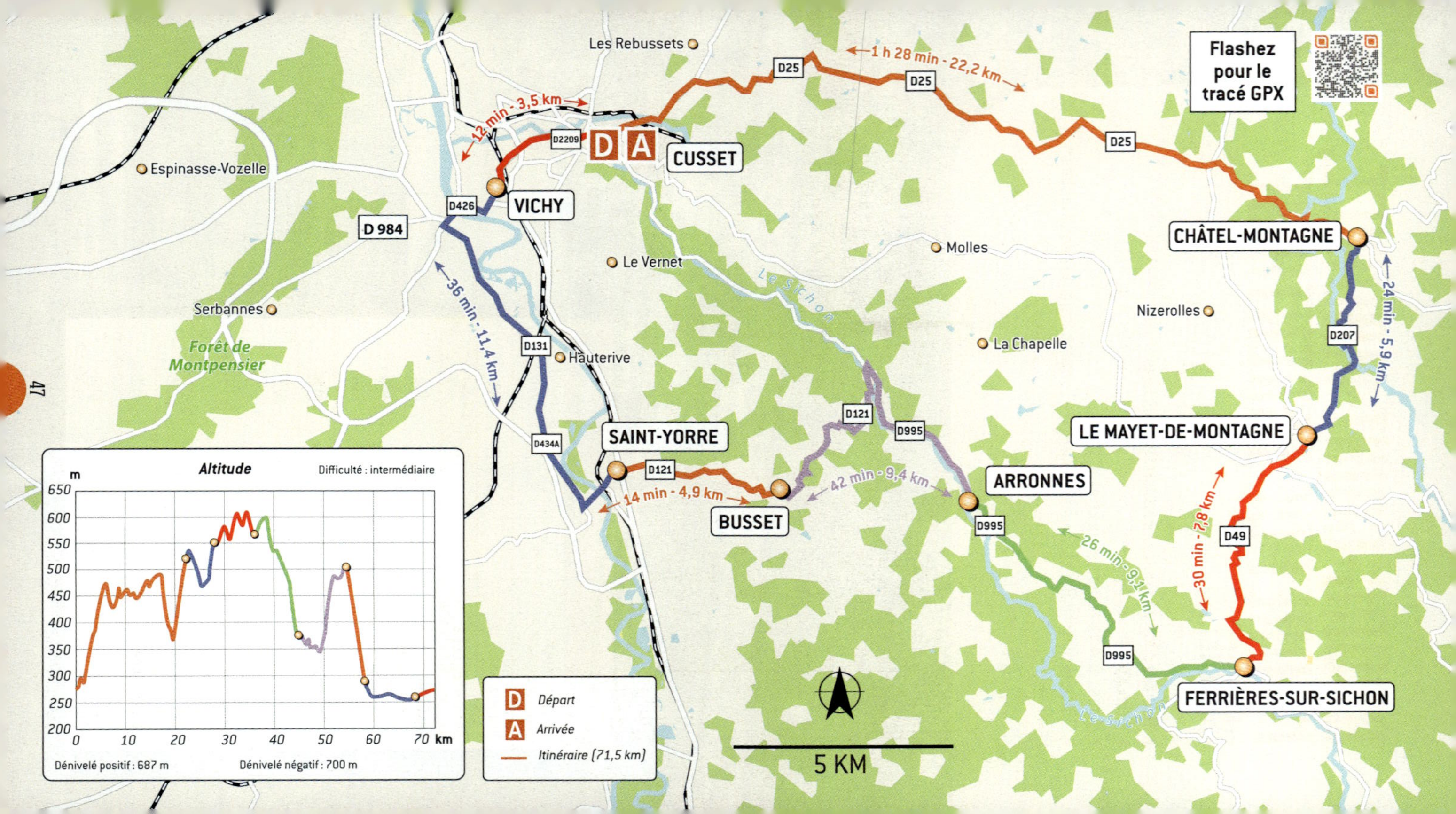
Flashez pour le tracé GPX
Les Rebussets
1 h 28 min - 22,2 km
D25
D25
D25
12 min - 3,5 km
D2209
D
A
CUSSET
Espinasse-Vozelle
VICHY
D426
D 984
CHÂTEL-MONTAGNE
Molles
Le Vernet
Le Sichon
24 min - 5,9 km
36 min - 11,4 km
Nizerolles
D207
Serbannes
Forêt de Montpensier
D131
Hauterive
La Chapelle
D121
D995
LE MAYET-DE-MONTAGNE
D434A
SAINT-YORRE
D121
ARRONNES
14 min - 4,9 km
BUSSET
42 min - 9,4 km
D995
30 min - 7,8 km
D49
26 min - 9,1 km
D995
FERRIÈRES-SUR-SICHON
5 KM
Altitude
Difficulté : intermédiaire
m
650
600
550
500
450
400
350
300
250
200
0
10
20
30
40
50
60
70 km
Dénivelé positif : 687 m
Dénivelé négatif : 700 m
D Départ
A Arrivée
Itinéraire (71,5 km)

BOURG-SAINT-MAURICE, L'ADRET DE TARENTAISE (SAVOIE)

- **Itinéraire :** Bourg-Saint-Maurice, l'Adret de Tarentaise
- **Total :** 55 km
- **Durée :** de 4 à 8 heures, entre 20 et 10 km/h.
- **Difficulté :** difficile. Bonne condition physique – Longue ascension jusqu'à la station des Arcs.

AURÉLIEN ANTOINE - ADOBESTOCK

LIEUX	Km partiel	Km cumul	Routes
BOURG-SAINT-MAURICE	0	0	D119
VULMIX	3	3	D86
LES CHAPELLES	4	7	D86
VALEZAN	3,5	10,5	D86
GRANIER	6,5	17	D86
AIME	9	26	D218
MACOT-LA-PLAGNE	3,5	29,5	D220
LANDRY	5	34,5	D220
VALLANDRY	10	44,5	D87
LES ARCS 1800	2,5	47	
LES ARCS 1600	4,5	51,5	D120
COURBATON	6,5	58	D120
BOURG-SAINT-MAURICE	7	65	D119

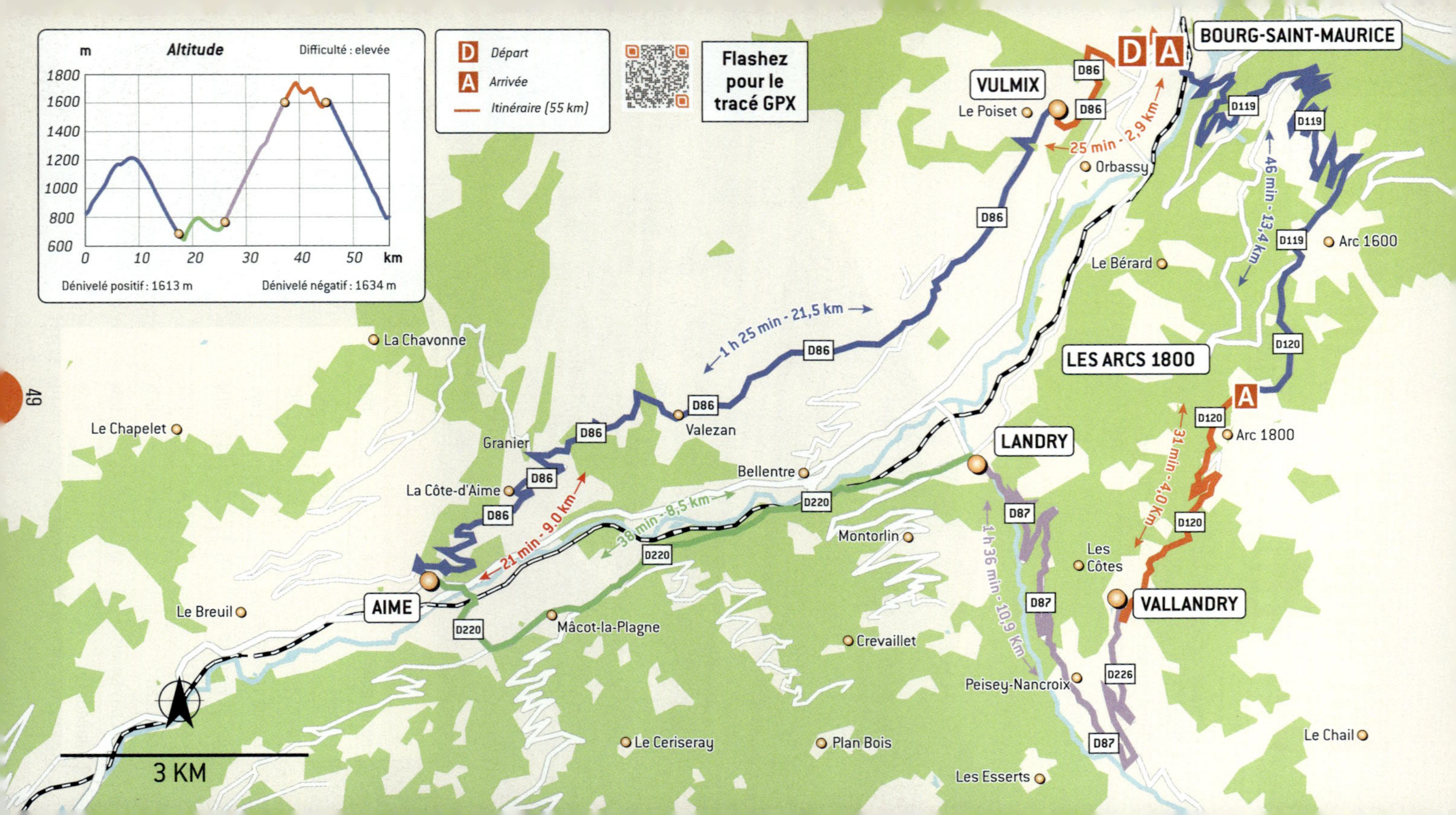

Altitude
m
Difficulté : elevée
1800
1600
1400
1200
1000
800
600
0
10
20
30
40
50
km
Dénivelé positif : 1613 m
Dénivelé négatif : 1634 m
D Départ
A Arrivée
Itinéraire (55 km)
Flashez pour le tracé GPX
BOURG-SAINT-MAURICE
VULMIX
Le Poiset
Orbassy
25 min - 2,9 km
46 min - 13,4 km
Arc 1600
Le Bérard
1 h 25 min - 21,5 km
LES ARCS 1800
Arc 1800
31 min - 4,0 Km
LANDRY
VALLANDRY
Les Côtes
La Chavonne
Le Chapelet
Granier
Valezan
Bellentre
La Côte-d'Aime
21 min - 9,0 km
38 min - 8,5 km
Montorlin
1 h 36 min - 10,9 Km
AIME
Le Breuil
Mâcot-la-Plagne
Crevaillet
Peisey-Nancroix
Le Ceriseray
Plan Bois
Les Esserts
Le Chail
D86
D119
D120
D220
D87
D226
3 KM

ESCAPADE EN DRÔME PROVENÇALE (DRÔME)

- **Itinéraire :** Escapade en Drôme provençale
- **Total :** 55,7 km
- **Durée :** de 4 à 8 heures, entre 20 et 10 km/h.
- **Difficulté :** intermédiaire. Routes départementales et 3 petits cols.

© DIDIER SALOU - ADOBESTOCK

LIEUX	Km partiel	Km cumul	Routes
BOURDEAUX	0	0	D538
CRUPIES	5,5	5,5	D70
BOUVIÈRES	6,5	12	D70
COL DE LA SAUSSE	4	16	D70
COL DE VALOUSE	11	27	D130
LA PAILLETTE	3	30	D130
DIEULEFIT	13	43	D538
COL DU PERTUIS	10	53	D538
BOURDEAUX	6	59	D538

Rte. d. Félines
BOURDEAUX
D A
Bézaudun-sur-Bîne
Flashez pour le tracé GPX
Les Tonils
D 195
D 538
D 70
La Combe
COL DU PERTUIS - BOURDEAUX 23 min - 7,6 km
Truinas
Grimolle
COL DU PERTUIS
Crupies
Comps
BOURDEAUX - BOUVIÈRES 48 min - 12,3 km
DIEULEFIT - COL DU PERTUIS 34 min - 5,5 km
Le Pouzet
DIEULEFIT
Vesc
BOUVIÈRES
LA PAILLETTE - DIEULEFIT 20 min - 6,4 km
BOUVIÈRES - COL LA SAUSSE 23 min - 3,8 km
D 130
Montjoux
LA PAILLETTE
Champbonnet
Les Ravoux
COL LA SAUSSE
Les Nauds
Les Brocs
COL DE VALOUSE
Valouse
COL LA SAUSSE - COL DE VALOUSE 48 min - 11,4 km
COL DE VALOUSE - LA PAILLETTE 19 min - 8,9 km
La Lauze
D Départ
A Arrivée
Itinéraire (55,7 km)
3 KM
Ravaux
Eyroles
Condorcet
Bentrix
D 501
Aubres
m
Altitude
Difficulté : intermédiaire
900
800
700
600
500
400
300
0
10
20
30
40
50
km
Dénivelé positif : 880 m
Dénivelé négatif : 886 m

LA VIA FLUVIA, DE LA LOIRE AU RHÔNE

- **Itinéraire :** La Via Fluvia, de la Loire au Rhône
- **Total :** 93,8 km dont 75 km aménagés en voie verte et véloroute.
- **Durée :** de 4 heures 30 à 10 heures, entre 20 et 10 km/h
- **Difficulté :** elevée

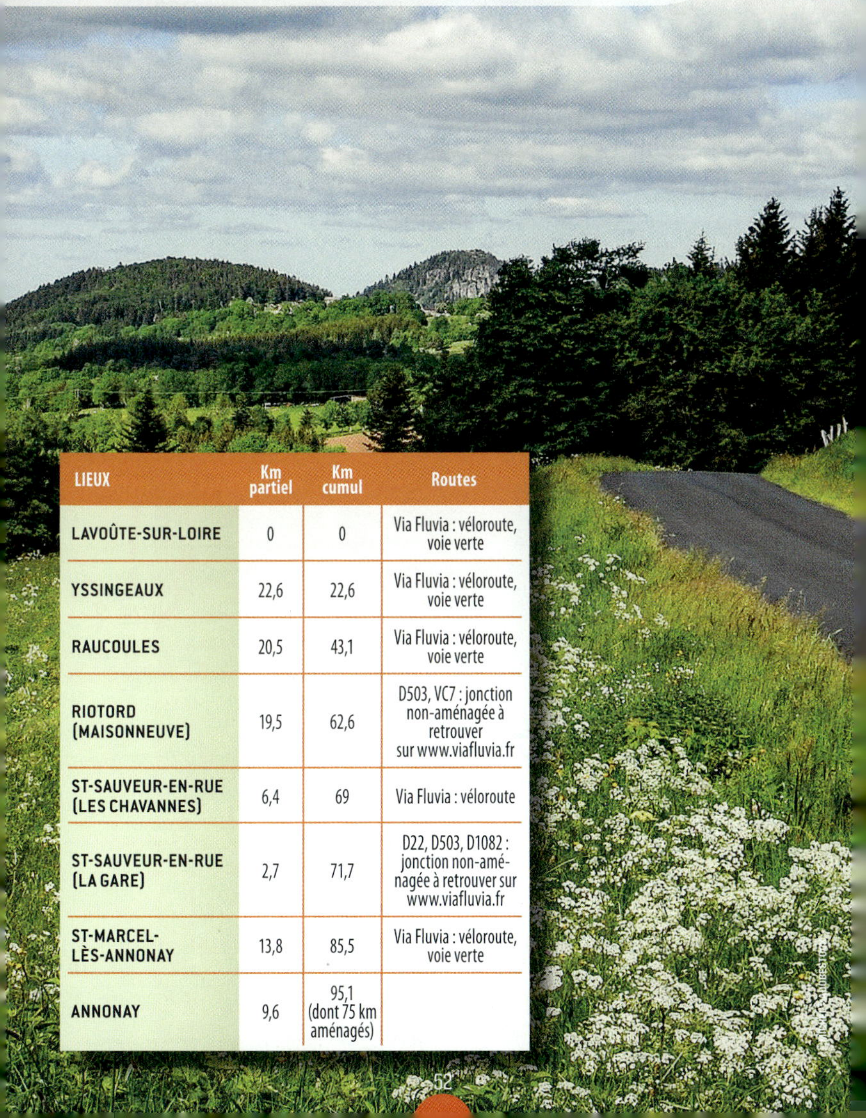

LIEUX	Km partiel	Km cumul	Routes
LAVOÛTE-SUR-LOIRE	0	0	Via Fluvia : véloroute, voie verte
YSSINGEAUX	22,6	22,6	Via Fluvia : véloroute, voie verte
RAUCOULES	20,5	43,1	Via Fluvia : véloroute, voie verte
RIOTORD (MAISONNEUVE)	19,5	62,6	D503, VC7 : jonction non-aménagée à retrouver sur www.viafluvia.fr
ST-SAUVEUR-EN-RUE (LES CHAVANNES)	6,4	69	Via Fluvia : véloroute
ST-SAUVEUR-EN-RUE (LA GARE)	2,7	71,7	D22, D503, D1082 : jonction non-aménagée à retrouver sur www.viafluvia.fr
ST-MARCEL-LÈS-ANNONAY	13,8	85,5	Via Fluvia : véloroute, voie verte
ANNONAY	9,6	95,1 (dont 75 km aménagés)	

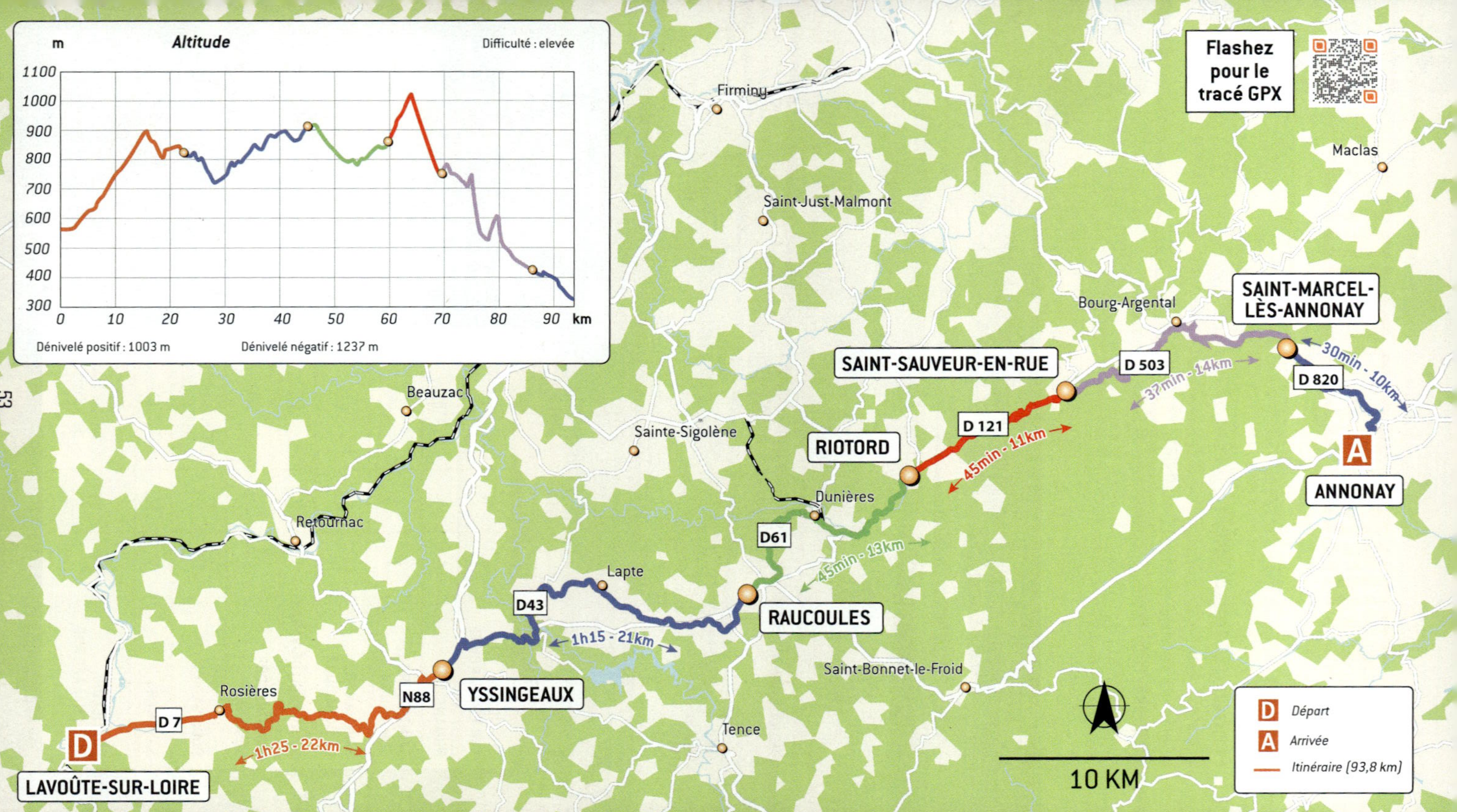
Altitude
m
Difficulté : elevée
1100
1000
900
800
700
600
500
400
300
0
10
20
30
40
50
60
70
80
90
km
Dénivelé positif : 1003 m
Dénivelé négatif : 1237 m
Flashez pour le tracé GPX
Maclas
Firminy
Saint-Just-Malmont
Bourg-Argental
SAINT-MARCEL-LÈS-ANNONAY
SAINT-SAUVEUR-EN-RUE
D 503
30min - 10km
D 820
37min - 14km
D 121
45min - 11km
RIOTORD
A
ANNONAY
Beauzac
Sainte-Sigolène
Dunières
Retournac
D61
45min - 13km
Lapte
D43
RAUCOULES
1h15 - 21km
Saint-Bonnet-le-Froid
YSSINGEAUX
N88
Rosières
D 7
D
1h25 - 22km
Tence
LAVOÛTE-SUR-LOIRE
10 KM
D Départ
A Arrivée
Itinéraire (93,8 km)

LES ÉTANGS DE DOMBES
(AIN)

- **Itinéraire :** Les étangs de Dombes
- **Total :** 53,4 km
- **Durée :** de 3 à 6 heures, entre 20 et 10 km/h.
- **Difficulté :** facile. Routes départementales légèrement ondulées.

© MICHEL – ADOBE STOCK

LIEUX	Km partiel	Km cumul	Routes
CHÂTILLON-SUR-CHALARONNE	0	0	D17
ROMANS	6	6	D17
SAINT-GEORGES-SUR-RENON	2	8	D80
SAINT-ANDRÉ-LE-BOUCHOUX	4,5	12,5	D67
SAINT-PAUL-DE-VARAX	5	17,5	D17
SAINT-NIZIER-LE-DÉSERT	5	22,5	D70B
BOULIGNEUX	17	39,5	D70 Suivre Le Plantay Les Villardières
SANDRANS	5	44,5	D2
CHÂTILLON-SUR-CHALARONNE	8,5	52	D27 Direction Etang de Chalamont D7

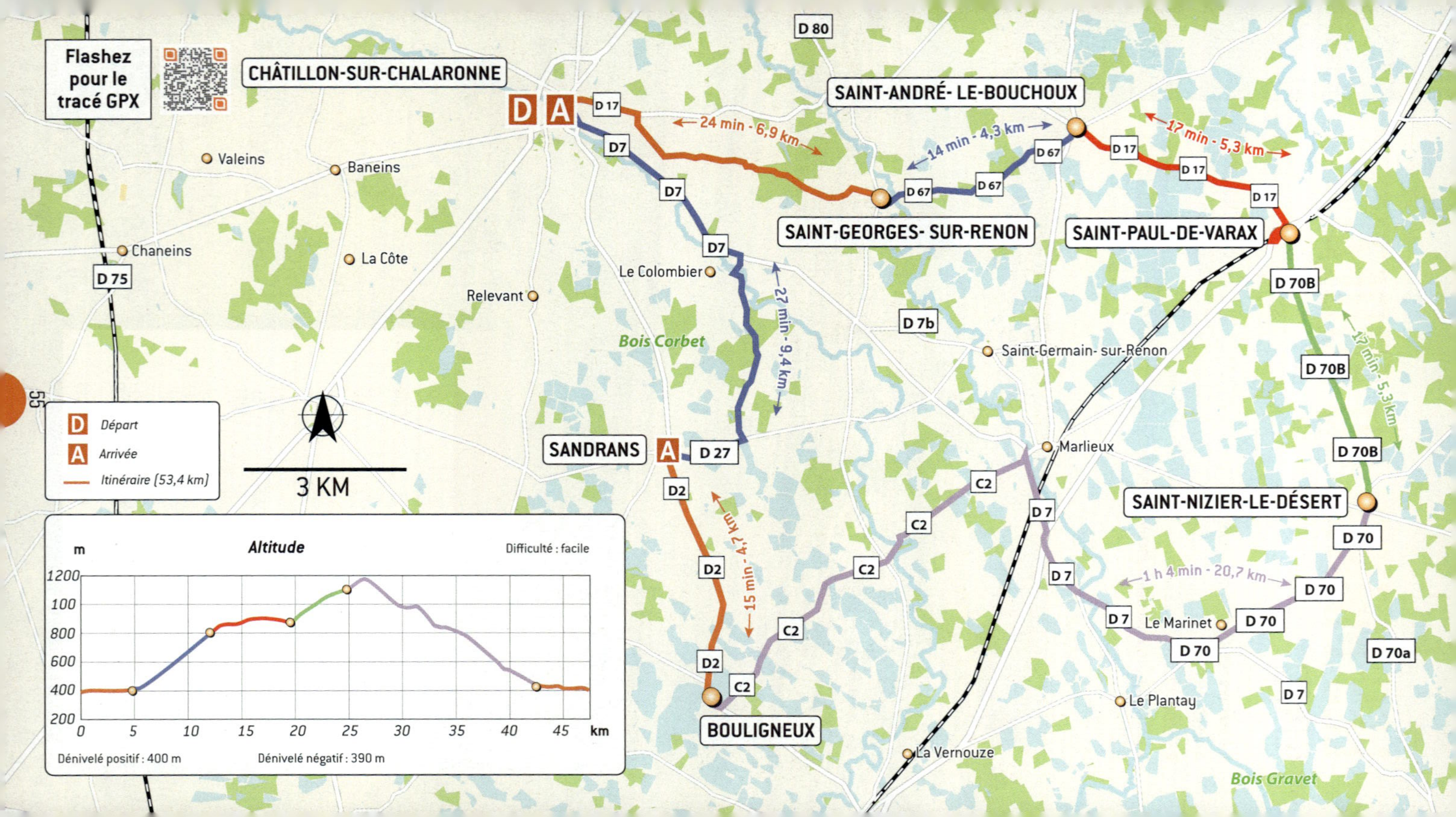

Flashez pour le tracé GPX
CHÂTILLON-SUR-CHALARONNE
D A
D 17
24 min - 6,9 km
D7
Valeins
Baneins
Chaneins
D 75
La Côte
Relevant
D 80
SAINT-ANDRÉ- LE-BOUCHOUX
14 min - 4,3 km
D 67
SAINT-GEORGES- SUR-RENON
17 min - 5,3 km
SAINT-PAUL-DE-VARAX
Le Colombier
27 min - 9,4 km
Bois Corbet
D 7b
Saint-Germain- sur-Renon
D 70B
17 min - 5,3 km
SANDRANS
A
D 27
D2
15 min - 4,7 km
Marlieux
C2
D 7
SAINT-NIZIER-LE-DÉSERT
D 70
1 h 4 min - 20,7 km
Le Marinet
D 70a
Le Plantay
BOULIGNEUX
La Vernouze
Bois Gravet
3 KM
D Départ
A Arrivée
Itinéraire (53,4 km)
Altitude
m
Difficulté : facile
1200
100
800
600
400
200
0
5
10
15
20
25
30
35
40
45
km
Dénivelé positif : 400 m
Dénivelé négatif : 390 m

LES MONTS DU FOREZ
(LOIRE)

- **Itinéraire :** Les Monts du Forez
- **Total :** 48,6 km
- **Durée :** de 3 heures à 5 heures 30, entre 20 et 10 km/h.
- **Difficulté :** intermédiaire. Routes départementales sinueuses et une longue ascension.

357680 ANDRÉ CUZEL - STOCK.ADOBE.COM

LIEUX	Km partiel	Km cumul	Routes
BOËN	0	0	D1089
LEIGNEUX	2,5	2,5	D1089
SAINT-GEORGES-EN-COUZAN	9	11,5	D6
CHALMAZEL	8	19,5	D6
LA CHAIZE	11	30,5	D101 D55 D44
SAINT-LAURENT-ROCHEFORT	10,5	41	D44 D44.1 D21
LEIGNEUX	5,5	46,5	D21 D1089
BOËN	3	50	D1089

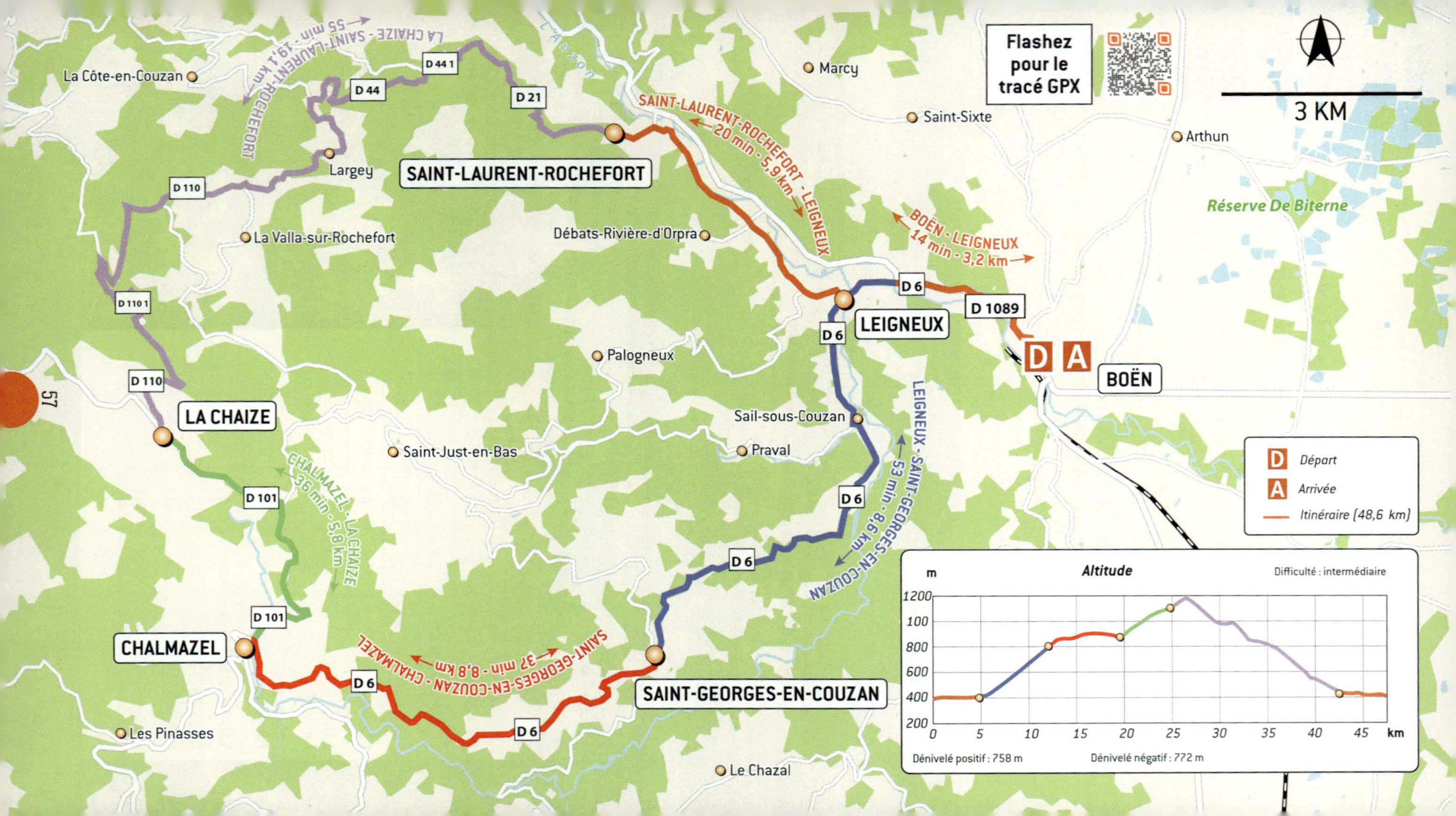

Flashez pour le tracé GPX
3 KM
Réserve De Biterne
Marcy
Saint-Sixte
Arthun
La Côte-en-Couzan
LA CHAIZE - SAINT-LAURENT-ROCHEFORT
55 min - 19,1 km
D 441
D 44
D 21
SAINT-LAURENT-ROCHEFORT - LEIGNEUX
20 min - 5,9 km
Largey
SAINT-LAURENT-ROCHEFORT
D 110
La Valla-sur-Rochefort
Débats-Rivière-d'Orpra
BOËN - LEIGNEUX
14 min - 3,2 km
D 6
D 1089
LEIGNEUX
D 1101
Palogneux
D A
BOËN
D 110
LA CHAIZE
Sail-sous-Couzan
Praval
Saint-Just-en-Bas
LEIGNEUX - SAINT-GEORGES-EN-COUZAN
53 min - 8,6 km
CHALMAZEL - LA CHAIZE
36 min - 5,8 km
D 101
CHALMAZEL
SAINT-GEORGES-EN-COUZAN - CHALMAZEL
37 min - 8,8 km
SAINT-GEORGES-EN-COUZAN
Les Pinasses
Le Chazal
Départ
Arrivée
Itinéraire (48,6 km)
Altitude
Difficulté : intermédiaire
m
1200
100
800
600
400
200
0
5
10
15
20
25
30
35
40
45
km
Dénivelé positif : 758 m
Dénivelé négatif : 772 m

PRIVAS, LA VALLÉE DE L'OUVÈZE (ARDÈCHE)

- **Itinéraire :** Privas, vallée de l'Ouvèze
- **Total :** 56,3 km
- **Durée :** de 3 à 6 heures, entre 20 et 10 km/h.
- **Difficulté :** intermédiaire à difficile. Petites routes et routes départementales avec dénivelé.

LIEUX	Km partiel	Km cumul	Routes
PRIVAS	0	0	D2
LE MOULIN À VENT	7,3	7,3	D2
LE CHAMBON DE BAVAS	5,4	12,7	D2
COL DU TRIBLE	5,7	18,4	D265
SAINT-CIERGE-LA-SERRE	2,8	21,2	D265
LES-FONTS-DU-POUZIN	8,9	30,1	D265 D365
SAINT-SYMPHORIEN-SOUS-CHOMÉRAC	7,7	37,8	Suivre la direction
CHOMÉRAC	4,3	42,1	Suivre la direction
ALISSAS	3	45,1	D2
PRIVAS	5,5	50,6	D2

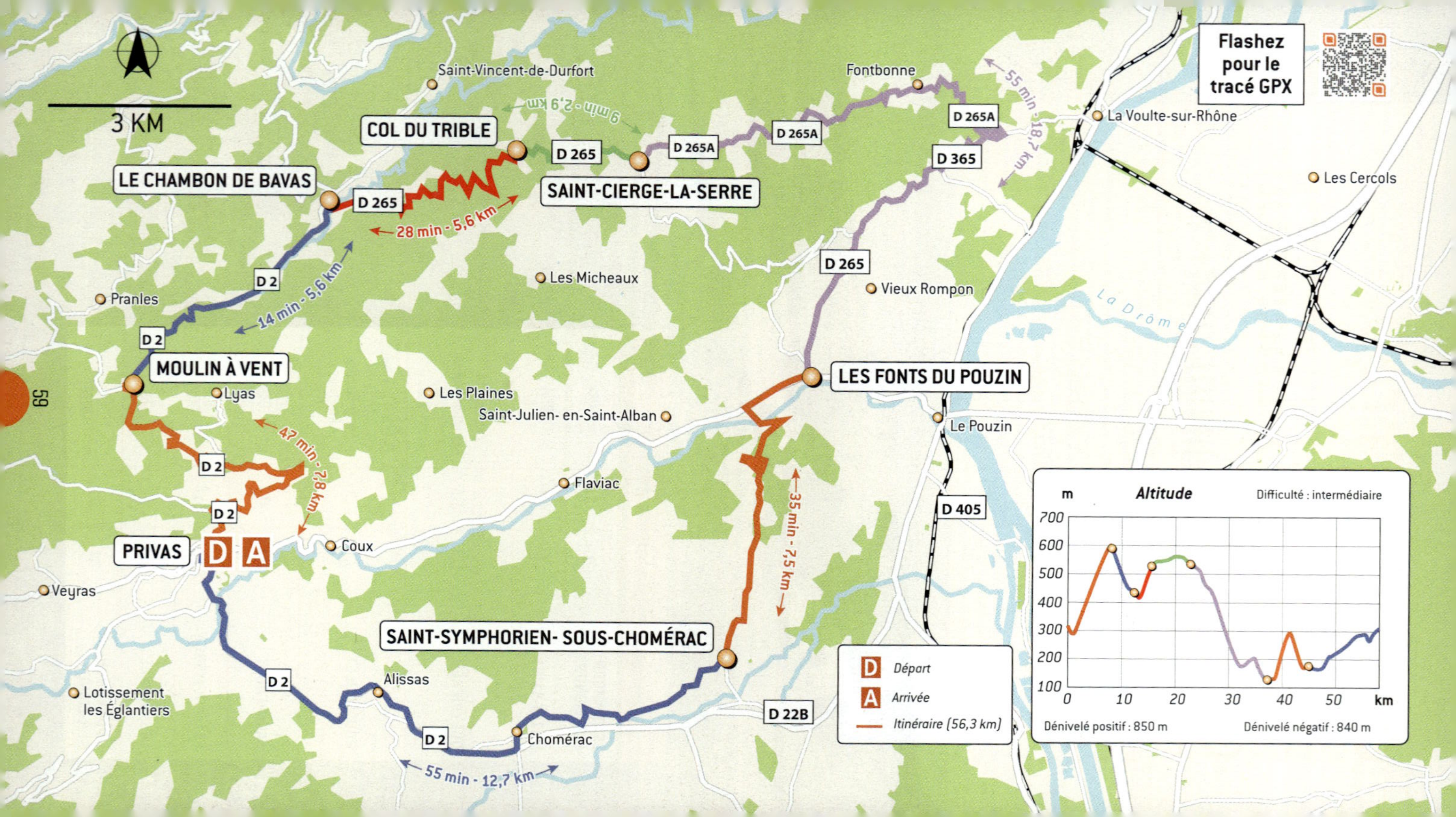
3 KM
Saint-Vincent-de-Durfort
Fontbonne
Flashez pour le tracé GPX
La Voulte-sur-Rhône
Les Cercols
COL DU TRIBLE
9 min - 2,9 km
D 265
D 265A
D 265A
D 265A
55 min - 18,7 km
D 365
LE CHAMBON DE BAVAS
D 265
SAINT-CIERGE-LA-SERRE
28 min - 5,6 km
D 265
Les Micheaux
Vieux Rompon
D 2
Pranles
14 min - 5,6 km
La Drôme
D 2
MOULIN À VENT
Lyas
Les Plaines
LES FONTS DU POUZIN
Saint-Julien- en-Saint-Alban
Le Pouzin
47 min - 7,8 km
D 2
Flaviac
D 2
D 405
35 min - 7,5 km
PRIVAS
D
A
Coux
Veyras
SAINT-SYMPHORIEN- SOUS-CHOMÉRAC
D 2
Alissas
Lotissement les Églantiers
D 2
Chomérac
D 22B
55 min - 12,7 km
D Départ
A Arrivée
Itinéraire (56,3 km)
Altitude
Difficulté : intermédiaire
m
700
600
500
400
300
200
100
0
10
20
30
40
50
km
Dénivelé positif : 850 m
Dénivelé négatif : 840 m

SUR LES PAS DES ÉCRIVAINS : LE CHAMBON-SUR-LIGNON (HAUTE-LOIRE)

- **Itinéraire :** Sur les pas des écrivains – Chambon-sur-Lignon
- **Total :** 74,8 km
- **Durée :** de 3 heures 45 à 7 heures, entre 20 et 10 km/h
- **Difficulté :** moyen à difficile. Dénivelé important.

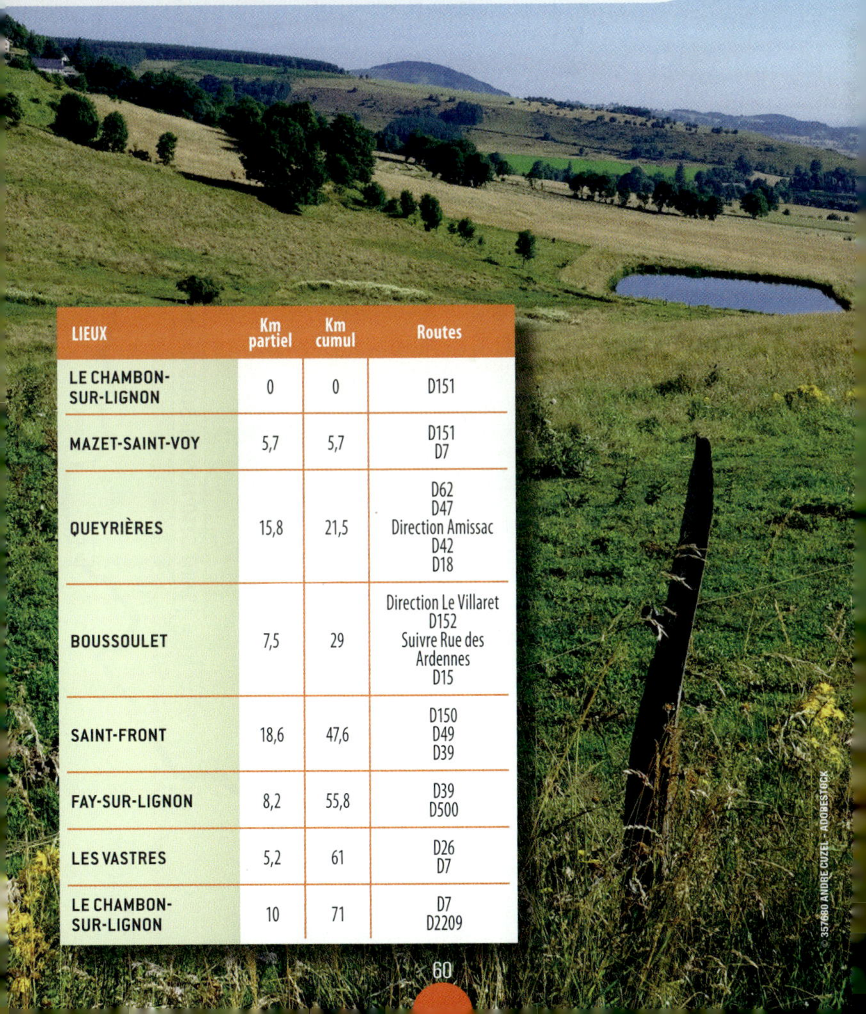

LIEUX	Km partiel	Km cumul	Routes
LE CHAMBON-SUR-LIGNON	0	0	D151
MAZET-SAINT-VOY	5,7	5,7	D151 D7
QUEYRIÈRES	15,8	21,5	D62 D47 Direction Amissac D42 D18
BOUSSOULET	7,5	29	Direction Le Villaret D152 Suivre Rue des Ardennes D15
SAINT-FRONT	18,6	47,6	D150 D49 D39
FAY-SUR-LIGNON	8,2	55,8	D39 D500
LES VASTRES	5,2	61	D26 D7
LE CHAMBON-SUR-LIGNON	10	71	D7 D2209

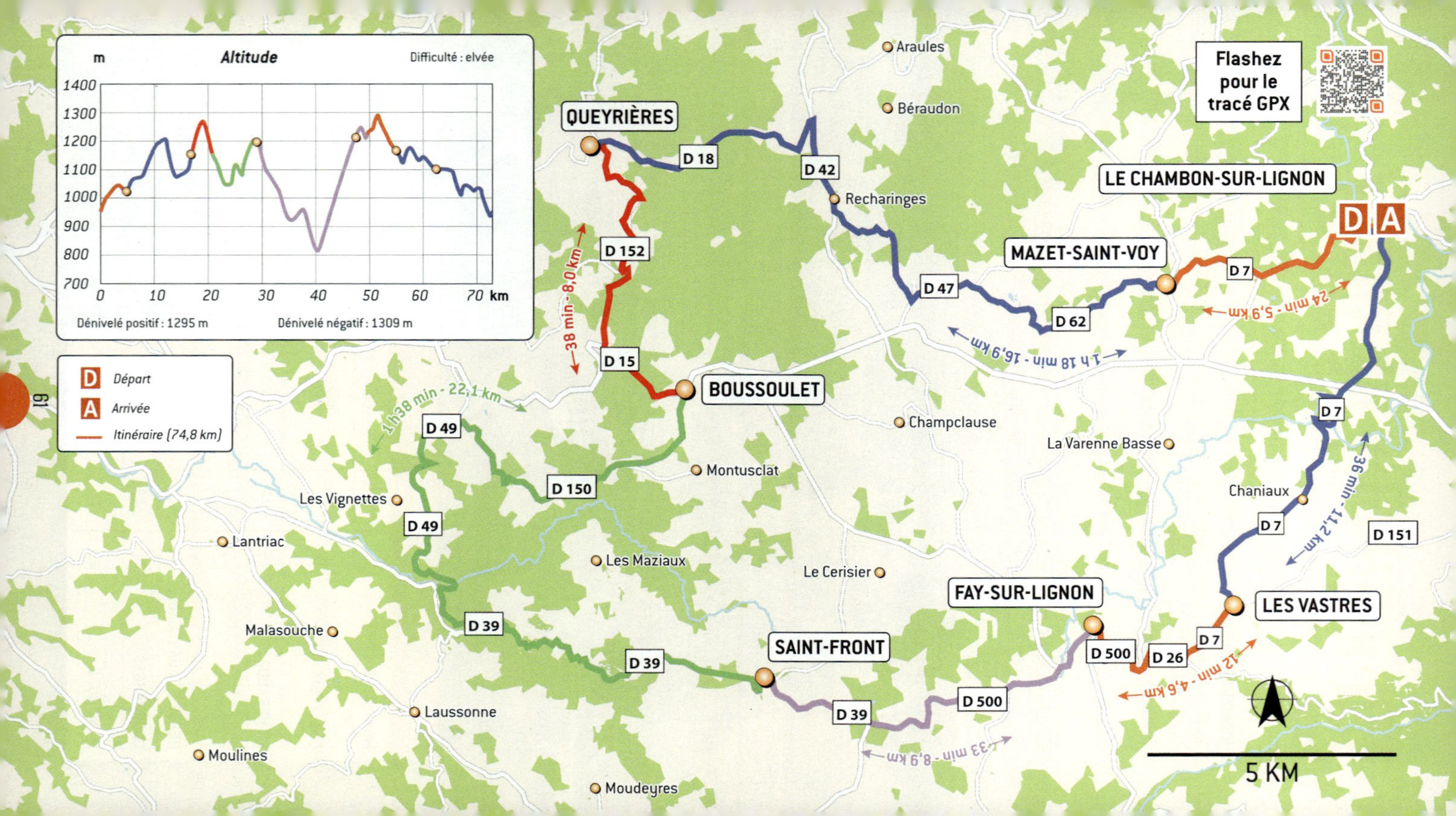

Altitude
m
Difficulté : elvée
1400
1300
1200
1100
1000
900
800
700
0
10
20
30
40
50
60
70
km
Dénivelé positif : 1295 m
Dénivelé négatif : 1309 m
D Départ
A Arrivée
Itinéraire (74,8 km)
Flashez pour le tracé GPX
LE CHAMBON-SUR-LIGNON
D A
MAZET-SAINT-VOY
QUEYRIÈRES
BOUSSOULET
SAINT-FRONT
FAY-SUR-LIGNON
LES VASTRES
24 min - 5,9 km
1 h 18 min - 16,9 km
38 min - 8,0 km
1h38 min - 22,1 km
33 min - 8,9 km
12 min - 4,6 km
36 min - 11,2 km
D 7
D 62
D 47
D 42
D 18
D 152
D 15
D 150
D 49
D 39
D 500
D 26
D 151
Araules
Béraudon
Recharinges
Champclause
La Varenne Basse
Chaniaux
Montusclat
Les Vignettes
Lantriac
Les Maziaux
Le Cerisier
Malasouche
Laussonne
Moulines
Moudeyres
5 KM

TOUR DU PUY DE SANCY
(PUY-DE-DÔME)

- **Itinéraire :** Tour du Puy de Sancy
- **Total :** 73,2 km
- **Durée :** de 4 à 8 heures, entre 20 et 10 km/h
- **Difficulté :** difficile. Routes de montagne sinueuses et à fort dénivelé.

LIEUX	Km partiel	Km cumul	Routes
MONT-DORE	0	0	D983
CHASTREIX	19	19	D645 D88 D615
PICHERANDE	9,6	28,6	D203
SUPER-BESSE	11,9	40,5	D149 D140D
BESSE-ET-ANASTAISE	7	47,5	D149
COURBANGES	7,4	54,9	D36
MONT-DORE	18,1	73	D36 D983

© RADU BAZVAN - SHUTTERSTOCK.COM

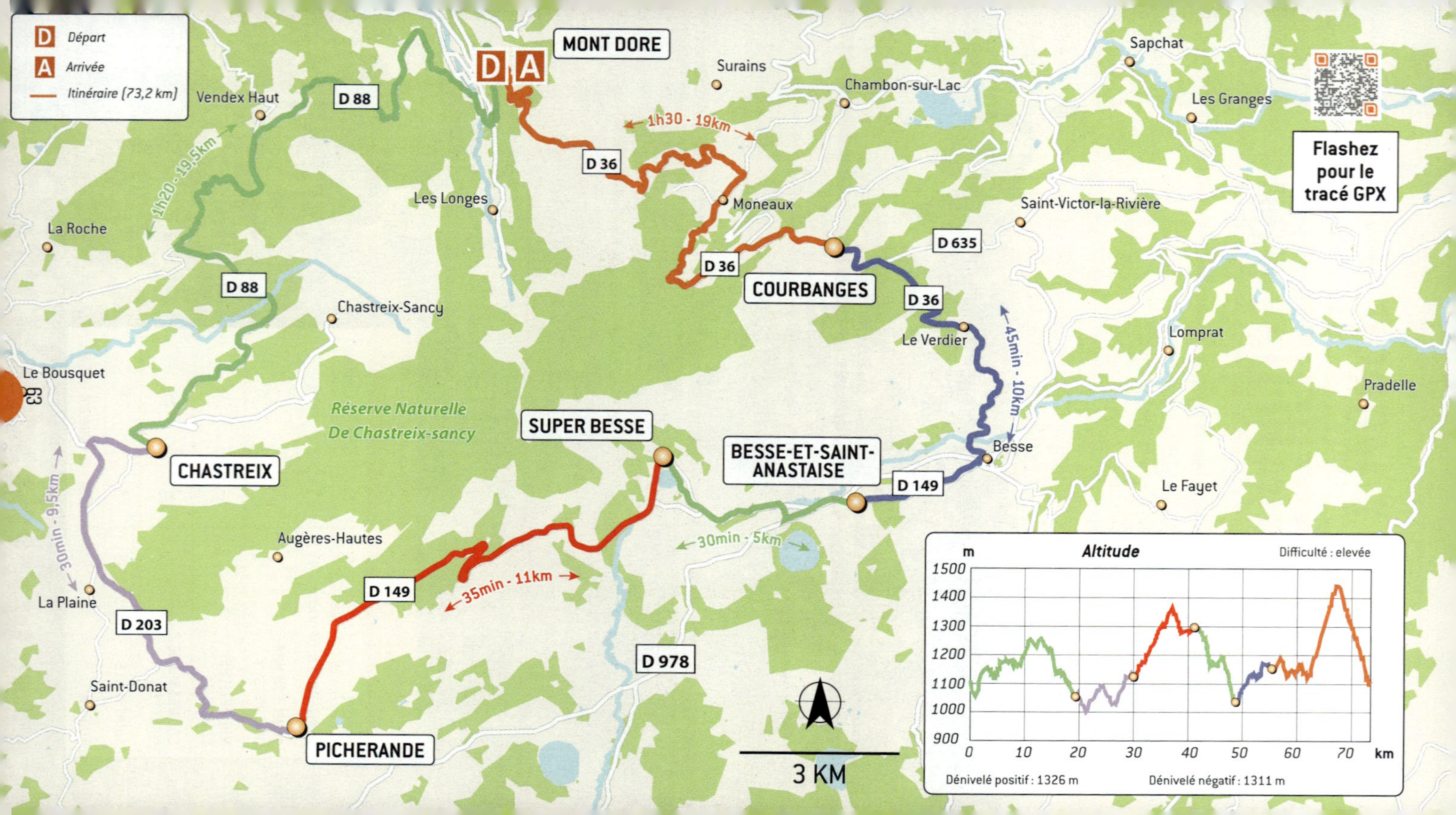

D Départ
A Arrivée
Itinéraire (73,2 km)
MONT DORE
D A
Surains
Chambon-sur-Lac
Sapchat
Les Granges
Flashez pour le tracé GPX
Vendex Haut
D 88
1h30 - 19km
D 36
1h20 - 19,5km
Les Longes
Moneaux
Saint-Victor-la-Rivière
La Roche
D 635
D 36
COURBANGES
D 88
D 36
Chastreix-Sancy
Le Verdier
45min - 10km
Lomprat
Le Bousquet
Réserve Naturelle De Chastreix-sancy
SUPER BESSE
Pradelle
BESSE-ET-SAINT-ANASTAISE
Besse
CHASTREIX
D 149
Le Fayet
30min - 9,5km
Augères-Hautes
30min - 5km
35min - 11km
La Plaine
D 149
D 203
D 978
Saint-Donat
PICHERANDE
3 KM
Altitude
Difficulté : elevée
m
1500
1400
1300
1200
1100
1000
900
0
10
20
30
40
50
60
70
km
Dénivelé positif : 1326 m
Dénivelé négatif : 1311 m

VOIRON, LE MASSIF DE LA CHARTREUSE (ISÈRE)

- **Itinéraire :** Voiron, massif de la Chartreuse
- **Total :** 51 km
- **Durée :** de 2 heures 45 à 5 heures 15, entre 20 et 10 km/h.
- **Difficulté :** difficile. Ascension d'un col

LIEUX	Km partiel	Km cumul	Routes
VOIRON	0	0	Direction Coublevie
SAINT-JULIEN-DE-RAZ	9,5	9,5	D128
SAINT-ÉTIENNE-DE-CROSSEY	9	18,5	D520
MIRIBEL-LES-ÉCHELLES	8,5	27	D28
COL DES MILLE MARTYRS	5	32	D28
SAINT-SIXTE	6	38	D49
VOIRON	9,5	47,5	Direction Le Pion

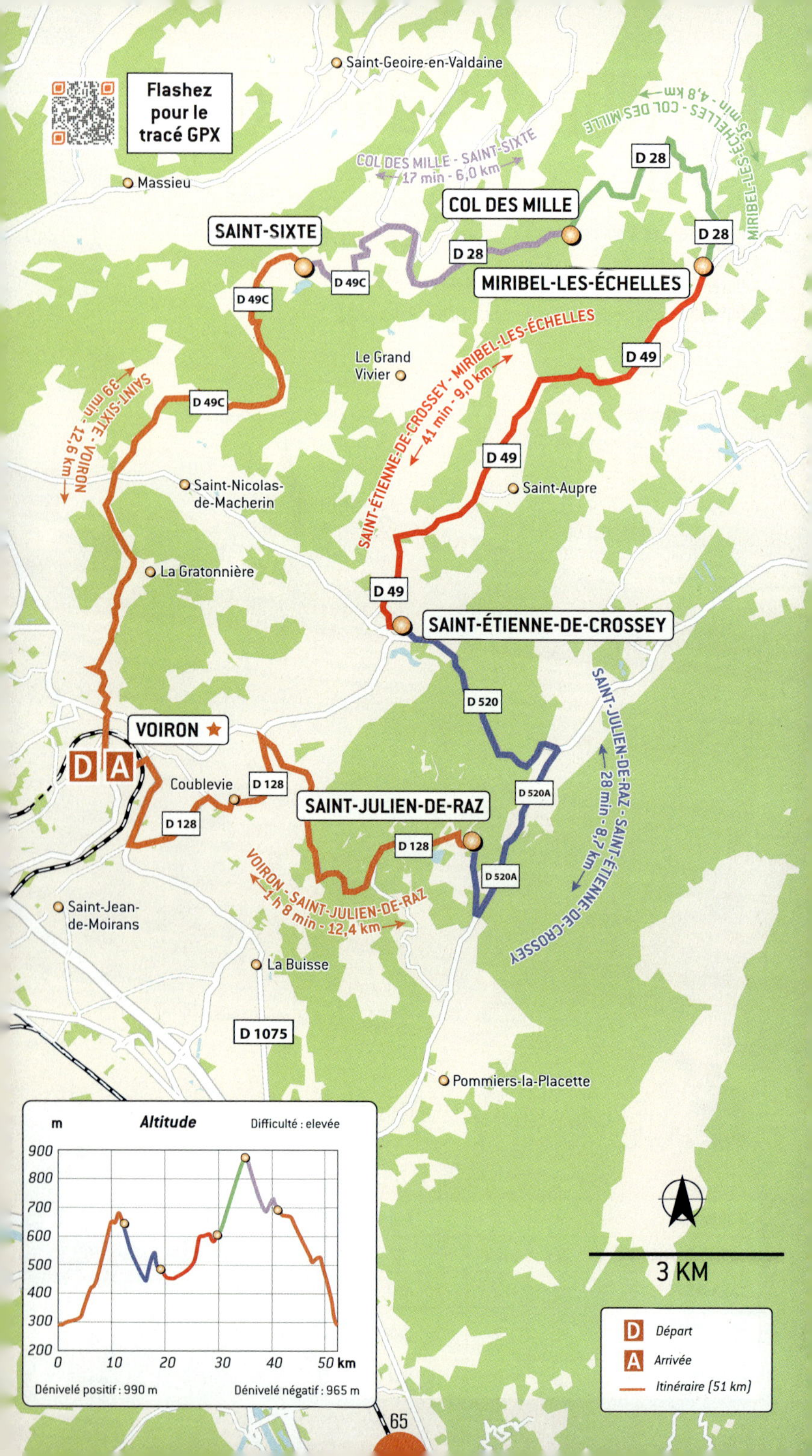
Flashez pour le tracé GPX
Saint-Geoire-en-Valdaine
Massieu
COL DES MILLE - SAINT-SIXTE
17 min - 6,0 km
MIRIBEL-LES-ÉCHELLES - COL DES MILLE
35 min - 4,8 km
D 28
COL DES MILLE
SAINT-SIXTE
D 28
D 28
D 49C
D 49C
MIRIBEL-LES-ÉCHELLES
SAINT-ÉTIENNE-DE-CROSSEY - MIRIBEL-LES-ÉCHELLES
41 min - 9,0 km
Le Grand Vivier
D 49
SAINT-SIXTE - VOIRON
39 min - 12,6 km
D 49C
D 49
Saint-Nicolas-de-Macherin
Saint-Aupre
La Gratonnière
D 49
SAINT-ÉTIENNE-DE-CROSSEY
D 520
SAINT-JULIEN-DE-RAZ - SAINT-ÉTIENNE-DE-CROSSEY
28 min - 8,7 km
VOIRON
D
A
Coublevie
D 128
D 520A
SAINT-JULIEN-DE-RAZ
D 128
D 128
D 520A
VOIRON - SAINT-JULIEN-DE-RAZ
1 h 8 min - 12,4 km
Saint-Jean-de-Moirans
La Buisse
D 1075
Pommiers-la-Placette
m
Altitude
Difficulté : elevée
900
800
700
600
500
400
300
200
0
10
20
30
40
50
km
Dénivelé positif : 990 m
Dénivelé négatif : 965 m
3 KM
D Départ
A Arrivée
Itinéraire (51 km)
65

LES MONTS LYONNAIS
(RHÔNE)

- **Itinéraire :** Les Monts Lyonnais
- **Total :** 40,7 km
- **Durée :** de 2 à 4 heures, entre 20 et 10 km/h.
- **Difficulté :** intermédiaire. Routes sinueuses et vallonnées.

LIEUX	Km partiel	Km cumul	Routes
MORNANT	0	0	Bourg
SAINTE-CATHERINE	10,5	10,5	D2
LARAJASSE	6,5	17	D97
SAINT-MARTIN-EN-HAUT	9	26	D600
MORNANT	15	41	D34

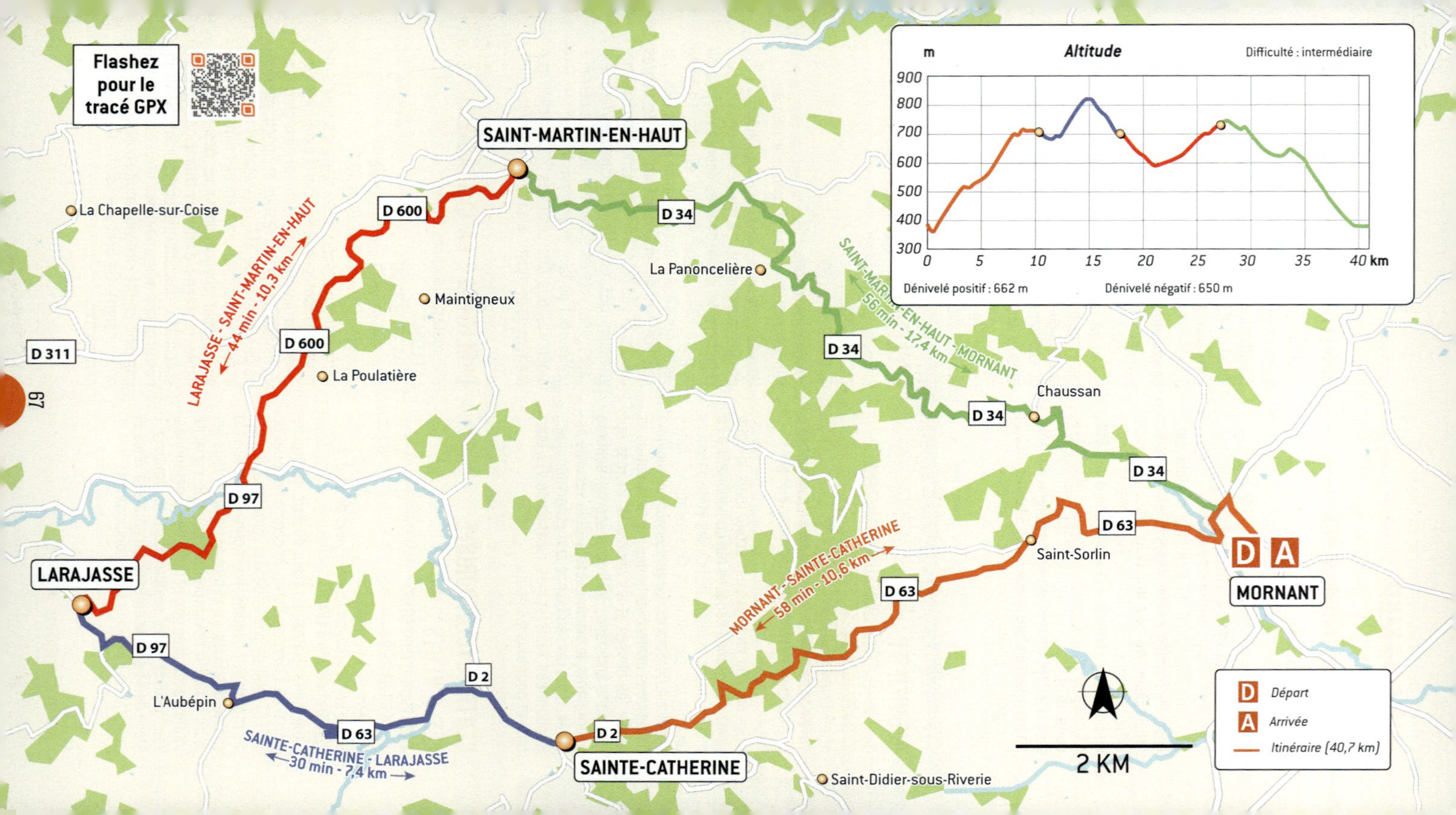
Flashez pour le tracé GPX
SAINT-MARTIN-EN-HAUT
La Chapelle-sur-Coise
D 600
D 34
LARAJASSE - SAINT-MARTIN-EN-HAUT
44 min - 10,3 km
La Panoncelière
Maintigneux
D 311
D 600
La Poulatière
SAINT-MARTIN-EN-HAUT - MORNANT
56 min - 17,4 km
D 34
Chaussan
D 34
D 34
D 97
LARAJASSE
D 63
Saint-Sorlin
MORNANT - SAINTE-CATHERINE
58 min - 10,6 km
D A
MORNANT
D 63
D 97
D 2
L'Aubépin
D 63
D 2
SAINTE-CATHERINE - LARAJASSE
30 min - 7,4 km
SAINTE-CATHERINE
Saint-Didier-sous-Riverie
2 KM
D Départ
A Arrivée
Itinéraire (40,7 km)
Altitude
m
Difficulté : intermédiaire
900
800
700
600
500
400
300
0
5
10
15
20
25
30
35
40 km
Dénivelé positif : 662 m
Dénivelé négatif : 650 m

AUVERGNE RHÔNE-ALPES TOURISME

8, rue Paul-Montrochet
LYON (2e)
✆ 04 26 73 31 59
auvergnerhonealpes-tourisme.com

Le Comité Régional du Tourisme n'oublie pas, entre les montagnes des Alpes et les merveilles ardéchoises, de faire une belle place aux sites, hébergements, activités ou événements autour de Lyon. Que l'on soit à la recherche d'un hôtel, d'un séjour adapté aux personnes à mobilité réduite, d'un lieu pour organiser un séminaire ou bien d'autres choses, on se renseigne par téléphone, mais encore mieux sur le site Internet de la région à la navigation aisée et au contenu de qualité.

BOUVIER TT

Quartier les Caves - **LA BÉGUDE-DE-MAZENC**
✆ 04 75 46 29 84
http://bouviertt.free.fr/
Ouvert toute l'année. Sauf pendant les vacances de fin d'année. Prestations sur mesure et sur devis.

Faire du vélo en ville c'est écolo, mais si vous rêvez des grands espaces qui conviennent à ce moyen de locomotion, de bosses et de parcours techniques, de nature et de sensations, faites appel à Eric Bouvier. Ce professionnel diplômé d'État vous invite à sortir des sentiers battus et avaler les bosses et les dénivelés. Bicross sur une piste aménagée, VTT de descente, sentiers odoriférants, le plaisir est total et la sécurité assurée, dans une ambiance zen et fort tonique... Randonnées, raids, stages, location de VTT, pour tous et pour tous les goûts.

CENTRE CYCLOTOURISTE LES 4 VENTS

AUBUSSON-D'AUVERGNE
✆ 04 73 53 16 94
www.4vents-auvergne.com
Haute saison : ouvert tous les jours de 9h à 12h30 et de 16h à 19h30.

Situé sur un plateau au cœur du parc naturel régional du Livradois-Forez, le centre national de la FFCT jouit de points de vue remarquables sur les monts du Livradois, les monts du Forez et la chaîne des Puys. Le centre est ouvert tous les jours d'avril à novembre, offrant une capacité totale d'accueil en gîte et hôtel de 66 personnes. Vous pouvez aussi séjourner sur le camping 1 étoile de 31 emplacements. Un garage à vélos et une station de lavage sont à disposition.

COMITÉ AUVERGNE-RHÔNE-ALPES DE CYCLISME

9, rue Édouard-Herriot
BOURGOIN-JALLIEU
✆ 04 74 43 54 30
www.auvergnerhonealpescyclisme.com
Ouvert du lundi au vendredi de 8h à 17h.

Le comité Auvergne-Rhône-Alpes de cyclisme possède son site Internet qui réunit tout sur le vélo dans la région. VTT, piste, cyclocross, route, cyclisme pour tous, BMX, cyclisme en salle, cyclisme féminin... parcourez les différentes rubriques qui présentent l'actualité de ces formes de cyclisme, les compétitions à venir, les résultats, le calendrier sportif en Auvergne-Rhône-Alpes… Vous retrouverez aussi des liens vers les différents clubs. N'hésitez pas à prendre contact avec eux.

CYCLISME À VAL D'ISÈRE

Place Jacques-Mouffier
VAL-D'ISÈRE
✆ 04 79 06 06 60
www.valdisere.com
Retrouvez des circuits VTT sur le site Internet.

Un réseau de pistes de VTT exceptionnelles offre des parcours adaptés à tous les niveaux, depuis la piste verte, idéale pour les débutants, jusqu'à la piste noire, réservée aux experts. La piste verte, qui s'étend sur plusieurs kilomètres, est spécialement aménagée, offrant des descentes douces et des points de vue panoramiques magnifiques. Des remontées mécaniques facilitent l'ascension vers les sommets, bien que certains préféreront pédaler pour gravir les pentes. Des itinéraires tels que celui des 7 chapelles permettent de découvrir le patrimoine environnant.

ÉVOLUTION 2 LA CLUSAZ

232, route des Grandes Alpes
LA CLUSAZ
✆ 04 50 02 81 29
https://evolution2.com/la-clusaz
Cours de VTT privé : à partir de 50 €.

Cette structure spécialisée dans les sports de glisse en montagne et les sports extrêmes a été créée par Antonin Lieutaghi, ancien champion du monde Xtrem en Freeride et Speed, passionné de glisse et de VTT, organisateur de circuits et séjours itinérants en France et dans le monde entier. Pour chaque domaine, des guides de haute montagne, d'anciens champions de leurs spécialités, des sportifs professionnels reconnus et même des pros-riders titrés vous accompagnent. En été : freeride multisport, glisse, VTT en montagne. De belles sessions de glisse en perspective.

LES GRANDES TRAVERSÉES DU JURA (GTJ)

17, Grande rue ✆ 03 84 51 51 51
www.gtj.asso.fr

7 tracés pour 7 activités de randonnées dans le massif, à pied, à VTT, en ski, à cheval sur des centaines de kilomètres.

Ces grandes traversées sont 7 tracés pour 7 activités de randonnées entre Montbéliard (Doubs) au Nord, et Culoz (Ain) au Sud, en passant par Goumois, Morteau, Pontarlier, Mouthe, Morez, Mijoux et Bellegarde-sur-Valserine. Elles traversent le Parc naturel régional du Haut-Jura. 400 km à pied, 380 km à VTT et 175 km à cheval ! Vous pourrez télécharger les données GPS de la GTJ à vélo dans son intégralité puis les données des 3 variantes : Goumois, Menthières et Le Grand Colombier.

LA MAISON DU VÉLO

Chemin du Moulin - **RUMILLY**
✆ 04 50 01 68 11
www.lamaisonduvelo.com

Ouvert toute l'année. Sur réservation. Location pour randonnées et balades organisées.

Quel que soit son niveau, on trouve auprès de ces passionnés en place depuis plus de 10 ans les meilleurs conseils pour pratiquer ce sport ou ce loisir. Location de vélo pour tous les usages (sur route, chemin, nature et même de VTT électrique pour rendre les sorties plus ludiques), descente du Semnoz, randonnées dans les Bauges ou à travers l'étang de Crosagny : du petit au grand dénivelé, il y en a pour tous les goûts. De plus, la Maison du vélo propose des stages pour les jeunes, de l'entraînement à la compétition, et organise des raids sur plusieurs jours.

MAISON DU VÉLO

1, rue Michel-Servet
VALENCE
www.revv-valence.org

Permanences lundi et jeudi de 15h à 20h, 1er et 3e samedis du mois de 15h à 18h.

L'association REVV (Roulons En Ville à Vélo), membre de la Fédération des usagers de la bicyclette, s'attache à développer la pratique citadine du deux-roues et milite pour un meilleur partage de la rue. Elle propose un atelier d'aide à la réparation, le marquage bicycode, le recyclage de vélos endommagés et même une vélo-école. Saviez-vous, par exemple, qu'il existe deux sortes d'éclairages pour votre vélo ? Vous aurez surtout tout le loisir de bichonner votre deux-roues. L'association programme des sorties, notamment au départ du kiosque Peynet.

MONTÉE DE L'ALPE D'HUEZ

ALPE D'HUEZ

Selon la météo.

L'Alpe-d'Huez est célèbre pour son ascension emblématique récurrente au Tour de France, bien que cette montée ne soit pas la plus escarpée. Les passages réguliers du Tour, ainsi que l'importance souvent déterminante de cette étape, ont contribué à sa renommée internationale. Chaque jour, près de 300 cyclistes de toutes nationalités s'attaquent à cette ascension. Chaque mois de juillet, la station est également le théâtre de l'arrivée de la cyclosportive La Marmotte, rassemblant environ 6 000 à 7 000 participants.

La montée compte 21 virages, avec un dénivelé de 1 121 mètres, une pente moyenne de 7,9 % et un maximum de 14 %. L'Alpe-d'Huez offre également un domaine VTT exceptionnel, avec plus de 250 km de chemins balisés, dont 5 pistes de descente, et la Mégavalanche, la plus longue descente du monde sur 30 kilomètres, reliant la station aux villages voisins du massif des Grandes Rousses.

L'Alpe-d'Huez a accueilli la première arrivée du Tour de France en 1952, remportée par Fausto Coppi. Il a fallu presque un quart de siècle pour que la station de l'Oisans soit à nouveau au programme du Tour. Depuis lors, les arrivées se sont multipliées, construisant la légende de l'ascension, avec des duels mémorables tels que ceux entre Bernard Thévenet et Hennie Kuiper, ou Greg LeMond et Laurent Fignon, ainsi que la célèbre photo finish de Bernard Hinault et Greg LeMond main dans la main. Depuis 1995, l'Italien Marco Pantani détient toujours le record de la montée en 36 minutes et 40 secondes, à une moyenne de plus de 23 km/h !

Le Puy-en-Velay.

OCIVÉLO

38, rue d'Arcole - **SAINT-ETIENNE**
© 04 77 21 18 29
www.ocivelo.fr
Ouvert du mardi au vendredi (14h-20h) et le samedi (14h-19h). Vélo-école : lundi, mercredi et samedi de 10h à 11h30.

L'association Ocivélo a pour objectif de développer la pratique du vélo au quotidien à Saint-Etienne. Elle organise des bourses aux vélos, propose une vélo-école pour adultes, des conférences, des balades à thèmes pour sensibiliser le public. Elle intervient sur des aménagements pour rendre l'utilisation du vélo en centre-ville plus pratique et plus sécuritaire. Enfin, elle gère un atelier participatif, Le Dérailleur, où vous trouverez de l'aide pour réparer vous-même votre vélo. L'association récupère aussi les vieux vélos.

SAVOIE MONT BLANC

81, rue François Guise
CHAMBÉRY
© 0 820 00 73 74
www.savoie-mont-blanc.com
Liste des stations équipées sur le site.

La beauté et la variété des paysages de Savoie et du massif du Mont-Blanc se caractérisent par des dénivellations très variées. En conséquence, les niveaux de difficulté des itinéraires de cyclotourisme rencontrés par les amoureux de la petite reine sont tout aussi variés. Si les grands cols alpins du Tour de France vous font toujours rêver, les kilomètres de véloroute dont certaines portions font partie de la fameuse « Léman-Méditerranée » font l'unanimité. La région vous propose une offre cycliste de plus en plus variée, pour tous les niveaux.

SAVOIE MONT-BLANC TOURISME

20, avenue du Parmelan - **ANNECY**
© 0 820 00 73 74
www.savoie-mont-blanc.com
Ouvert du lundi au jeudi de 9h à 12h30 et de 13h30 à 17h30 ; le vendredi de 9h à 12h30 et de 13h30 à 17h.

Le site Internet de cette structure rassemble les informations de la Savoie et de la Haute-Savoie. Ainsi, le visiteur peut construire, selon sa destination géographique ou ses centres d'intérêt, son itinéraire et son programme de visites pour ne rien manquer des incontournables du pays de Savoie. Un lien direct permet de faire ses réservations auprès des agences locales habilitées. On peut également se renseigner sur la météo et le trafic routier avant de se rendre sur un lieu de séjour.

TOURISME EN HAUTE-LOIRE

1, place Monseigneur-du-Galard
LE PUY-EN-VELAY
© 04 71 07 41 54
www.auvergnevacances.com
Retrouvez toutes les informations utiles et téléchargez les itinéraires à vélo sur le site Internet.

Le portail du tourisme en Haute-Loire offre une section « Circuits et espaces VTT », le meilleur du vélo pour profiter de l'incroyable mosaïque de paysages laissée par les volcans. Les 3 400 kilomètres de routes départementales, la plupart à faible trafic, offrent aux cyclistes d'infinies possibilités. Une sélection d'itinéraires détaillés permettra aux plus sportifs d'entre vous comme aux adeptes de la randonnée ou de la simple promenade à vélo, de trouver leur bonheur. Pour des balades adaptées à chaque niveau sur un ou plusieurs jours comme la Grande Traversée.

VÉLO-CITÉ 63

21, rue Jean-Richepin
CLERMONT-FERRAND
www.velocite63.fr
Permanences variables selon le mois. Atelier au 30, rue Etienne-Dolet, parking Espace d'Accueil des Etudiants.

Vélo-Cité 63 est une association militante et conviviale dont le but est de développer l'usage du vélo en ville. Elle met en avant les bienfaits sociaux et environnementaux de la petite reine. L'association effectue aussi une veille permanente sur l'actualité des projets urbains en faveur des cyclistes. Elle supervise enfin l'atelier participatif « Vélo Boulot Dodo » en face du CROUS de Dolet, où l'on vient réparer son vélo sous l'œil du mécanicien en chef et où l'on peut « adopter » un vélo retapé. L'association organise également des balades à vélo.

VÉLO CLUB D'ANNECY

12, rue Louis-Boch
ANNECY
© 04 50 67 79 14
www.velo-club-annecy.fr

Le vélo club, créé en 1888 par des passionnés de la « petite reine », rassemble toujours de nombreux adhérents qui veulent partager la pratique de leur sport favori, soit lors de sorties hebdomadaires, soit lors de séjours organisés. Faire le tour du lac, c'est beau, monter dans le Semnoz, c'est encore plus beau, mais se balader en groupe d'amis dans cette magnifique région, c'est ce qu'il y a de plus beau ! C'est le club incontournable du cyclotourisme régional. Rendez-vous sur le site Internet de l'association pour découvrir les prochaines sorties organisées.

À VELO SUR LES TRACES DE GEORGES BRASSENS

145, Grand-Rue
DOMPIERRE-SUR-BESBRE
✆ 04 70 34 61 31
www.tourisme.interco-abl.fr

Voici une sympathique occasion de se plonger dans le souvenir de Georges Brassens, le temps d'une balade nature qu'il appréciait. Depuis la place de l'Église de Thionne, vous pédalerez sur environ 12 kilomètres sur une route goudronnée (facile, balisage blanc et jaune), pour découvrir successivement le château des Gouttes, Goyette, les étonnantes maisons en tronc d'arbre du hameau de La Thuilerie, le bois et le château des Fougis, ou encore Landois, sur le chemin du retour.

BIKEPARK LES GETS

Route du Front de neige
LES GETS
✆ 04 50 75 80 80
www.lesgets.bike

Ouvert de juin à septembre. Haute saison : ouvert tous les jours de 9h à 17h30.

Précurseur en Europe du VTT comme sport de glisse nouvelle génération et leader du Mountain Bike, la station des Gets dispose d'un Bikepark composé de 128 km de pistes balisées. Y ont été développés des zones de pratiques et des itinéraires accessibles à toute la famille comme aux plus téméraires. L'accès au domaine des Portes du Soleil permet de pratiquer la descente en VTT sur 650 km d'itinéraires balisés. Tout est fait pour attirer un public de passionnés et familial. Le VTT pour tous. La station accueillera les Championnats du Monde en août 2022.

BASE DE LOISIRS DU PLAN D'EAU

BELMONT-DE-LA-LOIRE
✆ 04 77 63 72 25

Entre prairies et forêts, Belmont-de-la-Loire vous invite au cœur de ses collines de toute beauté. La base de loisirs avec son camping et ses gîtes vous accueille au vert et au calme. Sur place vous trouverez diverses activités accessibles pour toute la famille : location de VTT, aire de jeux, circuits de randonnée, jeux de boules, pataugeoire, pêche, sentiers autour du plan d'eau, promenade en poneys, aires de pique-nique avec barbecue, mur d'escalade, court de tennis...

LA DOLCE VIA

LES OLLIÈRES-SUR-EYRIEUX
www.dolce-via.com

Location de vélos possible, possibilité de trouver des établissements pour recharger les batteries.

Cette vallée fait le bonheur des vététistes et des cyclistes de tous bords. Emprunter la Dolce Via revient à redécouvrir l'ancienne voie de chemin de fer désaffectée depuis 1968, de Saint-Agrève à Saint-Laurent-du-Pape et permet de pédaler en toute quiétude et originalité dans des paysages sauvages. La Dolce Via c'est 55 kilomètres de voie douce aménagée et sécurisée au centre de paysages naturels préservés. À pied, à VTT ou à cheval, venez vous y balader en famille. Et, tout du long, campings et fermes vous permettent de vous reposer et vous restaurer.

BIKE PARK

Pré-la-Joux
CHÂTEL
✆ 04 50 73 34 24

De juin à septembre. Tarifs : 8 € (1 montée). Accessible par les télésièges de Pierre-Longue ou Rochassons.

Aux Portes du Soleil, sur le secteur de Pré-la-Joux, un espace montagnard consacré aux mordus de la descente en VTT. Ouvert tout l'été, on accède à 6 zones d'exception dont 5 accessibles par la piste verte de la Blues & Rock, soit 20 tracés dont 3 verts et 4 bleus, et de nombreuses variantes pour descendre sur des pistes adaptées à tous les niveaux de pratique. A Châtel, ce sont les pistes de DH ultra techniques avec racines et marches, des lignes carrément freeride, mais aussi des pistes larges avec des sauts accessibles pour les débutants.

ÉCOLE DE VTT DES ARAVIS

Maison du Tourisme - **LE GRAND-BORNAND**
✆ 04 50 02 78 18
www.compagnie-guides-aravis.com

En fonction des conditions. Sorties collectives en juillet et août. Haute saison : ouvert tous les jours. Stages.

Avec le mythique col de la Colombière souvent visité par le Tour de France, le Grand-Bornand est le paradis du cyclisme sportif. La station a aussi ses adeptes de VTT en freeride. Elle ouvre 3 remontées mécaniques version estivale, 8 itinéraires, 75 km de pistes balisées à partir du sommet de la télécabine du Rosay et 2 pistes inédites au départ du télésiège du Châtelet ! Le forfait Aravis, ce sont 200 km de pistes sur les 6 remontées mécaniques des 3 stations : le Grand-Bornand, La Clusaz, Manigod. Initiez-vous avec un guide dans l'espace *freeride*.

LA GRANDE MOLLIÈRE

AIX-LES-BAINS
✆ 04 79 88 68 00
www.savoie-mont-blanc.com
Accès libre. Itinéraire cyclotourisme. Distance : 24 km. Dénivellation positive : 30 m.

Une petite mise en jambes ? Ce parcours vous conduira au prix d'un effort assez modeste sur un magnifique belvédère aménagé de façon à profiter de la vue panoramique, avec départ possible de Chambéry ou d'Aix-les-Bains. La Grande Mollière est praticable hors période d'enneigement et en fonction des conditions climatiques. Dans le sens Aix-Chambéry, vous longerez le lac du Bourget, passerez par Voglan ou Bourget-du lac dans un sens puis inverserez après après avoir atteint Chambéry, avant de retourner vers le point de départ. Le plan est téléchargeable en ligne.

PISTE CYCLABLE DU TRAMWAY T3 A LYON

Place Bellecour
LYON (2e)
✆ 04 72 77 69 69
www.lyon-france.com

Si vous doutez de votre sens de l'orientation en ville, cette Voie verte de 14 kilomètres est faite pour vous ! C'est bien simple : en suivant les rails du tramway T3 dans son intégralité, vous ne pouvez absolument pas vous tromper ! Reliant la gare de la Part-Dieu à la station Meyzieu Gare, elle se présente comme une bonne alternative aux transports en commun pour s'entraîner en plein air. Son enrobé lisse ouvre l'accès à toutes les pratiques physiques : à pied, à vélo ou en rollers.

RANDONNÉE PÉDESTRE ET VTT DE CHIMILIN

CHIMILIN ✆ 07 50 47 29 08
Un dimanche d'avril chaque année. Parcours VTT : 8 € ; marche : 6 €.

L'association Sou des écoles et l'USEP organise chaque année une jolie randonnée à pied ou à VTT pour découvrir la belle région verdoyante de Chimilin ! Au printemps c'est vraiment le meilleur moment alors plus d'excuses pour paresser, on enfile ses baskets et on y va ! Tous les bénéfices seront reversés au Sou des écoles.

- **Distance :** 21/30/50 km à VTT et 9/15/22 km à pied.
- **Départ :** de 7h30 à 10h30.
- **Difficulté :** facile.

Ravitaillement le long du parcours et buvette.

SENTIER CYCLISTE DANS LE VAL DES VESVRES

6, rue Jean-Vidal
YZEURE
✆ 04 70 46 81 50
www.allier-auvergne-tourisme.com
Durée : environ 2 heures.

On aurait aussi pu appeler ce parcours le « circuit des étangs » : vous les longerez, les contournerez, et les apprécierez sous tous les angles (ou presque). La promenade débute par l'étang des Vesvres, qui servit dès le Moyen Âge à l'aquaculture. Vous poursuivrez ensuite par l'étang des Nérauds, en n'oubliant pas de marquer l'arrêt devant le chêne de Jehan, doyen de la forêt, du haut de ses 250 ans, avant d'atteindre votre dernière étape : l'étang Vieillard.

TÉLÉSIÈGE PANORAMIQUE

Col de Rousset
SAINT-AGNAN-EN-VERCORS
✆ 04 75 48 24 64
www.ladrometourisme.com
Ouvert en hiver pour le ski, puis en juillet et août pour les piétons, les VTTistes... Entrée : 8,50 €.

Montez en télésiège en saison estivale pour profiter d'un panorama extraordinaire au sommet. Au départ des Hauts Plateaux du Vercors, vous pouvez redescendre à pieds par un sentier de randonnée, ou alors monter en télésiège avec votre VTT et dévaler les pistes sur les pédales. Attention à bien vous protéger avec au minimum un casque. La location de Trottin'herbe est également possible au pied des pistes où l'on vous fournit les casques. C'est parti pour une descente tout à fait fun, idéale en famille ou entre amis pour profiter d'un bon bol d'air frais !

LE TOUR DU LAC DU BOURGET

AIX-LES-BAINS
✆ 04 79 88 68 00
www.aixlesbains-rivieradesalpes.com
Accessible hors des périodes d'enneigement. 54 km (2h30-3h), 550 m de dénivelé positif.

Entre lac et montagnes, le parcours offre de quoi en prendre plein la vue. On peut partir du principe que l'on prend le départ à Aix-les-Bains, en direction du Bourget-du-Lac, sur la voie verte qui longe le lac. Avec ou sans halte pour se baigner à la plage du Bourget, on poursuit vers Bourdeau en suivant le balisage cyclo, direction Hautecombe. C'est là que ça commence à grimper. Au choix : l'ascension du col du Chat (environ 4 km) ou le tunnel du Chat, pour les cyclistes et piétons.

© OFFICE DU TOURISME DU TOURNONAIS ET DE L'HERMITAGE

Veloroute de Saint-Rambert-d'Albon à Saint-Vallier.

TROTTE NATURE

7, Grande-Rue-de-Cotaviol - **BOURG-ARGENTAL**
✆ 06 82 21 47 25
www.trottnaturepilat.com

Ouvert toute l'année. Trottinette de montagne - accessible aux enfants dès 1,35 m. A partir de 25 €.

Titulaire d'un brevet d'État en matière d'accompagnement de randonnées en VTT et de balades en vélo à travers le Pilat, Valérie vous accompagne pour diverses activités à pied, en trottinette de montagne (avec tracé vert, bleu, rouge ou noir selon la difficulté désirée et la capacité physique de chacun pour ne pas perdre la notion de plaisir) ou en VTT. Départ d'un des parcours proposés en groupe ou en solo, du crêt de la Perdrix ou du crêt de l'Œillon. A découvrir pour passer un beau moment sportif au cœur de la nature. Également des nuitées sous tipi chauffé.

VÉLORAIL DES GORGES DU DOUX

265A, route du Pont du Roi - **BOUCIEU-LE-ROI**
✆ 04 75 08 20 30
www.veloraila rdeche.com

Ouvert de Pâques à la Toussaint. Horaires et jours variables selon saison et descente. Adultes : de 17 € à 39 €.

Au départ de la gare de Boucieu-le-Roi, faites le plein de sensations au grand air ! Longeant la vallée du Doux, profitez d'un panorama à 360° à bord de voiturettes actionnées par un jeu de pédales. Plusieurs descentes sont proposées : celle des Châtaigniers avec la traversée de beaux viaducs, celle des Étroits au cœur des gorges du Doux et La Grande Aventure, la plus sportive. À 300 mètres de la gare, n'oubliez pas de découvrir Boucieu-le-Roi, commune classée Village de Caractère.

VELORAIL ELECTRIQUE DU BOURBONNAIS

Rue de la Gare - **NOYANT-D'ALLIER**
✆ 06 82 71 42 65
http://velorail dubourbonnais.fr

Fermé de novembre à mars. Haute saison du mardi au dimanche. Départs à 9h15, 11h, 13h30, 15h15 et 17h. A partir de 35 €.

Pas besoin de prendre le train pour emprunter cette ancienne voie ferrée et voyager à la découverte du Bocage bourbonnais. Des Vélorails permettent de parcourir de manière originale et conviviale les kilomètres de rails aujourd'hui désaffectés. On utilise l'assistance électrique ou on s'en passe, selon son envie et son courage. Des gigantesques statues de la pagode asiatique de Noyant au viaduc surplombant l'étang de Messarges. Prêt d'un livret de balade. Formulaires pour les 6-10 ans.

VELOROUTE DE SAINT-RAMBERT-D'ALBON A SAINT-VALLIER

RN7, le Creux de la Thine
ALBON
✆ 04 75 03 17 05
www.viarhona.com

Dans son long périple entre le lac Léman et la Méditerranée, voici déjà de quoi vous entraîner progressivement à la ViaRhôna, avant de vous atteler aux 450 kilomètres en Rhône-Alpes ! Ce tronçon de la fameuse Véloroute relie Saint-Rambert-d'Albon à Saint-Vallier en 15 kilomètres (facile), en passant en chemin par les communes d'Andancette et de Laveyron. À pied, à vélo ou même pourquoi pas en rollers, vous progressez dans un environnement agréable le long de la rive gauche du Rhône.

VIA FLUVIA

Place Charles de Gaulle - **YSSINGEAUX**
✆ 04 28 09 01 75
https://www.viafluvia.fr
Accès libre toute l'année. Quatre livrets de jeux sont disponibles sur la Via Fluvia

La Via Fluvia à Montfaucon-en-Velay est l'escapade idéale pour les amateurs d'activités de plein air en quête d'évasion au cœur de cette splendide région. Cet itinéraire cyclable de plus de 80 km, aménagé sur une ancienne voie ferrée, offre des paysages variés et un parcours sécurisé à faible dénivelé. Que vous soyez en famille, entre amis ou en solo, laissez-vous séduire par les attraits touristiques jalonnant cette véloroute. Foulées, pédales ou roulettes, chacun trouvera son bonheur sur ce sentier bucolique où le mot d'ordre est de se ressourcer au grand air.

VIA RHONA - VOIE VERTE DE VILLEBOIS A LAGNIEU

25, rue de Vougy
VILLEBOIS
✆ 04 74 36 62 75
www.mairievillebois.fr

Si vous pouvez rejoindre la Méditerranée en parcourant les 450 kilomètres qui la séparent du lac Léman, vous pouvez aussi n'en arpenter que quelques tronçons à vélo. Alors, c'est parti pour parcourir le tronçon n°2 de la Via Rhôna ! Au départ de Villebois, les 8 kilomètres en bord de Rhône du tronçon vous conduiront jusqu'à Lagnieu via Sault-Brenas et Saint-Sorlin-en-Bugey. Praticable à pied, à vélo, sur des rollers, un skateboard et même en fauteuil roulant.

LA VIA RHONA : DE LA VOULTE AU POUZIN

8, rue Paul-Montrochet
LYON (2e)
✆ 04 26 73 31 59
www.viarhona.com

© RA TOURISME / ROUGY

Ses 6 km d'enrobé lisse ainsi que sa facilité d'accès permettront aux vélos, rollers, fauteuils roulants... de profiter de cette étape entre les communes de La Voulte et du Pouzin. Traversez dans un premier temps le pont de La Voulte, longez le Rhône, poursuivez sur la Voie verte, reprenez la digue, franchissez la Drôme, redescendez sur la digue puis le long du contre-canal ; il ne vous reste plus qu'à remonter une dernière fois sur la digue au pont du Pouzin, et vous voilà arrivé !

VIA RHONA, D'ANCONE A CHATEAUNEUF-DU-RHONE

8, rue Paul-Montrochet
CHÂTEAUNEUF-DU-RHÔNE
✆ 04 26 73 31 59
www.viarhona.com

450 kilomètres : voici la distance qu'il vous faudra parcourir pour rejoindre la Méditerranée à vélo au départ du lac Léman. Mais rassurez-vous, la célèbre ViaRhôna est divisée en plusieurs parties, que l'on peut arpenter séparément ! Au départ d'Ancone, le troisième tronçon évolue en rive droite, le long du canal du Rhône. 13 kilomètres (niveau facile) séparent la commune de l'usine de Châteauneuf-du-Rhône, à parcourir à vélo ou même sur des rollers grâce à leur enrobé lisse.

VTT

SAILLANS
Ouvert toute l'année.

Le département de la Drôme offre aux vététistes 3 000 km de sentiers balisés du plateau du Vercors à celui d'Albion, de marnes en chemins caillouteux, de cols en berges. Centre labellisé par la Fédération française, Saillans est le point de départ d'une dizaine de circuits dont deux vraiment sportifs (parcours noirs), l'un d'eux affichant près de 1 000 m de dénivelé ! Nous recommandons particulièrement le circuit des balcons de la Drôme qui réserve des points de vue somptueux sur la vallée (renseignements au bureau du tourisme de Saillans).

ALTERMOVE

41, avenue du Maréchal-de-Saxe
LYON (6e)
✆ 04 82 53 96 69
www.altermove.com
Ouvert du mardi au samedi de 10h à 12h45 et de 14h à 19h.

Le Vélo à Assistance Électrique est le compagnon indispensable pour parcourir la ville sans aucune difficulté. Dans une boutique résolument tournée vers la modernité et le changement, Altermove vous propose un large choix de deux-roues électriques, des vélos qui s'adaptent à votre profil avec de grandes marques belles et robustes, ainsi que des batteries fiables. Vélos de ville, pour les chemins ou pour le tout-terrain, vélos pliants, mais aussi les *speed bikes*, véritables bolides urbains (carte grise, plaque et casque obligatoires), sont disponibles.

COMHIC TOUR

7, quai Romain-Rolland - **LYON** (5e)
✆ 04 72 65 43 86
www.comhic.com
Ouvert tous les jours de 9h30 à 18h30. Tour en Segway : de 32 € pour une Découverte à 72 € pour un Grand Tour de 3h.

Découvrez une autre façon de se déplacer en ville avec le gyropode Segway. Grâce à cette adresse accueillante, vous vous apercevrez que tout le monde peut utiliser de manière assez facile ce moyen de transport doux, qui fonctionne à l'électricité. Les Lyonnais sur les hauteurs apprécieront également la puissance de cet engin qui grimpe facilement les pentes de notre ville ! Pour vous familiariser avec le Segway en compagnie d'un moniteur et découvrir la ville d'une autre façon, on vous conseillera de participer au ComhiC Tour.

BE CYCLES

116, boulevard Gustave Flaubert
CLERMONT-FERRAND ✆ 04 73 26 26 24
https://www.becycles.fr/
Ouvert le lundi de 15h à 19h ; du mardi au samedi de 9h à 12h et de 14h à 19h ; le samedi de 10h à 18h.

Be Cycles a pris la suite des Cycles Géral qui œuvraient depuis plus de 30 ans dans la région clermontoise. Autre changement de taille, ils sont désormais présents dans de nouveaux locaux plus vastes. François, un ancien de la maison, est toujours là et travaille à présent en compagnie de Damien, Clément et Antoine qui sauront vous conseiller dans la vente, la réparation et l'entretien de votre vélo. Bénéficiez d'une étude posturale afin de connaître avec précision la taille de votre futur vélo, mais aussi la selle ou les chaussures adaptées à votre pratique.

CYCLABLE CHAMBÉRY

256, rue de la République
CHAMBÉRY
✆ 04 58 14 07 54
https://chambery.cyclable.com
Ouvert du mardi au vendredi de 10h à 13h et de 14h à 19h ; le samedi de 9h à 13h et de 14h à 18h.

Ici, on est partisan de l'écomobilité. Professionnelle et passionnée, l'équipe vous conseillera, que vous soyez en quête d'une monture pliable, de course, électrique ou de ville. La boutique propose aussi des vélos curieux, où l'on pédale couché, ou des triporteurs pour transporter ses enfants tout en roulant ! Divers accessoires et pièces sont aussi en vente : casques, cadenas, dérailleurs, pneus, housses, garde-boues, etc. On vous encourage à délaisser votre engin motorisé pour mieux pédaler, parce que c'est bon pour votre santé et la planète !

BOUTICYCLE

16, rue Ramond
CLERMONT-FERRAND
✆ 04 73 43 84 52
Ouvert le mardi, le mercredi, le vendredi et le samedi de 10h à 13h et de 14h à 19h ; le jeudi de 14h à 19h.

En centre-ville, le magasin expose des marques de référence : Commençal, GT Bicycles, BMC, Mérida et beaucoup d'autres. Cela pour toutes les formes d'usages : vélo de route, de course, de ville, VTT, VTC, pliables, électriques... À côté, la maison déploie tous les services relatifs à l'usage et à l'entretien de ces vélos : réglages personnalisés de l'appareil, atelier avec ou sans rendez-vous (plusieurs forfaits pour entretien régulier), restauration de vélos, programme de fidélité et même un Bouti'Club enfants pour adapter le vélo à sa croissance.

CYCLES RIGOBERT

7, avenue de Chevêne - **ANNECY**
✆ 04 50 45 16 83
www.rigobert-sas.com
Ouvert du mardi au samedi de 9h à 12h et de 14h30 à 19h.

C'est une référence en matière de deux-roues à Annecy et dans la région, puisque l'enseigne a été créée en 1947. Près de 75 ans de bons et loyaux services pour cette boutique qui a évolué avec son temps, spécialisée dans la vente, la réparation, la préparation et le montage à la carte de cycles « classiques », de VAE bien pratiques dès que l'on sort de la ville, de VTC et VTT performants, mais aussi de motos et de scooters. De nombreuses pièces et des accessoires pour « améliorer » votre machine vous attendent, comme les techniciens pour obtenir de bons conseils.

DEAD IS HYPE BICYCLES WORKSHOP

6, rue Paul-Bert - **GRENOBLE**
✆ 09 83 98 44 39
www.deadishypebicycles.com
Ouvert du mardi au vendredi de 10h à 12h et de 14h à 19h ; le samedi de 13h à 18h.

En plein cœur de ville, on entre dans cette boutique avec son vélo pour le faire réparer, l'entretenir ou le faire customiser. On peut aussi venir les mains vides et repartir avec des vélos uniques, recouverts de motifs personnalisés à l'extrême : des cadres haut de gamme, fabriqués artisanalement, des roues, des selles et des pédales à ne plus s'arrêter dans la beauté de l'effort et toujours la tête de mort stylisée à porter sur le dos et des fringues dans le même esprit.

ENERGY BIKES

22, quai de France - **GRENOBLE** ✆ 04 76 17 21 15
www.energybikes.fr
Ouvert du mardi au vendredi de 9h30 à 12h et de 14h à 19h ; le samedi de 9h30 à 12h et de 14h à 18h.

Energy Bikes est le spécialiste des véhicules propres. Il propose la vente et la location (courte ou longue durée) de deux-roues électriques : vélos à assistance électrique, e-scooters ou trottinettes. Une gamme de deux-roues sympathiques évoluant en permanence, une équipe dynamique, plus aucune excuse pour ne pas rouler écologique ! Vous avez la possibilité de louer un VAE à partir d'une demi-journée, vraiment intéressant pour se déplacer écologiquement et rapidement dans Grenoble, et vous trouverez de nombreuses pièces détachées pour réparer votre deux-roues.

ERIDER

9, avenue du Rhône
ANNECY
✆ 04 56 34 83 31
www.eridershop.fr
Ouvert du mardi au samedi de 9h30 à 12h30 et de 14h à 18h30.

Cette boutique installée à l'entrée d'Annecy s'est spécialisée dans le vélo électrique. Une équipe d'experts à votre service vous propose le vélo électrique le plus adapté à votre pratique, du sport extrême sur les pentes de nos montagnes au trajet quotidien pour aller au travail en passant par les sorties en famille. Le choix est large avec du matériel de haute qualité de marques Stromer, Bergamont, Hercules, O2Feel et Ghost. Si vous n'êtes pas encore certain de passer à l'assistance électrique, louez-en un pour la journée, faites le tour du lac et... craquez !

LIBELO

VALENCE
✆ 04 75 60 06 26
www.vrd-mobilites.fr
En libre-service (plus de 16 ans) : 2 €/jour ou 6 €/semaine, puis première demi-heure gratuite, 0,50 € la suivante.

À Valence, il est possible de retirer un vélo Libélo à l'une des 44 stations réparties dans la ville ainsi que dans les communes des alentours, disponible 7 jours sur 7 et 24 heures sur 24 sans souci d'entretien ni de garage. Sur le site Internet, vous trouvez tous les conseils pour bien circuler à vélo, la localisation des stations, la disponibilité des vélos et même les formulaires d'abonnement. Vous pouvez rejoindre le port de l'Épervière et suivre durant un moment les berges du Rhône sur cet itinéraire vert reliant le lac Léman à la Méditerranée.

LYON CYCLE CHIC

74, rue Salomon-Reinach
LYON (7e)
✆ 04 72 70 34 61
www.lyoncyclechic.com
Ouvert du mardi au samedi de 9h à 19h. Atelier sur rendez-vous uniquement.

Prenez le temps de découvrir le vélo adapté à votre pratique chez Lyon Cycle Chic. Parce qu'un vélo c'est un investissement utile, pratique et stylé, un compagnon du quotidien pour aller au travail, pour accompagner les enfants à l'école en vélo cargo ou pour se promener sur les bords du Rhône, il vous faut du choix, des conseils et des essais. Ça tombe bien, il y a tout cela et plus encore dans cette belle boutique : sélection de VAE, vélos pliants, vélos pour toutes les pratiques et tous les âges, accessoires, atelier et locations.

MONDOVÉLO

Parc des Essarts
ANDRÉZIEUX-BOUTHÉON
✆ 04 77 10 02 19
www.mondovelo.fr
Ouvert du lundi au samedi de 9h30 à 19h.

Membre d'une grande chaîne, le magasin vend tout le nécessaire pour avaler les kilomètres derrière son guidon. VTT, VTC, vélo de ville ou de route, pour les enfants, Mondovélo dispose même de BMX et de vélos électriques. Les plus grandes marques sont présentes : Scott, Lapierre, Montana... Vous trouverez aussi une gamme de pièces détachées et d'accessoires, de la protection avec l'indispensable casque et des genouillères pour le VTT, des roues, des selles et même des cadres en carbone. Retrouvez ici toutes les nouveautés dans le domaine du cyclisme !

NATURA VÉLO

245, route des Plages
CHARAVINES
✆ 04 76 35 64 98
www.naturavelo.com
Ouverture selon les saisons.

Parce que le vélo reste le moyen le plus doux et le plus pratique pour se déplacer dans la région, Natura Vélo en met en location de tous gabarits (VTT, VTC, vélos de route, tandems... et de superbes vélos électriques pour tous les terrains) mais aussi des randonnées, des circuits de découverte et des stages (pilotage descente, biker...) encadrés par des moniteurs. Un atelier sur place propose des réparations. C'est une enseigne de loisirs complète qui propose aussi des activités telles que le canyoning, l'escalade, l'accrobranche ou les randonnées pédestres.

PEDAL' DOUCE ALPES

2, rue Jean Jaurès
ANNECY
✆ 04 50 05 00 50
Service de location ouvert du mardi au dimanche de 9h à 18h.

À deux pas du lac et de la piste cyclable qui en fait le tour, voici une adresse idéale pour rendre le vélo plus agréable. Pédal'Douce est le spécialiste des vélos électriques. L'accueil est sympathique pour nous conseiller le vélo adapté à nos besoins. Il y a même des tandems ! Coup de cœur pour les vélos signés Arcade, sans oublier les nombreux accessoires, notamment les remorques pour embarquer ses enfants en promenade. Pédal'Douce rend nos visites plus sensationnelles avec des packs exclusifs comprenant la location de vélos et une activité.

ROUL' MA POULE

4, rue des Marquisats - **ANNECY**
✆ 04 50 27 86 83
www.annecy-location-velo.com
Haute saison : ouvert tous les jours et les jours fériés de 10h à 18h.

Roul'Ma Poule, c'est une enseigne et deux adresses sérieuses de location combinant matériel pour la promenade sur route ou piste, et sur l'eau pour celle d'Annecy-le-Vieux. Vous trouverez des vélos, mais encore des rollers, des kayaks et des paddles. Pour les familles, vous pourrez louer du matériel enfant, un siège bébé et une remorque, un matériel de qualité avec de grandes marques pour certains deux-roues plus techniques comme les VTT, VTC et les désormais incontournables VAE... Les loueurs sont des techniciens passionnés de sport cycliste ou nautique.

ROULE & CO

21, allée des Harmonies
ANNECY
www.roule-co.org
Consulter les horaires de l'atelier sur le site Internet. Adhésion de 25 €/an.

Cœur, poumons, moral, fluidité de la circulation, le vélo a tout bon mais tout le monde ne peut pas s'offrir de tels équipements. Direction Roule & Co à Cran-Gevrier, une association qui fait la promotion du vélo pour devenir un citoyen « éco-mobile ». On aime les ateliers de réparation participatifs (récupération, réparation et recyclage de vélos, conseils et cours de mécanique), mais aussi les ateliers d'apprentissage du vélo ouverts à tous. Roule & Co, ce sont aussi de nombreux événements « vélorutionnaires » à suivre toute l'année.

LA RUE À VÉLO

5, rue Traversière - **SAINT-ETIENNE**
✆ 09 82 55 92 76
saint-etienne.cyclable.com
Ouvert du mardi au vendredi de 10h à 13h et de 14h à 19h ; le samedi de 10h à 12h30 et de 14h à 18h30.

Considérant que le vélo est un véritable moyen de transport, cette boutique propose ici des vélos adaptés à toutes les situations : vélo de ville, VTT, vélo de randonnée, vélo classique. Vous êtes tenté par un vélo à assistance électrique mais vous n'osez pas franchir le pas, vous vous interrogez sur son efficacité ? La Rue à vélo vous propose de l'essayer afin d'en tester les performances avant de vous décider. Vous pouvez également louer les vélos ou un tandem classique mixte, de multiples accessoires et tout le nécessaire pour l'entretien du vélo.

LOUEURS / REVENDEURS

V.LEO

Place Jean-Moulin - **MOULINS**
✆ 04 70 47 78 53
www.agglo-moulins.fr
Haute saison du lundi au vendredi de 9h à 12h et de 14h à 17h. 1 mois électrique : 20 €, classique : 10 €.

Si vous avez envie de vous balader en toute liberté dans le secteur, sachez que Moulins Communauté a mis 370 vélos à disposition, dont 350 vélos à assistance électrique et 20 vélos classiques, sans borne ni contrainte. Au départ de la Boutiq'Aléo, la location de vélos peut se faire pour une moyenne ou longue durée, d'un mois à un an. Dès les formalités remplies, vous pourrez circuler librement dans la cité moulinoise et vous déplacer sur les 44 communes que compte Moulins Communauté. Vous êtes également autorisé à l'emporter chez vous.

UN VÉLO À LA CAMPAGNE

La Gare - **LOUROUX-DE-BOUBLE**
✆ 04 70 32 72 26
www.unveloalacampagne.fr
Fermé novembre à mars. Haute saison tous les jours de 9h30 à 18h. Demi-journée vélo classique : 17 €, électrique : 28 €.

Vélos à la location, comme vous l'aurez compris. VTC, VTT, enfant, siège bébé, classique ou à assistance électrique, c'est à vous de choisir. Plusieurs formules sont proposées, en toute liberté, avec sept circuits en forêt, dans les gorges et Combrailles, des sorties accompagnées d'un guide, des jeux de piste. Ils fournissent les accessoires, et la carte avec les points d'intérêt. Pour les VTT, parcours préenregistrés sur le GPS fixé au guidon. Antivol, casque, bombe anti-crevaison (facturée en cas d'utilisation), pompe manuelle, ainsi que vestiaires et douches.

VÉLO DAYAK PASSION

12-14, avenue Gabriel Péri
SAINT-MARTIN-D'HÈRES
✆ 04 38 12 86 57
www.velo-dayak.fr
Ouvert du lundi au samedi de 10h à 13h et de 14h30 à 19h.

Cette boutique est spécialisée dans le VTT, avec de superbes montures adaptées à toutes les pratiques, sans oublier les accessoires et les textiles, toujours de qualité (Endura, Vaude, Xbionic, Specialized...). Le plus de l'enseigne, ce sont les conseils de véritables passionnés et un service après-vente irréprochable. Chez Dayak, on ne vient pas chercher un prix, mais de la qualité et des sensations. Vous avez la possibilité de mettre votre ancien vélo en dépôt-vente afin d'en changer plus facilement, et de louer un vélo parmi un parc de plus de 100 deux-roues.

VÉLO STATION

91, quai Pierre Scize
LYON (5e)
✆ 04 72 00 91 44
www.velostation.com/-Lyon-Saint-Paul
Ouvert du mardi au samedi de 9h à 19h.

Pour partir en deux-roues sur les routes et les chemins de la région, faites une halte à la Station. Dans cette boutique, le vélo n'est pas présenté comme un moyen de performance, mais plutôt comme un art de vivre, un moyen de bien-être et de confort pour tous les citadins. Pour faire son choix, il faut se laisser guider. On nous explique et nous fait essayer les vélos qui conviennent le mieux à nos pratiques. De nombreux accessoires sont proposés : sacoches, paniers, selles, sièges bébé, vêtements... L'atelier, très performant, répare tous les bobos du vélo.

VÉLONAUTE

35, rue Tronchet
LYON (6e)
✆ 04 37 48 89 17
www.velonaute.com
Ouvert du mardi au samedi de 10h à 13h et de 14h30 à 19h.

Écologique et mis en valeur par le plan de circulation de la ville de Lyon ; économique et ne nécessitant parfois que très peu d'efforts, le vélo est bien la solution urbaine pour les déplacements au quotidien. Cette enseigne indépendante (8 boutiques) nous présente le meilleur choix en termes de vélos, notamment hollandais, anglais et vélos électriques, du solide et de l'élégant pour tous les goûts, du vélo de ville au VTT à assistance électrique (le plus grand choix de Lyon) ! On peut venir à la boutique faire remettre en état ou customiser son vieux vélo.

VÉLONECY

Place de la Gare - **ANNECY**
✆ 04 50 51 38 90
www.velonecy.com
Ouvert toute l'année du lundi au samedi de 9h à 13h et de 14h à 18h30.

Vélonecy offre une large gamme de vélos adaptés aux besoins de chaque utilisateur à des tarifs légers, services compris, sécurité assurée ! Vélonecy propose 400 vélos 100 % électriques disponibles en libre-service dans plus de 60 stations réparties sur tout le territoire. La location se fait avec votre smartphone en passant par l'appli Vélonecy 60 minutes. Les 30 premières minutes sont gratuites, la première heure ne coûte que 1,50 €. Un tarif pour inciter les personnes à passer au vélo sur les trajets courts, sachant que 80 % des trajets font moins de 30 minutes.

BOURGOGNE-FRANCHE-COMTÉ

Touristique à plus d'un titre, la région Bourgogne-Franche-Comté, déployée sur 8 départements – Côte-d'Or, Doubs, Haute-Saône, Jura, Nièvre, Saône-et-Loire, Territoire de Belfort, Yonne –, décline tour à tour nature, patrimoine bâti et culture. De la montagne du Haut-Jura aux lacs du Morvan, des berges du Doubs et de la Saône à celles de la Seine et de la Loire, c'est une diversité de paysages et de nature préservée qui est à découvrir. L'histoire a laissé de multiples témoins dans toute la destination : les hospices de Beaune, le Palais des Ducs et des États à Dijon, les vestiges d'Alésia, les abbayes de Cîteaux et de Cluny, le lion de Bartholdi, Vézelay et sa basilique... La région est également un haut lieu spirituel, et accueille des mouvements au rayonnement international comme les rassemblements de Taizé ou de Paray-le-Monial. Les Hospices de Bourgogne valent aussi un pèlerinage.

LA DÉCOUVERTE DES GRANDS CRUS
(CÔTE-D'OR)

- **Itinéraire :** La découverte des grands crus
- **Total :** 30 km
- **Durée :** de 1 heure 30 à 3 heures, entre 20 et 10 km/h
- **Difficulté :** Cinq côtes, terrain un peu vallonné

LIEUX	Km partiel	Km cumul	Routes
BEAUNE	0	0	Place de la Mairie
POMMARD	3	3	D973
VOLNAY	2	5	D973
NANTOUX	9	14	D973 D23
MELOISEY	2	16	D23B D111
BÂCHE	7,5	23,5	D111 D23 D970
BOUZE-LES-BEAUNE	3	26,5	D970
BEAUNE	7	33,5	D970

AM-C

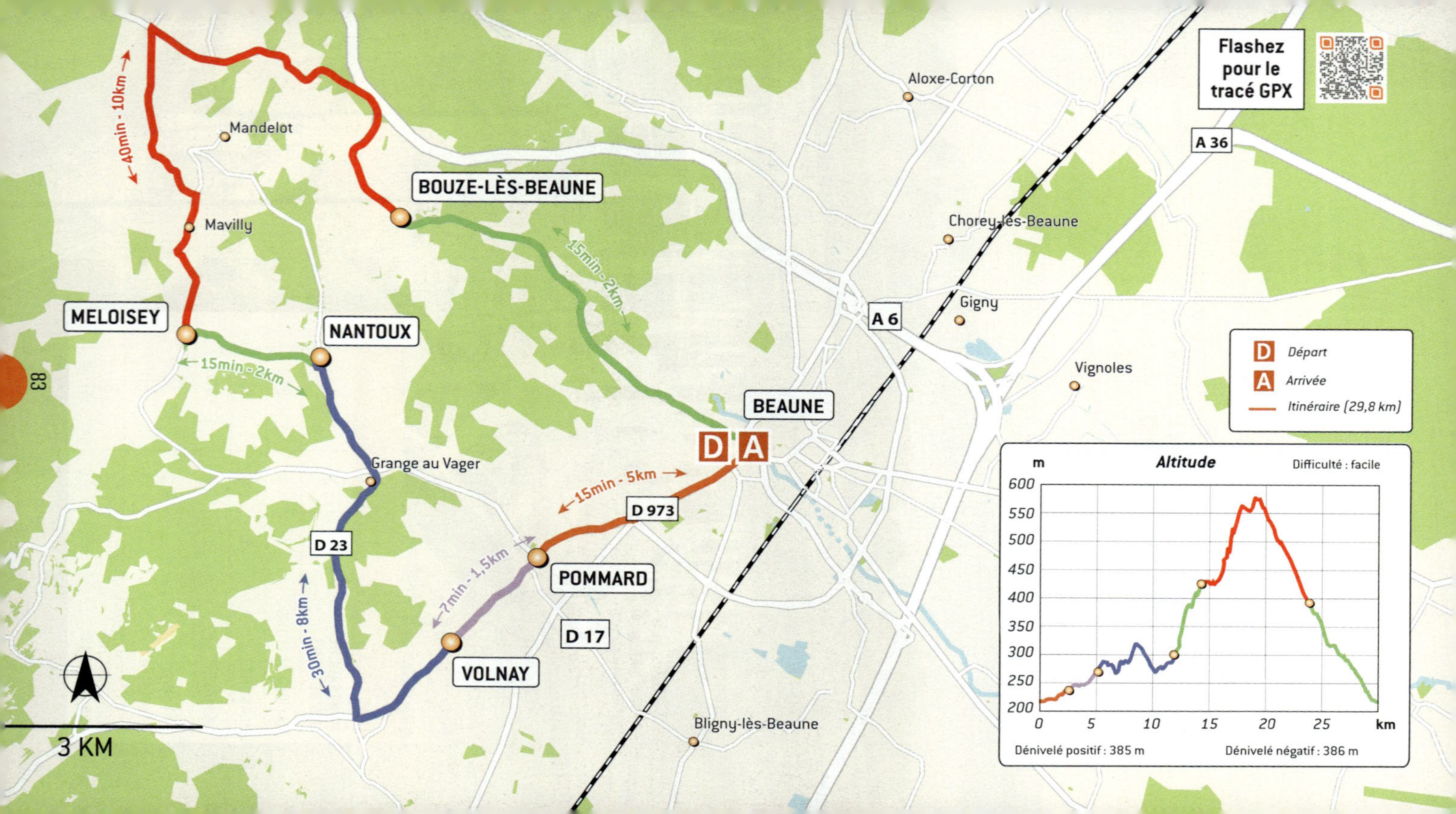
Flashez pour le tracé GPX
Aloxe-Corton
A 36
Mandelot
BOUZE-LÈS-BEAUNE
Mavilly
Chorey-lès-Beaune
15min - 2km
40min - 10km
MELOISEY
NANTOUX
Gigny
A 6
15min - 2km
Vignoles
D Départ
A Arrivée
Itinéraire (29,8 km)
BEAUNE
Grange au Vager
15min - 5km
D 973
D 23
7min - 1,5km
POMMARD
30min - 8km
D 17
VOLNAY
Bligny-lès-Beaune
3 KM
Altitude
Difficulté : facile
m
600
550
500
450
400
350
300
250
200
0
5
10
15
20
25
km
Dénivelé positif : 385 m
Dénivelé négatif : 386 m

LE LAC DES SETTONS

(NIÈVRE)

- **Itinéraire :** Le lac des Settons
- **Total :** 37,1 km
- **Durée :** de 1 heure 30 à 3 heures, entre 20 et 10 km/h
- **Difficulté :** quatre côtes, terrain peu vallonné

LIEUX	Km partiel	Km cumul	Routes
MONTSAUCHE-LES-SETTONS	0	0	Office de tourisme
LAC DES SETTONS	4	4	D913
PLANCHEZ	9	13	D520
LA FIOLE	3	16	D505
OUTROUX-EN-MORVAN	7	23	CV D17 D12
MONTSAUCHE-LES-SETTONS	8	31	D12 D977Bis

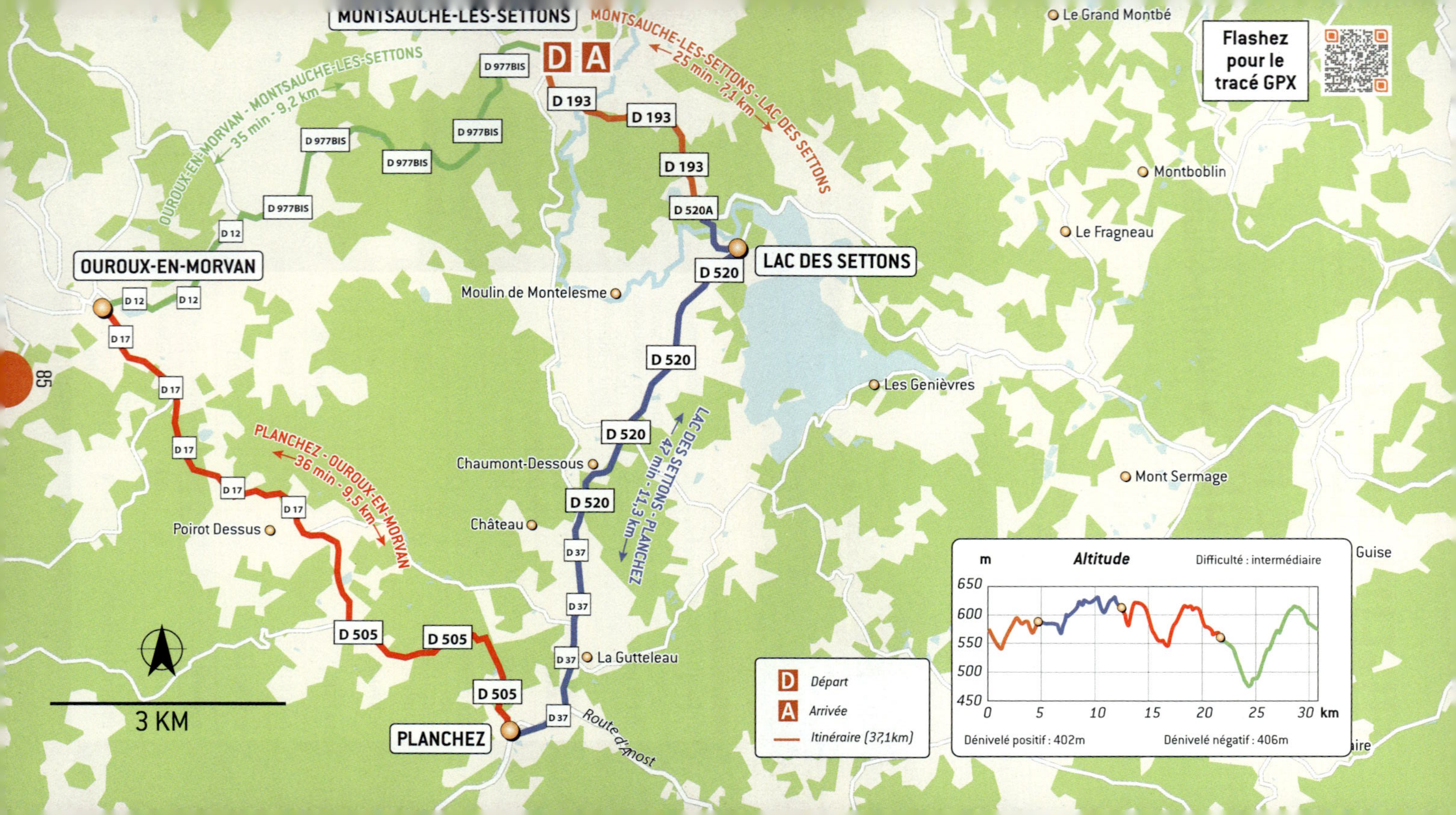
MONTSAUCHE-LES-SETTONS
MONTSAUCHE-LES-SETTONS - LAC DES SETTONS
25 min - 7,1 km
OUROUX-EN-MORVAN - MONTSAUCHE-LES-SETTONS
35 min - 9,2 km
D
A
D 977BIS
D 193
D 520A
D 520
D 12
D 17
D 37
D 505
OUROUX-EN-MORVAN
LAC DES SETTONS
Le Grand Montbé
Montboblin
Le Fragneau
Moulin de Montelesme
Les Genièvres
Mont Sermage
Chaumont-Dessous
Château
Poirot Dessus
La Gutteleau
Guise
PLANCHEZ - OUROUX-EN-MORVAN
36 min - 9,5 km
LAC DES SETTONS - PLANCHEZ
47 min - 11,3 km
Route d'Anost
PLANCHEZ
3 KM
Flashez pour le tracé GPX
Départ
Arrivée
Itinéraire (37,1km)
Altitude
Difficulté : intermédiaire
m
650
600
550
500
450
0
5
10
15
20
25
30
km
Dénivelé positif : 402m
Dénivelé négatif : 406m

LUXEUIL-LES-BAINS, LA ROUTE DES MILLE ÉTANGS (HAUTE-SAÔNE)

- **Itinéraire :** Luxeuil-les-Bains, la route des Mille Étangs
- **Total :** 76,5 km
- **Durée :** de 3 heures 45 à 7 heures 30, entre 20 et 10 km/h.
- **Difficulté :** facile à moyen. Petites routes assez vallonnées.

LIEUX	Km partiel	Km cumul	Routes
LUXEUIL-LES-BAINS	0	0	Rue Édouard-Herriot (D64)
BREUCHOTTE	9,5	9,5	Directeur Saint-Sauveur A gauche avenue Georges-Clemenceau Route de Bouhey
LA PROISELIÈRE-ET-LANGLE	3,2	12,7	Direction La Bruyère
FAUCOGNEY	6,4	19,1	Suivre la Voivre D72
ESMOULIÈRES	5,4	24,5	Suivre Saphoz-le-Bas
BEULOTTE-SAINT-LAURENT	7,3	31,8	La Saulotte D263
SERVANCE	7,7	39,5	D263
LA MER	6,8	46,3	D486 Suivre La Mer
FAUCOGNEY	5,5	51,8	D266
ÉCROMAGNY	6,2	58	D72 D73
BELMONT	5,7	63,7	La Lanterne-et-les-Armonts
ESBOZ-BREST	4,9	68,6	Suivre la Corbière
LUXEUIL-LES-BAINS	7,4	76	Route de Froideconche Direction Saint-Sauveur D46

CÉLINE - ADOBESTOCK

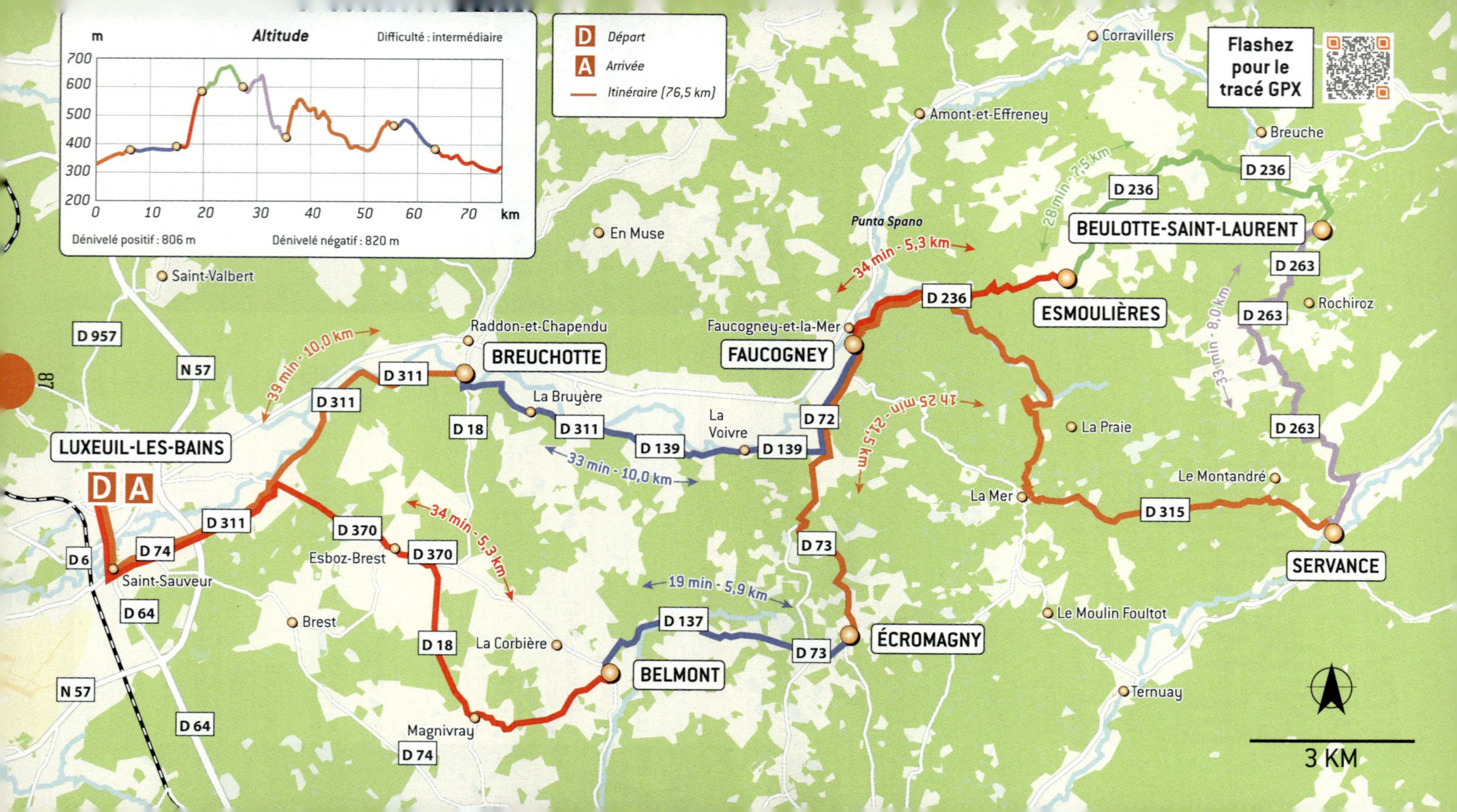

Altitude
Difficulté : intermédiaire
m
700
600
500
400
300
200
0
10
20
30
40
50
60
70
km
Dénivelé positif : 806 m
Dénivelé négatif : 820 m
D Départ
A Arrivée
Itinéraire (76,5 km)
Flashez pour le tracé GPX
Corravillers
Amont-et-Effreney
Breuche
D 236
28 min - 7,5 km
BEULOTTE-SAINT-LAURENT
D 263
Rochiroz
33 min - 8,0 km
Punta Spano
34 min - 5,3 km
ESMOULIÈRES
En Muse
Saint-Valbert
D 957
N 57
Raddon-et-Chapendu
BREUCHOTTE
Faucogney-et-la-Mer
FAUCOGNEY
39 min - 10,0 km
D 311
La Bruyère
D 18
La Voivre
D 139
D 72
1h 25 min - 21,5 km
La Praie
33 min - 10,0 km
LUXEUIL-LES-BAINS
D A
Le Montandré
La Mer
D 315
SERVANCE
D 370
34 min - 5,3 km
D 6
D 74
Esboz-Brest
Saint-Sauveur
D 73
19 min - 5,9 km
D 64
Brest
Le Moulin Foultot
D 137
ÉCROMAGNY
La Corbière
BELMONT
Ternuay
Magnivray
3 KM

NEVERS ET LA DÉCOUVERTE DE LA LOIRE (NIÈVRE)

- **Itinéraire :** Nevers et la découverte de la Loire
- **Total :** 66,4 km
- **Durée :** de 3 heures 15 à 6 heures 45, entre 20 et 10 km/h
- **Difficulté :** huit côtes, terrain vallonné

© FLORENT - ABDRESTOCK

LIEUX	Km partiel	Km cumul	Routes
NEVERS	0	0	Place de la République
LE PRÉ FLEURI	2	2	D907
AGLAN	7	9	D149
CHÂTEAU-LE-GIGNY	4	13	D149
MAGNY-COURS	5	18	D200
CHEVENON-LES-CHAUMES	8	26	D200
IMPHY	3	29	D200
PRYE	4	33	D172
SAUVIGNY-LES-BOIS	3,5	36,5	D18
MONTIGNY-AUX-AMOGNES	9,5	46	D209 D958 D617
OUROUËR	4	50	D176
BELLERAY	2,5	52,5	D26
SAINT-MARTIN-D'HEUILLE	6	58,5	D26 D148
LA GRIPPE	4	62,5	D148 D977
NEVERS	5	67,5	D977

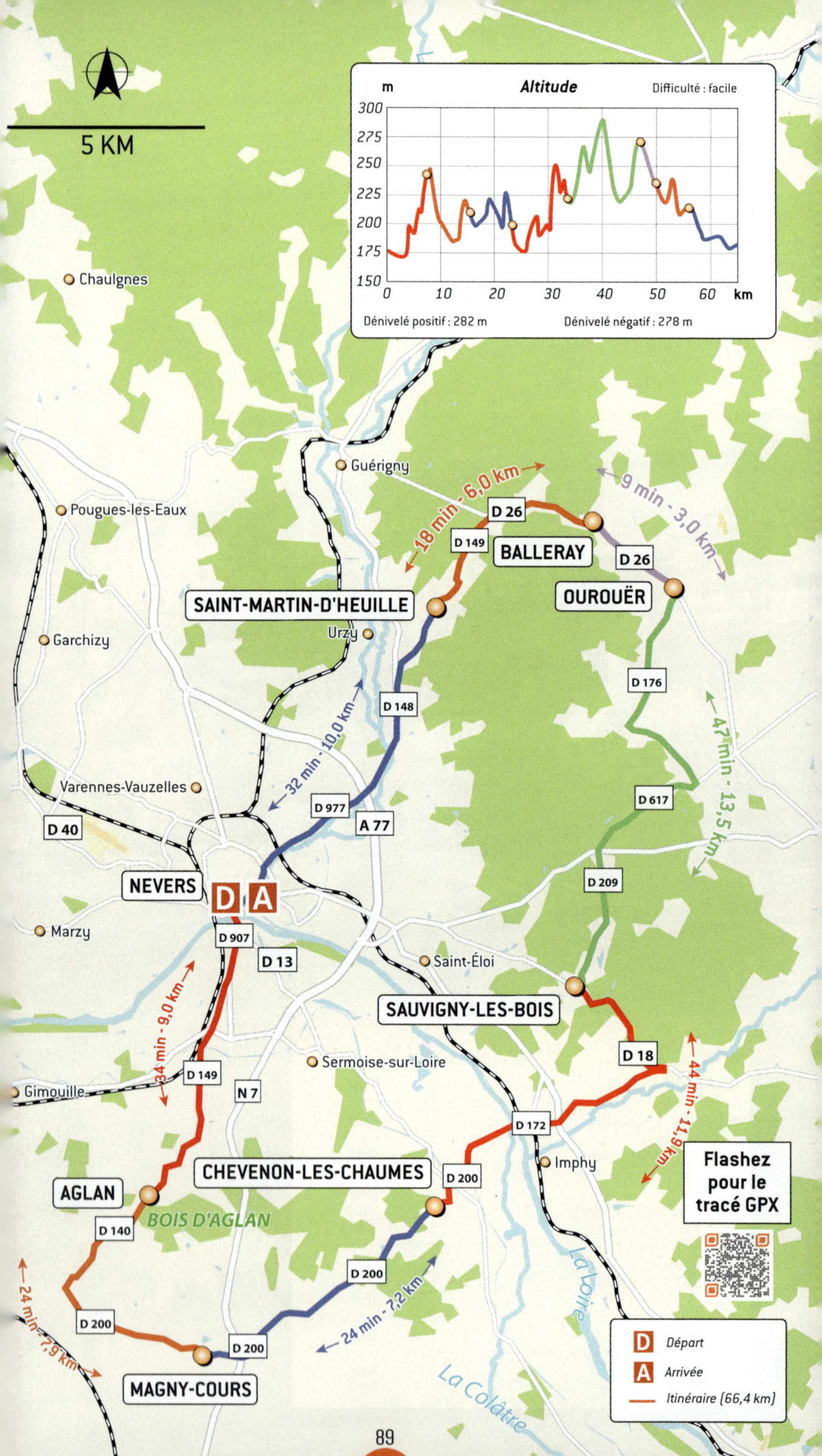

5 KM
m
Altitude
Difficulté : facile
300
275
250
225
200
175
150
0
10
20
30
40
50
60
km
Dénivelé positif : 282 m
Dénivelé négatif : 278 m
Chaulgnes
Guérigny
Pougues-les-Eaux
18 min - 6,0 km
9 min - 3,0 km
D 26
D 149
BALLERAY
D 26
OUROUËR
SAINT-MARTIN-D'HEUILLE
Urzy
Garchizy
D 176
D 148
32 min - 10,0 km
47 min - 13,5 km
Varennes-Vauzelles
D 977
A 77
D 617
D 40
NEVERS
D
A
D 209
Marzy
D 907
D 13
Saint-Éloi
34 min - 9,0 km
SAUVIGNY-LES-BOIS
D 18
Sermoise-sur-Loire
44 min - 11,9 km
Gimouille
D 149
N 7
D 172
Imphy
CHEVENON-LES-CHAUMES
D 200
Flashez pour le tracé GPX
AGLAN
BOIS D'AGLAN
D 140
D 200
24 min - 7,9 km
24 min - 7,2 km
La Loire
D 200
D 200
MAGNY-COURS
La Colâtre
D Départ
A Arrivée
Itinéraire (66,4 km)

SEMUR-EN-AUXOIS
(CÔTE-D'OR)

- **Itinéraire :** Sémur-en-Auxois
- **Total :** 40,5 km
- **Durée :** de 2 à 4 heures, entre 20 et 10 km/h
- **Difficulté :** six côtes, terrain un peu vallonné

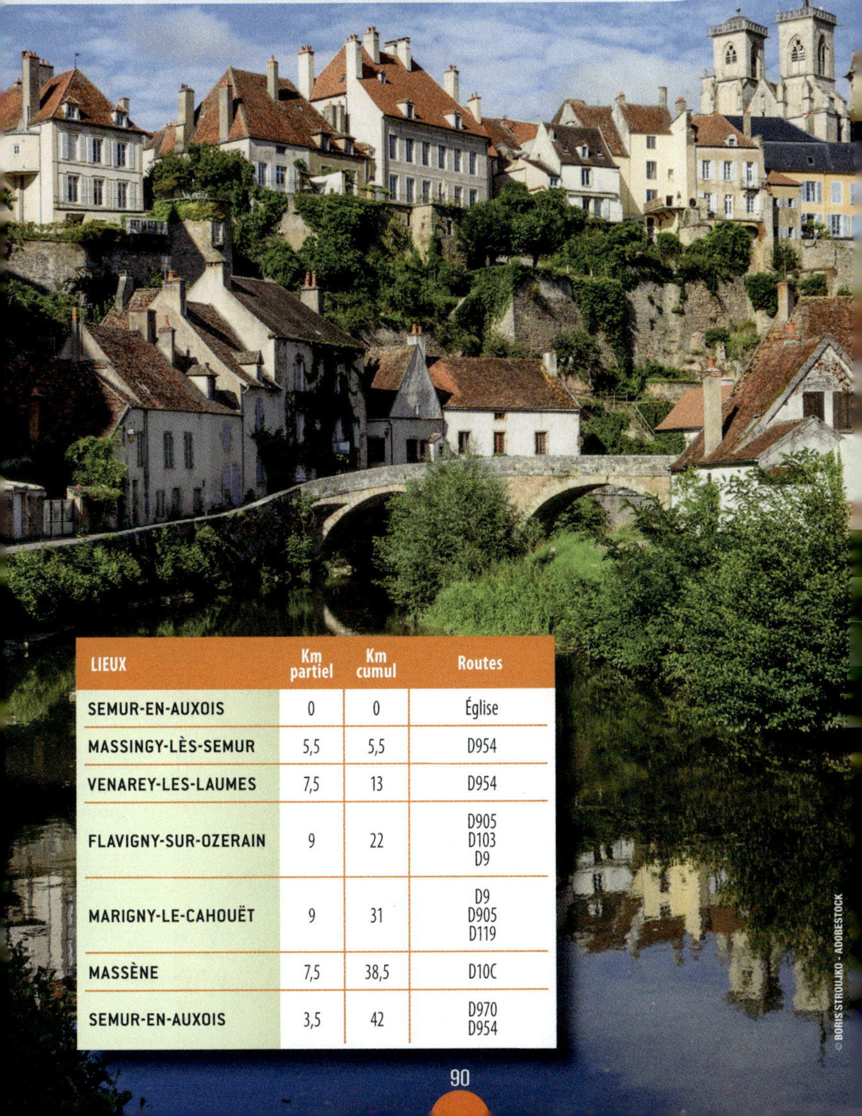

LIEUX	Km partiel	Km cumul	Routes
SEMUR-EN-AUXOIS	0	0	Église
MASSINGY-LÈS-SEMUR	5,5	5,5	D954
VENAREY-LES-LAUMES	7,5	13	D954
FLAVIGNY-SUR-OZERAIN	9	22	D905 D103 D9
MARIGNY-LE-CAHOUËT	9	31	D9 D905 D119
MASSÈNE	7,5	38,5	D10C
SEMUR-EN-AUXOIS	3,5	42	D970 D954

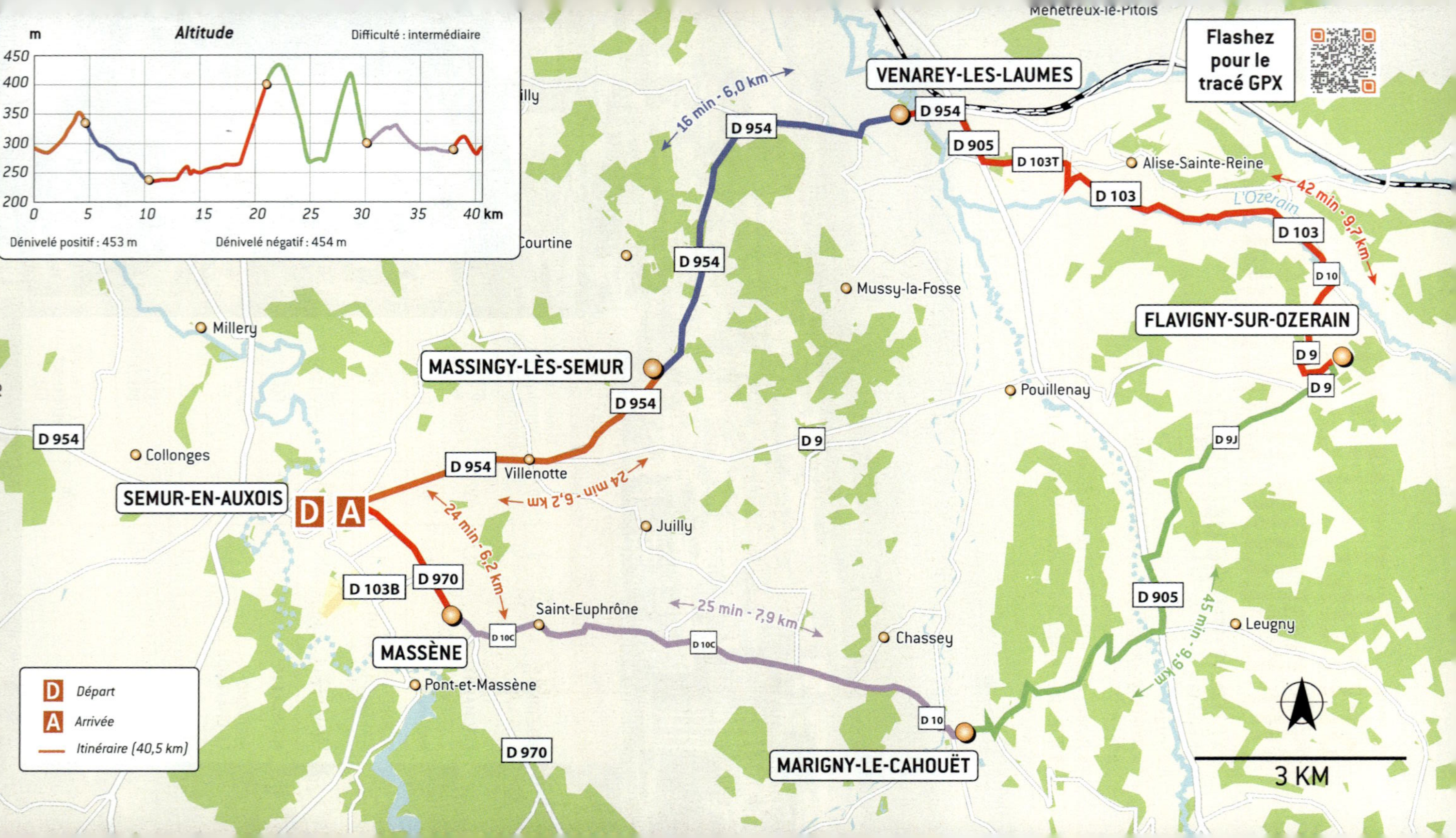

Altitude
m
Difficulté : intermédiaire
450
400
350
300
250
200
0
5
10
15
20
25
30
35
40 km
Dénivelé positif : 453 m
Dénivelé négatif : 454 m
Flashez pour le tracé GPX
Ménétreux-le-Pitois
VENAREY-LES-LAUMES
D 954
D 905
D 103T
D 103
D 10
Alise-Sainte-Reine
L'Ozerain
42 min - 9,7 km
FLAVIGNY-SUR-OZERAIN
D 9
D 9J
16 min - 6,0 km
Courtine
Mussy-la-Fosse
Pouillenay
Millery
MASSINGY-LÈS-SEMUR
Collonges
Villenotte
24 min - 6,2 km
SEMUR-EN-AUXOIS
D
A
Juilly
D 103B
D 970
Saint-Euphrône
D 10C
25 min - 7,9 km
Chassey
Leugny
45 min - 9,9 km
MASSÈNE
Pont-et-Massène
MARIGNY-LE-CAHOUËT
Départ
Arrivée
Itinéraire (40,5 km)
3 KM

BELFORT – LE COL DU BALLON D'ALSACE
(TERRITOIRE DE BELFORT)

- **Itinéraire :** Belfort – le col du Ballon d'Alsace
- **Total :** 77,2 km
- **Durée :** de 3 heures 45 à 7 heures 30, entre 20 et 10 km/h
- **Difficulté :** moyen à difficile. Montée du col du Ballon d'Alsace.

LIEUX	Km partiel	Km cumul	Routes
BELFORT	0	0	Avenue Jean-Jaurès (Centre hospitalier Belfort Montbéliard)
GIROMAGNY	11,7	11,7	D13 D465 via Chaux
MALVAUX	4,3	16	D465
SOMMET BALLON D'ALSACE (1 247 M)	11,9	27,9	D465 (col)
DOLLEREN	14,6	42,5	D465 D466 via Sewen
MASSEVAUX	6,7	49,2	D66
ROUGEMONT-LE-CHÂTEAU	7,2	56,4	D110 D2
ETUEFFONT	5,1	61,5	D2
ROPPE	8,2	69,7	D12 D83
BELFORT	6,3	76	D83 D22 via Vétrigne et Offemont D13

LEONID ANDRONOV - ADOBESTOCK

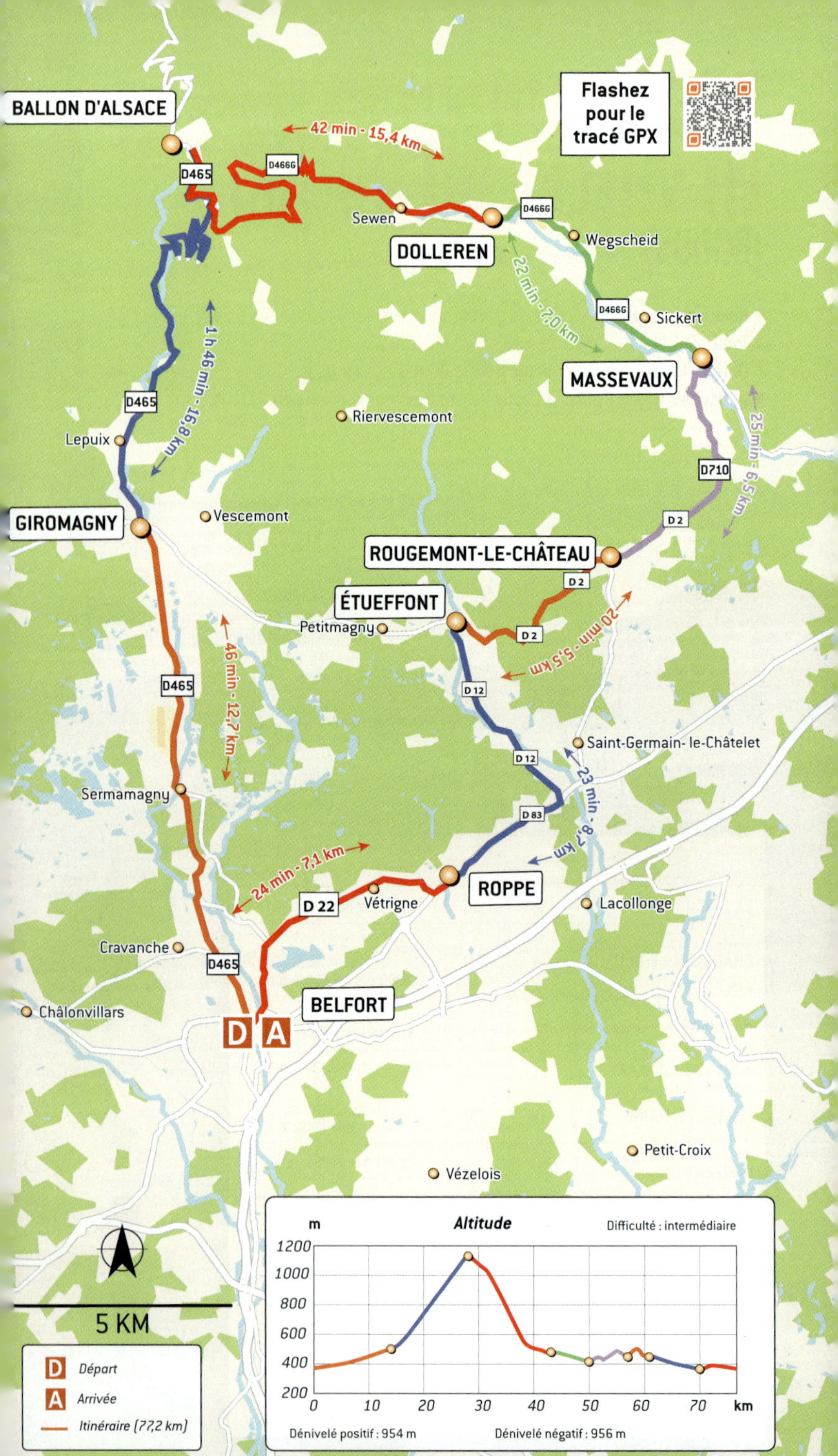

BALLON D'ALSACE
Flashez pour le tracé GPX
42 min - 15,4 km
D465
D466G
Sewen
DOLLEREN
D466G
Wegscheid
22 min - 7,0 km
D466G
Sickert
MASSEVAUX
1 h 46 min - 16,8 km
Riervescemont
D465
Lepuix
25 min - 6,5 km
D710
D 2
GIROMAGNY
Vescemont
ROUGEMONT-LE-CHÂTEAU
D 2
ÉTUEFFONT
Petitmagny
D 2
20 min - 5,5 km
D 12
46 min - 12,7 km
D465
Saint-Germain- le-Châtelet
D 12
23 min - 8,7 km
Sermamagny
D 83
24 min - 7,1 km
ROPPE
D 22
Vétrigne
Lacollonge
Cravanche
D465
Châlonvillars
BELFORT
D
A
Petit-Croix
Vézelois
5 KM
D Départ
A Arrivée
Itinéraire (77,2 km)
m
Altitude
Difficulté : intermédiaire
1200
1000
800
600
400
200
0
10
20
30
40
50
60
70
km
Dénivelé positif : 954 m
Dénivelé négatif : 956 m

BESANÇON – LA VALLÉE DU DOUBS

(DOUBS)

- **Itinéraire :** Besançon – vallée du Doubs
- **Total :** 74,6 km
- **Durée :** de 3 heures 45 à 7 heures, entre 20 et 10 km/h.
- **Difficulté :** moyen à difficile. Circuit vallonné empruntant des petites routes.

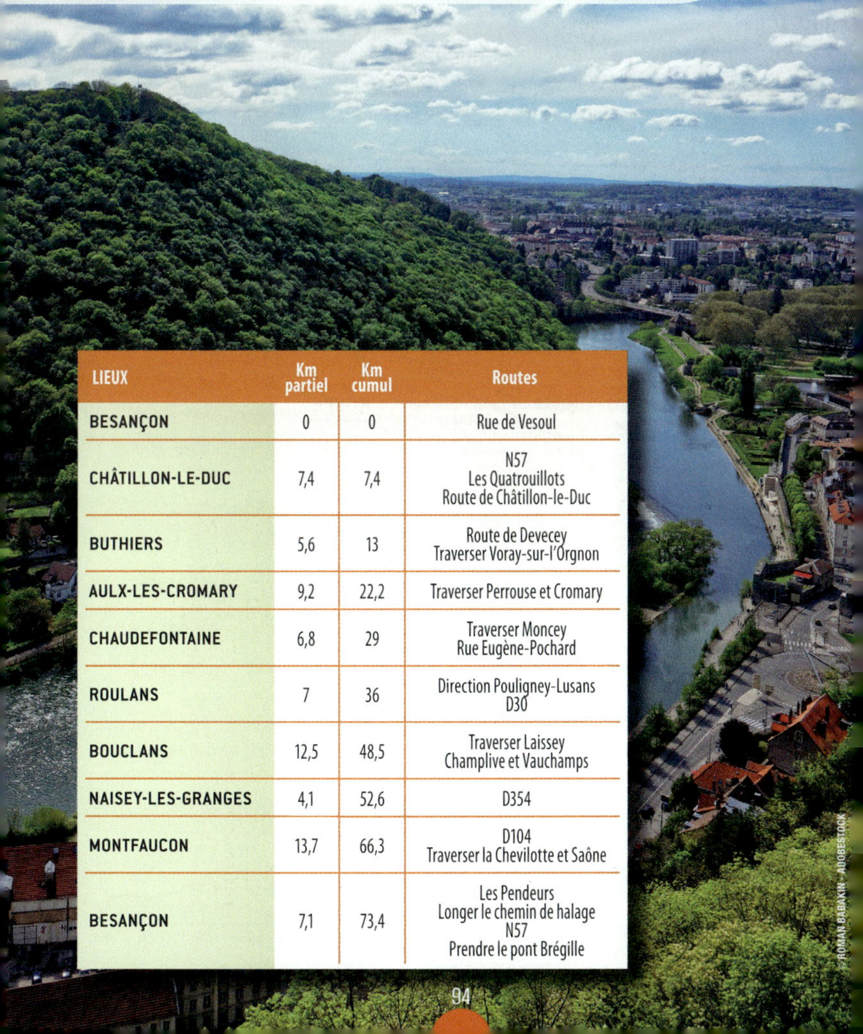

LIEUX	Km partiel	Km cumul	Routes
BESANÇON	0	0	Rue de Vesoul
CHÂTILLON-LE-DUC	7,4	7,4	N57 Les Quatrouillots Route de Châtillon-le-Duc
BUTHIERS	5,6	13	Route de Devecey Traverser Voray-sur-l'Orgnon
AULX-LES-CROMARY	9,2	22,2	Traverser Perrouse et Cromary
CHAUDEFONTAINE	6,8	29	Traverser Moncey Rue Eugène-Pochard
ROULANS	7	36	Direction Pouligney-Lusans D30
BOUCLANS	12,5	48,5	Traverser Laissey Champlive et Vauchamps
NAISEY-LES-GRANGES	4,1	52,6	D354
MONTFAUCON	13,7	66,3	D104 Traverser la Chevilotte et Saône
BESANÇON	7,1	73,4	Les Pendeurs Longer le chemin de halage N57 Prendre le pont Brégille

© ROMAN BABAKIN - ADOBESTOCK

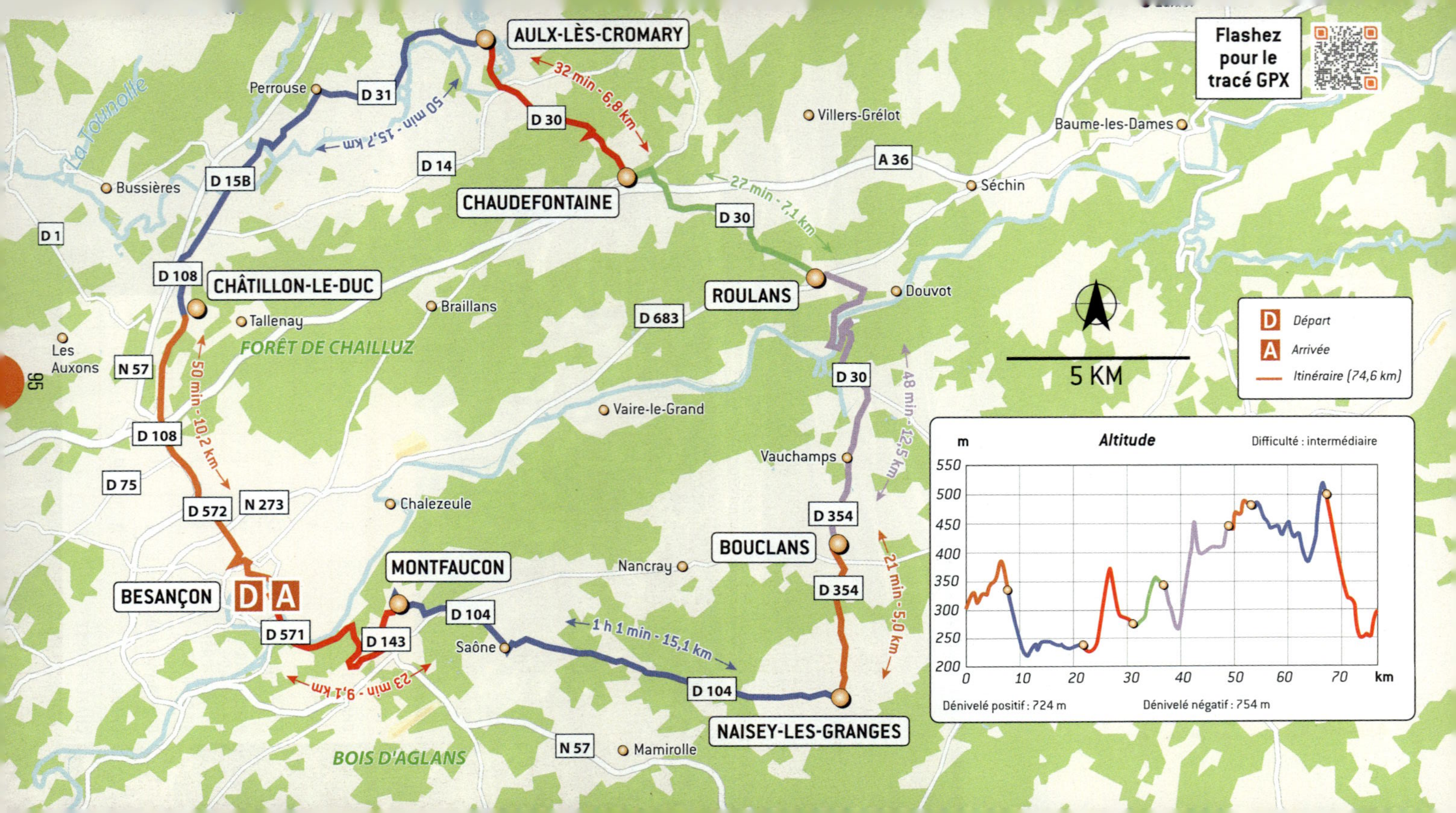

AULX-LÈS-CROMARY
Flashez pour le tracé GPX
Perrouse
D 31
32 min - 6,8 km
50 min - 15,7 km
D 30
Villers-Grélot
Baume-les-Dames
La Tounolle
D 14
A 36
Bussières
D 15B
CHAUDEFONTAINE
22 min - 7,1 km
Séchin
D 1
D 30
D 108
CHÂTILLON-LE-DUC
ROULANS
Douvot
Braillans
Tallenay
D 683
Les Auxons
N 57
FORÊT DE CHAILLUZ
D 30
5 KM
D Départ
A Arrivée
Itinéraire (74,6 km)
50 min - 10,2 km
48 min - 12,5 km
Vaire-le-Grand
D 108
Vauchamps
Altitude
Difficulté : intermédiaire
m
km
Dénivelé positif : 724 m
Dénivelé négatif : 754 m
D 75
Chalezeule
D 572
N 273
D 354
BOUCLANS
21 min - 5,0 km
MONTFAUCON
Nancray
BESANÇON
D 354
D 104
D 571
D 143
1 h 1 min - 15,1 km
Saône
23 min - 9,1 km
D 104
NAISEY-LES-GRANGES
N 57
Mamirolle
BOIS D'AGLANS

CHABLIS ET LE SEREIN
(YONNE)

- **Itinéraire :** Chablis et le Serein
- **Total :** 28 km
- **Durée :** de 1 heure 20 à 2 heures 45, entre 20 et 10 km/h
- **Difficulté :** facile. Deux côtes, assez plat

LIEUX	Km partiel	Km cumul	Routes
CHABLIS	0	0	Place de la Mairie
CHICHÉE	4	4	D45
CHEMILLY-SUR-SEREIN	3,5	7,5	D45
POILLY-SUR-SEREIN	3,5	11	D45
LICHÈRE-PRÈS-AIGREMONT	6	17	D144
GRAND-VAUCHARME	2	19	D956
CHABLIS	8	27	D91
CHABLIS-OUEST	0,5	27,5	D965

D 35
2 KM
Altitude
m
Difficulté : facile
240
220
200
180
160
140
120
0
5
10
15
20
25
km
Dénivelé positif : 116 m
Dénivelé négatif : 116 m
Fontenay-près-Chablis
D 391
Fyé
CHABLIS
D 235
D
A
D 965
Fleys
D 91
D 45
16 min - 4,5 km
D 45
Béru
D 62
CHICHÉE
D 91
D 45
12 min - 3,7 km
CHEMILLY-SUR-SEREIN
POILLY-SUR-SEREIN
D 91
16 min - 4,5 km
D 45
D 45
11 min - 3,2 km
D 144
D 91
26 min - 6,3 km
GRAND VAUCHARME
D 144
Flashez pour le tracé GPX
8 min - 2,9 km
D 956
D 144
Puits de Courson
LICHÈRES-PRÈS-AIGREMONT
Départ
Arrivée
Itinéraire (28 km)

DOLE, LA BALADE DOLOISE

(JURA)

- **Itinéraire :** Dole – la balade Doloise
- **Total :** 66,7 km
- **Durée :** de 4 heures à 6 heures 30, entre 20 et 10 km/h.
- **Difficulté :** facile. Petites routes avec peu de dénivelé.

© GERALD VILLENA - ADOBESTOCK

LIEUX	Km partiel	Km cumul	Routes
DOLE	0	0	Avenue du Maréchal-Juin
MONTBARREY	16,3	16,3	Rue du Val-d'Amour D7
GERMIGNEY	3,8	20,1	D7
CHISSEY-SUR-LOUE	3,1	23,2	D7 via Châtelay
ARC-ET-SENANS	5,5	28,7	D7
RANS	13,5	42,2	D31
ÉTREPIGNEY	3,2	45,4	D76
ÉCLANS-NENON	9,6	55	D76 Direction via La Bretenière et Our
FALLETANS	5,6	60,6	D76
DOLE	6,4	67	Direction Le Temple Rue de la Résistance

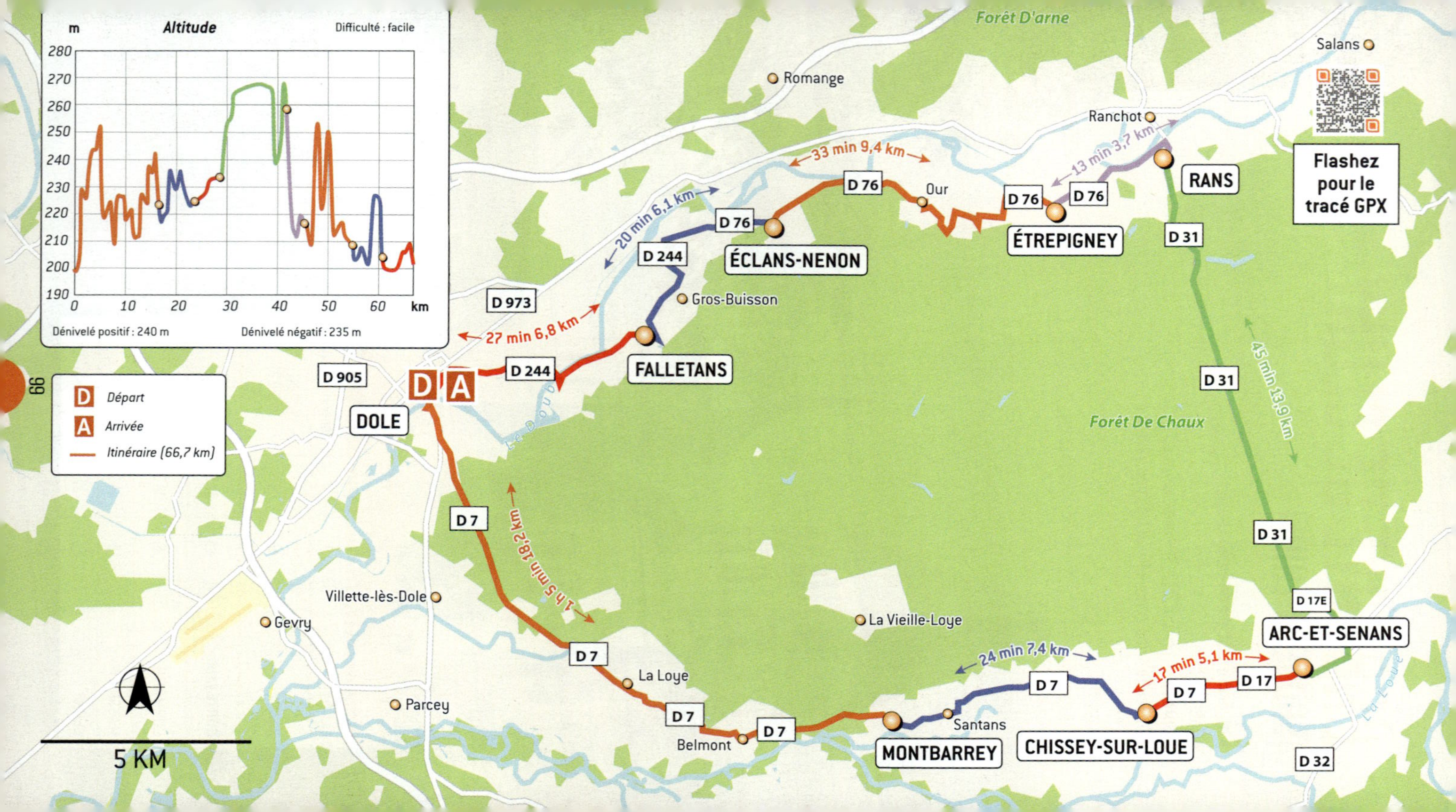
Altitude
m
Difficulté : facile
km
Dénivelé positif : 240 m
Dénivelé négatif : 235 m
Départ
Arrivée
Itinéraire (66,7 km)
Flashez pour le tracé GPX
DOLE
FALLETANS
ÉCLANS-NENON
ÉTREPIGNEY
RANS
ARC-ET-SENANS
CHISSEY-SUR-LOUE
MONTBARREY
27 min 6,8 km
20 min 6,1 km
33 min 9,4 km
13 min 3,7 km
45 min 13,9 km
17 min 5,1 km
24 min 7,4 km
1 h 5 min 18,2 km
Forêt D'arne
Forêt De Chaux
Romange
Salans
Ranchot
Our
Gros-Buisson
La Vieille-Loye
Villette-lès-Dole
Gevry
Parcey
La Loye
Belmont
Santans
Le Doubs
La Loue
D 973
D 905
D 244
D 76
D 31
D 17E
D 17
D 7
D 32
5 KM

L'ABBAYE DE CLUNY
(SAÔNE-ET-LOIRE)

- **Itinéraire :** Abbaye de Cluny
- **Total :** 32 km
- **Durée :** de 1 heure 30 à 3 heures, entre 20 et 10 km/h
- **Difficulté :** cinq côtes, terrain très peu vallonné

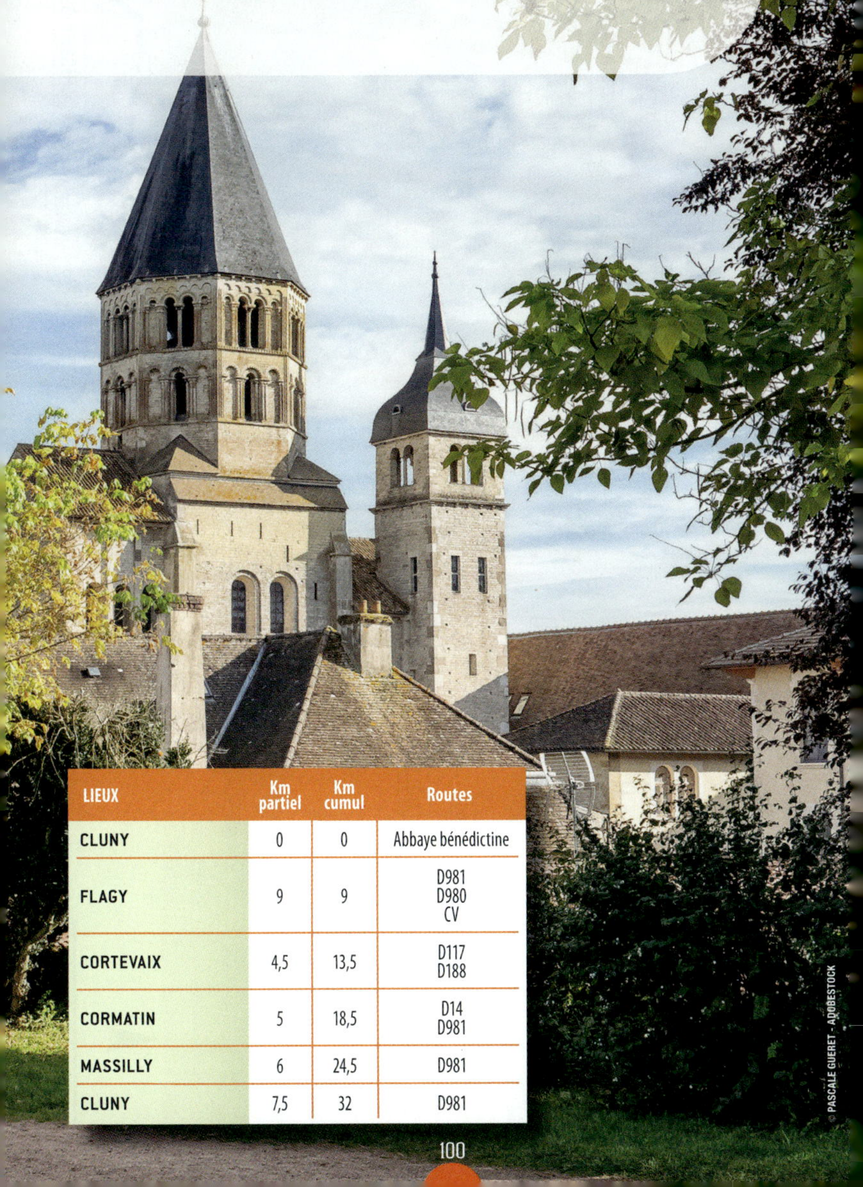

LIEUX	Km partiel	Km cumul	Routes
CLUNY	0	0	Abbaye bénédictine
FLAGY	9	9	D981 D980 CV
CORTEVAIX	4,5	13,5	D117 D188
CORMATIN	5	18,5	D14 D981
MASSILLY	6	24,5	D981
CLUNY	7,5	32	D981

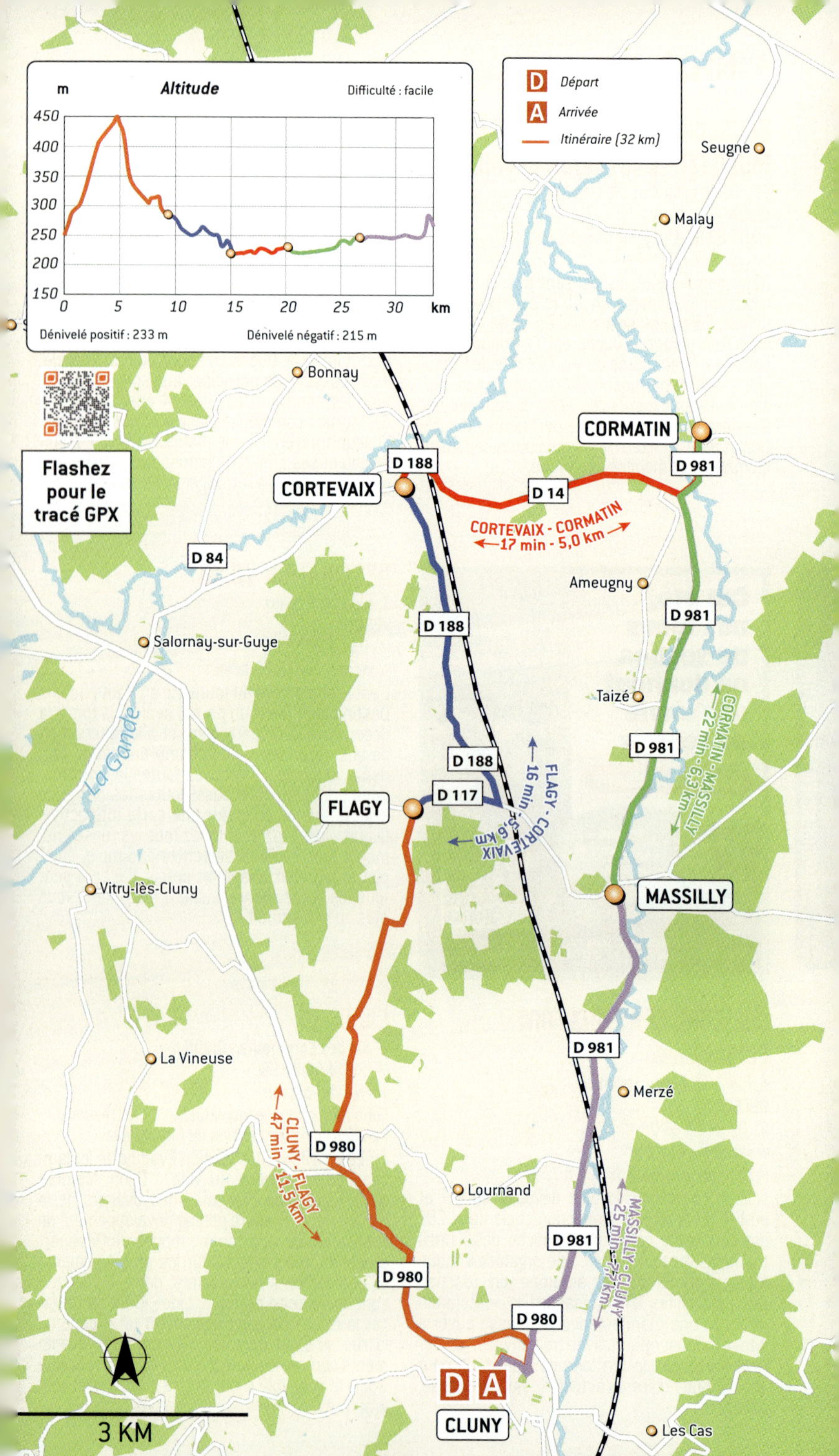
m
Altitude
Difficulté : facile
450
400
350
300
250
200
150
0
5
10
15
20
25
30
km
Dénivelé positif : 233 m
Dénivelé négatif : 215 m
D Départ
A Arrivée
Itinéraire (32 km)
Seugne
Malay
Bonnay
Flashez pour le tracé GPX
CORMATIN
D 188
D 981
CORTEVAIX
D 14
CORTEVAIX - CORMATIN
17 min - 5,0 km
D 84
Ameugny
D 981
D 188
Salornay-sur-Guye
Taizé
CORMATIN - MASSILLY
22 min - 6,3 km
La Gande
D 981
D 188
D 117
FLAGY
FLAGY - CORTEVAIX
16 min - 5,6 km
Vitry-lès-Cluny
MASSILLY
D 981
La Vineuse
Merzé
CLUNY - FLAGY
47 min - 11,5 km
D 980
Lournand
D 981
MASSILLY - CLUNY
25 min - 7,7 km
D 980
D 980
D A
CLUNY
3 KM
Les Cas

BOURGOGNE-FRANCHE-COMTÉ MOBILITÉ ÉLECTRIQUE BFCME

65, rue de Longvic
DIJON
✆ 06 83 81 44 19
https://www.bfcme-asso.fr/

Beaucoup de Français pensent passer à l'électrique un jour, mais franchir le pas n'est pas si simple. Comment mettre une borne de recharge dans son garage ? Quelle est l'autonomie des batteries ? Leur durée de vie ? Le rôle de l'association est de partager l'information, la connaissance et les expériences vécues pour donner aux décideurs des éléments pertinents pour définir et mettre en œuvre les meilleures réponses en matière de mobilité électrique.

CBL-COMPAGNIE BELFORT LOISIRS

4, rue Jean-Pierre-Melville
BELFORT
✆ 03 84 22 63 08
www.cbl-belfort.com

Permanence le jeudi de 18h à 19h.

Voici la compagnie la plus dévouée au VTT et au VTC de la région. La section cycle de la CBL est en effet la gardienne farouche des jeunes traditions du tout-terrain. Elle organise chaque année (printemps ou automne en fonction des possibilités d'organisation) la « Transterritoire », une manifestation de masse ouverte à tous sur inscription, avec trois niveaux de difficulté à travers le Territoire de Belfort. On peut aussi profiter d'autres activités : ski, randonnée, roller.

CYCLOTOURISTES BELFORTAINS

17, rue Favre
CRAVANCHE

Bulletin d'adhésion à compléter sur le site Internet. Abonnement revue Cyclo Mag : 20 € pour les licenciés.

Les Cyclotouristes belfortains vous invitent à découvrir le plaisir de randonner à bicyclette dans le cadre de la Fédération française de Cyclotourisme. Que vous soyez ou non licencié, il est possible de participer aux sorties vélo (3 pour les non licenciés) dès 14 ans. La plupart des sorties commence place d'Armes à Belfort. Chacun trouvera ici une pratique adaptée à son niveau et ses affinités : touristique ; pour voyager en France ou à l'étranger ; vélo sportif.

DESTINATION 70

1, rue Max-Devaux
VESOUL
✆ 03 84 97 10 80
www.destination70.com

C'est le site officiel du tourisme en Haute-Saône. Destination 70 est un portail dédié à la fois à la découverte du département et à la réservation de vos vacances : gîte, chambre d'hôtes, tourisme, activités... Retrouvez toutes les informations pratiques mais aussi toutes les offres de séjours thématiques sur une carte interactive. Cliquez, localisez et obtenez tous les renseignements sur l'élément sélectionné. Simple, complet et pratique, adapté et précis, il y en a pour tous les goûts. Bonne visite à tous donc, vous êtes au bon endroit !

EVAD

2, rue des Corroyeurs - **DIJON**
✆ 06 14 50 68 59
www.evad-dijon.fr

Cotisation annuelle individuelle : 10 €. L'Association des cyclistes urbains du Grand Dijon.

Créée en 1994, l'association Evad porte le flambeau de la pratique du vélo à Dijon. Membre de la Fédération Française des Usagers de la Bicyclette, elle œuvre pour le développement de l'utilisation du vélo comme moyen de transport quotidien, mais aussi pour les aménagements et équipements nécessaires, dans la ville, qui sont liés à cette pratique. L'idée, c'est de partager la rue et de créer également un « code de la rue ». Evad organise de nombreux événements comme les balades urbaines. La rubrique « alerte vélo volé » sur le site Internet est très pratique.

GRANDES TRAVERSÉES DU JURA

15 - 17, Grande-Rue
LES PLANCHES-EN-MONTAGNE
✆ 03 84 51 51 51
www.gtj.asso.fr

Le bureau est ouvert au public. Accueil sur rdv.

Grandes Traversées du Jura coordonne et développe les activités proposées sur les itinéraires GR5 ET GR9. 180 structures publiques et privées y adhèrent. Pour votre randonnée, les informations nécessaires, appelez le siège de l'association ou consultez le site Internet. La Grande Traversée du Jura peut se faire à pied, à VTT, à VTC, en raquettes, en ski de fond ou à cheval ! 388 km de sentiers balisés de Montbéliard jusqu'à Culoz (01) traversent le Parc naturel du Haut-Jura.

TOUR DE BOURGOGNE A VÉLO

www.le-tour-de-bourgogne-a-velo.com

Au plaisir de pédaler en région Bourgogne s'ajoutera celui de profiter, à portée de chemin, de toutes les richesses de la région : vignobles et plaisirs gourmands, vieilles pierres et patrimoine, rivières et canaux, hébergements de charme et sens de l'accueil. La Bourgogne vous propose un réseau de véloroutes unique. Ce sont près de 1 000 km d'itinéraires cyclables balisés et sécurisés réservés aux cyclistes et cyclotouristes, dont la majorité fait partie du grand itinéraire régional du Tour de Bourgogne à vélo, qui vous attendent. A vos deux-roues !

MORVANVTT

www.morvanvtt.fr

Des topos sur toutes les activités nature en Morvan.

Pas uniquement consacré au VTT, le site web est dédié à toutes les activités nature en Morvan, y compris le cyclotourisme et la randonnée pédestre. On peut facilement filtrer par activité, puis accéder à des circuits documentés, avec niveau de difficulté, carte et trace GPS. C'est idéal pour découvrir le Morvan sans se perdre grâce à des passionnés de leur région qui ont mis à disposition ces informations. Le site Internet précise bien néanmoins que les itinéraires et niveaux de difficulté sont donnés à titre indicatif. Avant toute sortie, vérifiez la météo.

TOUR DU JURA

1, rue Jorbey
DANNEMARIE-SUR-CRÈTE
www.tourdujura.com

En avril ou en mai, selon les années.

Le Tour du Jura est une épreuve cycliste dont le parcours fait découvrir la beauté et la diversité des paysages du département sur de petites routes bucoliques, qui laissent le temps de s'imprégner de l'âme d'une région verdoyante et paisible avec ses bois, ses étangs, ses pâturages, ses vieilles maisons… La première édition du Tour du Jura a eu lieu en 2006. Il est organisé par le club Jura Cyclisme Pays du Revermont. Retrouvez toutes les informations utiles (coureurs, dates, fermetures des routes le jour J, etc.) sur le site Internet de l'événement.

ROUTE DES VINS MACONNAIS-BEAUJOLAIS-BOURGOGNE

1, place Saint-Pierre
MÂCON
✆ 03 85 38 09 99
www.route-vins.com

La Route des Vins Mâconnais-Beaujolais a une antenne à l'Office de tourisme du Mâconnais Val de Saône. Vous y apprendrez tout sur cette fameuse route des vins déclinée en 8 circuits de plusieurs dizaines de kilomètres qui traversent l'ensemble du Mâconnais et du Beaujolais voisin. Suivez la grappe et vous ferez connaissance avec des vignerons et des cavistes qui vous montreront leur savoir-faire. Vous découvrirez également les hauts lieux touristiques de la région.

VÉLO MORVAN NATURE

Espace Saint-Brisson
SAINT-BRISSON
www.velomorvannature.fr

Cette association gère 120 circuits de 4 km à 50 km, accessibles à tous, spécialistes comme débutants, soit 2 100 km de sentiers balisés au départ de différentes communes du Parc du Morvan. Sachez que sur ces circuits balisés vous trouverez des stations de lavage Altao, permettant un nettoyage des vélos avec un matériel adapté ainsi que le contrôle de la pression et le gonflage des pneus. Des animations sont proposées, notamment des randonnées VTT, accompagnées par des guides brevetés, pour une durée d'une demi-journée à plusieurs jours pour les groupes.

BALADE A VELO SUR LE CANAL DE BOURGOGNE

4, place du Marché
ROUGEMONT
✆ 03 81 97 85 10
www.ot-2valleesvertes.fr/
10 km.

Une Voie verte a été aménagée le long du canal de Bourgogne pour relier les communes de Rougemont et de Montbar. Propice au vélo comme à la randonnée, cet itinéraire de 10 km est plat et goudronné. Il traverse les communes de Buffon et de Saint-Rémy dont vous pourrez admirer le patrimoine architectural, notamment le château de ce dernier. Arrivé à Montbar, vous enjamberez la Brenne pour rejoindre le parc Buffon, où sommeillent les ruines de l'ancien château des ducs de Bourgogne.

BOUCLE CYCLABLE AUTOUR DE BELFORT

2 bis, rue Clemenceau
BELFORT
✆ 03 84 55 90 90
www.belfort-tourisme.com
Durée : 2h. Difficulté : facile.

La petite superficie du Territoire de Belfort est un avantage pour les sportifs et touristes. Enfourchez votre bolide dans le centre-ville de son chef-lieu, puis dirigez-vous vers le sud en longeant la Savoureuse. Rapidement, la campagne prend le pas, on comprend alors pourquoi Alphonse Allais disait de Belfort qu'elle était « la ville à la campagne ». A Sévenans, remontez vers votre point de départ via la Coulée verte sur le canal de Montbéliard à la Haute-Saône, direction Botans.

BOUCLE DE LA MER

MELISEY
24 km. Comptez 1h45. Assez facile.

Voici l'une des boucles cyclables de Haute-Saône que nous préférons : 24 km pour découvrir le plateau des Milles Étangs. Au départ de Mélisey, on peut faire une première pause à Ecromagny pour découvrir le métier de maréchal-ferrant, puis direction Annegray et les vestiges d'une abbaye fondée par saint Colomban. On passe ensuite par la chapelle Saint-Martin à La Mer et par Faucogney, petite cité comtoise de caractère (470 mètres de dénivelé). C'est une balade relativement facile pour découvrir les magnifiques paysages de ce pays : étangs, prairies, forêts.

LA BOUCLE DE LA PETITE FINLANDE

SERVANCE
33 km. 2h15. Accès libre toute l'année.

Sur ce circuit cycliste, vous pouvez partir de Servance, de Faucogney-et-la-Mer ou de Beulotte-Saint-Laurent. Nous avons choisi Servance et le Saut de l'Ognon pour entamer cette boucle de la Petite Finlande, qui traverse la région des mille étangs. Le circuit oscille entre 360 et 680 mètres d'altitude. Vous croiserez un environnement fait de ruisseaux, d'étangs et de sapins, car nous sommes déjà dans le massif vosgien. Ce parcours convient à toute la famille et aux amateurs de vélo.

CIRCUIT DES QUATRE FORÊTS

PORT-SUR-SAÔNE
15 km. 5 heures. 541 m de dénivelé. En VTT ou à pied.

Ce circuit (très) sportif peut s'effectuer à pied ou à VTT, bien protégé par un casque car les chutes sont loin d'être rares. Plusieurs lieux de départ sont possibles, mais celui de la Maladière est le plus pratique. Cette boucle de 15 km vous conduit à travers plusieurs bois : Colombes, la Pelleroye, Four et Jean Mouret. Vous croisez un étang et le village de Vauchoux. C'est un circuit à parcourir avec précaution si vous n'êtes pas trop entraîné, ou accompagné.

CIRCUITS DE RANDONNÉES EN SÉNONAIS

Place Jean-Jaurès
SENS
✆ 03 86 65 19 49
www.tourisme-sens.com

Fan de marche à pied ou de petite reine, venez vivre un moment grandeur nature dans le Sénonais. Plusieurs parcours, plus ou moins difficiles, de 10 à 35 km, vous sont proposés. Vous découvrirez ainsi les paysages riches et variés de la région : étangs, parcs, jardins, bois, etc. Pour cela, il vous suffit de vous rendre sur le site de l'office de tourisme et de télécharger la fiche descriptive du parcours choisi. Et, bien sûr, pensez à l'emporter dans votre poche avant de partir !

ESPACE VTT-FFC DU PAYS CHÂTILLONNAIS

CHÂTILLON-SUR-SEINE

✆ 03 80 91 13 19

www.chatillonnais-tourisme.fr

Circuits praticables de début mars à mi-octobre.

Pour découvrir le Châtillonnais en général et la magnifique forêt domaniale de Châtillon-sur-Seine, devenue Parc national en novembre 2019, choisissez le VTT ! En effet, l'office de tourisme vous permet de découvrir neuf chemins balisés au sein du onzième parc national français, le plus vaste après celui de la Guyane. Le circuit d'initiation de la Belette (12 km) est une promenade au cours de laquelle vous aurez peut-être la chance d'apercevoir un animal sauvage. Le circuit des Charbonniers (27 km) est un mélange de routes caillouteuses et de lignes forestières. Le circuit du Sentier à la Biche (34 km) vous permet de composer votre parcours selon vos envies. Les plus courageux choisiront le circuit La Forêt de Châtillon (75 km) ou encore le circuit du Fayard (89 km) qui concernent les amateurs de longues randonnées en VTT tandis que celui des Combes (25 km) est plus sportif et dispose de nombreux points de vue sur la vallée de l'Ource. Les sportifs peuvent tenter celui du Val des Choues (37 km) qui mêle technicité et diversité. Pour les amateurs de crémant, bullez grâce au circuit La Route du Crémant (68 km)... Enfin, pour découvrir les vestiges d'anciens châteaux et le patrimoine historique de Châtillonnais, choisissez le circuit Les Hauts Plateaux (56 km). Vous trouverez, à l'office de tourisme, dans les antennes locales en saison et en téléchargement sur Internet le circuit qui vous conviendra et qui alliera au mieux votre niveau, vos envies et votre temps !

LA FRANCOVELOSUISSE ENTRE BELFORT ET SEVENANS

2 bis, rue Clemenceau

BELFORT

✆ 03 84 55 90 90

www.belfort-tourisme.com

Reliant Belfort à Sévenans, elle constitue un tronçon (6,5 km, facile) du projet d'envergure de la Francovélosuisse, une piste de 40 km qui connecte Belfort, Delle et Porrentruy. Piétons, cyclistes et rollers peuvent prendre plaisir à progresser sur cette Voie verte goudronnée et de bonne qualité. Vous pourrez la poursuivre par la promenade François-Mitterrand ou par la Coulée verte du canal, qu'elle dessert. Attention cependant : cette dernière n'est pas praticable en rollers.

LA VALLÉE DU DOUBS À VÉLO

La Vallée du Doubs comprend 7 étapes avec une distance totale de 158 km formant une partie du réseau EuroVelo 6, né à l'initiative de la Fédération Européenne des Cyclistes en 1994. De Dole à Bâle, de la Franche-Comté à la Suisse, l'itinéraire de l'EuroVelo 6 traverse la vallée du Doubs, sauvage, encaissée, gourmande, abritant des bijoux architecturaux. Le chemin de halage a été aménagé et c'est un véritable enchantement. Retrouvez le détail du parcours sur ce portail très complet.

VELOROUTE DU CANAL LATERAL

Palais Ducal

NEVERS

✆ 03 86 68 46 00

www.nevers-tourisme.com

Si la Loire a façonné et fait vivre la Nièvre depuis des siècles, le Canal latéral lui vole la vedette le temps de cette balade. Au départ de Nevers, une véloroute de 14 kilomètres (1h30 environ) relie la ville à la commune du Guétin en suivant l'ancien chemin de halage qui longe l'eau. A partir du pont de Nevers, la voie est entièrement sécurisée et accessible aux piétons et cyclistes. Le parcours serpente sur un terrain plat, jusqu'à rencontrer l'Allier à l'entrée du Guétin.

LA VOIE VERTE

SANTENAY

Aires de pique-nique tout au long de la voie verte.

Partant de Santenay, cette voie de 80 km a été réalisée sur le tracé des anciennes voies de chemin de fer et chemins de halage. Idéale pour les cyclistes, elle est pourvue d'un revêtement goudronné et permet, depuis Santenay, de relier Chalon-sur-Saône (22 km) en longeant le canal du Centre. C'est une balade magnifique, vivifiante, riche en rencontres ! Tout le long du chemin, vous croiserez des bateaux de plaisance, des écluses, des vignes... Pour les plus courageux, la voie verte poursuit sa route jusqu'à Givry, Cluny, Charnay-lès-Mâcon.

LES 2 ROUES ÉLECTRIQUES

13, avenue Jean-Jaurès - **DIJON**
✆ 03 80 46 12 36
www.les-2-roues-electriques.fr
Ouvert du mardi au vendredi de 10h à 12h et de 14h à 19h ; le samedi de 9h30 à 12h et de 14h à 18h30. Label Accueil Vélo

Les 2 Roues Électriques est une adresse incontournable pour s'équiper d'un vélo. Christophe Degrandcourt y a sélectionné pour vous les marques les plus en vogue dont Karloff et Gitane. Apprenez que sur les derniers VAE Karloff, l'ABS fait son apparition. Flebi ou Onemile en vélos pliants ultra urbains, Oklo ou Gazelle complètent vos options de marques. L'enseigne propose aussi trottinettes électriques, accessoires et vélos d'occasion. Service de location de vélos classiques et électriques. Accès au showroom en tram à proximité de la Cité de la Gastronomie.

CHRIS BIKE

13, impasse de Reggio
DIJON
✆ 07 61 66 66 50
www.chrisbike.com
Ouvert du lundi au samedi de 9h à 19h. Pistes d'essai. Stages à la carte.

C'est aussi parce que la montagne propose de nouvelles pratiques sportives sur ses pentes que la demande en sports extrêmes explose. Chris Bike Dijon, spécialiste du VTT extrême, organise une fois par mois un voyage (en Italie, en Espagne, en Suisse, à Madère, mais aussi en France) pour des groupes de 25 personnes. Tout est compris dans les formules : prêt de matériel, transport, gîte, et au moins 3 jours de roulage. La garantie de pratiquer sur des spots exceptionnels. Des voyages sportifs qui fédèrent la petite communauté de passionnés du Club CBD.

DIVIA MOBILITÉS

15/16, place Darcy
DIJON
✆ 03 80 11 29 29
www.divia.fr
Ouvert du lundi au samedi de 9h30 à 19h.

DiviaMobilités propose des solutions de déplacement en transport en commun (bus, tramway, vélo avec DiviaVélodi ou en version électrique, avec DiviaCity, parckage voitures), sur l'ensemble du réseau urbain. Vous pourrez souscrire à un abonnement dans cet espace d'accueil, mais aussi dans plus de 70 commerces relais DiviaMobilités, 58 distributeurs automatiques disponibles aux stations Tramway 24h/24 et 7j/7 et depuis votre espace personnel de la e-boutique de DiviaMobilités. Pour les voitures, près de 4 000 places sont disponibles dans les 10 parkings de la ville.

LOCATION DE VÉLOS EN RIVES DE SAÔNE

Quai Lafayette - **SAINT-JEAN-DE-LOSNE**
✆ 03 80 37 15 70
www.saone-tourisme.fr
De mars à octobre à partir de 7 €/heure le vélo musculaire et 22 € les 4 heures pour un VAE.

Profitez du grand air ! La communauté de communes Rives de Saône s'est équipée de vélos et a mis en place un partenariat avec la Solexerie de Nuits-Saint-Georges, spécialiste de la location de vélos, pour vous permettre de partir sillonner la véloroute aménagée et sécurisée, découvrir les paysages et les charmes des bords de Saône avant de rejoindre Dole ou Verdun-sur-le-Doubs par la Voie Bleue et Dijon par le canal de Bourgogne. Disponibles en modèles homme, femme et enfant.

LA SOLEXERIE

17, rue des Blés - **NUITS-SAINT-GEORGES**
✆ 07 88 76 97 58
www.lasolexerie.fr
Accueil vélo. BS du mardi au samedi 10h 18h. HS du mardi au dimanche 10h 18h. Café-vélo. Location vente VAE + Solex.

La Solexerie, gare de Nuits-Saint-Georges, est un point de départ idéal pour partir en escapade sur la route des Climats de Bourgogne. Jérémy Rizet dispose d'une quarantaine de vélos destinés à la location des VAE, VTC, VTT mais aussi d'authentiques Solex. On vient aussi à la Solexerie pour acheter des vélos neufs dernier cri. Comptez sur l'expertise d'un passionné qui saura aussi vous conseiller sur le choix des itinéraires à privilégier. Prêt de remorque pour installer les petits jusqu'à 5 ans. Son conseil : retour en TER si vous allez loin.

VELO ET OXYGEN

9, route de Châtillon
BESANÇON
✆ 03 81 47 26 86
www.velo-oxygen25.com
Ouvert du mardi au samedi de 9h30 à 12h30 et de 14h à 19h. Samedi jusqu'à 18h.

Quand on vit en ville, parfois on étouffe, on ressent le besoin de s'oxygéner… Et si vous le faisiez à VTT en profitant de la nature qui entoure la ville de part en part, ou si vous investissiez le VTC et chaussiez le pédalier pour regagner la sérénité ? Pour cela, une adresse, Vélo & Oxygen ! La gamme des vélos proposée par ces spécialistes est impressionnante : du vélo de course au VTT, en passant par le vélo de ville, le BMX et les vélos pour enfants, de 200 € à 5 000 €, vous trouverez certainement le vélo de vos rêves. Le service après-vente est au top.

BRETAGNE

C'est, décidément, une région singulière. Péninsule au bout du monde, mais en même temps grande ouverte sur lui, la Bretagne préserve une culture forte, profondément enracinée, mais nourrie des apports extérieurs et volontiers partagée avec ceux qui viennent la découvrir. C'est une région qui a le sens de l'accueil et de la fête, férue de musique et de danse, traditionnelles ou actuelles, comme en témoigne sa foule de festivals et d'événements en tous genres ; une région au riche patrimoine de pierre, des mégalithes aux châteaux ; une région baignée par un climat clément, où terre et mer s'unissent pour former des paysages grandioses, sublimes décors pour toutes sortes d'activités au grand air. Source d'émerveillement, son littoral se parcourt tout entier à pied, par le fameux sentier des douaniers, qui révèle un spectacle incroyablement changeant, perpétuellement soumis à la puissance des éléments.

BOURBRIAC, LA ROUTE DES 4 COLS (CÔTES-D'ARMOR)

- **Itinéraire :** Bourbriac, la route des 4 cols en Côtes-d'Amor
- **Total :** 76 km
- **Durée :** de 4 à 8 heures – entre 20 et 10 km/h.
- **Difficulté :** moyen à difficile. Circuit comportant 4 côtes à fort dénivelé.

LIEUX	Km partiel	Km cumul	Routes
BOURBRIAC	0	0	D8 (Mairie)
SAINT-PEVER	7,3	7,3	Direction Saint-Adrien D24
BOQUEHO	12,2	19,5	D24 via Croix des Maisons Col de Maralha
QUINTIN	10	29,5	D7
LANFAINS	6,8	36,3	D7 D7B Col de Lanfains
LE VIEUX BOURG	9,2	45,5	D63 direction Saint-Bihy D214
SAINT-GILLES-DE-PLIGEAUX	9,1	54,6	D28 Col de la Clarté
KERIEN	10,7	65,3	D28 via Kerpert D8
BOURBRIAC	10,5	75,8	D8 Col de Roc'h Glaz Bihan

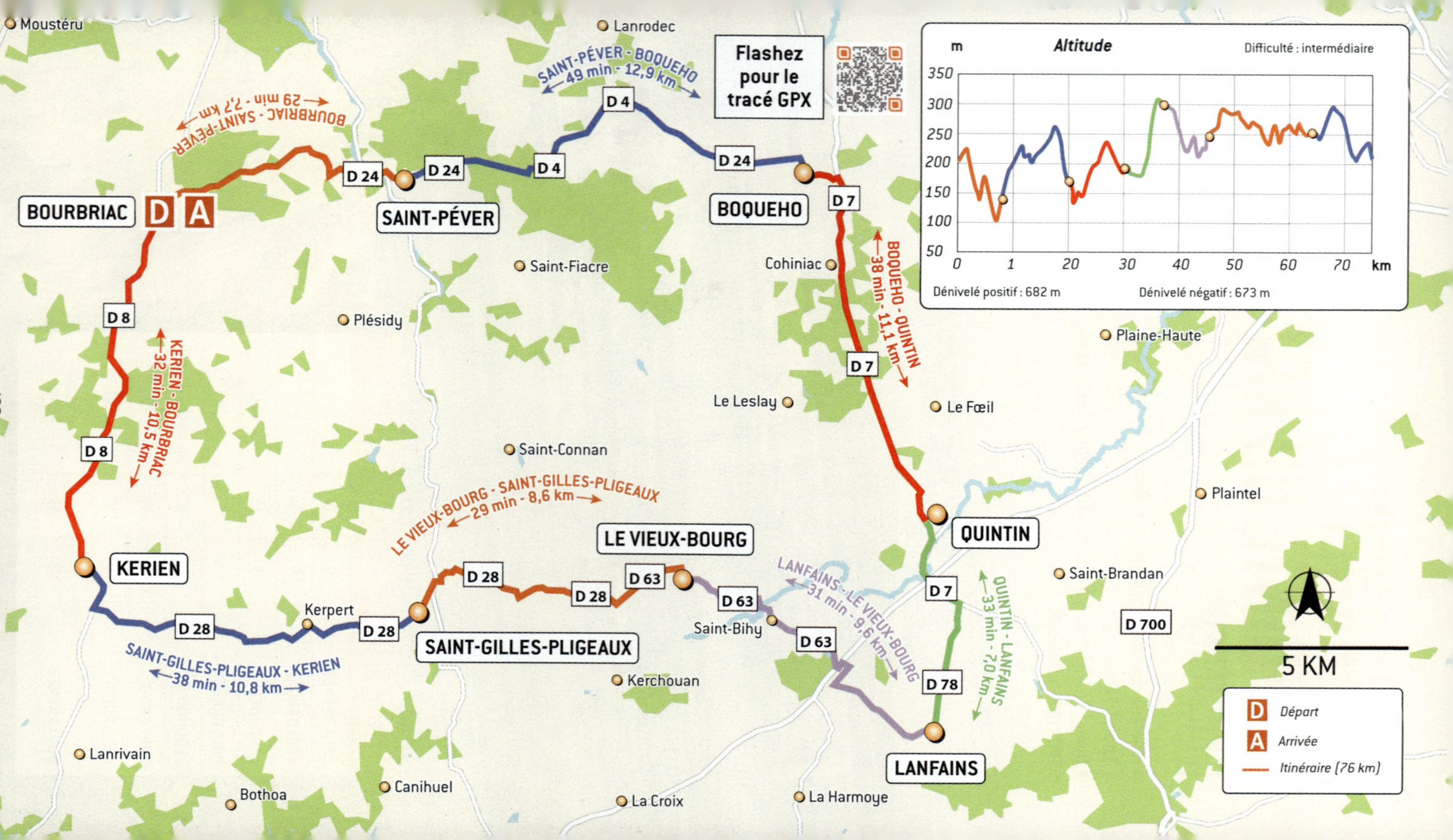
Altitude
Difficulté : intermédiaire
m
350
300
250
200
150
100
50
0
1
20
30
40
50
60
70
km
Dénivelé positif : 682 m
Dénivelé négatif : 673 m
Flashez pour le tracé GPX
BOURBRIAC
D
A
BOURBRIAC - SAINT-PÉVER
29 min - 7,7 km
SAINT-PÉVER
SAINT-PÉVER - BOQUEHO
49 min - 12,9 km
BOQUEHO
BOQUEHO - QUINTIN
38 min - 11,1 km
QUINTIN
QUINTIN - LANFAINS
33 min - 7,0 km
LANFAINS
LANFAINS - LE VIEUX-BOURG
31 min - 9,6 km
LE VIEUX-BOURG
LE VIEUX-BOURG - SAINT-GILLES-PLIGEAUX
29 min - 8,6 km
SAINT-GILLES-PLIGEAUX
SAINT-GILLES-PLIGEAUX - KERIEN
38 min - 10,8 km
KERIEN
KERIEN - BOURBRIAC
32 min - 10,5 km
D 24
D 4
D 7
D 8
D 28
D 63
D 78
D 700
Moustéru
Lanrodec
Saint-Fiacre
Plésidy
Cohiniac
Le Leslay
Le Fœil
Saint-Connan
Plaine-Haute
Plaintel
Saint-Brandan
Kerpert
Saint-Bihy
Kerchouan
Lanrivain
Bothoa
Canihuel
La Croix
La Harmoye
5 KM
Départ
Arrivée
Itinéraire (76 km)

DOUARNENEZ, LA POINTE DU RAZ
(FINISTÈRE)

- **Itinéraire :** Douarnenez, la Pointe du Raz
- **Total :** 53 km
- **Durée :** de 2 heures 45 à 5 heures 30 – entre 20 et 10 km/h.
- **Difficulté :** très facile.

LIEUX	Km partiel	Km cumul	Routes
DOUARNENEZ	0	0	D143
POULDERGAT	5	5	D143
LANDUDEC	5	10	D143
POULDREUZIC	5,5	15,5	D143
PLOUHINEC	14,5	30	D40 direction Penhors
PONT CROIX	5	35	D2
PORS PIRON	5	40	D207
DOUARNENEZ	13	53	Suivre Kervoal – Treboul D7

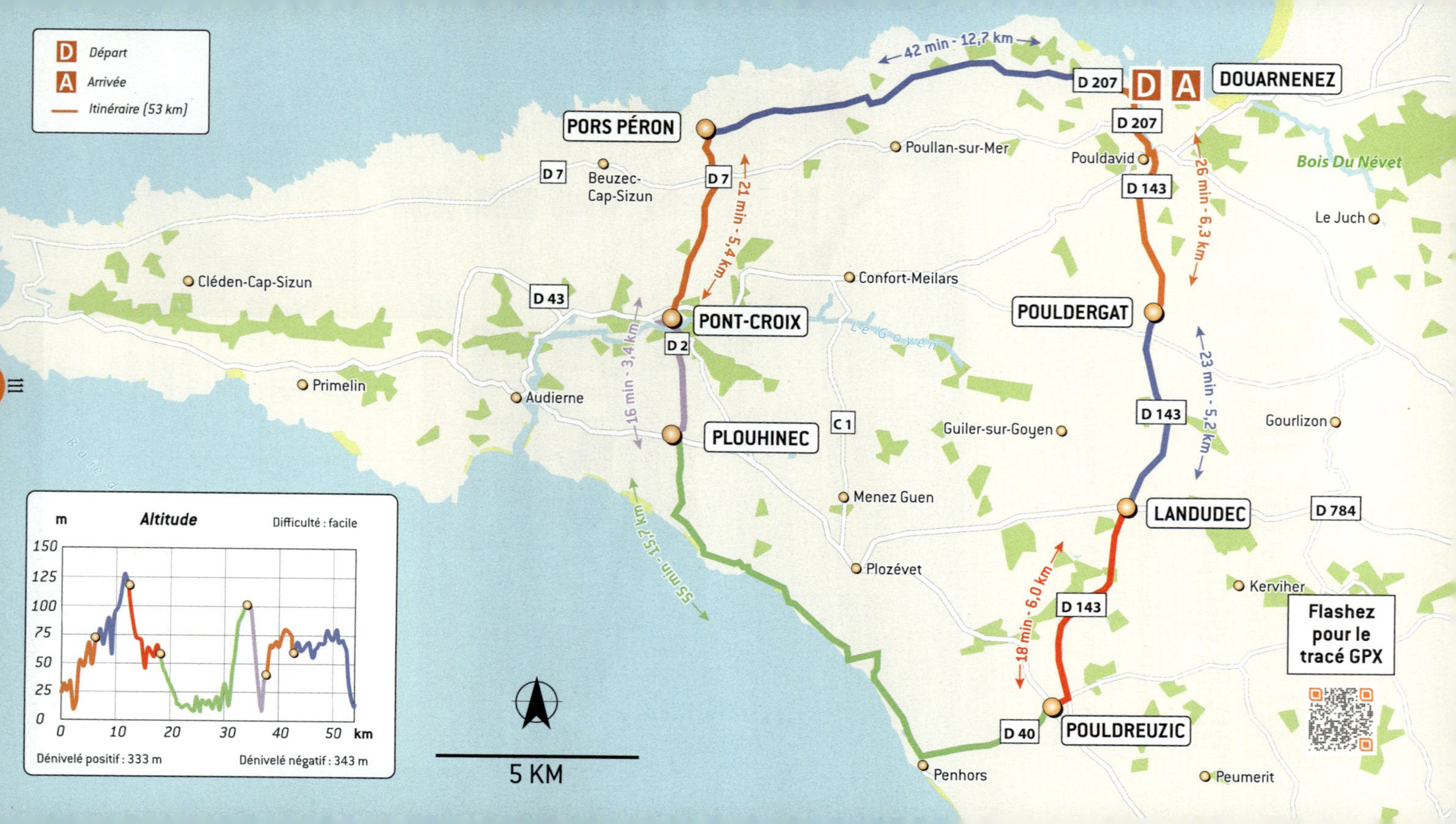

D Départ
A Arrivée
Itinéraire (53 km)
DOUARNENEZ
PORS PÉRON
PONT-CROIX
PLOUHINEC
POULDERGAT
LANDUDEC
POULDREUZIC
42 min - 12,7 km
21 min - 5,4 km
16 min - 3,4 km
55 min - 15,7 km
18 min - 6,0 km
23 min - 5,2 km
26 min - 6,3 km
D 207
D 7
D 43
D 2
D 143
D 40
D 784
C 1
Poullan-sur-Mer
Pouldavid
Beuzec-Cap-Sizun
Cléden-Cap-Sizun
Primelin
Audierne
Confort-Meilars
Le Goyen
Guiler-sur-Goyen
Menez Guen
Plozévet
Penhors
Peumerit
Kerviher
Gourlizon
Le Juch
Bois Du Névet
Flashez pour le tracé GPX
5 KM
Altitude
Difficulté : facile
Dénivelé positif : 333 m
Dénivelé négatif : 343 m

MESSAC, AU PAYS DE REDON

(ILLE-ET-VILAINE)

- **Itinéraire :** Messac, au Pays de Redon
- **Total :** 70 km
- **Durée :** de 3 heures 30 à 7 heures – entre 20 et 10 km/h.
- **Difficulté :** facile à moyen. Balade avec quelques dénivelés et sur voie verte.

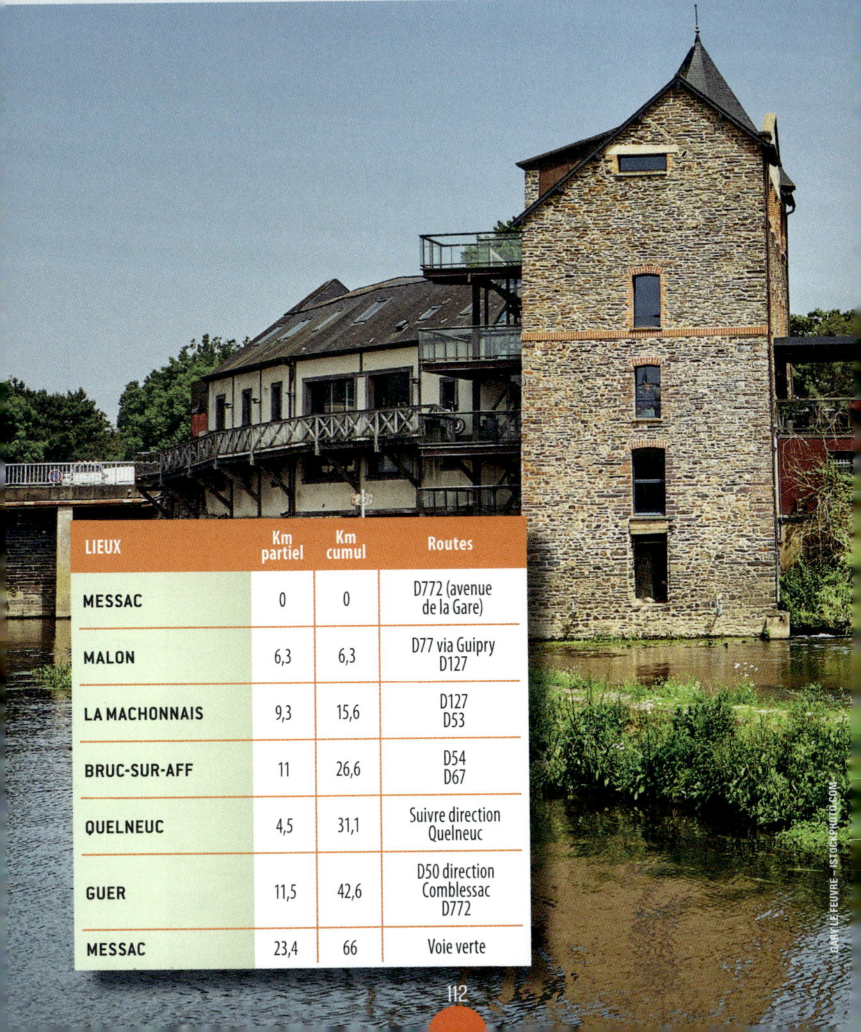

GARY LE FEUVRE – ISTOCKPHOTO.COM

LIEUX	Km partiel	Km cumul	Routes
MESSAC	0	0	D772 (avenue de la Gare)
MALON	6,3	6,3	D77 via Guipry D127
LA MACHONNAIS	9,3	15,6	D127 D53
BRUC-SUR-AFF	11	26,6	D54 D67
QUELNEUC	4,5	31,1	Suivre direction Quelneuc
GUER	11,5	42,6	D50 direction Comblessac D772
MESSAC	23,4	66	Voie verte

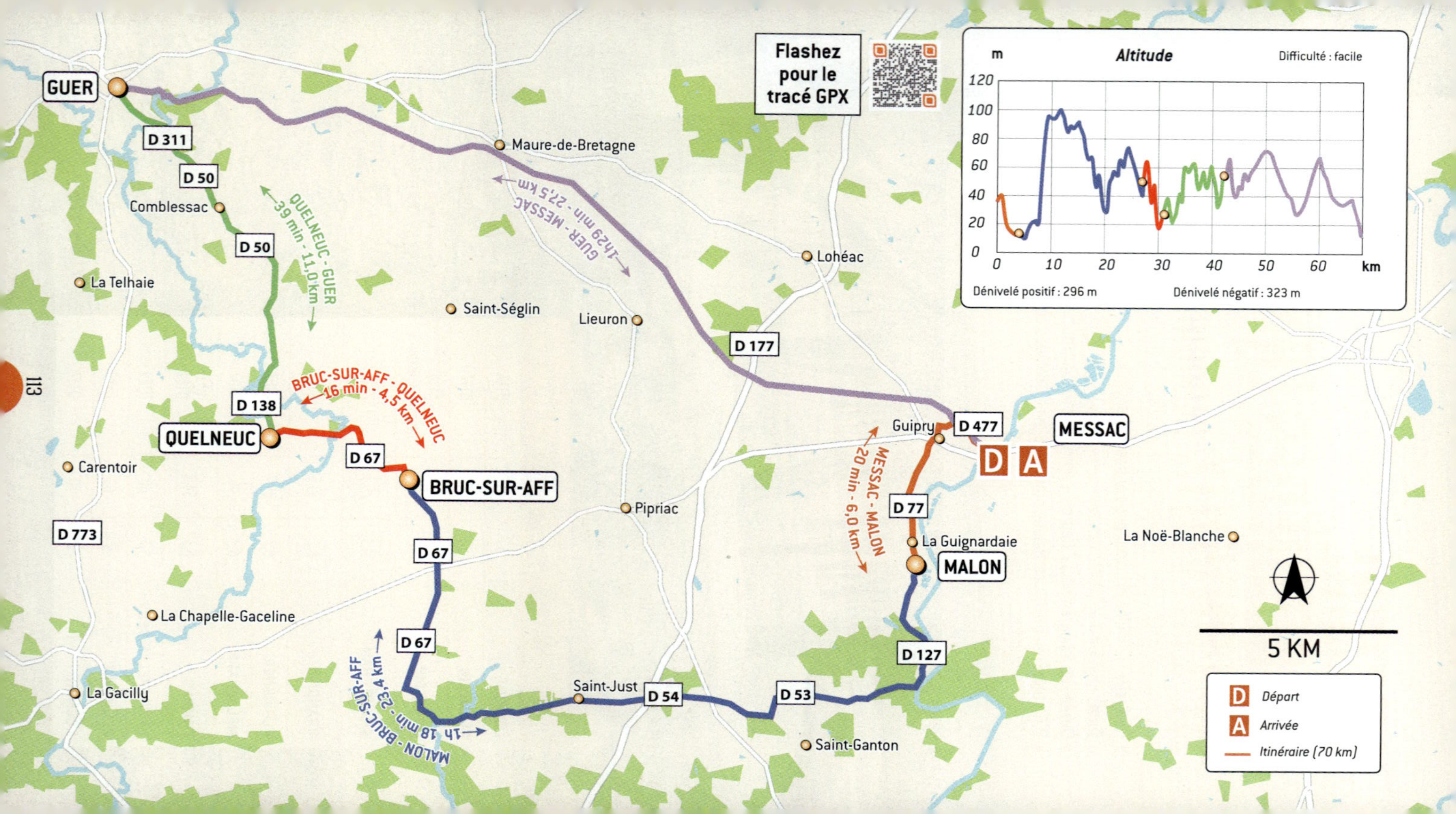
Flashez pour le tracé GPX
Altitude
m
Difficulté : facile
120
100
80
60
40
20
0
0
10
20
30
40
50
60
km
Dénivelé positif : 296 m
Dénivelé négatif : 323 m
GUER
D 311
D 50
Comblessac
D 50
QUELNEUC - GUER
39 min - 11,0 km
La Telhaie
Maure-de-Bretagne
GUER - MESSAC
1h29 min - 27,5 km
Saint-Séglin
Lieuron
Lohéac
D 177
BRUC-SUR-AFF - QUELNEUC
16 min - 4,5 km
D 138
QUELNEUC
D 67
BRUC-SUR-AFF
Carentoir
D 773
D 67
Pipriac
La Chapelle-Gaceline
D 67
MALON - BRUC-SUR-AFF
1h 18 min - 23,4 km
La Gacilly
Saint-Just
D 54
D 53
Saint-Ganton
D 127
MALON
La Guignardaie
D 77
MESSAC - MALON
20 min - 6,0 km
Guipry
D 477
MESSAC
D
A
La Noë-Blanche
5 KM
D Départ
A Arrivée
Itinéraire (70 km)

LOCMINÉ, AU CŒUR DES LANDES DE LANVAUX (MORBIHAN)

- **Itinéraire :** Locminé, au cœur des Landes de Lanvaux
- **Total :** 66,7 km
- **Durée :** de 3 heures 30 à 7 heures – entre 20 et 10 km/h.
- **Difficulté :** intermédiaire. Balade ombragée avec quelques côtes.

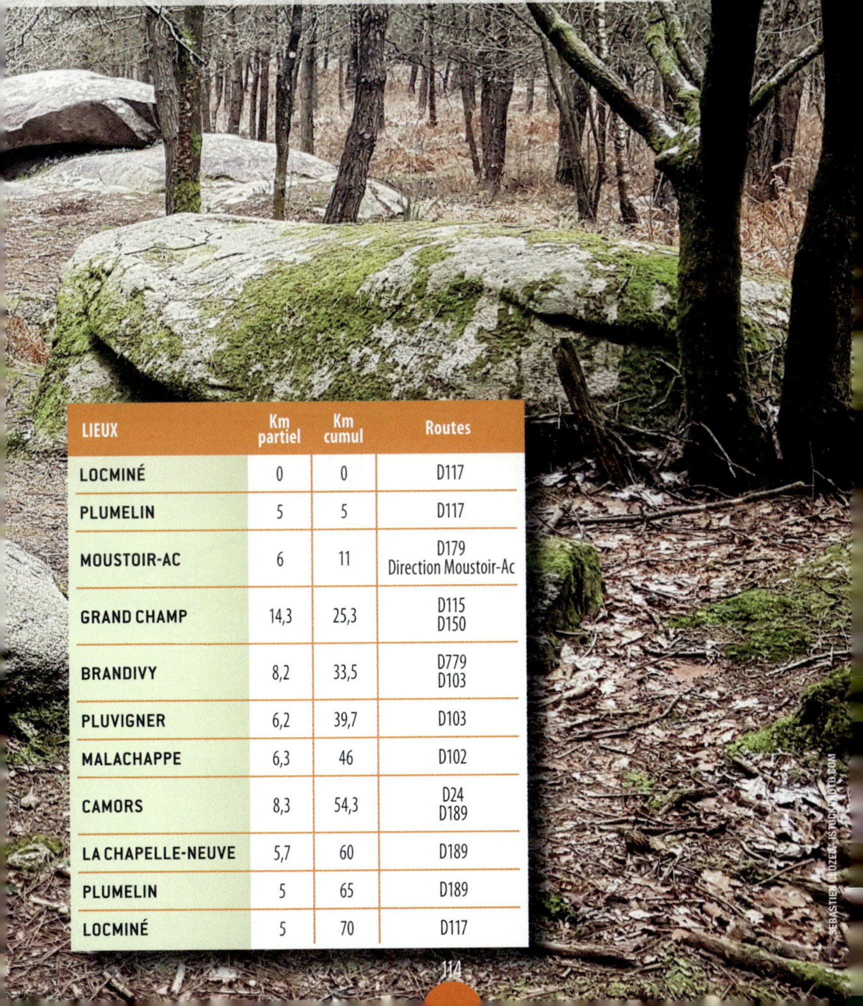

LIEUX	Km partiel	Km cumul	Routes
LOCMINÉ	0	0	D117
PLUMELIN	5	5	D117
MOUSTOIR-AC	6	11	D179 Direction Moustoir-Ac
GRAND CHAMP	14,3	25,3	D115 D150
BRANDIVY	8,2	33,5	D779 D103
PLUVIGNER	6,2	39,7	D103
MALACHAPPE	6,3	46	D102
CAMORS	8,3	54,3	D24 D189
LA CHAPELLE-NEUVE	5,7	60	D189
PLUMELIN	5	65	D189
LOCMINÉ	5	70	D117

SEBASTIEN OZELL – ISTOCKPHOTO.COM

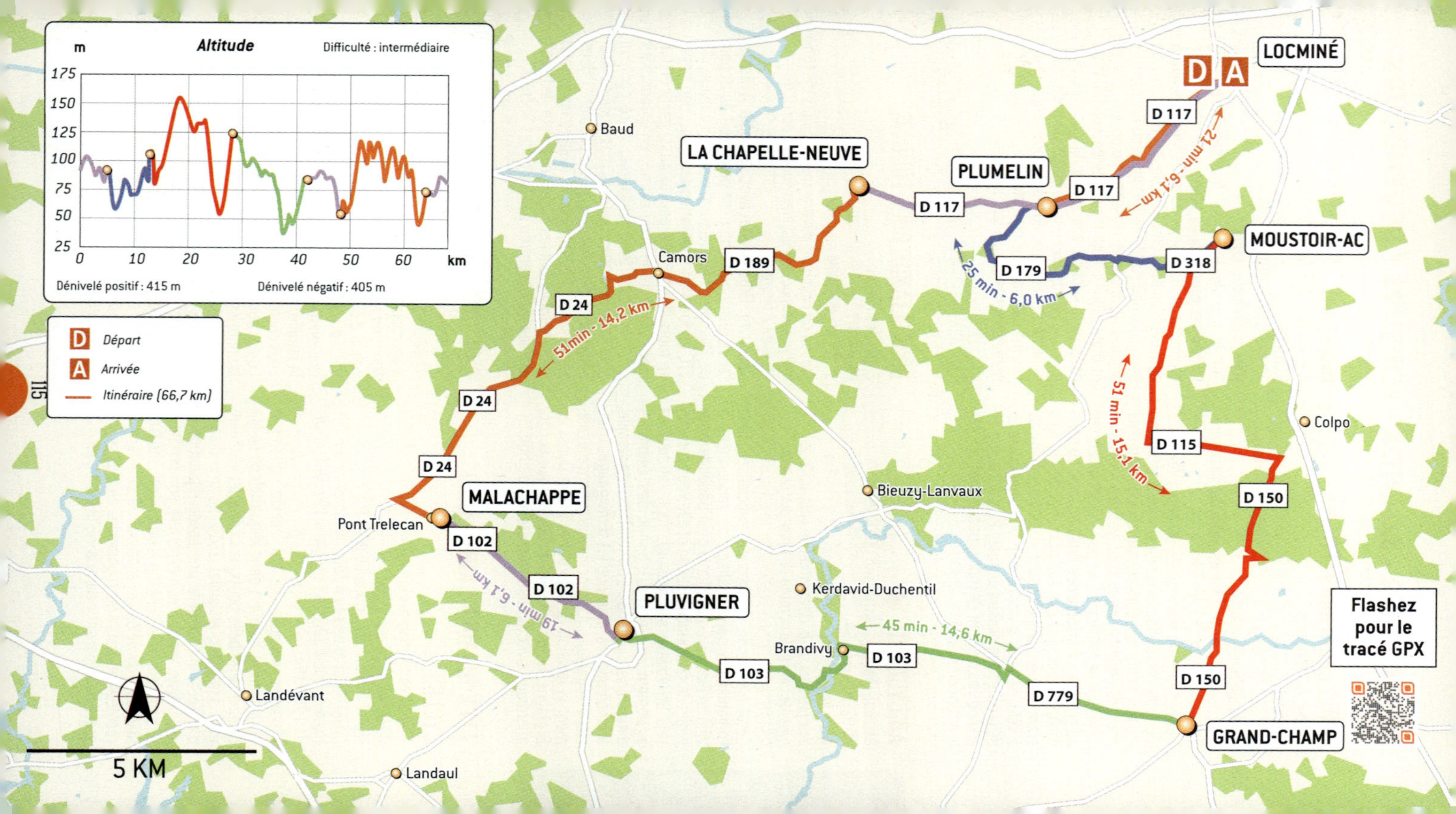

Altitude
m
Difficulté : intermédiaire
175
150
125
100
75
50
25
0
10
20
30
40
50
60
km
Dénivelé positif : 415 m
Dénivelé négatif : 405 m
D Départ
A Arrivée
Itinéraire (66,7 km)
LOCMINÉ
D
A
D 117
21 min - 6,1 km
PLUMELIN
D 117
D 117
LA CHAPELLE-NEUVE
MOUSTOIR-AC
D 318
D 179
25 min - 6,0 km
Baud
Camors
D 189
D 24
51 min - 14,2 km
D 24
D 24
MALACHAPPE
Pont Trelecan
D 102
D 102
19 min - 6,1 km
PLUVIGNER
Kerdavid-Duchentil
Brandivy
D 103
D 103
45 min - 14,6 km
D 779
Bieuzy-Lanvaux
Colpo
D 115
51 min - 15,1 km
D 150
D 150
GRAND-CHAMP
Flashez pour le tracé GPX
Landévant
Landaul
5 KM

ABBIS LOCATION VÉLO

28, bis, rue d'Ambon
DAMGAN
✆ 02 97 48 10 49
www.legolfenvelo.com
Haute saison : ouvert tous les jours. Sur réservation hors saison. Chèque Restaurant.

Trouvez ici votre deux-roues, ou plus ! Vélo classique ou vélo à assistance électrique, tandem ou rosalie, vélos suiveurs ou autres équipements pour les enfants, *trailer bike*, voiture à pédale : il y a tout ce qu'il vous faut pour rouler au vert et au grand air, à la force des mollets, avec ou sans tricherie. Qui plus est, les parkings des plages étant souvent pris d'assaut, vous vous assurez, à vélo, de vous garer où bon vous semblera et de profiter des plaisirs de l'eau. Parcourez les 10 kilomètres de front de mer le nez au vent… C'est le bonheur assuré !

ABICYCLETTE

81, mail François-Mitterrand - **RENNES**
✆ 02 30 96 49 54
www.abicyclette-voyages.com
Voir tous les tarifs de location de vélo selon le type de vélo et le nombre de jours sur le site Internet.

Cette agence de voyages est spécialisée dans l'organisation personnalisée de randonnées à vélo en France. Contactez-la pour parler de votre projet de randonnée cycliste et elle vous concoctera un voyage sur mesure. Vous retrouverez également sur le site Internet des exemples d'itinéraires, le temps d'un week-end en famille, ou thématiques, ainsi que les témoignages d'anciens voyageurs. L'agence vous propose également la location de vélo sur le grand Ouest en Bretagne, Normandie, Val de Loire et sur la côte atlantique, avec livraison directe à votre hôtel.

ALEX HINAULT SAINT MALO CYCLES

Avenue de Launay-Breton - **SAINT-MALO**
✆ 09 81 95 57 98
www.alexhinaultsaintmalocycles.fr
Ouvert le lundi de 14h à 19h ; du mardi au vendredi de 10h à 12h30 et de 14h à 19h ; le samedi de 10h à 19h.

Alexandre Hinault, fils du célèbre champion cycliste local, a ouvert dans le quartier de La Madeleine cette belle boutique dédiée au vélo dans tous ses états, en juillet 2014. En une dizaine d'années, il s'est taillé une solide réputation de spécialiste, grâce à son expertise, son écoute et ses conseils avisés. Il propose à la vente une large sélection de vélos et accessoires de marques réputées et assure les réparations en tous genres grâce à l'atelier situé dans la vaste boutique.

BRETAGNE TOURISME

1, rue Raoul-Ponchon
RENNES
✆ 02 99 28 44 30
www.tourismebretagne.com

Sur le site de Bretagne Tourisme, retrouvez toutes les informations utiles pour votre venue en Bretagne. Diverses rubriques vous invitent à découvrir les lieux emblématiques, des idées de séjour, le meilleur de la Bretagne, ou encore des séjours et activités classées selon vos envies et thématiques. Pour les cyclistes, rendez-vous dans cette section, à la sous-rubrique « Voyage à vélo ». En voguant sur les pages dédiées, vous dénicherez de précieuses informations pour vos futures balades cyclistes en plein air et des hébergements accueillant les vélos.

BROCÉLIANDE BIKE TOUR

2, rue des Forges
PAIMPONT
✆ 06 45 41 59 88
Station de Paimpont ouverte tous les jours de 10h à 18h. Location de vélo électriques à partir de 16 € les 2 heures.

Découvrir Brocéliande avec un vélo à assistance électrique, oui, c'est possible ! Au départ de Paimpont, à quelques pas de l'abbaye, 45 VTC en location vous attendent pour une visite en toute liberté. Vous pouvez aussi partir en balade contée d'une demi-journée en enfourchant votre monture avec Guillaume, votre conteur, pour faire face aux créatures magiques de Brocéliande et marcher (ou plutôt pédaler !) dans les pas des chevaliers de la Table ronde (mardi et/ou jeudi durant les vacances). Futé : le forfait journée inclut l'entrée à la Porte des Secrets.

CHIC'CYCL

206, rue de Saint-Malo - **RENNES**
✆ 02 99 13 18 02
www.cyclable.com
Mardi, mercredi et vendredi de 9h30 à 13h et de 14h30 à 19h ; jeudi à partir de 10h30 ; samedi de 9h30 à 12h30.

Une boutique en solutions cyclistes pour toute la famille, qui vend, répare et loue des vélos ! Si vous cherchez un vélo, que ce soit pour votre quotidien urbain, électrique, pliable dans le coffre de la voiture ou pour partir l'aventure en deux-roues, c'est la bonne adresse. Dans une ambiance hangar-atelier jouant sur le bois, vous trouverez de tout pour le confort et la pratique du vélo. Pièces, accessoires, vélos neufs, références de qualité, l'adresse est toujours en quête de modèles originaux et novateurs. La qualité est au rendez-vous malgré des prix élevés.

COMITÉ DÉPARTEMENTAL FINISTÈRE CYCLOTOURISME

4, rue Anne-Robert-Jacques Turgot - **QUIMPER**
✆ 02 98 98 75 31
www.codep29ffct.fr
Permanences lundi, mercredi et vendredi de 9h à 13h.

Le comité départemental de cyclotourisme du Finistère organise des sorties à vélo, des rencontres... Retrouvez toutes les informations sur son site officiel. Vous pourrez ainsi choisir parmi un grand nombre de balades à vélo testées et proposées par les bénévoles des clubs finistériens (entre 1h et 3h pour la plupart, avec dénivelé, difficulté et tracé). Par ailleurs, vous trouverez un lien vers le site Internet www.veloenfinistere.fr, une vraie mine d'informations pour les cyclistes.

CYCLES LOISIRS

32, rue Victor-Golvan
QUIBERON
✆ 02 97 50 31 73
www.cyclesloisirs.com
Ouvert du mardi au samedi de 9h30 à 12h30 et de 14h à 18h.

Idéal si vous souhaitez aller vous promener le temps d'une belle journée ensoleillée, visiter Quiberon et ses environs, le magasin Cycles Loisirs vous propose de la location de vélos en tous genres (VTT, VTC, vélos électriques, vélos enfants, remorques, tandems). N'hésitez pas à aller leur demander conseil. Le magasin propose également un service de réparation si votre vélo vous pose des soucis (retrouvez la liste complète des prestations sur leur site Internet, hors pièces), ainsi que de la vente (les vélos partent néanmoins comme des petits pains).

CYCL'ÉVASION

Centre Bourg de Lampaul - Port du Stiff
OUESSANT
✆ 06 80 60 51 20
www.cyclevasion.fr
Ouvert tous les jours du 1er avril au 15 novembre. Dès 14 € la journée pour un VTC.

Pour se déplacer sur l'île d'Ouessant, la bicyclette constitue évidemment un choix pratique et rationnel. Les dimensions et le relief de l'île se prêtent merveilleusement à une visite à vélo, vous pourrez gagner les différentes pointes de l'île, d'où les points de vue sont exceptionnels sur les phares, îlots, récifs et le grand large. Si vous n'êtes pas un grand marcheur, c'est également le seul moyen d'aller faire vos courses au bourg. L'équipe de Cycl'Evasion vous accueille au bourg de Lampaul et au débarcadère, à votre arrivée au port du Stiff.

LES ROC'H DES MONTS D'ARÉE

QUIMPER
✆ 02 98 52 00 81
www.lesroch.org
En septembre

Envie de « rider » sur les Monts d'Arrée ? C'est ce que propose les Roc'h des Monts d'Arrée, événement annuel et national à ne manquer sous aucun prétexte pour les fans de la randonnée VTT. Cette manifestation pour vététistes a été labellisée « Verte Tout Terrain » par la Fédération Française de Cyclotourisme. Elle vous fera passer à travers les paysages fabuleux de la région. Cet événement festif et sportif réunit chaque année plus de 6 000 vététistes et 400 marcheurs durant 2 jours.

CYCLES GUEDARD

13, boulevard Beaumont - **RENNES**
✆ 02 99 30 43 78
www.cycles-guedard.com
Lundi de 14h à 19h ; du mardi au jeudi de 9h à 12h30 et de 14h à 19h ; vendredi de 10h à 19h ; samedi de 9h à 18h30.

Le vélo est un objet de précision, d'autant plus dans ce genre de boutiques qui propose des marques réputées : Cannondale, Giant et Specialized... On trouve aussi des produits de facture irréprochable à des prix variés pour la compétition et les loisirs. En effet, les plus chevronnés trouveront de quoi rêver et dépenser niveau VTT et triathlon, tandis que les autres pourront se fier à cette qualité et au conseil des vendeurs. Vous trouverez tout le nécessaire pour affronter au mieux le déplacement urbain et optimiser la sécurité, ou vous préparer au tout chemin.

ROUE LIBRE

5, quai Jacques-Leblanc
LE PALAIS
✆ 02 97 31 49 81
www.velobelleile.fr
Ouvert d'avril à novembre. Livraison possible (livraison possible sur le lieu de séjour).

Avec plus de 20 ans d'expérience, cette compagnie de location de vélos, VTT, tandem, vélo enfants, vélo électrique vous fait bénéficier d'un service à la carte : réservation Internet, livraison sur votre lieu de résidence, service après-vente, dépose-bagages, accessoires (remorques enfants, siège bébé, panier et même remorque pour chien !)... Le matériel est récent et le bureau de location est sur le port à l'arrivée des bateaux. Vous trouverez un beau choix de vélos à propulsion électrique. Que demander de plus pour votre déplacement sur Belle-Île ?

TOUR DE RANCE VINTAGE

23, rue de la Mittrie
DINAN
www.tourderancevintage.com
2 jours en mai ou en juin chaque année.

Imaginez une course cycliste conviviale, où les coureurs sont déguisés en tenue d'époque et pédalent sur des vélos anciens... C'est ce que propose la Tour de Rance Vintage, tous les ans au mois de mai ou de juin (selon les possibilités d'organisation) à Dinan. Tenues et vélos vintage seront de rigueur pour cet événement qui ne laissera personne indifférent ! Pendant deux jours, anciennes gloires de la grande boucle et amateurs passionnés se retrouvent à Dinan, dans une ambiance festive et bon enfant. Plus d'information sur le site Internet de l'événement.

TOURISME HAUTE BRETAGNE €€

www.ille-et-vilaine-tourisme.bzh

Ille-et-Vilaine tourisme, l'agence de développement touristique du département, vous ouvre les portes de ses mondes imaginaires, de ses rêves, de sa farandole d'idées insolites, de ses bulles d'énergies pour le plus grand plaisir de toute la famille. Parce qu'un week-end mérite d'être pleinement vécu, leurs formules allient proximité des sites et qualité des hébergements : une proposition originale et authentique. Il y a de nombreuses propositions de circuits à vélo. Vous pouvez retrouver la centrale de réservation en ligne si vous souhaitez préparer votre séjour.

AU VEL'O VERT

Port-Tudy - **GROIX**
✆ 06 77 32 85 57
www.locationvelogroix.fr
Ouvert tous les jours de 9h à 12h30 et de 14h à 18h. Location de vélos : 11-25 € la journée à 49-140 € la semaine.

Régis vous accueille au Vél'O Vert, situé en face de l'embarcadère. Vous y trouverez à la location des VTC, des VTT, des vélos électriques, des suiveurs et remorques. Les accessoires obligatoires comme l'antivol, les tendeurs, les casques et les sièges pour enfants sont compris dans le prix. Tous les vélos proposés sont en aluminium et de fabrication française. Actuellement les vélos électriques sont à la mode parce que légers, maniables et silencieux et les VTT jusqu'à 27 vitesses sont très prisés, avec les conseils avisés de Régis en prime !

A VELO

26, place de la République
AURAY
✆ 02 97 58 04 06
www.avelo-morbihan.fr
Vélo : 14 €/jour, 69 €/semaine. Enfant : 10 €/jour, 45 €/semaine. VAE : 26 €/jour, 140 €/semaine.

Les deux gérants d'A vélo, Christophe et Maud, tiennent trois boutiques dans le golfe du Morbihan : à Auray, Arradon et Locmariaquer. On peut y louer toutes sortes de vélos (électriques, pliants, VTT...), à la demi-journée, à la journée ou à la semaine, pour sillonner les environs. Le magasin d'Auray ne propose pas uniquement de la location mais élargit ses services et s'ouvre à la vente et à la réparation de vélos. Vous y trouverez un grand choix de vélos électriques, vélos musculaires, vélos pour enfant, vélos-cargos, de course, VTT... A peu près tout y est !

VELOC'OUEST ÎLE-D'ARZ

Port de Béluré - **ILE-D'ARZ** ✆ 06 17 27 52 03
www.velocouest.fr
Ouvert du 1er avril au 31 octobre. Réservation en ligne sur www.velocouest.fr. 10 € la demi-journée, tarifs dégressifs.

Arz Location, antenne de Veloc'Ouest, propose des locations de deux-roues confortables et à des prix abordables. Vous trouverez à coup sûr le vélo qu'il vous faut, que ce soit pour des déplacements doux ou sportifs : vélo adulte ou enfant, vélo électrique, avec leurs accessoires : casque, siège bébé et remorque. L'agence est idéalement située, dans le prolongement du ponton d'embarquement des bateaux, port du Béluré. Un service de qualité, réservable en quelques clics sur Internet, pour vivre une expérience unique à la découverte de cette île au caractère sauvage.

VELOC'OUEST VANNES

Quai Tabarly - **VANNES**
✆ +336 46 85 31 41
www.velocouest.fr
Boutique ouverte juillet-août. Réservation en ligne toute l'année, livraison sur toute la Bretagne, y compris les îles.

Avis aux amateurs de cyclotourisme, Vannes location (antenne de Véloc'Ouest, présent sur tout le Golfe et dans les îles) vous propose de louer ou de vous livrer des vélos pour adultes et enfants, électriques, sans oublier remorques, sièges enfant, sacoches et casques, tout au long de l'année. Pour une demi-journée, une journée ou plus, venez découvrir la cité, sillonner le Golfe du Morbihan à votre rythme, accéder aux plages et contempler des panoramas imprenables. Une longue piste cyclable vous permettra même de rejoindre les presqu'îles de Rhuys et de Conleau.

CENTRE-VAL DE LOIRE

La région Centre-Val de Loire regroupe 6 départements : Cher, Eure-et-Loir, Indre, Indre-et-Loire, Loiret et Loir-et-Cher. À Tours et Orléans, les principales métropoles, s'ajoutent des cités de charme comme Blois, Bourges ou encore Chartres. Traversé par la vallée de la Loire, le territoire est surtout connu pour ses somptueux châteaux, avec les plus célèbres d'entre eux, le château de Chenonceau et le château de Chambord, mais ils ne doivent pas faire oublier les cathédrales : celles de Chartres, d'Orléans, de Tours ou de Bourges sont à inscrire sur votre carnet de route ! Le Centre-Val de Loire est aussi une destination particulièrement adaptée au cyclotourisme, avec la Loire à Vélo, et à la randonnée pédestre. L'incontournable des familles, c'est bien évidemment le zoo de Beauval et ses pandas qui se plaisent véritablement ici ! Une destination riche en patrimoine bâti pour les amoureux d'histoire.

ARGENTON-SUR-CREUSE VAL DE CREUSE (INDRE)

- **Itinéraire :** Argenton-sur-Creuse, Val de Creuse
- **Total :** 43,8 km
- **Durée :** de 2 heures 15 à 4 heures 15 – entre 20 et 10 km/h.
- **Difficulté :** facile à moyen. Routes départementales longeant la Creuse.

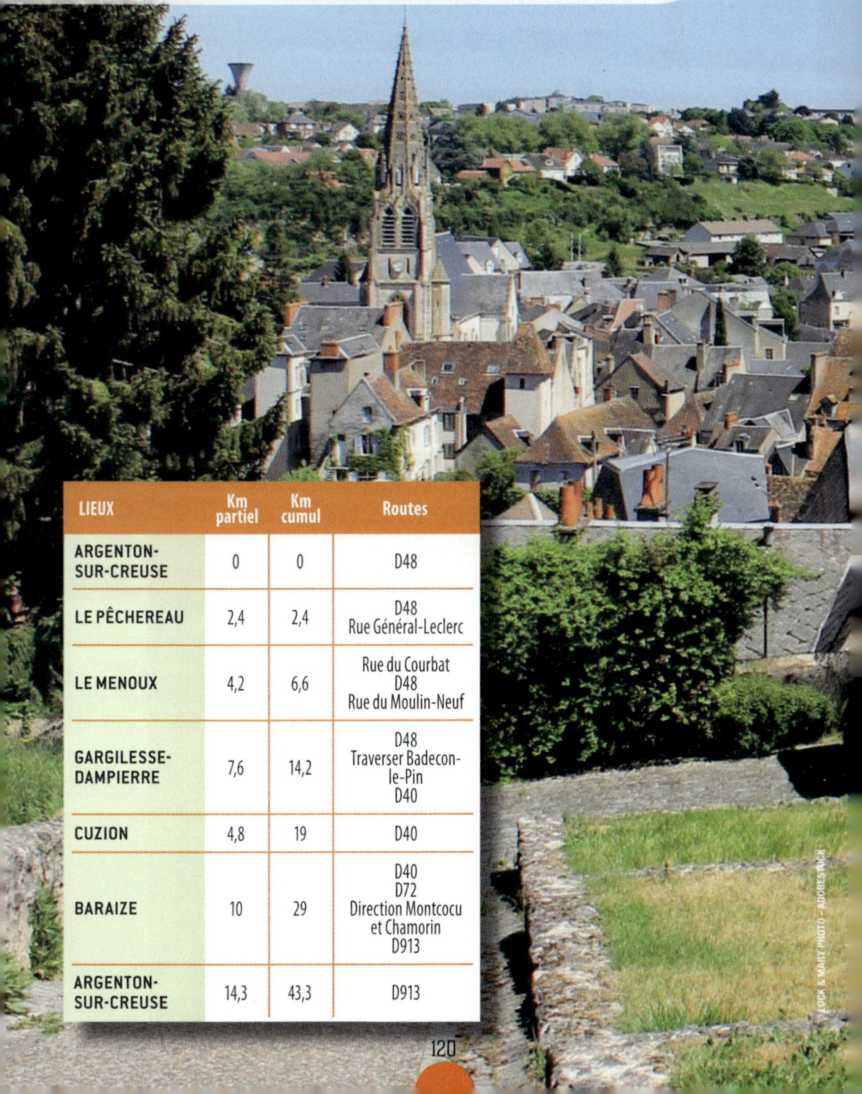

LIEUX	Km partiel	Km cumul	Routes
ARGENTON-SUR-CREUSE	0	0	D48
LE PÊCHEREAU	2,4	2,4	D48 Rue Général-Leclerc
LE MENOUX	4,2	6,6	Rue du Courbat D48 Rue du Moulin-Neuf
GARGILESSE-DAMPIERRE	7,6	14,2	D48 Traverser Badecon-le-Pin D40
CUZION	4,8	19	D40
BARAIZE	10	29	D40 D72 Direction Montcocu et Chamorin D913
ARGENTON-SUR-CREUSE	14,3	43,3	D913

D Départ
A Arrivée
Itinéraire (43,8km)
m
Altitude
Difficulté : facile
300
250
200
150
100
0
5
10
15
20
25
30
35
40
km
Dénivelé positif : 402 m
Dénivelé négatif : 398 m
D 30
Saint-Marcel
ARGENTON-SUR-CREUSE
D
A
9 min - 2,4 km
D 48
D 48a
D 913
LE PÊCHEREAU
La Font Liday
Vavre
D 48
17 min - 4,3 km
D 54
Chavin
Vaux
LE MENOUX
D 913
D 920
D 48
Badecon-le-Pin
32 min - 8,2 km
D 5b
Fontenay
D 913
D 40
Ceaulmont
D 38
39 min - 13,3 km
Celon
D 40
GARGILESSE-DAMPIERRE
D 913
Buret
D 39
23 min - 4,8 km
Bazaiges
Magot
La Varillere
D 5c
D 40
BARAIZE
D 913
D 5d
CUZION
37 min - 10,8 km
D 40
Le Bruli
D 72
Le Breuil
D 72
Flashez pour le tracé GPX
3 KM
Éguzonnet

AU PAYS D'AMBOISE ET DE MONTLOUIS

(INDRE-ET-LOIRE)

- **Itinéraire :** Au pays d'Amboise et de Montlouis.
- **Total :** 88,7 km
- **Durée :** entre 4 heures 30 et 8 heures – entre 20 et 10 km/h.
- **Difficulté :** facile à difficile avec des dénivelés prononcés. Caractéristique : 2 boucles à faire ou au choix : celle de 40,5 km – Chenonceaux – et l'autre de 42 km – Montlouis.

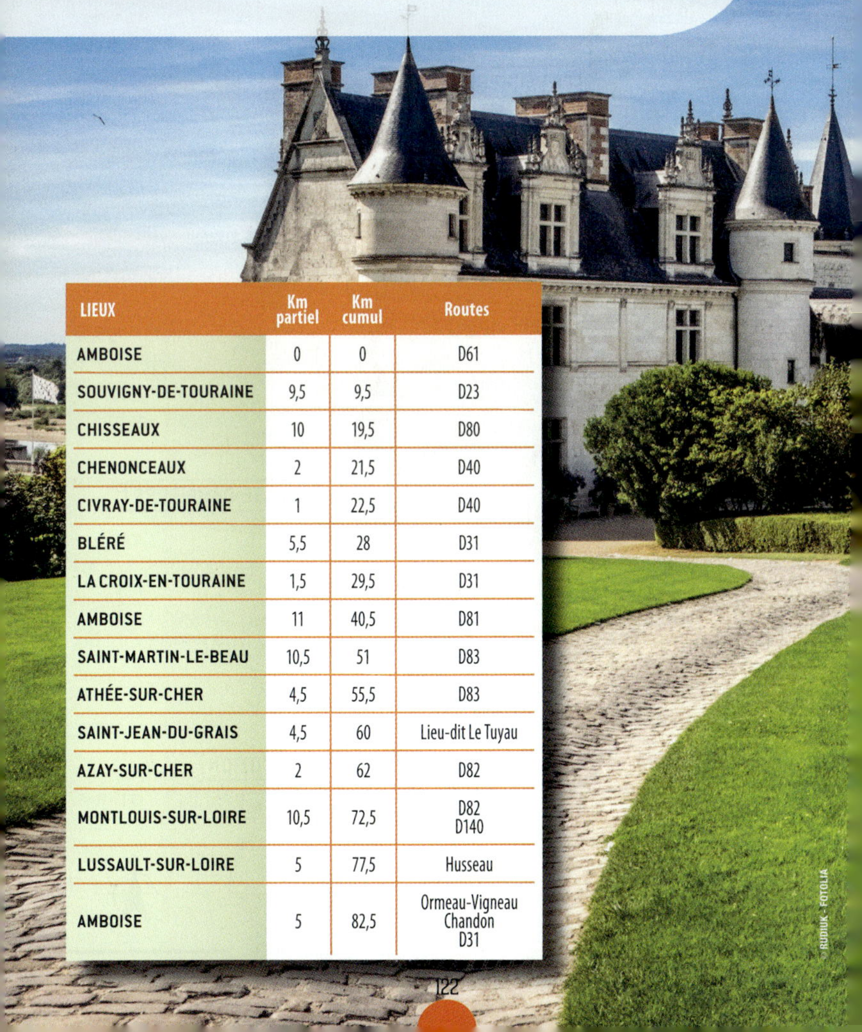

LIEUX	Km partiel	Km cumul	Routes
AMBOISE	0	0	D61
SOUVIGNY-DE-TOURAINE	9,5	9,5	D23
CHISSEAUX	10	19,5	D80
CHENONCEAUX	2	21,5	D40
CIVRAY-DE-TOURAINE	1	22,5	D40
BLÉRÉ	5,5	28	D31
LA CROIX-EN-TOURAINE	1,5	29,5	D31
AMBOISE	11	40,5	D81
SAINT-MARTIN-LE-BEAU	10,5	51	D83
ATHÉE-SUR-CHER	4,5	55,5	D83
SAINT-JEAN-DU-GRAIS	4,5	60	Lieu-dit Le Tuyau
AZAY-SUR-CHER	2	62	D82
MONTLOUIS-SUR-LOIRE	10,5	72,5	D82 D140
LUSSAULT-SUR-LOIRE	5	77,5	Husseau
AMBOISE	5	82,5	Ormeau-Vigneau Chandon D31

© RUDIUK - FOTOLIA

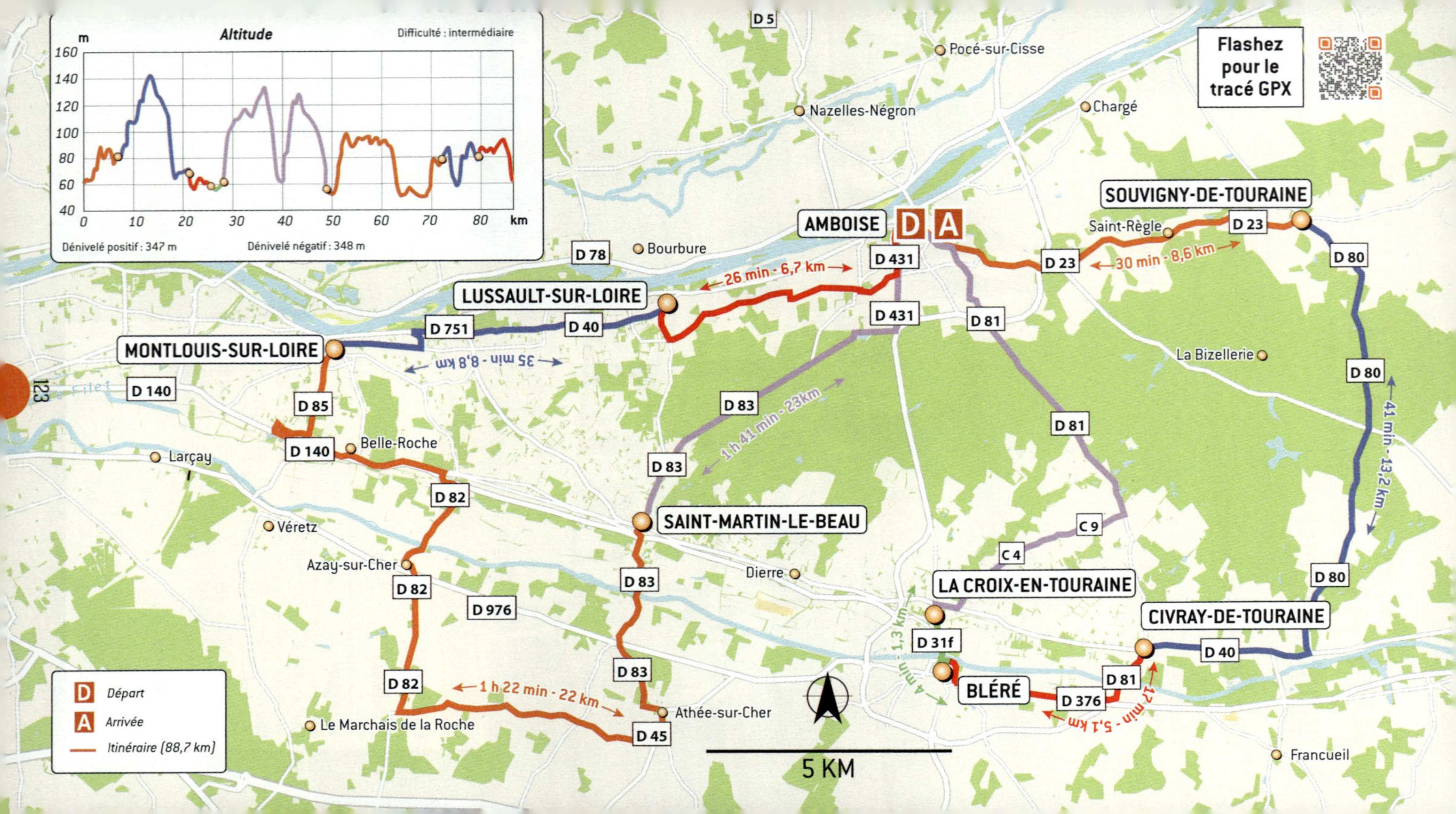

Altitude
Difficulté : intermédiaire
m
160
140
120
100
80
60
40
0
10
20
30
40
50
60
70
80
km
Dénivelé positif : 347 m
Dénivelé négatif : 348 m
Flashez pour le tracé GPX
D 5
Pocé-sur-Cisse
Nazelles-Négron
Chargé
AMBOISE
D
A
SOUVIGNY-DE-TOURAINE
Saint-Règle
D 23
D 23
30 min - 8,6 km
D 80
D 80
D 80
41 min - 13,2 km
D 78
Bourbure
D 431
D 431
26 min - 6,7 km
LUSSAULT-SUR-LOIRE
D 751
D 40
35 min - 8,8 km
MONTLOUIS-SUR-LOIRE
D 140
D 85
D 140
Belle-Roche
Larçay
D 81
D 81
La Bizellerie
D 83
D 83
1 h 41 min - 23km
D 82
Véretz
SAINT-MARTIN-LE-BEAU
C 9
C 4
Azay-sur-Cher
D 82
D 976
D 83
Dierre
LA CROIX-EN-TOURAINE
CIVRAY-DE-TOURAINE
D 31f
4 min - 1,3 km
D 40
D 82
1 h 22 min - 22 km
D 83
BLÉRÉ
D 81
D 376
17 min - 5,1 km
Athée-sur-Cher
Le Marchais de la Roche
D 45
5 KM
Francueil
Le Filet
D Départ
A Arrivée
Itinéraire (88,7 km)

AU PAYS D'AZAY-LE-RIDEAU
(INDRE-ET-LOIRE)

- **Itinéraire :** Au pays d'Azay-le-Rideau.
- **Total :** 51,7 km
- **Durée :** entre 2 heures 30 et 5 heures – entre 20 et 10 km/h.
- **Difficulté :** facile à moyen avec des dénivelés relativement raisonnables.

LIEUX	Km partiel	Km cumul	Routes
AZAY-LE-RIDEAU	0	0	D752
BRÉHÉMONT	9,5	9,5	D17 D7
VILLANDRY	13	22,5	D16
SAVONNIÈRES	3	25,5	D7
DRUYE	5	30,5	Lieu-dit Les Métairies
SACHÉ	7	37,5	Lieux-dits Bois-Tireau et La Sablonnière
VILLAINES-LES-ROCHERS	6	43,5	D57
AZAY-LE-RIDEAU	5	48,5	D57 D17

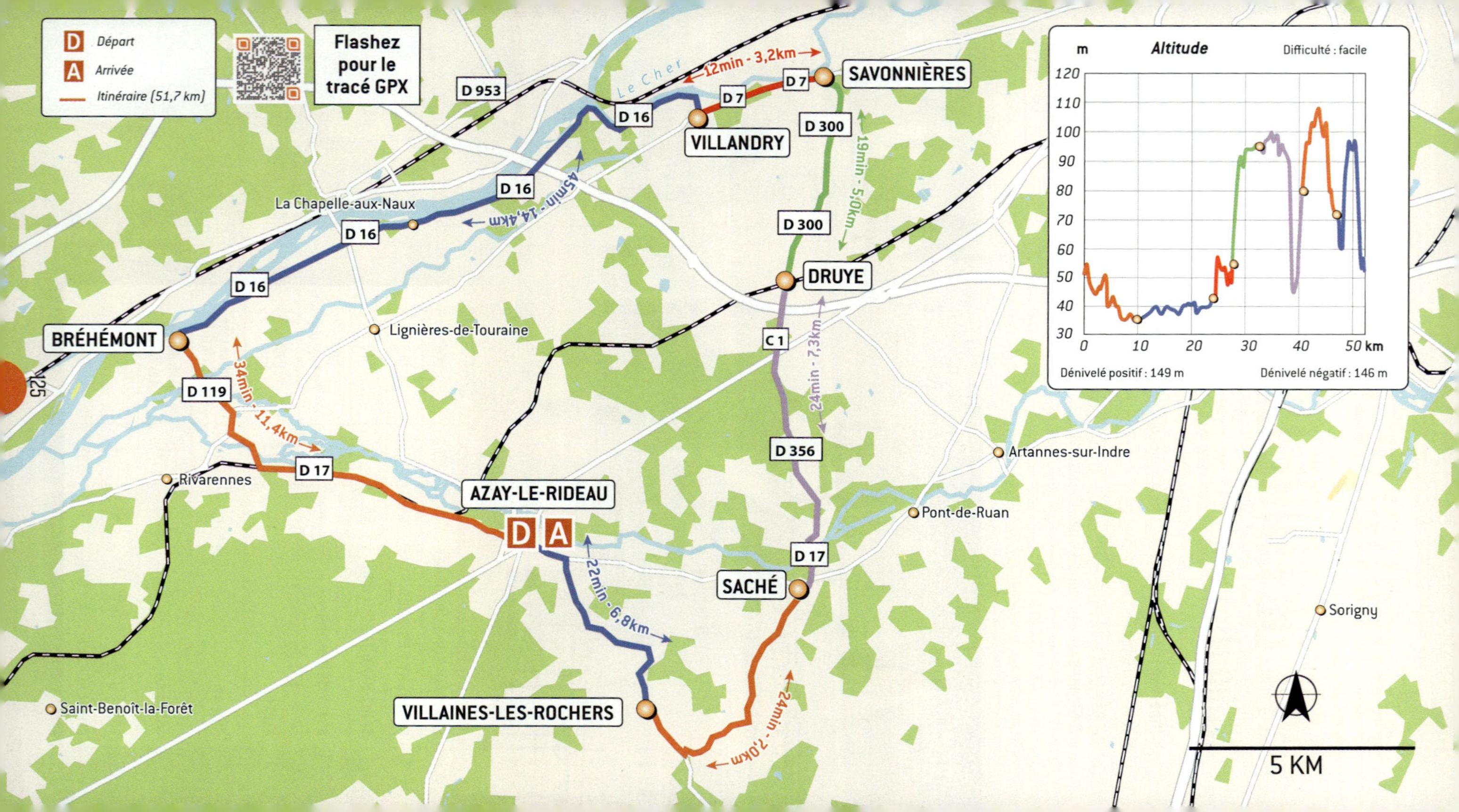

D Départ
A Arrivée
Itinéraire (51,7 km)
Flashez pour le tracé GPX
SAVONNIÈRES
VILLANDRY
DRUYE
BRÉHÉMONT
AZAY-LE-RIDEAU
SACHÉ
VILLAINES-LES-ROCHERS
La Chapelle-aux-Naux
Lignières-de-Touraine
Rivarennes
Saint-Benoît-la-Forêt
Artannes-sur-Indre
Pont-de-Ruan
Sorigny
Le Cher
D 953
D 16
D 7
D 300
D 119
D 17
C 1
D 356
12min - 3,2km
19min - 5,0km
45min - 14,4km
34min - 11,4km
24min - 7,3km
22min - 6,8km
24min - 7,0km
5 KM
Altitude
Difficulté : facile
m
120
110
100
90
80
70
60
50
40
30
0
10
20
30
40
50 km
Dénivelé positif : 149 m
Dénivelé négatif : 146 m

CHÂTEAUNEUF-SUR-LOIRE, VAL DE LOIRE ORLÉANAIS (LOIRET)

- **Itinéraire :** Châteauneuf-sur-Loire, Val-de-Loire orléanais
- **Total :** 50 km
- **Durée :** entre 2 heures 30 et 5 heures – entre 20 et 10 km/h.
- **Difficultés :** facile avec très peu de dénivelé.

LIEUX	Km partiel	Km cumul	Routes
CHÂTEAUNEUF-SUR-LOIRE	0	0	D60
GERMIGNY-DES-PRÉS	4,5	4,5	D60
SAINT-BENOÎT-SUR-LOIRE	5,5	10	D60
SULLY-SUR-LOIRE	8	18	D60 Pont de Sully
GUILLY	9,5	27,5	D951 D107
SIGLOY	5,5	33	Bords de Loire (quitter la D107)
JARGEAU	10	43	Bords de Loire Les Vallées
SAINT-DENIS-DE-L'HÔTEL	1	44	D921
CHÂTEAUNEUF-SUR-LOIRE	7	51	D960

© ATERROM - ADOBESTOCK

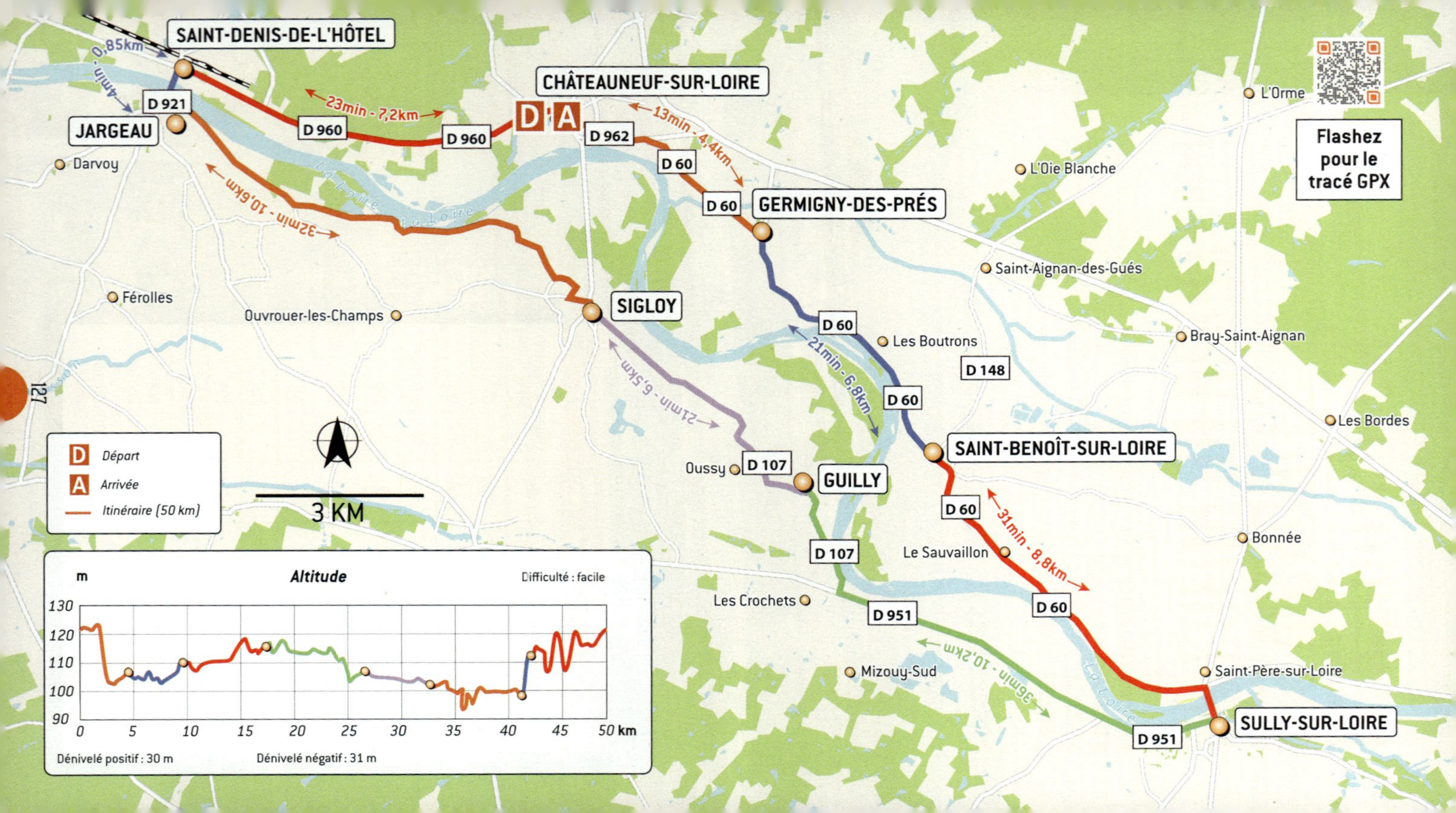
SAINT-DENIS-DE-L'HÔTEL
4min - 0,85km
JARGEAU
D 921
23min - 7,2km
D 960
D 960
CHÂTEAUNEUF-SUR-LOIRE
D A
D 962
13min - 4,4km
D 60
D 60
GERMIGNY-DES-PRÉS
32min - 10,6km
La Loire
Darvoy
Férolles
Ouvrouer-les-Champs
SIGLOY
21min - 6,5km
D 60
21min - 6,8km
Les Boutrons
D 148
D 60
SAINT-BENOÎT-SUR-LOIRE
Oussy
D 107
GUILLY
D 107
D 60
31min - 8,8km
Le Sauvaillon
D 60
Les Crochets
D 951
36min - 10,2km
Mizouy-Sud
Saint-Père-sur-Loire
SULLY-SUR-LOIRE
D 951
L'Orme
Flashez pour le tracé GPX
L'Oie Blanche
Saint-Aignan-des-Gués
Bray-Saint-Aignan
Les Bordes
Bonnée
3 KM
D Départ
A Arrivée
Itinéraire (50 km)
Altitude
m
Difficulté : facile
130
120
110
100
90
0
5
10
15
20
25
30
35
40
45
50 km
Dénivelé positif : 30 m
Dénivelé négatif : 31 m

MÉNETOU-SALON, LES VIGNOBLES AU COEUR DU BERRY (CHER)

- **Itinéraire :** Ménétou-Salon, les vignobles au cœur du Berry
- **Total :** 57,3 km
- **Durée :** de 2 heures 45 à 5 heures 30 – entre 20 et 10 km/h.
- **Difficulté :** très facile. Balade entre les vignobles.

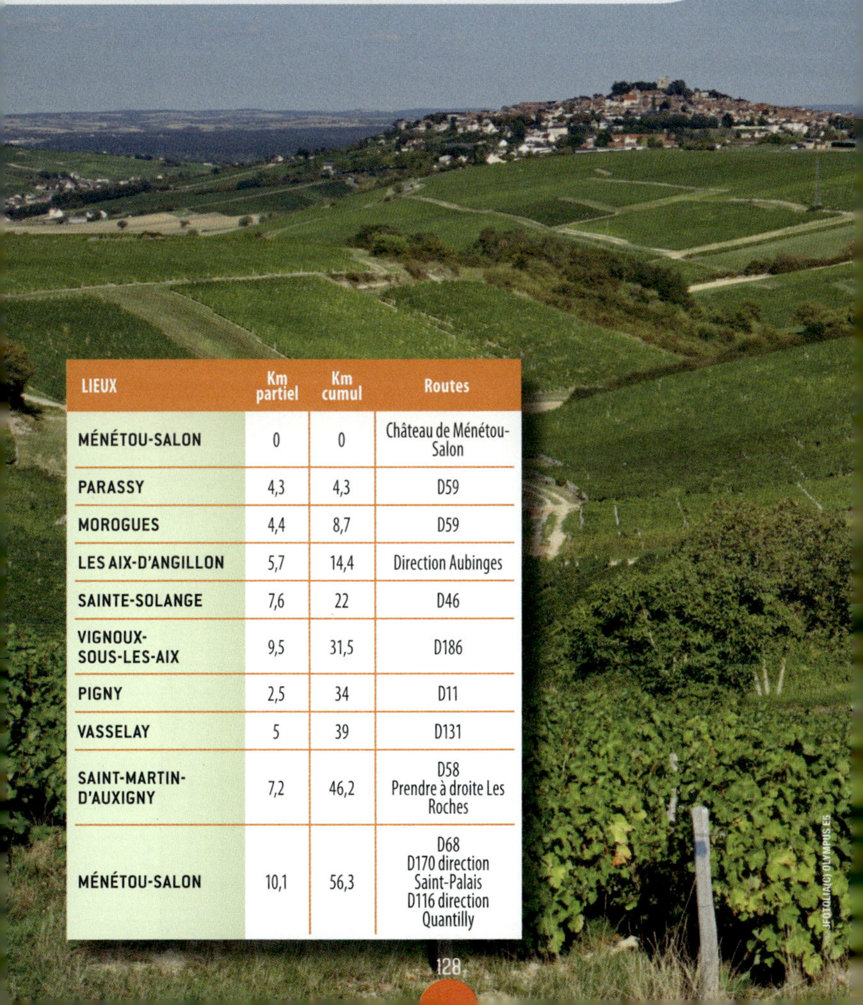

LIEUX	Km partiel	Km cumul	Routes
MÉNÉTOU-SALON	0	0	Château de Ménétou-Salon
PARASSY	4,3	4,3	D59
MOROGUES	4,4	8,7	D59
LES AIX-D'ANGILLON	5,7	14,4	Direction Aubinges
SAINTE-SOLANGE	7,6	22	D46
VIGNOUX-SOUS-LES-AIX	9,5	31,5	D186
PIGNY	2,5	34	D11
VASSELAY	5	39	D131
SAINT-MARTIN-D'AUXIGNY	7,2	46,2	D58 Prendre à droite Les Roches
MÉNÉTOU-SALON	10,1	56,3	D68 D170 direction Saint-Palais D116 direction Quantilly

JFOTOLIA(C) OLYMPUS E5

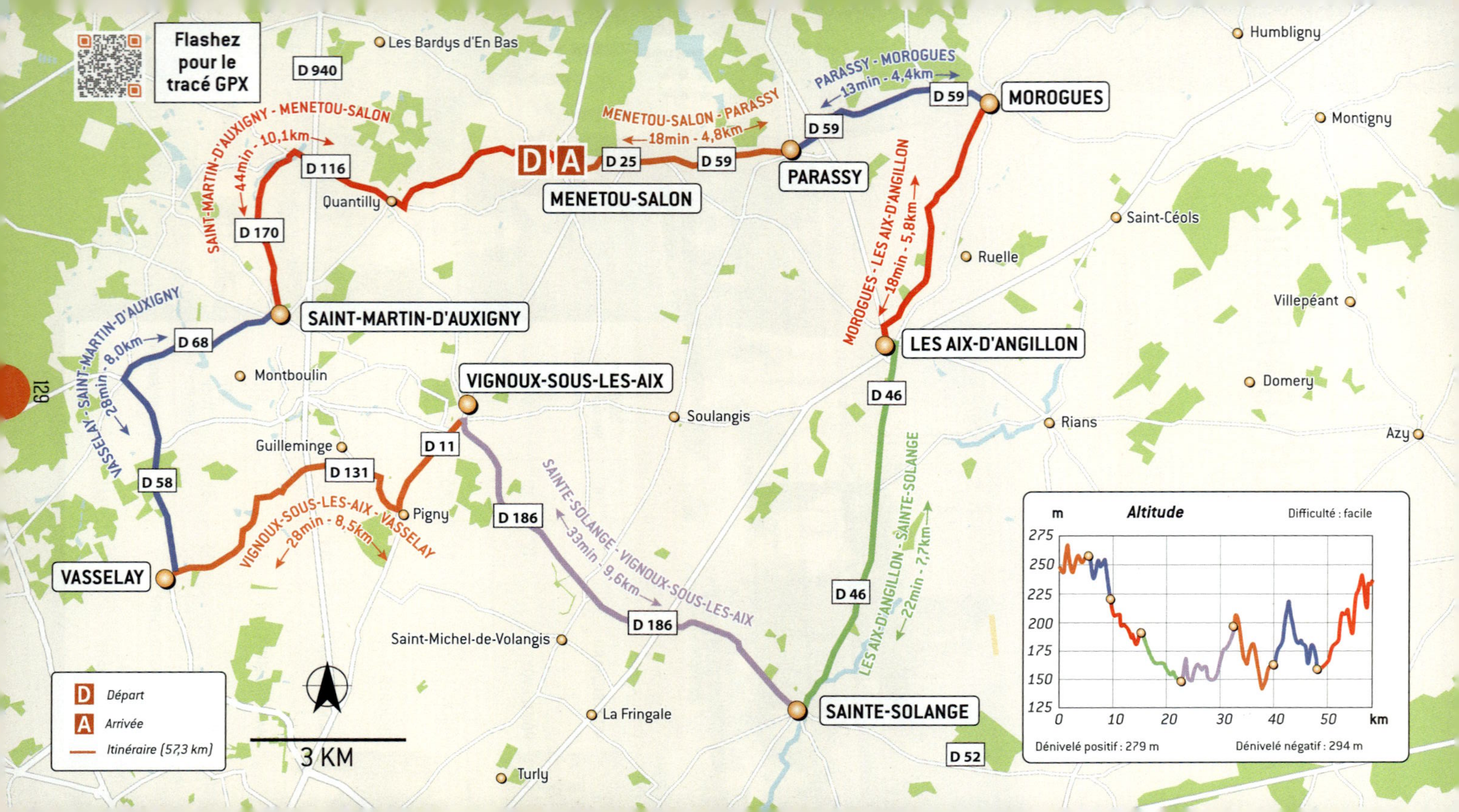
Flashez pour le tracé GPX
MOROGUES
PARASSY
MENETOU-SALON
SAINT-MARTIN-D'AUXIGNY
VIGNOUX-SOUS-LES-AIX
LES AIX-D'ANGILLON
SAINTE-SOLANGE
VASSELAY
PARASSY - MOROGUES 13min - 4,4km
MENETOU-SALON - PARASSY 18min - 4,8km
SAINT-MARTIN-D'AUXIGNY - MENETOU-SALON 44min - 10,1km
VASSELAY - SAINT-MARTIN-D'AUXIGNY 28min - 8,0km
VIGNOUX-SOUS-LES-AIX - VASSELAY 28min - 8,5km
SAINTE-SOLANGE - VIGNOUX-SOUS-LES-AIX 33min - 9,6km
LES AIX-D'ANGILLON - SAINTE-SOLANGE 22min - 7,7km
MOROGUES - LES AIX-D'ANGILLON 18min - 5,8km
D 940
D 59
D 59
D 25
D 59
D 116
D 170
D 68
D 58
D 131
D 11
D 186
D 186
D 46
D 46
D 52
Les Bardys d'En Bas
Humbligny
Montigny
Saint-Céols
Ruelle
Villepéant
Domery
Rians
Azy
Quantilly
Montboulin
Soulangis
Guilleminge
Pigny
Saint-Michel-de-Volangis
La Fringale
Turly
D Départ
A Arrivée
Itinéraire (57,3 km)
3 KM
Altitude
Difficulté : facile
m
275
250
225
200
175
150
125
0
10
20
30
40
50
km
Dénivelé positif : 279 m
Dénivelé négatif : 294 m

MONTRICHARD – VAL DE CHER (LOIR-ET-CHER)

- **Itinéraire :** Montrichard, val de Cher.
- **Total :** 63 km
- **Durée :** entre 3 et 6 heures – entre 20 et 10 km/h.
- **Difficultés :** facile à moyen avec des côtes à forts et faibles dénivelés.

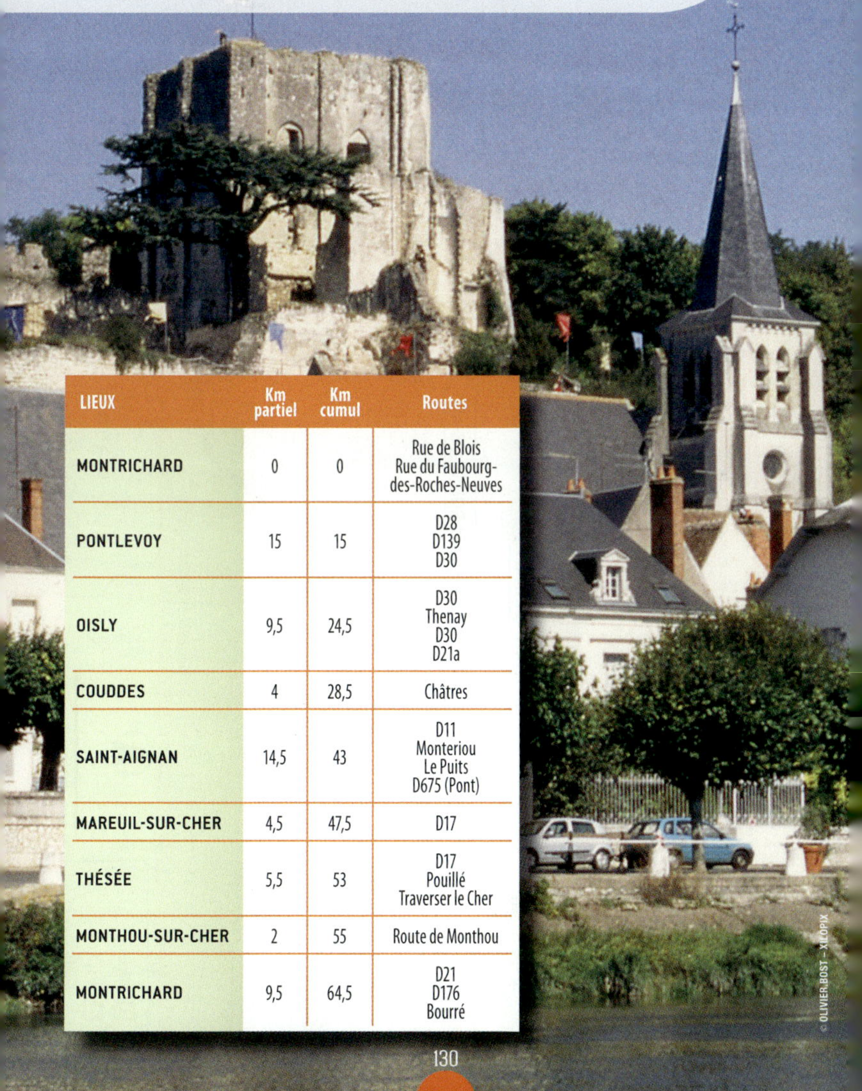

© OLIVIER.BOST – XILOPIX

LIEUX	Km partiel	Km cumul	Routes
MONTRICHARD	0	0	Rue de Blois Rue du Faubourg-des-Roches-Neuves
PONTLEVOY	15	15	D28 D139 D30
OISLY	9,5	24,5	D30 Thenay D30 D21a
COUDDES	4	28,5	Châtres
SAINT-AIGNAN	14,5	43	D11 Monteriou Le Puits D675 (Pont)
MAREUIL-SUR-CHER	4,5	47,5	D17
THÉSÉE	5,5	53	D17 Pouillé Traverser le Cher
MONTHOU-SUR-CHER	2	55	Route de Monthou
MONTRICHARD	9,5	64,5	D21 D176 Bourré

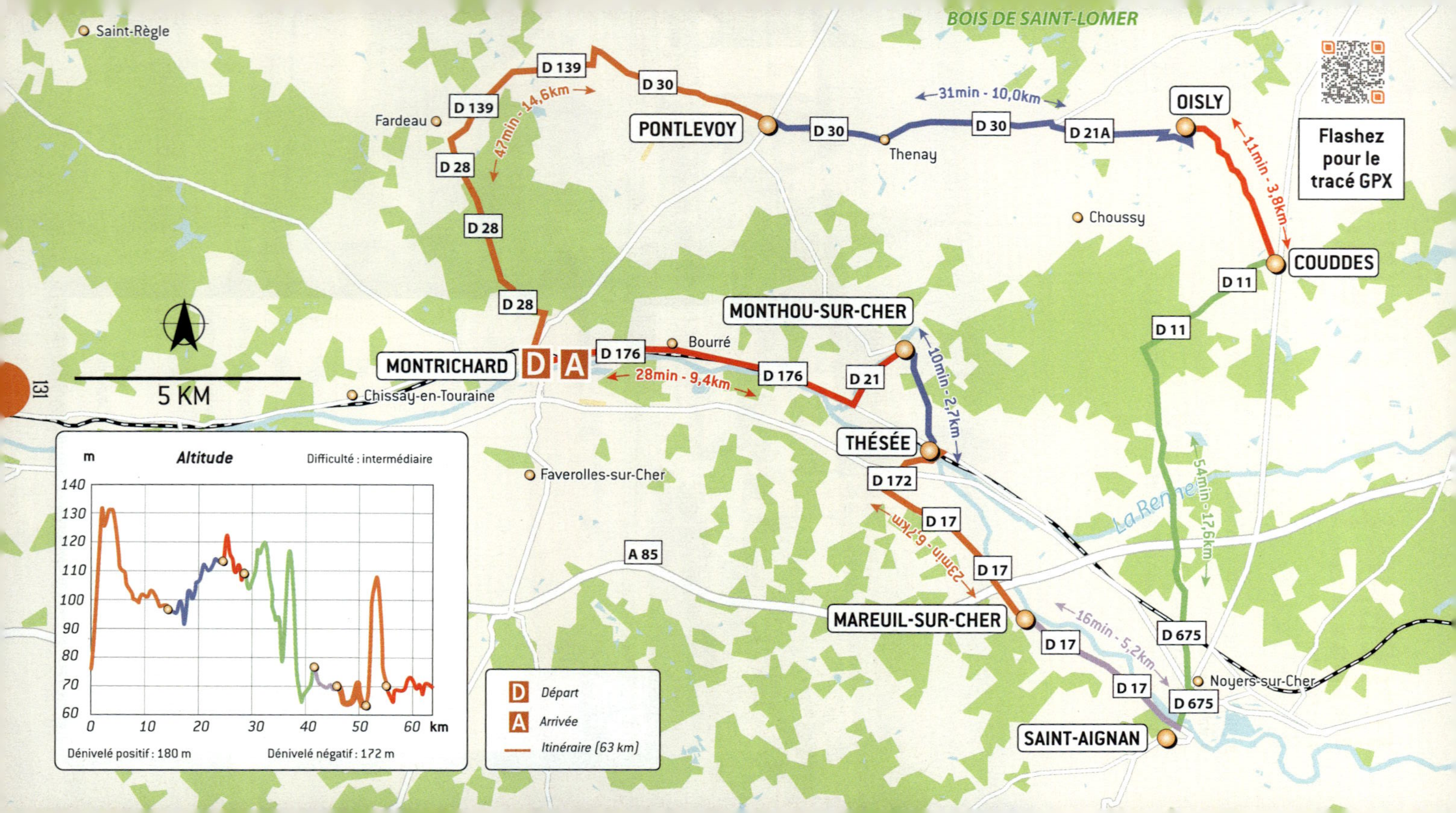
BOIS DE SAINT-LOMER
Saint-Règle
Fardeau
Thenay
Choussy
Bourré
Chissay-en-Touraine
Faverolles-sur-Cher
Noyers-sur-Cher
La Renne
MONTRICHARD
PONTLEVOY
OISLY
COUDDES
MONTHOU-SUR-CHER
THÉSÉE
MAREUIL-SUR-CHER
SAINT-AIGNAN
D
A
D 139
D 139
D 28
D 28
D 28
D 30
D 30
D 30
D 21A
D 11
D 11
D 176
D 176
D 21
D 172
D 17
D 17
D 17
D 17
D 675
D 675
A 85
47min - 14,6km
31min - 10,0km
11min - 3,8km
54min - 17,6km
28min - 9,4km
10min - 2,7km
23min - 6,7km
16min - 5,2km
Flashez pour le tracé GPX
5 KM
Altitude
Difficulté : intermédiaire
m
140
130
120
110
100
90
80
70
60
0
10
20
30
40
50
60
km
Dénivelé positif : 180 m
Dénivelé négatif : 172 m
Départ
Arrivée
Itinéraire (63 km)

ORLÉANS ET SES ENVIRONS
(LOIRET)

- **Itinéraire :** Orléans et ses environs.
- **Total :** 75,4 km
- **Durée :** entre 3 heures 30 et 7 heures – entre 20 et 10 km/h.
- **Difficulté :** facile à moyen avec de faibles dénivelés – attention route à forte circulation.

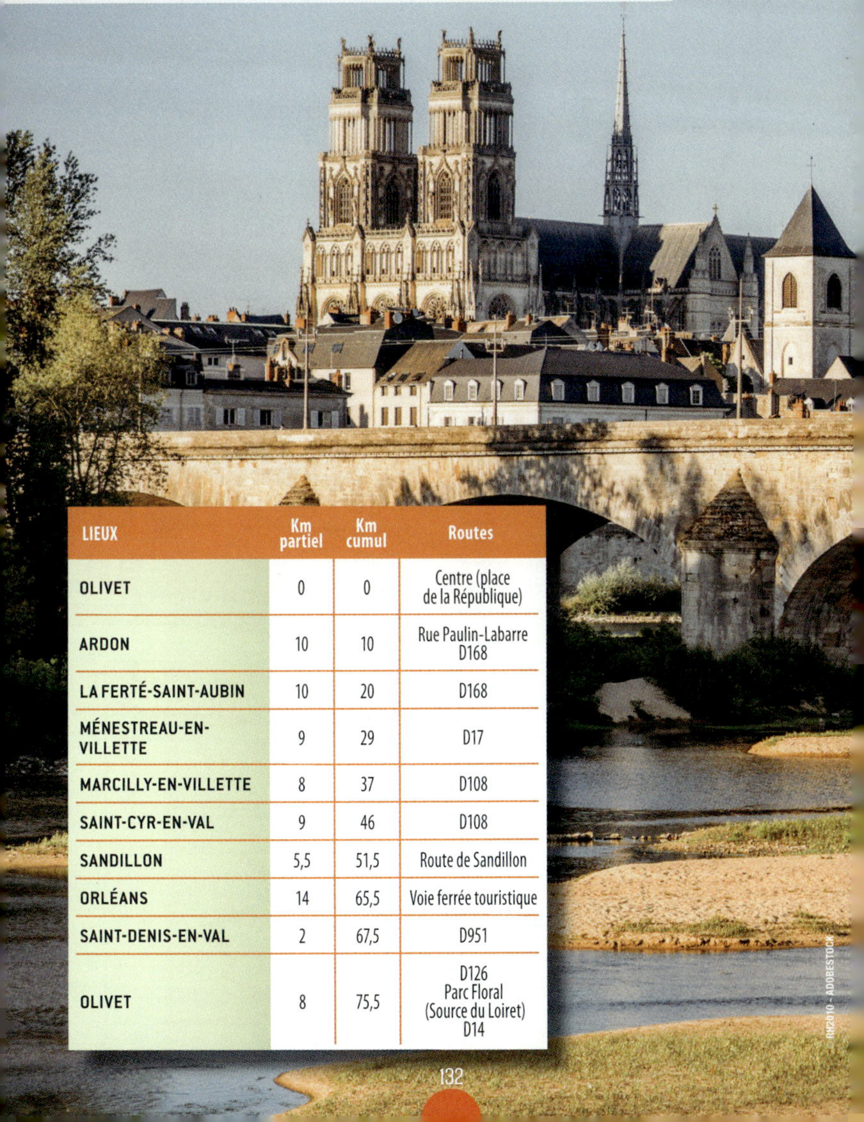

RH2010 - ADOBESTOCK

LIEUX	Km partiel	Km cumul	Routes
OLIVET	0	0	Centre (place de la République)
ARDON	10	10	Rue Paulin-Labarre D168
LA FERTÉ-SAINT-AUBIN	10	20	D168
MÉNESTREAU-EN-VILLETTE	9	29	D17
MARCILLY-EN-VILLETTE	8	37	D108
SAINT-CYR-EN-VAL	9	46	D108
SANDILLON	5,5	51,5	Route de Sandillon
ORLÉANS	14	65,5	Voie ferrée touristique
SAINT-DENIS-EN-VAL	2	67,5	D951
OLIVET	8	75,5	D126 Parc Floral (Source du Loiret) D14

D 520
ORLÉANS
Loire
Combleux
Mardié
Flashez pour le tracé GPX
10min - 2,8km
D 951
SAINT-DENIS-EN-VAL
32min - 10,8km
Bou
Le Loiret
OLIVET
D
A
22min - 5,4km
Darvoy
A 71
SANDILLON
D 921
D 168
SAINT-CYR-EN-VAL
17min - 5,2km
L'Ousson
D 108
25min - 8,9km
D 108
D 168
D 168
D 108
Le Golf
1h1 - 19,6km
Ardon
D 168
D 7
MARCILLY-EN-VILLETTE
D 64
54min - 17,1km
D 168
D 2020
D 64
LA FERTÉ-SAINT-AUBIN
24min - 7,4km
D 17
D 108
D 17
D 17
MÉNESTREAU-EN-VILLETTE
La Canne
5 KM
Départ
Arrivée
Itinéraire (75,4 km)
m
Altitude
Difficulté : facile
150
140
130
120
110
100
90
80
0
10
20
30
40
50
60
70
km
Dénivelé positif : 86 m
Dénivelé négatif : 87 m

SENONCHES, ENTRE LES PLAINES DE LA BEAUCE ET DU THYMERAIS

(INDRE-ET-LOIRE)

- **Itinéraire :** Senonches, entre les plaines de la Beauce et du Thymerais
- **Total :** 41,4 km
- **Durée :** de 2 à 4 heures – entre 20 et 10 km/h.
- **Difficulté :** facile. Petites routes départementales et forestières.

LIEUX	Km partiel	Km cumul	Routes
SENONCHES	0	0	D20
LA FRAMBOISIÈRES	4	4	D25
LA-FERTÉ-VIDAME	10,7	14,7	D155 et direction La Puisaye D941
LA-LANDE-SUR-EURE	7,8	22,5	D4 D15.1
NEUILLY-SUR-EURE	3,5	26	D243 D8
TARDAIS	12	38	D8 D20 A gauche Chemin Hérisse D941
SENONCHES	3,4	41,4	Rue de la Guilletière D20

KATEAFTER - ADOBESTOCK

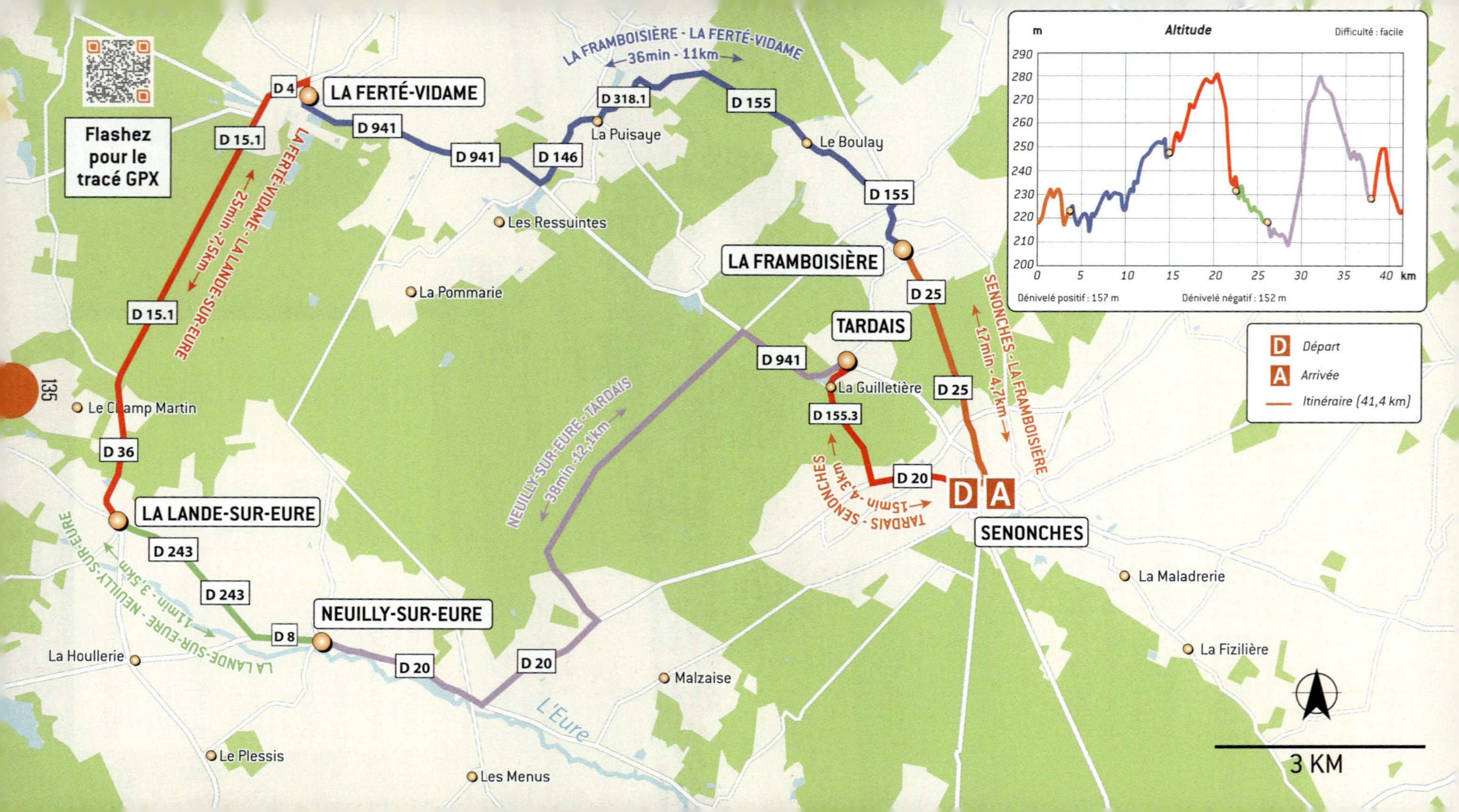
Flashez pour le tracé GPX
LA FERTÉ-VIDAME
LA FRAMBOISIÈRE - LA FERTÉ-VIDAME
36min - 11km
D 4
D 15.1
D 941
D 146
D 318.1
D 155
La Puisaye
Le Boulay
Les Ressuintes
La Pommarie
LA FERTÉ-VIDAME - LA LANDE-SUR-EURE
25min -7,5km
LA FRAMBOISIÈRE
D 25
TARDAIS
La Guilletière
D 155.3
D 20
SENONCHES - LA FRAMBOISIÈRE
17min - 4,7km
TARDAIS - SENONCHES
15min - 4,3km
SENONCHES
D
A
Le Champ Martin
D 36
LA LANDE-SUR-EURE
D 243
D 8
NEUILLY-SUR-EURE
LA LANDE-SUR-EURE - NEUILLY-SUR-EURE
11min - 3,5km
NEUILLY-SUR-EURE - TARDAIS
38min -12,1km
La Houllerie
Malzaise
L'Eure
Le Plessis
Les Menus
La Maladrerie
La Fizilière
3 KM
Altitude
m
Difficulté : facile
290
280
270
260
250
240
230
220
210
200
0
5
10
15
20
25
30
35
40
km
Dénivelé positif : 157 m
Dénivelé négatif : 152 m
Départ
Arrivée
Itinéraire (41,4 km)

UNE TRAVERSÉE PERCHERONNE

(EURE-ET-LOIR)

- **Itinéraire** : Une traversée percheronne
- **Total** : 51,3 km
- **Durée** : de 2 heures 40 à 5 heures 15, entre 20 et 10 km/h.
- **Difficulté** : facile avec une petite côte et routes légèrement vallonnées.

LIEUX	Km partiel	Km cumul	Routes
NOGENT-LE-ROTROU	0	0	D922
THIRON-GARDAIS	14,1	14,1	D922
COMBRES	5,7	19,8	D30.2
CHAMPROND-EN-GÂTINE	9,1	28,9	D15D
LE GRAND BOIS LANDRY	3	31,9	D923 A gauche
LE VIEUX LANDON	4	35,9	D351.3
FRÉTIGNY	3,1	39	D351
NOGENT-LE-ROTROU	13,7	52,7	D351 D103 D922

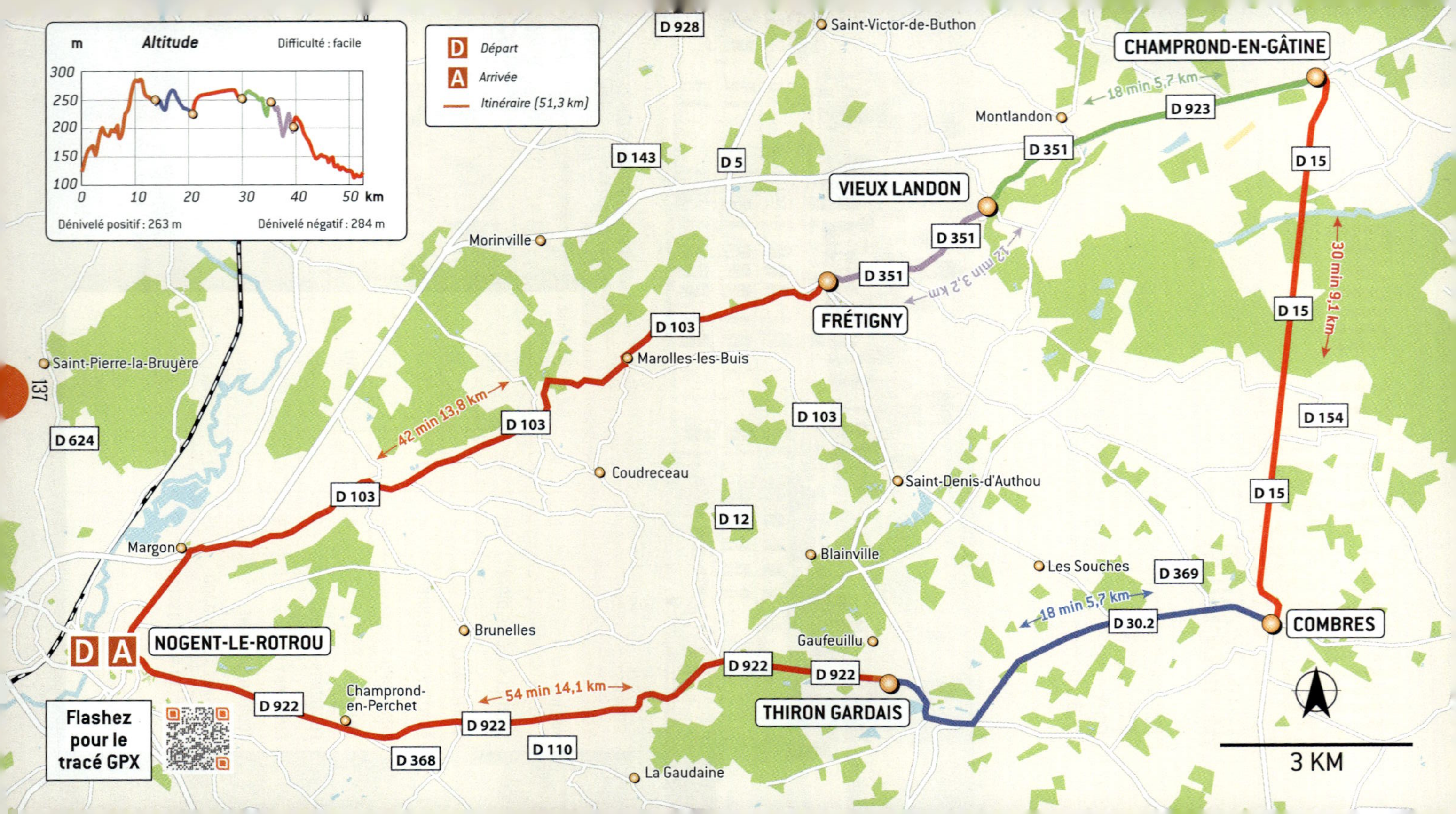

Altitude
Difficulté : facile
m
300
250
200
150
100
0
10
20
30
40
50
km
Dénivelé positif : 263 m
Dénivelé négatif : 284 m
D Départ
A Arrivée
Itinéraire (51,3 km)
CHAMPROND-EN-GÂTINE
VIEUX LANDON
FRÉTIGNY
COMBRES
THIRON GARDAIS
NOGENT-LE-ROTROU
18 min 5,7 km
12 min 3,2 km
30 min 9,1 km
42 min 13,8 km
54 min 14,1 km
18 min 5,7 km
D 928
D 143
D 5
D 923
D 351
D 351
D 351
D 15
D 15
D 15
D 154
D 103
D 103
D 103
D 103
D 12
D 369
D 30.2
D 922
D 922
D 922
D 922
D 368
D 110
D 624
Saint-Victor-de-Buthon
Montlandon
Morinville
Marolles-les-Buis
Saint-Pierre-la-Bruyère
Coudreceau
Saint-Denis-d'Authou
Blainville
Les Souches
Margon
Brunelles
Gaufeuillu
Champrond-en-Perchet
La Gaudaine
Flashez pour le tracé GPX
3 KM

VINEUIL, ROUTE ROYALE DES CHÂTEAUX
(LOIR-ET-CHER)

- **Itinéraire :** Vineuil, route royale des châteaux
- **Total :** 59,4 km
- **Durée :** entre 3 et 6 heures – entre 20 et 10 km/h.
- **Difficulté :** facile à moyen avec des dénivelés faibles.

LIEUX	Km partiel	Km cumul	Routes
VINEUIL	0	0	Rue de la République Avenue des Tailles
SAINT-CLAUDE-DE-DIRAY	4,5	4,5	D72 D98
MONTLIVAULT	4	8,5	D98
SAINT-DYÉ-SUR-LOIRE	4	12,5	Écuelle
CHAMBORD	9	21,5	Piste cyclable
BRACIEUX	8	29,5	D112
FONTAINES-EN-SOLOGNE	5	34,5	D120
CHEVERNY	9	43,5	D78
TOUR-EN-SOLOGNE	5	48,5	D102
MONT-PRÈS-CHAMBORD	4,5	52,5	Piste cyclable
HUISSEAU-SUR-COSSON	3,5	56	D72
VINEUIL	7	63	D33 Nanteuil Chemin des Roches Vineuil centre

Suèvres
SAINT-DYÉ-SUR-LOIRE
Flashez pour le tracé GPX
Villerbon
Cour-sur-Loire
12 min - 3,8 km
D 951
D 112A
MONTLIVAULT
D 140
D 84
18 min - 5,8 km
Maslives
11 min - 3,7 km
D 98
Saint-Denis-sur-Loire
Le Cosson
D 112
SAINT-CLAUDE-DE-DIRAY
CHAMBORD
Beauvais
D 951
D 72
16 min - 5,0 km
D 98
D 112
25 min - 7,8 km
HUISSEAU-SUR-COSSON
D 33
D 72
D·A
D 177
12 min - 3,7 km
VINEUIL
22 min - 7,1 km
D 112
Saint-Gervais-la-Forêt
D 923
C 2
MONT-PRÈS-CHAMBORD
D 154
23 min - 6,9 km
BRACIEUX
TOUR-EN-SOLOGNE
D 154
D 102
17 min - 4,7 km
19 min - 6,1 km
Cellettes
D 120
D 102
Cour-Cheverny
FONTAINES-EN-SOLOGNE
D 102
L'Aché
D 119
C 1
CHEVERNY
D 765
Grand Chemin
D 78
29 min - 8,7 km
D Départ
A Arrivée
Itinéraire (59,4 km)
m
Altitude
Difficulté : facile
130
120
110
100
90
80
70
0
10
20
30
40
50
km
Dénivelé positif : 152 m
Dénivelé négatif : 151 m
Le Cervollet
5 KM

APRIL MOTO

14, Quai Marmoutier
TOURS
✆ 02 42 07 02 82
www.april-moto.com

Que vous soyez motard, cycliste, adepte de la trottinette électrique ou encore du quad, il est plus futé d'être assuré ! Pour cela, l'assurance APRIL Moto vous accompagne et vous protège, à l'aide de ses 100 collaborateurs basés à Tours qui conçoivent, distribuent et gèrent des solutions d'assurance adaptées pour les deux-roues. Vous pouvez retrouver toutes les informations sur les contrats d'assurance sur leur site Internet ou auprès de leur réseau de 6 500 courtiers indépendants partenaires. Donc n'hésitez plus et roulez couvert !

COMITE DEPARTEMENTAL DU CYCLOTOURISME LOIR ET CHER

1, avenue de Châteaudun - **BLOIS**
✆ 06 13 89 22 24
https://loiretcher.ffvelo.fr/
Concours, BPF/BRM, balades, randonnées, séjours, etc. Plus d'informations sur le site.

De multiples parcours balisés, et recommandés aux initiés, vous sont proposés. Les clubs (que vous retrouverez sur le site Internet) et le comité proposent également des « cyclotourismes », randonnées avec accompagnateur, et des itinéraires de distances variables. Des randonnées permanentes pourront aussi vous faire découvrir les merveilles du département, c'est le cas de la randonnée des châteaux en Sologne, labellisée auprès de la Fédération française de cyclotourisme.

BIKE PARADISE

250, boulevard Charles-de-Gaulle
SAINT-CYR-SUR-LOIRE
✆ 02 47 51 20 00
www.bikeparadise.fr
Ouvert le lundi de 14h à 19h ; du mardi au samedi de 9h30 à 19h.

La caverne d'Ali Baba pour les passionnés de deux-roues : vous trouverez ici tout ce qu'il faut, aussi bien pour l'amateur que pour le professionnel ! En effet, tous les accessoires concernant le vélo et le VTT sont en vente. Vous y trouverez toutes les grandes marques. L'équipe se fera un plaisir de vous apporter des conseils précieux et de vous diriger vers votre achat en respectant votre budget et l'utilisation que vous souhaitez. Vous trouverez tout votre équipement, et également des vêtements adaptés pour arpenter les routes de Touraine et d'ailleurs.

CYCLABLE

20, rue Gambetta
TOURS
✆ 02 47 61 18 93
www.tours.cyclable.com
Ouvert du mardi au samedi de 9h30 à 13h et de 14h à 18h30.

Le matériel chez Cyclable s'adresse plutôt aux citadins, aux familles et aux cyclotouristes qu'aux déjantés du VTT, du vélo de course ou de piste. Si un modèle vous intéresse, n'hésitez pas à demander à le tester. On trouve à la boutique des vélos pliables, des biporteurs, des triporteurs ou des vélos à assistance électrique, de marques hollandaises ou allemandes. Tous les accessoires sont également vendus, du casque aux lumières en passant par les sacoches ou remorques. En cas de pépin le magasin dispose d'un atelier de réparation.

COMITE DEPARTEMENTAL DE CYCLOTOURISME DE L'INDRE

89/11, allée des Platanes - **CHÂTEAUROUX**
www.ffct37.org
Circuits routes, VTT, BCN/BPF. Des évènements organisés (gratuits et payants) voir site : « Où et quand pratiquer ? ».

Le comité départemental de cyclotourisme de l'Indre (FFCT) est constitué de clubs qui organisent des randonnées. Ils se trouvent à Châteauroux, Argenton-sur-Creuse, Le Blanc, Chabris, Chatillon-sur-Indre, La Châtre-en-Berry, Pouligny-Saint-Pierre, Vatan, Levroux. Des circuits à VTT vous sont proposés sur le site du comité : 5 difficiles, notamment : « Sur les pas de George Sand de la châtre à Nohant », 2 faciles et 2 très faciles. De quoi séduire les petits et grands sportifs !

DÉTOURS DE LOIRE

37, rue Charles-Gille
TOURS
✆ 02 47 61 22 23
detoursdeloire.com
Ouvert du mardi au samedi de 10h à 12h30 et de 14h à 18h30.

A deux pas de la gare, la boutique Détours de Loire vous propose des vélos pour toute la famille en location à la demi-journée, à la journée ou plus. Elle dispose d'une large gamme d'engins et d'équipements et vous permet de laisser le vélo au point d'arrivée du circuit, dans l'une des 7 agences situées entre Orléans et Nantes. A Tours, vous trouverez un atelier-réparation et un espace de vente. L'agence vous propose également des circuits sur mesure dans la vallée de la Loire, avec location de matériel, hébergement, demi-pension et transfert des bagages.

DÉTOURS DE LOIRE

39, avenue Jean-Laigret
BLOIS
✆ 02 54 56 07 73
detoursdeloire.com
Ouvert le mardi, le mercredi, le vendredi et le samedi de 10h à 12h30 et de 14h à 18h30.

Pour la location de VTC, VTT, vélos enfant, tandems, vélos électriques, etc., c'est ici. La livraison des vélos est possible en n'importe quel point de la région. Le réseau de points de location s'étend entre Nevers et Saint-Nazaire.Tout est fait pour faciliter la vie du cycliste qui peut prendre possession de son vélo dans une des agences et le déposer dans une autre. Le service de transfert des bagages simplifie l'organisation du voyage. Parmi les possibilités : organisation de circuits, accompagnateur bilingue anglais sur demande...

LOCACYCLE

2 bis, rue Jean-Jacques-Rousseau
AMBOISE
✆ 06 10 51 52 91
www.locacycle-amboise.fr/
De Pâques à la Toussaint, tous les jours de 9h à 19h.

Quoi de plus sain et ressourçant qu'une balade à vélo dans le val d'Amboise ? Surtout que le dernier tronçon de la Loire à Vélo a été inauguré récemment sur le territoire d'Amboise. Louez un vélo à Locacycle et partez à la découverte des bords du fleuve. Vous pouvez même rouler jusqu'à Nantes ! Mais vous pouvez aussi profiter du Val de Loire et déguster ses vins. Eh oui, Locacycle fait aussi caviste, un hommage à Jacques Anquetil en quelque sorte… En tout cas, la boutique est très sympa et cela fait plus de vingt ans que ça dure !

NARCY VÉLO

Rue de la Garenne
SAINT-DOULCHARD
✆ 02 48 70 15 84
Ouvert du mardi au vendredi de 9h à 12h et de 14h à 19h ; le samedi de 9h à 12h et de 14h à 18h.

Du vélo classique de ville au vélo de compétition en passant par le VTC, le vélo enfant et le vélo électrique, toutes les catégories sont présentes. Les marques distribuées sont parmi les meilleures : Gitane, Lapierre, Specialized, Cannondale... Un service après-vente est proposé par le magasin qui dispose d'un atelier pour l'entretien et la réparation. Le personnel est compétent et toujours de bon conseil. Vous pourrez aussi vous équiper de toutes sortes d'accessoires, ainsi qu'en pièces détachées. Sachez que des VTC et VTT sont disponibles à la location.

VAL DE LOIRE TOURISME €€

75, avenue de la République
CHAMBRAY-LÈS-TOURS
✆ 02 47 27 56 10
www.valdeloire-tourisme.fr
Gîtes de France Touraine et Loir-et-Cher.

Venez découvrir les nombreuses richesses de Touraine et du Loir-et-Cher. Vous pourrez adapter votre séjour selon vos envies, pour un week-end, un court séjour ou des vacances dans cette région si unique. Des séjours « clés en main » sont aussi proposés, avec différentes thématiques allant de la découverte des châteaux de la Loire aux dégustations de vins, en passant par des séjours plus sportifs, avec vélo ou canoë, et la détente avec les séjours spa. Ce portail vous propose des hébergements de qualité. Soyez attentif, profitez des offres spéciales et évadez-vous.

VÉLO +

2, rue de l'Aqueduc - **ORLÉANS**
✆ 08 00 00 83 56
https://portail.cykleo.fr
Ouvert du lundi au vendredi de 9h à 12h et de 14h à 17h. 15 € à l'année si vous n'êtes pas abonné TAO.

L'agglomération orléanaise a mis en place un service de vélos en libre service : Vélo'+ pour les locations de courte durée et Vélo'Tao pour celles de longue durée. 360 vélos sont disponibles sur 35 stations situées à Orléans, Fleury-les-Aubrais et Saint-Jean-le-Blanc. La première demi-heure est gratuite. Les frais d'entrée à la journée ou à la semaine sont modiques et peuvent se régler par Internet ou sur l'une des 10 bornes équipées d'un lecteur de carte bancaire. Une caution par empreinte bancaire est demandée mais non encaissée.

WHEEL FREE

44, rue du Général-de-Gaulle
SAINT-JEAN-LE-BLANC
✆ 02 38 44 26 85
https://wheelfree-bike.fr/
BS : mardi-samedi, 9h-12h30/14h-18h30. HS : tous les jours, 9h-13h/13h45-19h. Location à partir de 17,85 € la journée.

Les vacances en bord de Loire sont synonymes de promenades en vélo le long du fleuve grâce à l'itinéraire de *La Loire à Vélo*. La location permet donc de prendre la route sans les contraintes du transport des vélos. En plus des vélos standard, *Wheel Free* propose des vélos à assistance électrique ainsi que des vélos pliables, électriques ou non. L'agence peut prendre en charge le retour des vélos si vous ne faites pas une boucle. À la vente, vous trouverez des vélos à assistance électrique et des vélos traditionnels, bien sûr.

LE CŒUR VAL DE LOIRE À VÉLO

BLOIS

www.loireavelo.fr

La Loire à Vélo, c'est un parcours sécurisé, aménagé le long du fleuve sauvage. Il permet de parcourir, en famille, 800 km du Cher à l'Atlantique. En se promenant sur les 113 km d'itinéraires déjà balisés et sécurisés en Loir-et-Cher, on découvre tour à tour des points de vue panoramiques sur la Loire, des villages typiques, mais aussi des châteaux au cœur du périmètre inscrit au patrimoine mondial de l'Unesco. Chenonceau et Chambord sont à votre portée grâce aux itinéraires des châteaux à vélo. Vous pouvez parcourir le domaine national de Chambord où 12 km de sentiers vous permettent de faire le tour du château (ou de rejoindre d'autres châteaux à travers le domaine). À Chambord, vous pourrez également opter pour une randonnée pédestre balisée de 20 km. La toute jeune Sologne à vélo se dessine au cœur du pays de Grande Sologne. 5 boucles permettent de découvrir les plus beaux étangs en empruntant les petites routes et les chemins ruraux. Le pays de Vendôme propose 11 circuits vélo en boucles de 23 à 45 km, et 6 circuits VTT de 18 à 53 km. Il est ainsi possible de suivre le chemin de Compostelle sur 80 km le long de la vallée du Loir. Le site Internet cœur-val-de-Loire est plutôt bien fait et vous permet de choisir la thématique de votre circuit à vélo, voire à pied (rubrique info pratiques) : les étangs de Sologne, la vallée des rois, route des vins de la vallée du Loir, des églises à fresques, etc. Bref, un grand choix selon vos centres d'intérêt.

LA LOIRE A VELO - ITINERAIRE RIGNY-USSE-LE NEIMAN

30, rue de la Préfecture

TOURS

✆ 02 47 31 47 48

www.loireavelo.fr

Parents, voici une promenade à vélo qui pourrait bien convaincre vos enfants de se mettre à l'exercice ! En effet, si la facilité de ce parcours de 9 kilomètres, les paysages agricoles et la Loire à vos côtés sont des atouts de taille, c'est peut-être bien ce qui vous attend au bout qui charmera les plus jeunes : le château d'Ussé. C'est celui qui servit de cadre au conte de la Belle au Bois dormant... Après près d'une heure d'effort, s'y reposer est plutôt plaisant.

LA LOIRE A VELO - LIAISON BLOIS-CHAMBORD

BLOIS

www.loireavelo.fr

Dans son périple de plusieurs milliers de kilomètres entre Tulcea en Roumanie et Saint-Nazaire en France, l'Eurovélo Route N°6 fait escale à la Touraine, nous offrant quelques douces opportunités de balades. L'itinéraire comporte pas moins de 120 kilomètres de pistes et de routes entre remparts, châteaux, vignobles et villages pittoresques. La liaison Blois-Chambord (13 kilomètres, environ 1h15) est particulièrement intéressante pour allier plaisirs sportifs et culturels.

LA LOIRE A VELO - DE BRIARE A GIEN

1, place Charles De Gaulle - **BRIARE**

✆ 02 38 31 24 51

www.terresdeloireetcanaux.com

Office de tourisme ouvert du mardi au samedi de 9h45 à 12h15 et de 13h45 à 17h15.

Cet itinéraire facile en bordure de la Loire vous permet de parcourir les 14 km séparant Briare de Gien en 1h. Vous commencerez par franchir la Loire et le canal latéral grâce au pont-canal de Briare. Vous traverserez ensuite les villages de Saint-Firmin-sur-Loire et de Saint-Brisson-sur-Loire, où vous pourrez vous arrêter pour visiter son château construit au XIIe siècle. Il ne vous restera plus qu'à traverser Saint-Martin-sur-Ocre avant d'arriver à Gien et son château médiéval.

LOIRE VÉLO NATURE

3, avenue du 11 novembre - **BRÉHÉMONT**

✆ 06 03 89 23 14

www.lav.loirevelonature.com

Tous les jours de Pâques à la Toussaint de 9h à 19h. De 9 € à 55 € de la demi-journée à la semaine.

En plus de louer un VTT pour découvrir la Touraine, vous avez aussi la possibilité d'accompagner votre randonnée avec un âne bâté, qui saura rompre la monotonie de votre marche, ou bien d'opter pour une descente en canoë-kayak. Vous pourrez également faire une grande chasse au trésor de 20 km, guidé par un GPS. Depuis 2014, les séjours nature et séjours cyclo, circuits canoës kayaks en Indre-et-Loire et Maine-et-Loire ont la cote. Vos bicyclettes sont livrées où et quand vous le souhaitez sur tout votre itinéraire de la Loire à Vélo.

CORSE

La Corse, c'est avant tout une histoire riche et ancienne, une culture singulière faite à la fois de métissages et d'un fort sentiment d'appartenance, avec ses mythes, ses héros, et le maquis pour décor. Ce dernier est emblématique de sa nature insulaire, de sa beauté et de sa force, mais est aussi une allégorie de l'identité locale : « au parfum de son maquis, de loin, les yeux fermés je reconnaîtrais la Corse » disait Napoléon Bonaparte. Chargé de sens et de souvenirs pour le peuple corse, il peut rester impénétrable aux non-initiés ; passion et patience sont de mise pour l'apprivoiser. Mais s'y attacher et prendre le temps, c'est la promesse de promenades extraordinaires, la découverte d'arômes uniques et d'un terroir diversifié, et, enfin, la perspective d'une aventure humaine authentique. En Corse, vos déplacements à vélo seront riches de vues splendides et d'expériences authentiques, mais les mollets seront sollicités !

CALVI – ILE ROUSSE
(HAUTE-CORSE)

- **Itinéraire :** Calvi – L'Ile Rousse.
- **Total :** 50,2 km.
- **Durée :** entre 3 et 5 heures, entre 20 et 10 km/h.
- **Difficulté :** elevée

LIEUX	Km partiel	Km cumul	Routes
CALVI	0	0	N197
HAMEAU DE MONTEMAGGIORE, MONTEGROSSO	14,1	14,1	D151 D451
MURO	11	25,1	D71 D663
SPELONCATO	11	36,1	D663 D71 D63
MONTICELLO	10	46,1	D63
L'ÎLE ROUSSE	4,1	50,2	D63

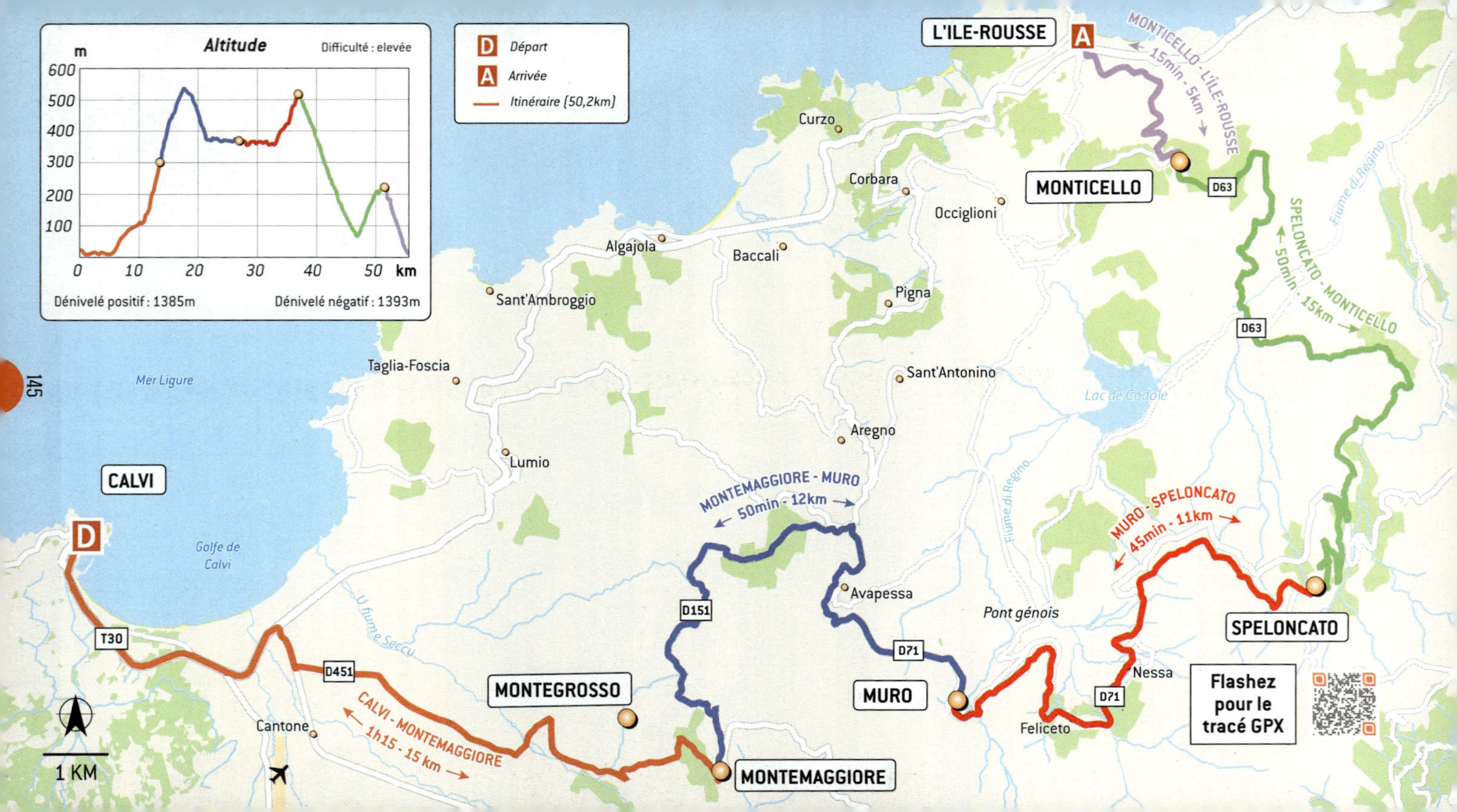
Altitude
Difficulté : elevée
m
600
500
400
300
200
100
0
10
20
30
40
50
km
Dénivelé positif : 1385m
Dénivelé négatif : 1393m
D Départ
A Arrivée
Itinéraire (50,2km)
L'ILE-ROUSSE
MONTICELLO - L'ÎLE-ROUSSE
15min - 5km
MONTICELLO
D63
SPELONCATO - MONTICELLO
50min - 15km
Curzo
Corbara
Occiglioni
Algajola
Baccali
Pigna
Sant'Ambroggio
Taglia-Foscia
Sant'Antonino
Lac de Codole
Fiume di Regino
Mer Ligure
Aregno
Lumio
CALVI
MONTEMAGGIORE - MURO
50min - 12km
MURO - SPELONCATO
45min - 11km
Golfe de Calvi
Avapessa
Pont génois
SPELONCATO
D151
T30
U fiume Seccu
D71
Nessa
Flashez pour le tracé GPX
D451
MONTEGROSSO
MURO
Feliceto
Cantone
CALVI - MONTEMAGGIORE
1h15 - 15 km
MONTEMAGGIORE
1 KM

D'AJACCIO À PORTO – GOLFE DE SAGONE

(CORSE DU SUD)

- **Itinéraire :** D'Ajaccio à Porto – Golfe de Sagone
- **Total :** 80,2 km
- **Durée :** de 4 à 8 heures, entre 20 et 10 km/h
- **Difficulté :** assez difficile. Conseillé sur 2 jours.

© FREESURF - STOCK.ADOBE.COM

LIEUX	Km partiel	Km cumul	Routes
AJACCIO	0	0	Cours de Napoléon
MEZZAVIA	6,4	6,4	N193 N194
COL DE LISTINCONE, APPIETTO	6,6	13	D81
TIUCCIA, CASAGLIONE	15,9	28,9	D81
SAGONE (OPTION D'ÉTAPE)	8	36,9	D81
CARGÈSE	13,3	50,2	D81
PIANA	18,6	68,8	D81
MARINE DE PORTO	13	81,8	D81

MARINE DE PORTO
A
D 81
D 81
Ota
Golfe de Porto
30 min - 11,9 km
D 81
Vistale
Cape Rossu
PIANA
Flashez pour le tracé GPX
1 h 31 min - 18,7 km
D 81
Revinda
D 81
Balogna
Torraccia
D 81
Appriciani
CARGÈSE
D 81
47 min - 13,3 km
D 81
Coggia
D 81
D 81
SAGONE
D 81
Penisola
25 min - 8,0 km
Ambiegna
TIUCCIA, CASAGLIONE
D 81
Casaglione
54 min - 15,4 km
D 81
D 81
5 KM
Golfe de Sagone
D 81
COL DE LISTINCONE, APPIETTO
D 81
35 min-7,8 km
D Départ
A Arrivée
Itinéraire (80,2 km)
Lava
D 81
Afa
D 81
26 min-5,5 km
T 22
MEZZAVIA
D
AJACCIO
m
Altitude
Difficulté : elevée
600
500
400
300
200
100
0
0
10
20
30
40
50
60
70
80 km
Dénivelé positif : 1171 m
Dénivelé négatif : 1171 m

ALGAJOLA SPORT ET NATURE

Plage d'Algajola-Aregno - **ALGAJOLA**
✆ +33 06 08 21 09 51
www.algajola-sportetnature.com
Ouvert d'avril à octobre. Location vélo de 15 à 343 € selon le vélo et la durée. Sorties encadrées entre 35 et 80 €.

En plein cœur de la Balagne, région de Haute-Corse au pied du massif de Monte Cinco, Algajola Sport et Nature loue des VTT à la demi-journée, journée ou semaine avec des circuits établis pour passer de jolis moments sportifs. Accessoires et itinéraires vous seront fournis ! Vous pourrez également opter pour des sorties encadrées pour une sortie en famille idéale. Vous pourrez ainsi découvrir sportivement le magnifique littoral et ses sentiers et traverser de jolis villages pittoresques. Un panorama à couper le souffle se dévoilera à vous lors des expéditions.

INSULABIKE

Route de Bonifacio - **PORTO-VECCHIO**
✆ 07 78 70 09 67
www.insulabike.com
Haute saison : tous les jours de 9h00 à 12h et de 15h30 à 18h30. Fermé le dimanche. Location VTT à partir de 25 €/jour.

Eve Prat est passionnée de vélo et propose aux amateurs de la petite reine l'un des plus grands choix de Corse dans son grand magasin : Giant, Rocky Mountain, Yéti... En formule mécanique ou électrique pour la route ou le tout-terrain adulte et enfant, le choix est grand. En prime, une belle sélection d'accessoires, des conseils techniques par des professionnels reconnus et même la formule location à court, moyen et long terme. Retrouvez également toutes les locations et ventes sur le site internet de la boutique, en attendant votre prochain déplacement.

CORSICA BIKE FESTIVAL

Place Paoli
L'ILE-ROUSSE
✆ 04 95 60 80 14
www.enduroseries.fr
Fin octobre.

C'est en Balagne et plus précisément à l'île Rousse, située en son cœur, qu'aura lieu le festival du vélo et du VTT avec en point d'orgue la dernière manche de la coupe de France d'Enduro VTT. Cette course, qui réunit 400 pilotes, est le fruit d'un partenariat entre l'Office Intercommunal du Tourisme de l'Isula et le club Muntagna Bikes Balagne créé en 2019. Ce sont déjà plus de 200 kilomètres de parcours qui ont été tracés dans les magnifiques paysages de la Balagne. Une étape à ne pas manquer qu'on peut même faire en famille !

TEX RACING DIFFUSION

7, rue de la marine
PROPRIANO
✆ 06 03 53 55 62
https://locationvelocorse.com/
Haute saison : tous les jours et les jours fériés de 8h30 à 13h et de 16h à 19h. Ouvert à l'année.

C'est le spécialiste de la location de vélos et de vélos à assistance électrique avec plus de 20 modèles proposés : VTT, VTC, route et tandem. Il propose la vente de tout le matériel des marques Lapierre, Flyer, Neomouv et Sunn. En prime, c'est un établissement de référence pour l'aide à l'achat des VAE pour les résidents Corses. Vous est aussi proposé un point de recharge électrique pour tous les VAE ! En 2020, un atelier certifié Shimano a été ajouté. Fourniture de traces GPS, points d'intérêt sur les cartes, c'est un bon conseiller que ce passionné !

CYCLING CORSICA

✆ 06 30 74 30 17
www.cycling-corsica.fr

100 % cyclo, 100 % corse ! Cette agence d'Ajaccio est spécialisée dans l'organisation de voyages à vélo en Corse. Elle est animée par une équipe de professionnels qui ont participé à la naissance de la GT20. La structure propose un large choix de circuits, notamment « Le grand tour de Corse » en 8 ou 7 étapes ou encore une « Boucle sud de la Corse en vélo électrique » et des séjours sur mesure. Pour individuels et groupes de 8 à 40 personnes au maximum avec assistance ou en autonomie, avec location de vélo, transport aérien ou maritime si nécessaire. Une valeur sûre.

VISIT CORSICA

17, boulevard du Roi-Jérôme
AJACCIO
✆ 04 95 51 00 00
www.visit-corsica.com
Toutes les informations sur le site internet.

Découvrez le portail officiel du tourisme corse ! Un site idéal pour préparer vos vacances en Corse avec le guide sur la Corse à retrouver en ligne : conseils pratiques, hébergement, transport, cartes interactives, loisirs... Partez à la découverte d'un territoire original et authentique : la Corse dans toute sa splendeur. Dans un cadre naturel et magnifiquement préservé, le littoral alterne criques et longues plages de sable doré, alors que les villages, idéalement situés à mi-montagne, offrent un visage intime de la Corse.

GRAND EST

Cette région de l'Est de la France résulte de la fusion des anciennes régions Alsace, Champagne-Ardenne et Lorraine. Baignée par le majestueux Rhin, ce territoire, à 80 % recouvert par la forêt, est une destination de tourisme vert par excellence. Avec ses espaces naturels remarquables, dont 6 parcs naturels régionaux et 25 réserves naturelles, la région est également riche en histoire et patrimoine comme en témoignent les villes de Metz, Mulhouse, Nancy, Reims et Strasbourg. Cette région abrite cinq destinations touristiques de charme : l'Alsace, les Ardennes, la Champagne, la Lorraine et les Vosges, chacune offrant un visage et des spécialités particuliers. On y découvre des Petites Cités de caractère®, la route des Crêtes des Vosges, le château du Haut-Koenigsbourg, ou encore la cathédrale de Reims. Pour profiter au mieux de cette destination en famille, laissez-vous guider par notre sélection d'adresses !

AUTOUR D'ÉPINAL
(VOSGES)

- **Itinéraire :** Autour d'Épinal
- **Total :** 44,8 km
- **Durée :** entre 4 heures 30 et 2 heures 30, entre 20 et 10 km/h
- **Difficulté :** promenade agréable et facile sur la voie verte le long du canal des Vosges et retour par l'arrière-pays de la ville d'Épinal.

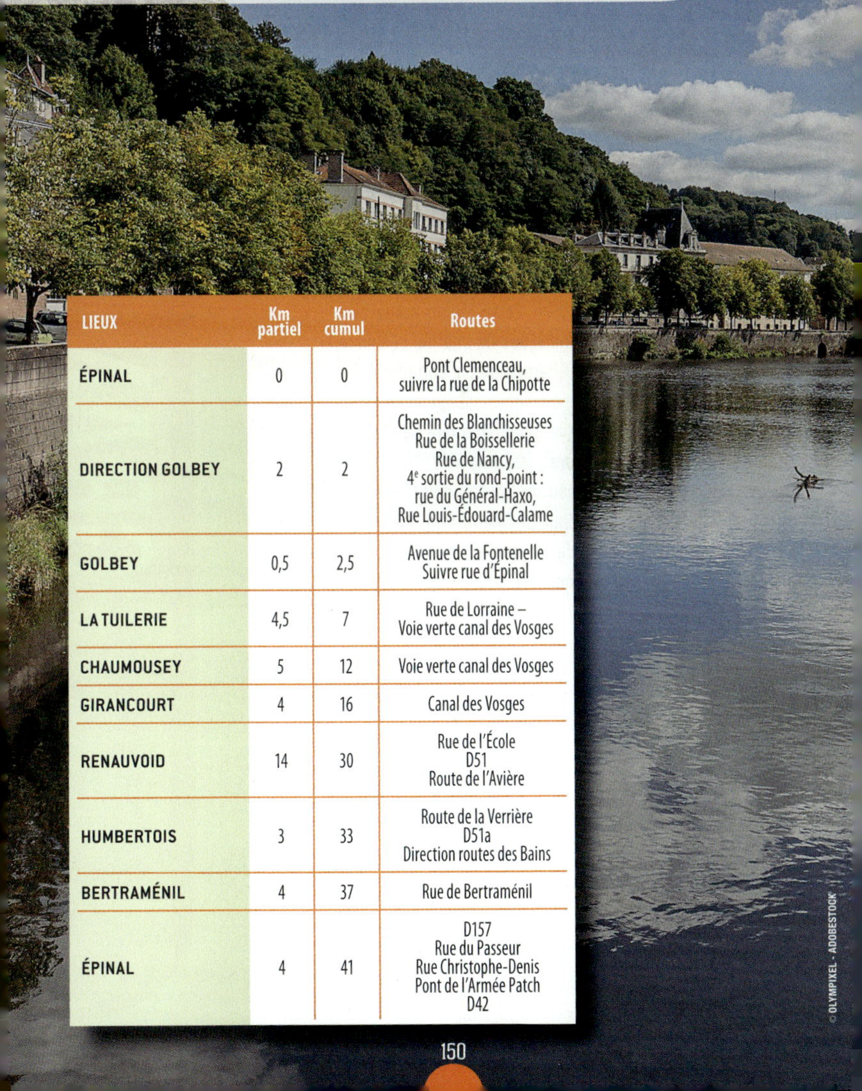

LIEUX	Km partiel	Km cumul	Routes
ÉPINAL	0	0	Pont Clemenceau, suivre la rue de la Chipotte
DIRECTION GOLBEY	2	2	Chemin des Blanchisseuses Rue de la Boissellerie Rue de Nancy, 4e sortie du rond-point : rue du Général-Haxo, Rue Louis-Édouard-Calame
GOLBEY	0,5	2,5	Avenue de la Fontenelle Suivre rue d'Épinal
LA TUILERIE	4,5	7	Rue de Lorraine – Voie verte canal des Vosges
CHAUMOUSEY	5	12	Voie verte canal des Vosges
GIRANCOURT	4	16	Canal des Vosges
RENAUVOID	14	30	Rue de l'École D51 Route de l'Avière
HUMBERTOIS	3	33	Route de la Verrière D51a Direction routes des Bains
BERTRAMÉNIL	4	37	Rue de Bertraménil
ÉPINAL	4	41	D157 Rue du Passeur Rue Christophe-Denis Pont de l'Armée Patch D42

© OLYMPIXEL - ADOBESTOCK

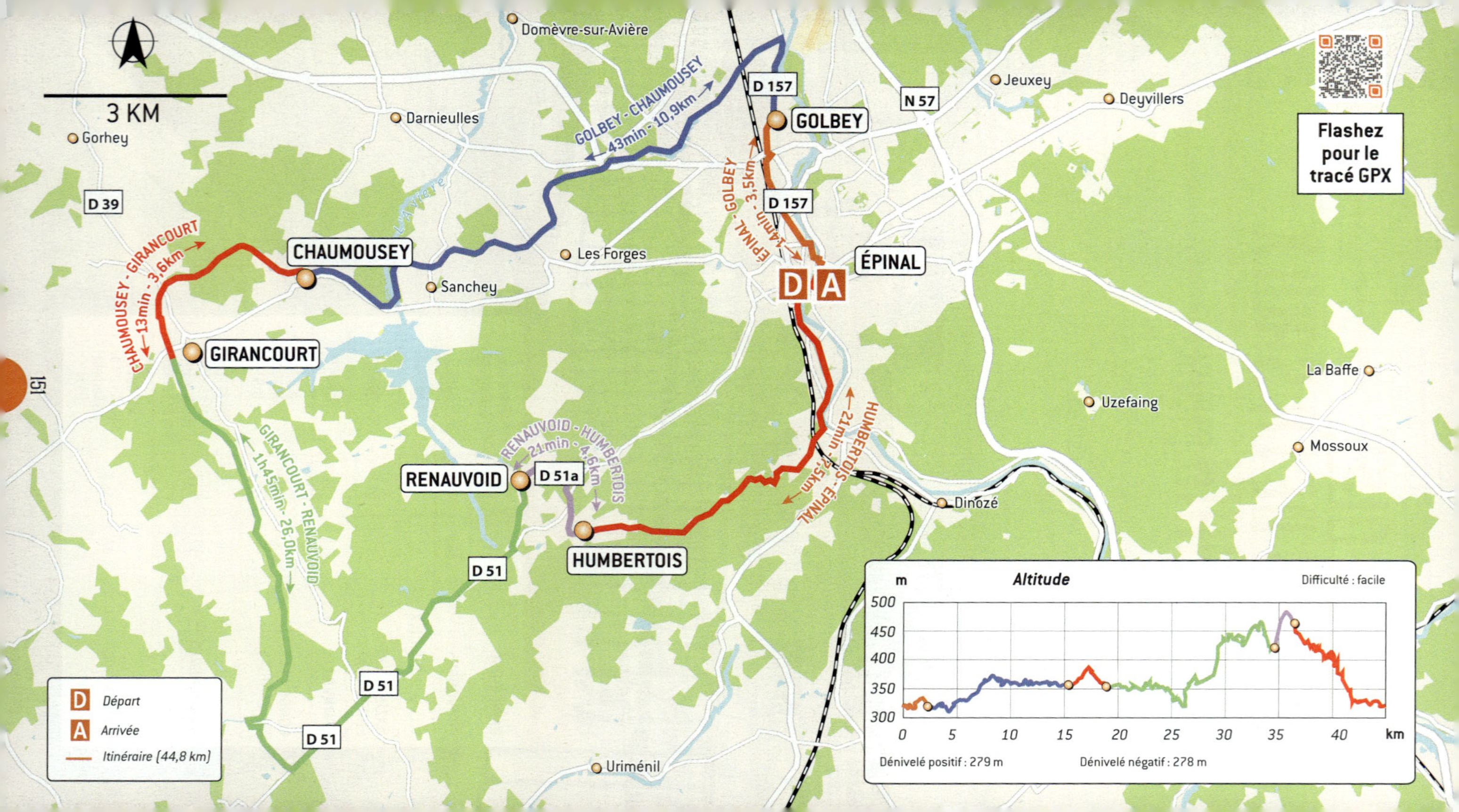

3 KM
Gorhey
D 39
Darnieulles
Domèvre-sur-Avière
CHAUMOUSEY - GIRANCOURT
13min - 3,6km
CHAUMOUSEY
GIRANCOURT
Sanchey
Les Forges
GOLBEY - CHAUMOUSEY
43min - 10,9km
D 157
GOLBEY
ÉPINAL - GOLBEY
14min - 3,5km
ÉPINAL
D
A
N 57
Jeuxey
Deyvillers
Flashez
pour le
tracé GPX
La Baffe
Uzefaing
Mossoux
Dinozé
HUMBERTOIS - ÉPINAL
21min - 7,5km
RENAUVOID - HUMBERTOIS
21min - 4,6km
RENAUVOID
D 51a
HUMBERTOIS
GIRANCOURT - RENAUVOID
1h45min - 26,0km
D 51
Uriménil
Départ
Arrivée
Itinéraire (44,8 km)
Altitude
Difficulté : facile
m
500
450
400
350
300
0
5
10
15
20
25
30
35
40
km
Dénivelé positif : 279 m
Dénivelé négatif : 278 m

BAR-LE-DUC, LE LONG DE LA SAULX ET L'ORNAIN (MEUSE)

- **Itinéraire :** Bar-le-Duc, le long de la Saulx et l'Ornain
- **Total :** 57,6 km
- **Durée :** entre 3 et 6 heures, entre 20 et 10 km/h
- **Difficulté :** facile à moyen. Peu vallonné.

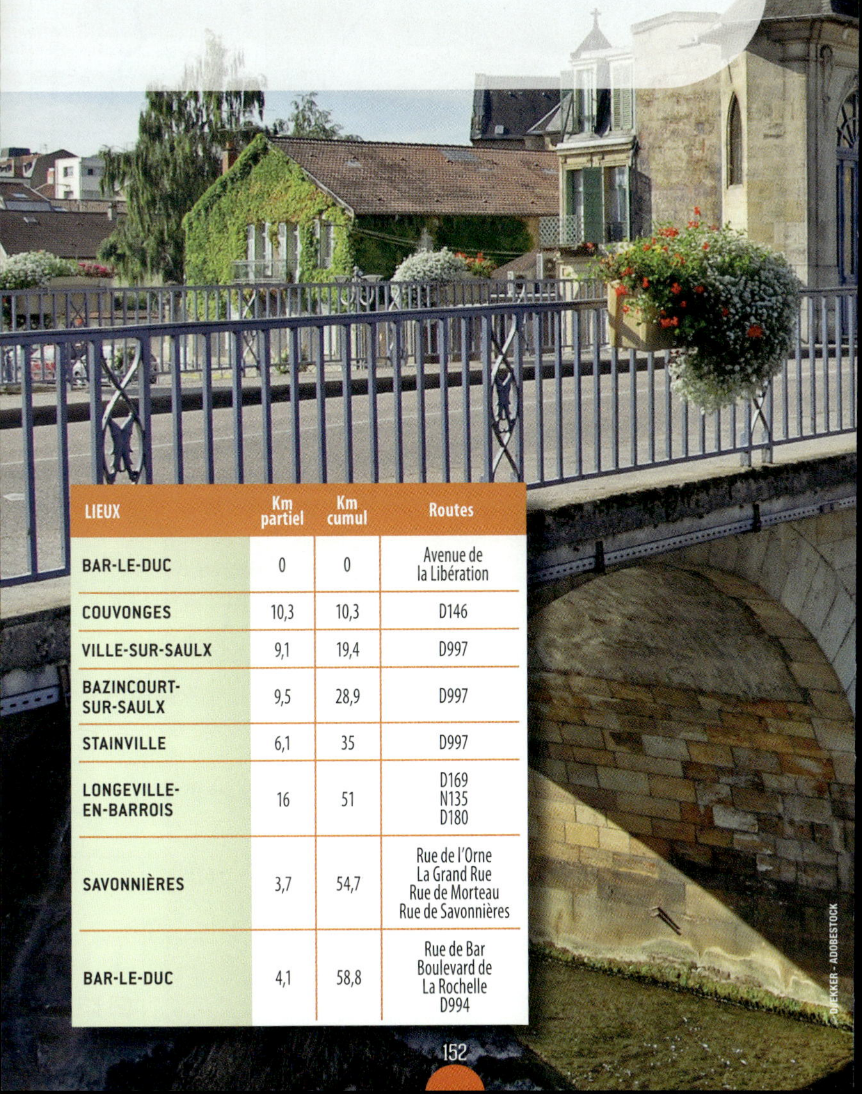

LIEUX	Km partiel	Km cumul	Routes
BAR-LE-DUC	0	0	Avenue de la Libération
COUVONGES	10,3	10,3	D146
VILLE-SUR-SAULX	9,1	19,4	D997
BAZINCOURT-SUR-SAULX	9,5	28,9	D997
STAINVILLE	6,1	35	D997
LONGEVILLE-EN-BARROIS	16	51	D169 N135 D180
SAVONNIÈRES	3,7	54,7	Rue de l'Orne La Grand Rue Rue de Morteau Rue de Savonnières
BAR-LE-DUC	4,1	58,8	Rue de Bar Boulevard de La Rochelle D994

DJEKKER - ADOBESTOCK

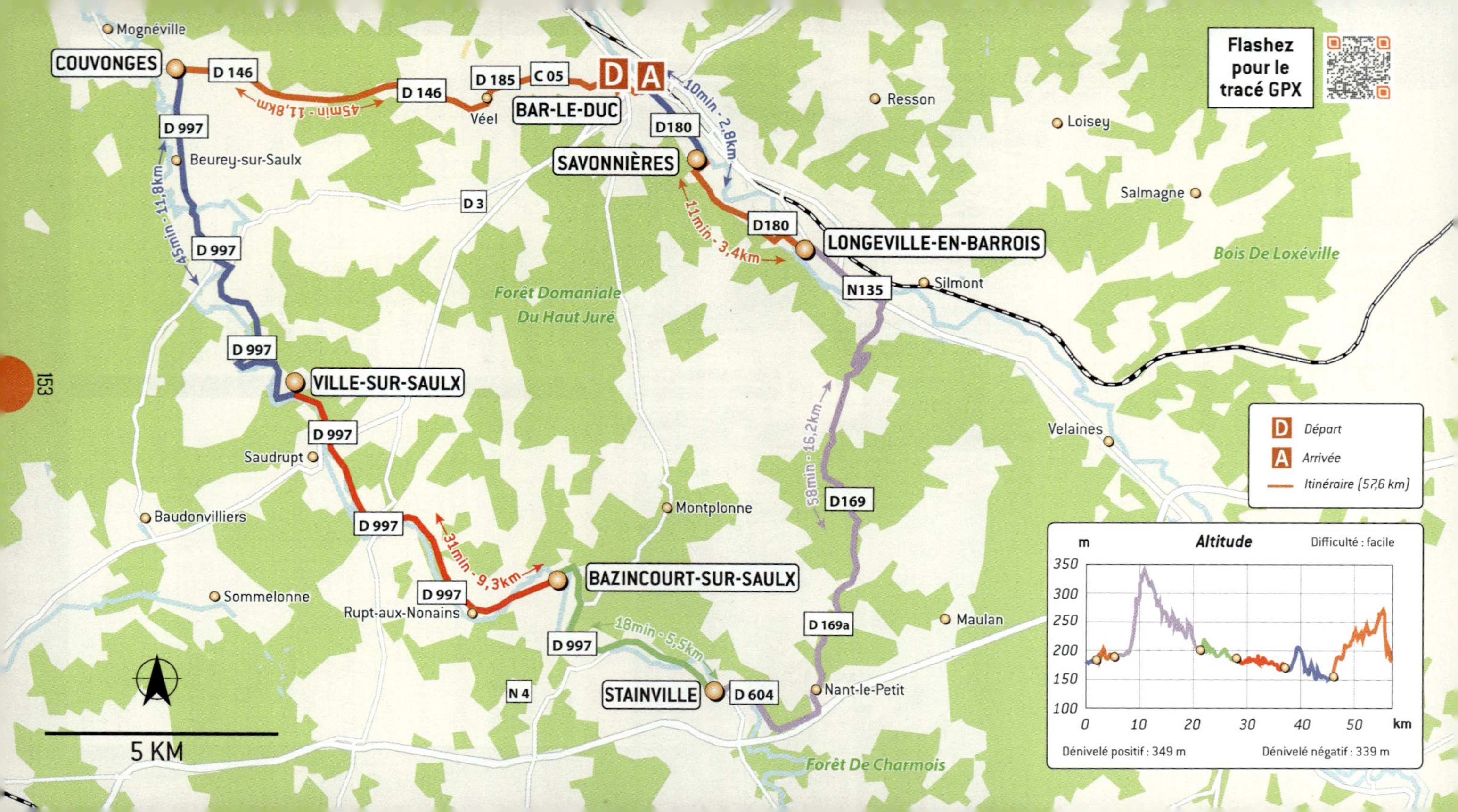
Flashez pour le tracé GPX
COUVONGES
Mognéville
D 146
45min - 11,8km
D 146
D 185
C 05
Véel
BAR-LE-DUC
D
A
10min - 2,8km
Resson
Loisey
D 997
Beurey-sur-Saulx
45min - 11,8km
D180
SAVONNIÈRES
D 3
11min - 3,4km
D180
LONGEVILLE-EN-BARROIS
Salmagne
Bois De Loxéville
N135
Silmont
D 997
Forêt Domaniale Du Haut Juré
D 997
VILLE-SUR-SAULX
58min - 16,2km
D 997
Saudrupt
Velaines
D169
Baudonvilliers
D 997
31min - 9,3km
Montplonne
BAZINCOURT-SUR-SAULX
Sommelonne
D 997
Rupt-aux-Nonains
18min - 5,5km
D 169a
Maulan
D 997
N 4
STAINVILLE
D 604
Nant-le-Petit
Forêt De Charmois
5 KM
Départ
Arrivée
Itinéraire (57,6 km)
Altitude
Difficulté : facile
m
350
300
250
200
150
100
0
10
20
30
40
50
km
Dénivelé positif : 349 m
Dénivelé négatif : 339 m

CIRCUIT DES BATAILLES RÉMOISES (MARNE)

- **Itinéraire :** Circuit des batailles de la région de Reims
- **Total :** 86,8 km
- **Durée :** de 3 heures 45 à 7 heures 30, entre 20 et 10 km/h
- **Difficulté :** quatre côtes prononcées, assez vallonné.

LIEUX	Km partiel	Km cumul	Routes
REIMS	0	0	D966
LA NEUVILLETTE	3	3	D966
BRIMONT	6	9	D966, D26
BERMERICOURT	3	12	D26 , D30
ORAINVILLE	3,5	15,5	D430, D52
MERLET	2,5	18	D62
AGUILCOURT	2	20	D62
CONDÉ-SUR-SUIPPE	2	22	D62
GUIGNICOURT	2	24	D62
JUVINCOURT-ET-DAMARY	5	29	D62
CORBENY	5	34	D62
CRAONNE	4	38	D18
CRAONNELLE	2,5	40,5	D18
BEAURIEUX	5	45,5	D892
MAIZY	1,5	47	D102
MUSCOURT	2	49	D22 D223
ROMAIN	4	53	D223
LES VANTAUX	3	56	D30, D428
JONCHERY-SUR-VESLE	4	60	D75
BRANSCOURT	2	62	D228
COURCELLES-SAPICOURT	2	64	D228
ROSNAY	1,5	65,5	D228
GUEUX	3	68,5	D27
THILLOIS	3	71,5	D27
TINQUEUX	2	73,5	N31
REIMS	2	75,5	N31

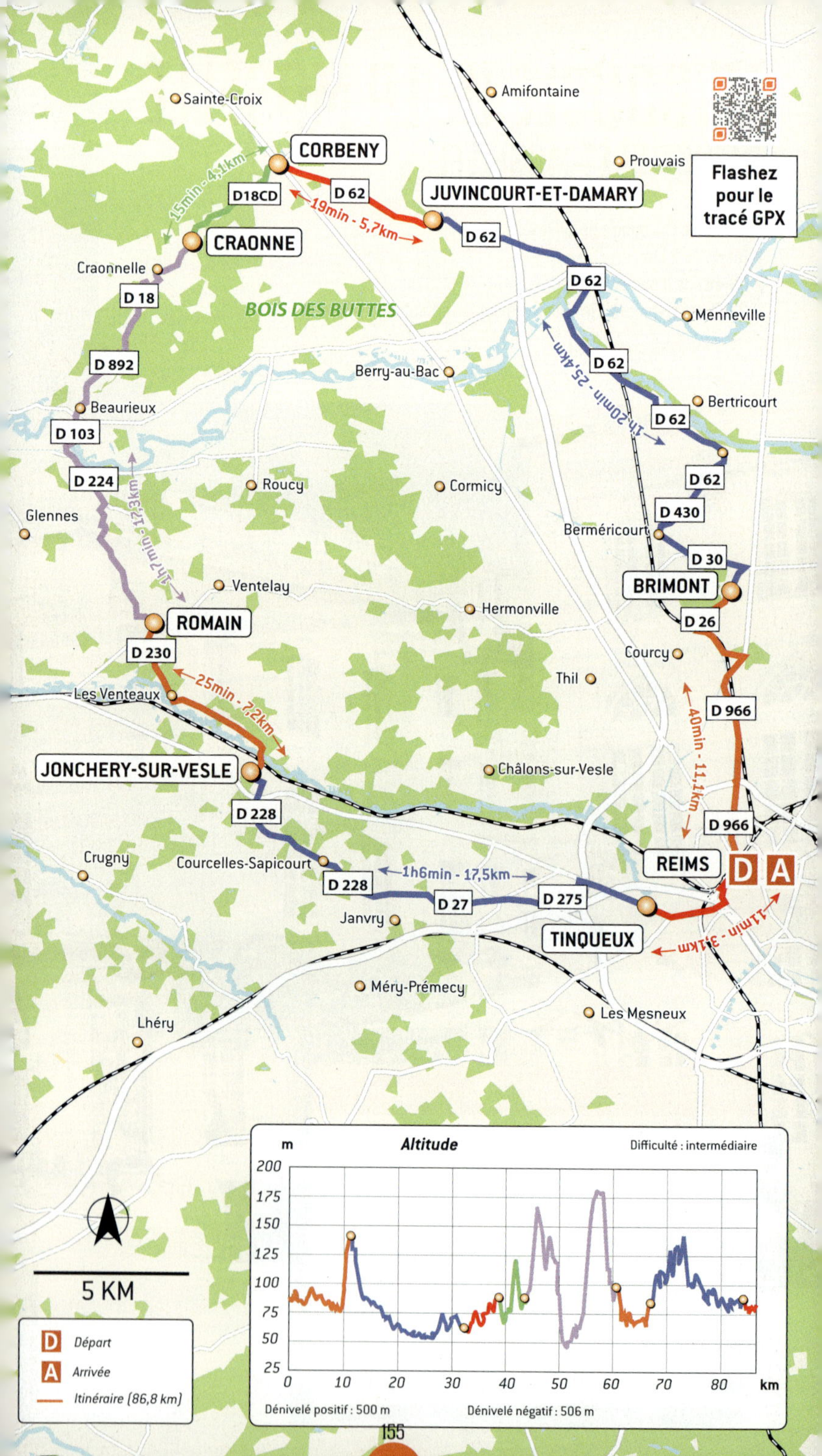

Flashez pour le tracé GPX
Sainte-Croix
Amifontaine
Prouvais
CORBENY
D18CD
D 62
19min - 5,7km
JUVINCOURT-ET-DAMARY
D 62
15min - 4,1km
CRAONNE
Craonnelle
D 18
BOIS DES BUTTES
D 62
Menneville
D 62
1h20min - 25,4km
Berry-au-Bac
D 892
Bertricourt
Beaurieux
D 62
D 103
D 224
Roucy
Cormicy
D 62
D 430
Glennes
1h7min - 17,3km
Berméricourt
D 30
BRIMONT
Ventelay
Hermonville
ROMAIN
D 26
D 230
Courcy
Thil
Les Venteaux
25min - 7,2km
D 966
40min - 11,1km
JONCHERY-SUR-VESLE
Châlons-sur-Vesle
D 228
D 966
Crugny
Courcelles-Sapicourt
REIMS
D
A
D 228
1h6min - 17,5km
D 27
D 275
Janvry
TINQUEUX
11min - 3,1km
Méry-Prémecy
Les Mesneux
Lhéry
m
Altitude
Difficulté : intermédiaire
200
175
150
125
100
75
50
25
0
10
20
30
40
50
60
70
80
km
Dénivelé positif : 500 m
Dénivelé négatif : 506 m
5 KM
D Départ
A Arrivée
Itinéraire (86,8 km)

LA BOUCLE DE LA MOSELLE
(MEURTHE-ET-MOSELLE)

- **Itinéraire :** La boucle de la Moselle
- **Total :** 75,2 km
- **Durée :** de 4 heures à 8 heures, entre 20 et 10 km/h
- **Difficulté :** de facile à int (adapté pour les enfants dès 10 ans).

LIEUX	Km partiel	Km cumul	Routes
NANCY	0	0	D191
POMPEY	13	13	D657
LIVERDUN	5	18	Route de Pompey
VILLEY-SAINT-ETIENNE	9	27	D191
TOUL	10	37	D191
VILLEY-LE-SEC	9	36	D400, D909
NEUVES-MAISONS	13,5	49,5	D909
NANCY	12	61,5	D974

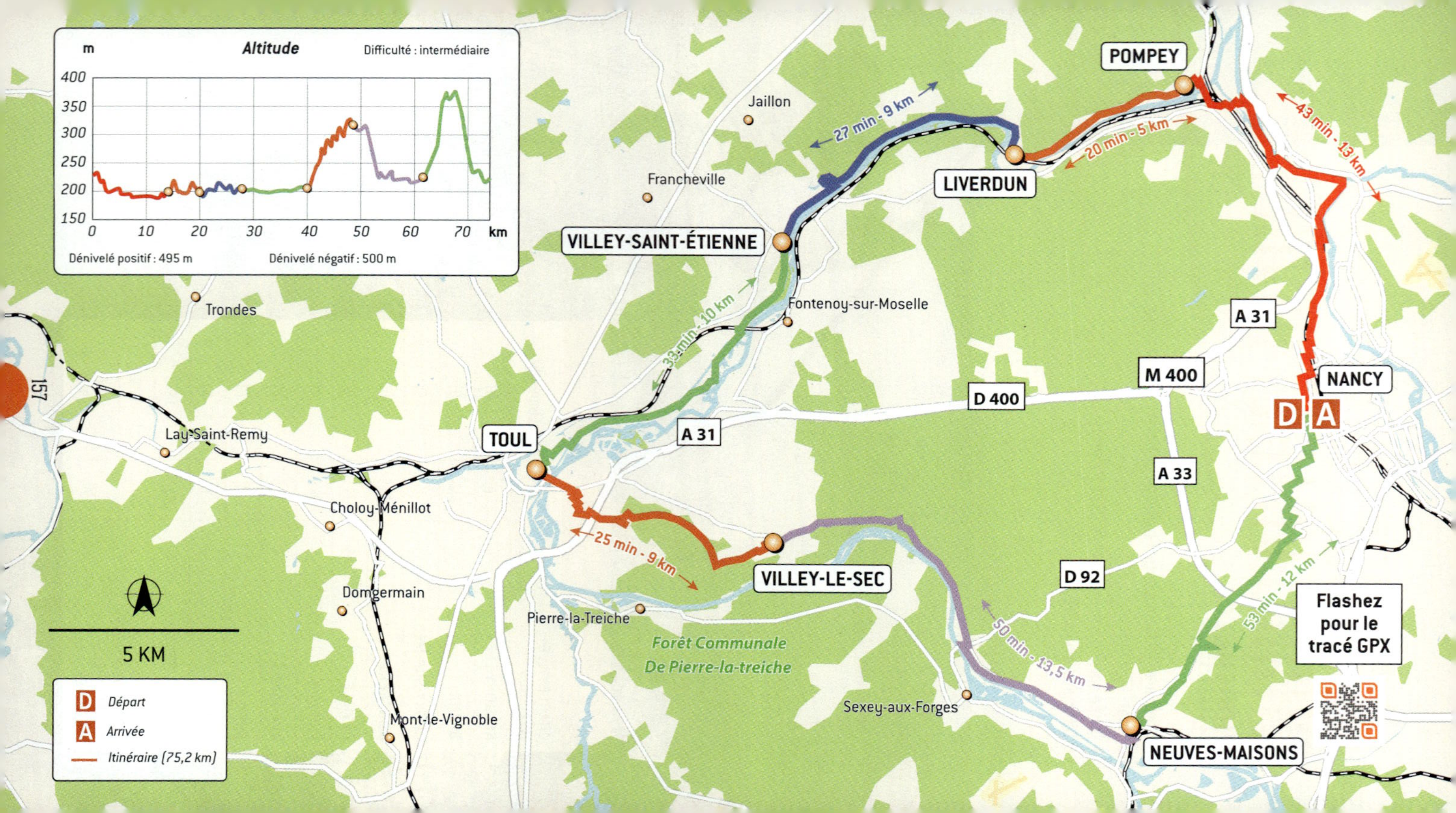

Altitude
Difficulté : intermédiaire
m
400
350
300
250
200
150
0
10
20
30
40
50
60
70
km
Dénivelé positif : 495 m
Dénivelé négatif : 500 m
NANCY
D
A
POMPEY
LIVERDUN
VILLEY-SAINT-ÉTIENNE
TOUL
VILLEY-LE-SEC
NEUVES-MAISONS
43 min - 13 km
20 min - 5 km
27 min - 9 km
33 min - 10 km
25 min - 9 km
50 min - 13,5 km
53 min - 12 km
Jaillon
Francheville
Trondes
Fontenoy-sur-Moselle
Lay-Saint-Remy
Choloy-Ménillot
Domgermain
Mont-le-Vignoble
Pierre-la-Treiche
Sexey-aux-Forges
Forêt Communale
De Pierre-la-treiche
A 31
M 400
D 400
A 31
A 33
D 92
Flashez
pour le
tracé GPX
5 KM
D Départ
A Arrivée
Itinéraire (75,2 km)

LA MEUSE ENTRE CHARLEVILLE ET REVIN

(ARDENNES)

- **Itinéraire :** La Meuse entre Charleville et Revin
- **Total :** 62,7 km
- **Durée :** de 3 à 6 heures, entre 20 et 10 km/h
- **Difficulté :** vallonné.

© UOLIR – FOTOLIA

LIEUX	Km partiel	Km cumul	Routes
CHARLEVILLE-MÉZIÈRES	0	0	Centre-ville
NOUZONVILLE	6	6	D1
BRAUX	6	12	D1
BOGNY-SUR-MEUSE	3	15	CV
MONTHERMÉ	3,5	18,5	D1
DEVILLE	5	23,5	D1
LAIFOUR	5	28,5	D1
ANCHAMPS	4	32,5	D1
ORSY	2,5	35	D1
REVIN	2	37	D1
LES MAZURES	6,5	43,5	D988
SÉCHEVAL	4	47,5	D88
CHARLEVILLE-MÉZIÈRES	12,5	60	D88 D989

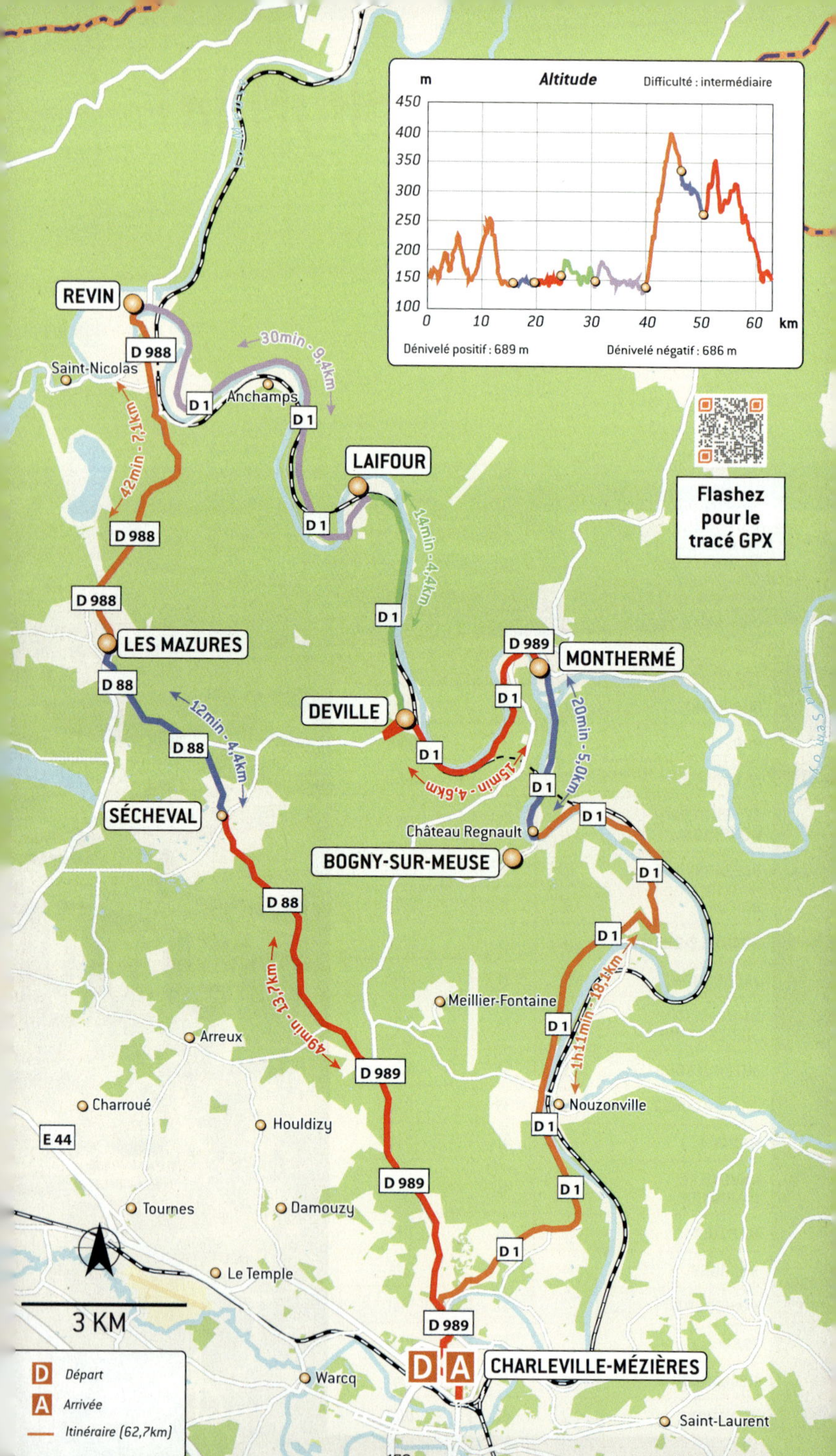

m
Altitude
Difficulté : intermédiaire
450
400
350
300
250
200
150
100
0
10
20
30
40
50
60
km
Dénivelé positif : 689 m
Dénivelé négatif : 686 m
Flashez pour le tracé GPX
REVIN
D 988
Saint-Nicolas
30min - 9,4km
D 1
Anchamps
D 1
42min - 7,1km
LAIFOUR
D 1
D 988
14min - 4,4km
D 988
D 1
LES MAZURES
D 989
MONTHERMÉ
D 88
D 1
DEVILLE
12min - 4,4km
20min - 5,0km
D 88
D 1
15min - 4,6km
D 1
SÉCHEVAL
D 1
Château Regnault
BOGNY-SUR-MEUSE
D 1
D 88
D 1
1h11min - 18,1km
49min - 13,7km
Meillier-Fontaine
D 1
Arreux
D 989
Nouzonville
Charroué
D 1
Houldizy
E 44
D 989
D 1
Tournes
Damouzy
D 1
Le Temple
3 KM
D 989
D A
CHARLEVILLE-MÉZIÈRES
D Départ
A Arrivée
Itinéraire (62,7km)
Warcq
Saint-Laurent

LA RÉGION DE CHAUMONT
(HAUTE-MARNE)

- **Itinéraire :** La région de Chaumont
- **Total :** 65,9 km
- **Durée :** de 3 à 6 heures, entre 20 et 10 km/h.
- **Difficulté** : moyennement vallonné.

© GROBARD_FOTOLIA

LIEUX	Km partiel	Km cumul	Routes
CHAUMONT	0	0	N19
BROTTES	3	3	D162
LE CORGEBIN	1	4	D162
SEMOUTIERS-MONTSAON	5,5	9,5	RF
BLESSONVILLE	3,5	13	D162
BRICON	3	16	D102
BRAUX-LE-CHÂTEL	3	19	D102
VAUDRÉMONT	5	24	D102
SAINT MARTIN-SUR-LA RENNE	4	28	D201
JUZENNECOURT	5	33	D133
SEXFONTAINES	5	38	D44
MEURES	3	41	D44
ANNEVILLE-LA-PRAIRIE	2	43	D44
MARAULT	2	45	D44
BOLOGNE	4	49	D44
RIAUCOURT	2	51	D161
TREIX	5	56	D161
RECLANCOURT	4	60	D161
CHAUMONT	2	62	D161

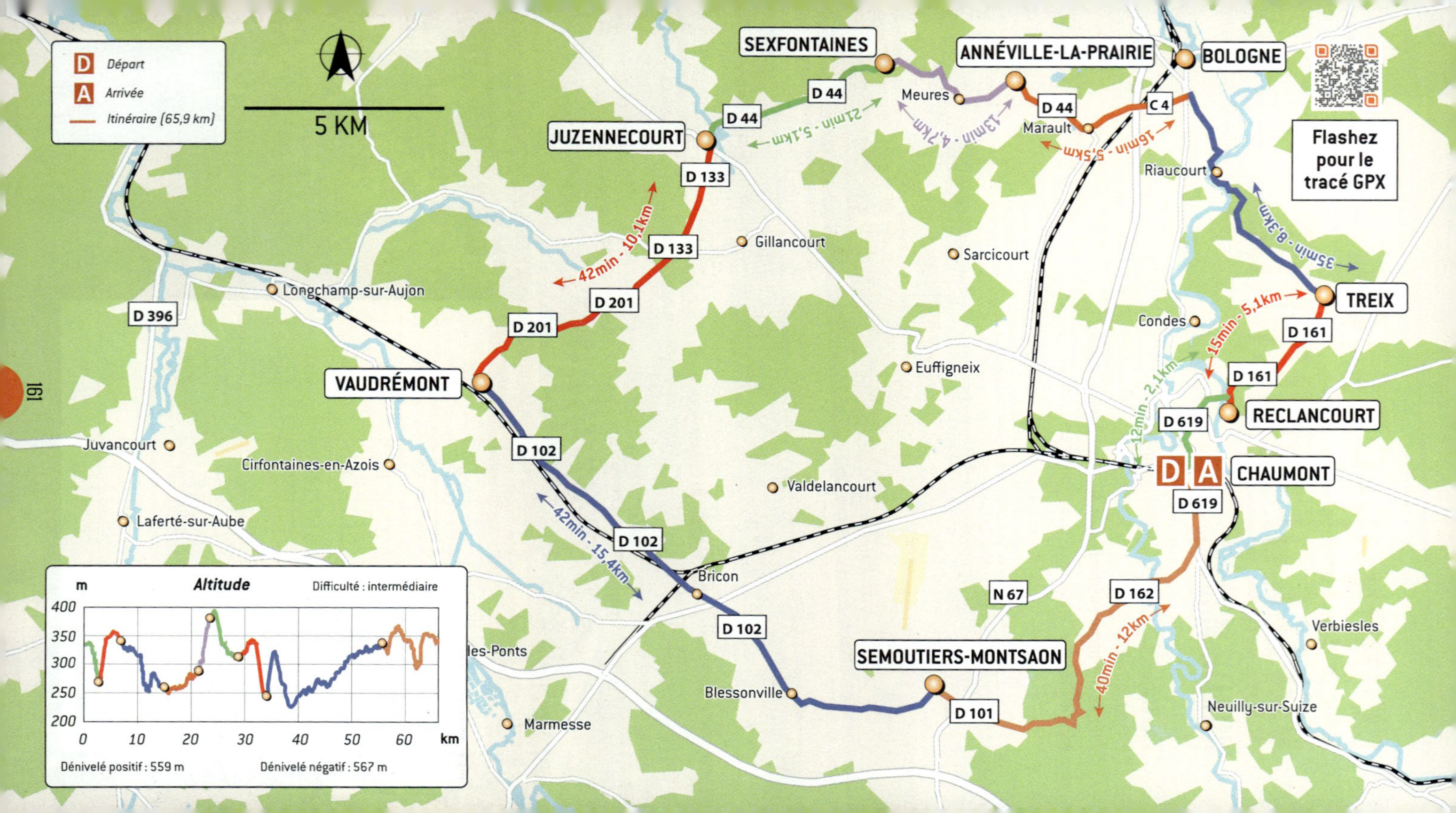

D Départ
A Arrivée
Itinéraire (65,9 km)
5 KM
SEXFONTAINES
ANNÉVILLE-LA-PRAIRIE
BOLOGNE
Flashez pour le tracé GPX
JUZENNECOURT
D 44
D 44
D 44
C 4
Meures
Marault
Riaucourt
21min - 5,1km
13min - 4,7km
16min - 5,5km
35min - 8,3km
D 133
D 133
42min - 10,1km
Gillancourt
Sarcicourt
D 201
D 201
Longchamp-sur-Aujon
D 396
TREIX
15min - 5,1km
D 161
D 161
Condes
Euffigneix
VAUDRÉMONT
RECLANCOURT
12min - 2,1km
D 619
CHAUMONT
D 619
Juvancourt
Cirfontaines-en-Azois
D 102
Valdelancourt
Laferté-sur-Aube
42min - 15,4km
D 102
Bricon
N 67
D 162
D 102
40min - 12km
Verbiesles
les-Ponts
SEMOUTIERS-MONTSAON
Blessonville
D 101
Neuilly-sur-Suize
Marmesse
Altitude
Difficulté : intermédiaire
m
400
350
300
250
200
0
10
20
30
40
50
60
km
Dénivelé positif : 559 m
Dénivelé négatif : 567 m

LE VIGNOBLE DE LA VALLÉE DE L'ARMANCE

(HAUTE-MARNE)

- **Itinéraire :** Le vignoble de la vallée de l'Armance
- **Total :** 40,4 km
- **Durée :** de 1 heure 45 à 3 heures 40, entre 20 et 10 km/h
- **Difficulté :** deux légères côtes, moyennement vallonné.

LIEUX	Km partiel	Km cumul	Routes
BOURBONNE-LES-BAINS	0	0	D26 D158
COIFFY-LE-BAS	5,5	5,5	D130
LES GRANGES-HUGUET	1	6,5	D130
COIFFY-LE-HAUT	3,5	10	D130
MONTCHARVOT	3,5	13,5	D130
VOISEY	5	18,5	D460 D123
MELAY	2,5	21	D124B
FRESNES-SUR APANCE	7	28	D124 D5A
SENAIDE	4	32	D5A D1
BOURBONNE-LES-BAINS	4	36	CV

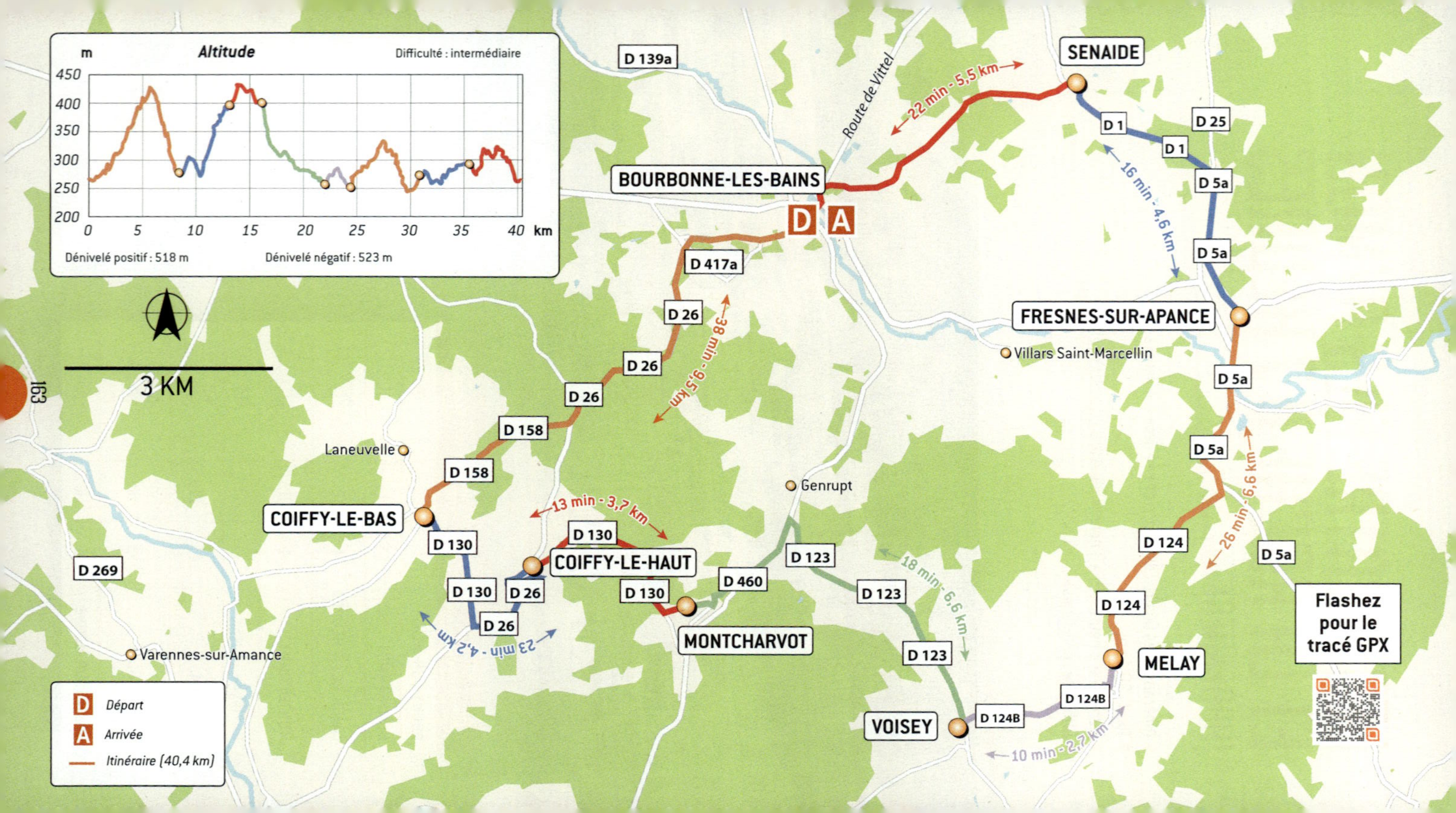
Altitude
m
450
400
350
300
250
200
0
5
10
15
20
25
30
35
40
km
Difficulté : intermédiaire
Dénivelé positif : 518 m
Dénivelé négatif : 523 m
3 KM
D 139a
Route de Vittel
SENAIDE
22 min - 5,5 km
D 1
D 25
D 1
16 min - 4,6 km
D 5a
D 5a
BOURBONNE-LES-BAINS
D
A
D 417a
D 26
38 min - 9,5 km
D 26
D 26
FRESNES-SUR-APANCE
Villars Saint-Marcellin
D 5a
D 5a
26 min - 6,6 km
D 5a
D 158
Laneuvelle
D 158
Genrupt
COIFFY-LE-BAS
13 min - 3,7 km
D 130
D 130
COIFFY-LE-HAUT
D 269
D 130
D 26
D 130
D 460
D 123
D 123
18 min - 6,6 km
D 124
D 124
D 26
23 min - 4,2 km
MONTCHARVOT
D 123
Varennes-sur-Amance
MELAY
D 124B
D 124B
VOISEY
10 min - 2,7 km
Flashez
pour le
tracé GPX
Départ
Arrivée
Itinéraire (40,4 km)

LES QUATRE FILS AYMON ET LA ROCHE À 7 HEURES

(ARDENNES)

- **Itinéraire :** Les Quatre Fils Aymon et La Roche à 7 Heures
- **Total :** 36,4 km
- **Durée :** de 2 heures 45 à 3 heures 35, entre 20 et 10 km/h
- **Difficulté :** côtes, assez vallonné.

LIEUX	Km partiel	Km cumul	Routes
BOGNY-SUR-MEUSE	0	0	D1
MONTHERMÉ	3,5	3,5	D1
LA ROCHE À 7 HEURES	4	7,5	D989 RF
MONTHERMÉ	4	11,5	RF D989
DEVILLE	4,5	16	D1
SÉCHEVAL	4,5	20,5	D31 D140
NOUZONVILLE	9,5	30	D88 D989 D22
BOGNY-SUR-MEUSE	6	36	D1

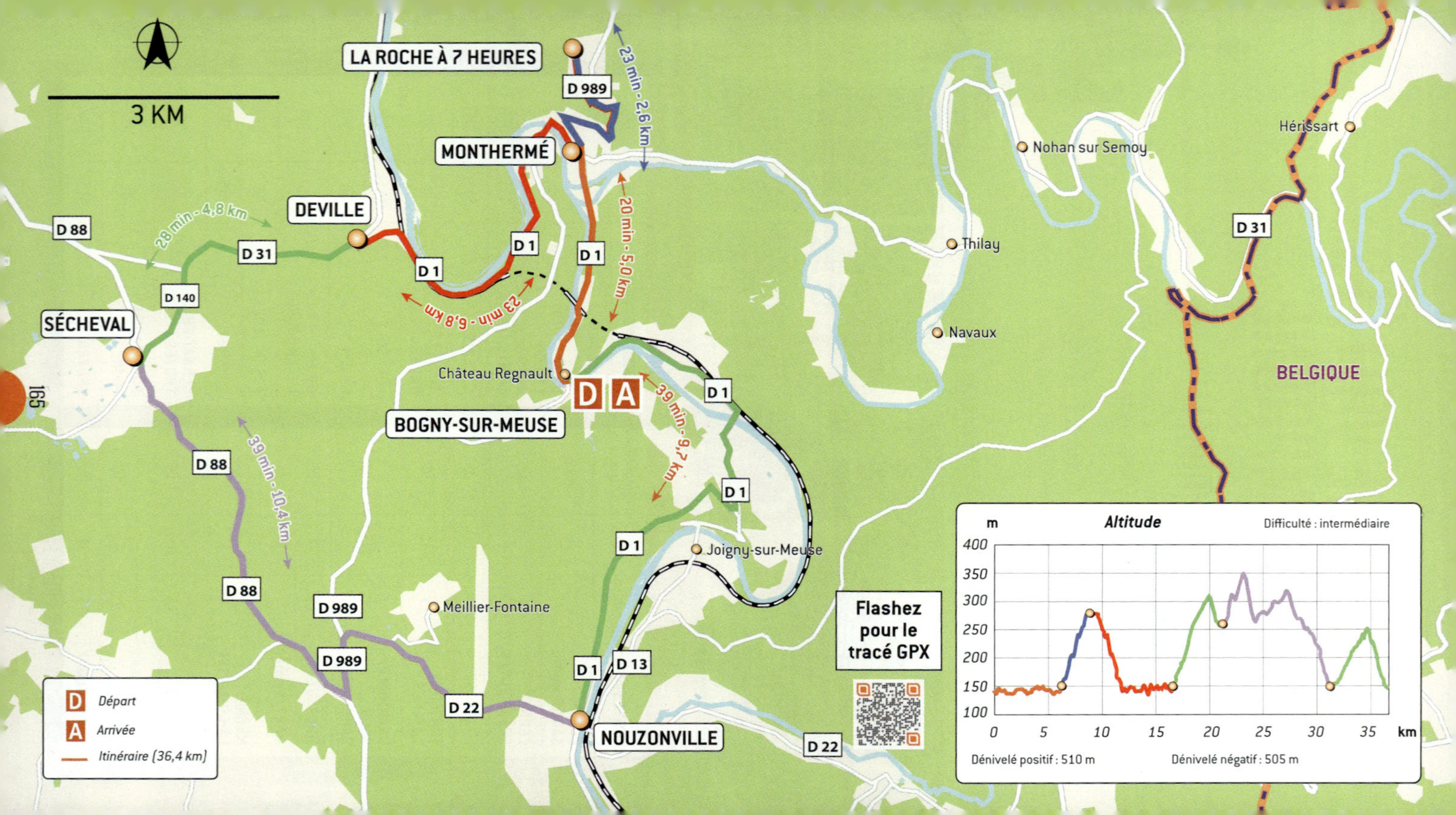
3 KM
LA ROCHE À 7 HEURES
D 989
23 min - 2,6 km
MONTHERMÉ
DEVILLE
D 88
28 min - 4,8 km
D 31
D 1
D 1
D 1
20 min - 5,0 km
23 min - 6,8 km
D 140
SÉCHEVAL
Château Regnault
D
A
39 min - 9,7 km
D 1
BOGNY-SUR-MEUSE
D 88
39 min - 10,4 km
D 1
D 1
Joigny-sur-Meuse
D 88
D 989
Meillier-Fontaine
D 989
D 1
D 13
D 22
NOUZONVILLE
D 22
Nohan sur Semoy
Hérissart
D 31
Thilay
Navaux
BELGIQUE
Flashez pour le tracé GPX
Départ
Arrivée
Itinéraire (36,4 km)
m
Altitude
Difficulté : intermédiaire
400
350
300
250
200
150
100
0
5
10
15
20
25
30
35
km
Dénivelé positif : 510 m
Dénivelé négatif : 505 m

LES QUATRE VALLÉES DE LA CHAMPAGNE TROYENNE (AUBE)

- **Itinéraire :** Les Quatre Vallées de la Champagne troyenne
- **Total :** 84,6 km
- **Durée :** de 4 heures 10 à 8 heures 20, entre 20 et 10 km/h
- **Difficulté :** assez plat, sans difficulté.

LIEUX	Km partiel	Km cumul	Routes
TROYES	0	0	Centre-ville N71
PONT-SAINTE MARIE	2,5	2,5	D960
CERNAY-PRÈS-TROYES	2,5	5	D5
LUYÈRES	8	13	D5
FONTAINE-LUYÈRES	5,5	18,5	D8
CHARMONT-SOUS-BARBUISSE	1	19,5	D8
MONTSUZAIN	4,5	24	D8
MONTARDOISE	5	29	D9
MESNIL-LA-COMTESSE	4	33	D9
SAINT-NABORD-SUR-AUBE	3,5	36,5	D9
VINETS	2	38,5	D9
ISLE-AUBIGNY	0,5	39	D56

LIEUX	Km partiel	Km cumul	Routes
RAMERUPT	2	41	D56
ROMAINES	1,5	42,5	D56
DOMMARTIN-LE-COQ	3	45,5	D56
SAINTE-THUISE	3	48,5	D133
COCLOIS	2	50,5	D133
AVANT-LÈS-RAMERUPT	4,5	55	D5
LONGSOLS	1,5	56,5	D48
ONJON	3,5	60	D48
BOUY-LUXEMBOURG	3	63	D48
ASSENCIÈRES	5	68	D100
LUYÈRES	2,5	70,5	D8
CERNAY-PRÈS-TROYES	8	78,5	D5
PONT-SAINTE MARIE	2,5	81	D5
TROYES	2,5	83,5	D960

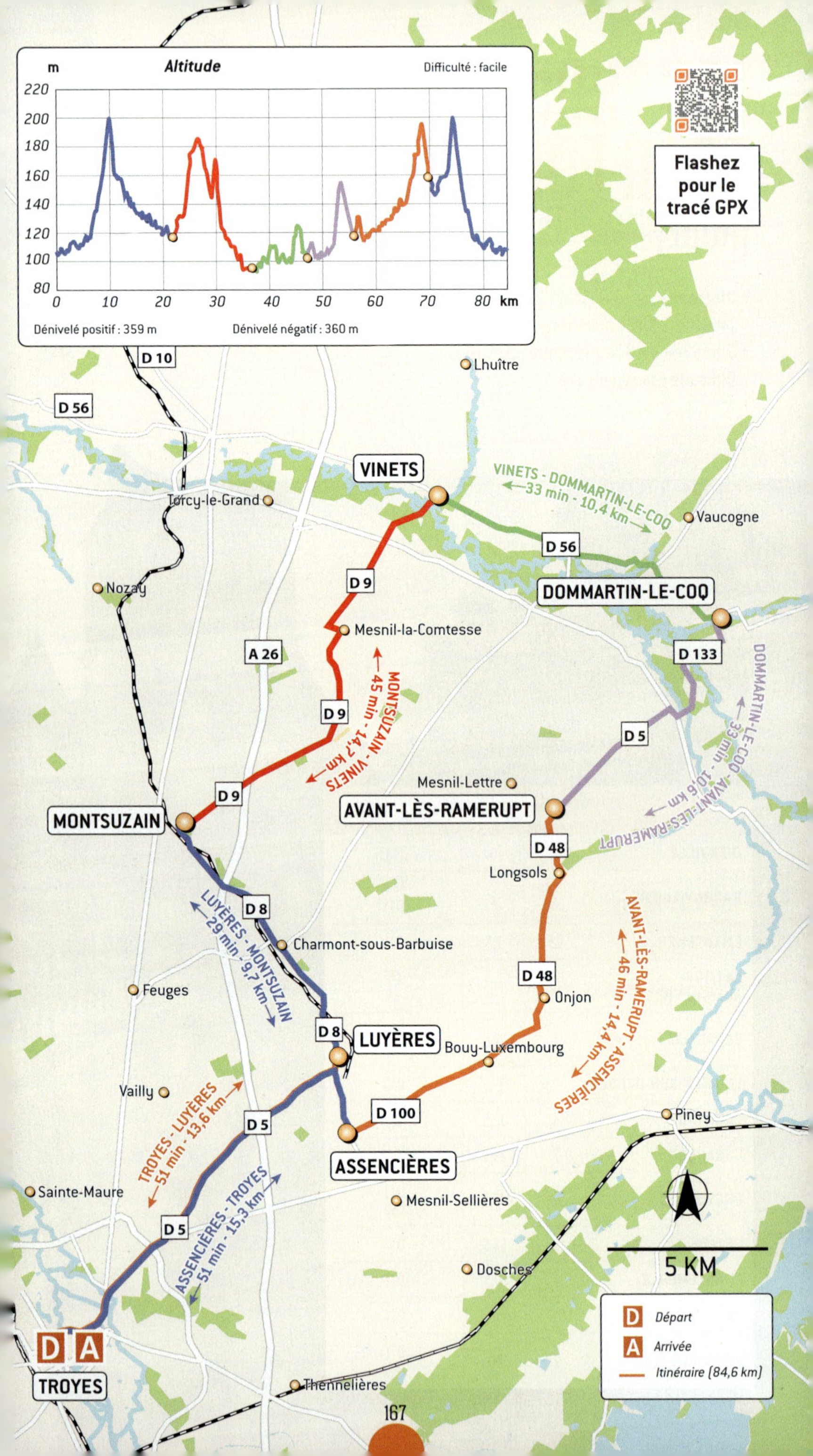

m
Altitude
Difficulté : facile
220
200
180
160
140
120
100
80
0
10
20
30
40
50
60
70
80
km
Dénivelé positif : 359 m
Dénivelé négatif : 360 m
Flashez pour le tracé GPX
D 10
D 56
Lhuître
VINETS
Torcy-le-Grand
VINETS - DOMMARTIN-LE-COQ
33 min - 10,4 km
Vaucogne
D 56
Nozay
D 9
DOMMARTIN-LE-COQ
Mesnil-la-Comtesse
A 26
D 133
MONTSUZAIN - VINETS
45 min - 14,7 km
D 9
DOMMARTIN-LE-COQ - AVANT-LÈS-RAMERUPT
33 min - 10,6 km
D 5
Mesnil-Lettre
D 9
AVANT-LÈS-RAMERUPT
MONTSUZAIN
D 48
Longsols
D 8
LUYÈRES - MONTSUZAIN
29 min - 9,7 km
AVANT-LÈS-RAMERUPT - ASSENCIÈRES
46 min - 14,4 km
Charmont-sous-Barbuise
D 48
Feuges
Onjon
D 8
LUYÈRES
Bouy-Luxembourg
Vailly
TROYES - LUYÈRES
51 min - 13,6 km
D 100
Piney
D 5
ASSENCIÈRES
Sainte-Maure
ASSENCIÈRES - TROYES
51 min - 15,3 km
Mesnil-Sellières
D 5
5 KM
Dosches
D
A
TROYES
Thennelières
D Départ
A Arrivée
Itinéraire (84,6 km)

LES TROIS LACS ET LA FORÊT D'ORIENT

(AUBE)

- **Itinéraire :** Les trois lacs et la forêt d'Orient
- **Total :** 61,2 km
- **Durée :** de 3 à 6 heures, entre 20 et 10 km/h
- **Difficulté :** sans difficulté.

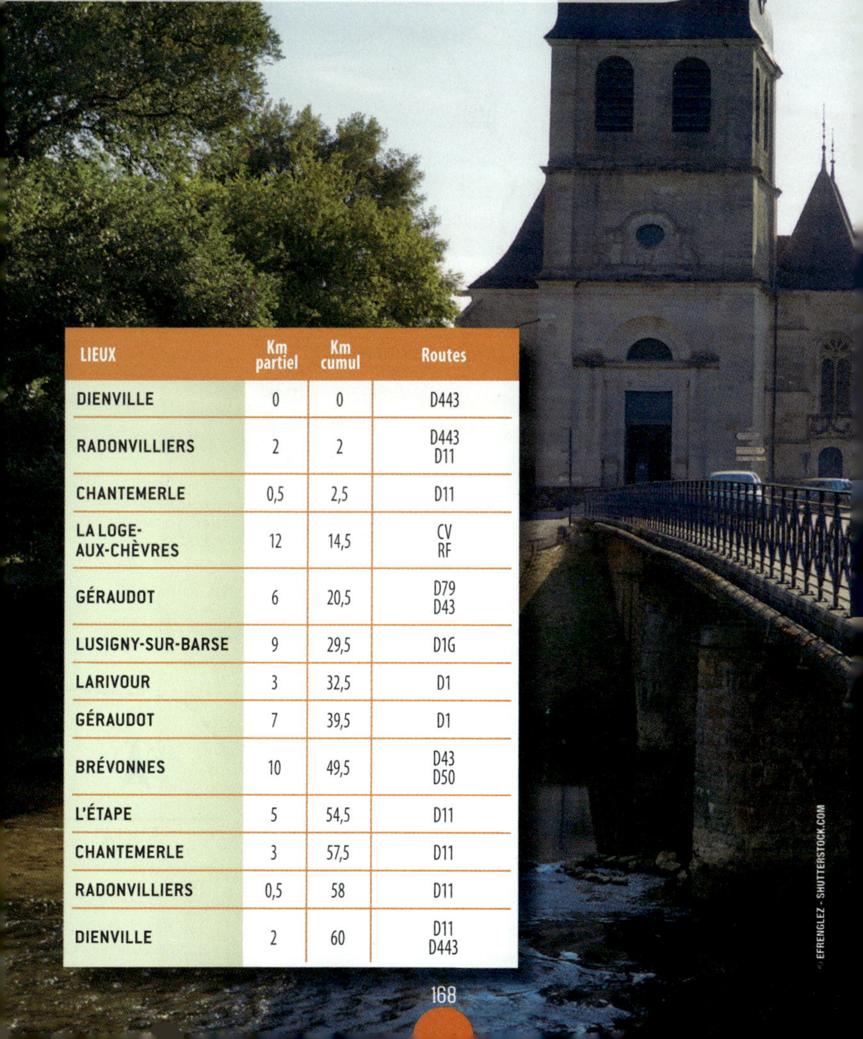

LIEUX	Km partiel	Km cumul	Routes
DIENVILLE	0	0	D443
RADONVILLIERS	2	2	D443 D11
CHANTEMERLE	0,5	2,5	D11
LA LOGE-AUX-CHÈVRES	12	14,5	CV RF
GÉRAUDOT	6	20,5	D79 D43
LUSIGNY-SUR-BARSE	9	29,5	D1G
LARIVOUR	3	32,5	D1
GÉRAUDOT	7	39,5	D1
BRÉVONNES	10	49,5	D43 D50
L'ÉTAPE	5	54,5	D11
CHANTEMERLE	3	57,5	D11
RADONVILLIERS	0,5	58	D11
DIENVILLE	2	60	D11 D443

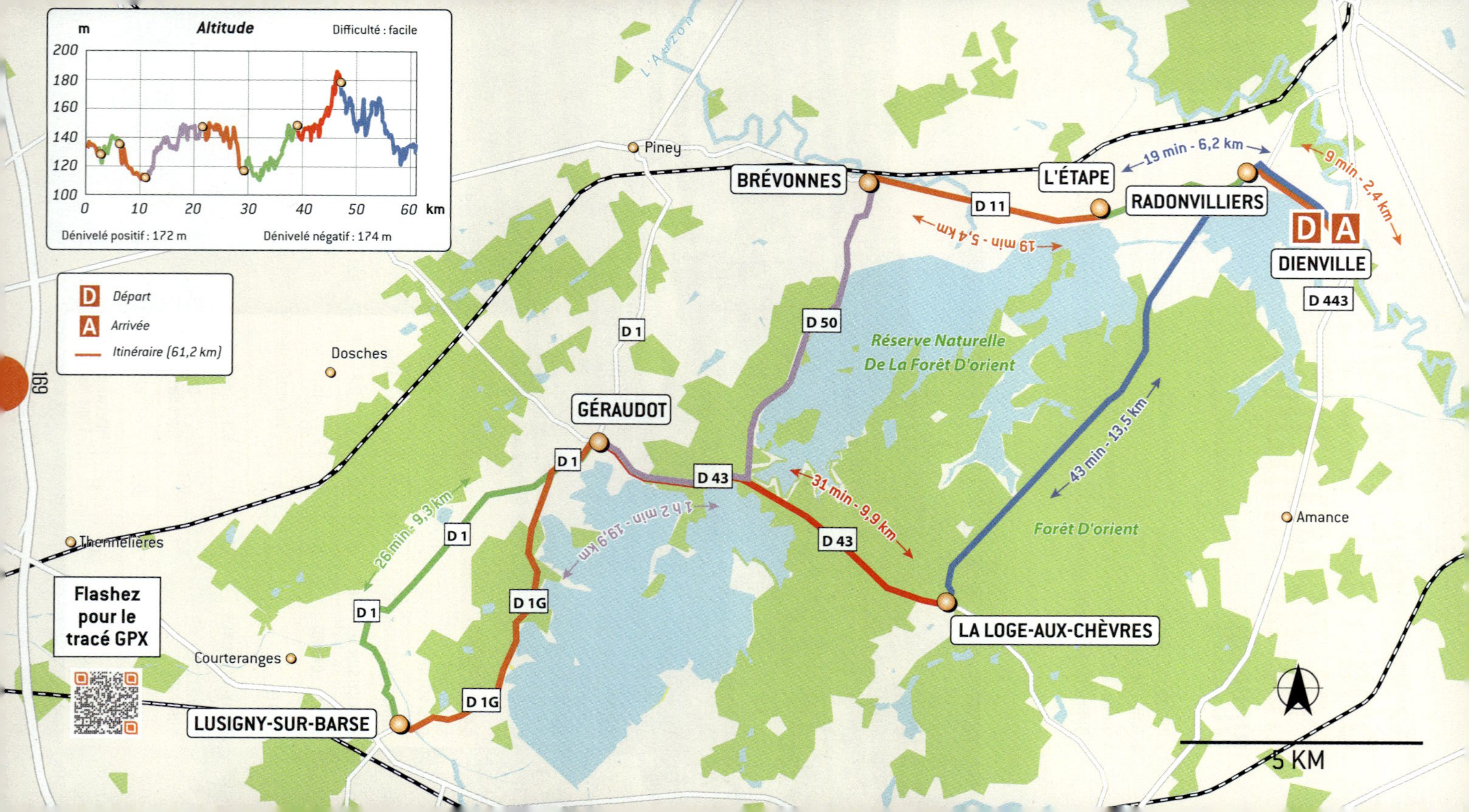
Altitude
Difficulté : facile
m
200
180
160
140
120
100
0
10
20
30
40
50
60
km
Dénivelé positif : 172 m
Dénivelé négatif : 174 m
D Départ
A Arrivée
Itinéraire (61,2 km)
Flashez pour le tracé GPX
DIENVILLE
D 443
9 min - 2,4 km
RADONVILLIERS
19 min - 6,2 km
L'ÉTAPE
D 11
19 min - 5,4 km
BRÉVONNES
D 50
Réserve Naturelle De La Forêt D'orient
43 min - 13,5 km
Forêt D'orient
LA LOGE-AUX-CHÈVRES
31 min - 9,9 km
D 43
GÉRAUDOT
D 1
1 h 2 min - 19,9 km
D 1G
26 min - 9,3 km
LUSIGNY-SUR-BARSE
Piney
L'Auzon
Dosches
Courteranges
Thennelières
Amance
5 KM

SAINT-DIÉ-DES-VOSGES – COL DE MANDRAY

(VOSGES)

- **Itinéraire :** Saint-Dié-des-Vosges – Col de Mandray
- **Total :** 44,6 km
- **Durée :** de 3 heures à 5 heures 30, entre 20 et 10 km/h
- **Difficulté :** facile avec le passage d'un col. Circuit empruntant des pistes cyclables.

LIEUX	Km partiel	Km cumul	Routes
SAINT-DIÉ-DES-VOSGES	0	0	Rue d'Alsace
SAINTE-MARGUERITE	2,8	2,8	Piste cyclable
SAULCY-SUR-MEUTHE	4,7	7,5	D58
SAINT-LÉONARD	2,6	10,1	D415
FRAIZE	7	17,1	Voie verte (piste cyclable)
CROIX-AUX-MINES	9,9	27	D23 - Col de Mandray
NEUVILLERS-SUR-FAVE	8,3	35,3	D23 Suivre Bertrimoutier
REMOMEIX	2,9	38,2	D23
SAINT-DIÉ-DES-VOSGES	4,8	43	Piste cyclable depuis Sainte-Marguerite

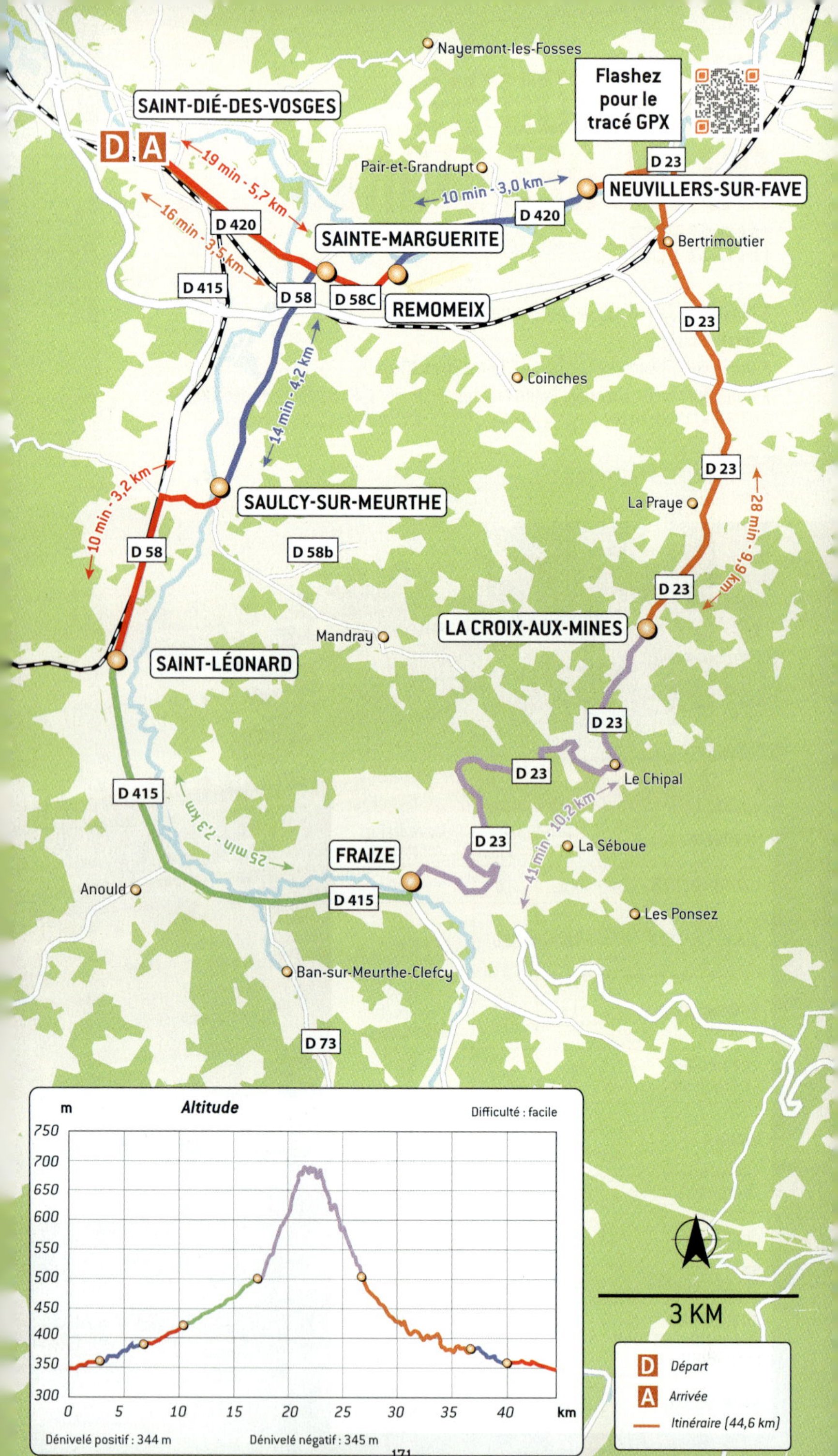
SAINT-DIÉ-DES-VOSGES
D
A
19 min - 5,7 km
16 min - 3,5 km
D 420
D 415
D 58
D 58C
SAINTE-MARGUERITE
REMOMEIX
Nayemont-les-Fosses
Flashez pour le tracé GPX
Pair-et-Grandrupt
10 min - 3,0 km
D 23
NEUVILLERS-SUR-FAVE
Bertrimoutier
Coinches
14 min - 4,2 km
10 min - 3,2 km
SAULCY-SUR-MEURTHE
D 58b
La Praye
28 min - 9,9 km
LA CROIX-AUX-MINES
Mandray
SAINT-LÉONARD
Le Chipal
D 415
25 min - 7,3 km
41 min - 10,2 km
La Séboue
FRAIZE
Anould
Les Ponsez
Ban-sur-Meurthe-Clefcy
D 73
3 KM
D Départ
A Arrivée
Itinéraire (44,6 km)
m
Altitude
Difficulté : facile
750
700
650
600
550
500
450
400
350
300
0
5
10
15
20
25
30
35
40
km
Dénivelé positif : 344 m
Dénivelé négatif : 345 m

SARREBOURG, AU FIL DES ÉTANGS (MOSELLE)

- **Itinéraire :** Sarrebourg, au fil des étangs
- **Total :** 74,6 km
- **Durée :** de 3 heures 45 à 7 heures, entre 20 et 10 km/h
- **Difficulté :** facile à moyen. Petites routes vallonnées. Possibilité de raccourcir le circuit via la voie verte Étang du Stock.

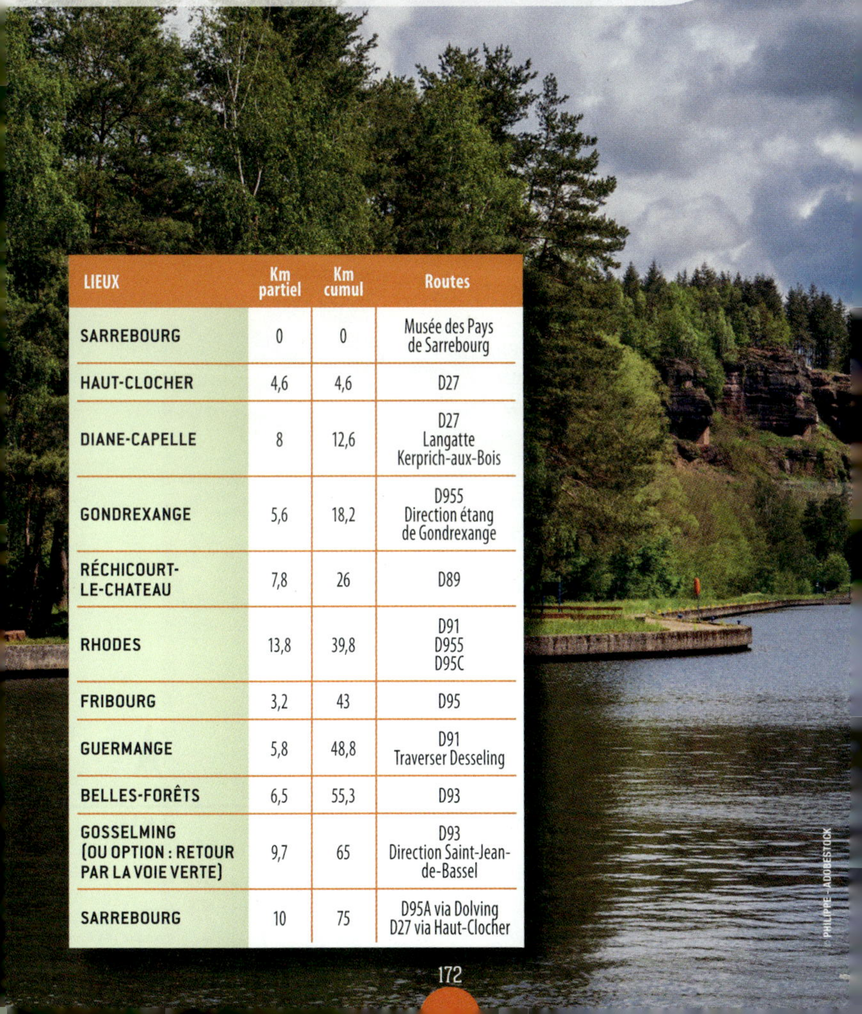

LIEUX	Km partiel	Km cumul	Routes
SARREBOURG	0	0	Musée des Pays de Sarrebourg
HAUT-CLOCHER	4,6	4,6	D27
DIANE-CAPELLE	8	12,6	D27 Langatte Kerprich-aux-Bois
GONDREXANGE	5,6	18,2	D955 Direction étang de Gondrexange
RÉCHICOURT-LE-CHATEAU	7,8	26	D89
RHODES	13,8	39,8	D91 D955 D95C
FRIBOURG	3,2	43	D95
GUERMANGE	5,8	48,8	D91 Traverser Desseling
BELLES-FORÊTS	6,5	55,3	D93
GOSSELMING (OU OPTION : RETOUR PAR LA VOIE VERTE)	9,7	65	D93 Direction Saint-Jean-de-Bassel
SARREBOURG	10	75	D95A via Dolving D27 via Haut-Clocher

PHILIPPE - ADOBESTOCK

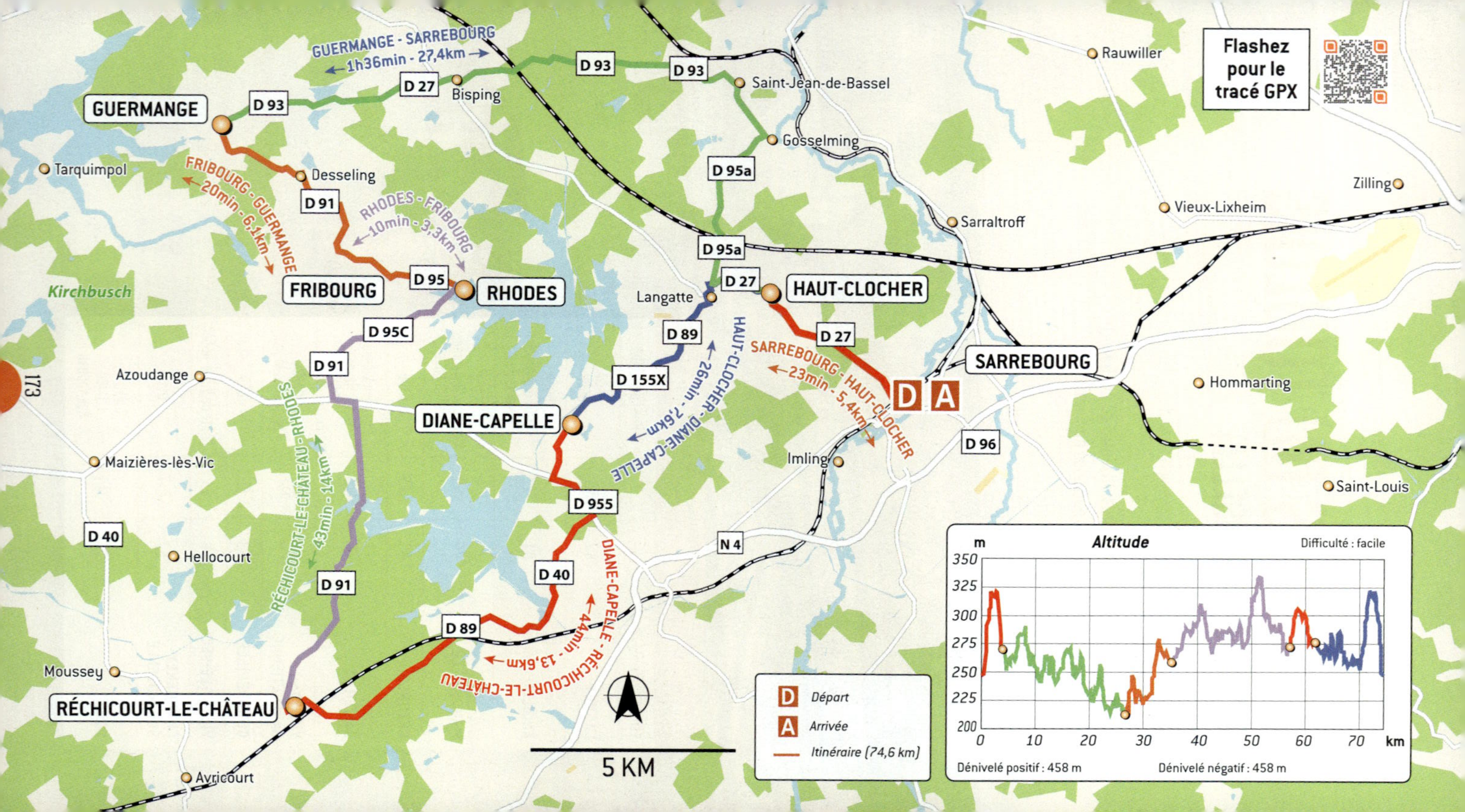

GUERMANGE - SARREBOURG
1h36min - 27,4km
GUERMANGE
D 93
D 27
Bisping
D 93
D 93
Saint-Jean-de-Bassel
Rauwiller
Flashez pour le tracé GPX
Tarquimpol
Desseling
FRIBOURG - GUERMANGE
20min - 6,1km
D 91
RHODES - FRIBOURG
10min - 3,3km
Gosselming
D 95a
Zilling
Vieux-Lixheim
Sarraltroff
D 95a
Kirchbusch
FRIBOURG
D 95
RHODES
Langatte
D 27
HAUT-CLOCHER
D 95C
D 89
D 27
HAUT-CLOCHER - DIANE-CAPELLE
26min - 7,6km
SARREBOURG - HAUT-CLOCHER
23min - 5,4km
SARREBOURG
Azoudange
D 91
D 155X
D A
Hommarting
DIANE-CAPELLE
RÉCHICOURT-LE-CHÂTEAU - RHODES
43min - 14km
Maizières-lès-Vic
Imling
D 96
Saint-Louis
D 955
D 40
Hellocourt
DIANE-CAPELLE - RÉCHICOURT-LE-CHÂTEAU
44min - 13,6km
N 4
D 91
D 40
D 89
Moussey
RÉCHICOURT-LE-CHÂTEAU
5 KM
Avricourt
D Départ
A Arrivée
Itinéraire (74,6 km)
Altitude
m
Difficulté : facile
350
325
300
275
250
225
200
0
10
20
30
40
50
60
70
km
Dénivelé positif : 458 m
Dénivelé négatif : 458 m

TOUL – LES CÔTES DU TOULOIS

(MEURTHE-ET-MOSELLE)

- **Itinéraire :** Toul – Les côtes du Toulois
- **Total :** 73,2 km
- **Durée :** de 3 heures 30 à 7 heures 30, entre 20 et 10 km/h
- **Difficulté :** facile à moyen avec quelques dénivelés.

© PHILIPPE MONTEMBAUT - ADOBESTOCK

LIEUX	Km partiel	Km cumul	Routes
TOUL	0	0	Rue Paul-Keller
LAGNEY	8,2	8,2	D400 D908
ANDILLY	8,1	16,3	D908 D101 direction Ménil-la-Tour
MANONVILLE	9,9	26,2	D100 Traverser Royaumeix et Minorville
GÉZONCOURT	8,3	34,5	D106
SAIZERAIS	8	42,5	Direction Villiers-en-Haye D908B
VILLEY-SAINT-ÉTIENNE	13,2	55,7	D908B Rue de Sous-Vignal
GONDREVILLE	5,3	61	D90
VILLEY-LE-SEC	4	65	Route de Villey-le-Sec
CHAUDENEY-SUR-MOSELLE	5,7	70,7	D909
TOUL	3,6	74,3	Rue de Toul D400 Rue Vauban

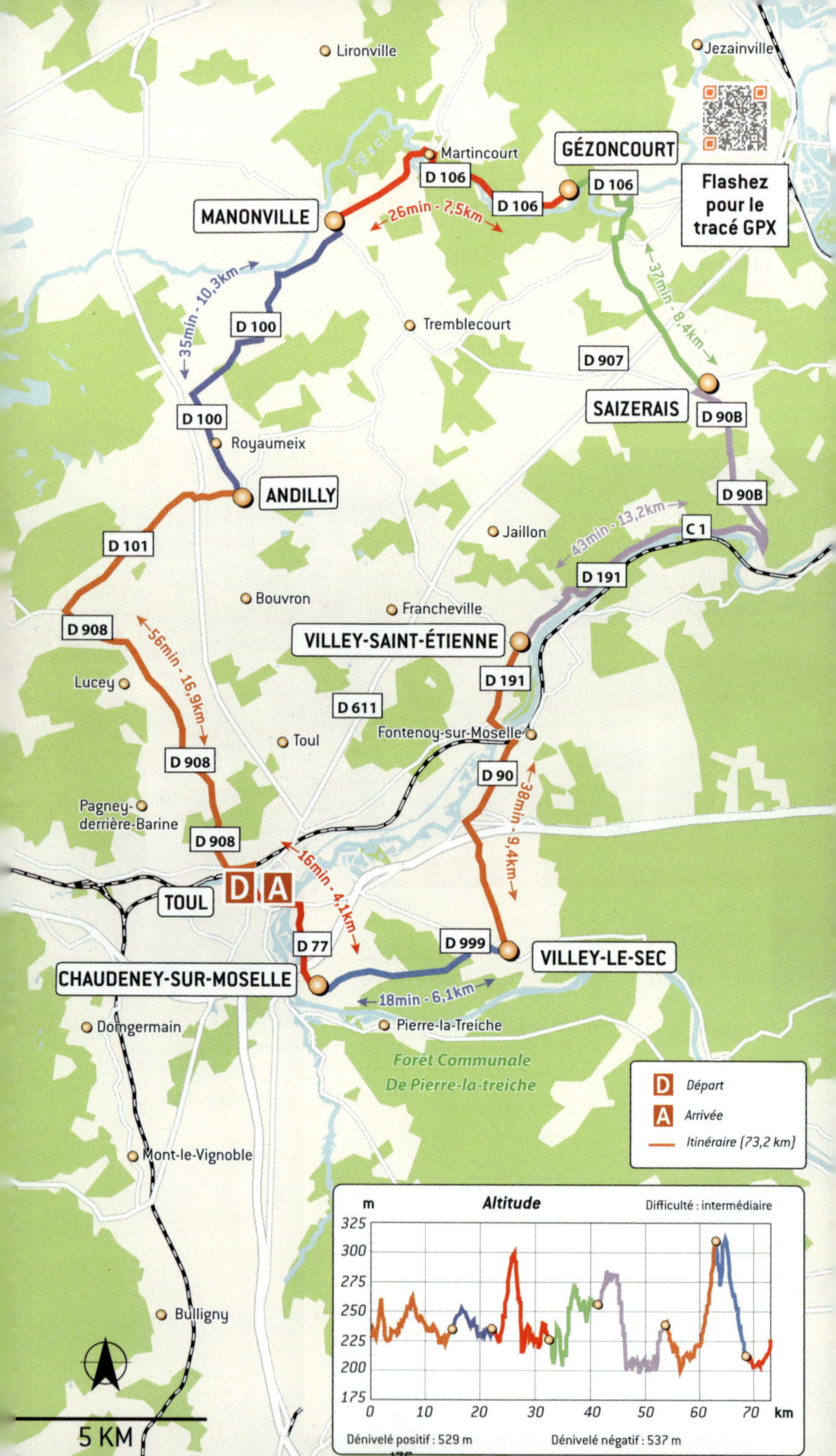

Lironville
Jezainville
Flashez pour le tracé GPX
L'Esch
Martincourt
GÉZONCOURT
D 106
D 106
D 106
MANONVILLE
26min - 7,5km
35min - 10,3km
D 100
Tremblecourt
37min - 8,4km
D 907
SAIZERAIS
D 90B
D 100
Royaumeix
ANDILLY
D 90B
D 101
Jaillon
43min - 13,2km
C 1
D 191
Bouvron
Francheville
D 908
VILLEY-SAINT-ÉTIENNE
56min - 16,9km
Lucey
D 191
D 611
Fontenoy-sur-Moselle
Toul
D 908
D 90
Pagney-derrière-Barine
38min - 9,4km
D 908
16min - 4,1km
TOUL
D
A
D 77
D 999
VILLEY-LE-SEC
CHAUDENEY-SUR-MOSELLE
18min - 6,1km
Domgermain
Pierre-la-Treiche
Forêt Communale De Pierre-la-treiche
D Départ
A Arrivée
Itinéraire (73,2 km)
Mont-le-Vignoble
m
Altitude
Difficulté : intermédiaire
325
300
275
250
225
200
175
0
10
20
30
40
50
60
70
km
Dénivelé positif : 529 m
Dénivelé négatif : 537 m
Bulligny
5 KM

VITTEL, ROUTE THERMALE (VOSGES)

- **Itinéraire :** Vittel, route thermale
- **Total :** 68 km
- **Durée :** de 3 heures 30 à 7 heures, entre 20 et 10 km/h
- **Difficulté :** facile à moyen. Petites routes vallonnées.

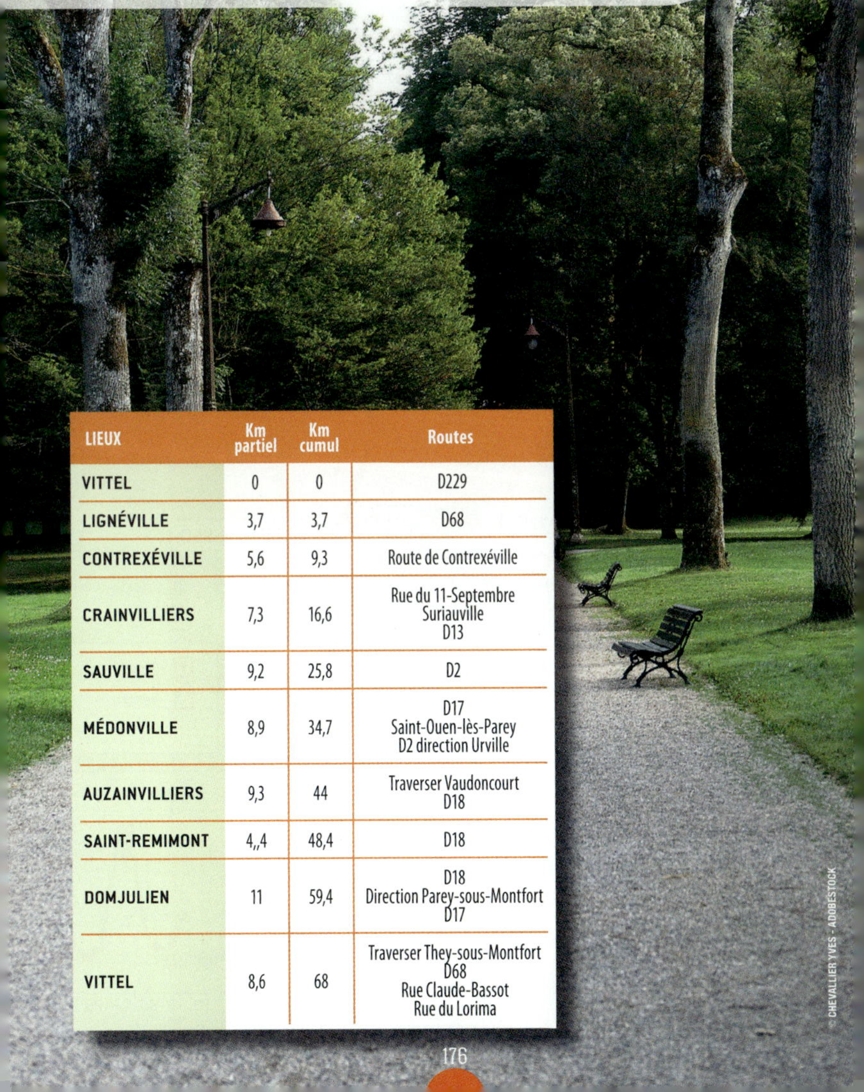

© CHEVALLIER YVES - ADOBESTOCK

LIEUX	Km partiel	Km cumul	Routes
VITTEL	0	0	D229
LIGNÉVILLE	3,7	3,7	D68
CONTREXÉVILLE	5,6	9,3	Route de Contrexéville
CRAINVILLIERS	7,3	16,6	Rue du 11-Septembre Suriauville D13
SAUVILLE	9,2	25,8	D2
MÉDONVILLE	8,9	34,7	D17 Saint-Ouen-lès-Parey D2 direction Urville
AUZAINVILLIERS	9,3	44	Traverser Vaudoncourt D18
SAINT-REMIMONT	4,,4	48,4	D18
DOMJULIEN	11	59,4	D18 Direction Parey-sous-Montfort D17
VITTEL	8,6	68	Traverser They-sous-Montfort D68 Rue Claude-Bassot Rue du Lorima

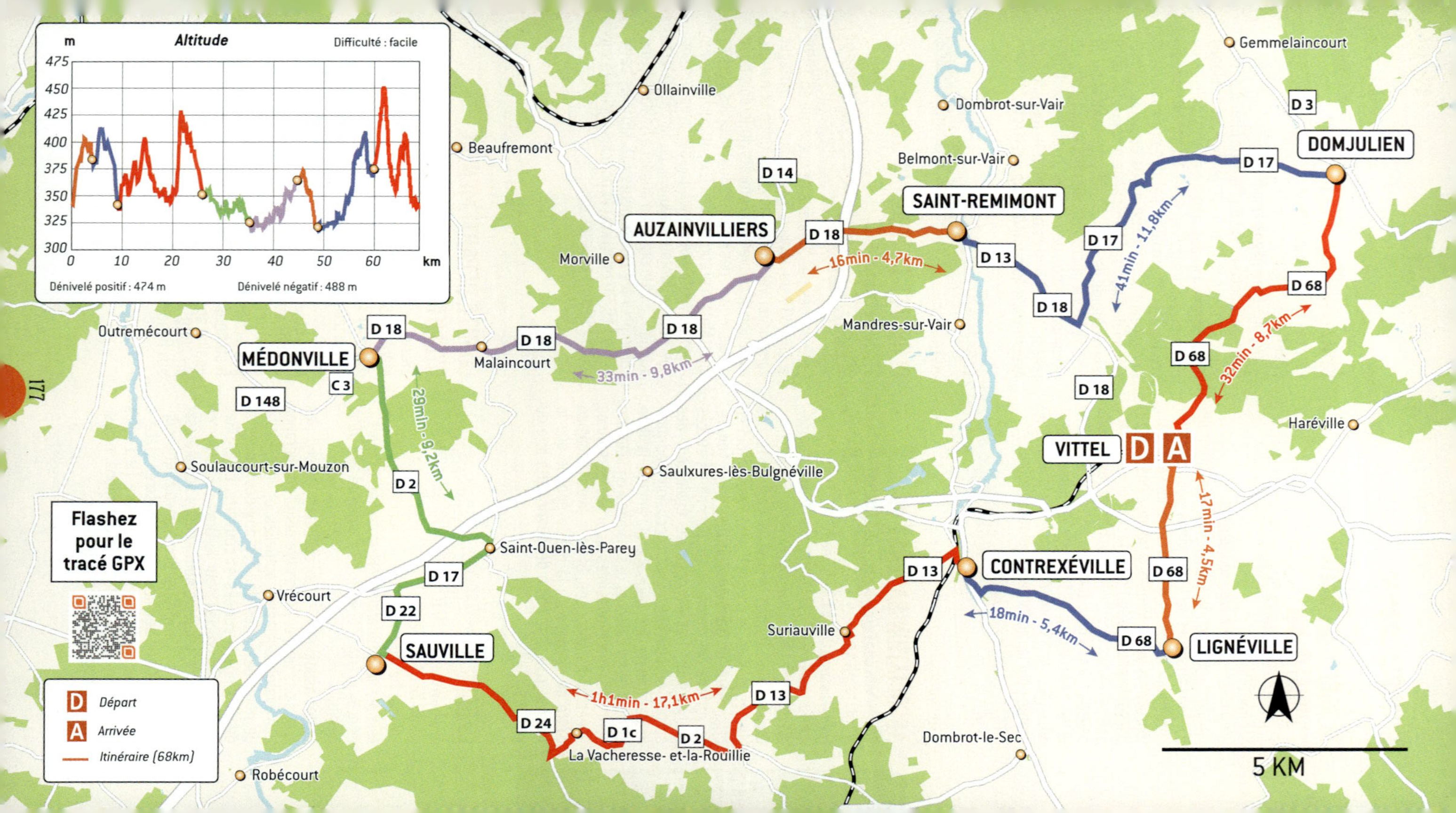
Altitude
m
Difficulté : facile
475
450
425
400
375
350
325
300
0
10
20
30
40
50
60
km
Dénivelé positif : 474 m
Dénivelé négatif : 488 m
Gemmelaincourt
D 3
Ollainville
Dombrot-sur-Vair
DOMJULIEN
Beaufremont
Belmont-sur-Vair
D 17
D 14
SAINT-REMIMONT
AUZAINVILLIERS
D 18
D 17
41min - 11,8km
Morville
16min - 4,7km
D 13
D 68
D 18
D 18
Mandres-sur-Vair
D 18
D 18
Outremécourt
MÉDONVILLE
Malaincourt
D 68
32min - 8,7km
33min - 9,8km
C 3
D 148
D 18
29min - 9,2km
Haréville
VITTEL
D
A
D 2
Soulaucourt-sur-Mouzon
Saulxures-lès-Bulgnéville
17min - 4,5km
Flashez pour le tracé GPX
Saint-Ouen-lès-Parey
D 13
CONTREXÉVILLE
D 17
D 68
Vrécourt
D 22
18min - 5,4km
Suriauville
D 68
SAUVILLE
LIGNÉVILLE
1h1min - 17,1km
D 13
D 24
D 1c
D 2
Dombrot-le-Sec
La Vacheresse- et-la-Rouillie
Robécourt
5 KM
D Départ
A Arrivée
Itinéraire (68km)

ALSACE DESTINATION TOURISME

1, place du Qur Blanc
STRASBOURG
www.alsace-destination-tourisme.com

Alsace Destination Tourisme offre une multitude d'informations et de bons plans pour préparer son séjour le temps d'un week-end, voire plus, entre amis ou en famille. N'hésitez pas jeter un œil sur le site Internet dans la rubrique « Alsace à vélo », vous y trouverez de nombreux circuits à vélo et à VTT pour tous les niveaux, avec des fiches détaillées à télécharger. Le département offre plus de 650 km de pistes cyclables et de routes pour la randonnée cyclotouristique.

CHAMPAGNE À VÉLO

Parc des Loisirs Roger-Menu
EPERNAY
www.pays-champagne-velo.fr

Partez à la découverte du Pays de Champagne à vélo : son vignoble, son art de vivre, ses villages de caractère. Le long des itinéraires balisés ou dans vos excursions en toute liberté, vous recevez un accueil privilégié par des professionnels s'engageant à répondre à vos besoins. L'association du Pays de Champagne à vélo vous offre une multitude de services tels que la location de vélo (VTT, VTC ou route), des hébergements, un accompagnateur, des visites insolites ou culturelles... Vous pourrez opter pour la formule Cap-Aventures, « Au cœur des vignes », etc.

ASSOCIATION BALLAST

14, chemin des Perce-Neige - **CORNIMONT**
✆ 06 37 76 56 47
http://association.ballast.free.fr/

Atelier vélo ouvert à la belle saison tous les samedis de 14h à 18h ou sur rendez-vous.

L'association Ballast anime la Voie Verte des Hautes Vosges, le premier week-end de juin en organisant un festival culturel, sans voiture, au rythme des vélos, et qui connaît un succès grandissant. Ballast organise également des sorties découvertes. C'est l'occasion d'admirer le patrimoine, les paysage ou encore la flore en vélo et en calèche, des balades en vélo-taxi sont également possibles pour les personnes âgées ou handicapées. Si vous avez l'occasion d'être en vacances à la même époque que le festival, n'hésitez pas à découvrir cette fête du vélo insolite !

CLUB VTT DU TOULOIS

33, rue de Chanzy
BRULEY
✆ 07 83 91 35 95

Créé par des passionnées de cyclisme en 1998 le club VTT du Toulois a pour but de partager l'amour du vélo, mais aussi celui de la nature, avec une découverte des forêts du Toulois ou le gravissement des côtes de Toul pour les purs et durs. Mais la pratique du VTT, et du cyclisme sur route, se veut également familiale, avec des sorties pour enfants et adultes, ou la découverte du trial. Le club organise aussi La Gaillarde, une sortie pour les randonneurs (15 km), les vététistes (15, 30 et 40 km) et pour les cyclistes sur route (50 km) tous les ans.

CADRES

12, Au-Werb - **COLMAR**
✆ 06 72 81 83 02
www.cadrescolmar.org

Membre de la Fédération Française des Usagers de la Bicyclette. Adhésion : 3 € + don de 15 à 30 € ou plus.

Cette association des cyclistes défend les droits des usagers et œuvre pour l'amélioration des pistes cyclables actuelles et la création de nouvelles voies dédiées aux deux-roues et de parkings sécurisés et couverts. Le CADRes (Cyclistes Associés pour le Droit de Rouler en sécurité) organise de nombreuses activités sur Colmar et ses environs. Bon à savoir : une vélo-école destinée aux adultes est mise en place, à raison d'une séance hebdomadaire (les vélos sont fournis). Pour plus d'informations, n'hésitez pas à consultez le site Internet !

COMITÉ DÉPARTEMENTAL CYCLOTOURISME ARDENNES

18, rue de la Gare
AUVILLERS-LES-FORGES
✆ 03 24 37 02 14

Le portail du Comité départemental de cyclotourisme des Ardennes délivre toutes les informations utiles pour partir à la découverte des Ardennes au travers de sa culture, son patrimoine, sa nature et ses activités de loisirs. N'hésitez pas à consulter la liste des randonnées et manifestations à vélo dans la région. Une charte de qualité appelée « Ardennes à vélo » a été lancée en 2009. Ce label garantit des services adaptés aux besoins du cyclotouriste.

COMITÉ DÉPARTEMENTAL DE CYCLOTOURISME MOSELLE

1, impasse des Myosotis
SEINGBOUSE
www.ffct-moselle.org
Événements toute l'année.

Retrouvez les circuits cyclotourisme sur le site Internet : www.mosl-tourisme.fr et au dos de la carte Moselle touristique disponible sur demande (03 87 37 57 80). Voici quelques circuits que nous avons testés. Ils sont de difficultés adaptées à tous. Le Circuit des Jardins, difficulté facile à moyenne. Les plus sportifs opteront pour le circuit dans l'arrière-pays de Pange. On a également apprécié le Circuit de la Sarre, les Circuits de Sarreguemines et celui du Chêne des Moines.

COMITÉ DÉPARTEMENTAL HAUT RHIN CYCLOTOURISME

✆ 03 89 57 77 14
www.cd-68-ffc.fr

Le Comité Départemental de Cyclotourisme du Haut-Rhin est une association qui fédère tous les clubs de cyclotourisme FFCT. Le Haut-Rhin rassemble une vingtaine d'associations, représentant près de 1 200 adhérents. C'est dire si l'activité est présente en Alsace, avec une cinquantaine de manifestations à date fixe, et une quinzaine de randonnées permanentes, aussi bien pour les touristes que les amateurs de VTT. Retrouvez toutes les dates à ne pas manquer sur leur site.

CONSEIL DÉPARTEMENTAL DES VOSGES

8, rue de la Préfecture - **EPINAL** ✆ 03 29 82 02 14
www.tourisme.vosges.fr
Du 01/07 au 31/08 : du lundi au samedi 9h-19h, dimanche 10h30-15h30. Du 01/09 au 30/06 : 9h-12h30 et 13h30-18h.

Si vous souhaitez « Voir la Vie en Vosges » et quelle que soit la saison, alors… Bienvenue dans les Vosges ! Que votre séjour soit consacré au ski, à la randonnée, au bien-être, au thermalisme, aux loisirs, à la culture ou au patrimoine, vous trouverez sur le territoire une multitude d'animations, d'idées « découverte » et un choix d'hébergements adaptés à votre attente. Préparer votre séjour sera un jeu d'enfant grâce au site Internet. Vous pourrez commander les catalogues en ligne.

MAISON DU VÉLO

3, avenue Leclerc de Hauteclocque
METZ
✆ 03 55 80 92 91
www.metzavelo.fr
Ouvert du mardi au vendredi de 14h à 18h ; le samedi de 9h à 12h30 et de 13h30 à 18h.

« Promouvoir l'usage du vélo dans l'agglomération messine », tel est l'objectif de cette association qui met ainsi en avant de nombreux événements via ses réseaux sociaux et son site. Elle vous indiquera également les pistes cyclables à emprunter et à éviter. De plus, la Maison du Vélo propose des ateliers dont certains de ventes de vélos et prend également la forme d'une école de vélo pour enseigner ou rappeler comment pédaler. Enfin, les balades sont à ne pas manquer. Elles sont organisées en partenariat avec Chouettes Balades et ont lieu toute l'année.

OFFICE DE TOURISME D'ÉPINAL

6, place Saint-Goëry - **EPINAL**
✆ 03 29 82 53 32
www.tourisme-epinal.com
Du lundi au vendredi 9h-12h30/13h30-18h. Samedi 9h-12h30/14h-17h. Dimanche 10h30-14h. Saison haute en journée continue.

C'est une équipe sympathique qui vous accueille toute l'année et vous informe sur le territoire d'Épinal et de son agglomération : documentation touristique, hébergement, itinéraires vélo et randonnée… En été, des visites guidées de la ville et du centre historique sont destinées aux particuliers. Les groupes peuvent solliciter ce service toute l'année. Il existe par ailleurs un service de réservation hôtelières et de restauration. Une étape obligatoire pour les visiteurs !

OFFICE DE TOURISME DU PAYS DE HAGUENAU

1, place Joseph-Thierry
HAGUENAU
✆ 03 88 06 59 99
www.tourisme-haguenau-potiers.com
Du mardi au samedi de 9h30 à 12h et 13h30 à 17h30. Dimanche de 14h à 17h30.

L'office de tourisme se trouve, comme le Musée alsacien, dans le bâtiment de la Chancellerie, construit en 1489. On en admirera la façade Renaissance avant d'entrer dans le bâtiment. Sur celle-ci un cadran-astrolabe a été installé, copie exacte de celui construit en 1581 pour l'hôtel de ville d'Ulm. L'équipe vous indiquera les monuments d'Haguenau, comment vous rendre dans sa forêt labellisée « Forêt d'exception » et les points d'intérêt des villages alentour.

PRENONS LE GUIDON

3 bis, rue des Bateliers - **MONTIGNY-LÈS-METZ**
✆ 06 12 80 21 17
www.prenonsleguidon.fr
D'avril à octobre mercredi, vendredi et samedi 10h-18h ; de novembre à mars 13h-17h. Adhésion pour un an : 20 €.

Prenons le guidon met le vélo à l'honneur ! Une équipe de passionnés a créé l'association afin de recycler, réparer et promouvoir le vélo sous toutes ses formes. Outre le fait d'acheter des vélos de seconde main et des pièces à petits prix, elle apporte son savoir-faire afin de permettre aux adhérents d'apprendre les rouages en mécanique. Dans un cadre convivial, vous pourrez apprendre à régler les freins, poser des accessoires... L'atelier est libre d'accès pendant les heures d'ouverture à tous les membres, avec possibilité de leur donner vos vieux vélos.

TOURISME ALSACE

1, rue Camille Schlumberger
COLMAR
✆ 03 89 20 10 68
www.visit.alsace
Ouvert du lundi au samedi de 9h à 17h.

Vous saurez tout sur l'Alsace ! Le site Internet du Comité Régional du Tourisme d'Alsace propose des informations riches, complètes et de qualité aux visiteurs, mettant à disposition toute l'offre touristique de la région. Vous y retrouverez un grand nombre de prestataires référencés, et triés par catégorie (hébergements, patrimoine et culture, gastronomie, agences de voyages, tour opérateurs, etc.). De plus, vous pourrez y découvrir l'Alsace en images grâce à de nombreux reportages vidéo. La rubrique « Préparer » vous permettra aussi de prévoir votre séjour.

VELO CANAUX DODO

www.velocanauxdodo.fr

Découvrez le site vélo-canaux-dodo où toutes les informations pratiques pour organiser une randonnée à vélo le long des voies d'eau, voies vertes et véloroutes en France. Vous y trouverez tout ce qu'il y a à savoir sur les itinéraires, variantes, transports (en train par exemple), patrimoine, gites et couverts... Ce site est simplement destiné à faire partager expériences avec d'autres « vélo canaux randodonneurs ». Il n'est cependant plus très actif dans son ajout d'articles mais vous apportera de bons conseils malgré tout...

VÉLO VISAVIS

SARREGUEMINES
✆ 03 87 98 80 81
www.velovisavis.eu
Accès libre.

Ce réseau cyclo-touristique entre la France et l'Allemagne comprend plus de 330 km d'itinéraires cyclables. Il permet de relier plusieurs sites touristiques de Moselle Est et de la Sarre, tel que le musée La Mine au Carreau Wendel, le parc archéologique Bliesbruck-Reinheim, le circuit de la Faïence à Sarreguemines, le centre ville historique de Sarrebruck ou encore les aciéries de Völklingen. Du côté français, les maisons touristiques de Sarreguemines, Forbach ou Sarralbe peuvent fournir aux *aficionados* du tourisme à deux roues toutes informations nécessaires.

2 RIVES 3 PONTS

HUNINGUE

www.2rives3ponts.eu

Piste cyclable accessible à tous.

À partir du coude du Rhin à Bâle, de nombreuses pistes cyclables sont offertes aux amateurs de vélos, telles que la Piste du Rhin (Véloroute Rhin), celle de la Vallée du Rhin, celle des Trois Frontières, celle de la Route verte à laquelle est reliée la piste Freiburg-Mulhouse ou l'EuroVelo6 Atlantique-mer Noire. Une belle variété de trajets au fil du Rhin, passant d'un pays à l'autre grâce à 3 ponts. Qu'il s'agisse de sportifs à vélo ou de familles, tous trouveront des itinéraires à leur convenance. Il y a même une piste de 10 km dédiée aux rollers !

CANAL ENTRE CHAMPAGNE ET BOURGOGNE

Découvrez la voie verte entre Champagne et Bourgogne. 224 kilomètres pour relier la Marne à la Saône, la Champagne à la Bourgogne. La voie verte emprunte le chemin de halage du canal de la Marne à la Saône, « canal entre Champagne et Bourgogne », de Vitry-le François à Langres, jusqu'à la limite de la Bourgogne. Chaque tronçon propose une liste d'adresses utiles. C'est un itinéraire idéal pour une découverte en famille. Ce sera l'occasion d'admirer un superbe patrimoine riche et varié.

BALADES 54

48, esplanade Jacques-Baudot

NANCY

✆ 03 83 94 58 54

Consulter le site pour les itinéraires de randonnées.

Élaboré par le Conseil départemental de Meurthe-et-Moselle, Balades 54 nous fait parcourir 326 itinéraires de randonnée pédestre et de VTT. Les idées ne manquent pas : lac de Pierre-Percée, les vignobles des côtes de Toul, les boucles de la Moselle pour arriver jusqu'aux remparts de Longwy signés Vauban. Et Nancy n'est pas en reste. L'appli Balades54 offre d'ailleurs aux adeptes de la marche et du vélo de quoi satisfaire leurs envies. Elle propose également des circuits à thème pour découvrir l'histoire et le patrimoine, les paysages, la faune et la flore. Top !

BASES VTT CAMPING LE FELSBERG

Rue en Verrerie

SAINT-AVOLD

✆ 03 87 92 75 05

saint-avold.fr

Ouvert toute l'année.

Au départ du Camping du Felsberg, six parcours de VTT permettent de découvrir le pays naborien par ses plus beaux chemins. Les circuits s'adressent à des cyclistes de tous niveaux et les deux premiers sont mêmes classés « très facile ». Vous trouverez lors de ces balades tout ce qui fait l'originalité et l'attrait de la Moselle (forêt domaniale de Saint-Avold, vestiges de la ligne Maginot, traces du passé minier, lacs). Il est possible de louer des vélos et des casques à la base VTT.

CIRCUIT CYCLOTOURISTIQUE

90, rue Principale - **LORENTZEN**

✆ 03 88 00 40 39

www.tourisme.alsace-bossue.net

Horaires variables selon les saisons et formules : consulter le site Internet.

Ce circuit cyclotouristique est audio-vidéo-guidé par GPS. Une quarantaine de VTC enfants et adultes sont en location tout comme les PDA. Clipsé sur le guidon, le PDA est constitué d'un écran sur lequel on se localise et d'un haut-parleur qui vous fournit des indications de direction, des informations touristiques, naturalistes, historiques. Le guidage est accessible sur l'application « Alsace Bossue Tour » gratuitement, un module « itinéraires » référence l'ensemble des circuits et d'autres catégories existent comme « Où manger », « Où dormir », « Que faire ? ».

CIRCUITS VTT

DABO

Dabo offre aux amateurs de VTT des heures de randonnées toniques. Sept circuits, couvrant 100 kilomètres de tracés à partir du bourg ou du rocher Saint-Léon vous permettront de découvrir la région à votre rythme de façon écologique. Mais attention, la plupart de ces circuits ne conviendront pas aux enfants car ils présentent un fort dénivelé. Vous retrouverez toutes les informations nécessaires auprès des offices de tourisme du coin. Vous pourrez d'ailleurs y trouver une carte de randonnée, indispensable pour vos aventures !

La ville de Colmar.

CIRCUITS VTT

REMIREMONT ✆ 03 29 62 23 70

www.tourisme-remiremont-plombieres.com

Office de tourisme ouvert du lundi au samedi de 9h à 12h et de 14h à 18h. Les dimanches du 15/7 au 15/8 de 10h à 13h.

Remiremont et ses alentours possèdent de nombreux circuits VTT en forêt ou sur route. Plus de 1 000 km de sentiers sont balisés, et il y en a pour tous les niveaux. Le plus célèbre d'entre eux est la voie verte. Aménagée sur une ancienne voie ferrée, dans un magnifique cadre de verdure, la piste multi-activités rassemble les amateurs de course à pied et de cyclisme. Vous pourrez aussi y aller pour marcher ou faire du roller ! Rendez-vous à l'office de tourisme pour obtenir les guides des parcours VTT et, éventuellement, demander une randonnée vélo accompagnée.

LE FIL BLEU DE L'ORNE

CLOUANGE

Ouvert toute l'année. Tous les jours. Gratuit.

À pied ou en vélo, le parcours balisé (accessible à tous les niveaux) de 23 km suit au plus près le cours de la rivière Orne. Paysage bucolique et aménagement judicieux vous permettront de découvrir cette ancienne vallée sidérurgique. Des passerelles ont été rénovées et d'autres créées pour vous conduire d'une rive à l'autre. Profitez de la beauté des lieux pour un arrêt pique-nique ou un instant de contemplation. Pour les amateurs de football, vous passerez non loin du stade de Jœuf où Platini a inscrit ses premiers buts. Vous voilà paré pour une jolie balade.

OHL VÉLO ET OXYGÈNE VTT ET CYCLOTOURISME

10, rue Saint-Nicolas

SAVERNE

✆ 03 88 91 17 13

www.cycles-ohl-jouets.fr/

Ouvert lundi après-midi et du mardi au samedi toute la journée.

Depuis 1923, ce magasin historique vous propose, à Saverne, la vente, location et réparation de vos vélos, qu'ils soient de course, vtt, vtc, ville, enfants, ebike, tandems, etc. ou de karting et autres scooter (50-125 cc). Pour être complet, vous y trouverez également tous les accessoires nécessaires pour vous protéger, vous éclairer, gonfler, etc. Enfin, le magasin vend aussi des jouets, de quoi divertir toute la famille à domicile ou en plein air !

PISTES CYCLABLES

LUTZELBOURG

56 km relient Lutzelbourg à Strasbourg, en passant par Saverne. Vous pouvez également pédaler le long du canal en partant du plan incliné pour arriver après quelques efforts à la cathédrale de Strasbourg : un beau parcours de 50 km. Renseignez-vous au syndicat d'initiatives. Quoi qu'il en soit, les innombrables jolies pistes cyclables de Lutzelbourg vous promettent d'agréables balades. Il y en a pour tous les goûts et tous les niveaux : faciles, en passant par intermédiaires mais aussi difficiles. Vous découvrirez différemment la nature autour de la ville.

MASSIF DES VOSGES

www.massif-des-vosges.com

Le Massif des Vosges invite à l'évasion : entre vallées et hautes chaumes, cirques glaciaires et plateaux, lacs d'altitude et forêts profondes... S'y ajoute en outre une incontournable dimension patrimoniale qu'illustrent châteaux, murs païens, anciens camps celtiques, monastères et chapelles, villages de charme et musées, voire hauts fers et moulins, mémoire active d'un quotidien pas si lointain. Le site Internet propose des informations touristiques sur cette région partagée entre l'Alsace, la Lorraine et la Franche-Comté ainsi qu'une photothèque.

PROMENADES À VELO

VITTEL

✆ 03 29 08 08 88

www.ville-vittel.fr

Si vous souhaitez vous évader et découvrir de manière originale la ville de Vittel et ses alentours, promenez-vous à vélo. Sur le site de l'office de tourisme de la ville retrouvez six principaux circuits vélo et VTT balisés allant de 5 à 27 km. Tous les circuits sont téléchargeables gratuitement. Lors de votre expédition à VTT vous pourrez donc admirer le patrimoine naturel et historique de ce territoire. Le circuit de randonnée « They-sous-Monfort : nature et village » vous conduira par exemple à la découverte des fontaines, églises, chapelles, etc.

SITE VTT LE BANNET

Le Bannet
SEDAN
✆ 03 24 27 73 73
www.charleville-sedan-tourisme.fr
Office de tourisme ouvert de 10h à 12h et de 14h à 17h du mardi au samedi.

Les Ardennes constituent un terrain privilégié pour la pratique du VTT, notamment à Sedan, jouissant d'un relief et de paysages valorisant cette pratique. Une multitude d'itinéraires balisés vous sont proposés ainsi que des espaces VTT. Vous trouverez des relais spécialisés dans l'accueil des vététistes, comme l'Espace VTT « Pays Sedanais - Le Bannet » qui vous recommande 16 circuits (8 bleus, 8 rouges) totalisant 200 km. Si l'expérience vous tente, rendez-vous au point d'accueil du site, à l'office de tourisme situé au 15 place d'Armes.

LA VOIE VERTE DES HAUTES VOSGES

REMIREMONT
✆ 03 29 24 70 18
www.lavoieverte.com
Ouvert toute l'année. Accès libre.

La voie verte des Hautes-Vosges est un véritable trésor niché au cœur de la nature. S'étendant sur les 53 kilomètres des anciennes voies ferrées des vallées Moselle-Moselotte, cette piste polyvalente offre un espace partagé aux promeneurs, cyclistes, amateurs de roller, et même aux skieurs de fond à roulettes. Le point de départ se trouve sur le site du plan d'eau de Remiremont, d'où deux pistes se déploient : l'une en direction de Cornimont et l'autre en direction de Bussang.

LA VELOVOIE DES LACS

www.tourisme-champagne-ardenne.com

La Vélovoie des lacs est une piste cyclable située entre les villes de Saint-Julien-les-Villas et Dienville. Aménagée en site propre dans sa quasi totalité, cette véritable voie verte de 42 km (84 km aller-retour) part de St-Julien-les-Villas, via Lusigny-sur-Barse et Géraudot le long du Lac d'Orient, puis rejoint, via le Lac du Temple, Dienville situé au bord du lac Amance. Sans difficulté particulière, la Vélovoie est un parcours empruntant également les digues surplombant les trois lacs du Parc naturel régional de la Forêt d'Orient.

VOIE VERTE DU CANAL DE LA BRUCHE

STRASBOURG

C'est une voie verte bitumée très empruntée, ouverte aux cyclistes et piétons, ainsi qu'aux adeptes du roller et du skate, qui relie Strasbourg à Molsheim. À l'abri des arbres, elle longe le Canal de la Bruche, un canal déclassé, qui frôle ou traverse plusieurs villages pittoresques, dont Achenheim et Dachstein. De nombreuses autres pistes cyclables relient cet itinéraire qui est bien entretenu et bien balisé pour que vous ne vous perdiez jamais sur cette agréable promenade.

LA VÉLOVOIE VERTE - VTT ET V.T.C.

Troyes-Dienville
LUSIGNY-SUR-BARSE
✆ 03 25 43 38 88
Accès libre toute l'année.

La Vélovoie de 42 km relie la commune de Saint-Julien-les-Villas à celle de Dienville, en passant par Lusigny-sur-Barse. La Vélovoie, dont l'usage est destiné principalement aux cyclistes et aux rollers, possède un revêtement en bitume d'excellente qualité. Parallèlement à cette voie, une allée en gravier est quant à elle vouée aux piétons et aux cavaliers. C'est un très bel aménagement dans une zone naturelle boisée, et donnant accès aux nombreuses activités autour des lacs.

VOIE VERTE DU LAC DU DER - PISTE CYCLABLE

SAINT-DIZIER
Accès libre et gratuit toute l'année.

La piste cyclable entre Saint-Dizier et le lac du Der, sur 12 km, est ouverte sur le chemin latéral du canal d'amenée des eaux de la Marne au lac. Ce parcours a l'avantage d'être entièrement bitumé, plat et doté d'une vue panoramique sur les paysages qui entourent le lac et les maisons à pans de bois. Pour les amoureux des grandes balades, vous pourrez poursuivre votre périple par la voie verte du lac du Der de 38 km. Des aires de repos ponctuent ce parcours accessible aux familles.

ARDEN'GYROPODE

75, rue de Madame de Cormont
HAYBES
✆ 06 82 22 76 59
www.arden-gyropode.fr
A partir de 40 €/pers. A partir de 12 ans.

À la pointe des sensations ! Le gyropode Segway est un engin mécanique sur lequel on se tient debout et qui vous mènera sur les petits chemins de campagne. On aime ce mode de déplacement insolite et accessible à tous. C'est un moyen idéal et original de découvrir le paysage ardennais en vous amusant. Arden'Gyropode organise des randonnées : vous serez initiés, accompagnés d'un guide qui vous coachera, le tout pour un tarif abordable. Les parcours ont lieu à l'arboretum et, en été, c'est vraiment un loisir à essayer ! Des circuits avec repas sont aussi disponibles.

BERGES DE MOSELLE

THIONVILLE ✆ 03 87 37 57 80
www.moselle-tourisme.com
Ouvert toute l'année. Tous les jours. Accès libre.

Nous sommes tous amateurs de flâneries ou de sport au bord de l'eau. Cela nous apporte un réel bien-être. Et c'est parti ! Amateurs de marche, sportifs débutants ou confirmés, que l'on veuille se détendre, faire du sport, rouler en roller ou à vélo, ou simplement s'aérer la tête, cette voie verte permet de longer la Moselle en suivant ses agréables berges

Rive droite, départ depuis Thionville. On longe le canal jusqu'à Yutz puis on suit la rivière en épousant sa boucle. De Basse-Ham, on rejoint Koenigsmacker.

Rive gauche, départ de Manom. Mais on peut également rejoindre les berges à Thionville, en contrebas de la mairie. Cette route goudronnée relie, sur un peu plus de 50 km, Manom à Remich, au Luxembourg.

Rive et cœur de ville en fête : un événement incontournable à vivre durant les mois d'été (juillet-août). Il est organisé par la ville de Thionville : ici, ambiance festive garantie ! Sur les berges, place aux festivités et à la détente. Sur les quais thionvillois, les petites maisonnettes installées regorgent de boissons, glaces et autres gourmandises. Les enfants pourront y découvrir des activités ludiques et sportives. Quant aux plus paresseux, ils pourront simplement s'installer avec un bouquin sur des transats installés pour l'occasion. Mais on vous aura prévenus : après, ça sera plus dur de remonter à bicyclette !

Futé : vous pouvez évaluer à tout moment l'effort que vous avez fourni, grâce à des bornes qui balisent la voie verte, et indiquent la distance restante jusqu'au prochain village. À vous l'évasion !

BICYCLETTE GO !

2, impasse du Tokay - **VOEGTLINSHOFFEN**
✆ 06 87 47 44 31
www.bicyclettego.com
Activités toute l'année. Circuits guidés à vélo et à pied. Tarifs selon l'itinéraire choisi et nombre de participants.

Glenn Ford est un vrai sportif qui pratique la marche, le running et le vélo. Fort de sa passion pour la petite reine, il organise des randonnées à bicyclette dans le vignoble et sur la Route du Vin. L'équipement fourni est nickel : vélos hybrides 21 vitesses ou e-bikes, casques, sacoches, eau minérale, barres énergétiques, véhicule de soutien… En bonus lors de votre périple cycliste, vous ferez d'agréables haltes pour pique-niquer en pleine nature, déjeuner dans un bon restaurant alsacien, mais aussi visiter des caves de viticulteurs réputés.

LES MOLLETS VERTS

2, rue Poincaré
PHALSBOURG
lesmolletsverts.fr
Abonnement : 40 € (pour les adultes). Enfants (mineurs) et étudiants : 20 €.

Fan de deux-roues à pédales ? C'est votre sport par excellence ? Si oui, n'hésitez pas à rejoindre cette bande de copains ! Ils enfourchent leur vélo, les dimanches et jours fériés et certains grands week-ends, pour des randonnées en pleine nature autour de Phalsbourg. Avec des circuits de 20, 32, 42 et 62 km, certains d'entre eux proposent des dénivelés allant jusqu'à 750 mètres ! Mais pas de panique pour les débutants, le circuit de 20 km est à la portée de tous. Certaines des sorties réunissent près de 700 participants. Allez ! En selle !

VIGY VELORAIL

Gare de Vigy - **VIGY**
✆ 06 84 45 37 70
https://alemftrain.fr
Ouvert l'été, les week-ends de juin et septembre ; juillet et août : tous les jours 10h30-17h. 26 €/vélorail 5 places

Toute la famille pédale à la même cadence et donc savoure la balade au même rythme. Sur cette ancienne voie ferrée, le vélorail embarque ses occupants au cœur de la forêt pour un aller-retour finalement assez tranquille et bucolique. Pas de panique, il ne convient pas de posséder les mollets d'un coureur du Tour France pour profiter au maximum de cette activité paisible et familiale ! Pour les plus téméraires, un parcours de 22 kilomètres aller-retour vous attend. En format réduit, vous avez le parcours de 2 km, 4,5 km ou 8,5 km !

ARDENNES ROUES LIBRES

2, rue des Jardins - **CAUROY** ✆ 07 71 60 09 94
www.ardennesroueslibres.com
Location à la journée à partir de 17 € ; location 7 jours à partir de 56 € ; Balade touristique à partir de 30 €.

Les Ardennes roues libres vous proposent un large choix de vélos pour adultes et pour enfants : VTT, VTC, tandem ou vélos électriques, des sièges et des remorques. Chacun trouvera le modèle qui lui correspond. À la journée ou pour 10 jours, vous choisissez votre formule. Les Ardennes roues libres vous proposent également des visites touristiques. La balade en Champagne qui part de Coulommes-la-Montagne vous conduira vers les coteaux de la Montagne de Reims et vous fera visiter la cave d'un vigneron avant de terminer en beauté par une dégustation de champagne.

ATELIER CYCLE VERDUN

48, rue du Pré pommeré - **VERDUN**
✆ 09 81 99 99 29
www.ateliercycle.fr
Ouvert le lundi de 14h à 19h ; du mardi au vendredi de 9h à 12h et de 14h à 19h. Atelier sur rendez-vous.

Un binôme de choc est à votre service à l'Atelier Cycle Verdun. David a toutes les « clés » en main pour refaire votre dérailleur, changer une roue ou simplement resserrer votre guidon, dans un délai limité et pour un tarif raisonnable. Véhiculé, il pourra venir jusqu'à votre chevet pour réparer votre vélo souffreteux. Côté boutique, Nicolas, entouré d'une large gamme de vélos et d'accessoires, saura vous conseiller, que vous soyez professionnel, sportif ou amateur. Il est mieux de leur téléphoner ou de se rendre au magasin pour obtenir des renseignements.

BIKE ENERGY

5, rue de la Brigole - **REIMS** ✆ 06 71 29 16 69
www.bikeenergy.com
Ouvert du lundi au samedi de 9h à 20h ; le dimanche de 9h à 17h. Location de vélos à partir de 30 € la journée.

En solo ou en groupe, louez votre deux-roues pour la journée ou tout le week-end et partez à la découverte de la région. La boutique vous propose un large choix de VTC, VTT, vélos à assistance électrique, tandem, FatBike, draisiennes et d'autres équipements pour emmener toute la famille en randonnée. Optez pour l'option visite guidée et offrez-vous les services d'un guide expérimenté avec qui vous arpenterez les vignobles de la Montagne de Reims à Épernay jusqu' au lac du Der. Pour les sportifs, Bike Energy propose aussi des ateliers techniques et des stages..

COLMAR VÉLO - VÉLO DOCTEURS

9, place de la Gare - **COLMAR**
✆ 03 89 41 37 90
www.velodocteurs.com
Ouvert du mardi au samedi de 9h à 12h et de 14h à 18h. Location touristique 1/2 journée : adulte 7 € à 24 €.

Toute l'année, Colmar Vélo loue des vélos de ville, des VTC, des VAE et des vélos pour enfant, à la demi-journée et plus si affinités. Votre fier deux-roues vous est fourni avec antivol, panier et casque sur demande, mais aussi, pourquoi pas, une remorque enfant. Vous pouvez également louer des vélos au mois, une formule idéale en été. Bien vu : un atelier associatif d'auto-réparation est à votre disposition (sur rendez-vous) si vous possédez votre propre vélo !

CULTURE VÉLO

8, rue Timken - **COLMAR**
✆ 03 89 27 40 09
www.culturevelo.com
Ouvert du mardi au vendredi de 9h à 12h et de 14h à 19h ; le samedi de 9h à 12h et de 14h à 18h. Boutique en ligne.

Modèles citadins, VTT et VTC, BMX, vélos pliants, enfants, électriques, cruiser ou encore BMX et tandem : il y en a pour tous les goûts et tous les usages. Un showroom de 500 m² présente les meilleures marques du moment : Lapierre, Look, Cannondale, GT, Giant, Orbea, Proride... Cette enseigne dévoile également un grand choix d'accessoires tout à fait indispensables : antivol, casques, lunettes, vêtements cyclistes, etc. Allez faire un tour chez Culture Vélo ! Conseils et tests personnalisés vous permettront de choisir le deux-roues le plus adapté à vos besoins !

CYCLABLE GARE - CITIZEN BIKE

4, rue du Faubourg de Saverne - **STRASBOURG**
✆ 03 88 75 01 53 - www.cityzen-bike.com
Ouvert le lundi de 9h à 17h ; du mardi au vendredi de 9h à 12h30 et de 13h30 à 19h ; le samedi de 10h à 18h.

Professionnelle et passionnée, l'équipe vous conseillera, que vous soyez en quête d'une monture pliable, de course, électrique ou de ville. La boutique propose aussi des vélos où l'on pédale couché, ou des triporteurs pour transporter ses enfants tout en roulant ! Divers accessoires et pièces sont aussi en vente : casques, cadenas, dérailleurs, pneus, garde-boues, etc. On vous encourage à laisser votre engin motorisé pour mieux pédaler, c'est bon pour votre santé et la planète !

CYCLES DIEBOLT

21, rue de Bettendorf
HIRSINGUE
✆ 09 74 56 53 78
www.cycles-diebolt.com
Ouvert du lundi au samedi de 9h à 12h et de 14h à 18h30 ; le dimanche de 8h30 à 12h.

Incontournable et fournisseur de tout le Sundgau, Philippe Diebolt vous conseille et vous oriente vers un choix adapté à vos besoins qu'il s'agisse d'achat ou de location. Spécialiste du cycle depuis de nombreuses années, vous y trouverez aussi de quoi vous équiper de pied en cap sans oublier le SAV, assuré avec sérieux et professionnalisme. Le plus ? En hiver la boutique fait office de magasin de ski : entretien, vente ou location, ici vous trouverez tout le matériel nécessaire à la pratique de la glisse ou de la raquette dans les meilleures conditions.

CYCLES ROTH

3, rue de Lucelle
FERRETTE
✆ 03 89 40 46 22
Ouvert le lundi de 13h30 à 18h15 ; du mardi au vendredi de 9h30 à 12h et de 13h30 à 18h15 ; le samedi de 9h à 12h.

Depuis plus de 30 ans la famille Roth est à votre écoute pour vous conseiller dans le choix ou la location de l'un de leurs modèles. Pour la ville ou le tout-terrain, pour les trajets quotidiens ou pour les loisirs, vous aurez l'embarras du choix entre une moto, un scooter. Si vous êtes sportif, vous apprécierez le vélo dans ce pays de montagnes aux vallées escarpées. Le Sundgau vous livrera ses secrets si vous le découvrez en deux-roues. Le magasin offre aussi un large choix de vélos à la location (VTT, vélos routes, vélos de ville et vélos électriques).

CYCLES WAGNER

97, rue de la République - **INGERSHEIM**
✆ 03 89 27 38 33
Ouvert du mardi au vendredi de 10h à 12h30 et de 14h à 19h30 ; le samedi de 10h à 12h30 et de 14h à 18h30.

Parmi les derniers indépendants de la profession figure Philippe Wagner, un professionnel de la vente et la réparation de cycles qui exerce depuis plus de 40 ans. Poussez la porte de ce magasin et vous bénéficierez de conseils avisés, précieux, et d'une gamme étendue de bicyclettes. Les marques principalement représentées sont Giant et Trek. S'ajoutent les accessoires de protection et textiles de circonstance : tee-shirts, casques, coudières, pièces détachées. En matière d'entretien et de réparation, Cycles Wagner s'affaire pour vous remettre en selle !

DYNAMO, L'ATELIER DU VÉLO

35, Grande Rue - **NANCY**
✆ 03 83 37 32 71
www.atelierdynamo.fr
L'été, ouvert mardi et mercredi 14h-21h ; jeudi 18h-22h ; vendredi 10h-12h et 14h-17h et samedi 14h-17h.

Dynamo, c'est un atelier participatif et solidaire. Le concept : un atelier pour apprendre à réparer son vélo, des espaces de stockage et des vélos d'occasion à la vente. Plus de 1 000 vélos par an sont sauvés et 600 d'entre eux sont réparés et revendus. Les autres sont démontés, les pièces valables récupérées et les matériaux et métaux triés pour être valorisés. Dynamo, c'est aussi de l'échange autour du vélo, de nombreuses animations et des projets, un espace multi-activités.

LOCATION DE VÉLOS

5, rue Saint Epoing
NOGENT-SUR-SEINE
✆ 03 25 39 42 07
https://tourisme-nogentais.fr
Ouvert du lundi au samedi de 10h à 12h30 et de 14h à 17h30.

L'office de tourisme de Nogent-sur-Seine propose un système de location de vélos. C'est auprès d'eux qu'il faudra se tourner pour réserver votre vélo, classique ou à assistance électrique. Vous vous rendrez ensuite au Bateau Lavoir pour le récupérer. Les vélos sont disponibles à l'heure, à la demi-journée, à la journée, ou même pour deux journées de suite, idéal pour faire de belles escapades dans la région. En tout cas, c'est écologique et bien pratique ! Par ailleurs, un tarif spécial familles (2 adultes et 2 enfants) pourra être appliqué.

LA MAISON DU VÉLO DU GRAND NANCY

6, rue Claude-Charles - **NANCY**
✆ 03 83 48 88 20
https://maisonduvelo.grandnancy.eu
Ouvert le lundi de 14h à 18h15 et du mardi au samedi de 9h à 18h15 sans interruption.

Pour répondre aux besoins des cyclistes de plus en plus nombreux dans la métropole et convaincre les réfractaires, la Maison du Vélo propose désormais ses services dans un lieu adapté répondant lui-même à des normes environnementales strictes. Une flotte de 1 200 vélos, le choix est vaste : vélo classique, tandem, cargo, vélo à assistance électrique, BMX, mais aussi casques et accessoires. Des casiers à clef permettent aux usagers de déposer leurs affaires et de pédaler léger.

MAISONS DU VÉLO DU PAYS D'ÉPINAL, CŒUR DES VOSGES

233, chemin des Plages - **CHAUMOUSEY**
✆ 03 29 37 87 71
www.epinalvelo.fr
Ouvert tous les jours hormis les week-ends de décembre à février, de 8h30 à 12h30 et de 13h30 à 18h30.

VTT, Fatbike et tandems vous attendent à la Maison du vélo, située au bord du lac de Bouzey. Les moins sportifs seront enchantés de savoir qu'il est possible de louer des vélos électriques pour des balades tout confort. Les grands et les petits peuvent ainsi emprunter la voie verte, faire le tour du lac, découvrir les environs : de bons moments en famille. On vous renseignera sur des itinéraires touristiques mais aussi sur les itinéraires VTT. Il y a aussi un point de lavage de vélos.

MOB D'EMPLOI - LOCATION DE VÉLOS

7, place du Général-de-Gaulle
METZ
✆ 03 87 74 50 43
www.mobemploi.com
Ouvert du lundi au vendredi de 8h30 à 18h30. Le samedi et le dimanche de mars à octobre.

Désormais labellisée structure IAE (Insertion par l'Activité Économique), Mob d'emploi génère plusieurs emplois au sein d'un chantier d'insertion. Les vélos à louer dans les différentes agences se révèlent confortables et pratiques : VTC, carrioles enfants, vélos enfants, vélo pliable, tandem, VAE (vélos à assistance électrique) et sur demande un petit panier pour les courses ou encore un cadenas et casque. Ils sont munis d'antivols et de quoi rouler en toute sécurité.

NATUR'O VÉLO

233, chemin des Plages
CHAUMOUSEY
✆ 03 29 32 39 92
www.epinalvelo.fr
Tous les jours de 9h30 à 12h30 et de 14h à 18h.

Partir à l'aventure, d'un coup de pédale. C'est ce que propose Natur'O Vélo. Si vous n'avez pas de vélo ce n'est pas grave. Ici, il est possible de louer un vélo pour découvrir le territoire vosgien. Entre les 1 200 km de pistes VTT balisées et les 73 km de vélo-route le long du canal des Vosges, la petite reine est à la fête ! Située au port d'Épinal et donc au départ d'une balade le long du canal, elle fournit de précieuses informations sur les itinéraires, les 66 circuits labellisés FFC et loue des vélos, VTT et vélos à assistance électrique.

ROULE RAOUL

8, rue Gambetta - **METZ**
✆ 09 84 06 42 17
www.rouleraoul.net
Du mardi au vendredi de 10h à 13h et de 14h à 19h ; le samedi de 10h à 18h. Atelier de réparation.

Roule Raoul, est un magasin de vélos spécialisé dans le cyclisme de ville. C'est l'endroit idéal pour passer le pas et troquer sa voiture pour un bon vélo. Vous trouverez des vélos classiques, enfants, électriques, avec des équipements dédiés à l'usage urbain journalier. La sélection pointue de bicyclettes haut de gamme conviendra à ceux qui recherchent de la qualité. C'est à un technicien de qualité que vous pourrez vous adresser afin de profiter de précieux conseils, d'un service après-vente personnalisé ainsi que de forfaits réparation avantageux.

VÉLO & OXYGEN

29, boulevard André Magino - **METZ**
✆ 03 87 74 13 14
www.cycles-majchzak.fr/velo-metz/
Ouvert le lundi de 14h à 18h30 ; du mardi au samedi de 9h à 12h et de 14h à 18h30. Vente, réparation, location.

Créé en 1934, c'est l'un des plus anciens magasins de la ville ! Vélo & Oxygen vend des VTT, vélos de ville, vélos de route et des vélos électriques pour toute la famille. Selon votre préférence et votre morphologie, vous trouverez ce qu'il vous faut. Peugeot, Bianchi, Gitane, Définitive et d'autres : quelques marques bien choisies (les entreprises de fabrication sont pour la plupart françaises) ornent les murs du magasin. Aussi, de précieux conseils d'utilisation et d'entretien vous attendent à la boutique. Découvrez les joies du vélo !

VELO&OXYGEN - CYCLEUROPE

17, boulevard Antoine de Saint-Exupéry
MAIZIÈRES-LA-GRANDE-PAROISSE
✆ 09 64 46 14 60
www.cycleurope.fr
Ouvert du mardi au samedi de 10h à 12h et de 14h à 18h.

Ce magasin propose des modèles moyen et haut de gamme à des prix très concurrentiels. Le choix est restreint et les tailles pas toujours disponibles, mais vous avez la garantie de vous offrir un cycle de qualité pour le prix d'un moyen ailleurs. L'usine produit aussi des vélos électriques. Cycleurope propose des ventes en usine, à 50 %, sur des VTT, course, *outdoor*, VTC, électrique et enfants. Les dates ne sont pas largement diffusées, mais cela vaut le coup d'être futé et de les glaner, en sachant que les dernières ont lieu début décembre.

PASSEPORT

HAUTS-DE-FRANCE

Riche de ses paysages, de son histoire et de son patrimoine, la région des Hauts-de-France offre une grande variété d'aspects à découvrir. Elle se démarque par son territoire étendu et ses singularités, avec la Côte d'Opale et sa fameuse baie de Somme, qui fait partie des plus belles baies du monde. Avec une faune et une flore riches, ainsi que de nombreuses réserves naturelles et ornithologiques, la région séduit les amateurs de nature. Elle possède aussi de nombreux atouts du côté culturel et industriel. Parmi les régions les plus industrialisées de France, elle a su très tôt voir l'intérêt du tourisme industriel et s'engage dans la valorisation de son patrimoine et de son histoire. Capitale européenne de la culture, Lille a su développer son attractivité autour de nombreux événements culturels, qu'elle ne cesse d'enrichir. Fière de son passé, tournée vers l'avenir, c'est une région qui vous surprendra !

AUTOUR D'AMIENS
(SOMME)

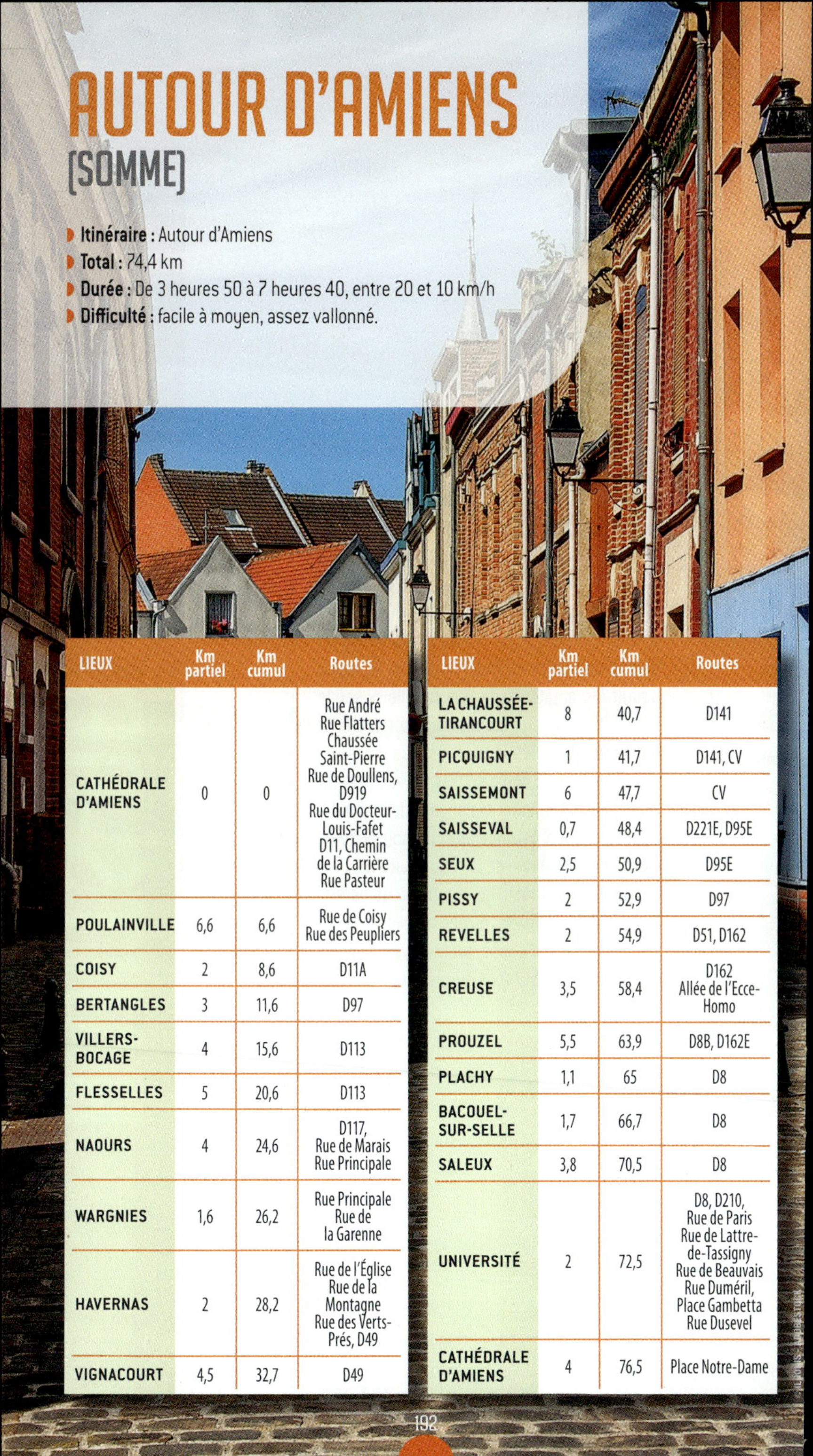

- **Itinéraire :** Autour d'Amiens
- **Total :** 74,4 km
- **Durée :** De 3 heures 50 à 7 heures 40, entre 20 et 10 km/h
- **Difficulté :** facile à moyen, assez vallonné.

LIEUX	Km partiel	Km cumul	Routes
CATHÉDRALE D'AMIENS	0	0	Rue André Rue Flatters Chaussée Saint-Pierre Rue de Doullens, D919 Rue du Docteur-Louis-Fafet D11, Chemin de la Carrière Rue Pasteur
POULAINVILLE	6,6	6,6	Rue de Coisy Rue des Peupliers
COISY	2	8,6	D11A
BERTANGLES	3	11,6	D97
VILLERS-BOCAGE	4	15,6	D113
FLESSELLES	5	20,6	D113
NAOURS	4	24,6	D117, Rue de Marais Rue Principale
WARGNIES	1,6	26,2	Rue Principale Rue de la Garenne
HAVERNAS	2	28,2	Rue de l'Église Rue de la Montagne Rue des Verts-Prés, D49
VIGNACOURT	4,5	32,7	D49
LA CHAUSSÉE-TIRANCOURT	8	40,7	D141
PICQUIGNY	1	41,7	D141, CV
SAISSEMONT	6	47,7	CV
SAISSEVAL	0,7	48,4	D221E, D95E
SEUX	2,5	50,9	D95E
PISSY	2	52,9	D97
REVELLES	2	54,9	D51, D162
CREUSE	3,5	58,4	D162 Allée de l'Ecce-Homo
PROUZEL	5,5	63,9	D8B, D162E
PLACHY	1,1	65	D8
BACOUEL-SUR-SELLE	1,7	66,7	D8
SALEUX	3,8	70,5	D8
UNIVERSITÉ	2	72,5	D8, D210, Rue de Paris Rue de Lattre-de-Tassigny Rue de Beauvais Rue Duméril, Place Gambetta Rue Dusevel
CATHÉDRALE D'AMIENS	4	76,5	Place Notre-Dame

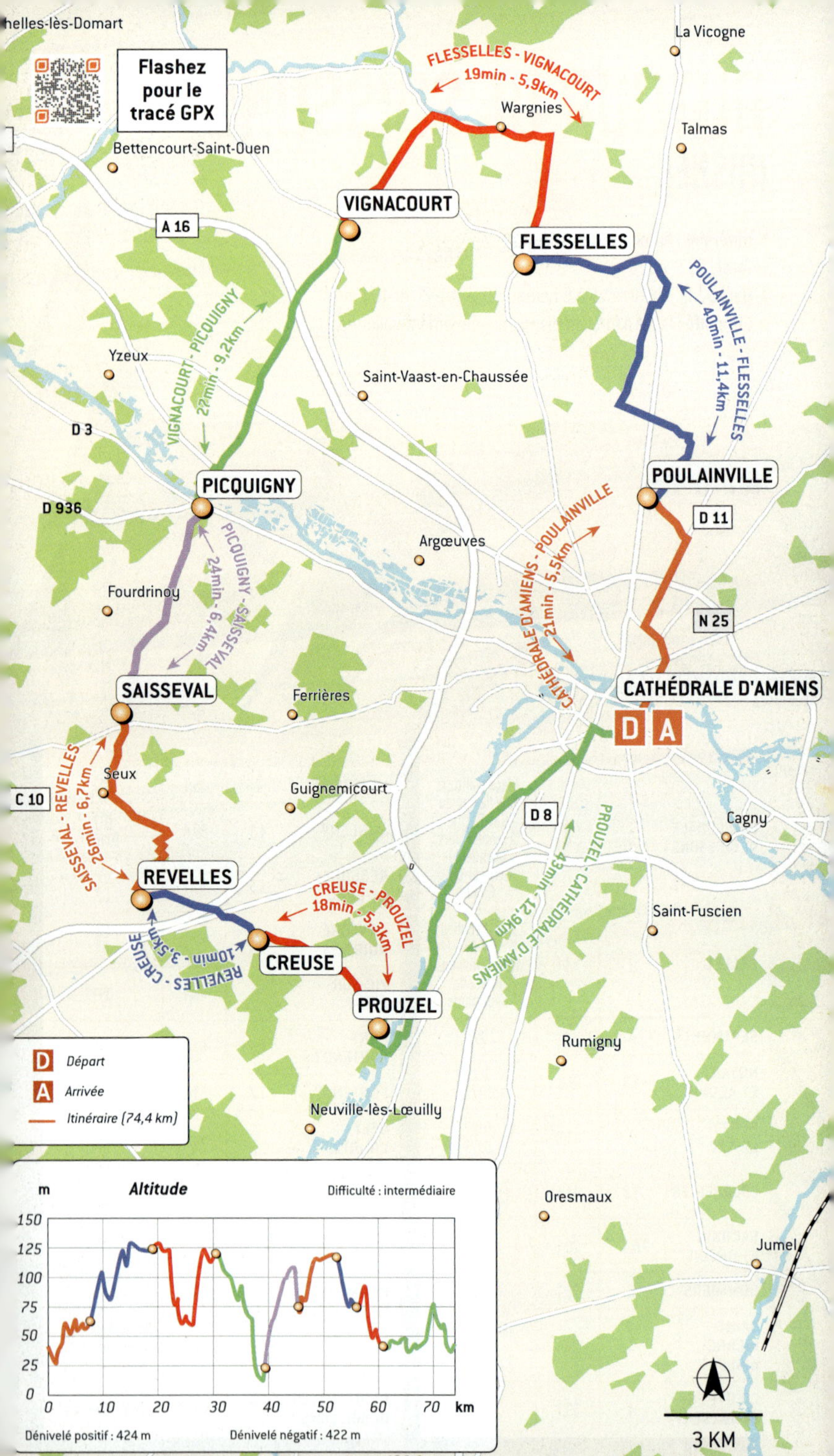
Flashez pour le tracé GPX
FLESSELLES - VIGNACOURT 19min - 5,9km
VIGNACOURT - PICQUIGNY 22min - 9,2km
POULAINVILLE - FLESSELLES 40min - 11,4km
PICQUIGNY - SAISSEVAL 24min - 6,4km
CATHÉDRALE D'AMIENS - POULAINVILLE 21min - 5,5km
SAISSEVAL - REVELLES 26min - 6,7km
CREUSE - PROUZEL 18min - 5,3km
REVELLES - CREUSE 10min - 3,5km
PROUZEL - CATHÉDRALE D'AMIENS 43min - 12,9km
VIGNACOURT
FLESSELLES
PICQUIGNY
POULAINVILLE
SAISSEVAL
CATHÉDRALE D'AMIENS
REVELLES
CREUSE
PROUZEL
D
A
La Vicogne
Wargnies
Talmas
Bettencourt-Saint-Ouen
Yzeux
Saint-Vaast-en-Chaussée
Argœuves
Fourdrinoy
Ferrières
Seux
Guignemicourt
Cagny
Saint-Fuscien
Rumigny
Neuville-lès-Lœuilly
Oresmaux
Jumel
A 16
D 3
D 936
D 11
N 25
C 10
D 8
D Départ
A Arrivée
Itinéraire (74,4 km)
Altitude
m
Difficulté : intermédiaire
150
125
100
75
50
25
0
0 10 20 30 40 50 60 70 km
Dénivelé positif : 424 m
Dénivelé négatif : 422 m
3 KM

AUTOUR DE SOISSONS

(AISNE)

- **Itinéraire :** Autour de Soissons
- **Total :** 63,8 km
- **Durée :** de 3 heures 15 à 6 heures 30, entre 20 et 10 km/h
- **Difficulté :** facile à intermédiaire, moyennement vallonné.

LIEUX	Km partiel	Km cumul	Routes
CATHÉDRALE DE SOISSONS	0	0	Place Mantoue Rue de Panieu Rue Racine Avenue Thiers Avenue du Général-De-Gaulle
BELLEU	3	3	Rue de Belleu D6 Rue d'Orcamps Route de Septmonts
SEPTMONTS	4	7	D95
NOYANT-ET-ACONIN	1,8	8,8	D95 D177
BERZY-LE-SEC	3	11,8	D177 D173
COURMELLES	1,8	13,6	D1590 D944
SACONIN-ET-BREUIL	6,5	20,1	D94
DOMMIERS	6	26,1	D172
SAINT-PIERRE-AIGLE	3	29,1	D17
CŒUVRES-ET-VALSERY	4	33,1	D17
LAVERSINE	2	35,1	D17
AMBLENY	4,5	39,6	D17 D1160
RESSONS-LE-LONG	3,5	43,1	CV D2
LA VACHE NOIRE	4	47,1	CV D2
VIC-SUR-AISNE	1	48,1	D91
PORT-FONTENOY	4,5	52,6	D91
FONTENOY	1,2	53,8	D91
OSLY-COURTIL	3	56,8	D91
COURTIL	2	58,8	D91
POMMIERS	1,5	60,3	D91 Boulevard Édouard-Branly Avenue de Pasly Rue de Bordeaux Boulevard Pasteur Rue du Faubourg-Saint-Christophe Rue de la Buerie
CATHÉDRALE DE SOISSONS	4,5	64,8	Place Mantoue

IDEA_STUDIO - ADOBESTOCK

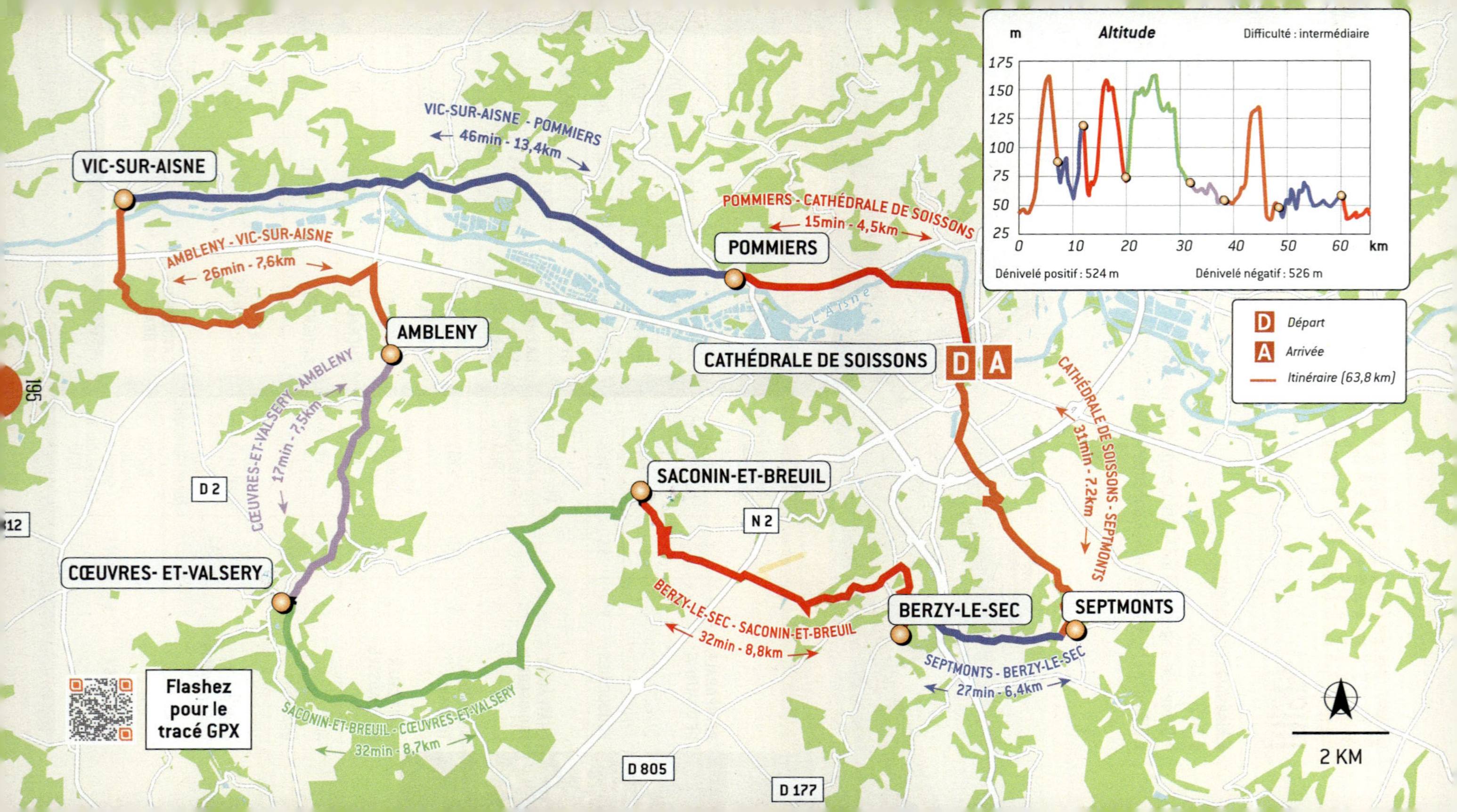

Altitude
Difficulté : intermédiaire
m
175
150
125
100
75
50
25
0
10
20
30
40
50
60
km
Dénivelé positif : 524 m
Dénivelé négatif : 526 m
D Départ
A Arrivée
Itinéraire (63,8 km)
VIC-SUR-AISNE
VIC-SUR-AISNE - POMMIERS
46min - 13,4km
POMMIERS
POMMIERS - CATHÉDRALE DE SOISSONS
15min - 4,5km
CATHÉDRALE DE SOISSONS
D A
CATHÉDRALE DE SOISSONS - SEPTMONTS
31min - 7.2km
SEPTMONTS
SEPTMONTS - BERZY-LE-SEC
27min - 6,4km
BERZY-LE-SEC
BERZY-LE-SEC - SACONIN-ET-BREUIL
32min - 8,8km
SACONIN-ET-BREUIL
SACONIN-ET-BREUIL - CŒUVRES-ET-VALSERY
32min - 8,7km
CŒUVRES- ET-VALSERY
CŒUVRES-ET-VALSERY - AMBLENY
17min - 7,5km
AMBLENY
AMBLENY - VIC-SUR-AISNE
26min - 7,6km
L'Aisne
D 2
N 2
D 805
D 177
Flashez pour le tracé GPX
2 KM

LE BEAUVAISIS

(OISE)

- **Itinéraire :** Le Beauvaisis
- **Total :** 73,6 km
- **Durée :** De 3 heures 30 à 7 heures, entre 20 et 10 km/h
- **Difficulté :** facile à moyen, moyennement vallonné.

LIEUX	Km partiel	Km cumul	Routes
CATHÉDRALE DE BEAUVAIS	0	0	Rue Saint-Pierre Rue du Général-Leclerc Rue de Saint-Just-des-Marais Rue de Savignies D1 D616
FOUQUENIES	5,5	5,5	D616
CHÂTEAU DE TROISSEREUX	2,5	8	D616, D133 Allée de la Tanche Rue Jacques-Topin Rue des Étangs D133
MILLY-SUR-THÉRAIN	5	13	D615
SAINT-OMER-EN-CHAUSSÉE	3,5	16,5	Rue de la Gare Rue du Moulin-des-Forges CV
ACHY	4,5	21	CV
BEAUPRÉ	2,5	23,5	D901
MARSEILLE-EN-BEAUVAISIS	1	24,5	D901 Rue de la Chapelle Rue du Thérinet Boissy Rue de l'Abreuvoir
ROY-BOISSY	3	27,5	Rue des Renardières Grand-Rue Rue du Moulin D119

LIEUX	Km partiel	Km cumul	Routes
THÉRINES	3	30,5	Rue de la Mairie CV
OMÉCOURT	3,5	34	CV
LOUEUSE	1,9	35,9	CV, D107
RIFFIN	4,5	40,3	D107
SONGEONS	2,5	42,8	D133, D95
GERBEROY	2	44,8	D95, D930
LA CHAPELLE-SOUS-GERBEROY	1,5	46,3	CV
MARTINCOURT	2,5	48,8	D22
CRILLON	2,5	51,3	D22, CV
HAUCOURT	2	53,5	CV
LHÉRAULE	4	57,3	D1
SAVIGNIES	4	61,3	D1 D626
SAINT-JUST-DES-MARAIS	6,8	68,1	D1 Rue de Savignies
CATHÉDRALE DE BEAUVAIS	2,5	70,6	Rue de Saint-Just-des-Marais Rue du Général-Leclerc Rue Saint-Pierre

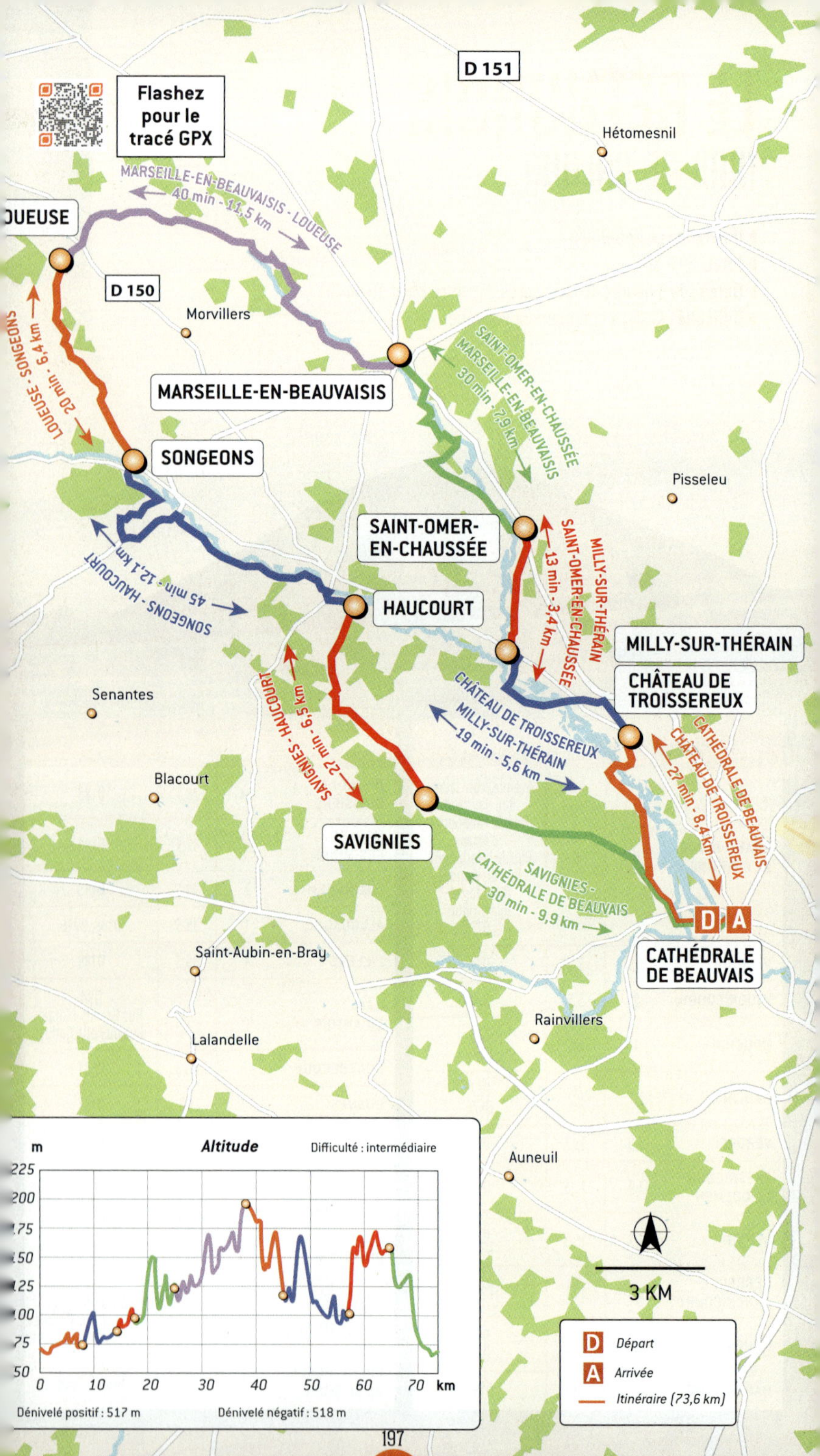

Flashez pour le tracé GPX
D 151
D 150
Hétomesnil
MARSEILLE-EN-BEAUVAISIS - LOUEUSE
40 min - 11,5 km
LOUEUSE
Morvillers
LOUEUSE - SONGEONS
20 min - 6,4 km
MARSEILLE-EN-BEAUVAISIS
SONGEONS
SAINT-OMER-EN-CHAUSSÉE - MARSEILLE-EN-BEAUVAISIS
30 min - 7,9 km
Pisseleu
SAINT-OMER-EN-CHAUSSÉE
MILLY-SUR-THÉRAIN - SAINT-OMER-EN-CHAUSSÉE
13 min - 3,4 km
SONGEONS - HAUCOURT
45 min - 12,1 km
HAUCOURT
MILLY-SUR-THÉRAIN
CHÂTEAU DE TROISSEREUX
Senantes
SAVIGNIES - HAUCOURT
27 min - 6,5 km
CHÂTEAU DE TROISSEREUX - MILLY-SUR-THÉRAIN
19 min - 5,6 km
CATHÉDRALE DE BEAUVAIS - CHÂTEAU DE TROISSEREUX
27 min - 8,4 km
Blacourt
SAVIGNIES
SAVIGNIES - CATHÉDRALE DE BEAUVAIS
30 min - 9,9 km
D
A
CATHÉDRALE DE BEAUVAIS
Saint-Aubin-en-Bray
Rainvillers
Lalandelle
Auneuil
Altitude
Difficulté : intermédiaire
m
225
200
175
150
125
100
75
50
0
10
20
30
40
50
60
70
km
Dénivelé positif : 517 m
Dénivelé négatif : 518 m
3 KM
Départ
Arrivée
Itinéraire (73,6 km)

LE BÉTHUNOIS
(PAS-DE-CALAIS)

- **Itinéraire :** Le Béthunois
- **Total :** 69,7 km
- **Durée :** de 3 heures 18 à 6 heures 36, entre 20 et 10 km/h
- **Difficulté :** facile, moyennement vallonné.

LIEUX	Km partiel	Km cumul	Routes
GRAND-PLACE DE BÉTHUNE	0	0	Avenue Jean-Jaurès Rue Haynaud Rue du Faubourg-d'Arras Rue de l'Horlogerie Rue de Verquin Rue Marcel Rue Virique D72
VERQUIN	3,5	3,5	D72
VAUDRICOURT	2	5,5	D72
HOUCHIN	1	6,5	D72 D171
BARLIN	2,7	9,2	D57 D57E
VERDREL	4,5	13,7	D57
FRESNICOURT-LE-DOLMEN	1,9	15,6	D57
OLHAIN	1,2	16,8	D57 D341
REBREUVE-RANCHICOURT	2,3	19,1	D341
HOUDAIN	2,5	21,6	D57 D86
HAILLICOURT	4,5	26,1	D188

LIEUX	Km partiel	Km cumul	Routes
BRUAY-LA-BUISSIÈRE	2,4	28,5	D188
MARLES-LES-MINES	4	32,5	D188
LOZINGHEM	2	34,5	D188
ALLOUAGNE	1	35,5	D188, D916
LILLERS	4	39,5	D188
HAM-EN-ARTOIS	3,5	43	D94 Rue Grands-Marais Rue du Petit-Carluy
GUARBECQUE	3,5	46,5	D187
BUSNES	3,5	50	D187
L'ECLÈME	2	52	D187
BUSNETTES	2	54	D182
GONNEHEM	5	59	D181, D182, D181
OBLIGHEM	2,5	61,5	D181E6 D180
VENDIN-LÈS-BÉTHUNE	2	63,5	Rue des Martyrs Avenue de la Morinie D937, Rue Carnot
GRAND-PLACE DE BÉTHUNE	2,6	66,1	Grand-Place

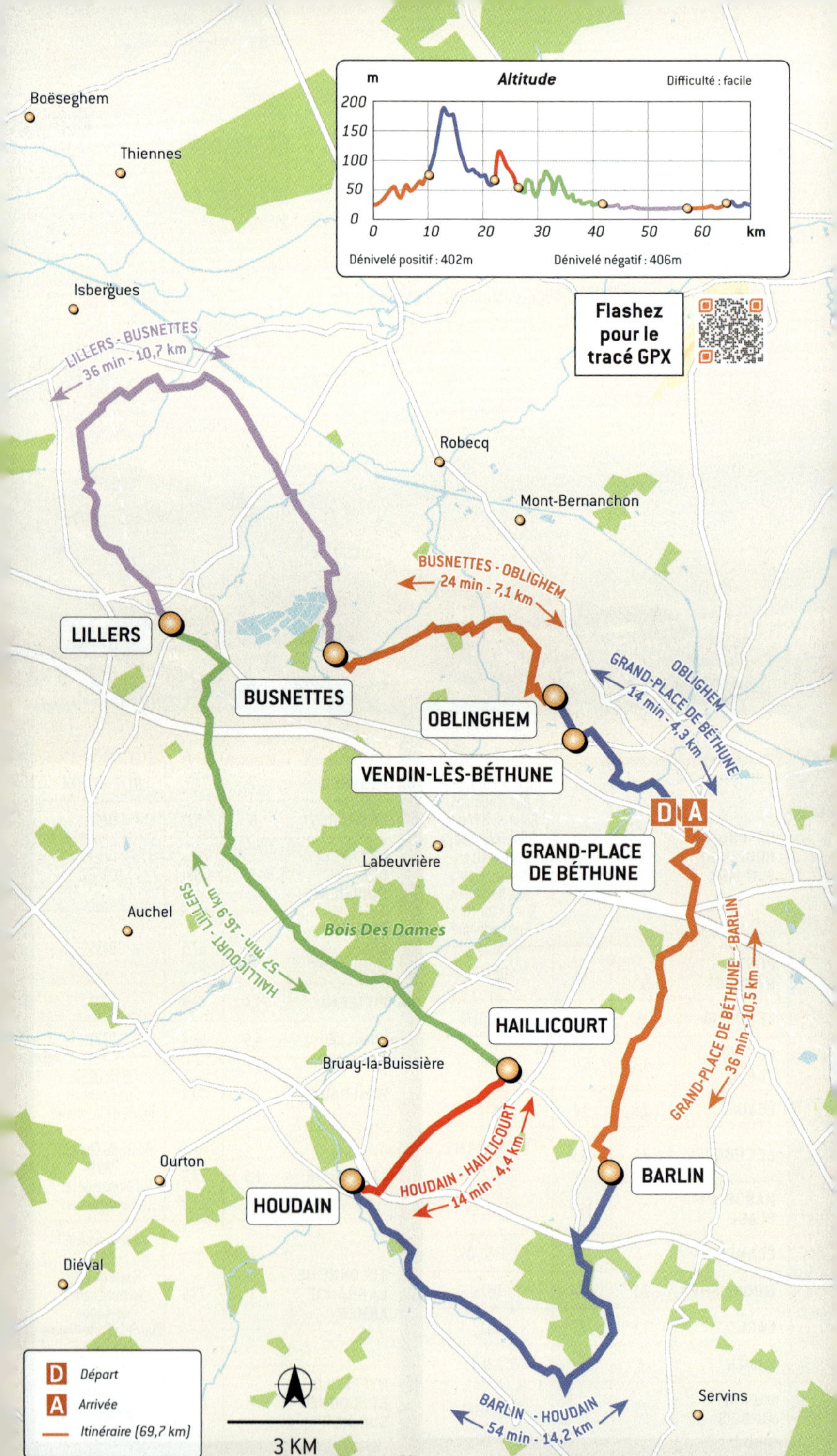
m
Altitude
Difficulté : facile
200
150
100
50
0
0
10
20
30
40
50
60
km
Dénivelé positif : 402m
Dénivelé négatif : 406m
Flashez pour le tracé GPX
Boëseghem
Thiennes
Isbergues
LILLERS - BUSNETTES
36 min - 10,7 km
Robecq
Mont-Bernanchon
BUSNETTES - OBLIGHEM
24 min - 7,1 km
LILLERS
BUSNETTES
OBLINGHEM
GRAND-PLACE DE BÉTHUNE - OBLIGHEM
14 min - 4,3 km
VENDIN-LÈS-BÉTHUNE
D
A
GRAND-PLACE
DE BÉTHUNE
Labeuvrière
Auchel
Bois Des Dames
HAILLICOURT - LILLERS
57 min - 16,9 km
GRAND-PLACE DE BÉTHUNE - BARLIN
36 min - 10,5 km
HAILLICOURT
Bruay-la-Buissière
HOUDAIN - HAILLICOURT
14 min - 4,4 km
Ourton
HOUDAIN
BARLIN
Diéval
Servins
BARLIN - HOUDAIN
54 min - 14,2 km
Départ
Arrivée
Itinéraire (69,7 km)
3 KM

LE BOULONNAIS (PAS-DE-CALAIS)

- **Itinéraire :** le Boulonnais
- **Total :** 74,5 km
- **Difficulté :** facile à moyen, de peu vallonné à vallonné.

LIEUX	Km partiel	Km cumul	Routes
BEFFROI DE BOULOGNE-SUR-MER	0	0	Rue de l'Oratoire Rue d'Aumont Boulevard Eurvin Boulevard du Prince-Albert Rue des Pipots Rue Nationale Rue Victor-Hugo Rue Faidherbe
PONT MARQUET	1,4	1,4	D236E
LE PORTEL	2	3,4	D236, D119
EQUIHEN-PLAGE	3,5	6,9	D119
ÉCAULT	2,5	9,4	D119
LE CHOQUEL	2,5	11,9	CV, Rue des Lacs, D113E
HARDELOT-PLAGE	5	16,9	D113E, CV
ÉCAMES	7	23,9	CV, D240, D52
MOURLIGHEN	2,5	26,4	D52
CARLY	1,3	27,7	D52
SAMER	4	31,7	D52, D215
WIERRE-AU-BOIS	7,3	39	D215, D341
DESVRES	7	46	D127, RF, D254
CRÉMAREST	6	52	D254
LA CAPELLE-LÈS-BOULOGNE	7	59	D233E2
PERNES-LÈS-BOULOGNE	3,5	62,5	D233
PITTEFAUX	1,4	63,9	D233
WIMILLE	4,5	68,4	D233
WIMEREUX	2	70,4	D940, D233E Rue Regnault Route de la Poterie
LA POTERIE	2,5	72,9	Route du Chemin-Vert Colonne de la Grande Armée
COLONNE DE LA GRANDE ARMÉE	1	73,9	Rue Napoléon D96 Route de Paris Avenue Charles-de-Gaulle Rue de la Porte-Neuve Rue de Lille
BEFFROI DE BOULOGNE-SUR-MER	2	75,9	Place Godefroy-de-Bouillon

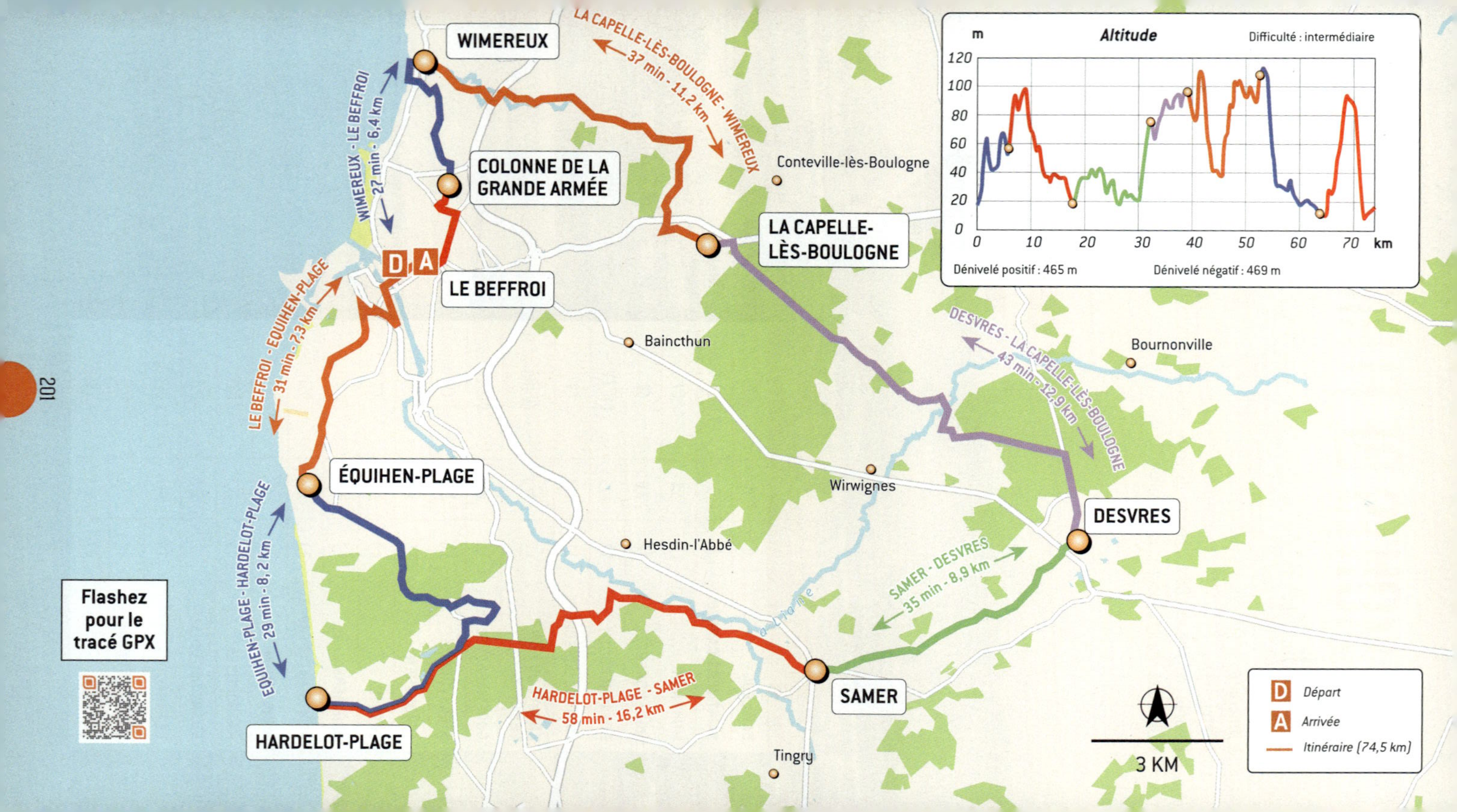
Altitude
Difficulté : intermédiaire
m
120
100
80
60
40
20
0
0
10
20
30
40
50
60
70
km
Dénivelé positif : 465 m
Dénivelé négatif : 469 m
WIMEREUX
LA CAPELLE-LÈS-BOULOGNE - WIMEREUX
37 min - 11,2 km
WIMEREUX - LE BEFFROI
27 min - 6,4 km
COLONNE DE LA GRANDE ARMÉE
Conteville-lès-Boulogne
LA CAPELLE-LÈS-BOULOGNE
D A
LE BEFFROI
LE BEFFROI - EQUIHEN-PLAGE
31 min - 7,3 km
Baincthun
DESVRES - LA CAPELLE-LÈS-BOULOGNE
43 min - 12,9 km
Bournonville
ÉQUIHEN-PLAGE
Wirwignes
DESVRES
EQUIHEN-PLAGE - HARDELOT-PLAGE
29 min - 8,2 km
Hesdin-l'Abbé
SAMER - DESVRES
35 min - 8,9 km
la Liane
Flashez pour le tracé GPX
HARDELOT-PLAGE - SAMER
58 min - 16,2 km
SAMER
HARDELOT-PLAGE
Tingry
3 KM
D Départ
A Arrivée
Itinéraire (74,5 km)

LES MONTS DE FLANDRES
(NORD)

- **Itinéraire :** Les monts des Flandres
- **Total :** 64 km
- **Durée :** de 3 heures 08 à 6 heures 16, entre 20 et 10 km/h
- **Difficulté :** facile à moyen, assez vallonné.

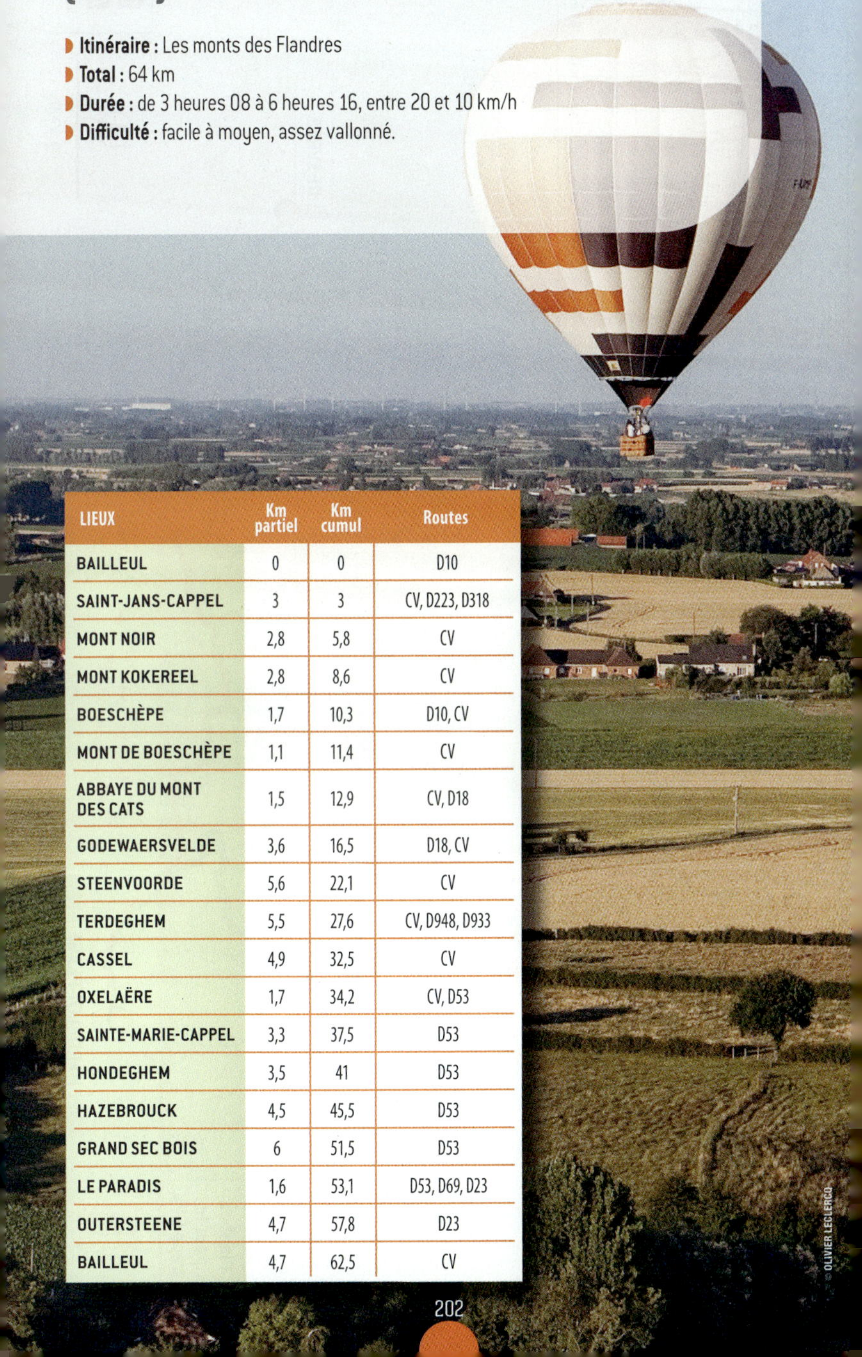

© OLIVIER LECLERCQ

LIEUX	Km partiel	Km cumul	Routes
BAILLEUL	0	0	D10
SAINT-JANS-CAPPEL	3	3	CV, D223, D318
MONT NOIR	2,8	5,8	CV
MONT KOKEREEL	2,8	8,6	CV
BOESCHÈPE	1,7	10,3	D10, CV
MONT DE BOESCHÈPE	1,1	11,4	CV
ABBAYE DU MONT DES CATS	1,5	12,9	CV, D18
GODEWAERSVELDE	3,6	16,5	D18, CV
STEENVOORDE	5,6	22,1	CV
TERDEGHEM	5,5	27,6	CV, D948, D933
CASSEL	4,9	32,5	CV
OXELAËRE	1,7	34,2	CV, D53
SAINTE-MARIE-CAPPEL	3,3	37,5	D53
HONDEGHEM	3,5	41	D53
HAZEBROUCK	4,5	45,5	D53
GRAND SEC BOIS	6	51,5	D53
LE PARADIS	1,6	53,1	D53, D69, D23
OUTERSTEENE	4,7	57,8	D23
BAILLEUL	4,7	62,5	CV

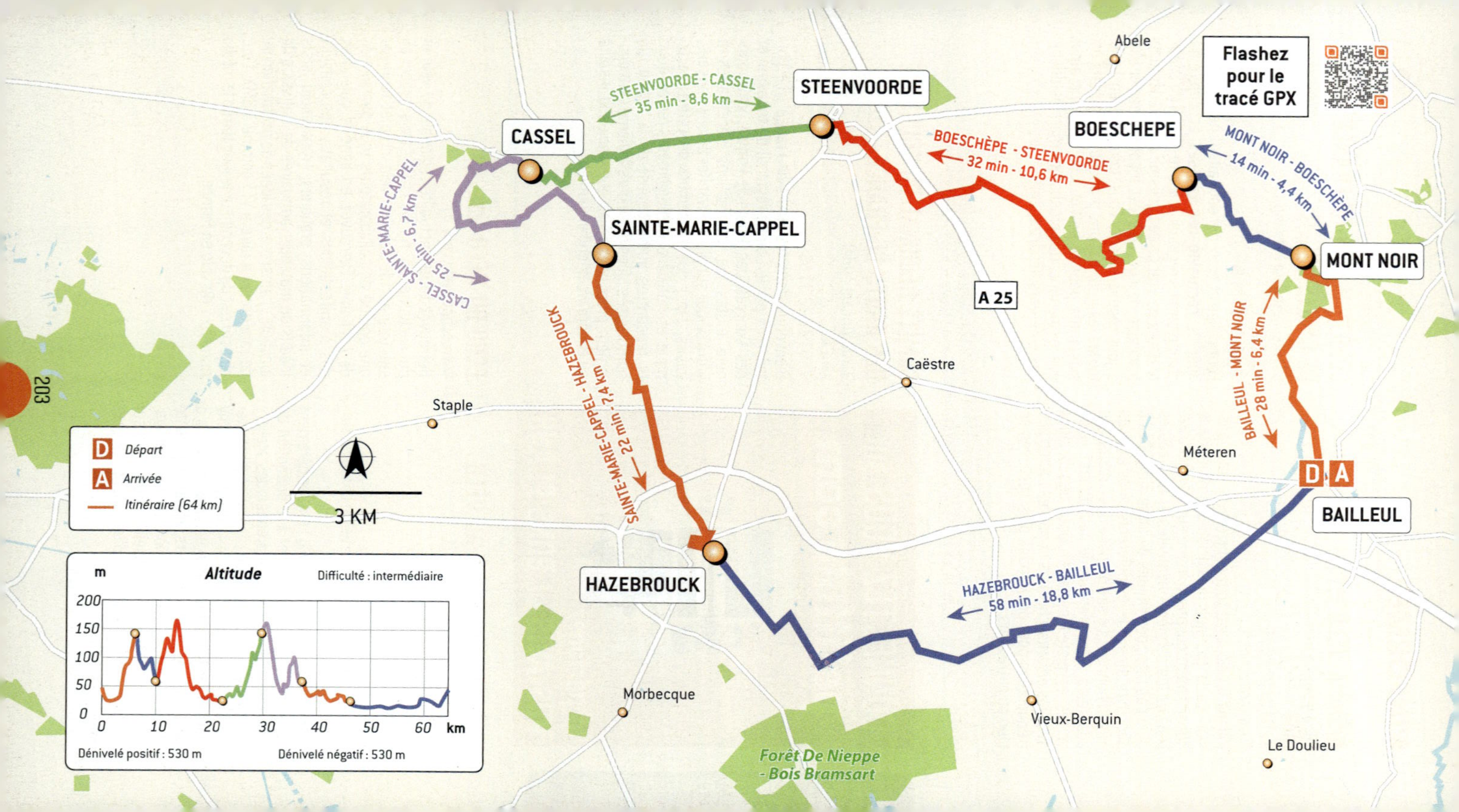

Flashez pour le tracé GPX
STEENVOORDE
CASSEL
SAINTE-MARIE-CAPPEL
BOESCHEPE
MONT NOIR
BAILLEUL
HAZEBROUCK
STEENVOORDE - CASSEL
35 min - 8,6 km
BOESCHÈPE - STEENVOORDE
32 min - 10,6 km
MONT NOIR - BOESCHÈPE
14 min - 4,4 km
BAILLEUL - MONT NOIR
28 min - 6,4 km
HAZEBROUCK - BAILLEUL
58 min - 18,8 km
SAINTE-MARIE-CAPPEL - HAZEBROUCK
22 min - 7,4 km
CASSEL - SAINTE-MARIE-CAPPEL
25 min - 6,7 km
Abele
Caëstre
Staple
Méteren
Morbecque
Vieux-Berquin
Le Doulieu
Forêt De Nieppe - Bois Bramsart
A 25
D
A
3 KM
D Départ
A Arrivée
Itinéraire (64 km)
Altitude
Difficulté : intermédiaire
m
200
150
100
50
0
0
10
20
30
40
50
60
km
Dénivelé positif : 530 m
Dénivelé négatif : 530 m

AISNE A VELO

26, avenue Charles-De-Gaulle
LAON
✆ 03 23 27 76 76
www.randonner.fr

L'Aisne à vélo, c'est tout simplement votre passion de la pratique du cyclotourisme dans le département qui prend forme sur Internet ! Retrouvez les dernières actualités et nouveautés à ne pas rater, des circuits de toute difficultés à découvrir ainsi que les différents clubs axonais mis à l'honneur. Le site propose des circuits vélo adaptés à votre pratique du deux-roues : voies vertes et pistes cyclables pour des balades avec les enfants, chemins et petites routes peu fréquentées pour des randos plus sportives en club ou entre amis.

ASSOCIATION DROIT AU VÉLO [ADAV]

5, rue Jules de Vicq - **LILLE**
✆ 03 20 86 17 25
www.droitauvelo.org

Dates et horaires des ateliers vélo à consulter sur le site Internet.

L'Association Droit Au Vélo est entièrement dédiée au développement et à la promotion du vélo en milieu urbain. Elle propose des ateliers où il vous sera possible de réparer et d'entretenir votre vélo avec l'aide des bénévoles. L'ADAV défend également un large panel de services à vélo dans la région : coursiers, vélos-taxis, vente de café mobile... Si l'adhésion n'est pas obligatoire, elle est toutefois conseillée. Retrouvez sur le site Internet le local le plus proche de chez vous.

COMITÉ HAUTS-DE-FRANCE DE CYCLISME

59, rue Alexandre Fléming
ROUBAIX
✆ 03 20 65 31 67

Pour celles et ceux qui souhaitent ne rien manquer de l'actualité des courses et différents championnats régionaux, le site officiel du Comité Hauts-de-France de Cyclisme de la Fédération française de cyclisme est incontournable. Mis à jour régulièrement, vous trouverez en ligne toutes les informations pratiques et formations existantes pour la pratique du cyclisme ainsi que le calendrier des prochaines manifestations des différents départements.

COMITÉ RÉGIONAL DU TOURISME DES HAUTS-DE-FRANCE

3, rue Vincent Auriol
AMIENS
✆ 03 22 22 33 66

Bienvenue dans les Hauts-de-France ! Ce portail, créé par le Comité régional du tourisme et des Congrès des Hauts-de-France, vous donnera toutes les informations nécessaires à votre séjour sur place : manifestations, musées, loisirs, ainsi que l'ensemble de l'offre touristique et hôtelière (hébergement, restauration et rencontres authentiques) de la région. De nombreuses idées de séjours à thème sont également proposées telles que week-end insolite ou encore week-end en famille.

ECHO DU VÉLO

www.echoduvelo.com

Retrouvez toute l'actualité régionale du vélo et du cyclisme en Nord-Pas-De-Calais grâce au site Internet de Écho du vélo, créé et tenu par une équipe de collaborateurs tous passionnés de cyclisme. Retrouvez en ligne le calendrier des manifestations et résultats, des conseils et informations pratiques (réparation, tests inédits de matériels, annuaires de magasins de location...) ainsi que des idées de destination ou de randonnée à faire à VTT comme à BMX. Leur objectif est de devenir sur le long terme le média numéro 1 du vélo en France.

BAIE CYCLETTE

SAINT-VALERY-SUR-SOMME

www.baiecyclette.com

La Baie de Somme à vélo. Plusieurs itinéraires possibles, selon l'envie et la distance, de 1 à 160 km.

La baie de Somme compte 49 km de pistes cyclables et neuf itinéraires, dont trois balisés au départ de Saint-Valéry. Chaque parcours de 8 à 28 km est symbolisé par une couleur et un oiseau de la baie. Avec l'arrivée récente de la Vélomaritime, c'est aussi l'opportunité de rejoindre une Eurovéloroute qui s'offre à vous, pour un voyage infiniment plus long, maritime et rempli de découverte ! En attendant de pouvoir pédaler le nez au vent, n'hésitez pas à préparer votre futur voyage sur le site Internet, remarquablement fourni et détaillé.

CIRCUIT DU MARAIS DES VACHES. IGN 2605 O

MARCHIENNES

Longueur 7 km, durée 2h20.

Ce circuit sans difficulté qui de la mairie de Tilloy-lez-Marchiennes à la découverte de milieux caractéristiques de la Scarpe : forêts, prairies humides et fossés de drainage. Chevreuils, écureuils, chouettes et hiboux pourront aussi vous saluer. Au printemps, vous sentirez les odeurs fortes de l'ail des ours. Ne partez pas sans vos jumelles : en plus des paysages, vous pourrez apprécier et observer la diversité des espèces d'oiseaux de la région.

CIRCUIT DE LA CANARDERIE. IGN 2605 E

CONDÉ-SUR-L'ESCAUT

10 km. 2h30 à pied.

En empruntant une passerelle, on longe le canal pour arriver à l'étang Chaboud-Latour. N'oubliez pas vos jumelles pour observer les nombreux oiseaux. Le chemin continue vers les remparts avant de retourner dans la ville. L'église Saint-Wasnon, classée Monument historique, mérite que l'on s'y arrête pour la visiter. Vous pourrez observer le château de Baillleul ainsi que le beffroi et un ancien moulin à eau un peu plus loin. C'est une randonnée tout à la fois sportive et culturelle !

CIRCUIT DU MONT DES RECOLLETS. IGN 2303-2403

TERDEGHEM

Durée environ 1h15.

Ce circuit entoure entièrement le mont Cassel et le mont des Récollets. Départ de Cassel par la D933 qui descend vers Bailleul, puis prendre le chemin de la Perche. Descendre le Trou du Diable puis suivre le chemin du Temple, tourner à la chapelle et arriver dans le hameau de Ryveld. Puis, direction Oudezeele par les rues flamandes et, une fois au village, suivre l'allée des Chênes. En continuant par le chemin, on retrouve Ryveld et en allant vers Terdeghem on découvre le panorama.

CIRCUIT DU MARAIS DES ONZE VILLES. IGN 2605 O

MARCHIENNES

www.pnr-scarpe-escaut.fr

7 km. 2h20 à pied.

Voici un circuit très diversifié ! Le sentier part de Rieulay pour vous conduire dans les prairies, peupleraies et les marais environnants. Privilégiez d'ailleurs la période d'avril à octobre afin d'éviter la saison la plus humide. Des étangs et de jolis boisements animeront votre randonnée. Remarquez également la diversité de la haie : saules, charmes, chênes, hêtres, noisetiers, aulnes et de la faune, ravie de profiter à la fois des zones humides et des arbres.

LA COURSE DU PARIS-ROUBAIX

Rue Alexandre Fleming

ROUBAIX

www.paris-roubaix.fr

En avril (le deuxième dimanche du mois). Entrée gratuite sur le vélodrome.

La métropole accueille chaque année au printemps une des plus belles courses du calendrier international : Paris-Roubaix. Si on la surnomme « l'Enfer du Nord », ce n'est pas pour rien : plus de 250 km entre Compiègne et Roubaix, dont environ 60 km de secteurs pavés dont le Carrefour de l'Arbre ou la Trouée d'Arenberg. Depuis 1896, le mythique vélodrome de Roubaix accueille l'arrivée de ceux qui parviennent à aller au bout de la terrible épreuve. Un spectacle à voir au moins une fois !

DECOUVERTE DU PATRIMOINE D'AMIENS A VELO

23, place Notre-Dame - **AMIENS**
✆ 03 22 71 60 50
www.amiens-tourisme.com
Distance 15 km. Durée environ 1h30. Circuit facile, sans balisage.

En quelques coups de pédales, cet itinéraire vous conduit aux lieux et monuments phares d'Amiens. Depuis l'hôtel de ville, dirigez-vous vers le beffroi, classé au patrimoine mondial de l'Unesco. Poursuivez par la place Aristide-Briand et rendez-vous à la tour Perret via le quartier Saint-Leu. Direction ensuite la place Gambetta pour une pause en terrasse et repartez vers la cathédrale, le palais de justice, l'hôtel Bouctot-Vagniez, la maison Jules Verne, et enfin le musée de Picardie.

EUROVÉLOROUTE 4 - LA VELOMARITIME

3, place des Fusillés
BRAY-DUNES
https://www.lavelomaritime.fr/
Route intégrée à l'eurovélo N° 4 et à la vélomaritime (de Dunkerque à Roscoff).

L'agglomération dunkerquoise est traversée par 53 km de l'Eurovéloroute n° 4. Sur ce tronçon, on peut faire plusieurs belles promenades à Grand-Fort-Philippe ou encore relier le Parc Galamé de Loon-Plage au lac du Puythouck. Le tronçon le plus long concerne celui qui part de la mairie de Bray-Dunes et qui arrive à Rosendaël. Sur cette belle piste agréable à rouler et sécurisée, vous longerez la côte de Bray-Dunes à Leffrinckoucke et ses paysages maritimes.

PEPS TRIKE

62, rue Abel Gance
COUDEKERQUE-BRANCHE
✆ 06 01 23 92 05
peps-trike.fr
Ouvert toute l'année. Sur rendez-vous. 59 €/adulte pour une sortie de 3h encadrée.

Découvrez le trike, ce vélo à trois roues qui se pilote couché. Le rendez-vous se fait au parc du Fort-Louis à Coudekerque-Branche. Là, vous êtes aux portes de trois heures d'une balade nature. Vous pourrez rejoindre Bergues à travers le bois des Forts. 300 mètres de macadam seulement, après ce sont des petits chemins. Une dizaine de minutes vous seront nécessaires pour prendre en main votre trike après une petite séquence ludique et pédagogique. Ensuite à vous la liberté ! Activité de loisirs douce, le trike revêt aussi un volet social et sport santé.

STAB VÉLODROME

59, rue Alexandre Fleming - **ROUBAIX**
✆ 03 20 65 31 60
www.stabvelodromeroubaix.fr
Horaires et calendriers des activités sur le site. Baptême de piste dès 20 €. Badminton, musculation, fitness.

Envie de vivre une expérience unique et faire le plein d'adrénaline ? Offrez-vous un baptême sur la piste du Stab, inclinée à 44,3°, dans le vélodrome couvert de Roubaix. Pas besoin de venir avec du matériel, il est fourni sur place (vélo, chaussures, casques et gants). Des séances de découverte du cyclisme sur piste ouvertes y sont également organisées pour tous, même les petits. On y trouve aussi des terrains de badminton, des salles de musculation, des cours de fitness et même une piste de BMX gérée par le Vélo Club de Roubaix.

LE TOUR DU CHAMP DE BATAILLE. IGN 2303

TERDEGHEM

Partez à Noordpeene devant l'église, puis prenez la route de Zuytpeene. Suivez la RD26 et bifurquez au cimetière jusqu'à une ferme. Rendez-vous à Zuytpeene, puis suivez la course rue de Mutse, puis chemin de Bambrugge. Au-dessus d'une ferme, prenez un chemin de campagne, l'Abdis Weg, qui mène à Watten si l'on n'y prend garde… Mais avant, tournez à la rue de la Lanterne puis le RD209 et ensuite la route de Bourbourg et retournez vers Nordpeene par le chemin du Couvent.

VOIE VERTE ENTRE WAILLY ET SAULTY

Voie verte départementale Dainville-Saulty
RIVIÈRE
www.af3v.org
Distance 12 km.

Vous empruntez la toute première voie verte en asphalte de la région Nord-Pas-de-Calais. Aménagée sur le tracé d'une ancienne voie ferrée, elle relie Wailly à Saulty via Beaumetz-lès-Loges, Basseux, Bailleulval, Bailleulmont, Bavincourt et La Herlière ; si vous habitez ces communes, vous venez de trouver votre terrain de jeu ! Sachez également que vous évoluez sur une portion de la Véloroute de la Mémoire, qui relie les champs de bataille de la Grande Guerre.

B'TWIN VILLAGE

4, rue du Professeur-Langevin
LILLE
✆ 03 20 19 80 80
Du lundi au samedi de 10h à 19h30.

Amis cyclistes et passionnés de vélos, le B'twin Village et ses 3 000 m² répartis en magasin et en atelier vont vous plaire ! Cette enseigne regroupe dans son espace des modèles urbains, des BMX, des VTT, des VTC... À cela s'ajoutent également tout le matériel de maintenance, les accessoires et des pièces détachées pour d'éventuelles réparations et un atelier de customisation et d'entretien. A l'intérieur, deux espaces gratuits, réservés aux enfants à partir de 5 ans pour tester les vélos. Et à l'extérieur, trois pistes tout-terrain, en libre accès.

BIKE 4 YOU

33, boulevard Daloz - **LE TOUQUET-PARIS-PLAGE**
✆ 03 21 06 45 43
www.bike4you.fr
Du mardi au dimanche 10h-18h. Vélo adulte : 6 €/h, vélo enfant 5 €/h, vélo électrique 15 €/h. Rosalies 2-6 pers.

Vélo ou rosalie, voilà deux moyens de transport sympathiques pour découvrir la station. Bike 4 You vous propose à la location des vélos assemblés ou fabriqués en France. Ils sont équipés gratuitement, à votre demande, de panier, antivol ou porte-bébé. Quant aux rosalies, elles permettent de se balader entre amis ou en famille. Elles sont disponibles de 2 à 6 places. une façon originale de visiter la ville. Par ailleurs, Bike 4 You organise des visites guidées en rosalies ou encore des rallyes charade. Les deux boutiques permettent aussi d'acheter ces mêmes vélos.

BEAUVÉLO

78, avenue de la République - **BEAUVAIS**
✆ 03 60 29 55 35
www.beauvelo.org
Ouvert du lundi au vendredi. Les horaires peuvent être modifiés durant les vacances scolaires. 1 €/h, 2 €/2h, 3 €/3h...

Cette association propose dans sa vélostation de très bons plans, notamment pour les habitants ou ceux qui séjournent quelque temps à Beauvais. Vous y trouverez toutes sortes de vélos, du plus classique au moins courant : triporteur, tandem, vélo de course léger monté avec un guidon de VTT pour plus de confort, bicyclette pour enfant avec petites roues. On y vend aussi des pièces d'occasion tout en vous aidant à redonner une seconde jeunesse à votre vieux biclou. Ils sont situés à côté de la gare, une adresse sympathique et très utile.

LES MAINS DANS LE GUIDON

166, rue Léon Gambetta - **LILLE**
✆ 03 62 52 94 87
www.lesmainsdansleguidon.fr
Ouvert du mardi au vendredi de 14h à 19h ; le samedi de 10h à 19h.

Dans cet atelier unique, les propriétaires d'un vélo en mauvais état peuvent rencontrer des professionnels pour obtenir les pièces qui leur manquent (écrous, chaînes, chambres à air...) afin de réparer leur monture ! Ici, on vous donne des conseils pour apprendre à réparer vous-même votre vélo, à l'aide de pièces neuves ou d'occasion. Il est même possible de faire un vélo personnalisé en s'abonnant pour bénéficier d'un endroit convivial où jouer le mécano, accompagné du soutien technique de professionnels. L'établissement propose également un coin bistrot.

LES BELLES ÉCHAPPÉES

Chemin des Murs - **CLAIRMARAIS**
✆ 03 21 98 11 72
www.les-belles-echappees.com
Ouvert du mardi au samedi de 9h à 12h30 et de 14h à 18h30. Location pour 2h : 26 € le Lil'Buddy et 24 € le tandem.

Ici, vous avez deux options pour découvrir la région de Saint-Omer : ou vous vous faites les mollets à vélo, tandem ou vélo beach cruiser (solex ou avec assistance électrique pour les tricheurs !) ou vous succombez au charme d'un véhicule rétro, au choix 2 CV, Combis ou Méhari. Équipé d'un road-book ou guidé par votre bon plaisir, vous allez aimer rouler ou pédaler entre forêts et marais, découvrir les caps Blanc-Nez et Gris-Nez et les sept vallées. Les paysages sont magnifiques et le plaisir est unique. Quelle que soit votre destination, l'échappée sera belle !

OPALE VÉLO SERVICES

152, boulevard Gambetta - **CALAIS**
✆ 03 21 00 07 41
www.opaleveloservices.fr
Ouvert le lundi de 15h à 18h30 ; du mardi au vendredi de 10h à 12h et de 15h à 18h30 ; le samedi de 10h à 12h.

Installé en plein centre-ville, ce magasin d'association vend et loue des bicyclettes d'occasion. Au total, la boutique dispose d'un parc d'une quarantaine de vélos de ville, de VTT et de remorques pour enfants. Comptez en moyenne 15 € la journée, mais le magasin propose des tarifs dégressifs suivant la durée de location. Autre avantage, elle livre les vélos où vous voulez, un service apprécié par les vacanciers se déplaçant en groupes. Les vélos sont d'occasion mails ils sont en bon état, bien rénovés par l'équipe travaillant dans l'atelier de réparation.

PICARDIE FORÊTS VERTES

Carrefour Royal - **COMPIÈGNE**
✆ 06 07 54 99 26
www.picardieforetsvertes.com
Ouverture du 1er avril au 1er novembre en fonction de la météo. Réservation en semaine et hors saison par téléphone.

Placé près de l'hippodrome à l'entrée de la piste cyclable qui traverse la forêt (soit à un bon kilomètre du centre-ville) ce loueur de vélos (VTC, VTT, tandem et vélos à assistance électrique) vous attend du printemps à l'automne. On vous fournit gracieusement les plans des itinéraires et des casques et accessoires comme les bombes anti-crevaison, anti-vol... Le loueur peut mettre à disposition des cycles dans les hôtels, chambres d'hôtes ou au départ des gares. N'hésitez pas à l'appeler pour savoir si des locations en semaine ou hors saison sont possibles.

VELAM

AMIENS
✆ 08 20 20 02 99
www.velam.amiens.fr
Coût de l'inscription pour un abonnement d'un an 25 € ; pour une journée 1 € ; pour deux journées 4 €.

Dans Amiens sont disséminées plus d'une vingtaine de stations disponibles en libre-service 7j/7. Chaque vélo vert peut être rendu 24h/24 à n'importe quelle station. Proches des lieux de vie, les stations sont en moyenne distantes de 200 à 300 m les unes des autres. Vous pouvez télécharger le plan sur le site Internet. L'accès aux vélos se fait grâce à un système de bornes et vous pouvez opter pour des abonnements pour une journée comme pour une année. Le paiement et la souscription se font en ligne pour une souscription longue durée.

V'LILLE

www.ilevia.fr/cms/vlille/
Libre-service 24h/24, 7j/7. 1ère demi-heure gratuite, 1,75 € la journée, 7,50 € la semaine. A partir de 26,50 € par an.

Pour se déplacer rapidement dans Lille, on ne fait pas mieux ! Face à la demande croissante et aux disparités d'implantation des stations, la municipalité a décidé d'augmenter leur nombre, notamment à Roubaix et à Tourcoing. Côté aménagement : des centaines de kilomètres de pistes cyclables, des parkings et des abris à vélos. Côté pratique, il est possible de louer un V'Lille pour une journée, une semaine ou à l'année. Des tarifs avantageux sont proposés aux abonnés Ilévia. Pour connaître la disponibilité des vélos en temps réel, rendez-vous sur le site Internet.

VÉLOTIC

Gare SNCF
COMPIÈGNE
✆ 07 78 07 28 08
www.agglo-compiegne.fr
Ouvert du lundi au vendredi de 7h30 à 10h et de 16h30 à 19h. Forfaits : 2 jours (2 €) ; 1 an (70 €).

Avec ce service proposé par la région de Compiègne, vous pourrez louer un de ces VéloTIC à la Gare SNCF de la ville et ce pour une courte, moyenne ou longue durée (de deux jours à un an). L'agence propose également des vélos à assistance électrique et fournit gratuitement des accessoires tels que des antivols ou gilets. N'oubliez pas de demander la carte des 146 km de voies cyclables de la région, disponible sur place, et qui vous sera d'une grande aide pour vous balader dans la forêt de Compiègne, le long de l'Oise ou encore dans la vallée de l'Automne.

Forêt de Compiègne.

ILE-DE-FRANCE

L'Île-de-France, c'est Paris bien évidemment, avec en son cœur des lieux de culte emblématiques, de toutes religions. C'est Notre-Dame de Paris, c'est la basilique du Sacré-Cœur... Mais l'Île-de-France, ce sont également les Hauts-de-Seine, la Seine-et-Marne, la Seine-Saint-Denis, le Val-d'Oise, le Val-de-Marne et les Yvelines. Six départements et une capitale qui font de cette région un véritable bijou à polir pour découvrir un foisonnement de trésors architecturaux, de lieux classés aux patrimoines national et mondial, de musées incontournables, et d'échappées vertes au cœur d'une nature qui sait être présente et préservée. Ce sont aussi de nombreux monastères, de multiples maisons d'accueil, à l'écoute d'une population bigarrée dans l'un des plus grands centres de peuplement du pays. Dans une région où l'activité quotidienne est souvent stressante, les besoins de s'évader sont grands.

LA COULÉE VERTE
(HAUTS-DE-SEINE)

- **Itinéraire :** La Coulée Verte
- **Total :** 26,6 km
- **Durée :** de 2 heures 10 à 4 heures 20, entre 20 et 10 km/h
- **Difficulté :** facile, terrain peu vallonné.

LIEUX	Km partiel	Km cumul	Routes
PLACE DE LA PORTE-DE-VANVES	0	0	Piste cyclable
MALAKOFF-ÉTIENNE DOLET	1,75	1,75	Piste cyclable
CHÂTILLON-MONTROUGE	0,45	2,2	Avenue de Paris Avenue Max-Dormoy Avenue de la République Rue Étienne-Desforges
ENTRÉE DE BAGNEUX	1,2	3,4	Voie des Suisses Chemin latéral Piste cyclable
PARC SAINTE-BARBE À FONTENAY-AUX-ROSES	1,2	4,6	Piste cyclable
ENTRÉE DE SCEAUX	1,2	5,8	Piste cyclable
ENTRÉE DE CHÂTENAY-MALABRY	1	6,8	Piste cyclable
ENTRÉE D'ANTONY	1,7	8,5	Piste cyclable
ENTRÉE DE VERRIÈRES-LE-BUISSON	1,2	9,7	Piste cyclable
ENTRÉE DE MASSY	1,2	10,9	Piste cyclable
DOMAINE DE VILGENIS	2,4	13,3	Piste cyclable, Rue de Vigenis, Avenue du Président-Allende, Piste cyclable
GARE DE MASSY-VERRIÈRES	3	16,3	Piste cyclable

LIEUX	Km partiel	Km cumul	Routes
ENTRÉE DE CHÂTENAY-MALABRY	3	19,3	Piste cyclable, Rue des Vignes, Rue Sainte-Catherine, Rue de l'Église Rue du Docteur-Savoureux Rue Roland-Gosselin Avenue Roger-Salengro Rue Eugène-Sinet Rue de Châteaubriand
DOMAINE DE CHÂTEAU-BRIAND À CHÂTENAY-MALABRY	3,1	22,4	Rue de Châteaubriand Rue de l'Aulnay Rue de Malabry Rue de la République, allée du Parc
PARC HENRI-SELLIER AU PLESSIS-ROBINSON	1,1	23,5	Allée du Parc Rue de la République Avenue de Robinson Rue de Houdan
PARC DE SCEAUX	2,2	25,7	Piste cyclable
ENTRÉE DE FONTENAY-AUX-ROSES	2,8	28,5	Piste cyclable
ENTRÉE DE BAGNEUX	1,6	30,1	Piste cyclable
CHÂTILLON-MONTROUGE	1,2	31,3	Piste cyclable
MALAKOFF-ÉTIENNE DOLET	0,45	31,75	Piste cyclable
PLACE DE LA PORTE-DE-VANVES	1,75	33,5	Piste cyclable

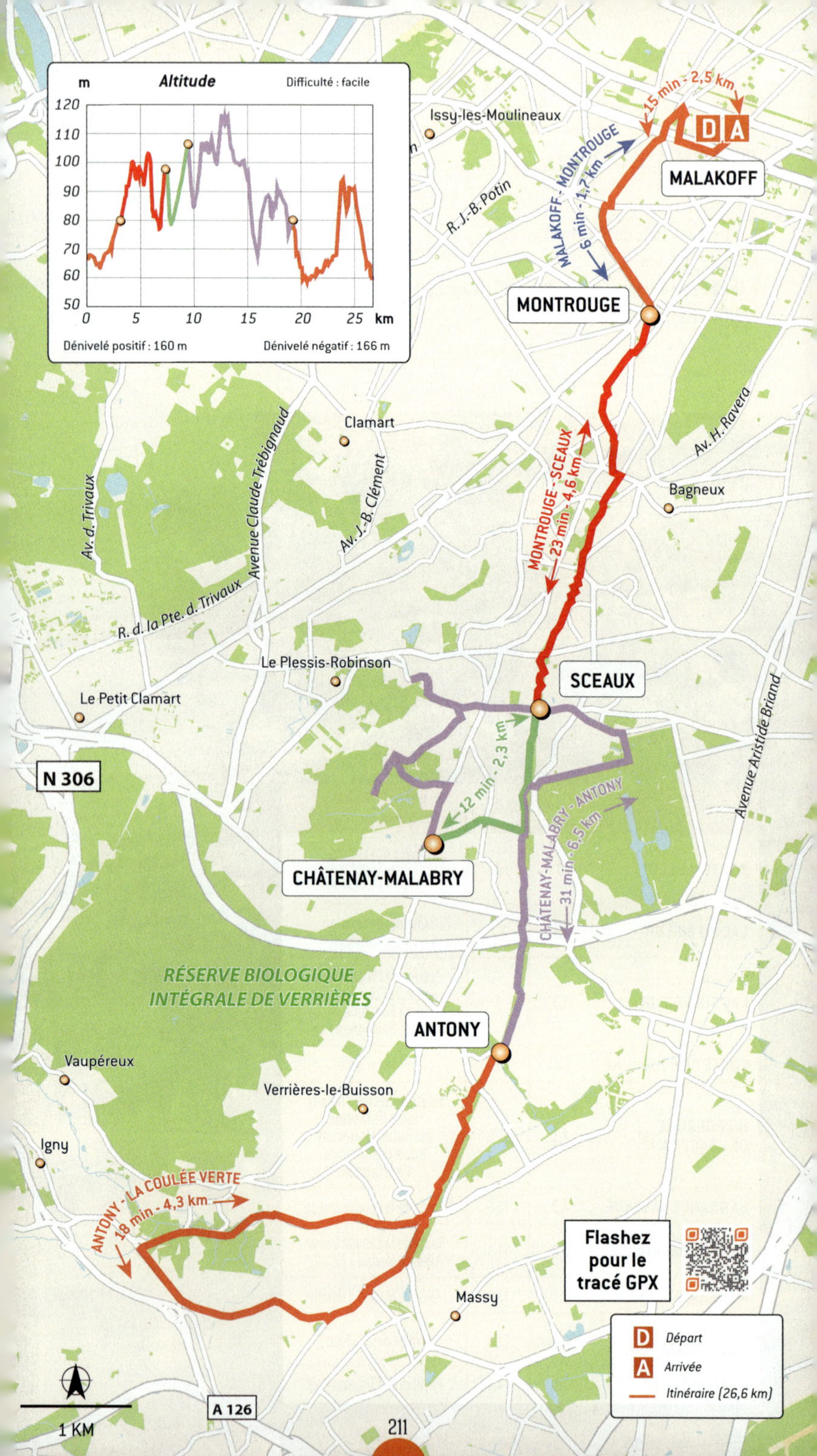
m
Altitude
Difficulté : facile
120
110
100
90
80
70
60
50
0
5
10
15
20
25
km
Dénivelé positif : 160 m
Dénivelé négatif : 166 m
Issy-les-Moulineaux
15 min - 2,5 km
D
A
MALAKOFF
MALAKOFF - MONTROUGE
6 min - 1,7 km
R. J.-B. Potin
MONTROUGE
MONTROUGE - SCEAUX
23 min - 4,6 km
Av. H. Ravera
Bagneux
Clamart
Av. J.-B. Clément
Avenue Claude Trébignaud
Av. d. Trivaux
R. d. la Pte. d. Trivaux
Le Plessis-Robinson
SCEAUX
Le Petit Clamart
N 306
12 min - 2,3 km
CHÂTENAY-MALABRY - ANTONY
31 min - 6,5 km
Avenue Aristide Briand
CHÂTENAY-MALABRY
RÉSERVE BIOLOGIQUE
INTÉGRALE DE VERRIÈRES
ANTONY
Vaupéreux
Verrières-le-Buisson
Igny
ANTONY - LA COULÉE VERTE
18 min - 4,3 km
Flashez
pour le
tracé GPX
Massy
D Départ
A Arrivée
Itinéraire (26,6 km)
A 126
1 KM

BOIS DE BOULOGNE
(PARIS)

- **Itinéraire :** Bois de Boulogne
- **Total :** 15,5 km
- **Durée :** de 42 minutes à 1 heure 20, entre 20 et 10 km/h
- **Difficulté :** pas de côte, assez plat.

MARCO SARACCO - ADOBESTOCK

LIEUX	Km partiel	Km cumul	Routes
PORTE MAILLOT	0	0	Allée des Érables Piste Cyclable Allée Saint-Denis
LAC INFÉRIEUR	1,7	1,7	Chemin de ceinture du Lac inférieur
LAC SUPÉRIEUR	1,3	3	Avenue de l'Hippodrome Route du Point-du-Jour à Bagatelle Route de Boulogne à Passy
PORTE DE BOULOGNE	2	5	Piste Cyclable
HIPPODROME DE LONGCHAMP	1,3	6,3	Route de Sèvres à Neuilly Route de la Seine à la Butte-Mortemart Route des Tribunes Piste Cyclable
LA GRANDE CASCADE	4,2	10,5	Route de la Longue Queue
PARC DE BAGATELLE	0,8	11,3	Route de la Longue Queue Allée de Madrid à Neuilly
MARE SAINT-JAMES	1,1	12,4	Allée de Madrid à Neuilly
JARDIN D'ACCLIMATATION	0,4	12,8	Allée des Érables
PORTE MAILLOT	1,5	14,3	Pavillon de l'Orée du Bois

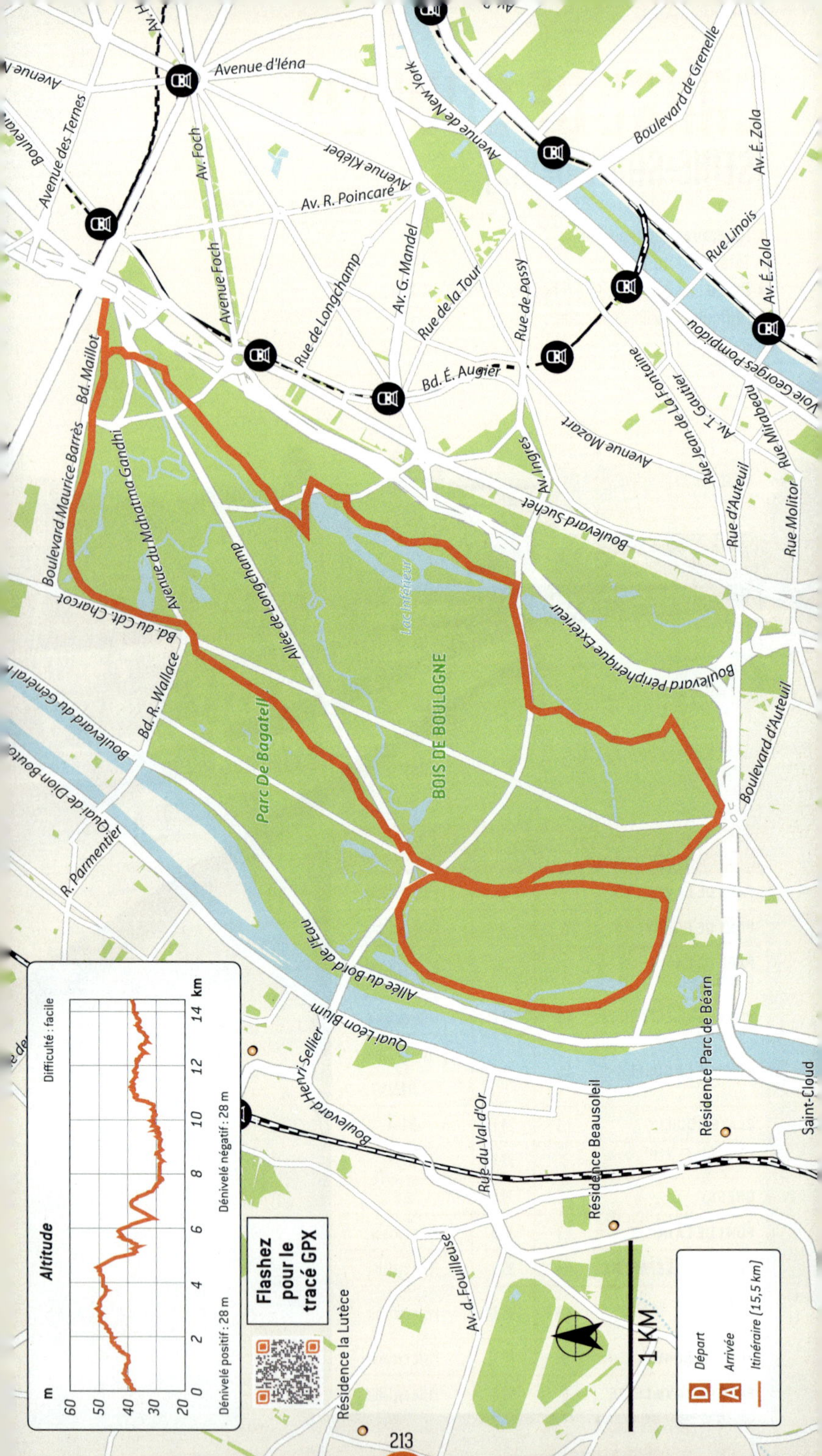
Altitude
Difficulté : facile
m
60
50
40
30
20
0
2
4
6
8
10
12
14
km
Dénivelé positif : 28 m
Dénivelé négatif : 28 m
Flashez pour le tracé GPX
D Départ
A Arrivée
Itinéraire (15,5 km)
1 KM
BOIS DE BOULOGNE
Parc De Bagatelle
Lac Inférieur
Avenue d'Iéna
Avenue des Ternes
Av. Foch
Avenue Foch
Avenue Kléber
Av. R. Poincaré
Rue de Longchamp
Av. G. Mandel
Rue de la Tour
Rue de Passy
Bd. É. Augier
Avenue de New-York
Boulevard de Grenelle
Rue Linois
Av. É. Zola
Voie Georges Pompidou
Rue Jean de La Fontaine
Av. T. Gautier
Rue Mirabeau
Avenue Mozart
Av. Ingres
Boulevard Suchet
Rue d'Auteuil
Rue Molitor
Boulevard Périphérique Extérieur
Boulevard d'Auteuil
Bd. Maillot
Boulevard Maurice Barrès
Avenue du Mahatma Gandhi
Allée de Longchamp
Bd. du Cdt. Charcot
Bd. R. Wallace
Boulevard du Général
Quai de Dion Bouton
R. Parmentier
Allée du Bord de l'Eau
Quai Léon Blum
Boulevard Henri Sellier
Rue du Val d'Or
Av. d. Fouilleuse
Résidence la Lutèce
Résidence Beausoleil
Résidence Parc de Béarn
Saint-Cloud

CANAL DE L'OURCQ
(SEINE-SAINT-DENIS)

- **Itinéraire :** Canal de l'Ourcq
- **Total :** 54 km
- **Durée :** de 2 heures 30 à 5 heures, entre 20 et 10 km/h
- **Difficulté :** facile, assez plat.

LIEUX	Km partiel	Km cumul	Routes
PARC DE LA VILLETTE	0	0	Piste cyclable
PONT DE BONDY	6	6	Piste cyclable
PARC DE LA POUDRERIE	7	13	Piste cyclable
PONT DE VILLEPARISIS	4,2	17,2	Piste cyclable
PONT DE LA ROSÉE	4,6	21,8	Piste cyclable CV D422
CLAYE-SOUILLY	2,3	24,1	D404
MESSY	3	27,1	D139
GRESSY	2,5	29,6	CV
PONT DE LA ROSÉE	1,3	30,9	Piste cyclable
PONT DE VILLEPARISIS	4,6	35,5	Piste cyclable
PARC DE LA POUDRERIE	2,8	38,3	Piste cyclable
PONT DE BONDY	9	47,3	Piste cyclable
PARC DE LA VILLETTE	6	50,3	Piste cyclable

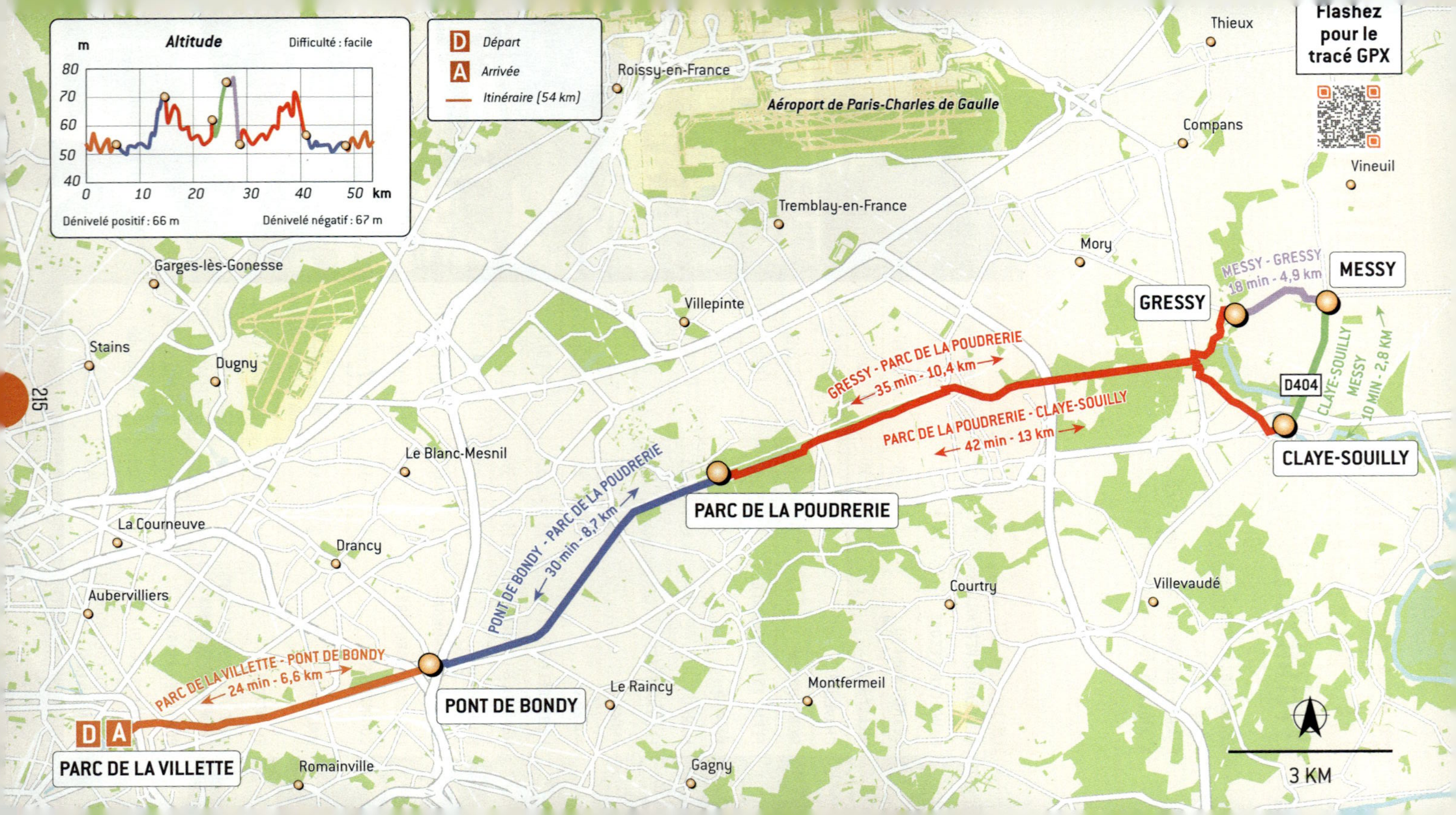
Altitude
m
Difficulté : facile
80
70
60
50
40
0
10
20
30
40
50
km
Dénivelé positif : 66 m
Dénivelé négatif : 67 m
D Départ
A Arrivée
Itinéraire (54 km)
Roissy-en-France
Aéroport de Paris-Charles de Gaulle
Thieux
Compans
Vineuil
Flashez pour le tracé GPX
Tremblay-en-France
Mory
Garges-lès-Gonesse
Villepinte
Stains
Dugny
Le Blanc-Mesnil
La Courneuve
Drancy
Aubervilliers
Courtry
Villevaudé
Le Raincy
Montfermeil
Romainville
Gagny
MESSY - GRESSY
18 min - 4,9 km
MESSY
GRESSY
GRESSY - PARC DE LA POUDRERIE
35 min - 10,4 km
D404
CLAYE-SOUILLY
MESSY
10 MIN - 2,8 KM
PARC DE LA POUDRERIE - CLAYE-SOUILLY
42 min - 13 km
CLAYE-SOUILLY
PONT DE BONDY - PARC DE LA POUDRERIE
30 min - 8,7 km
PARC DE LA POUDRERIE
PARC DE LA VILLETTE - PONT DE BONDY
24 min - 6,6 km
PONT DE BONDY
D A
PARC DE LA VILLETTE
3 KM

DE VERSAILLES À THOIRY
(YVELINES)

- **Itinéraire :** De Versailles à Thoiry
- **Total :** 76,9 km
- **Durée :** de 3 heures 40 à 7 heures 20, entre 20 et 10 km/h
- **Difficulté :** facile mais terrain assez vallonné.

ALCEL VISION - FOTOLIA

LIEUX	Km partiel	Km cumul	Routes
CHÂTEAU DE VERSAILLES	0	0	Piste cyclable
SAINT-CYR-L'ÉCOLE	4	4	D10, D11
LE TROU MOREAU	4	8	D12, D161
VILLEPREUX	2	10	D97
CHAVENAY	3	13	D74
MORT MOULIN	2	15	D30, D119
FERME EXPÉRIMENTALE	2	17	D119
BEYNES	6	23	D119, D191
MARCQ	4,5	27,5	D119
LES VIGNETTES	1,5	29	D119
THOIRY	0,5	29,5	CV
AUTEUIL	3,5	33	CV, D76
LA BARDELLE	2,5	35,5	D76, D42
NEAUPHLE-LE-VIEUX	3,5	39	D34, D3, D23, CV
HOUJARRAY	6,5	45,5	CV
SAINT-RÉMY-L'HONORÉ	2	47,5	D34, D33
LES HAUTES BRUYÈRES	2,5	50	D33, Piste cyclable
COIGNIÈRES	3	53	Piste cyclable
MAUREPAS	2	55	Piste cyclable, Boulevard du Rhin Boulevard André-Malraux
ELANCOURT	3,5	58,5	Piste cyclable, R12, D912
BASE DE LOISIRS DE SAINT-QUENTIN-EN-YVELINES	3	61,5	Chemin du Tour de l'Étang Route des Vents d'Ouest
PORTE DE LA DIGUE	6	67,5	CV, Piste cyclable
SAINT-CYR-L'ÉCOLE	3	70,5	Piste cyclable
PIÈCE D'EAU DES SUISSES À VERSAILLES	4	74,5	Piste cyclable

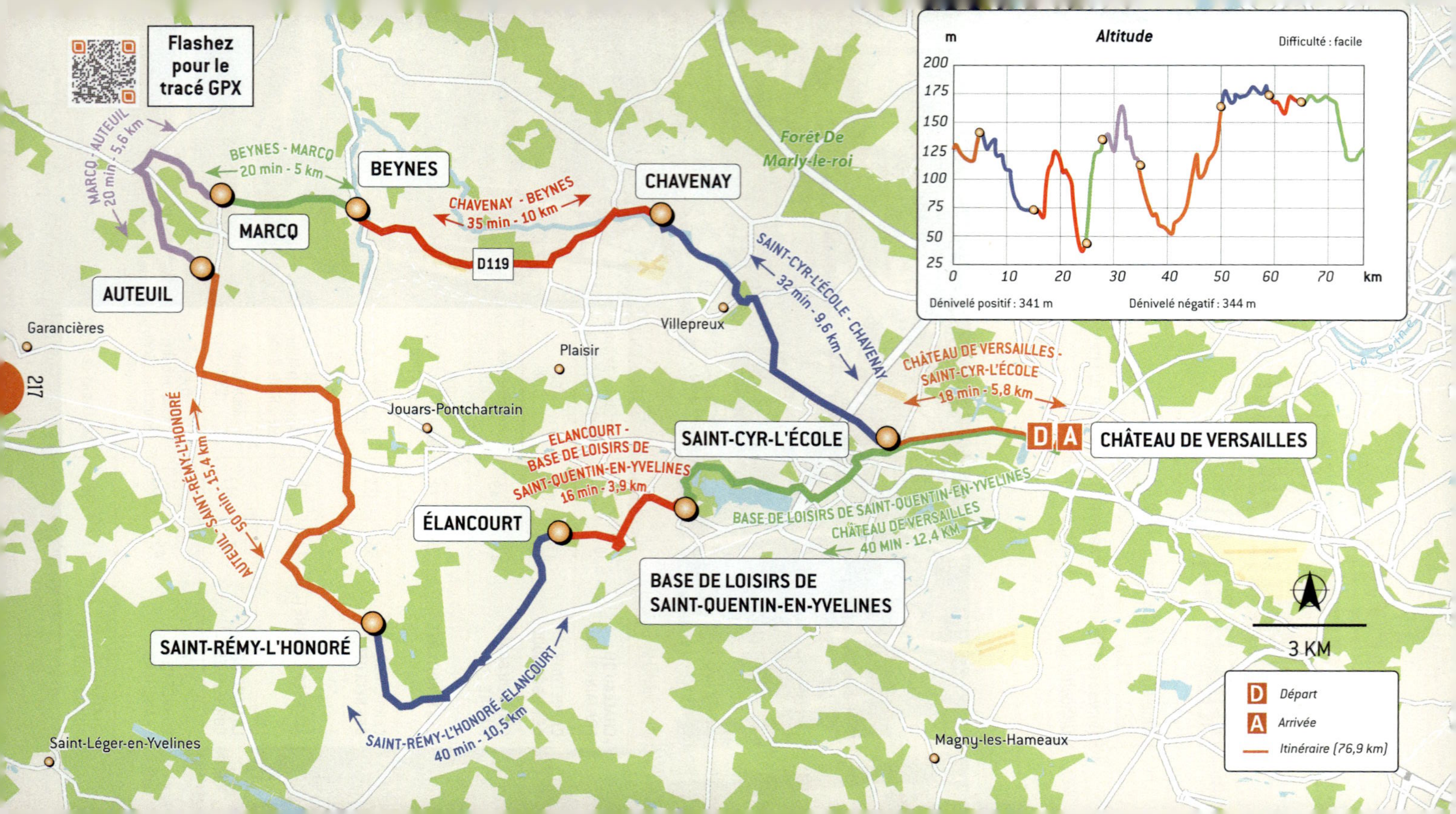
Flashez pour le tracé GPX
Altitude
Difficulté : facile
m
200
175
150
125
100
75
50
25
0
10
20
30
40
50
60
70
km
Dénivelé positif : 341 m
Dénivelé négatif : 344 m
BEYNES
CHAVENAY
MARCQ
AUTEUIL
Garancières
MARCQ - AUTEUIL 20 min - 5,6 km
BEYNES - MARCQ 20 min - 5 km
CHAVENAY - BEYNES 35 min - 10 km
D119
Forêt De Marly-le-roi
SAINT-CYR-L'ÉCOLE - CHAVENAY 32 min - 9,6 km
Villepreux
Plaisir
Jouars-Pontchartrain
CHÂTEAU DE VERSAILLES - SAINT-CYR-L'ÉCOLE 18 min - 5,8 km
D
A
CHÂTEAU DE VERSAILLES
SAINT-CYR-L'ÉCOLE
ELANCOURT - BASE DE LOISIRS DE SAINT-QUENTIN-EN-YVELINES 16 min - 3,9 km
AUTEUIL - SAINT-RÉMY-L'HONORÉ 50 min - 15,4 km
ÉLANCOURT
BASE DE LOISIRS DE SAINT-QUENTIN-EN-YVELINES - CHÂTEAU DE VERSAILLES 40 MIN - 12,4 KM
BASE DE LOISIRS DE SAINT-QUENTIN-EN-YVELINES
SAINT-RÉMY-L'HONORÉ
SAINT-RÉMY-L'HONORÉ - ELANCOURT 40 min - 10,5 km
Saint-Léger-en-Yvelines
Magny-les-Hameaux
3 KM
D Départ
A Arrivée
Itinéraire (76,9 km)

FORÊT DE FONTAINEBLEAU NORD
(SEINE-ET-MARNE)

- **Itinéraire :** Forêt de Fontainebleau
- **Total :** 47 km
- **Durée :** de 1 heure 55 à 3 heures 50, entre 20 et 10 km/h
- **Difficulté :** deux côtes, terrain peu vallonné.

LIEUX	Km partiel	Km cumul	Routes
CHÂTEAU DE FONTAINEBLEAU	0	0	Place Charles-de-Gaulle Boulevard Magenta
CARREFOUR DE L'OBÉLISQUE	0,75	0,75	D58 D148
CROIX DU GRAND MAÎTRE	4,15	4,9	Route Ronde D58
LES ÉTROITURES	3	7,9	D58 Route du Chêne-Pinguet Route Ronde
CARREFOUR DES RECLOSES	5,3	13,2	D63 Route de la Génisse
ACHÈRES-LA-FORÊT	7,8	21	D63 D64 Route de la Plaine de la Haute-Borne
LA MARE AUX CORNEILLES	7,7	28,7	Route Ronde D301
GORGES DE FRANCHARD	4,5	33,2	D301 Route du Cèdre Route du Château Rue Royale
CHÂTEAU DE FONTAINEBLEAU	5,3	38,5	Place Charles-de-Gaulle

AURORE KERVOERN - ISTOCKPHOTO.COM

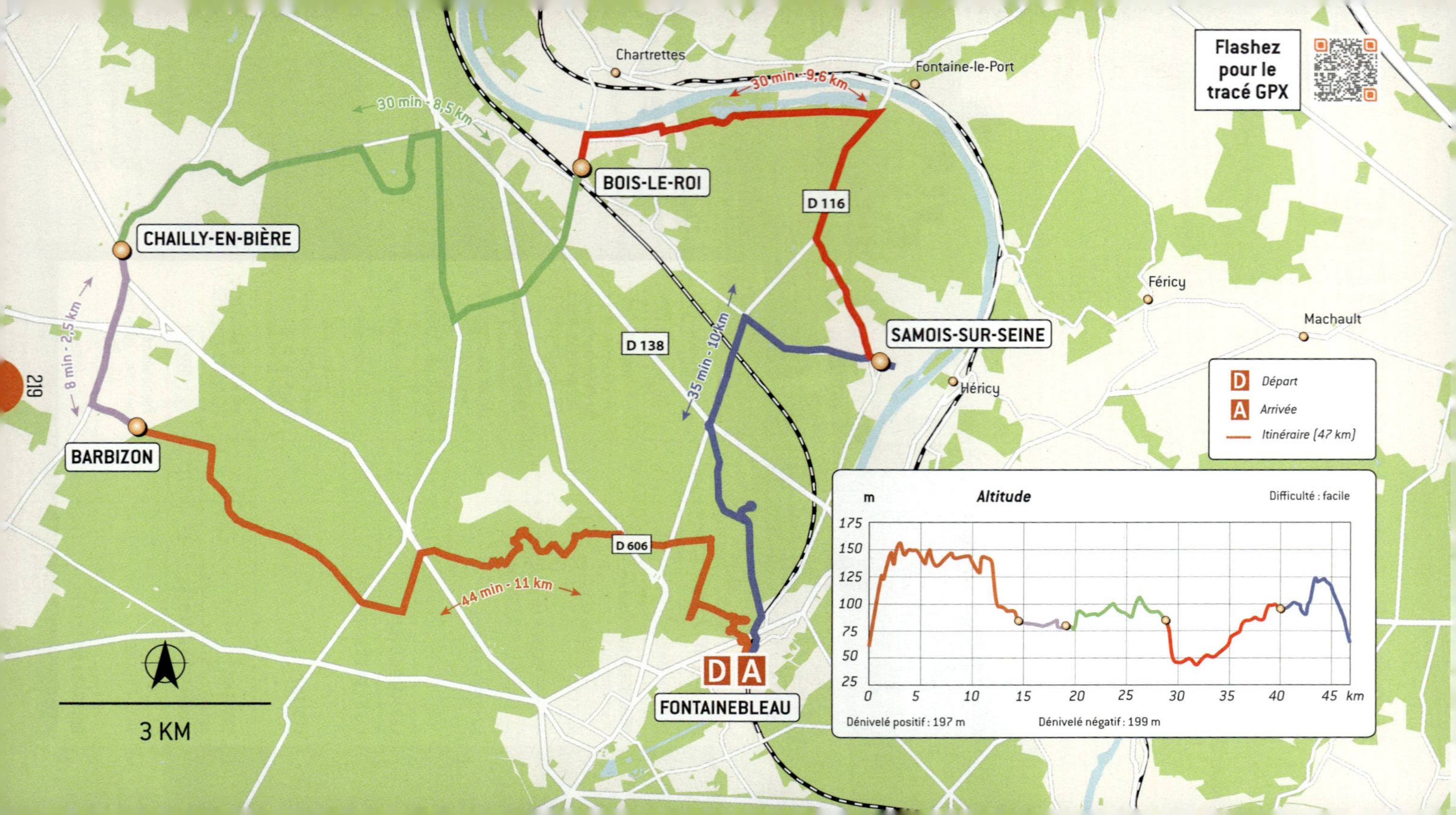
Flashez pour le tracé GPX
Chartrettes
Fontaine-le-Port
30 min - 9,6 km
30 min - 8,5 km
BOIS-LE-ROI
D 116
CHAILLY-EN-BIÈRE
Féricy
Machault
SAMOIS-SUR-SEINE
D 138
35 min - 10 km
8 min - 2,5 km
Héricy
D Départ
A Arrivée
Itinéraire (47 km)
BARBIZON
D 606
44 min - 11 km
m
Altitude
Difficulté : facile
175
150
125
100
75
50
25
0 5 10 15 20 25 30 35 40 45 km
Dénivelé positif : 197 m
Dénivelé négatif : 199 m
D A
FONTAINEBLEAU
3 KM

FORÊT DE NOTRE-DAME

(VAL-DE-MARNE)

- **Itinéraire :** Forêt de Notre-Dame
- **Total :** 39 km
- **Durée :** de 2 heures 05 à 4 heures 10, entre 20 et 10 km/h
- **Difficulté :** facile, terrain peu vallonné.

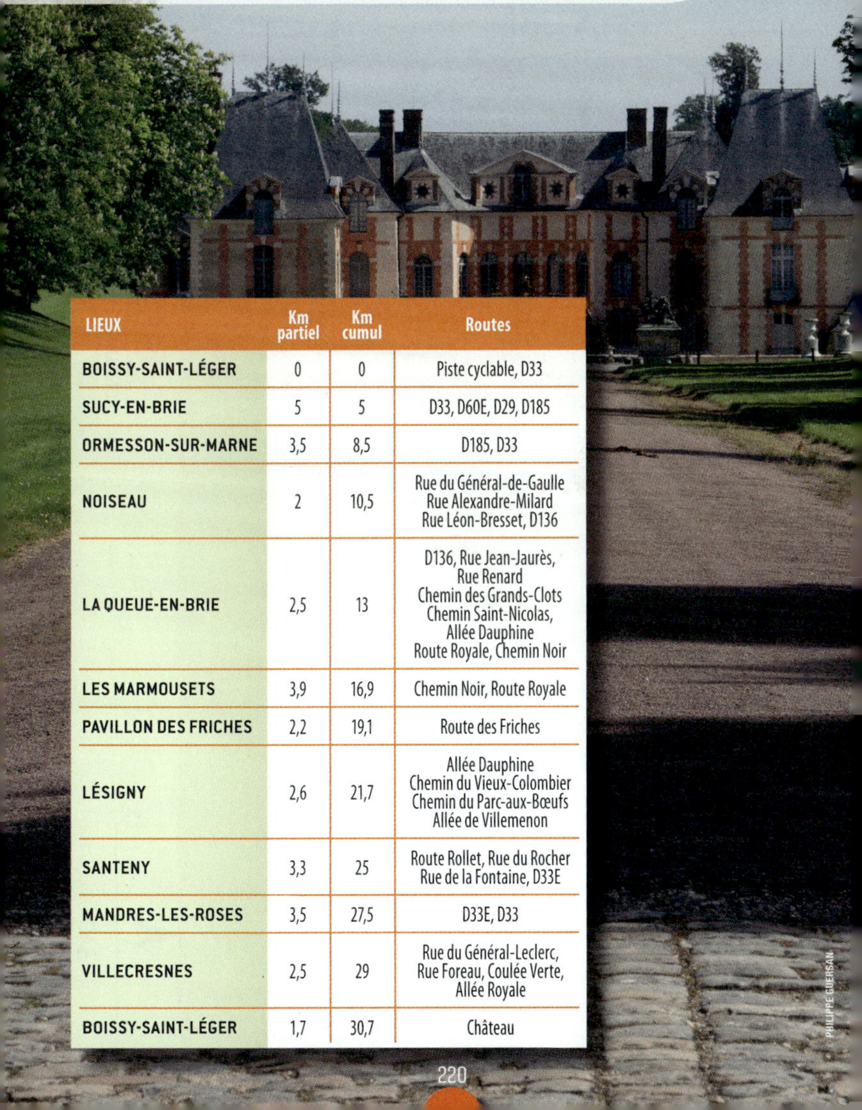

PHILIPPE GUERSAN

LIEUX	Km partiel	Km cumul	Routes
BOISSY-SAINT-LÉGER	0	0	Piste cyclable, D33
SUCY-EN-BRIE	5	5	D33, D60E, D29, D185
ORMESSON-SUR-MARNE	3,5	8,5	D185, D33
NOISEAU	2	10,5	Rue du Général-de-Gaulle Rue Alexandre-Milard Rue Léon-Bresset, D136
LA QUEUE-EN-BRIE	2,5	13	D136, Rue Jean-Jaurès, Rue Renard Chemin des Grands-Clots Chemin Saint-Nicolas, Allée Dauphine Route Royale, Chemin Noir
LES MARMOUSETS	3,9	16,9	Chemin Noir, Route Royale
PAVILLON DES FRICHES	2,2	19,1	Route des Friches
LÉSIGNY	2,6	21,7	Allée Dauphine Chemin du Vieux-Colombier Chemin du Parc-aux-Bœufs Allée de Villemenon
SANTENY	3,3	25	Route Rollet, Rue du Rocher Rue de la Fontaine, D33E
MANDRES-LES-ROSES	3,5	27,5	D33E, D33
VILLECRESNES	2,5	29	Rue du Général-Leclerc, Rue Foreau, Coulée Verte, Allée Royale
BOISSY-SAINT-LÉGER	1,7	30,7	Château

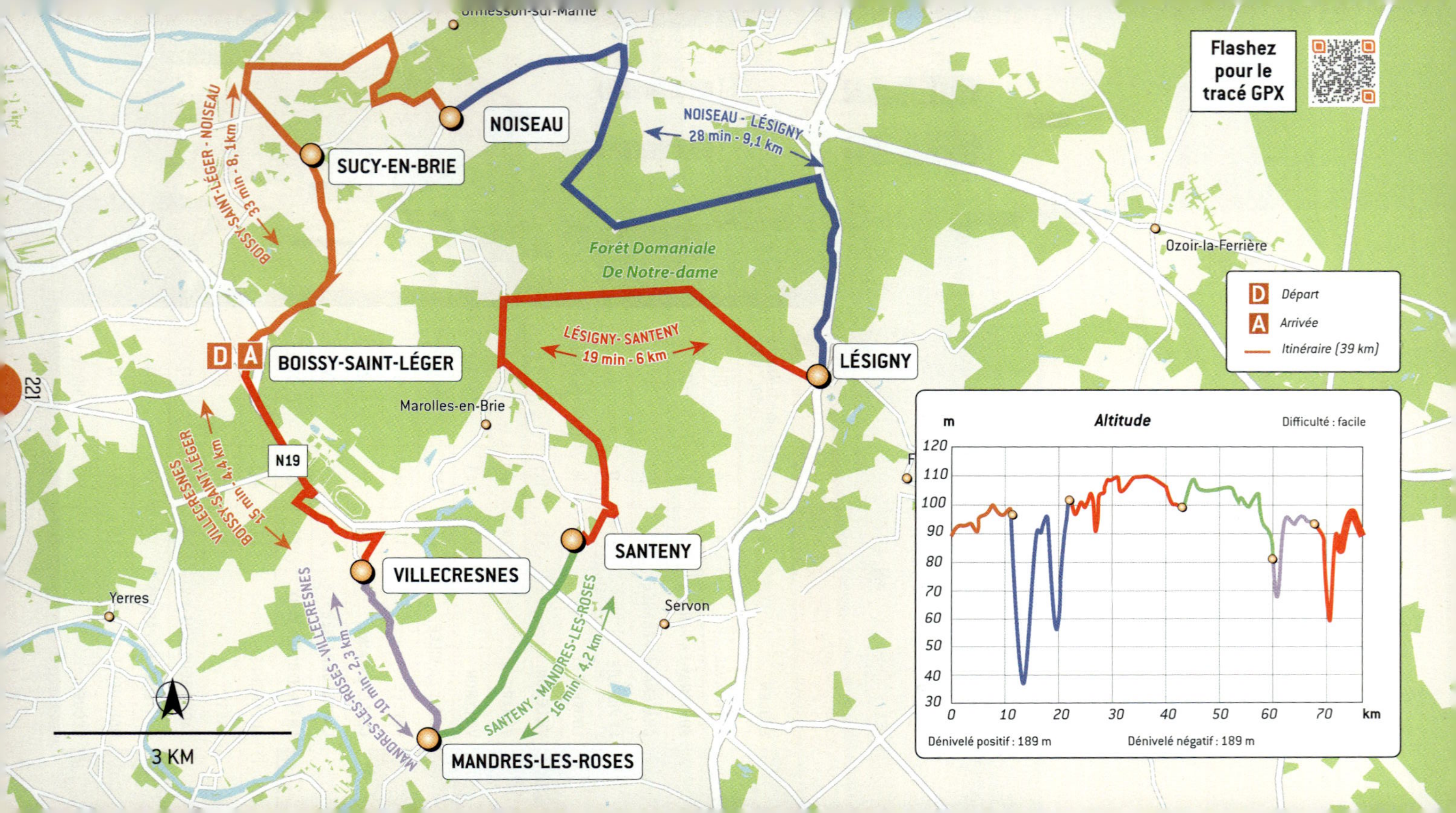

Flashez pour le tracé GPX
NOISEAU
SUCY-EN-BRIE
BOISSY-SAINT-LÉGER
VILLECRESNES
SANTENY
MANDRES-LES-ROSES
LÉSIGNY
N19
D
A
BOISSY-SAINT-LÉGER - NOISEAU 33 min - 8, 1km
NOISEAU - LÉSIGNY 28 min - 9,1 km
LÉSIGNY- SANTENY 19 min - 6 km
SANTENY - MANDRES-LES-ROSES 16 min - 4,2 km
MANDRES-LES-ROSES - VILLECRESNES 10 min - 2,3 km
VILLECRESNES BOISSY-SAINT-LÉGER 15 min - 4,4 km
Forêt Domaniale De Notre-dame
Marolles-en-Brie
Ozoir-la-Ferrière
Servon
Yerres
3 KM
Départ
Arrivée
Itinéraire (39 km)
Altitude
Difficulté : facile
m
120
110
100
90
80
70
60
50
40
30
0
10
20
30
40
50
60
70
km
Dénivelé positif : 189 m
Dénivelé négatif : 189 m

PAYS DE FRANCE
(VAL D'OISE)

- **Itinéraire :** Pays de France
- **Total :** 59 km
- **Durée :** de 3 heures 05 à 6 heures 10, entre 20 et 10 km/h
- **Difficulté :** facile à intermédiaire, terrain moyennement vallonné.

LIEUX	Km partiel	Km cumul	Routes
ÉCOUEN	0	0	Rue du Maréchal-Leclerc, CV, D10
BOUQUEVAL	4	4	D10
FONTENAY-EN-PARISIS	4	8	CV
CHÂTENAY-EN-FRANCE	1,5	9,5	D9
LE VILLAGE	2,5	12	CV
LOUVRES	4	16	D184, D165E
VILLERON	3,5	19,5	D9
VÉMARS	2,5	22	D9
VILLERON	2,5	24,5	D9, D184
MARLY-LA-VILLE	4,5	29	D184, D922E
FOSSES	3,5	32,5	D922E
BELLEFONTAINE	1,5	34	D922E
CARREFOUR D 922E-CV	3,4	37,4	CV
CHÂTEAU D'HÉRIVAUX	3,4	40,8	CV, D922E
LUZARCHES	3,7	44,5	D922E, D47
LASSY	2,5	47	D47
JAGNY-SOUS-BOIS	2,3	49,3	D47
FONTENAY-EN-PARISIS	3,7	53	D10
BOUQUEVAL	3,5	56,5	D10
ÉCOUEN	4	60,5	D10, CV

PASCAL RATEAU - ADOBESTOCK

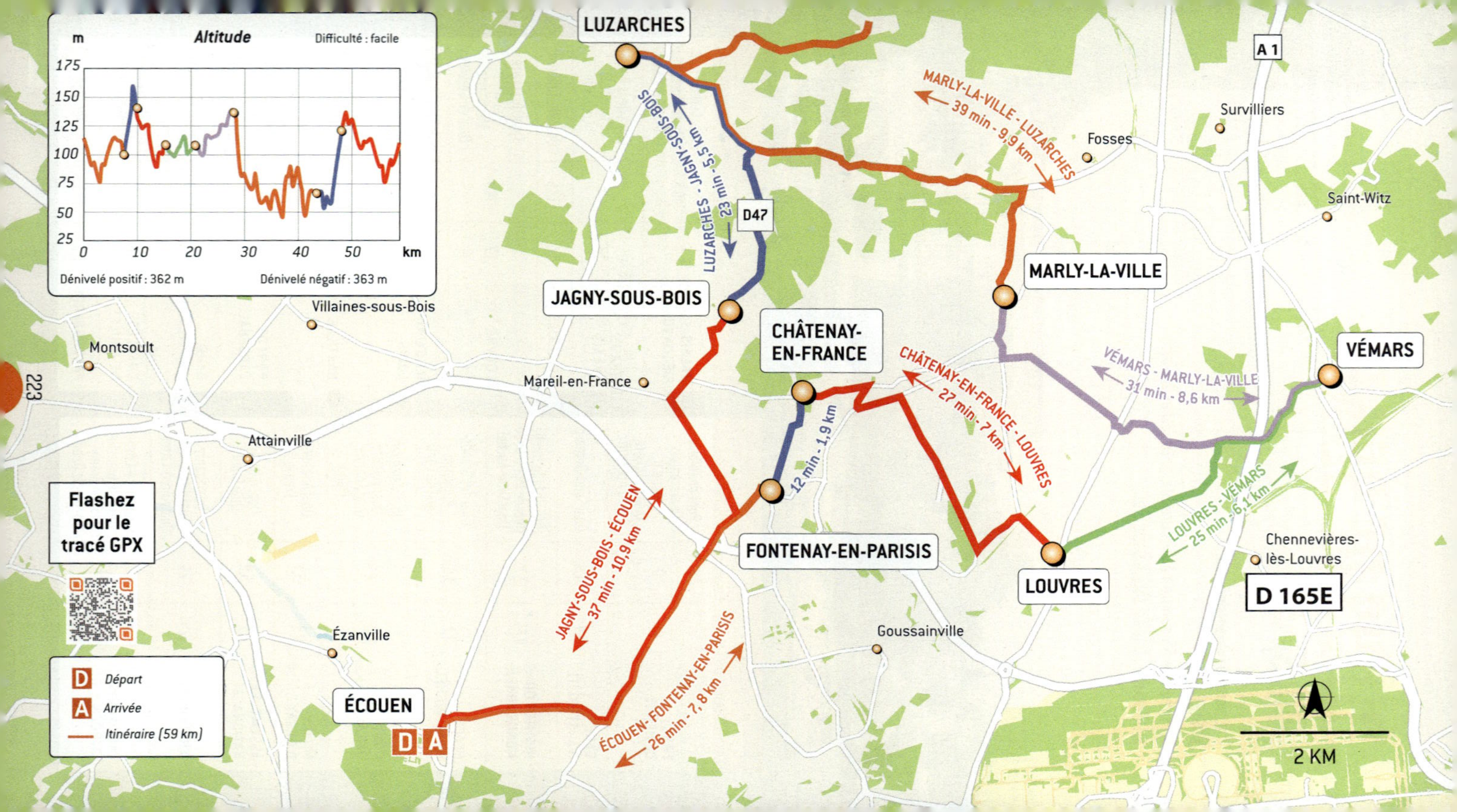

Altitude
m
Difficulté : facile
175
150
125
100
75
50
25
0
10
20
30
40
50
km
Dénivelé positif : 362 m
Dénivelé négatif : 363 m
LUZARCHES
A 1
MARLY-LA-VILLE - LUZARCHES
39 min - 9,9 km
Survilliers
Fosses
Saint-Witz
LUZARCHES - JAGNY-SOUS-BOIS
23 min - 5,5 km
D47
MARLY-LA-VILLE
JAGNY-SOUS-BOIS
Villaines-sous-Bois
Montsoult
CHÂTENAY-EN-FRANCE
VÉMARS
VÉMARS - MARLY-LA-VILLE
31 min - 8,6 km
Mareil-en-France
CHÂTENAY-EN-FRANCE - LOUVRES
27 min - 7 km
Attainville
12 min - 1,9 km
JAGNY-SOUS-BOIS - ÉCOUEN
37 min - 10,9 km
LOUVRES - VÉMARS
25 min - 6,1 km
FONTENAY-EN-PARISIS
Chennevières-lès-Louvres
LOUVRES
D 165E
Flashez pour le tracé GPX
Ézanville
Goussainville
ÉCOUEN-FONTENAY-EN-PARISIS
26 min - 7,8 km
D Départ
A Arrivée
Itinéraire (59 km)
ÉCOUEN
D A
2 KM

QUAIS DE SEINE
(PARIS)

- **Itinéraire :** Quais de Seine
- **Total :** 23,2 km
- **Durée :** de 55 minutes à 1 heure 50, entre 20 et 10 km/h
- **Difficulté :** pas de côte, assez plat.

LIEUX	Km partiel	Km cumul	Routes
PARC DE BERCY	0	0	Pont de Tolbiac Quai François-Mauriac Quai de la Gare Quai d'Austerlitz
GARE D'AUSTERLITZ	1,9	1,9	Quai Saint-Bernard
INSTITUT DU MONDE ARABE	0,85	2,75	Quai de la Tournelle Quai de Montebello Quai Saint-Michel
PLACE SAINT-MICHEL	1,1	3,85	Quai des Grands-Augustins Quai de Conti
PONT DES ARTS	0,65	4,5	Quai Malaquais Quai Voltaire Quai Anatole-France
MUSÉE D'ORSAY	0,9	5,4	Quai Anatole-France
ASSEMBLÉE NATIONALE	0,5	5,9	Quai d'Orsay Quai Branly
TOUR EIFFEL	2	7,9	Quai Branly Quai de Grenelle Quai André-Citroën
PARC ANDRÉ CITROËN	2,2	10,1	Quai André-Citroën Quai de Grenelle Quai Branly Passerelle Debilly
PALAIS DE TOKYO	0,7	10,8	Quai de New-York Cours Albert-Ier Cours de la Reine
GRAND PALAIS	1,2	12	Cours de la Reine Place de la Concorde
TUILERIES	0,6	12,6	Quai des Tuileries
LOUVRE	1,7	14,3	Quai du Louvre Quai de la Mégisserie Quai de Gesvres
ÎLE SAINT-LOUIS	0,6	14,9	Pont Louis Philippe Quai D'orléans Quai de Béthune
BASTILLE	1,4	16,3	Pont de Sully Boulevard Henri-IV Boulevard de la Bastille
PORT DE L'ARSENAL	0,3	16,6	Boulevard de la Bastille Pont d'Austerlitz
GARE D'AUSTERLITZ	0,9	17,5	Quai d'Austerlitz
PONT CHARLES-DE-GAULLE	0,35	17,85	Quai de la Râpée Quai de Bercy
PARC DE BERCY	1,5	19,35	Terrasse

PHOTOSTOCK - ADOBESTOCK

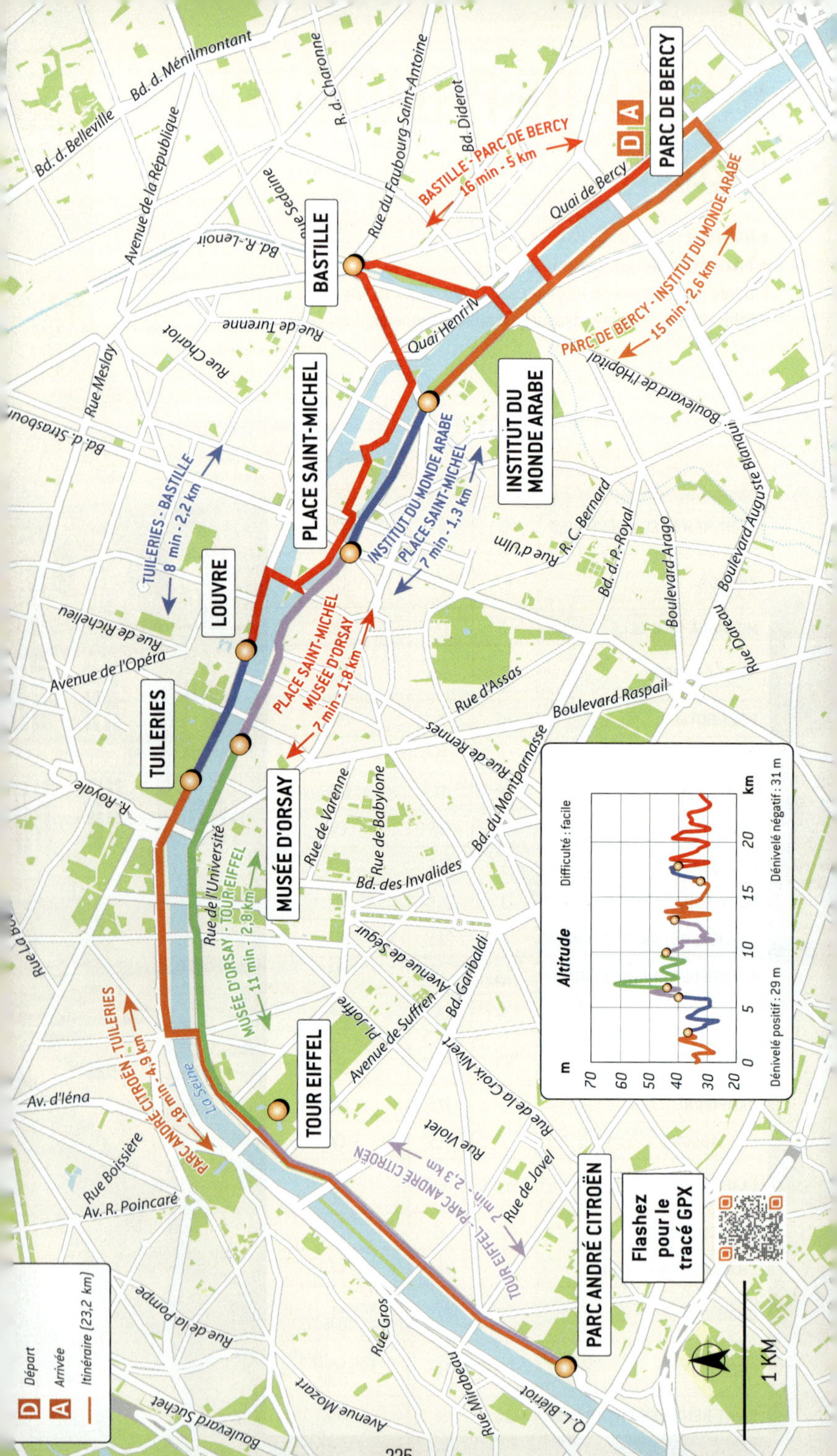
D Départ
A Arrivée
Itinéraire (23,2 km)
PARC DE BERCY
D A
BASTILLE - PARC DE BERCY
16 min - 5 km
BASTILLE
PLACE SAINT-MICHEL
INSTITUT DU MONDE ARABE
LOUVRE
TUILERIES
MUSÉE D'ORSAY
TOUR EIFFEL
PARC ANDRÉ CITROËN
TUILERIES - BASTILLE
8 min - 2,2 km
INSTITUT DU MONDE ARABE
PLACE SAINT-MICHEL
7 min - 1,3 km
PLACE SAINT-MICHEL
MUSÉE D'ORSAY
7 min - 1,8 km
MUSÉE D'ORSAY - TOUR EIFFEL
11 min - 2,8 km
TOUR EIFFEL - PARC ANDRÉ CITROËN
7 min - 2,3 km
PARC ANDRÉ CITROËN - TUILERIES
18 min - 4,9 km
PARC DE BERCY - INSTITUT DU MONDE ARABE
15 min - 2,6 km
Altitude
Difficulté : facile
Dénivelé positif : 29 m
Dénivelé négatif : 31 m
m
km
Flashez pour le tracé GPX
1 KM
La Seine
Bd. d. Belleville
Bd. d. Ménilmontant
Avenue de la République
R. d. Charonne
Rue du Faubourg Saint-Antoine
Bd. Diderot
Quai de Bercy
Rue Sedaine
Bd. R.-Lenoir
Rue de Turenne
Rue Charlot
Rue Meslay
Bd. d. Strasbourg
Quai Henri IV
Boulevard de l'Hôpital
Boulevard Auguste Blanqui
Boulevard Arago
Bd. d. P.-Royal
R. C. Bernard
Rue d'Ulm
Rue de Richelieu
Avenue de l'Opéra
Rue d'Assas
Boulevard Raspail
Rue Dareau
Rue de Rennes
Bd. du Montparnasse
R. Royale
Rue de Varenne
Rue de Babylone
Bd. des Invalides
Rue de l'Université
Avenue de Ségur
Bd. Garibaldi
Avenue de Suffren
Pl. Joffre
Rue de la Croix Nivert
Rue Violet
Rue de Javel
Av. d'Iéna
Rue Boissière
Av. R. Poincaré
Rue de la Pompe
Rue Gros
Avenue Mozart
Rue Mirabeau
Boulevard Suchet
Q. L. Blériot

VALLÉE DE CHEVREUSE
(YVELINES)

- **Itinéraire :** Vallée de Chevreuse
- **Total :** 56,2 km
- **Durée :** de 2 heures 55 à 5 heures 50, entre 20 et 10 km/h
- **Difficulté :** facile à intermédiaire, terrain moyennement vallonné.

LIEUX	Km partiel	Km cumul	Routes
SAINT-RÉMY-LÈS-CHEVREUSE	0	0	D906 D51
RHODON	1,5	1,5	D51 D46
MILON-LA-CHAPELLE	2	3,5	D46
SAINT-LAMBERT	3	6,5	D46 D91
PORT-ROYAL	1,5	8	D91
DAMPIERRE	7	15	D58
MAINCOURT	2	17	D58
LÉVIS-SAINT-NOM	1,5	18,5	CV
LES ESSARTS-LE-ROI	5	23,5	D73
AUFFARGIS	3	26,5	D24
SABLIÈRE DU PONT DE GRANDVAL	2	28,5	D24
ABBAYE DES VAUX DE CERNAY	2,5	31	D91
GARNES	5	36	D149
SENLISSE	0,5	36,5	CV D91
DAMPIERRE	3	39,5	D58
LES SABLONS	2	41,5	CV
LA BRAQUERIE	1,5	43	CV D41
HERBOUVILLIERS	2	45	CV
CHÂTEAU DE BRETEUIL	2,5	47,5	CV
CHOISEL	5	52,5	CV D306
CHEVREUSE	3	55,5	Piste cyclable D938
SAINT-RÉMY-LÈS-CHEVREUSE	2,5	58	D938

© ELOPHOTOS - ADOBESTOCK

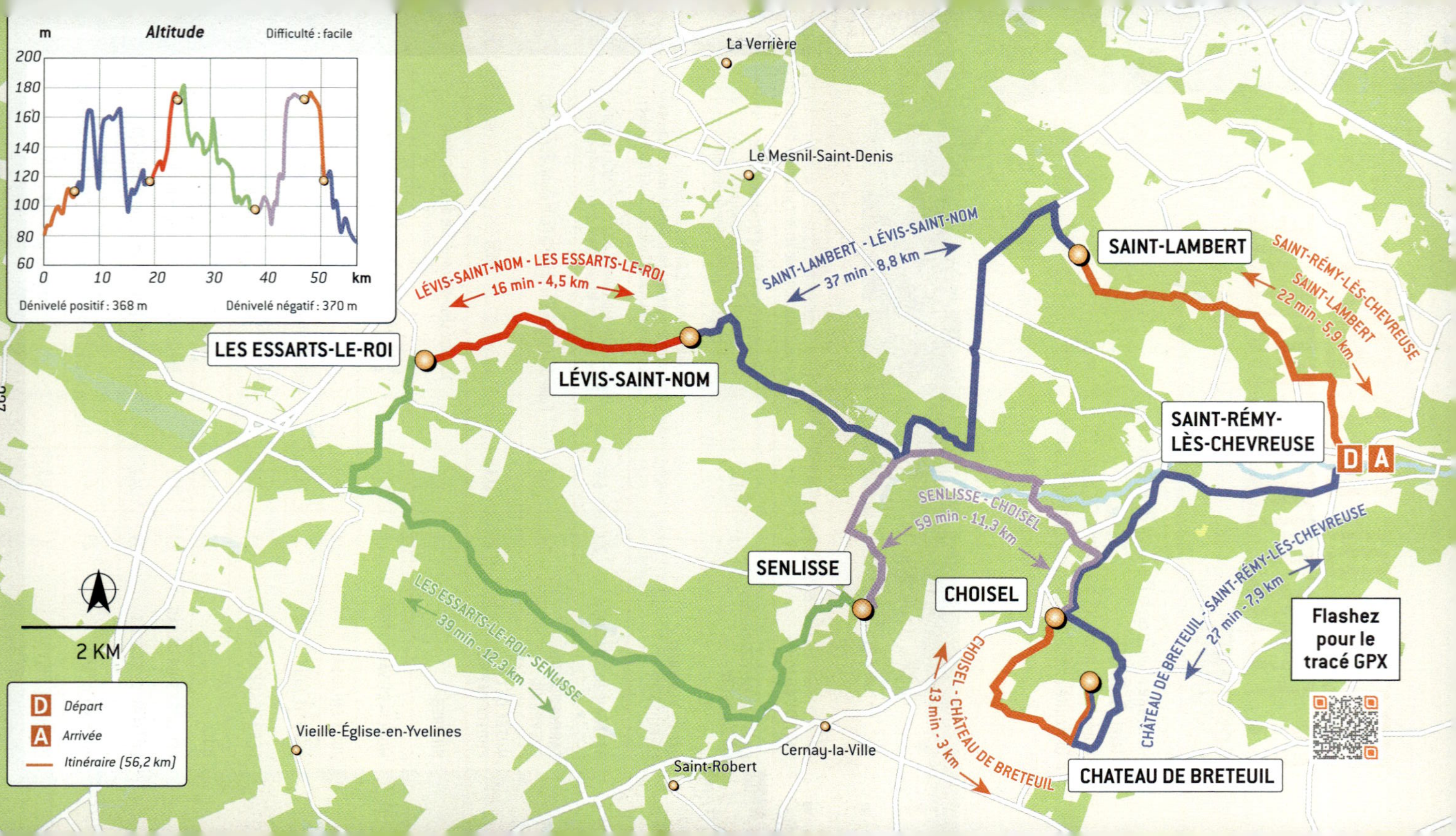
Altitude
m
Difficulté : facile
200
180
160
140
120
100
80
60
0
10
20
30
40
50
km
Dénivelé positif : 368 m
Dénivelé négatif : 370 m
La Verrière
Le Mesnil-Saint-Denis
SAINT-LAMBERT
SAINT-RÉMY-LÈS-CHEVREUSE - SAINT-LAMBERT
22 min - 5,9 km
SAINT-LAMBERT - LÉVIS-SAINT-NOM
37 min - 8,8 km
LÉVIS-SAINT-NOM - LES ESSARTS-LE-ROI
16 min - 4,5 km
LES ESSARTS-LE-ROI
LÉVIS-SAINT-NOM
SAINT-RÉMY-LÈS-CHEVREUSE
D
A
SENLISSE - CHOISEL
59 min - 11,3 km
SENLISSE
CHOISEL
CHÂTEAU DE BRETEUIL - SAINT-RÉMY-LÈS-CHEVREUSE
27 min - 7,9 km
Flashez pour le tracé GPX
LES ESSARTS-LE-ROI - SENLISSE
39 min - 12,3 km
CHOISEL - CHÂTEAU DE BRETEUIL
13 min - 3 km
CHATEAU DE BRETEUIL
2 KM
Vieille-Église-en-Yvelines
Cernay-la-Ville
Saint-Robert
D Départ
A Arrivée
Itinéraire (56,2 km)

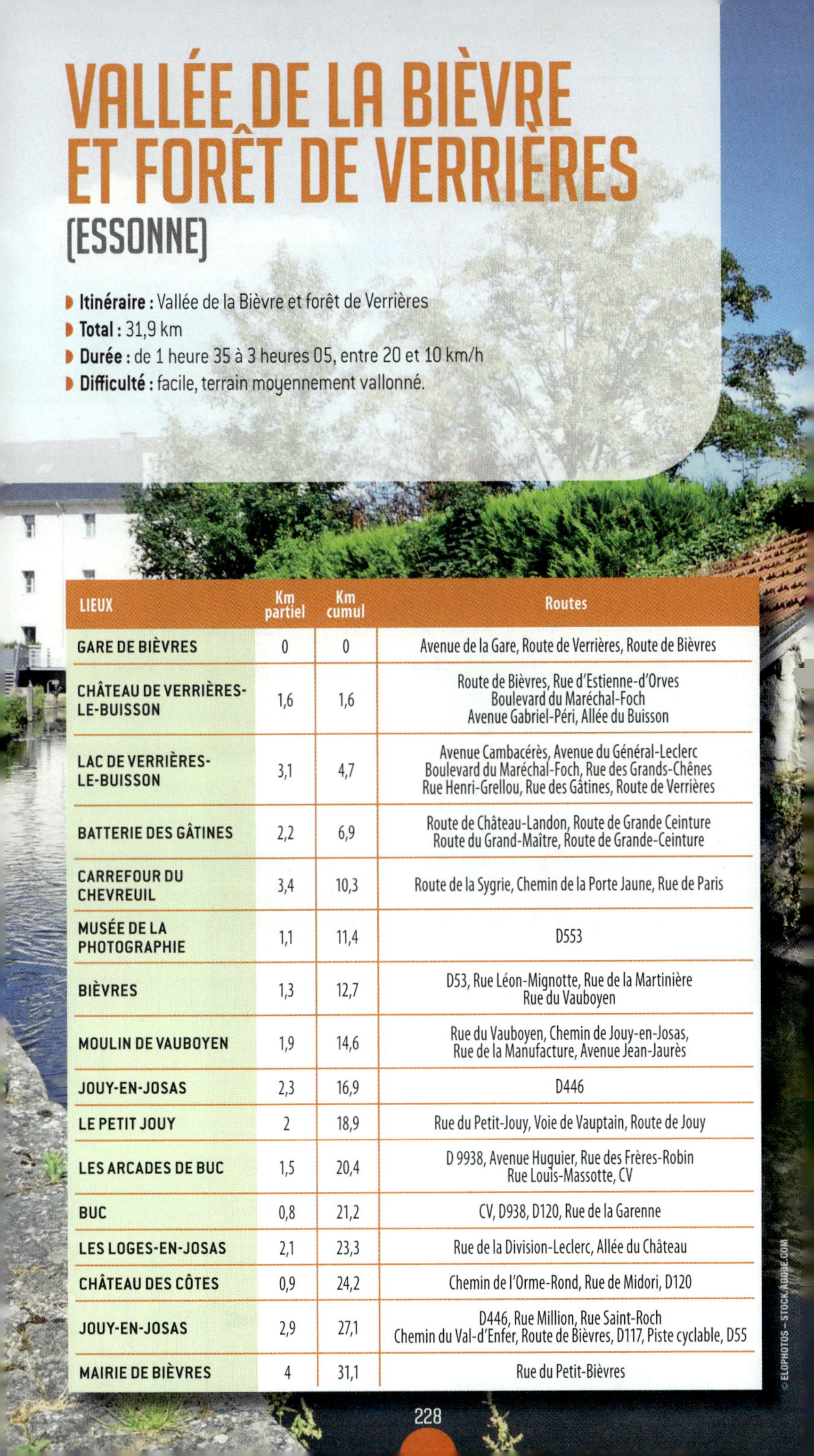

© ELOPHOTOS – STOCK.ADOBE.COM

VALLÉE DE LA BIÈVRE ET FORÊT DE VERRIÈRES
(ESSONNE)

- **Itinéraire :** Vallée de la Bièvre et forêt de Verrières
- **Total :** 31,9 km
- **Durée :** de 1 heure 35 à 3 heures 05, entre 20 et 10 km/h
- **Difficulté :** facile, terrain moyennement vallonné.

LIEUX	Km partiel	Km cumul	Routes
GARE DE BIÈVRES	0	0	Avenue de la Gare, Route de Verrières, Route de Bièvres
CHÂTEAU DE VERRIÈRES-LE-BUISSON	1,6	1,6	Route de Bièvres, Rue d'Estienne-d'Orves Boulevard du Maréchal-Foch Avenue Gabriel-Péri, Allée du Buisson
LAC DE VERRIÈRES-LE-BUISSON	3,1	4,7	Avenue Cambacérès, Avenue du Général-Leclerc Boulevard du Maréchal-Foch, Rue des Grands-Chênes Rue Henri-Grellou, Rue des Gâtines, Route de Verrières
BATTERIE DES GÂTINES	2,2	6,9	Route de Château-Landon, Route de Grande Ceinture Route du Grand-Maître, Route de Grande-Ceinture
CARREFOUR DU CHEVREUIL	3,4	10,3	Route de la Sygrie, Chemin de la Porte Jaune, Rue de Paris
MUSÉE DE LA PHOTOGRAPHIE	1,1	11,4	D553
BIÈVRES	1,3	12,7	D53, Rue Léon-Mignotte, Rue de la Martinière Rue du Vauboyen
MOULIN DE VAUBOYEN	1,9	14,6	Rue du Vauboyen, Chemin de Jouy-en-Josas, Rue de la Manufacture, Avenue Jean-Jaurès
JOUY-EN-JOSAS	2,3	16,9	D446
LE PETIT JOUY	2	18,9	Rue du Petit-Jouy, Voie de Vauptain, Route de Jouy
LES ARCADES DE BUC	1,5	20,4	D 9938, Avenue Huguier, Rue des Frères-Robin Rue Louis-Massotte, CV
BUC	0,8	21,2	CV, D938, D120, Rue de la Garenne
LES LOGES-EN-JOSAS	2,1	23,3	Rue de la Division-Leclerc, Allée du Château
CHÂTEAU DES CÔTES	0,9	24,2	Chemin de l'Orme-Rond, Rue de Midori, D120
JOUY-EN-JOSAS	2,9	27,1	D446, Rue Million, Rue Saint-Roch Chemin du Val-d'Enfer, Route de Bièvres, D117, Piste cyclable, D55
MAIRIE DE BIÈVRES	4	31,1	Rue du Petit-Bièvres

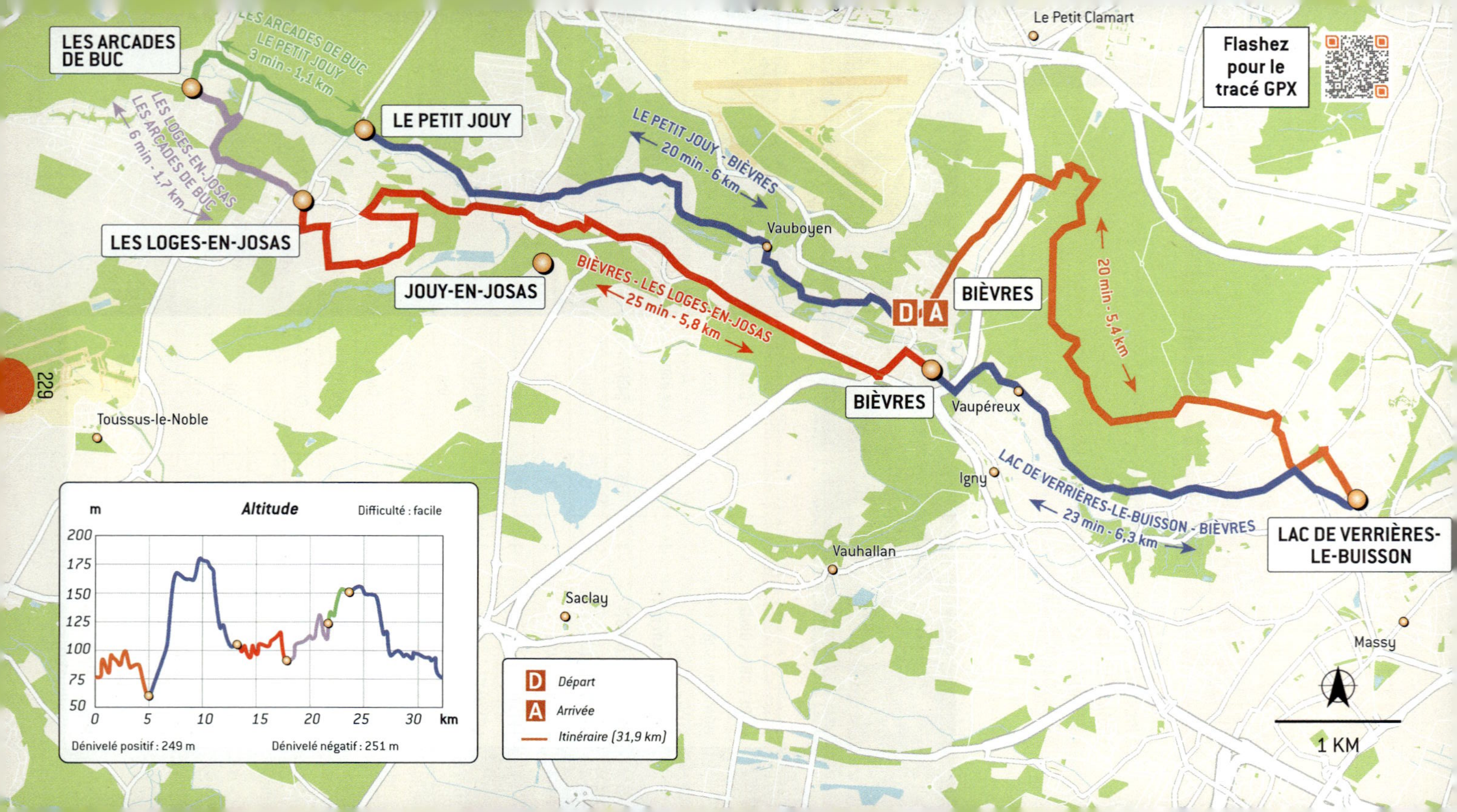

LES ARCADES DE BUC
LES ARCADES DE BUC - LE PETIT JOUY 3 min - 1,1 km
LE PETIT JOUY
LES LOGES-EN-JOSAS - LES ARCADES DE BUC 6 min - 1,7 km
LE PETIT JOUY - BIÈVRES 20 min - 6 km
LES LOGES-EN-JOSAS
JOUY-EN-JOSAS
BIÈVRES - LES LOGES-EN-JOSAS 25 min - 5,8 km
Vauboyen
D A
BIÈVRES
BIÈVRES
Vaupéreux
20 min - 5,4 km
Le Petit Clamart
Flashez pour le tracé GPX
Toussus-le-Noble
Igny
LAC DE VERRIÈRES-LE-BUISSON - BIÈVRES 23 min - 6,3 km
LAC DE VERRIÈRES-LE-BUISSON
Vauhallan
Saclay
Massy
1 KM
Altitude
Difficulté : facile
m
200
175
150
125
100
75
50
0
5
10
15
20
25
30
km
Dénivelé positif : 249 m
Dénivelé négatif : 251 m
D Départ
A Arrivée
Itinéraire (31,9 km)

VALLÉES DU LOING, DU LUNAIN ET DE L'ORVANNE (SEINE-ET-MARNE)

- **Itinéraire :** Vallées du Loing, du Lunain et de l'Orvanne
- **Total :** 65,5 km
- **Durée :** de 3 à 6 heures, entre 20 et 10 km/h
- **Difficulté :** facile à intermédiaire, peu vallonné.

ATERROM - ADOBESTOCK

LIEUX	Km partiel	Km cumul	Routes
MORET-SUR-LOING	0	0	D104
MONTIGNY-SUR-LOING	7,5	7,5	D58
CHÂTEAU DE BOURRON-MARLOTTE	3	10,5	CV, D104
GREZ-SUR-LOING	3	13,5	D40D
MONTCOURT	1,5	15	D40
LA GENEVRAYE	3	18	D40
EPISY	3	21	D148
LE LUAT	4	25	D148, D58
NONVILLE	2,5	27,5	D58
TREUZY	1	28,5	D58, D69
NANTEAU-SUR-LUNAIN	2	30,5	D69
LORREZ-LE-BOCAGE	7	37,5	D219, D219E
CHEVRY-EN-SEREINE	3,5	41	CV, D219
VOULX	3,5	44,5	D22
THOURY-FÉROTTES	2,5	47	D22
FLAGY	2,5	49,5	D22
DORMELLES	1,5	51	D22
VILLECERF	4,5	55,5	CV, D218, CV
MORET-SUR-LOING	6	61,5	CV

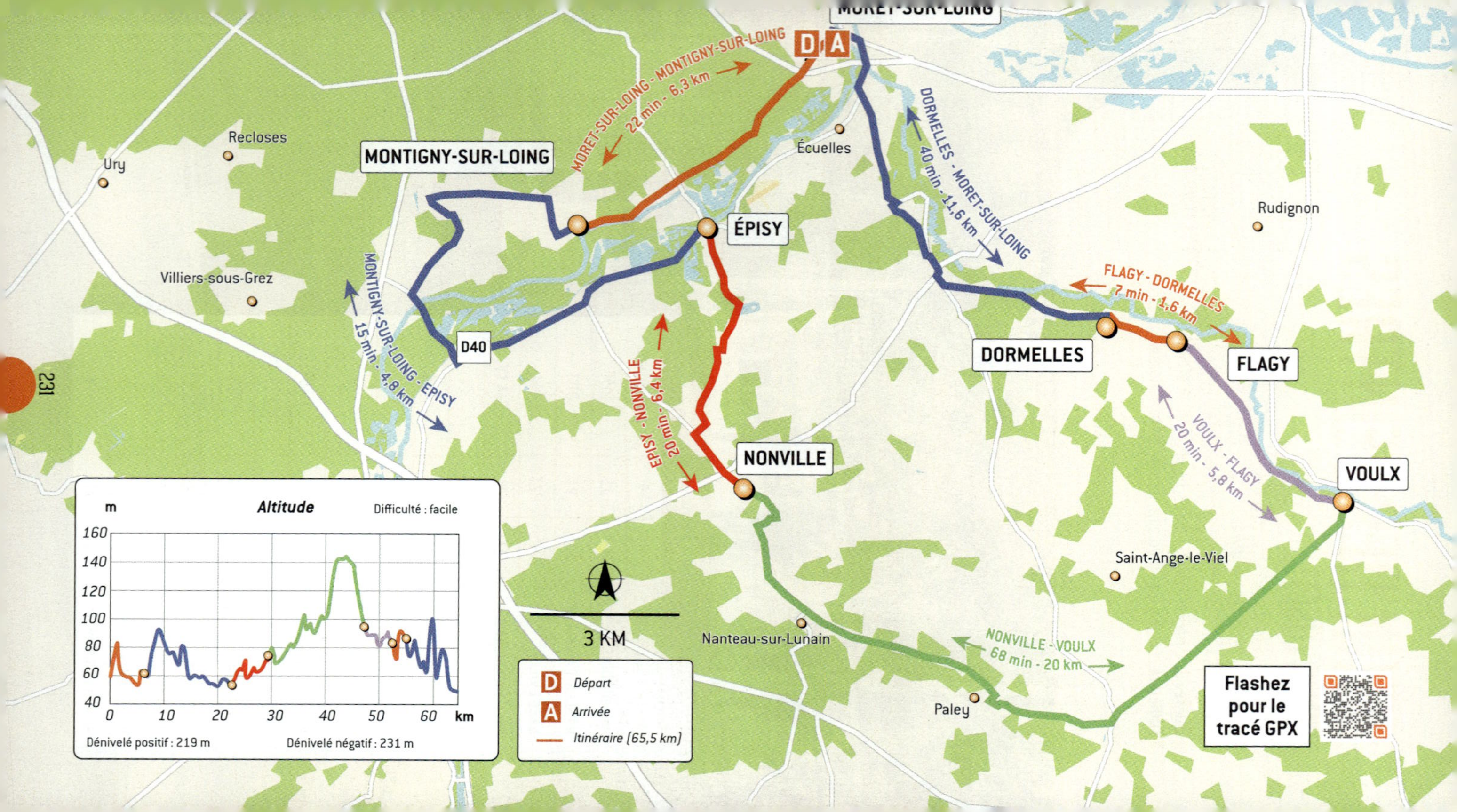

MORET-SUR-LOING
D A
MORET-SUR-LOING - MONTIGNY-SUR-LOING
22 min - 6,3 km
MONTIGNY-SUR-LOING
Recloses
Ury
Villiers-sous-Grez
Écuelles
ÉPISY
DORMELLES - MORET-SUR-LOING
40 min - 11,6 km
Rudignon
FLAGY - DORMELLES
7 min - 1,6 km
DORMELLES
FLAGY
MONTIGNY-SUR-LOING - EPISY
15 min - 4,8 km
D40
EPISY - NONVILLE
20 min - 6,4 km
NONVILLE
VOULX - FLAGY
20 min - 5,8 km
VOULX
Saint-Ange-le-Viel
Nanteau-sur-Lunain
NONVILLE - VOULX
68 min - 20 km
Paley
3 KM
Flashez pour le tracé GPX
m
Altitude
Difficulté : facile
160
140
120
100
80
60
40
0
10
20
30
40
50
60
km
Dénivelé positif : 219 m
Dénivelé négatif : 231 m
D Départ
A Arrivée
Itinéraire (65,5 km)

VEXIN DES PEINTRES
(VAL D'OISE)

- **Itinéraire :** Vexin des peintres
- **Total :** 47,5 km
- **Durée :** de 2 heures 05 à 5 heures 10, entre 20 et 10 km/h
- **Difficulté :** facile à intermédiaire, terrain assez vallonné.

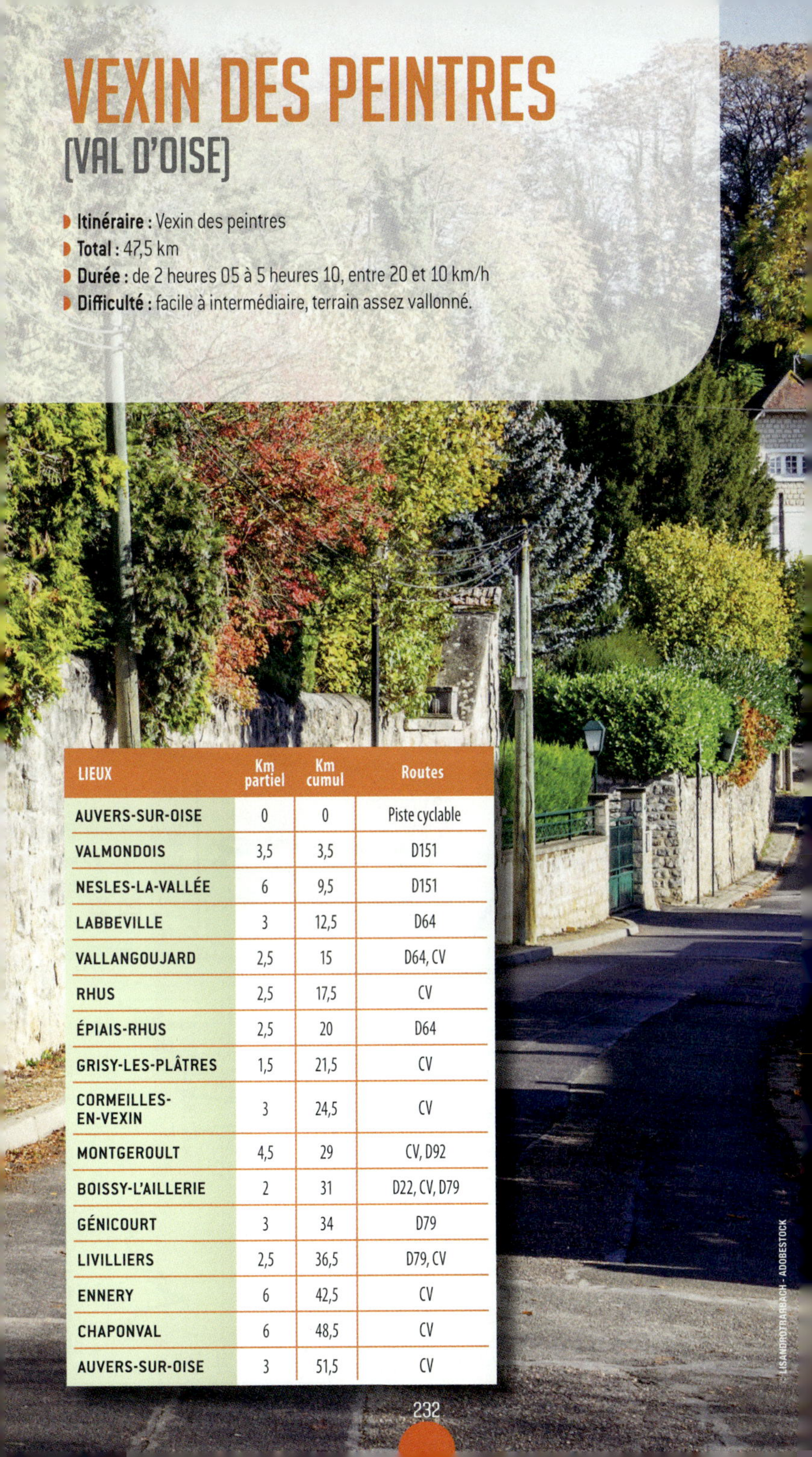

LISANDROTRABBACH - ADOBESTOCK

LIEUX	Km partiel	Km cumul	Routes
AUVERS-SUR-OISE	0	0	Piste cyclable
VALMONDOIS	3,5	3,5	D151
NESLES-LA-VALLÉE	6	9,5	D151
LABBEVILLE	3	12,5	D64
VALLANGOUJARD	2,5	15	D64, CV
RHUS	2,5	17,5	CV
ÉPIAIS-RHUS	2,5	20	D64
GRISY-LES-PLÂTRES	1,5	21,5	CV
CORMEILLES-EN-VEXIN	3	24,5	CV
MONTGEROULT	4,5	29	CV, D92
BOISSY-L'AILLERIE	2	31	D22, CV, D79
GÉNICOURT	3	34	D79
LIVILLIERS	2,5	36,5	D79, CV
ENNERY	6	42,5	CV
CHAPONVAL	6	48,5	CV
AUVERS-SUR-OISE	3	51,5	CV

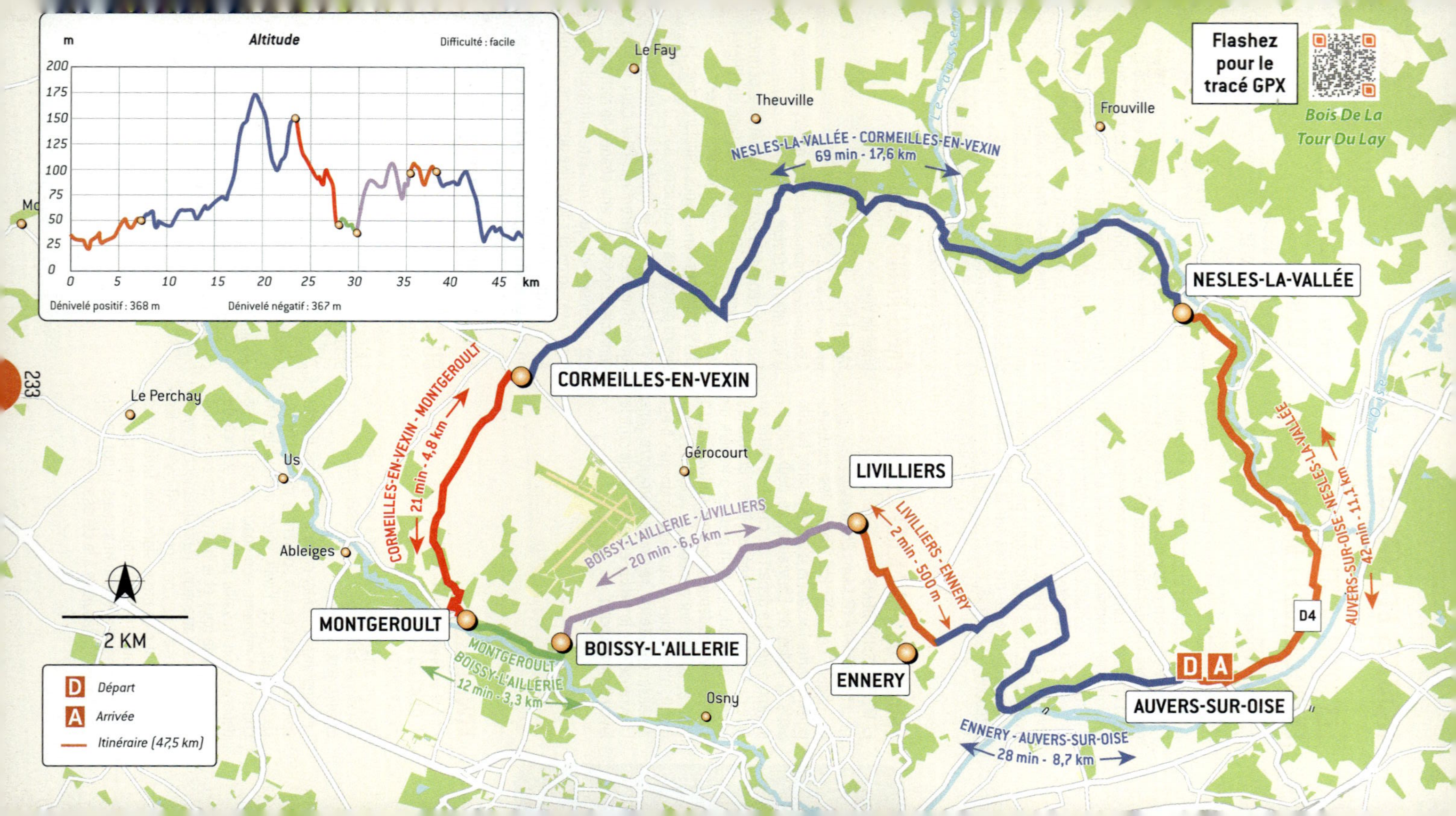
Altitude
m
Difficulté : facile
200
175
150
125
100
75
50
25
0
5
10
15
20
25
30
35
40
45
km
Dénivelé positif : 368 m
Dénivelé négatif : 367 m
Flashez pour le tracé GPX
Bois De La Tour Du Lay
Le Fay
Theuville
Frouville
Le Sausseron
NESLES-LA-VALLÉE - CORMEILLES-EN-VEXIN
69 min - 17,6 km
NESLES-LA-VALLÉE
CORMEILLES-EN-VEXIN
Le Perchay
CORMEILLES-EN-VEXIN - MONTGEROULT
21 min - 4,8 km
Us
Gérocourt
LIVILLIERS
L'Oise
AUVERS-SUR-OISE - NESLES-LA-VALLÉE
42 min - 11,1 km
BOISSY-L'AILLERIE - LIVILLIERS
20 min - 6,6 km
LIVILLIERS - ENNERY
2 min - 500 m
Ableiges
D4
MONTGEROULT
BOISSY-L'AILLERIE
ENNERY
AUVERS-SUR-OISE
2 KM
MONTGEROULT - BOISSY-L'AILLERIE
12 min - 3,3 km
Osny
ENNERY - AUVERS-SUR-OISE
28 min - 8,7 km
D Départ
A Arrivée
Itinéraire (47,5 km)

LES BORDS DE SEINE À VÉLO ENTRE CHATOU ET BOUGIVAL

Pont de Chatou
RUEIL-MALMAISON
www.rueil-tourisme.com
Durée 2h à 2h30.

Au départ du pont de Chatou, dans les Yvelines, l'itinéraire offre un cadre plaisant. A l'aller, longez d'abord l'île des Impressionnistes puis l'île de la Chaussée. Lorsque vous arriverez au pont de Bougival, franchissez le fleuve en direction de Croissy, et remontez jusqu'à votre point de départ via la rive droite. Une seconde option consiste à passer par le chemin de halage via la rive gauche, mais il vous faudra pour cela pédaler une centaine de mètres sur la N13, moins agréable.

L'OISE DES BÂTISSEURS À VÉLO

Avenue verte London-Paris
ASNIÈRES-SUR-OISE
© 03 64 60 60 60
www.avenuevertelondonparis.com
Accès libre et gratuit toute l'année.

Si vous ne le saviez pas, l'itinéraire tracé « Avenue Verte » reliant Paris à Londres passe près de chez vous. Baptisé « L'Oise des bâtisseurs », ce tronçon, est divisé en cinq étapes sur 91 km, chacune alliant sport, détente et culture. Traversez l'Oise à la découverte d'un patrimoine historique des plus riches : trois abbayes dont celle de Royaumont, château de Chantilly, cathédrale de Beauvais, cité royale de Senlis… Vos pauses seront culturelles !

CIRCUIT DU POMMERET

LE MESNIL-SAINT-DENIS
Circuit cycliste de 12,5 km ; 2h environ.

Ce circuit de 12,5 km ravira les cyclistes puisqu'il offre l'occasion d'une plaisante balade dans la Vallée de Chevreuse, de deux heures environ à vélo. Le départ du circuit se situe en face de l'entrée de l'étang des Noës. Depuis les sources du Rhodon, il faut pédaler à travers de vastes horizons depuis le plateau cultivé jusqu'à la forêt au sud qui annonce le vallon du Pommeret, un site classé au paysage unique. Il est possible ensuite de rejoindre Dampierre puis Chevreuse par le GR11, en passant devant le lavoir de Maincourt.

PARIS RANDO VÉLO

Hôtel de Ville
PARIS (4e)
www.parisrandovelo.fr
Randonnées organisées toute l'année, consulter le site Internet. Gratuit.

Tous les vendredis soirs, si la météo le permet, rendez-vous à 22h sur l'esplanade de l'Hôtel de Ville avec votre vélo pour une randonnée de 2h15 à travers Paris ! Vous pédalerez avec plusieurs centaines de cyclistes sur 20 à 25 km à travers les rues de la capitale. L'ambiance est sympathique et bon enfant. Pour ceux qui ne sont pas disponibles, une séance de rattrapage est proposée chaque troisième dimanche du mois avec un rendez-vous fixé au même endroit à 11h. Le parcours est annoncé la veille, jetez un œil sur le site Internet pour avoir plus d'infos.

KIWILL

27, rue du Grand Prieuré - **PARIS** (11e)
© 01 47 00 04 19
www.kiwill.fr
Horaires d'ouverture selon les séances : se renseigner sur le site. 25 € la session sans abonnement.

Certains disent *indoor-cycling*, d'autres disent *spinning* : c'est en fait souvent la même chose. Le principe, chez Kiwill, reste immuable. On choisit son moment, son coach et on vient se dépenser. On travaille pendant une séance de 45 minutes le haut et le bas de son corps tout en pédalant : attention, l'entraînement promet d'être intense ! Le concept est efficace, et les équipes sont très professionnelles. Différentes formules tarifaires sont proposées ainsi que de nombreuses sessions thématiques (pour varier les plaisirs !). Résultats à la clé assurés !

SORTIE A VELO LE LONG DU CANAL SAINT-DENIS

PANTIN
www.tourisme93.com

Tous à vos guidons ! De la Villette jusqu'au Stade de France, profitez de la brise en arpentant la piste cyclable le long de la rive droite du canal Saint-Denis, soit un peu plus de 8 km pour pédaler en toute sécurité dans la capitale. Pour les plus motivés et les passionnés d'histoire, décidez d'allier sport et culture en prolongeant la balade par le parcours historique qui relie le Stade de France et sa célèbre basilique de la ville de Saint-Denis.

À LA PETITE REINE

14, rue de la Paroisse
FONTAINEBLEAU
✆ 01 60 74 57 57
www.alapetitereine.com
Ouvert du mardi au vendredi de 9h à 19h ; le samedi de 9h à 18h ; le dimanche de 9h à 17h.

Depuis plus de quarante ans, Isabelle et Daniel Reine, ça ne s'invente pas, se consacrent au vélo. Daniel est un fou de vélo, sport qu'il pratiqua à haut-niveau dès l'âge de 14 ans. Ce domaine n'a donc plus aucun secret pour ce passionné. Fort de ses connaissances et en compagnie de son épouse, Daniel loue, vend et répare des cycles en titane de marque Merlin ou en carbone de marques Scott, Colnago, Giant et Trek. Un rayon est consacré à l'équipement du cycliste. Un service de location de vélos de ville, VTT et VTC permet de découvrir la région.

CYCLABLE

50, quai de Jemmapes
PARIS (10e)
✆ 01 48 04 84 91
Ouvert du mardi au samedi de 10h à 14h et de 15h à 19h.

Cyclable vous propose une large gamme de vélos : électriques, *longtails* ou même vélos pliants. Que vous ayez besoin d'un fixie pour frimer, d'un vélo de ville pour arpenter les pavés de Paris ou d'un VTT pour les randonnées, vous devriez trouver votre bonheur dans l'échoppe. Avis aux technophiles urbains : la boutique propose des vélos électriques et des vélos pliants. Particulièrement attentifs aux besoins quotidiens des citadins en termes de transport, les vendeurs seront d'excellents conseils. La boutique a d'autres enseignes dans Paris ainsi qu'en banlieue.

CYCLES LE GREVÈS

70 bis, avenue Jean-Jaurès - **SURESNES**
✆ 01 45 06 22 93
www.cycleslegreves.fr
Ouvert le dimanche et le lundi de 9h à 12h30 et de 14h à 15h ; du mardi au samedi de 9h à 12h30 et de 14h à 18h.

Le Grevès est une histoire de famille. En 1937, les deux frères René et Louis Le Grevès, coureurs cyclistes renommés, ouvrent une boutique de cycles dans le 11e arrondissement. En 1965, Pierre, le fils de Louis, délocalise la boutique à Suresnes. Pierre a ensuite passé la main à Olivier Goedard, qui est aujourd'hui le gérant du magasin, toujours en expansion. Ce dernier saura vous conseiller au mieux dans l'achat de votre vélo, peu importe le modèle : course, VTT, VTC, loisirs, enfants… On y trouve aussi pièces détachées et accessoires.

FÉDÉRATION FRANÇAISE DE CYCLOTOURISME

12, rue Louis Bertrand - **IVRY-SUR-SEINE**
✆ 01 56 20 88 88
www.ffvelo.fr
Ouvert du lundi au vendredi de 9h à 12h et de 14h à 17h30. Jusqu'à 16h30 le vendredi.

La structure régionale de la Fédération française de Cyclotourisme de l'Ile-de-France, forte de plus de 13 000 licenciés, répartis dans plus 340 clubs gérés par plusieurs comités départementaux et régionaux vous propose, plus de 400 organisations route et VTT réparties sur l'ensemble de la saison ainsi qu'une quarantaine de randonnées permanentes et une vingtaine de marches en début et fin d'année. De nombreuses informations pratiques y sont également présentes.

GO SPORT RÉPUBLIQUE - BIKE +

117, boulevard Richard-Lenoir
PARIS (11e)
✆ 01 55 28 35 50
www.go-sport.com
Ouvert du lundi au samedi de 9h à 20h.

Il s'agit de l'espace du magasin Go Sport République dédié au cyclisme : pour acheter un nouveau vélo, inutile donc de vous rendre au Go Sport sur la place de la République, vous n'y trouverez rien en matière d'équipement cycliste. Ce magasin est situé plus loin, sur le boulevard Richard-Lenoir, et propose de nombreux modèles : vélos de ville, de course, VTT, VTC, pour homme, femme et enfant. Son plus : l'atelier de réparation avec des tarifs qui défient toute concurrence.

INSTITUT GÉOGRAPHIQUE NATIONAL

8, avenue Pasteur
SAINT-MANDÉ
✆ 01 43 98 80 00
https://www.ign.fr
Ouvert du mardi au vendredi de 13h30 à 17h30. Horaires d'accès à la photothèque. Gratuit.

Acteur du numérique au service des territoires, l'IGN a lancé l'Espace loisirs, le portail de référence pour toutes les activités nature. Ce nouveau portail regroupe des données de référence et des services en ligne pour s'adonner à des activités de plein air et partir à la découverte des territoires français. On peut y partager ses itinéraires et parcours et ainsi ouvrir la voie pour que chacun trace sa route ! Parfait pour découvrir de belles randonnées à vélo.

LOCA CYCLES

Maison forestière de la Porte Saint-Léger
RAMBOUILLET
✆ 06 07 64 15 87
www.rambouillet-location-velos.fr
Ouvert le week-end et les jours fériés de mars à octobre. Hors saison et en semaine, sur demande.

Quoi de mieux pour se mettre au vert qu'une promenade à vélo dans la forêt de Rambouillet, espace sauvage qui compte soixante kilomètres de pistes cyclables ! Installé depuis les années 1980 au départ de la piste cyclable, Loca Cycles loue des vélos (VTT, VTC, tandem, tricycle) pour les adultes et les enfants. L'équipement proposé comprend une carte détaillée de la région, une trousse de réparation, un casque, un cadenas, et toutes les protections utiles au sportif randonneur. Le siège bébé est fourni en supplément. Réservation obligatoire.

LOCATION DE VÉLOS - CYCLOU 78

Avenue des Loges - **SAINT-GERMAIN-EN-LAYE**
✆ 07 82 55 40 88
www.cyclou.fr
Fermé du 1er novembre au 1er avril. Ouvert le week-end et les jours fériés à partir de 10h. Sur demande en semaine.

La remorque itinérante de Cyclou est une micro-agence de location de bicyclettes. Garée sur un parking situé en lisière de bois, le lieu s'avère idéal pour partir immédiatement en balade avec des VTT et VTC très bien entretenus. Il est également possible de louer des remorques ou des sièges vélo pour enfants, ainsi que des tandems (de 1 à 3h). A noter : il faut se munir d'une pièce d'identité pour effectuer une réservation. Contacter directement l'agence pour une location en semaine.

MIEUX SE DÉPLACER À BICYCLETTE

37, boulevard Bourdon - **PARIS** (4e)
✆ 01 43 20 26 02
www.mdb-idf.org
Ouvert le lundi, le mardi, le jeudi et le vendredi de 14h à 18h. Adhésion à l'association à partir de 10 €.

Cette association qui milite pour le développement et l'amélioration de la circulation à vélo propose des balades à ses membres, il faut adhérer pour y participer. Des sorties plus ou moins longues sont organisées dans une ambiance conviviale chaque dimanche ou presque, ainsi que certains samedis. Les destinations se situent à Paris, en Île-de-France, voire plus loin, dans les régions limitrophes. Des balades pendant plusieurs jours sont aussi proposées.

LES PISTES CYCLABLES DE L'ILE DE FRANCE

www.institutparisregion.fr

Via le site remarquable de l'IAURIF (Institut d'Aménagement et d'Urbanisme de la Région d'Île-de-France), vous pourrez consulter les pistes et aménagements cyclables au 1/50 000e de la région. Sur une carte interactive, naviguez sur le grand centre d'Île-de-France : on y trouve Paris, les Hauts-de-Seine, la Seine-Saint-Denis et le Val-de-Marne. Elle permet aussi de localiser tous les parcs à vélos mais aussi les lieux où louer et faire réparer un vélo dans la région.

UPWAY

PARIS (1er)
https://upway.shop/

Cette plateforme en ligne est dédiée au rachat, au reconditionnement et à la revente de vélos électriques, sous garantie d'un an. Leur credo ? Rendre le vélo électrique accessible au grand public avec des offres pour tous les budgets et une livraison assurée à domicile ! Vous retrouverez des marques incontournables, telles que Cowboy, VanMoof ou encore Giant. En plus d'un aspect économique attrayant, la démarche d'Upway s'inscrit dans un cycle vertueux en prolongeant la durée de vie des vélos électriques plutôt que de créer du jetable.

VÉLIB'

PARIS (1er)
✆ 01 76 49 12 34
www.velib-metropole.fr
Plan des stations accessible en ligne et sur l'application mobile.

Ce service de location de vélos à la minute a fait ses preuves depuis 2007. Gérés aujourd'hui par l'entreprise Smovengo, ces cycles parisiens connaissent de nouveaux un grand succès après une période rodage liée à l'installation de nouveau matériel. Aujourd'hui, le réseau compte plus de 1 300 stations à Paris et en proche banlieue. Installés selon un maillage serré, ces relais permettent aux Parisiens de réserver des vélos pour des durées plus ou moins longues. Des abonnements sont également disponibles pour les usagers réguliers (mensuel, annuel, etc.).

NORMANDIE

La Normandie, terre des Hommes du Nord, constitue une destination riche à plusieurs titres. Le Débarquement des alliés en juin 1944 et, plusieurs siècles auparavant, l'épopée de Guillaume le Conquérant ont marqué les mémoires et forgé son identité. Sa nature préservée et l'incroyable diversité de ses paysages, entre vallons, campagne bocagère, littoral et hautes falaises, en font un écrin pour la biodiversité que les acteurs tiennent à préserver. La Normandie est une destination de choix pour les adeptes du tourisme vert qui, à pied ou à vélo, trouveront ici de belles balades. Son patrimoine bâti et ses joyaux d'architecture sont évidemment à découvrir, tout comme son goût pour les arts. Berceau de l'impressionnisme, la Normandie fait la part belle à la peinture, la littérature, la musique ou même au cinéma... Sa gastronomie et son célèbre camembert contribuent aussi à sa renommée. Vous allez être conquis !

BELLÊME, PARC NATUREL RÉGIONAL DU PERCHE
(ORNE)

- **Itinéraire :** Bellême, parc naturel régional du Perche
- **Total :** 57,8 km
- **Durée :** de 2 heures 30 à 5 heures, entre 20 et 10 km/h.
- **Difficulté :** facile à intermédiaire.

LIEUX	Km partiel	Km cumul	Routes
BELLÊME	0	0	D455
BELLAVILLIERS	5	8	D310
ÉPERRAIS	3	13	D7, D938, D283
SAINT-OUEN-DE-LA-COUR	3	16	D283
COLONARD-CORUBERT	5,5	21,5	D283, D920
NOCÉ	4	25,5	D9
SAINT-CYR-LA-ROSIÈRE	7,5	33	La Bretonnière, D626
SAINT-GERMAIN-DE-LA-COUDRE	9	42	D277, La Tuilerie, D7
IGÉ	9	51	D211, Blandé-Marcilly D276
BELLÊME	8	59	D938, D643, D274, D455

SEBASTIEN BERTHELOT - ADOBESTOCK

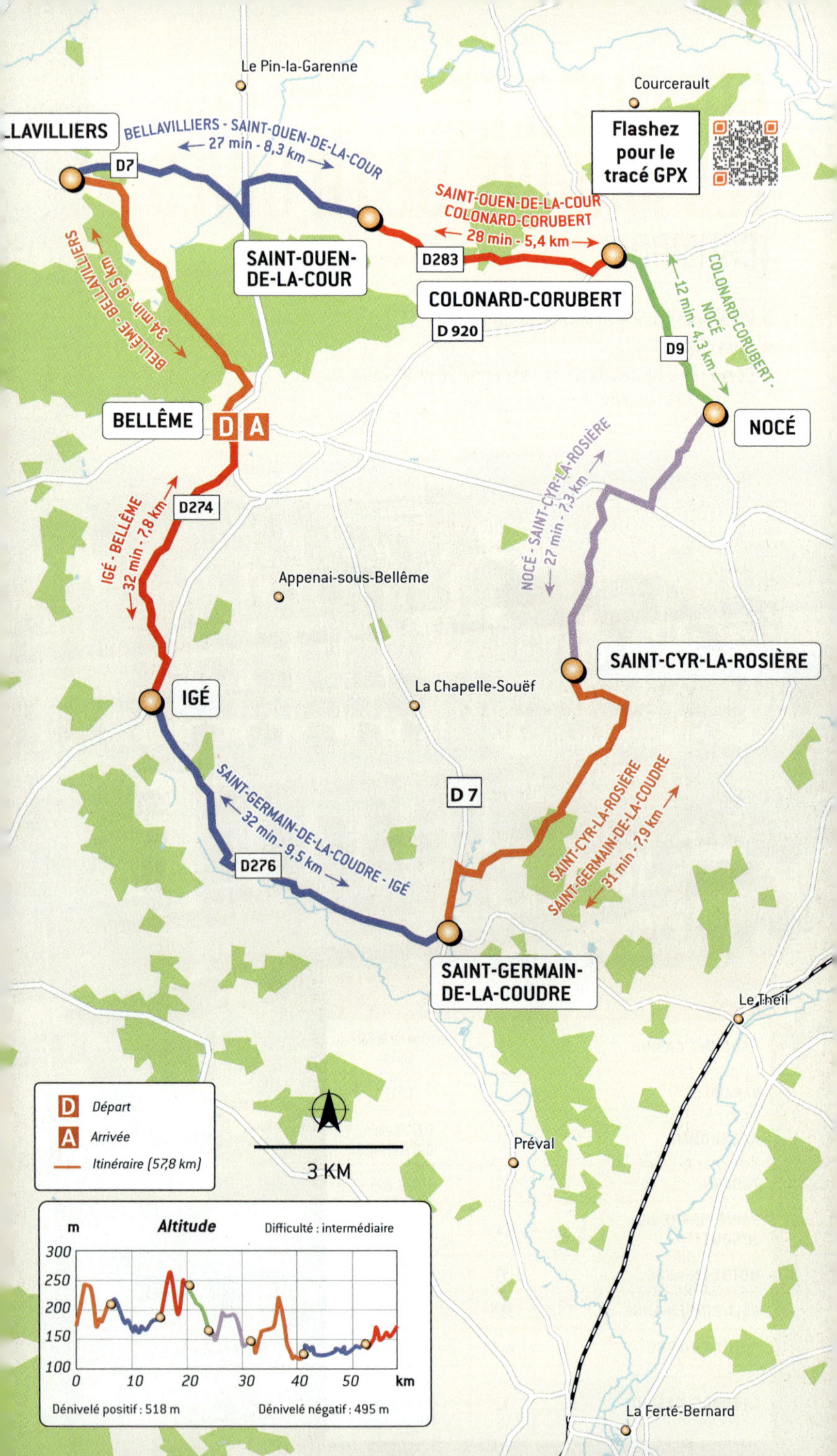
Le Pin-la-Garenne
Courcerault
...LAVILLIERS
BELLAVILLIERS - SAINT-OUEN-DE-LA-COUR
27 min - 8,3 km
D7
Flashez pour le tracé GPX
SAINT-OUEN-DE-LA-COUR
COLONARD-CORUBERT
28 min - 5,4 km
BELLÊME - BELLAVILLIERS
34 min - 8,5 km
SAINT-OUEN-DE-LA-COUR
D283
COLONARD-CORUBERT
D 920
COLONARD-CORUBERT - NOCÉ
12 min - 4,3 km
D9
NOCÉ
BELLÊME
D A
NOCÉ - SAINT-CYR-LA-ROSIÈRE
27 min - 7,3 km
IGÉ - BELLÊME
32 min - 7,8 km
D274
Appenai-sous-Bellême
SAINT-CYR-LA-ROSIÈRE
La Chapelle-Souëf
IGÉ
D 7
SAINT-GERMAIN-DE-LA-COUDRE - IGÉ
32 min - 9,5 km
D276
SAINT-CYR-LA-ROSIÈRE
SAINT-GERMAIN-DE-LA-COUDRE
31 min - 7,9 km
SAINT-GERMAIN-DE-LA-COUDRE
Le Theil
D Départ
A Arrivée
Itinéraire (57,8 km)
3 KM
Préval
m
Altitude
Difficulté : intermédiaire
300
250
200
150
100
0
10
20
30
40
50
km
Dénivelé positif : 518 m
Dénivelé négatif : 495 m
La Ferté-Bernard

CABOURG ET LES MARAIS DE LA DIVES

(CALVADOS)

- **Itinéraire :** Cabourg et les marais de la Dives
- **Total :** 51 km
- **Durée :** de 2 heures 35 à 5 heures, entre 20 et 10 km/h.

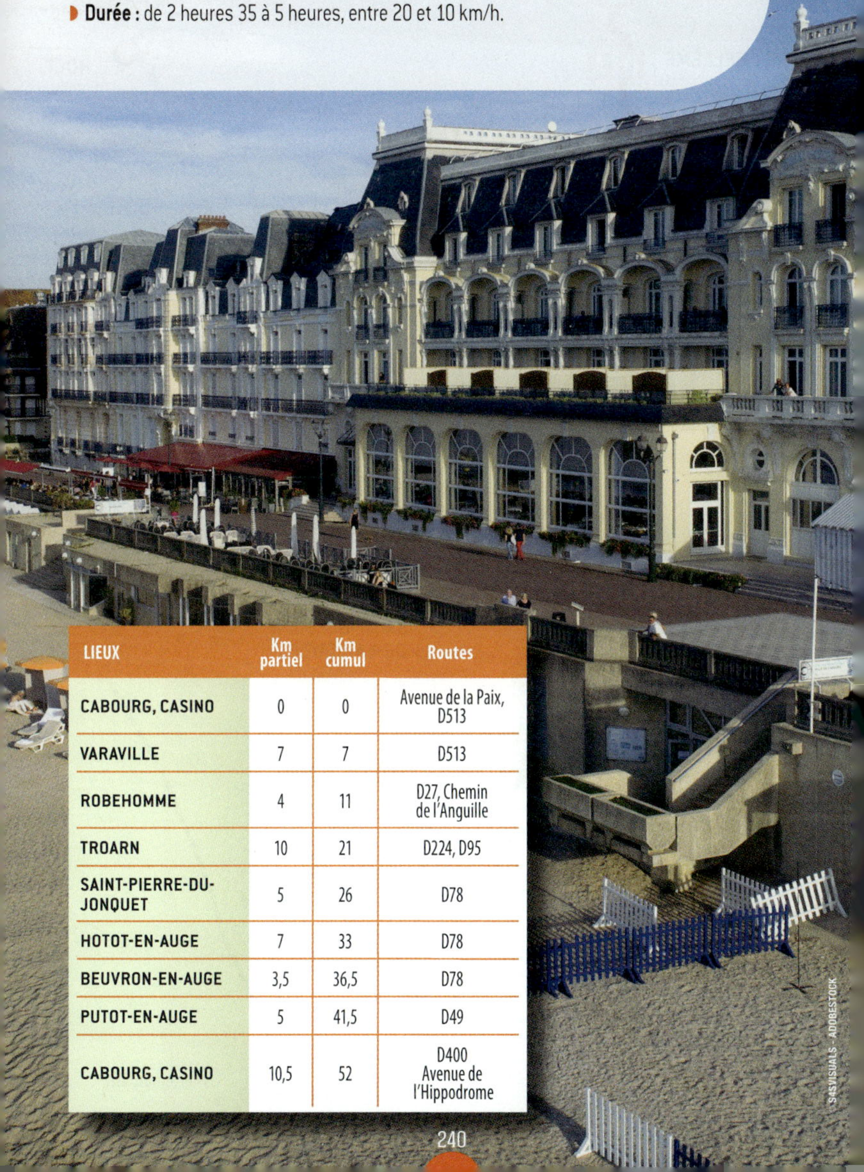

LIEUX	Km partiel	Km cumul	Routes
CABOURG, CASINO	0	0	Avenue de la Paix, D513
VARAVILLE	7	7	D513
ROBEHOMME	4	11	D27, Chemin de l'Anguille
TROARN	10	21	D224, D95
SAINT-PIERRE-DU-JONQUET	5	26	D78
HOTOT-EN-AUGE	7	33	D78
BEUVRON-EN-AUGE	3,5	36,5	D78
PUTOT-EN-AUGE	5	41,5	D49
CABOURG, CASINO	10,5	52	D400 Avenue de l'Hippodrome

S4SVISUALS - ADOBESTOCK

m
Altitude
Difficulté : facile
40
30
20
10
0
0
10
20
30
40
50
km
Dénivelé positif : 115m
Dénivelé négatif : 115 m
Flashez pour le tracé GPX
D Départ
A Arrivée
Itinéraire (51 km)
2 KM
CASINO DE CABOURG
D
A
Houlgate
Dives-sur-Mer
Merville-Franceville-Plage
VARAVILLE
D513
D400
CASINO DE CABOURG - ROBEHOMME
37 min - 10,4 km
PUTOT-EN-AUGE - CASINO DE CABOURG
36 min - 10,4 km
Grangues
Dozulé
Bavent
ROBEHOMME
A 13
PUTOT-EN-AUGE
ROBEHOMME - TROARN
26 min - 7,6 km
L'Eglise
Basseneville
PUTOT-EN-AUGE
BEUVRON-EN-AUGE
17 min - 4,8 km
BEUVRON-EN-AUGE
TROARN
SAINT-PIERRE-DU-JONQUET
TROARN - SAINT-PIERRE-DU-JONQUET
18 min - 5,5 km
SAINT-PIERRE-DU-JONQUET - HOTOT-EN-AUGE
21 min - 6,8 km
HOTOT-EN-AUGE
HOTOT-EN-AUGE
BEUVRON-EN-AUGE
11 min - 3,5 km

CAP DE LA HAGUE
(MANCHE)

- **Itinéraire :** Cap de la Hague
- **Total :** 58,4 km
- **Durée :** de 2 heures 30 à 5 heures, entre 20 et 10 km/h.
- **Difficulté :** facile à intermédiaire. Circuit casse-pattes, succession de montées et descentes.

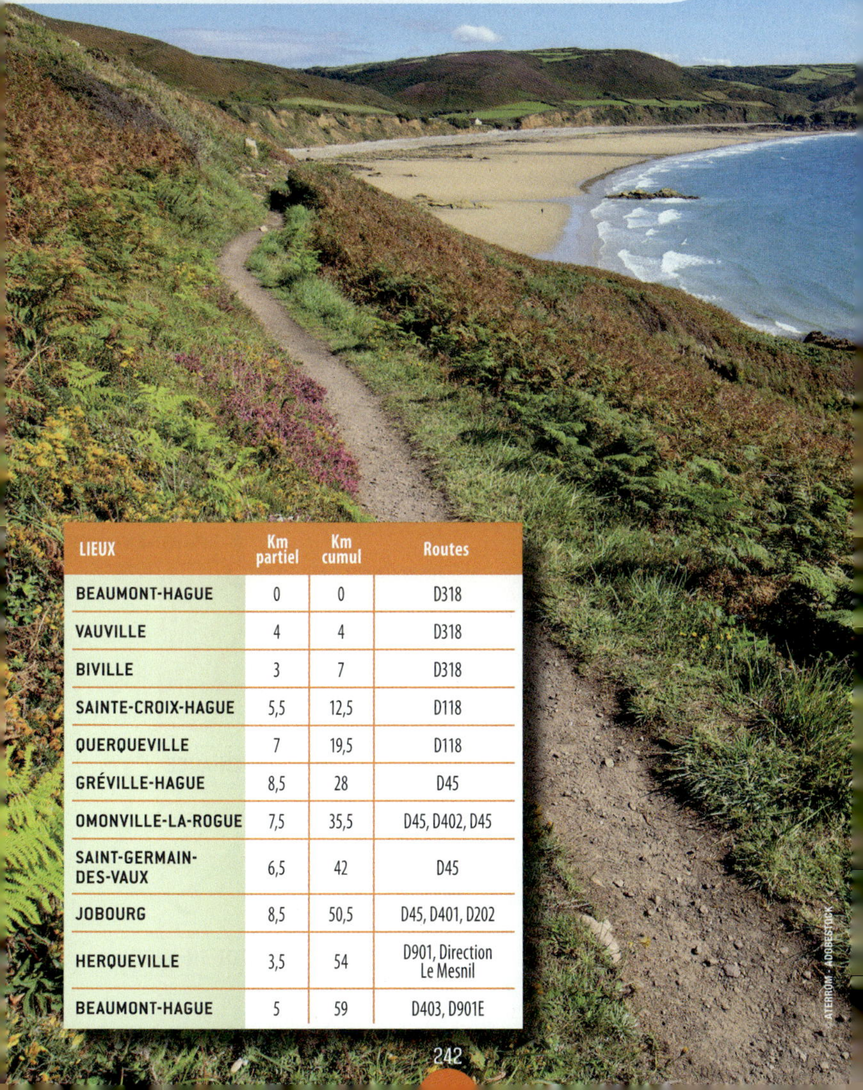

LIEUX	Km partiel	Km cumul	Routes
BEAUMONT-HAGUE	0	0	D318
VAUVILLE	4	4	D318
BIVILLE	3	7	D318
SAINTE-CROIX-HAGUE	5,5	12,5	D118
QUERQUEVILLE	7	19,5	D118
GRÉVILLE-HAGUE	8,5	28	D45
OMONVILLE-LA-ROGUE	7,5	35,5	D45, D402, D45
SAINT-GERMAIN-DES-VAUX	6,5	42	D45
JOBOURG	8,5	50,5	D45, D401, D202
HERQUEVILLE	3,5	54	D901, Direction Le Mesnil
BEAUMONT-HAGUE	5	59	D403, D901E

© ATERROM - ADOBESTOCK

Flashez pour le tracé GPX
SAINT-GERMAIN-DES-VAUX
OMONVILLE-LA-ROGUE - SAINT-GERMAIN-DES-VAUX
32 min - 6,7 km
OMONVILLE-LA-ROGUE
D245
GRÉVILLE-HAGUE
OMONVILLE-LA-ROGUE
19 min - 6,1 km
Hameau Es Clergé
SAINT-GERMAIN-DES-VAUX - HERQUEVILLE
48 min - 10,7 km
SAINTE-CROIX-HAGUE - GRÉVILLE-HAGUE
68 min - 18,6 km
D45
GRÉVILLE-HAGUE
HERQUEVILLE
BEAUMONT-HAGUE
26 min - 4,9 km
HERQUEVILLE
D A
BEAUMONT-HAGUE
La Chesnée
D 901
D318
BEAUMONT-HAGUE
VAUVILLE
19 min - 4,9 km
VAUVILLE - BIVILLE
36 min - 8,7 km
VAUVILLE
SAINTE-CROIX-HAGUE
BIVILLE - SAINTE-CROIX-HAGUE
62 min - 14,9 km
BIVILLE
Hameau aux Rois
Acqueville
2 KM
Altitude
Difficulté : facile
m
200
150
100
50
0
0 10 20 30 40 50 km
Dénivelé positif : 788 m
Dénivelé négatif : 775 m
D Départ
A Arrivée
Itinéraire (58,4 km)

L'AVENUE VERTE ENTRE DIEPPE ET FORGES-LES-EAUX

(SEINE-MARITIME)

- **Itinéraire :** L'avenue Verte entre Dieppe et Forges-les-Eaux
- **Total :** 55,4 km
- **Durée :** de 2 heures 30 à 5 heures, entre 20 et 10 km/h.
- **Difficulté :** facile. L'itinéraire emprunte essentiellement la Voie Verte.

LIEUX	Km partiel	Km cumul	Routes
FORGES-LES-EAUX	0	0	Place de la Gare thermale
NEUFCHÂTEL-EN-BRAY	14	14	Voie Verte
SAINT-VAAST-D'ÉQUIQUEVILLE	16	30	Voie Verte
ARQUES-LA-BATAILLE	11	41	Voie Verte
DIEPPE	8	49	D1

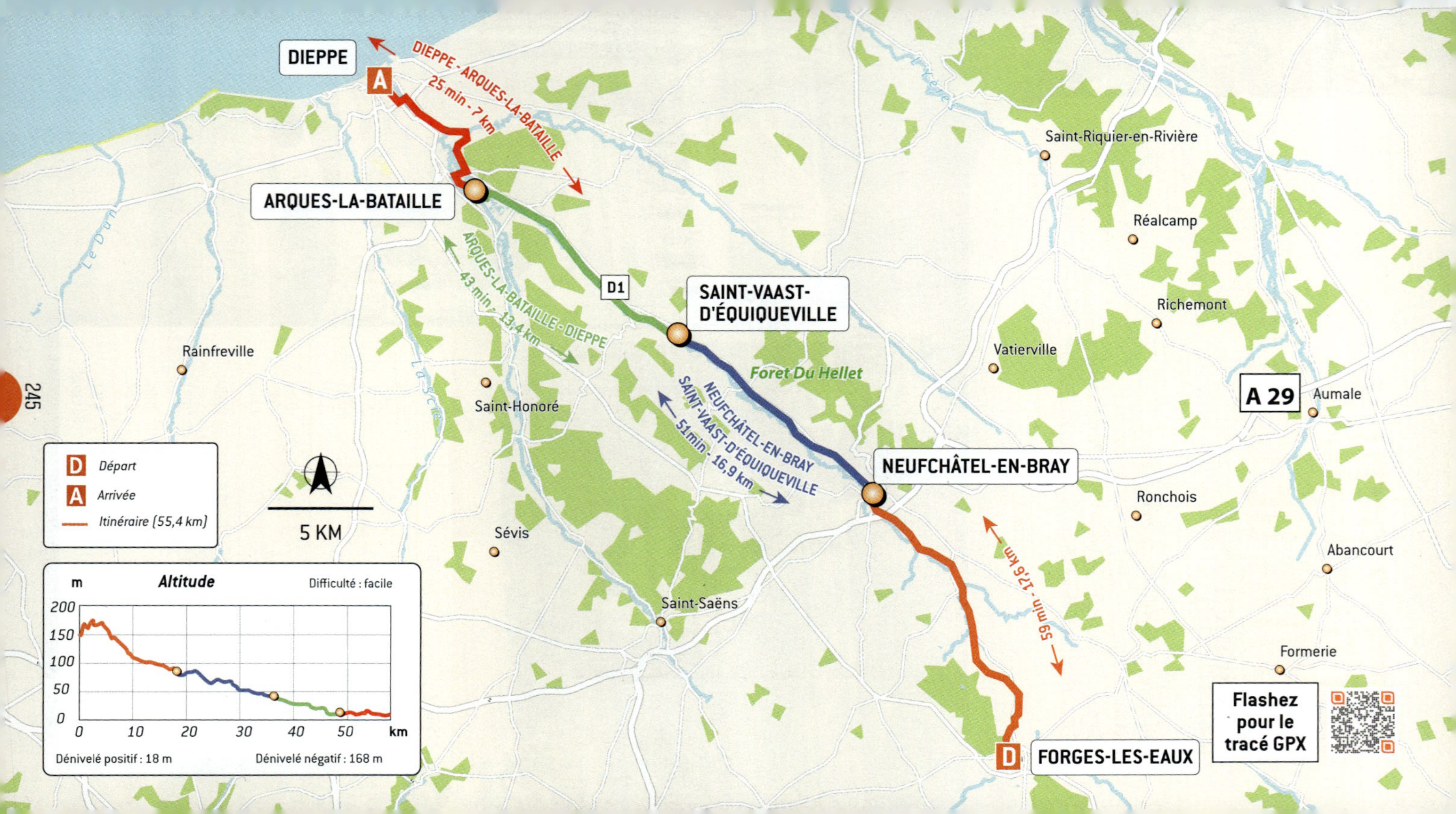

DIEPPE
A
DIEPPE - ARQUES-LA-BATAILLE
25 min - 7 km
ARQUES-LA-BATAILLE
ARQUES-LA-BATAILLE - DIEPPE
43 min - 13,4 km
D1
SAINT-VAAST-D'ÉQUIQUEVILLE
Foret Du Hellet
NEUFCHÂTEL-EN-BRAY
SAINT-VAAST-D'ÉQUIQUEVILLE
51min - 16,9 km
NEUFCHÂTEL-EN-BRAY
59 min - 17,6 km
D
FORGES-LES-EAUX
Flashez pour le tracé GPX
A 29
Aumale
Abancourt
Formerie
Ronchois
Richemont
Réalcamp
Saint-Riquier-en-Rivière
Vatierville
Saint-Saëns
Sévis
Saint-Honoré
Rainfreville
L'Yères
La Scie
Le Dun
5 KM
D Départ
A Arrivée
Itinéraire (55,4 km)
Altitude
Difficulté : facile
m
200
150
100
50
0
0
10
20
30
40
50
km
Dénivelé positif : 18 m
Dénivelé négatif : 168 m

LE PAYS D'AUGE, CANTON DE LISIEUX

(CALVADOS)

- **Itinéraire :** Le Pays d'Auge, canton de Lisieux
- **Total :** 82,7 km
- **Durée :** de 2 heures 30 à 5 heures, entre 20 et 10 km/h.
- **Difficulté :** facile à intermédiaire. Routes départementales vallonnées.

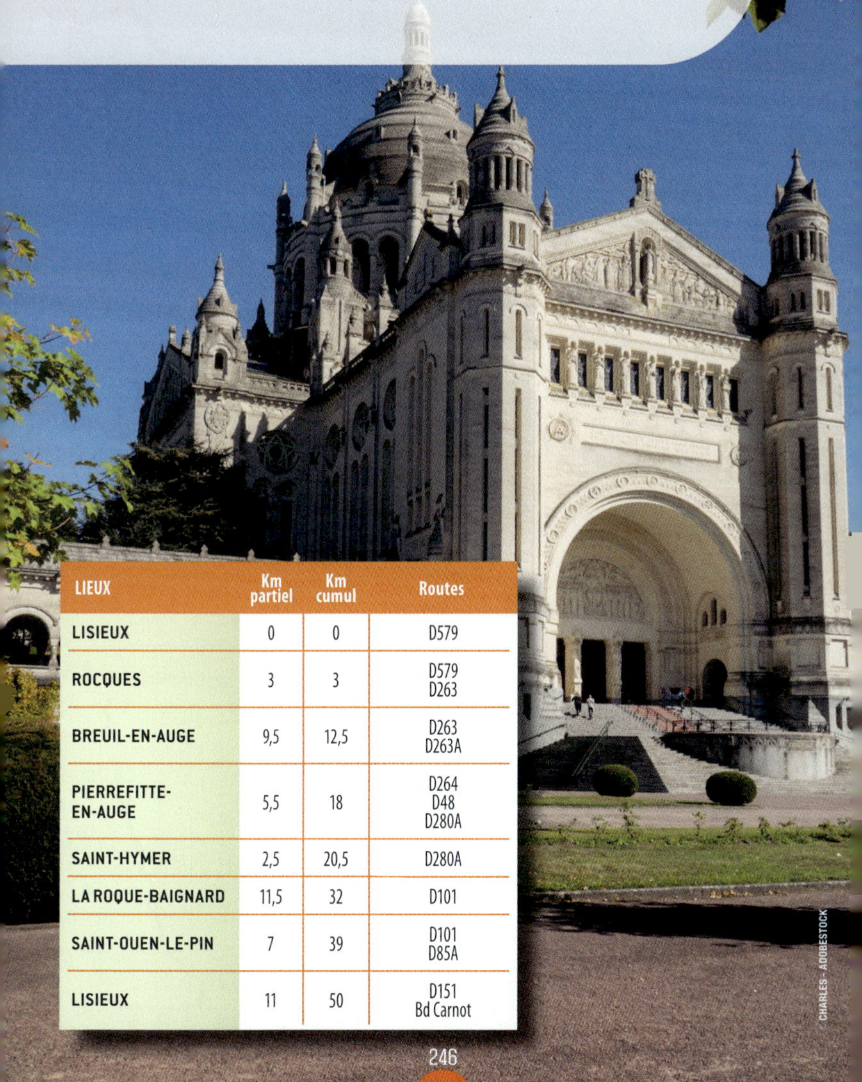

LIEUX	Km partiel	Km cumul	Routes
LISIEUX	0	0	D579
ROCQUES	3	3	D579 D263
BREUIL-EN-AUGE	9,5	12,5	D263 D263A
PIERREFITTE-EN-AUGE	5,5	18	D264 D48 D280A
SAINT-HYMER	2,5	20,5	D280A
LA ROQUE-BAIGNARD	11,5	32	D101
SAINT-OUEN-LE-PIN	7	39	D101 D85A
LISIEUX	11	50	D151 Bd Carnot

CHARLES - ADOBESTOCK

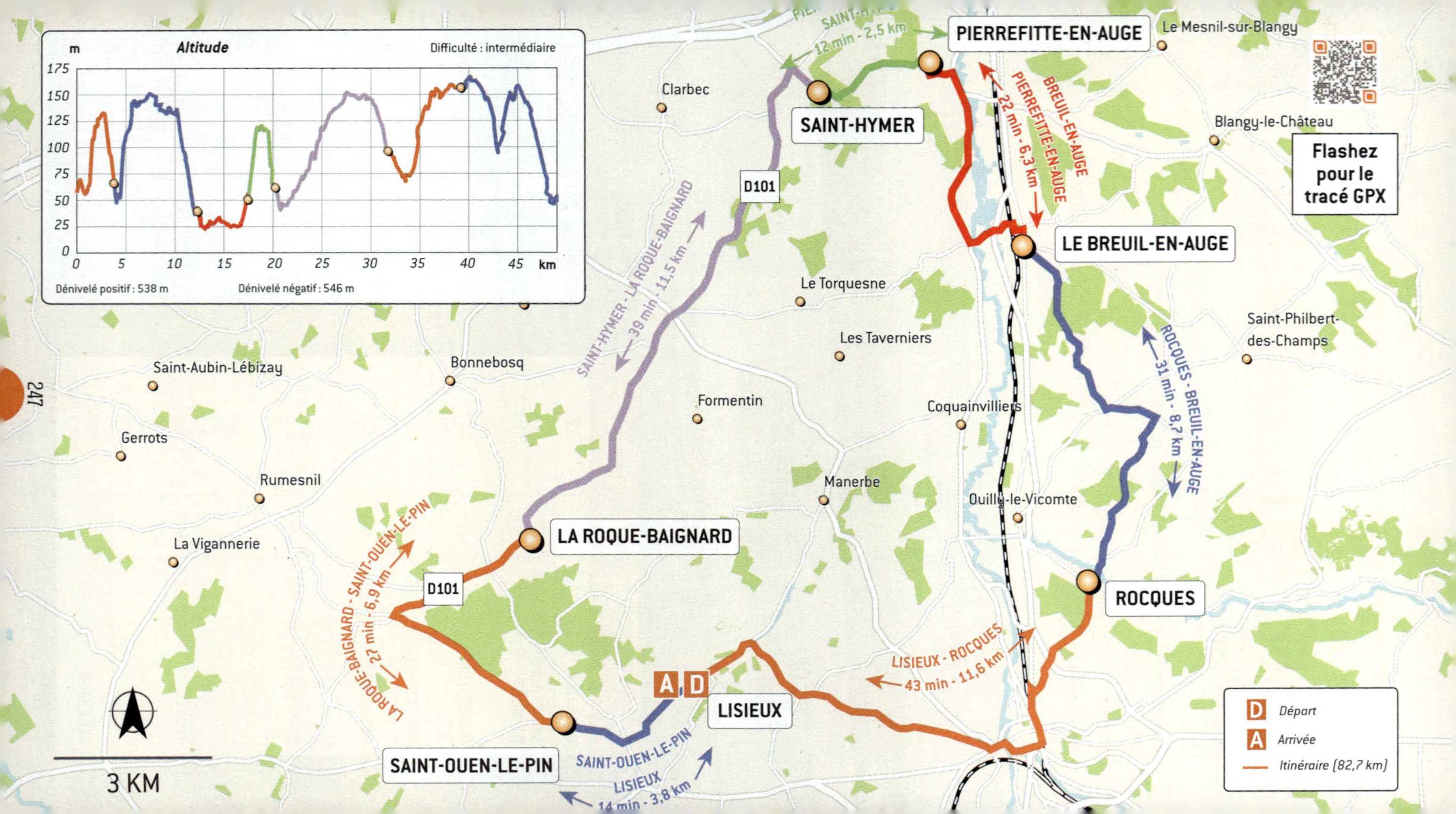

Altitude
m
Difficulté : intermédiaire
175
150
125
100
75
50
25
0
0
5
10
15
20
25
30
35
40
45
km
Dénivelé positif : 538 m
Dénivelé négatif : 546 m
PIERREFITTE-EN-AUGE
Le Mesnil-sur-Blangy
12 min - 2,5 km
Clarbec
SAINT-HYMER
BREUIL-EN-AUGE
PIERREFITTE-EN-AUGE
22 min - 6,3 km
Blangy-le-Château
Flashez pour le tracé GPX
D101
SAINT-HYMER - LA ROQUE-BAIGNARD
39 min - 11,5 km
LE BREUIL-EN-AUGE
Le Torquesne
Saint-Philbert-des-Champs
Les Taverniers
ROCQUES - BREUIL-EN-AUGE
31 min - 8,7 km
Saint-Aubin-Lébizay
Bonnebosq
Formentin
Coquainvilliers
Gerrots
Rumesnil
Manerbe
Ouilly-le-Vicomte
La Vigannerie
LA ROQUE-BAIGNARD
D101
LA ROQUE-BAIGNARD - SAINT-OUEN-LE-PIN
27 min - 6,9 km
ROCQUES
LISIEUX - ROCQUES
43 min - 11,6 km
A
D
LISIEUX
SAINT-OUEN-LE-PIN
SAINT-OUEN-LE-PIN
LISIEUX
14 min - 3,8 km
3 KM
D Départ
A Arrivée
Itinéraire (82,7 km)

MARAIS DU COTENTIN – PLAGES DU DEBARQUEMENT (MANCHE)

- **Itinéraire :** Marais du Cotentin – Plages du débarquement (Manche)
- **Total :** 78,8 km
- **Durée :** de 3h50 à 7h50, entre 20 et 10 km/h
- **Difficulté :** facile. Une grande montée et des petites en milieu de parcours. Plat en bord de mer.

LIEUX	Km partiel	Km cumul	Routes
CARENTAN	0	0	CV
SAINTE-MARIE-DU-MONT	10,5	10,5	D974 D913
QUINÉVILLE	21,4	31,9	D913 D421 D42
MONTEBOURG	6,5	38,4	D42
ORGLANDES	9,9	48,3	D42 D330
PICAUVILLE	7,1	55,4	D24 Route de la Lande D130 D69
BAUPTE	11	66,4	D69 D70 D67 D69 D267 D223 D903
CARENTAN	9,9	76,3	D903 Voie Verte à gauche

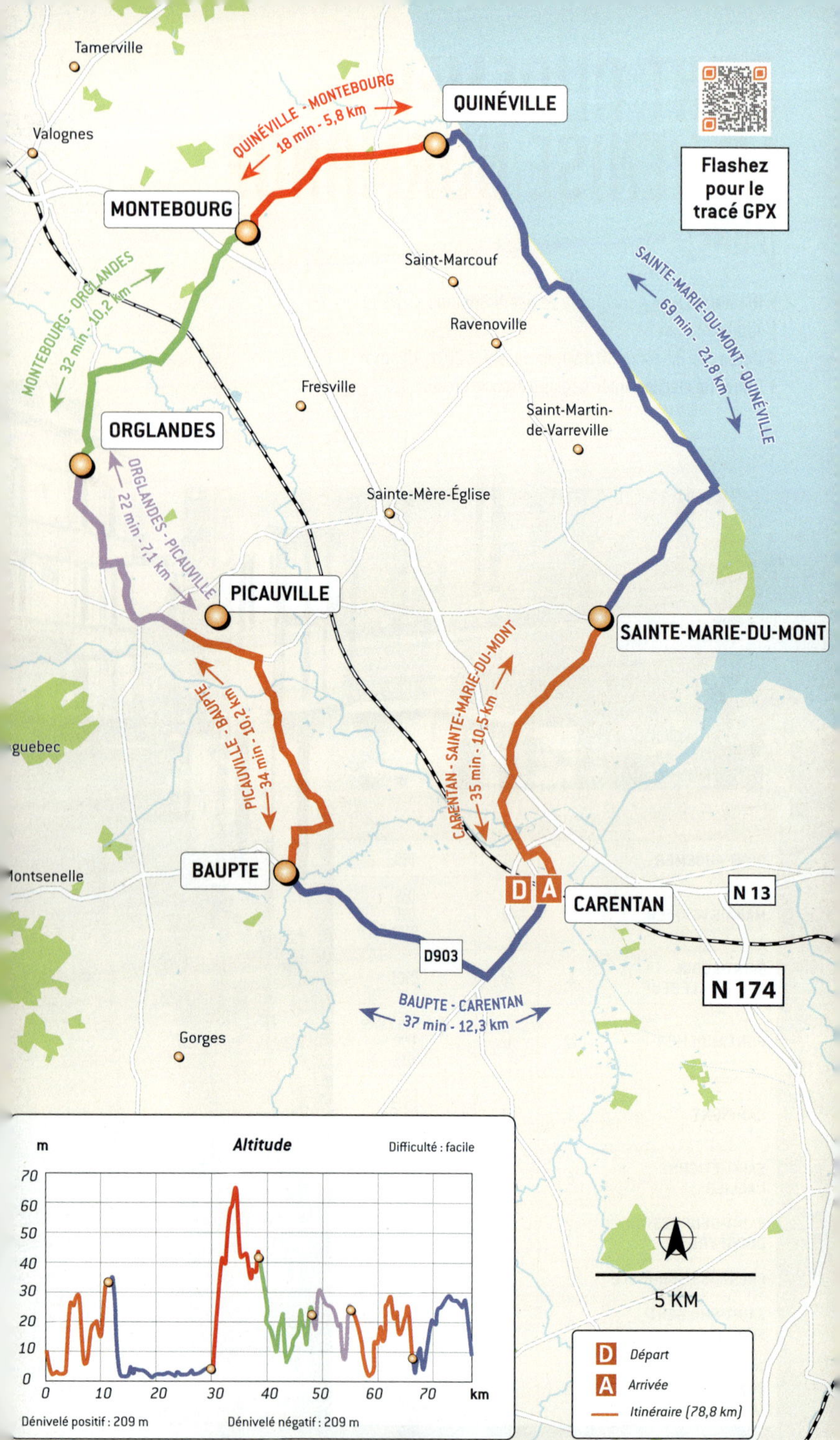
Tamerville
Valognes
QUINÉVILLE
Flashez pour le tracé GPX
QUINÉVILLE - MONTEBOURG
18 min - 5,8 km
MONTEBOURG
Saint-Marcouf
Ravenoville
MONTEBOURG - ORGLANDES
32 min - 10,2 km
SAINTE-MARIE-DU-MONT - QUINÉVILLE
69 min - 21,8 km
Fresville
Saint-Martin-de-Varreville
ORGLANDES
ORGLANDES - PICAUVILLE
22 min - 7,1 km
Sainte-Mère-Église
PICAUVILLE
SAINTE-MARIE-DU-MONT
PICAUVILLE - BAUPTE
34 min - 10,2 km
CARENTAN - SAINTE-MARIE-DU-MONT
35 min - 10,5 km
guebec
lontsenelle
BAUPTE
D
A
CARENTAN
N 13
D903
N 174
BAUPTE - CARENTAN
37 min - 12,3 km
Gorges
m
Altitude
Difficulté : facile
70
60
50
40
30
20
10
0
0
10
20
30
40
50
60
70
km
Dénivelé positif : 209 m
Dénivelé négatif : 209 m
5 KM
D Départ
A Arrivée
Itinéraire (78,8 km)

PONT-AUDEMER, LA VENISE NORMANDE
(EURE)

- **Itinéraire :** Pont-Audemer, la Venise Normande
- **Total :** 87,2 km
- **Durée :** de 2 heures 30 à 5 heures, entre 20 et 10 km/h.
- **Difficulté :** facile à intermédiaire. Boucle en huit.

LIEUX	Km partiel	Km cumul	Routes
PONT-AUDEMER	0	0	D39
MARAIS VERNIER	12	12	D39 D90 D103
SAINT-AUBIN-SUR-QUILLEBEUF	8	20	D103
PONT AUDEMER	22	42	Direction Vallée D90 D39
CAMPIGNY	9	51	D810 D675 Route de la Vièville
SAINT-ÉTIENNE-L'ALLIER	6	57	Direction Saint-Martin Saint-Firmin
SAINT-GEORGES-DU-VIÈVRE	4	61	D98 D29
FRENEUSE-SUR-RISLE	9	70	D137
SAINT-PHILBERT-SUR-RISLE	4	74	D39
PONT-AUDEMER	13	87	D39 Direction Centre via D675

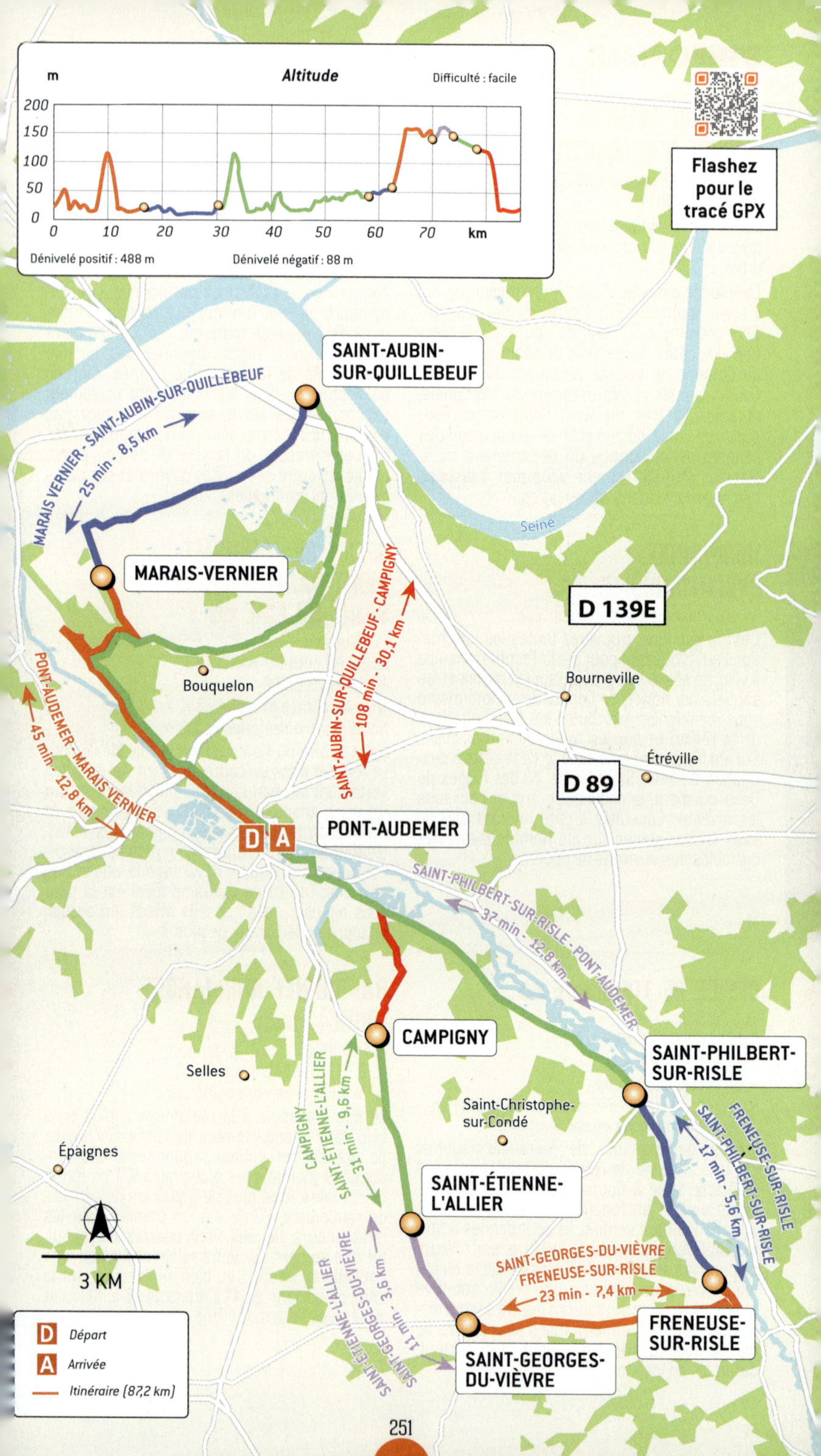
Altitude
Difficulté : facile
m
200
150
100
50
0
0
10
20
30
40
50
60
70
km
Dénivelé positif : 488 m
Dénivelé négatif : 88 m
Flashez pour le tracé GPX
SAINT-AUBIN-SUR-QUILLEBEUF
MARAIS VERNIER - SAINT-AUBIN-SUR-QUILLEBEUF
25 min - 8,5 km
MARAIS-VERNIER
Seine
D 139E
SAINT-AUBIN-SUR-QUILLEBEUF - CAMPIGNY
108 min - 30,1 km
Bouquelon
Bourneville
Étréville
D 89
PONT-AUDEMER - MARAIS VERNIER
45 min - 12,8 km
D
A
PONT-AUDEMER
SAINT-PHILBERT-SUR-RISLE - PONT-AUDEMER
37 min - 12,8 km
CAMPIGNY
Selles
SAINT-PHILBERT-SUR-RISLE
CAMPIGNY
SAINT-ÉTIENNE-L'ALLIER
31 min - 9,6 km
Saint-Christophe-sur-Condé
Épaignes
SAINT-ÉTIENNE-L'ALLIER
FRENEUSE-SUR-RISLE
SAINT-PHILBERT-SUR-RISLE
17 min - 5,6 km
3 KM
SAINT-ÉTIENNE-L'ALLIER
SAINT-GEORGES-DU-VIÈVRE
11 min - 3,6 km
SAINT-GEORGES-DU-VIÈVRE
FRENEUSE-SUR-RISLE
23 min - 7,4 km
FRENEUSE-SUR-RISLE
SAINT-GEORGES-DU-VIÈVRE
D Départ
A Arrivée
Itinéraire (87,2 km)

ATTITUDE MANCHE - AGENCE D'ATTRACTIVITE

586, Rue de l'Exode - **SAINT-LÔ**
✆ 02 33 05 98 70
www.manchetourisme.com
Ouvert du mardi au samedi de 9h à 12h et de 14h à 17h.

La Manche est riche d'une nature préservée aux visages multiples. Entre terre et mer, les sentiers cheminent au cœur de paysages d'exception : les côtes de granit et de sable, les marais du Cotentin, le bocage verdoyant du Pays de Coutances, les reliefs escarpés du Mortainais, et puis... la Baie du Mont Saint-Michel. Pour préparer votre découverte de l'ensemble des sentiers de randonnée du département de la Manche, Attitude Manche vous met à disposition les informations nécessaires.

NORMANDIE CYCLOTOURISME

www.normandie-cyclotourisme.com

C'est là que vous trouverez toutes les informations qu'il vous faut pour partir l'esprit tranquille à vélo, en solo ou en groupe, sur les routes et les sentiers normands. Le Comité de cyclotourisme vous renseignera sur toutes les manifestations de la région et sur les randonnées possibles. Sur les bords de Seine, le long de la côte, à destination du Mont Saint-Michel ou des Plages du Débarquement, le choix est grand et pour tous les niveaux. Consultez le site Internet afin de vous laisser guider sur les nombreuses voies cyclables des environs de Rouen.

OFFICE DE TOURISME

Rue Pasteur
SAINT-AUBIN-SUR-MER
✆ 02 31 97 30 41
www.terresdenacre.com
Horaires en fonction des saisons, à consulter en ligne. Visites guidées en été. Boutique.

L'office de tourisme de Saint-Aubin-sur-Mer est une antenne de l'office de tourisme Terres de Nacre situé à Courseulles-sur-Mer. Ses horaires varient en fonction des saisons. Même minutieusement vérifiés, ils sont donnés à titre indicatif. Aux horaires d'ouverture, par ailleurs disponibles sur le site de Terres de Nacre ou par téléphone, vous trouverez une oreille attentive et des conseillers qui sauront mettre à votre disposition toutes les informations nécessaires au bon déroulement de votre séjour. Et ici, surtout, des vélos en location !

OFFICE DE TOURISME

11, rue Thiers - **PONT-AUDEMER**
✆ 02 32 41 08 21
Du lundi au samedi de 9h30 à 12h30 et de 13h30 à 17h30. Visites guidées pour les groupes toute l'année sur réservation.

Un excellent bureau d'accueil touristique où trouver l'écoute, l'aide et les conseils d'une équipe avisée, et surtout passionnée. Complémentaire au site Internet qui regorge d'informations, l'office de tourisme, qui a récemment déménagé rue Thiers, organise des circuits commentés de la ville toute l'année, diurnes ou nocturnes, dont les plans sont également téléchargeables sur le site. Ne manquez pas d'y faire une escale pour ne rien manquer des multiples trésors de la ville et de son passé médiéval, entre ses ruelles pavées et ses cours intérieures ombragées.

OFFICE DE TOURISME MONT SAINT-MICHEL/ SAINT-HILAIRE

21, Avenue du Mal Leclerc
SAINT-HILAIRE-DU-HARCOUËT
✆ 02 33 79 38 88
www.ot-montsaintmichel.com
Horaires variables selon la saison.

Saint-Hilaire-du-Harcouët est la ville idéale pour se reposer dans un cadre apaisant : une station verte où il fait bon faire des balades à vélo sur les voies adaptées. La ville, très dynamique et commerçante, propose de nombreuses activités tout au long de l'année pour petits et grands. Pour découvrir encore davantage la ville et ses environs, l'office de tourisme local est là pour vous aiguiller : des conseils avisés, un accueil au top, que demander de plus ?

RANDONNÉE NORMANDIE [ORNE]

ALENÇON
✆ 02 33 28 88 71
www.randonnee-normandie.com

Ce site est dédié à la randonnée à pied ou à vélo dans le département de l'Orne. Découvrez de grandes et petites randonnées, des randonnées thématiques à cheval, à VTT en forêts domaniales. Avec plus de 5 000 km de sentiers de randonnée, l'Orne est un paradis pour les randonneurs. De plus, vous pourrez les consulter directement sur votre téléphone grâce à sa nouvelle application ou bien simplement sur le site comportant les 41 circuits de 16 à 70 km et les 2 voies vertes de l'Orne.

D'ALENÇON A LA FORET DE BOURSE SUR LA VELOSCENIE

Place de la Magdeleine - **ALENÇON**
✆ 02 33 80 66 33
www.paysdalencontourisme.com
Sur le tronçon Alençon/La-Mêle-sur-Sarthe de 23,9 km.

La Véloscénie, voie cyclable reliant Paris au Mont-Saint-Michel sur plus de 400 km passe par Alençon. Vous pouvez par exemple l'emprunter pour rejoindre facilement la forêt de Bourse, en 13 km. Cette Voie verte sécurisée n'est accessible qu'aux piétons, rollers et cyclistes. Vous traverserez sans grande difficulté physique Semallé, Hauterive et Neuilly-le-Bisson en pédalant. C'est idéal pour découvrir les paysages de la campagne d'Alençon, mais aussi la faune et flore locales.

DE PONTORSON AU MONT-SAINT-MICHEL A VELO

Place de l'Hôtel-de-Ville
PONTORSON
✆ 02 33 60 20 65
www.mont-saint-michel-baie.com

À seulement 10 kilomètres du célèbre Mont-Saint-Michel, la ville de Pontorson est une bonne base pour visiter la Manche et la cité médiévale. Au départ de cette ville marquée par une histoire tantôt anglaise tantôt française, une piste cyclable rejoint les bords du Couesnon. Vous longerez ensuite l'eau jusqu'au Mont-Saint-Michel. La dernière partie se fait sur une voie partagée avec les piétons. Attention toutefois à la forte affluence de visiteurs pendant la période touristique.

DEPUIS DOMFRONT AVEC LA VELOSCENIE

12, place de la Roirie
DOMFRONT EN POIRAIE
✆ 02 33 38 53 97
www.ot-domfront.com

C'est l'une des étapes de la Véloscénie qui relie Paris au Mont-Saint-Michel : 9 km avec très peu de dénivelé, au départ de Domfront pour rejoindre Saint-Mars-d'Égrenne, en 1h et c'est un paysage champêtre qui s'offre à vous, entre vergers et bocage normand. A Saint-Mars-d'Égrenne vous pouvez faire demi-tour pour rejoindre Domfront ou continuer en direction de Mortain et rejoindre Romagny (19,3 km), étape suivante située à la limite ouest du Parc naturel régional de Normandie Maine.

DE REMALARD A CONDE-SUR-HUISNE SUR LA VELOSCENIE

RÉMALARD EN PERCHE
www.veloscenie.com
Comptez plus de 9 km pour faire Rémalard - Condé-sur-Huisne, soit environ 1h.

Au départ de Paris, une voie cyclable traverse 8 départements pour arriver jusqu'au Mont-Saint-Michel. Appelée la Véloscénie, elle peut être divisée à tout moment selon votre lieu de départ. Vous pouvez, par exemple, vous contenter des 9 kilomètres séparant Rémalard et Condé-sur-Huisne où une gare SNCF vous permettra de rejoindre votre lieu de départ ou l'étape suivante de votre voyage. La piste suit presque exclusivement les bords de l'Huisne, qui serpente entre vallées et collines.

ESPACE SPORT NATURE LANDE SAINT GABRIEL

CHERBOURG-EN-COTENTIN
✆ 02 33 88 15 07
www.cherbourg.fr
Ouvert d'avril à septembre. Un parcours d'orientation est prévu pour les personnes à mobilité réduite.

Voilà une étape incontournable pour les amateurs de nature et de grand air, à quelques kilomètres seulement de l'agglomération cherbourgeoise ! Au cœur de cet Espace Sport-Nature lande Saint-Gabriel, nombreuses sont les activités proposées ! Du VTT au tir à l'arc en passant par le golf, tous les atouts sont réunis pour plaire aux sportifs amateurs ou aguerris ! Unique dans la région : la course d'orientation sportive vous est également possible ici !

TOUR DE NORMANDIE CYCLISTE

www.tourdenormandiecycliste.fr
Chaque année, en mars.

Le Tour de Normandie est une course cycliste par étapes française disputée en Normandie. Créé en 1939, il n'a plus été organisé ensuite jusqu'aux années 1950 durant lesquelles il a connu quatre éditions. Il est organisé annuellement depuis 1981, en tant qu'épreuve amateur jusqu'en 1995 puis professionnelle depuis 1996. La course a lieu au mois de mars. Retrouvez toute les informations sur le site pour suivre le Tour de Normandie : classements, étapes, équipes, archives du tour...

VELORAIL D'ÉTRETAT

56, rue de la Gare - **LES LOGES**
✆ 02 35 29 49 61
http://velo-rails-etretat.fr/
Ouvert d'avril à octobre le lundi. Vélo-Rails à partir de 30 € (aller en vélo-rails, retour depuis Etretat en train).

Ce petit train touristique prend ses passagers en gare d'Étretat ou des Loges puis les emmène d'une ville à l'autre en faisant cinq allers-retours dans la journée sur l'ancienne ligne de chemin de fer reliant Les Ifs et Étretat. Il est également possible de louer un vélo-rail et d'admirer les paysages sur cet étrange moyen de transport. Le parcours de 5 kilomètres se fait en descente et dure environ une demi-heure. Il est donc accessible à tous. Il existe également un forfait pour faire l'aller en vélo-rail et le retour en train, histoire de varier les plaisirs.

LES VELOROUTES ET VOIES VERTES DE L'EURE

www.voiesvertes.com

Délicieusement lovée entre Paris, Rouen, Honfleur et la côte normande, l'Eure est un secret de vitalité, une réserve d'énergie naturelle au cœur de la Normandie. Un beau réseau de véloroutes et voies vertes vous y attend, qui dessert vallées et cités charmantes : Pont-Audemer, Bernay, Broglie, le Neubourg, le Bec-Hellouin, Evreux, Gisors, Vernon ou Giverny. Testez sans attendre la voie verte des Bois-Francs entre Verneuil-sur-Avre et Center Parcs, à seulement une heure de Paris.

VELOSCENIE : MORTAGNE-AU-PERCHE AU MELE-SUR-SARTHE

36, place du Général-De-Gaulle
MORTAGNE-AU-PERCHE
✆ 02 33 83 34 37
www.ot-mortagneauperche.fr
15 km (1h).

Traversant quatre régions, la Véloscénie peut être rattrapée et segmentée à tout moment. Vous pouvez l'emprunter pour rejoindre la base de loisirs du Mêle-sur-Sarthe à partir de Mortagne-au-Perche. En quittant la ville, vous traverserez prairies et peupleraies, croisant la Sarthe et la belle vallée du même nom. Une fois au Mêle-sur-Sarthe, vous pouvez profiter de son plan d'eau pour vous rafraîchir, ou continuer sur la Véloscénie en direction d'Alençon (21,5 km).

VOIE VERTE CAEN À OUISTREHAM

CAEN
Au départ de Ouistreham et de la gare de ferries.

Trait d'union entre Caen et son port, Ouistreham, le canal latéral à l'Orne permet grâce à son chemin de halage de rejoindre la mer. Très connu des Caennais, cet itinéraire passe au pied du célèbre Pegasus Bridge dont vous pouvez visiter le musée. La baie de l'Orne offre par ailleurs sur sa rive Est (commune de Merville-Franceville-Plage) une intéressante réserve ornithologique. Cette voie verte est un départ idéal vers Porthmouth et le réseau cyclable anglais.

VOIE VERTE DE BERNAY À BROGLIE

Boulevard Dubus
BERNAY
✆ 02 32 43 32 08
www.eure-voiesvertes.fr
Ouvert toute l'année. Accès libre et gratuit.

La voie verte court du centre-ville de Bernay jusqu'à Broglie, en traversant de jolis paysages de campagne ponctués de moulins toujours en activité et de charmantes et authentiques maisons normandes. Au total, ce sont 13 kilomètres de voie qui permettent de découvrir la pittoresque vallée de la Charentonne. Dessus se côtoient les cyclistes, les passionnés de roller et les marcheurs, sur une petite route goudronnée et interdite aux véhicules motorisés et aux cavaliers.

VOIE VERTE EVREUX-LE BEC HELLOUIN

Rue de la Cavée Boudin
EVREUX
www.voiesvertes.com
Accès libre. Gratuit. Accessible aux personnes handicapées.

Vous souhaitez partir à la découverte de l'Eure ? L'ancienne voie ferrée Évreux-Honfleur a été transformée en un itinéraire balisé et équipé qui permet la cohabitation des marcheurs – avec ou sans poussettes – des cyclistes et des patineurs. La Voie verte permet de relier Saint-Georges-Motel à Bueil sur une vingtaine de kilomètres. Profitez des aires de pique-nique pour faire des pauses gourmandes, et avec vue ! Et ne manquez pas de visiter les villages traditionnels croisés en chemin.

CAEN BMX

15, Avenue du 19 mars 1962 - **CAEN**
www.caenbmxindoor.fr
Ouvert le mardi, le jeudi et le vendredi de 18h15 à 20h15 ; le mercredi de 14h à 20h ; le samedi de 10h30 à 12h.

Avec plusieurs titres de champion de Normandie à son actif, ce club associatif connaît un réel essor depuis 1998. Dès l'inauguration de la piste en 2003, le club Caen a BMX bénéficié d'un terrain véritablement adapté à la pratique des différentes disciplines du bicross. Adeptes des sensations fortes ? Ne manquez pas le festival Caen BMX : 2 jours de compétitions internationales et d'animations urbaines, qui se déroulent au Zénith (généralement en février) et réunissant plus de 6 000 personnes. N'hésitez pas à consulter le programme complet sur le site Internet.

GUIDOLINE

38, rue Molière - **ROUEN**
✆ 09 52 52 67 11
www.guidoline.com
Ouvert le mardi et du jeudi au samedi de 13h à 17h30. Adhésion annuelle : 45 €.

Ce local dédié au vélo dispose d'un atelier de réparation avec des pièces de rechange et des conseils pour effectuer vous-même l'entretien de votre vélo. Vous aimerez son ambiance et son décor insolite : cadres, pièces détachées, outils, roues et autres accessoires sont accrochés aux murs, au plafond, tapissant le sol. Si vous souhaitez bénéficier des offres que propose cet atelier participatif unique à Rouen, il vous suffit de devenir adhérent de l'association. Guidoline organise régulièrement des balades à vélo et des animations pour partager votre passion.

CYCLABLE

32, place du 36ème Régiment d'Infanterie
CAEN
✆ 02 31 83 34 15
Ouvert du mardi au samedi de 10h à 12h30 et de 14h à 19h.

Dans ce réseau de magasins dédiés aux deux-roues, le but est de proposer le meilleur pour tous les usages et tous les âges. Frédéric accueille dans la boutique cyclistes chevronnés ou occasionnels en quête d'un vélo digne de ce nom. Intarissable sur ses engins, quelles que soient leurs caractéristiques techniques, il vous propose des vélos pliants Brompton, Tern, des électriques, des VTT, des VTC, le vélo de trekking (marque US n° 1 !)... Ici, on répare même votre roue pour deux fois rien, en quelques minutes ! C'est un très bon plan pour rouler dans la région.

LOC VÉLO

Rue d'Audrieu
BAYEUX
✆ 06 46 34 37 21
www.locvelo.fr
A partir de 25 €, la journée, adultes et 15 €, enfants.

On vous a dégoté un concept génial pour visiter la région : Loc Vélo. Génial parce que François et Catherine, dynamiques et de bon conseil au passage, ne font pas que louer des vélos, ils vous les livrent aussi, à la gare, par exemple, ou chez les amis qui vous hébergent. Et ils les récupèrent où que vous soyez (pour peu que vous restiez quand même dans la Manche et le Calvados !). Le service s'adapte à tous vos besoins avec différents modèles de vélos proposés. Tout est prévu : même le GPS et la Go Pro. Ajoutez à cela 11 points relais dans la région et en selle !

LES GRANDES ROUES

Parking de L'ermitage
DONVILLE-LES-BAINS
✆ 06 66 15 65 80
www.lesgrandesroues.fr
Ouvert tous les jours. Location vélo : à partir de 35 € pour une 1/2 journée.

Louer des vélos en vacances c'est bien, mais louer un vélo électrique, surtout si l'on veut ne pas limiter ses sorties à quelques kilomètres, c'est mieux ! C'est pourquoi Les Grandes Roues vous propose de louer de très beaux *fast bikes*, qui disposent d'une autonomie de 70 km ! Originalité de ces engins, leurs grandes roues, qui vous permettront d'arpenter plage, sentiers, forêts avec une chouette aisance. Différentes formules de location, pouvant aller jusqu'au mois, sont proposées. Notez enfin que l'enseigne propose des trottinettes.

LUCAS CYCLES

92, avenue de la République
DEAUVILLE
✆ 02 31 88 53 55
www.cycleslucas.com
Haute saison : ouvert tous les jours 10h-12h30 et 14h30-19h. Fermé le jeudi en basse saison.

La côte Fleurie à vélo, en voilà une bonne idée futée. Lucas Cycles vous aide à partir à l'aventure à bicyclette depuis 1924. Que ce soit la location de vélos de ville, de plage ou même avec un petit coup de pouce électrique, il est certain que vous trouverez votre bonheur dans ce petit magasin *old school*. Vous pourrez aussi trouver des carrioles et des vélos enfants. Les passionnés et déjà convaincus trouveront des conseils et un atelier qui se chargera de l'entretien ou de la réparation de leur petite reine. Et mieux vaut dire qu'ici, on en connaît un rayon !

LA PASSION DU DEUX ROUES

19, Route Pierre de Belleville
BRIX
✆ 02 33 22 26 39
www.lapassiondu2roues.fr
Du mardi au samedi de 9h à 13h et de 13h30 à 19h.

Ici, on appelle le magasin « P2R », preuve que la Passion du Deux Roues dispose d'une telle notoriété qu'il est devenu incontournable chez les passionnés de bicyclettes. L'enseigne, située dans la péninsule du Cotentin, est la Mecque des cyclistes locaux. Sur plus de 800 mètres carrés, on profite de la vente, évidemment, avec plus de 300 modèles d'exposition, mais pas seulement. En effet, ici vous pourrez également faire réparer et entretenir votre vélo dans l'atelier, obtenir des conseils avisés grâce au personnel, mais aussi louer des vélos.

RIVA LOISIRS

77, avenue du Maréchal Foch
OUISTREHAM
✆ 02 78 84 59 37
www.riva-loisirs-cycles.fr
Ouvert toute l'année du lundi au samedi. Consultez le site Internet pour les horaires.

Riva-Loisirs est de ces magasins où le service de proximité rime avec sourire et amabilité. Ici on en connaît un rayon : réparations, pose et vente d'accessoires, vente de vélos, neufs ou d'occasion. Vélo de ville, vélo pliant, à assistance électrique, VTT, tricycle... Parents et progéniture trouveront, chacun, pédales à leurs pieds. Vous êtes juste de passage ? Louez votre monture pour une journée ou une demi-journée. Hors de question vous séparer de votre moitié ? Essayer le tandem et partez en amoureux explorer la voie verte entre Ouistreham et Caen !

© ANTONIO - STOCK.ADOBE.COM

Ouistreham.

LES TROUVILLAISES

4, Place Foch - **TROUVILLE-SUR-MER**
✆ 02 31 98 54 11
www.lestrouvillaises.com
Ouvert toute l'année. Tous les jours de 10h à 18h30. Rosalie 4 places, 15 € la demi-heure. 25 € l'heure.

Vous trouverez sans nul doute votre bonheur chez Les Trouvillaises pour vous divertir dans la joie et la bonne humeur. La grande force de la boutique est de proposer un très large choix de cycles à la location : rosalies, vélos électriques, elliptiques (à 3 roues), tandem, engins divers, mais aussi des rollers et des patins. Vous pouvez également vous concocter un grand nombre d'activités organisées ou proposées par des partenaires : visites guidées de Trouville et Deauville, excursion dans une distillerie du Calvados avec dégustation...

VÉLO-RAIL DE PONT-ERAMBOURG

Gare de Pont-Erambourg
SAINT-DENIS-DE-MÉRÉ
✆ 02 31 69 39 30
www.rails-collinesnormandes.fr
Dates et horaires des balades à consulter sur le site Internet. Vélorail 4 places 23 €. Durée : 1h45.

L'amicale pour la mise en valeur de la voie ferrée Caen – Flers a installé un vélo-rail de 13 kilomètres, aller-retour, entre Pont-Érambourg et Berjou afin d'allier détente et découverte du Noireau et de la campagne. Le principe repose sur deux vélos accolés (sur lesquels monteront les moins paresseux) et au milieu une « banquette » où deux personnes peuvent prendre place, le tout posé sur les rails. À la gare, le *food truck* promet une pause gourmande.

LA VILLERSOISE

Avenue Jean-Moulin
VILLERS-SUR-MER
✆ 02 31 81 91 11
www.la-villersoise.com
Dates et horaires d'ouverture en fonction des saisons/vacances, à consulter sur le site Internet.

Si vous souhaitez découvrir la région autrement qu'en voiture, la Villersoise met à disposition toutes sortes de vélos et de montures, correspondant à tous les âges et à toutes les envies. Du VTT au Cobi, ou *Conference bike* (unique en France), qui permet de se déplacer en pédalant à 7 et en face à face. Faut-il pédaler dans le même sens ? Ah ah ! Bonne question ! Il y a aussi des sulkies à pédales, des rosalies (électriques ou pas), des choppers (unique et duo), des locations de vélos électriques à l'année... Si, si, c'est vrai ! Il y a tout ça. On vous emmène ?

NOUVELLE-AQUITAINE

La Nouvelle-Aquitaine est la plus vaste des régions françaises. Autant dire que les idées de balades et de sorties ne manquent pas ! La région déroule 720 km de littoral côté atlantique, et offre landes et forêts, vallées et sommets, châteaux et édifices religieux, mais aussi des villes au riche patrimoine, dont Biarritz, Cognac et Arcachon. Entre patrimoine et nature, cette vaste région offre une profusion de lieux à découvrir. À pied, à vélo, en montgolfière ou en bateau, sillonnez les chemins, les cours d'eau et les airs. Prenez un bol d'air sur les plages du Cap-Ferret, découvrez l'étonnant Musée de l'Histoire Maritime de Bordeaux, participez aux célèbres fêtes de Bayonne, et passez des journées riches en émotions dans l'un des nombreux parcs animaliers présents sur le territoire. En ville ou à la campagne, pour explorer le patrimoine culturel et découvrir la faune locale, la Nouvelle-Aquitaine vous attend !

AMBAZAC – LES MONTS D'AMBAZAC (HAUTE-VIENNE)

- **Itinéraire :** Ambazac – Les Monts d'Ambazac
- **Total :** 43,2 km
- **Durée :** de 2 heures 15 à 4 heures 15, entre 20 et 10 km/h.
- **Difficulté :** facile à moyen. Petites routes assez vallonnées.

LIEUX	Km partiel	Km cumul	Routes
AMBAZAC	0	0	Avenue du Général-de-Gaulle
SAINT-SYLVESTRE	5,2	5,2	D44
SAINT-LÉGER-LA-MONTAGNE	8,1	13,3	D44 D78
BERSAC-SUR-RIVALIER	8,1	21,4	D28A
SAINT-SULPICE-LAURIÈRE	5,3	26,7	D203 (suivre Saphoz-le-Bas)
LES COMBES	3,6	30,3	D78
LA JONCHÈRE-SAINT-MAURICE	5	35,3	Direction Mallety D50
AMBAZAC	7,5	42,8	D914

© FLORENT RECLUS - AUTHOR'S IMAGE

m
Altitude
Difficulté : intermédiaire
650
600
550
500
450
400
350
300
0
5
10
15
20
25
30
35
40
km
Dénivelé positif : 718 m
Dénivelé négatif : 717 m
Flashez pour le tracé GPX
D Départ
A Arrivée
Itinéraire (43,2 km)
L'Ardour
BERSAC-SUR-RIVALIER
BERSAC-SUR-RIVALIER - SAINT-SULPICE-LAURIÈRE
23min - 5,4 km
D203
SAINT-LÉGER-LA-MONTAGNE - BERSAC-SUR-RIVALIER
32min - 8,1 km
SAINT-SULPICE-LAURIÈRE
SAINT-SULPICE-LAURIÈRE - LES COMBES
32min - 4,1 km
D78
LES COMBES
Le Mazeaud
SAINT-LÉGER-LA-MONTAGNE
SAINT-SYLVESTRE - SAINT-LÉGER-LA-MONTAGNE
33min - 8,2 km
LES COMBES - LA JONCHÈRE-SAINT-MAURICE
14 min - 5,1 km
Marzet
Sauvagnac
La Redonde
Le Buisson
D78
AINT-SYLVESTRE
D914
LA JONCHÈRE-SAINT-MAURICE
La Fosse aux Boeufs
AMBAZAC - SAINT-SYLVESTRE
32min - 5,7 km
Les Landes
Massugerasest
LA JONCHÈRE-SAINT-MAURICE - AMBAZAC
24min - 7,8 km
Maraillat-Sud
AMBAZAC
D A
2 KM
Le Puy de la Noix

AU PAYS DU COGNAC
(CHARENTE)

- **Itinéraire :** Au pays du Cognac
- **Total :** 81,6 km
- **Durée :** de 4 heures 20 à 8 heures, entre 20 et 10 km/h.
- **Difficulté :** peu vallonné. Conseillé sur deux jours pour les débutants.

© VALERY ROKHIN - ADOBESTOCK

LIEUX	Km partiel	Km cumul	Routes
COGNAC	0	0	D48
JAVREZAC	3	3	D48
SAINT-ANDRÉ	6	9	D79
VIGNOLLES	9,5	18,5	D159, Les Chaudroles D731, D55
SAINT-SÉVÈRE	9,5	28	D55
SIGOGNE	7	35	D55
JARNAC	7,5	42,5	D736
GONDEVILLE	3,5	46	D254
SAINT-MÊME-LES-CARRIÈRES	3	49	D254
BOUTEVILLE	6,5	55,5	D90, D95
SÉGONZAC	8	63,5	D404, D1
JUILLAC-LE-COQ	5	68,5	D24
ROISSAC	5	73,5	D24
CHÂTEAUBERNARD	8,5	82	D24
COGNAC	3	85	D24, La Plante

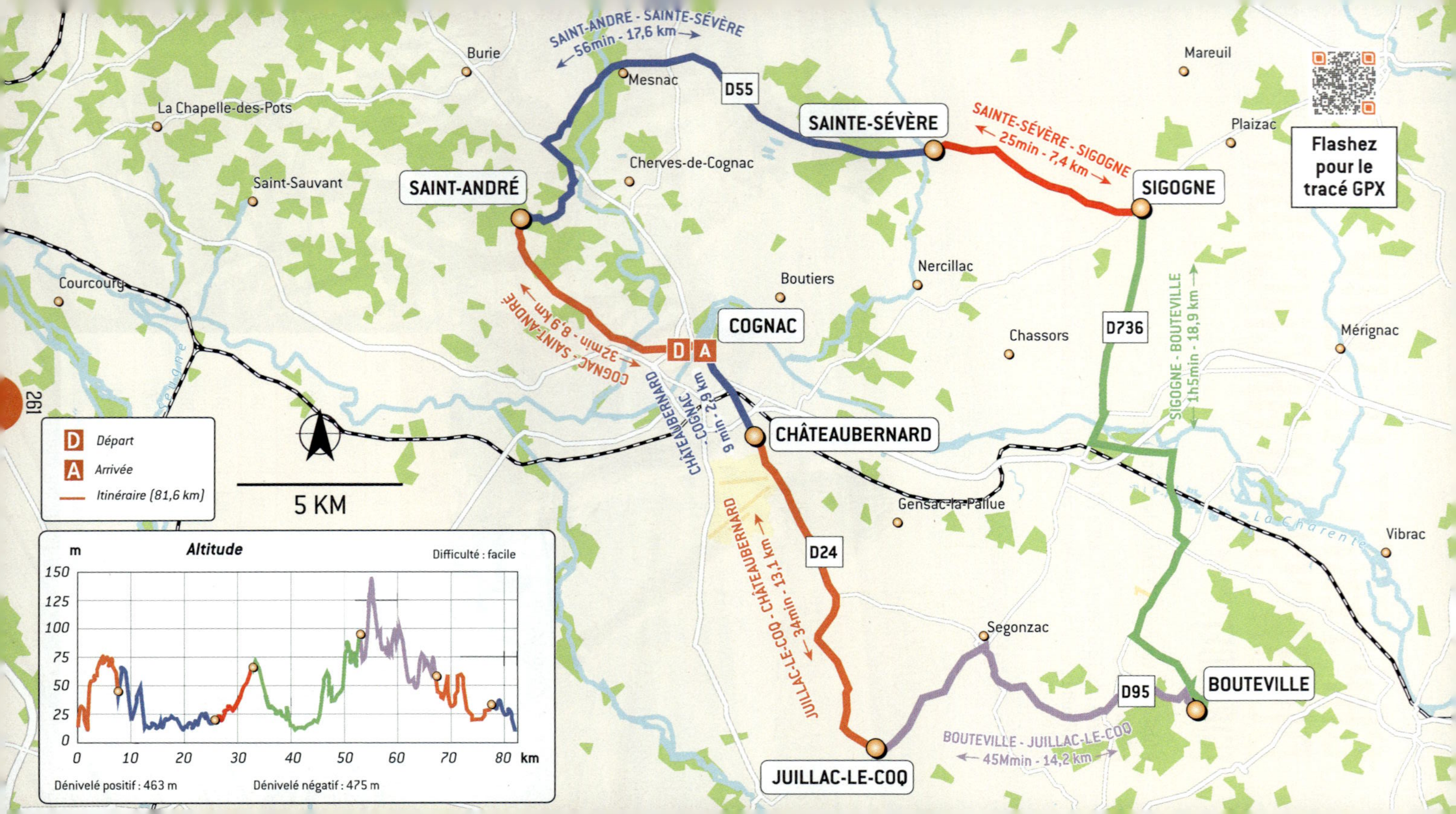
SAINT-ANDRÉ - SAINTE-SÉVÈRE
56min - 17,6 km
SAINTE-SÉVÈRE - SIGOGNE
25min - 7,4 km
SIGOGNE - BOUTEVILLE
1h5min - 18,9 km
BOUTEVILLE - JUILLAC-LE-COQ
45Mmin - 14,2 km
JUILLAC-LE-COQ - CHÂTEAUBERNARD
34min - 13,1 km
CHÂTEAUBERNARD - COGNAC
9 min - 2,9 km
COGNAC - SAINT-ANDRÉ
32min - 8,9 km
SAINT-ANDRÉ
SAINTE-SÉVÈRE
SIGOGNE
BOUTEVILLE
JUILLAC-LE-COQ
CHÂTEAUBERNARD
COGNAC
D55
D736
D95
D24
Burie
Mesnac
La Chapelle-des-Pots
Cherves-de-Cognac
Saint-Sauvant
Courcoury
Boutiers
Nercillac
Chassors
Mareuil
Plaizac
Mérignac
Gensac-la-Pallue
Segonzac
Vibrac
La Charente
Flashez pour le tracé GPX
D Départ
A Arrivée
Itinéraire (81,6 km)
5 KM
Altitude
Difficulté : facile
m
km
Dénivelé positif : 463 m
Dénivelé négatif : 475 m

CAP FERRET, LE TOUR DU BASSIN D'ARCACHON

(GIRONDE)

- **Itinéraire :** Cap Ferret, le tour du bassin d'Arcachon
- **Total :** 55,4 km
- **Durée :** de 3 à 6 heures 30, entre 20 et 10 km/h.
- **Difficulté :** facile à moyen, route panoramique sur le bassin d'Arcachon. Conseillé en 2 étapes.

GOODLUZ – STOCK.ADOBE.COM

LIEUX	Km partiel	Km cumul	Routes
CAP FERRET	0	0	(La Pointe) D106
CLAOUEY	17,6	17,6	D106
LÈGE-CAP FERRET	7,1	24,7	D106 D3
ANDERNOS-LES-BAINS	6,3	31	D3
LANTON	7,6	38,6	D3
BIGANOS	8	46,6	D3
GUJAN-MESTRAS	10,8	57,4	D650
ARCACHON	10,6	68	D650
CAP FERRET	Retour à Cap Ferret en bateau depuis Arcachon		

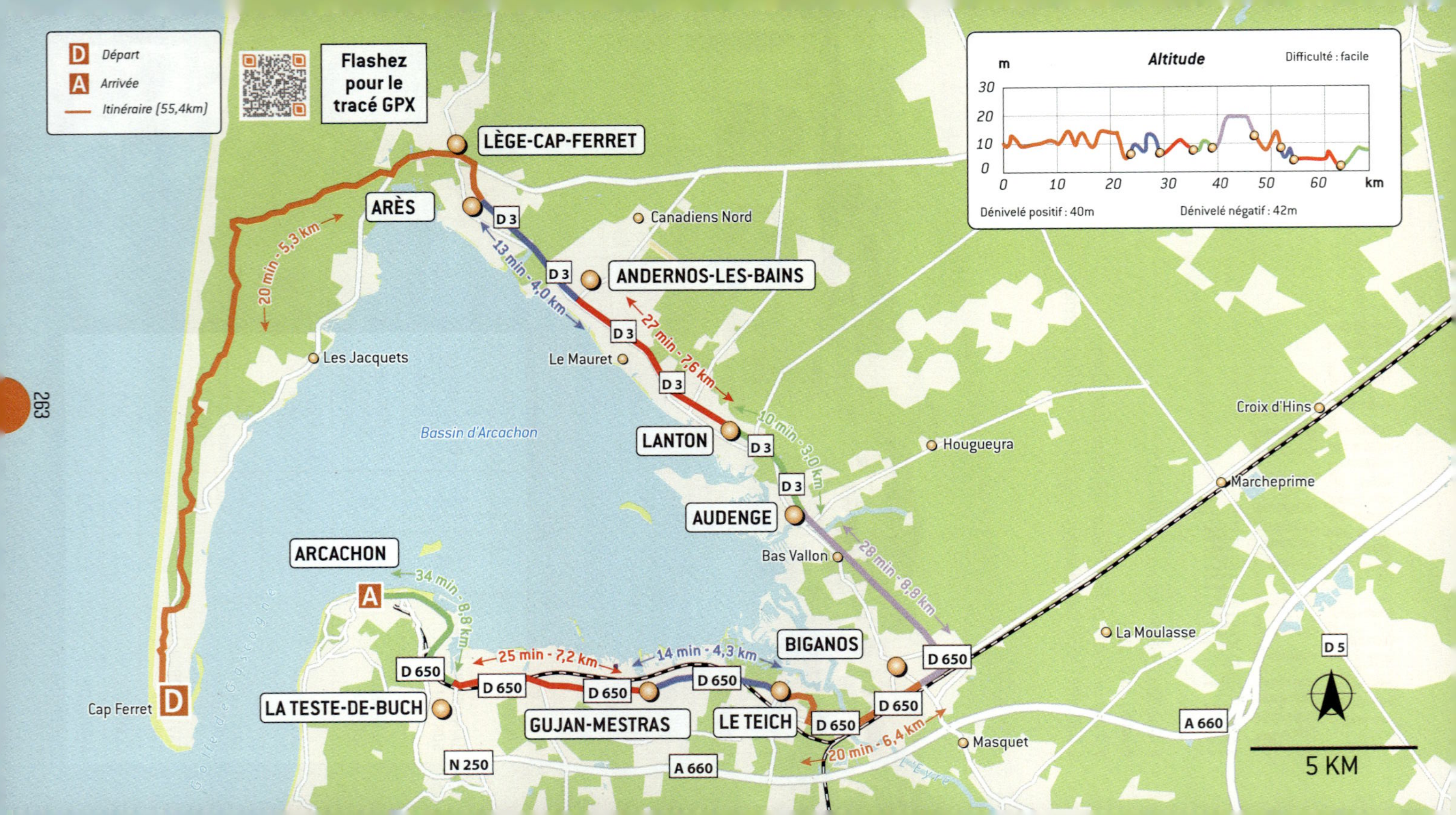

D Départ
A Arrivée
Itinéraire (55,4km)
Flashez pour le tracé GPX
LÈGE-CAP-FERRET
ARÈS
ANDERNOS-LES-BAINS
LANTON
AUDENGE
BIGANOS
LE TEICH
GUJAN-MESTRAS
LA TESTE-DE-BUCH
ARCACHON
Cap Ferret
Canadiens Nord
Les Jacquets
Le Mauret
Bassin d'Arcachon
Hougueyra
Croix d'Hins
Marcheprime
Bas Vallon
La Moulasse
Masquet
Golfe de Gascogne
L'Eyre
20 min - 5,3 km
13 min - 4,0 km
27 min - 7,6 km
10 min - 3,0 km
28 min - 8,8 km
20 min - 6,4 km
14 min - 4,3 km
25 min - 7,2 km
34 min - 8,8 km
D 3
D 650
D 5
A 660
N 250
5 KM
Altitude
Difficulté : facile
m
30
20
10
0
10
20
30
40
50
60
km
Dénivelé positif : 40m
Dénivelé négatif : 42m

FUMEL-AIGUILLON, VALLÉE DU LOT
(LOT-ET-GARONNE)

- **Itinéraire :** Fumel – Aiguillon, vallée du Lot
- **Total :** 73,8 km
- **Durée :** de 3 heures 45 à 7 heures 30, entre 20 et 10 km/h.
- **Difficulté :** facile. Balade linéaire longeant le Lot. Profil descendant.

LIEUX	Km partiel	Km cumul	Routes
FUMEL	0	0	D911
SAINT-SYLVESTRE-SUR-LOT	20	20	D911 Direction Saint-Vite Suivre Saint-Sylvestre via Clauzade
VILLENEUVE-SUR-LOT	11	31	La Dardenne Avenue de la Myre-Mory
CASSENEUIL	8,2	39,2	Avenue Jean-Claude-Cayrel D242
SAINTE-LIVRADE-SUR-LOT	7,4	46,6	D242 Tourner à droite (route longeant le Lot)
CASTELMORON-SUR-LOT	9,7	56,3	Direction Fongrave
CLAIRAC	10,8	67,1	D911
AIGUILLON	8,2	75,3	D271

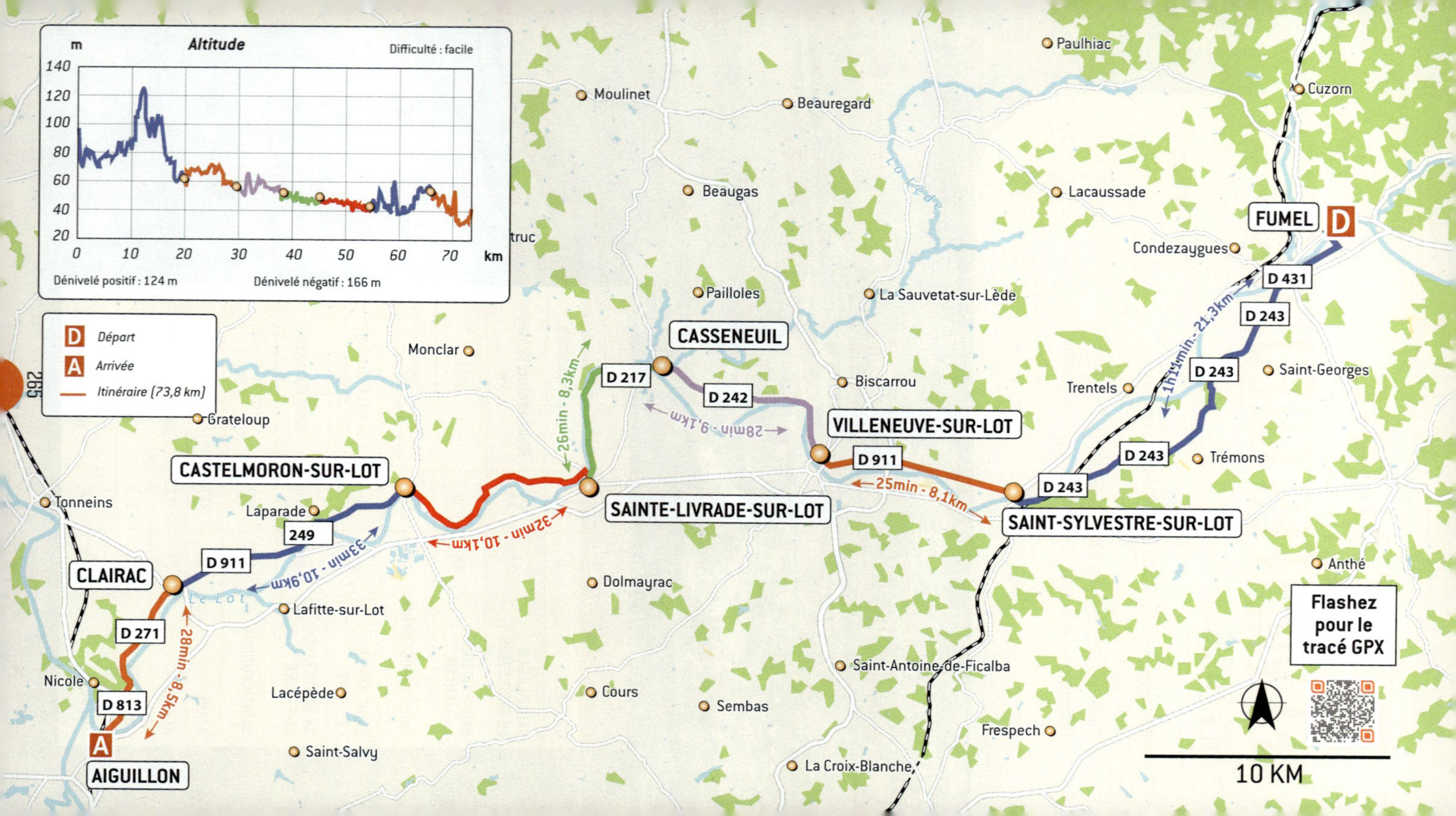

Altitude
Difficulté : facile
m
140
120
100
80
60
40
20
0
10
20
30
40
50
60
70
km
Dénivelé positif : 124 m
Dénivelé négatif : 166 m
D Départ
A Arrivée
Itinéraire (73,8 km)
FUMEL
D
D 431
D 243
1h11min - 21,3km
SAINT-SYLVESTRE-SUR-LOT
25min - 8,1km
D 911
VILLENEUVE-SUR-LOT
D 242
28min - 9,1km
CASSENEUIL
D 217
26min - 8,3km
SAINTE-LIVRADE-SUR-LOT
32min - 10,1km
CASTELMORON-SUR-LOT
249
33min - 10,9km
D 911
CLAIRAC
D 271
28min - 8,5km
D 813
A
AIGUILLON
Paulhiac
Cuzorn
Moulinet
Beauregard
Lacaussade
Beaugas
Condezaygues
Pailloles
La Sauvetat-sur-Lède
La Lède
Monclar
Biscarrou
Saint-Georges
Trentels
Trémons
Grateloup
Tonneins
Laparade
Dolmayrac
Lafitte-sur-Lot
Le Lot
Anthé
Nicole
Lacépède
Cours
Sembas
Saint-Antoine-de-Ficalba
Frespech
Saint-Salvy
La Croix-Blanche
Flashez pour le tracé GPX
10 KM

GUÉRET, MONTS ET VALLÉES CREUSOIS (CREUSE)

- **Itinéraire :** Guéret – Monts et vallées creusois
- **Total :** 60,9 km
- **Durée :** de 2 heures 45 à 5 heures 45, entre 20 et 10 km/h
- **Difficulté :** facile à moyen. Petites routes et départementales vallonnées.

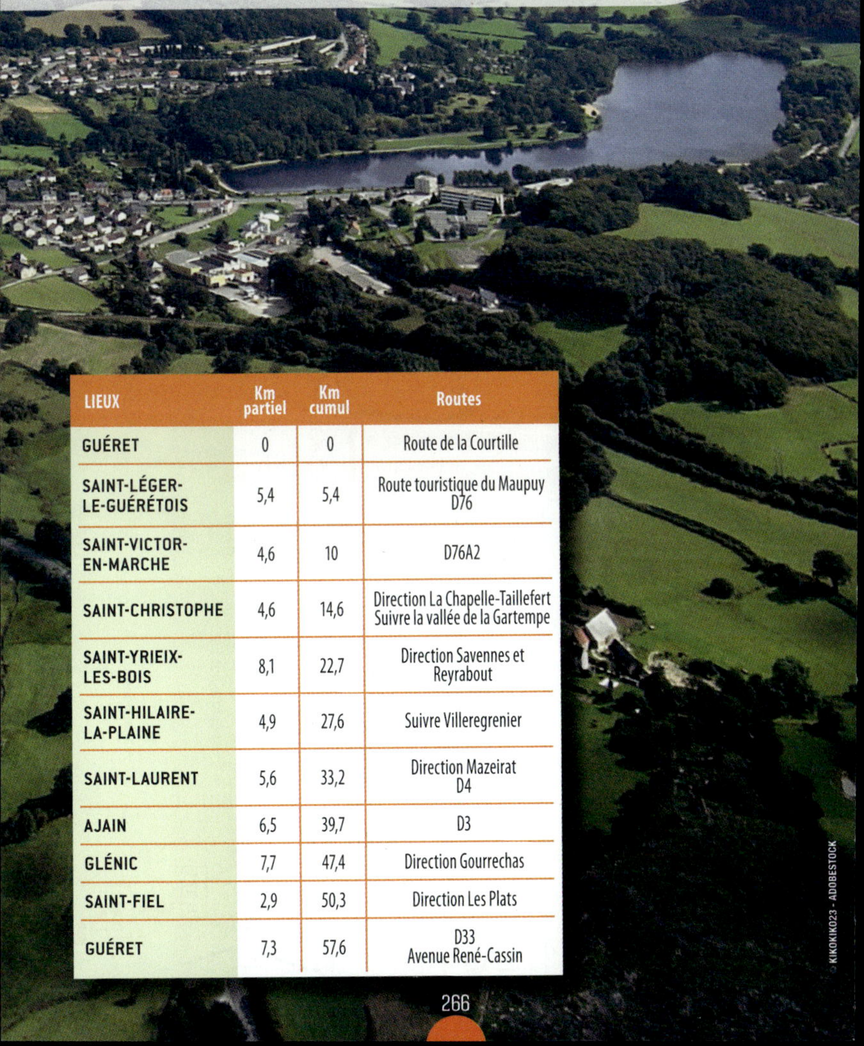

© KIKOKIKO23 - ADOBESTOCK

LIEUX	Km partiel	Km cumul	Routes
GUÉRET	0	0	Route de la Courtille
SAINT-LÉGER-LE-GUÉRÉTOIS	5,4	5,4	Route touristique du Maupuy D76
SAINT-VICTOR-EN-MARCHE	4,6	10	D76A2
SAINT-CHRISTOPHE	4,6	14,6	Direction La Chapelle-Taillefert Suivre la vallée de la Gartempe
SAINT-YRIEIX-LES-BOIS	8,1	22,7	Direction Savennes et Reyrabout
SAINT-HILAIRE-LA-PLAINE	4,9	27,6	Suivre Villeregrenier
SAINT-LAURENT	5,6	33,2	Direction Mazeirat D4
AJAIN	6,5	39,7	D3
GLÉNIC	7,7	47,4	Direction Gourrechas
SAINT-FIEL	2,9	50,3	Direction Les Plats
GUÉRET	7,3	57,6	D33 Avenue René-Cassin

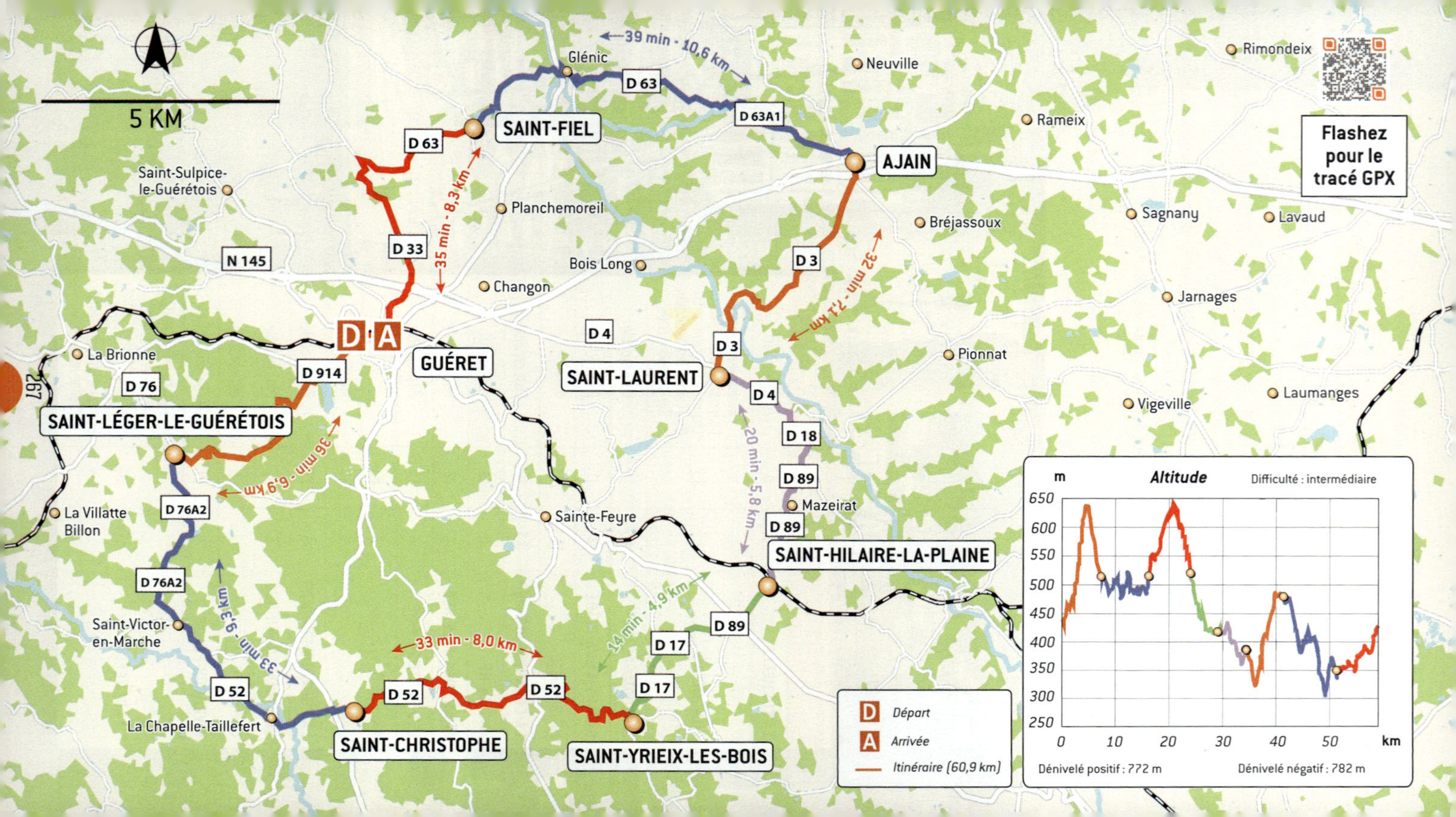
5 KM
Flashez pour le tracé GPX
SAINT-FIEL
AJAIN
GUÉRET
SAINT-LAURENT
SAINT-LÉGER-LE-GUÉRÉTOIS
SAINT-HILAIRE-LA-PLAINE
SAINT-CHRISTOPHE
SAINT-YRIEIX-LES-BOIS
39 min - 10,6 km
35 min - 8,3 km
32 min - 7,1 km
20 min - 5,8 km
14 min - 4,9 km
33 min - 8,0 km
33 min - 9,3 km
36 min - 6,9 km
Glénic
Neuville
Rimondeix
Rameix
Saint-Sulpice-le-Guérétois
Planchemoreil
Bréjassoux
Sagnany
Lavaud
Bois Long
Changon
Jarnages
La Brionne
Pionnat
Laumanges
Vigeville
Mazeirat
Sainte-Feyre
La Villatte Billon
Saint-Victor-en-Marche
La Chapelle-Taillefert
D 63
D 63A1
D 33
N 145
D 3
D 4
D 914
D 76
D 18
D 89
D 76A2
D 17
D 52
D Départ
A Arrivée
Itinéraire (60,9 km)
Altitude
Difficulté : intermédiaire
m
650
600
550
500
450
400
350
300
250
0
10
20
30
40
50
km
Dénivelé positif : 772 m
Dénivelé négatif : 782 m

LA ROCHELLE – ILE DE RÉ
(CHARENTE-MARITIME)

- **Itinéraire :** La Rochelle, île de Ré
- **Total :** 100,5 km
- **Durée :** de 5 heures 50 à 11 heures, entre 20 et 10 km/h.
- **Difficulté :** très peu vallonné. Conseillé sur deux jours pour les débutants.

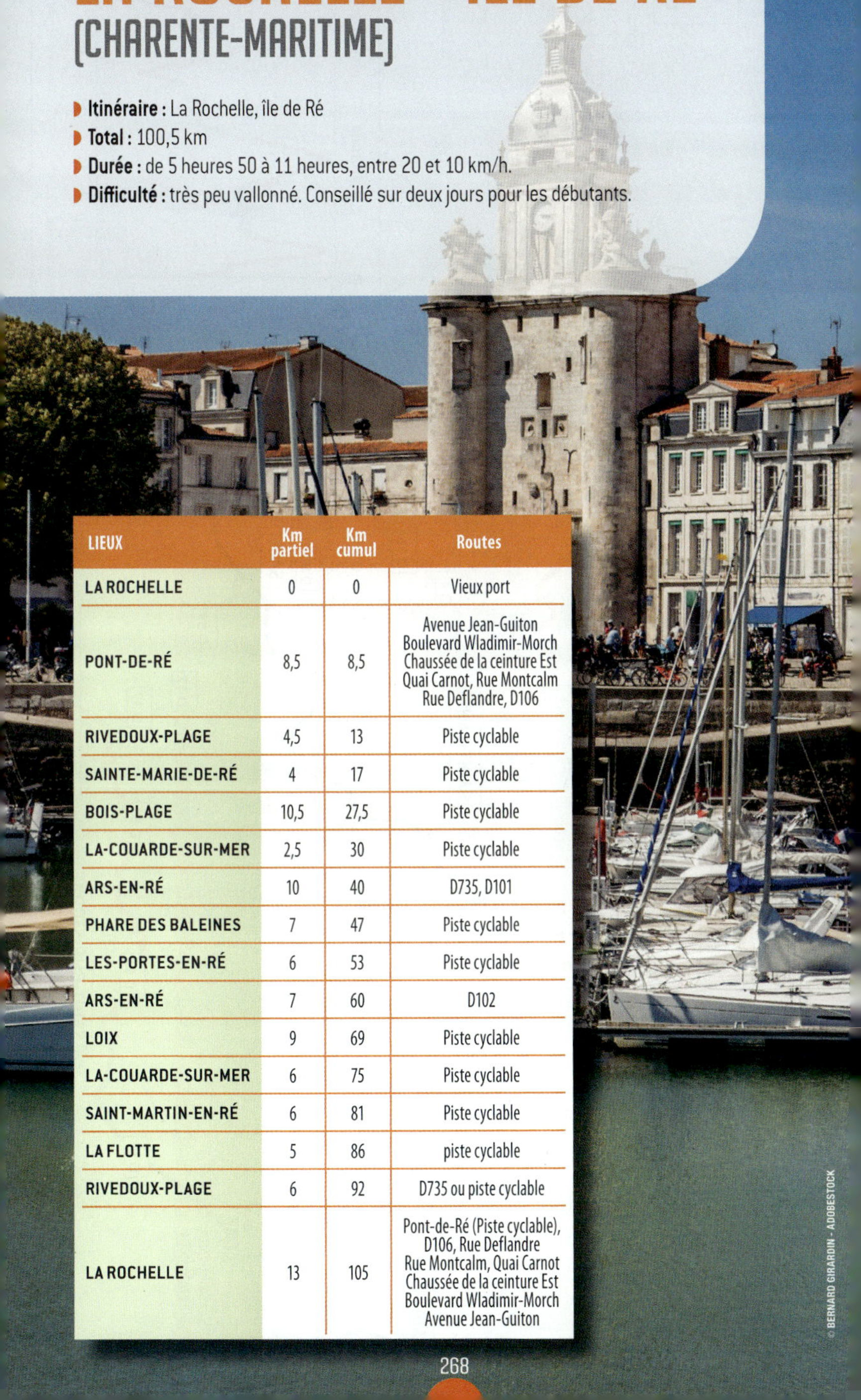

LIEUX	Km partiel	Km cumul	Routes
LA ROCHELLE	0	0	Vieux port
PONT-DE-RÉ	8,5	8,5	Avenue Jean-Guiton Boulevard Wladimir-Morch Chaussée de la ceinture Est Quai Carnot, Rue Montcalm Rue Deflandre, D106
RIVEDOUX-PLAGE	4,5	13	Piste cyclable
SAINTE-MARIE-DE-RÉ	4	17	Piste cyclable
BOIS-PLAGE	10,5	27,5	Piste cyclable
LA-COUARDE-SUR-MER	2,5	30	Piste cyclable
ARS-EN-RÉ	10	40	D735, D101
PHARE DES BALEINES	7	47	Piste cyclable
LES-PORTES-EN-RÉ	6	53	Piste cyclable
ARS-EN-RÉ	7	60	D102
LOIX	9	69	Piste cyclable
LA-COUARDE-SUR-MER	6	75	Piste cyclable
SAINT-MARTIN-EN-RÉ	6	81	Piste cyclable
LA FLOTTE	5	86	piste cyclable
RIVEDOUX-PLAGE	6	92	D735 ou piste cyclable
LA ROCHELLE	13	105	Pont-de-Ré (Piste cyclable), D106, Rue Deflandre Rue Montcalm, Quai Carnot Chaussée de la ceinture Est Boulevard Wladimir-Morch Avenue Jean-Guiton

Départ
Arrivée
Itinéraire (100,5km)
Flashez pour le tracé GPX
La Dive
Les Sablons
Altitude
Difficulté : facile
m
20
10
0
0
20
40
60
80
100 km
Dénivelé positif : 91 m
Dénivelé négatif : 92 m
Pertuis Breton
17 min - 6,8 km
PHARE DES BALEINES
LES PORTES-EN-RÉ
D 101
D 101
Le Gillieux
D 735
LOIX
53 min - 16,7 km
22 min - 6,2 km
D 735
D 102
52 min - 13,8 km
ARS-EN-RÉ
D 735
D 735
D 735
D 735
D 735
D 735
28 min - 9,1 km
LA COUARDE-SUR-MER
D 735
LA FLOTTE
D 201
D 735
18 min - 5,9 km
D 201
37 min - 10,9 km
D 735
49 min - 13,9 km
D 735
D 201
RIVEDOUX-PLAGE
D 106
LA ROCHELLE
D 201
D 201
La Noue
D 201
D 201
59 min - 17,2 km
SAINTE-MARIE-DE-RÉ
5 KM

LA TREMBLADE – PAYS ROYANNAIS
(CHARENTE-MARITIME)

- **Itinéraire :** Tremblade, Pays royannais
- **Total :** 61 km
- **Durée :** de 3 à 6 heures, entre 20 et 10 km/h.
- **Difficulté :** peu vallonné.

LIEUX	Km partiel	Km cumul	Routes
LA TREMBLADE	0	0	D25
RONCE-LES-BAINS	5	5	D14 : Port de la Grève Route de Ronce-les-Bains
LA PALMYRE	19	24	Piste cyclable
SAINT-PALAIS-SUR-MER	10,5	34,5	Piste cyclable
LE GRALLET-BREUILLET	7	41,5	Route de Courlay-sur-Mer D145 D242
LE MAGARIN	2,5	44	D242 D14
MORNAC-SUR-SEUDRE	2	46	D140E
CHAILLEVETTE	5	51	Les Marvoux
LA TREMBLADE	9	60	Piste cyclable

AQUAPHOTO - ADOBESTOCK

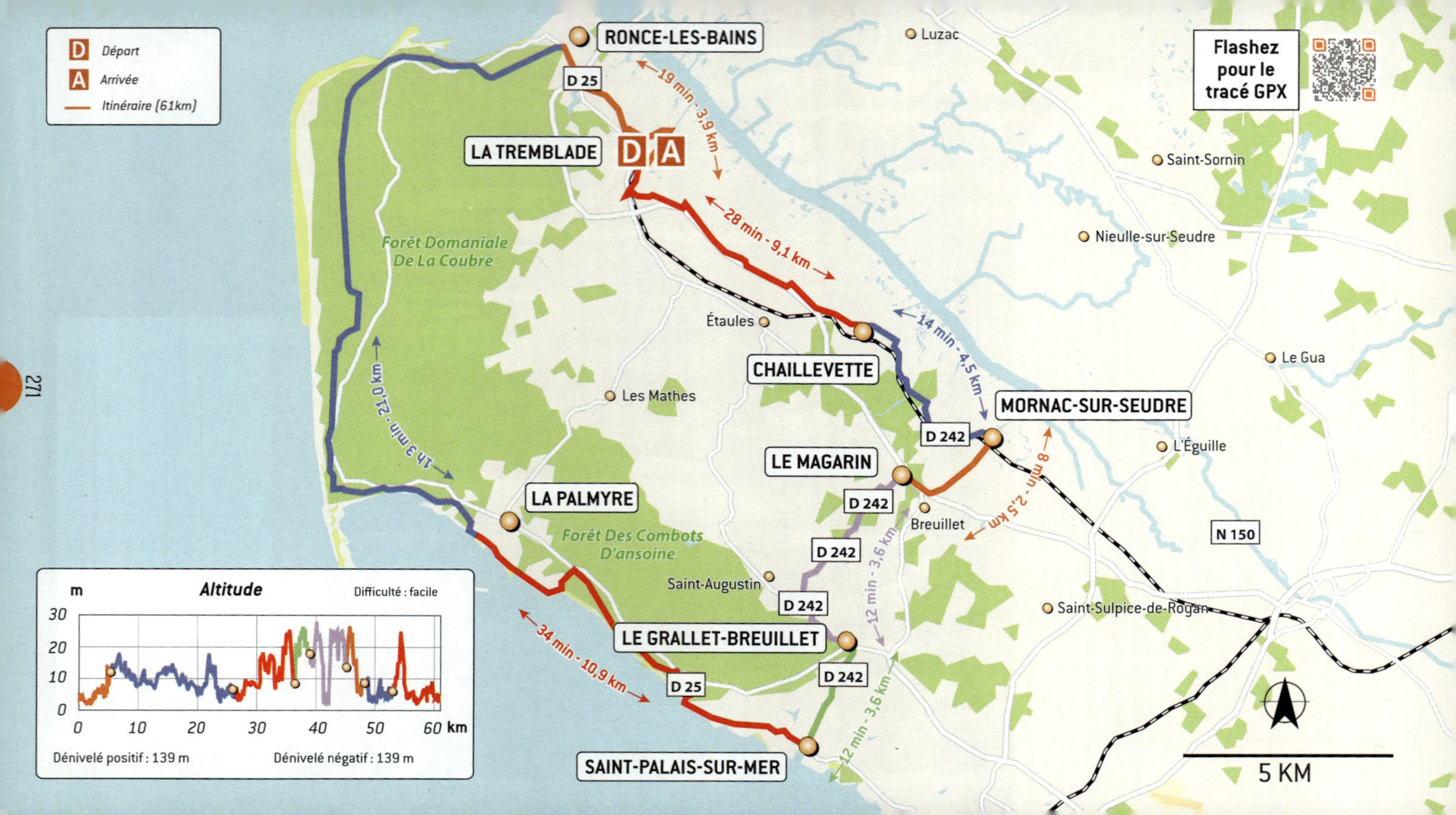

D Départ
A Arrivée
Itinéraire (61km)
Flashez pour le tracé GPX
RONCE-LES-BAINS
LA TREMBLADE
D A
D 25
19 min - 3,9 km
28 min - 9,1 km
14 min - 4,5 km
8 min - 2,5 km
12 min - 3,6 km
12 min - 3,6 km
34 min - 10,9 km
1h 3 min - 21,0 km
CHAILLEVETTE
MORNAC-SUR-SEUDRE
LE MAGARIN
LA PALMYRE
LE GRALLET-BREUILLET
SAINT-PALAIS-SUR-MER
D 242
D 242
D 242
D 242
D 242
D 25
N 150
Luzac
Saint-Sornin
Nieulle-sur-Seudre
Le Gua
L'Éguille
Saint-Sulpice-de-Royan
Étaules
Les Mathes
Breuillet
Saint-Augustin
Forêt Domaniale De La Coubre
Forêt Des Combots D'ansoine
5 KM
Altitude
Difficulté : facile
m
30
20
10
0
0
10
20
30
40
50
60 km
Dénivelé positif : 139 m
Dénivelé négatif : 139 m

LÉON, ENTRE PLAGES ET PINS (LANDES)

- **Itinéraire :** Léon, entre plages et pins
- **Total :** 64,8 km
- **Durée :** de 3 à 6 heures, entre 20 et 10 km/h.
- **Difficulté :** très facile. Balade ombragée dont une partie sur piste cyclable.

LIEUX	Km partiel	Km cumul	Routes
LÉON	0	0	D652
MOLIETS-ET-MAA	5,4	5,4	Piste cyclable
CONTIS-LES-BAINS	28,7	34,1	D328, Piste cyclable
LIT-ET-MIXE	7,9	42	D340
LINXE	13,4	55,4	D652, D397
LÉON	9,2	64,6	D382, D652

PACKSHOT - FOTOLIA

Altitude
m
Difficulté : facile
60
50
40
30
20
10
0
0
10
20
30
40
50
60
km
Dénivelé positif : 154 m
Dénivelé négatif : 148 m
5 KM
Bias
Larden
Mézos
CONTIS-LES-BAINS
CONTIS-LES-BAINS - LIT-ET-MIXE
29 min - 9,0 km
Courant de Contis
D 403
D 340
Cap de L'Homy
LIT-ET-MIXE
Uza
D 403
D 652
MOLIETS-ET-MAA - CONTIS-LES-BAINS
1 h 35 min - 30,1 km
LIT-ET-MIXE - LINXE
43 min - 13,6 km
D 652
Louise
Saint-Girons-en-Marensin
D 397
D 5
LINXE
Vielle
D 382
D 652
LINXE - LÉON
29 min - 9,2 km
Étang de Léon
Saint-Michel-Escalus
D 328
La Palue
D 142
D
A
LÉON
Flashez pour le tracé GPX
D 328
D 652
LÉON - MOLIETS-ET-MAA
18 min - 5,8 km
MOLIETS-ET-MAA
D Départ
A Arrivée
Itinéraire (64,8 km)

MAUZÉ-SUR-LE-MIGNON – LE MARAIS POITEVIN

(DEUX-SÈVRES)

- **Itinéraire :** Mauzé-sur-le-Mignon, le Marais Poitevin.
- **Total :** 58,6 km.
- **Durée :** de 3 à 6 heures, entre 20 et 10 km/h.
- **Difficulté :** facile, plat et routes de campagne.

LIEUX	Km partiel	Km cumul	Routes
MAUZÉ-SUR-LE-MIGNON	0	0	D101
SAINT-HILAIRE-LA-PALUD	9,5	9,5	D101
ARÇAIS	4,5	14	D101
SAINT-GEORGES-DE-REX	4	18	D11
LE VANNEAU-IRLEAU	2,5	20,5	D180
COULON	8,5	29	D123
MAGNÉ	3,5	32,5	D9
SANSAIS	6,5	39	Chapelle Sainte-Macrine D3
ÉPANNES	4	43	D1
LA ROCHENARD	3,5	46,5	D115
USSEAU	4	50,5	D115
MAUZÉ-SUR-LE-MIGNON	9	59,5	D101

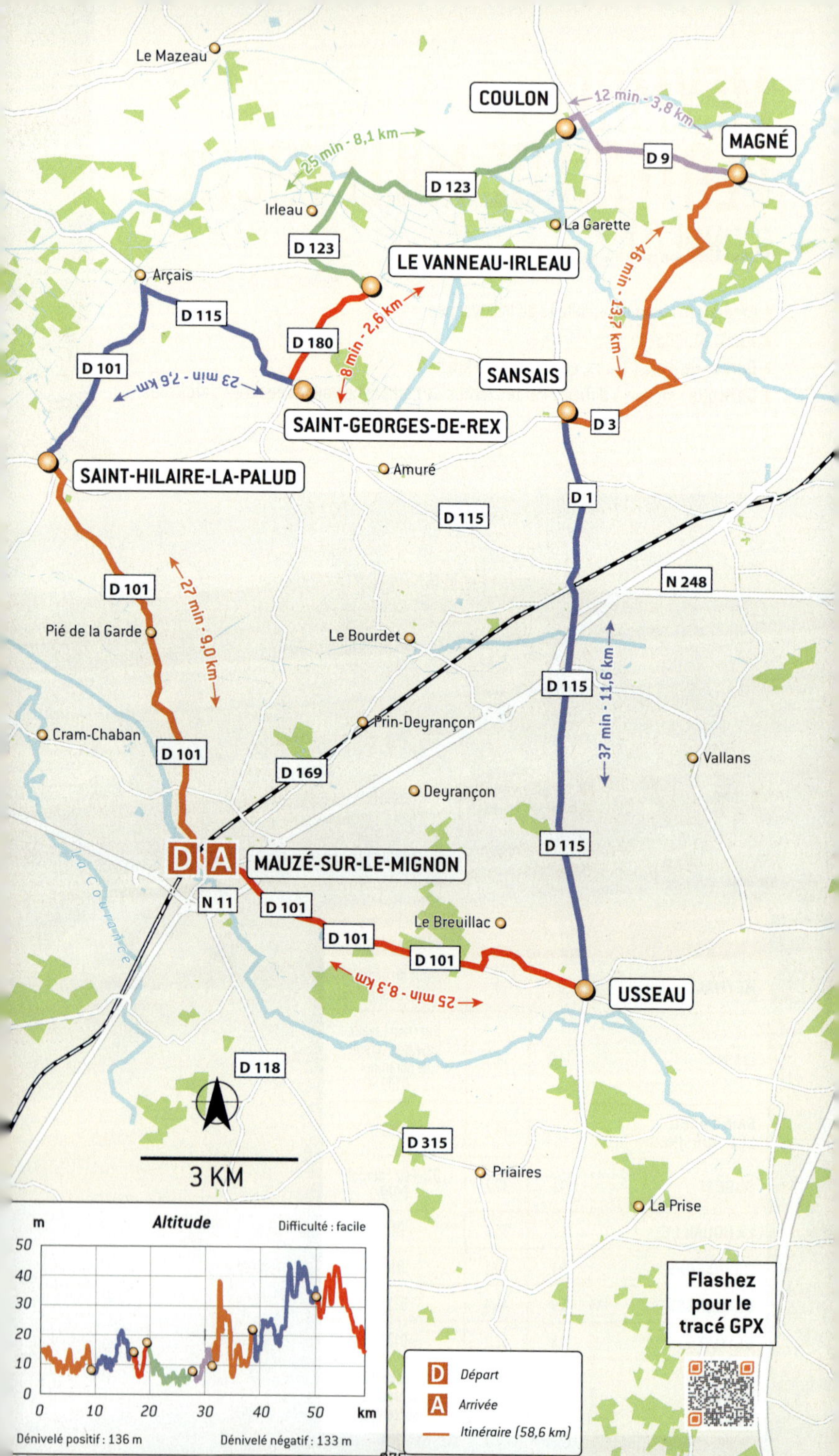
Le Mazeau
COULON
12 min - 3,8 km
MAGNÉ
25 min - 8,1 km
D 9
D 123
Irleau
La Garette
D 123
LE VANNEAU-IRLEAU
46 min - 13,7 km
Arçais
D 115
8 min - 2,6 km
D 180
D 101
23 min - 7,6 km
SANSAIS
SAINT-GEORGES-DE-REX
D 3
SAINT-HILAIRE-LA-PALUD
Amuré
D 1
D 115
27 min - 9,0 km
N 248
D 101
Pié de la Garde
Le Bourdet
D 115
37 min - 11,6 km
Prin-Deyrançon
Cram-Chaban
Vallans
D 101
D 169
Deyrançon
D 115
D
A
MAUZÉ-SUR-LE-MIGNON
La Courance
N 11
D 101
Le Breuillac
D 101
D 101
25 min - 8,3 km
USSEAU
D 118
D 315
3 KM
Priaires
La Prise
Altitude
Difficulté : facile
m
50
40
30
20
10
0
0
10
20
30
40
50
km
Dénivelé positif : 136 m
Dénivelé négatif : 133 m
Flashez pour le tracé GPX
D Départ
A Arrivée
Itinéraire (58,6 km)

MEYMAC – PLATEAU DE MILLEVACHES (CORRÈZE)

- **Itinéraire :** Meymac – Plateau de Millevaches
- **Total :** 61,3 km
- **Durée :** de 3 à 6 heures, entre 20 et 10 km/h
- **Difficulté :** moyen à difficile. Petites routes de campagne vallonnées très tranquilles.

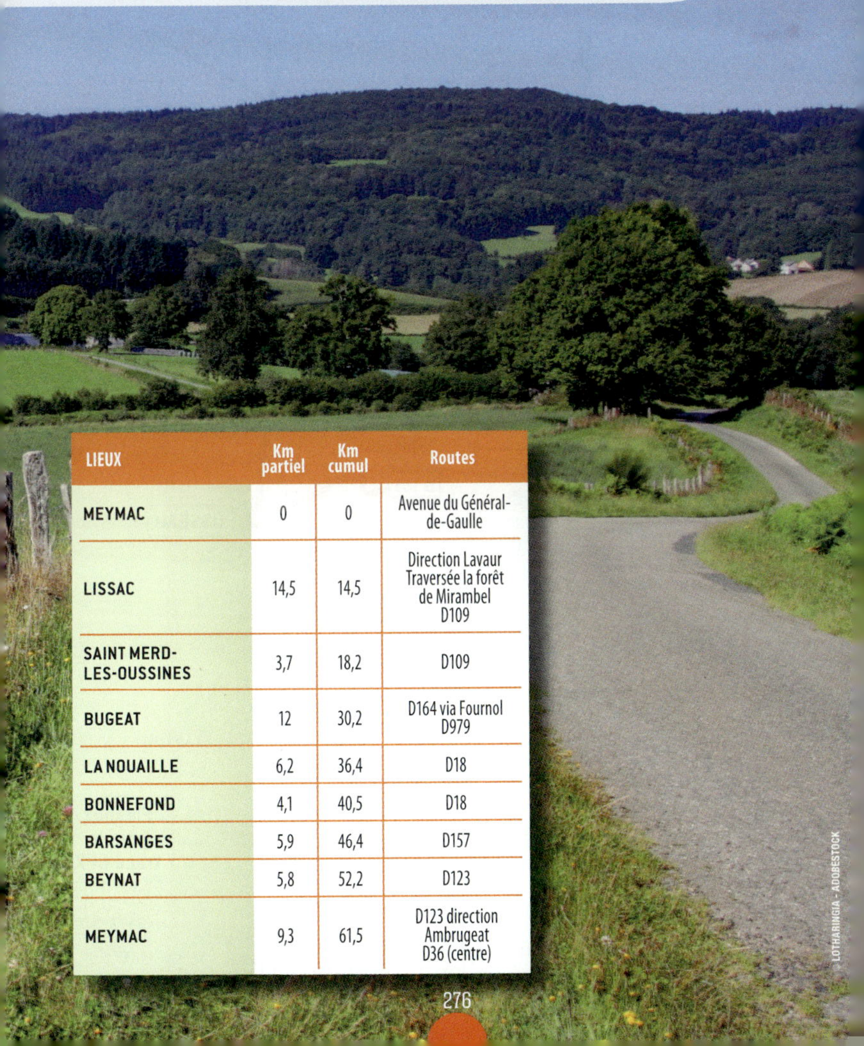

LOTHARINGIA - ADOBESTOCK

LIEUX	Km partiel	Km cumul	Routes
MEYMAC	0	0	Avenue du Général-de-Gaulle
LISSAC	14,5	14,5	Direction Lavaur Traversée la forêt de Mirambel D109
SAINT MERD-LES-OUSSINES	3,7	18,2	D109
BUGEAT	12	30,2	D164 via Fournol D979
LA NOUAILLE	6,2	36,4	D18
BONNEFOND	4,1	40,5	D18
BARSANGES	5,9	46,4	D157
BEYNAT	5,8	52,2	D123
MEYMAC	9,3	61,5	D123 direction Ambrugeat D36 (centre)

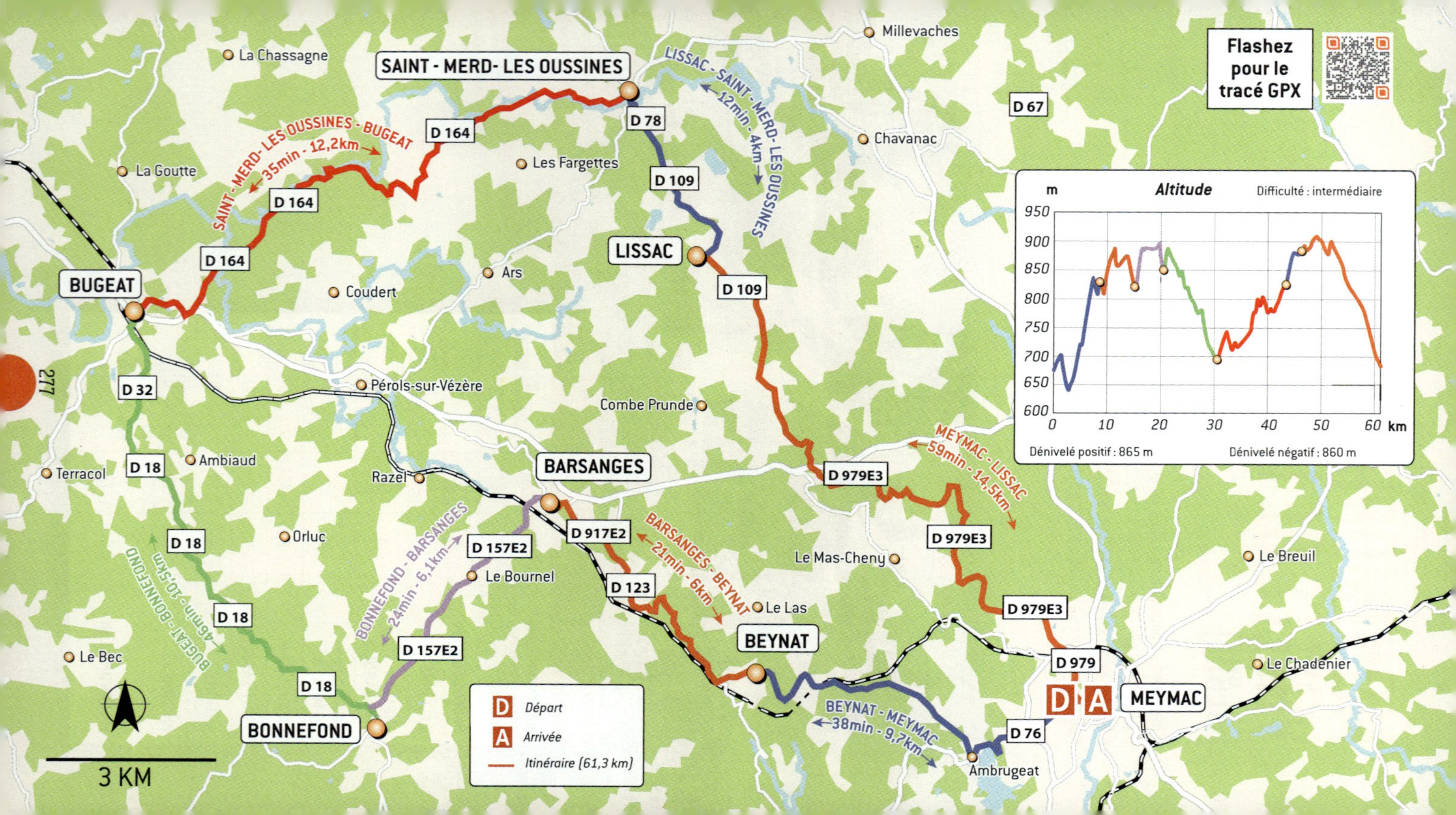

Flashez pour le tracé GPX
SAINT - MERD- LES OUSSINES
LISSAC - SAINT - MERD- LES OUSSINES
←12min - 4km→
SAINT - MERD- LES OUSSINES - BUGEAT
←35min - 12,2km→
BUGEAT
LISSAC
BARSANGES
BEYNAT
BONNEFOND
MEYMAC
MEYMAC - LISSAC
←59min - 14,5km→
BARSANGES - BEYNAT
←21min - 6km→
BONNEFOND - BARSANGES
←24min - 6,1km→
BUGEAT - BONNEFOND
←46min - 10,5km→
BEYNAT - MEYMAC
←38min - 9,7km→
D 164
D 78
D 109
D 67
D 32
D 18
D 917E2
D 157E2
D 123
D 979E3
D 979
D 76
La Chassagne
La Goutte
Les Fargettes
Millevaches
Chavanac
Ars
Coudert
Pérols-sur-Vézère
Combe Prunde
Terracol
Ambiaud
Razel
Orluc
Le Bournel
Le Mas-Cheny
Le Las
Le Breuil
Le Chadenier
Le Bec
Ambrugeat
Altitude
Difficulté : intermédiaire
m
950
900
850
800
750
700
650
600
0
10
20
30
40
50
60
km
Dénivelé positif : 865 m
Dénivelé négatif : 860 m
D Départ
A Arrivée
Itinéraire (61,3 km)
3 KM

MONTMORILLON – VALLÉE DE LA GARTEMPE
(VIENNE)

- **Itinéraire :** Montmorillon, vallée de la Gartempe
- **Total :** 75,6 km.
- **Durée :** de 4 heures 05 à 7 heures 30, entre 20 et 10 km/h.
- **Difficulté :** facile à moyen. Assez vallonné avec côtes.

LIEUX	Km partiel	Km cumul	Routes
MONTMORILLON	0	0	D5
JOUHET	8,5	8,5	D5
SAINT-GERMAIN	9	17,5	D5
NALLIERS	5	22,5	D5
ANGLES-SUR-L'ANGLIN	12	34,5	D5 D2
SAINT-PIERRE-DE-MAILLÉ	4,5	39	D2
LA BUSSIÈRE	6	45	D11
SAINT-SAVIN	10	55	D11
ANTIGNY	4	59	D11
PINDRAY	6	65	D11 Pindray
MONTMORILLON	8	73	La Roche-au-Baussan Concise Cité de l'Écrit

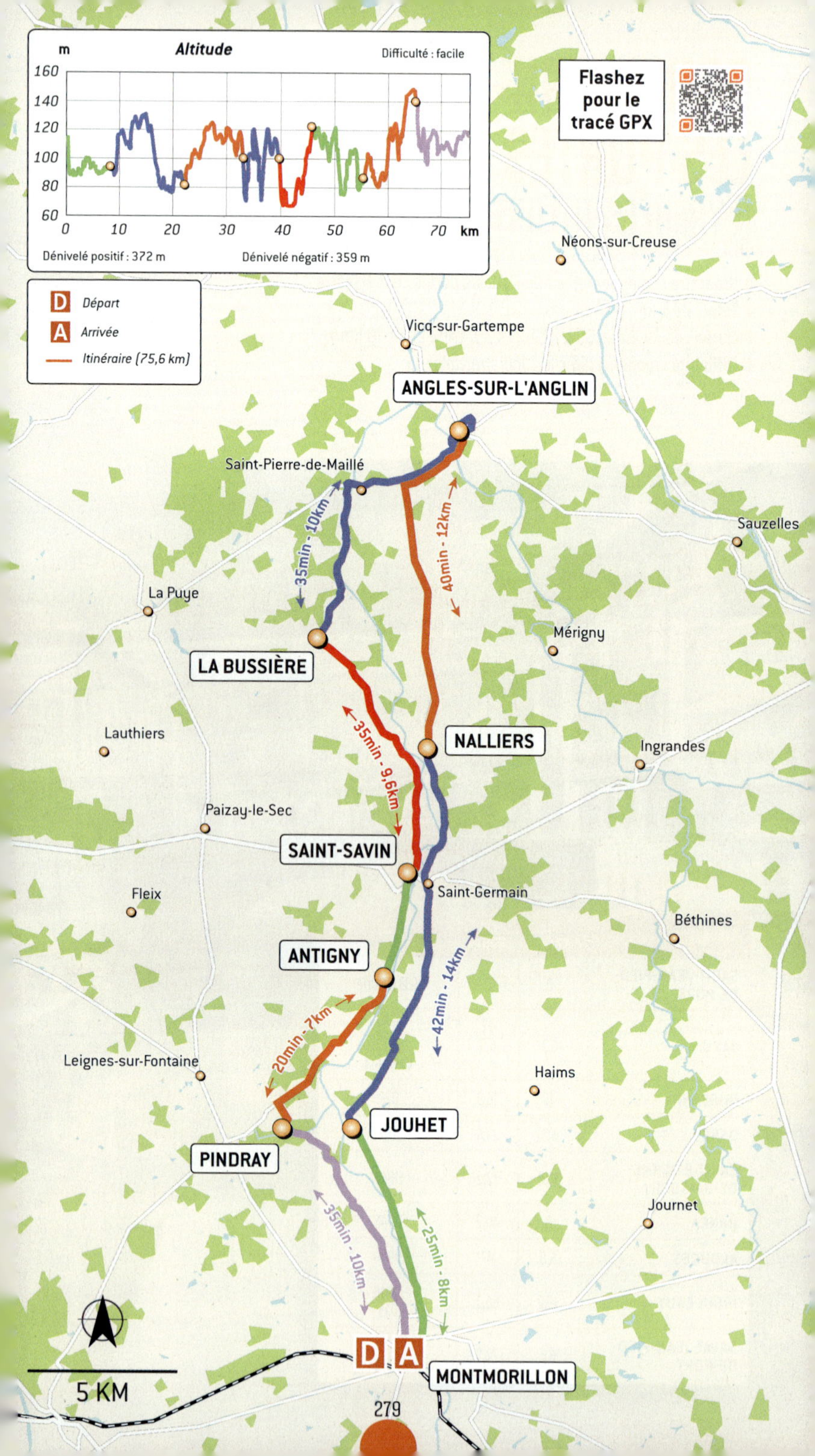

m
Altitude
Difficulté : facile
160
140
120
100
80
60
0
10
20
30
40
50
60
70
km
Dénivelé positif : 372 m
Dénivelé négatif : 359 m
Flashez pour le tracé GPX
D Départ
A Arrivée
Itinéraire (75,6 km)
Néons-sur-Creuse
Vicq-sur-Gartempe
ANGLES-SUR-L'ANGLIN
Saint-Pierre-de-Maillé
35min - 10km
40min - 12km
Sauzelles
La Puye
Mérigny
LA BUSSIÈRE
35min - 9,6km
NALLIERS
Lauthiers
Ingrandes
Paizay-le-Sec
SAINT-SAVIN
Saint-Germain
Fleix
Béthines
ANTIGNY
42min - 14km
20min - 7km
Leignes-sur-Fontaine
Haims
JOUHET
PINDRAY
35min - 10km
25min - 8km
Journet
D
A
MONTMORILLON
5 KM

SAINT-JEAN-PIED-DE-PORT, LES PORTES DE LA NAVARRE (PYRÉNÉES-ATLANTIQUES)

- **Itinéraire :** Saint-Jean-Pied-de-Port, les portes de la Navarre
- **Total :** 73,1 km
- **Durée :** de 3 heures 35 à 7 heures 30, entre 20 et 10 km/h
- **Difficulté :** moyen à difficile, itinéraire vallonné.

LIEUX	Km partiel	Km cumul	Routes
SAINT-JEAN-PIED-DE-PORT	0	0	D933 (Mairie)
JAXU	6,3	6,3	D933 D121 Harrubia
IRISSARRY	10	16,3	D22
OSSÈS	5,3	21,6	D8
SAINT-ÉTIENNE-DE-BAIGORRY	10,6	32,2	D948
BANCA	8	40,2	D948
ALDUDES	6,8	47	D948
IROULÈGUY	19,2	66,2	D948 D15
SAINT-JEAN-PIED-DE-PORT	6,1	72,3	D15 D918

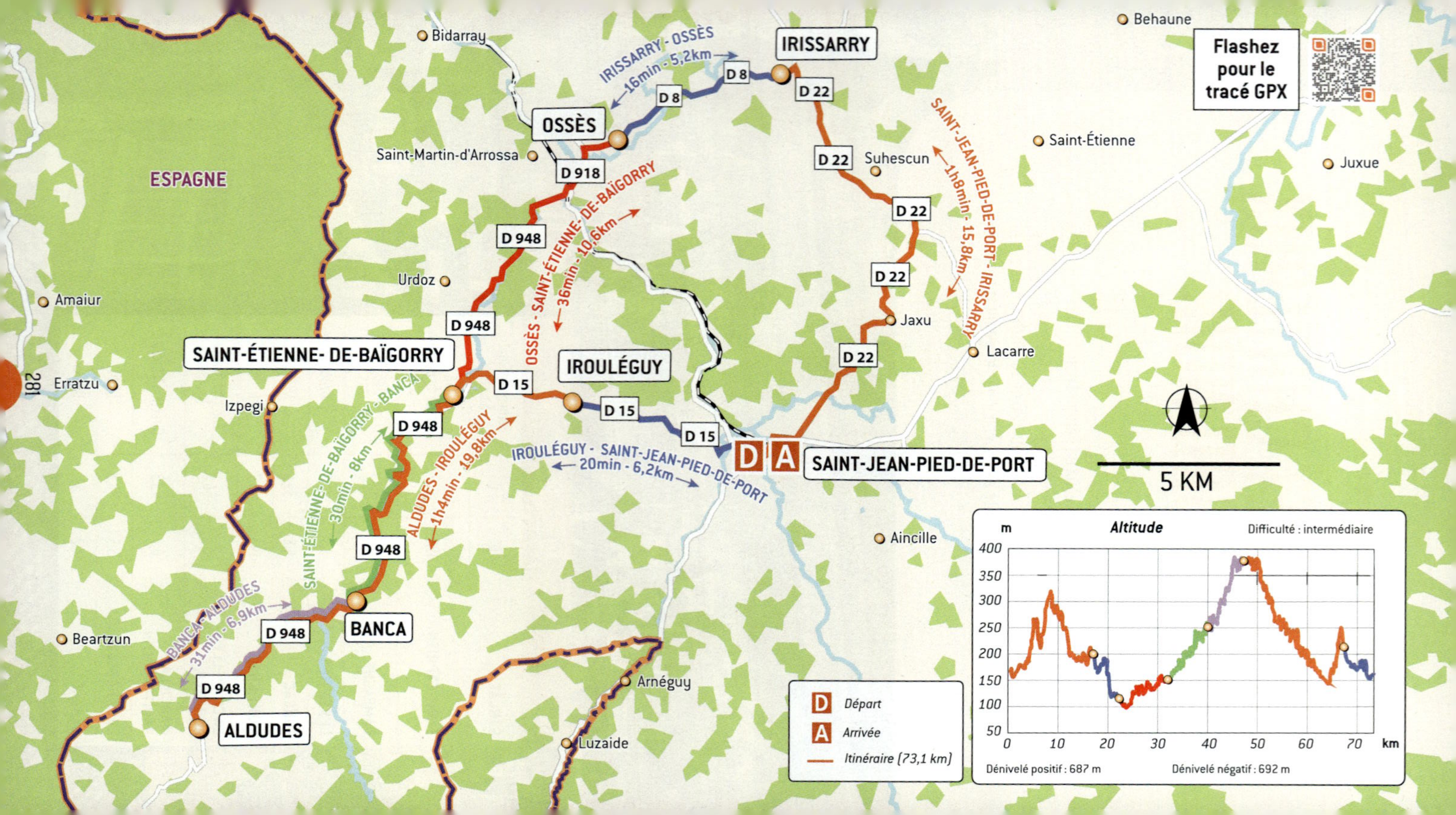
IRISSARRY
OSSÈS
SAINT-ÉTIENNE- DE-BAÏGORRY
IROULÉGUY
SAINT-JEAN-PIED-DE-PORT
BANCA
ALDUDES
ESPAGNE
Bidarray
Saint-Martin-d'Arrossa
Urdoz
Amaiur
Erratzu
Izpegi
Beartzun
Behaune
Saint-Étienne
Juxue
Suhescun
Jaxu
Lacarre
Aincille
Arnéguy
Luzaide
IRISSARRY - OSSÈS 16min - 5,2km
OSSÈS - SAINT-ÉTIENNE-DE-BAÏGORRY 36min - 10,6km
SAINT-JEAN-PIED-DE-PORT - IRISSARRY 1h8min - 15,8km
IROULÉGUY - SAINT-JEAN-PIED-DE-PORT 20min - 6,2km
ALDUDES - IROULÉGUY 1h4min - 19,8km
SAINT-ÉTIENNE-DE-BAÏGORRY - BANCA 30min - 8km
BANCA - ALDUDES 31min - 6,9km
D 8
D 22
D 918
D 948
D 15
Flashez pour le tracé GPX
5 KM
D Départ
A Arrivée
Itinéraire (73,1 km)
Altitude
Difficulté : intermédiaire
m
km
Dénivelé positif : 687 m
Dénivelé négatif : 692 m

SARLAT, GROTTES ET CHÂTEAUX EN PÉRIGORD NOIR
(DORDOGNE)

- **Itinéraire :** Sarlat, grottes et châteaux en Périgord noir
- **Total :** 82,7 km
- **Durée :** de 4 heures 20 à 8 heures 30, entre 20 et 10 km/h.
- **Difficulté :** moyen à difficile. Route assez vallonnée longeant la Vézère.

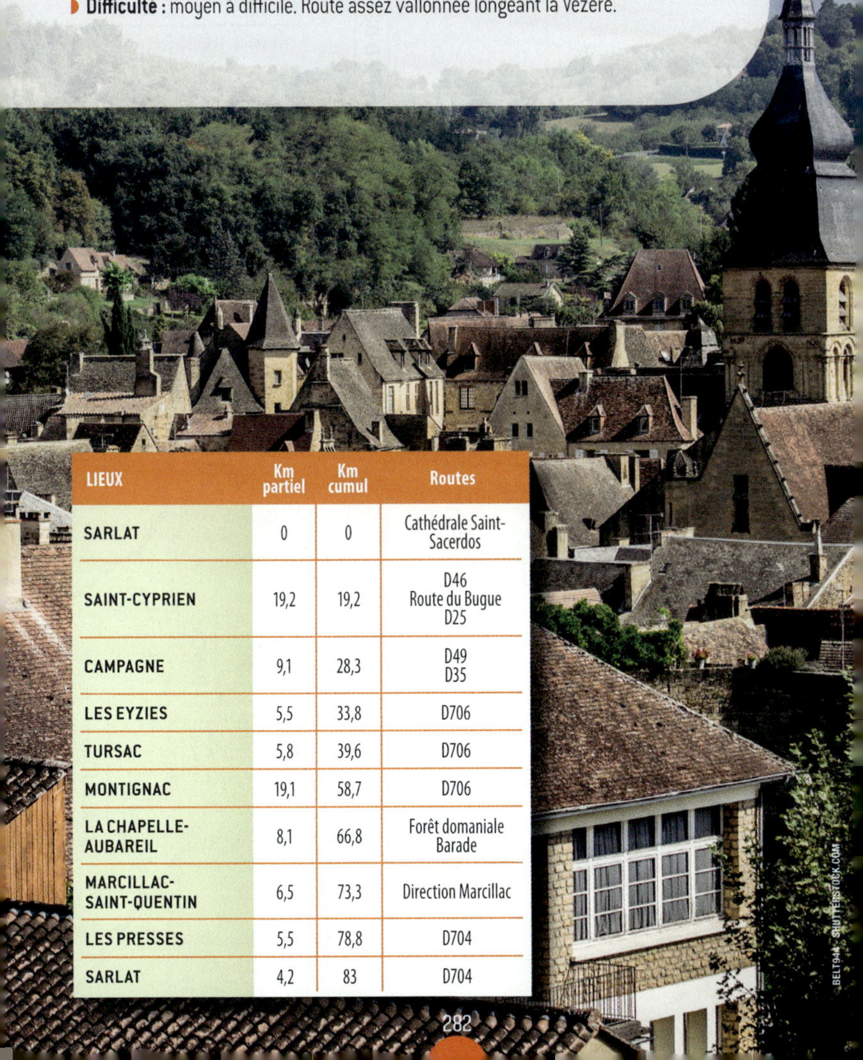

LIEUX	Km partiel	Km cumul	Routes
SARLAT	0	0	Cathédrale Saint-Sacerdos
SAINT-CYPRIEN	19,2	19,2	D46 Route du Bugue D25
CAMPAGNE	9,1	28,3	D49 D35
LES EYZIES	5,5	33,8	D706
TURSAC	5,8	39,6	D706
MONTIGNAC	19,1	58,7	D706
LA CHAPELLE-AUBAREIL	8,1	66,8	Forêt domaniale Barade
MARCILLAC-SAINT-QUENTIN	6,5	73,3	Direction Marcillac
LES PRESSES	5,5	78,8	D704
SARLAT	4,2	83	D704

© BELT944 - SHUTTERSTOCK.COM

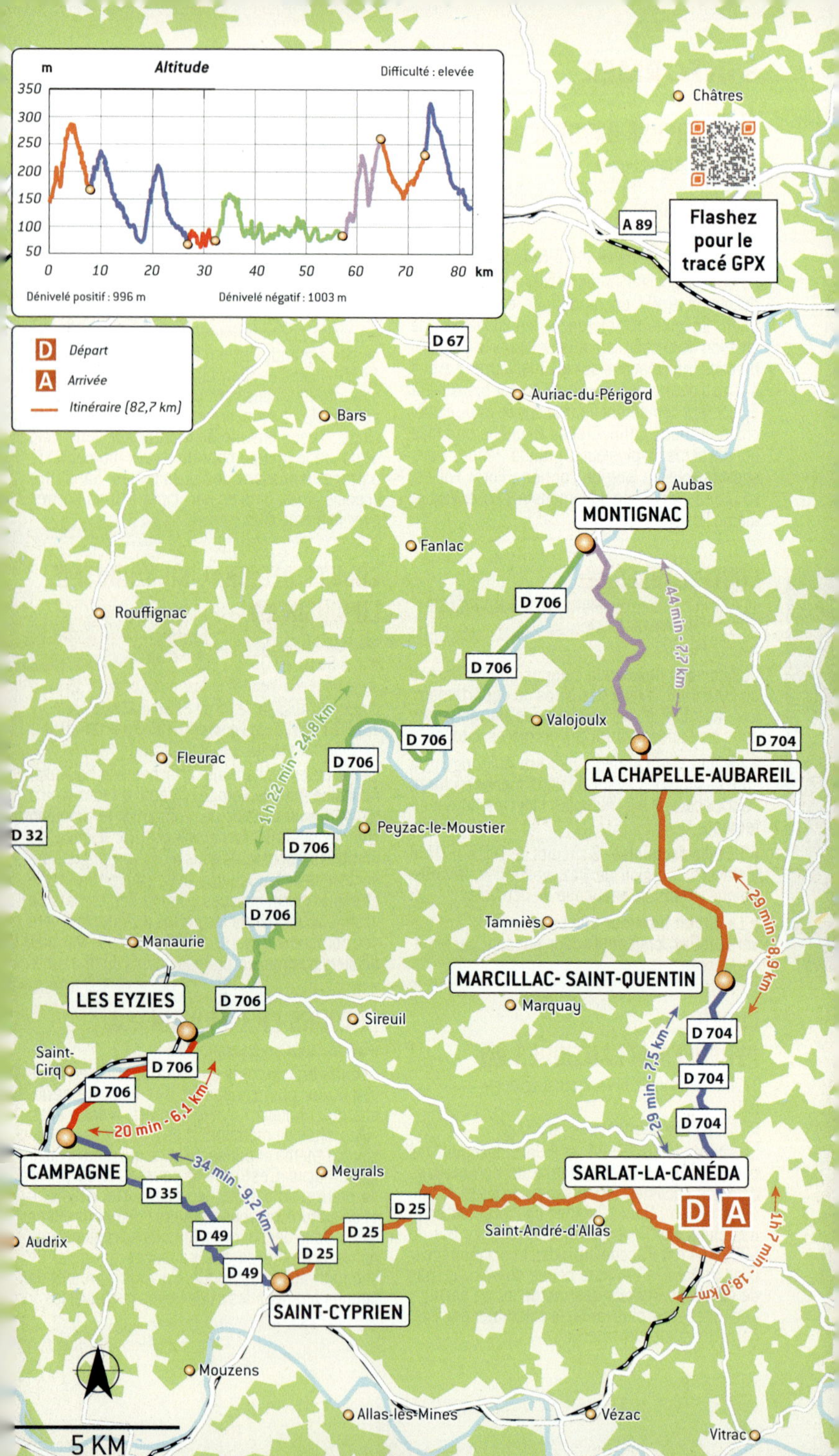

m
Altitude
Difficulté : elevée
350
300
250
200
150
100
50
0
10
20
30
40
50
60
70
80
km
Dénivelé positif : 996 m
Dénivelé négatif : 1003 m
D Départ
A Arrivée
Itinéraire (82,7 km)
Châtres
Flashez pour le tracé GPX
A 89
D 67
Auriac-du-Périgord
Bars
Aubas
MONTIGNAC
Fanlac
D 706
44 min - 7,7 km
Rouffignac
Valojoulx
LA CHAPELLE-AUBAREIL
D 704
Fleurac
1 h 22 min - 24,8 km
Peyzac-le-Moustier
D 32
29 min - 8,9 km
Tamniès
Manaurie
MARCILLAC- SAINT-QUENTIN
Marquay
LES EYZIES
Sireuil
Saint-Cirq
29 min - 7,5 km
20 min - 6,1 km
CAMPAGNE
34 min - 9,2 km
Meyrals
SARLAT-LA-CANÉDA
D 35
D 25
D 49
Saint-André-d'Allas
Audrix
1 h 7 min - 18,0 km
SAINT-CYPRIEN
Mouzens
Allas-les-Mines
Vézac
Vitrac
5 KM

CLUB CREUSE OXYGÈNE

5, rue Paul-Louis Grenier
GUÉRET
✆ 05 55 61 97 90
www.creuse-oxygene.com
Ouvert tous les jours de 11h à 19h.

Le club associatif Creuse Oxygène permet de découvrir le VTT en randonnée et en compétition. En plus de référencer les magasins de location de cycles, l'organisme apporte de nombreuses informations sur les meilleures sorties à faire à deux roues, sur route ou sur piste. Il est également compétent en matière de BMX, cyclo-cross et moto. Enfin, Creuse Oxygène organise ou participe à plusieurs grands rendez-vous sportifs tout au long de l'année : Forêt Follies, La Grande Traversée du Limousin, l'Enfer Vert et même l'Oxygène Cup.

CODEP LANDES

15, rue des Ecureuils - **MORCENX-LA-NOUVELLE**
✆ 06 75 24 69 37
landes.ffvelo.fr

Ce site vous propose la composition du bureau du CODEP 40, la liste des clubs du département, les sites BPF et les randonnées permanentes dans les Landes. Parmi ces dernières, citons :

- **Le Tour des Landes :** 523 km qui longent la côte des Landes avant de vous mener en forêt. Pour découvrir les multiples facettes du département.
- **L'Etoile dacquoise :** 6 circuits de 140 à 160 km à travers la région de Dax, vallonnée, diverse, unique. Attention, beaucoup de dénivelé.
- **Le circuit intérieur des Landes** : 334 km traversant Dax, longeant l'Adour, passant par Mont-de-Marsan.

CODEP PYRÉNÉES-ATLANTIQUES

12, rue du Profeseur-Garrigou-Lagrange
PAU
http://pyrenees-atlantiques.ffct.org/

Le site de la CODEP 64 vous fera découvrir les cols des Pyrénées. Il recense de nombreuses activités cyclistes organisées par les clubs du département. Ainsi, n'hésitez pas à contacter un des clubs des Pyrénées-Atlantiques. Le but du CODEP 64 est d'accueillir, aider, et accompagner chacun dans la pratique douce du vélo. Ici, pas de compétition mais des moments de partage. Consultez sans plus tarder le calendrier des événements sur le site Internet.

COMITÉ RÉGIONAL CYCLOTOURISME NOUVELLE-AQUITAINE

333, chemin de Fonbarade
CASTELCULIER
✆ 06 03 94 88 77
nouvelle-aquitaine.ffct.org

Le comité régional Nouvelle-Aquitaine regroupe les clubs cyclotouristes des 12 départements de cette grande région. Il compte ainsi plus de 13 600 licenciés répartis dans 356 clubs. Sur le site Internet, vous retrouverez les événements accessibles à tous, organisés par les différents clubs. A vous ensuite de monter sur votre vélo et suivre le groupe pour de beaux moments de partage réunissant des passionnés. Sans être licencié, vous pouvez participer à trois sorties avec le même club.

COMITÉ RÉGIONAL DU TOURISME LIMOUSIN

30, cours Gay-Lussac - **LIMOGES**
✆ 05 56 01 70 00
www.nouvelle-aquitaine-tourisme.com
Ouvert du lundi au jeudi de 8h30 à 12h30 et de 13h30 à 17h30 ; le vendredi de 8h30 à 12h30 et de 13h30 à 16h30.

La région est désormais rattachée à la Nouvelle-Aquitaine mais le Comité régional du tourisme a toujours pour mission de promouvoir le Limousin comme destination de villégiature. Il édite de nombreux documents dans plusieurs langues qui sont de belles brochures avec couverture rigide et papier glacé, conçues comme des carnets de voyage vous ouvrant les portes du Limousin vers ses nombreux trésors. Le CRT s'adresse aux particuliers comme aux professionnels du tourisme.

DETOURS EN LIMOUSIN

www.detours-en-limousin.com

Détours en Limousin est un magazine en ligne dédié aux promenades et aux lieux de curiosité du Limousin : rivières, forêts, monuments, villes, sites de mémoire... Les articles sont classés par thème et par secteur, ce qui rend la navigation facile. C'est un site pour les passionnés de nature, de balade, de découverte, d'histoire et de culture, où vous trouverez de nombreuses idées pour découvrir le Limousin, région riche par la diversité de ses paysages naturels, de son patrimoine historique. On vous y promet de bonnes promenades et de belles découvertes !

DORDOGNE PÉRIGORD TOURISME

25, rue du Président-Wilson
PÉRIGUEUX
✆ 05 53 35 50 24
www.dordogne-perigord-tourisme.fr

Vous trouverez sur le site officiel du Comité Départemental du Tourisme de la Dordogne toutes les offres des prestataires touristiques de la Dordogne (hôteliers, propriétaires-particuliers, offices de tourisme, et autres fournisseurs d'hébergements ou d'activités touristiques) ainsi que les sites touristiques à visiter. De nombreuses idées de circuits thématiques sont proposées : balade à vélo, à la recherche de la truffe, au pays des 1001 châteaux, etc.

RANDONNÉE HAUTE VIENNE

www.randonnee-hautevienne.com

Découvrez le site officiel de la randonnée en Haute-Vienne et Limousin. Ce portail a pour objet de centraliser les informations concernant la randonnée en Haute-Vienne, que ce soit à pied, à vélo ou à cheval. Vous pourrez y trouver les hébergements de randonnée, créer vos itinéraires, localiser les sentiers, obtenir des topoguides et les cartes IGN à télécharger, mais aussi des conseils pratiques et des infos sur les clubs et associations, les actualités, le calendrier des sorties et randonnées... Les cartes interactives sont également disponibles sur l'application.

ECOTOURISME LANDES DE GASCOGNE

www.parc-landes-de-gascogne.fr

Né d'une coopération entre le Parc Naturel régional et le Pays des Landes de Gascogne, ce territoire, constitué de 128 communes, est situé au cœur du massif forestier des Landes, en région Aquitaine, à cheval sur deux départements : Les Landes et la Gironde. Profitez des séjours ECO CYCLO en formules 3 jours/2 nuits, ou itinérances sur 4 à 7 jours ! Des circuits organisés vous sont proposés clés en main, avec des agences qui ont sélectionné les hébergements engagés du territoire.

POITOU-CHARENTES VACANCES

8, rue Riffault
POITIERS
✆ 05 49 50 10 50
www.poitou-charentes-vacances.com

Le Poitou-Charentes, c'est le Marais Poitevin, La Rochelle, Royan, l'île de Ré, Oléron, Cognac, le Futuroscope, l'écotourisme, l'art de vivre, le bien-être... Entre le vert de la campagne et le bleu de l'océan, la région en fait voir de toutes les couleurs aux amoureux de la nature. Qu'ils soient amateurs de balades en barques ou randonneurs affûtés, les prochains « explorateurs » du Poitou-Charentes iront de surprise en surprise. Alors, n'attendez plus pour réserver vos vacances...

VÉLO-CITÉ

16, rue Ausone
BORDEAUX
✆ 05 56 81 63 89
www.velo-cite.org
Ouvert du lundi au vendredi de 9h à 17h.

L'association Vélo-Cité a été créée en 1980 dans le but de promouvoir le vélo au sein de l'agglomération bordelaise. Ses bénévoles participent à de multiples manifestations en ville visant à sensibiliser les Bordelais aux attraits du vélo, comme la journée « En ville sans ma voiture ». Elle se bat aussi pour le respect des aménagements cyclables et l'association est à l'initiative de balades originales à bicyclette à Bordeaux. Surtout, elle participe à la fête du Vélo annuelle, qui a lieu au début du mois de juin, et organise également des ventes de vélos.

Balade à vélo au bassin d'Arcachon.

BASE DE LOISIRS

Plan d'eau de la Roussille
CHÂTELUS-MALVALEIX
✆ 05 55 80 70 31
Ouvert du 1er juillet au 31 aout. CB non acceptée. Baignade surveillée. 8 circuits de différents niveaux.

Cette base de loisirs propose des circuits à faire en famille, mais également des parcours pour les plus confirmés. On y loue les VTT. Un guide, à retirer à la mairie du village, indique l'ensemble des sentiers. Une piste de Pump-track soit 180 m de bosses et de virage pour les vélos, draisiennes, trottinettes et skates a aussi été aménagée. Après l'effort, vous pourrez vous rafraîchir autour de l'étang de la Roussille. On peut pêcher au plan d'eau de la Prugne, juste à côté. Profitez aussi des jeux pour enfants, bar, camping et location de chalets.

BOUCLE DE VINDELLE A VELO

VINDELLE
www.grandangouleme.fr

Le petit bourg de Vindelle ne trompe pas : vous êtes bien en Charente ! Observez bien avant d'en partir l'architecture typique des maisons qui le composent. En partant depuis la baignade de Videlle, vous pédalerez environ deux heures dans un environnement calme et rural, accompagné de vignes et de champs de maïs : vous voilà en plein cœur du beau Pays angoumois. Les balises devraient vous guider sans problème parmi les 3 circuits existants, restez néanmoins alerte sur le trajet.

BOUCLE VÉLO LA VALLÉE DE L'AUTIZE

Place du Château
COULONGES-SUR-L'AUTIZE
✆ 05 49 25 64 11
www.valdegatine.fr
Toute l'année. 42 km (4h), fléchage marron.

Au départ de la place du château Renaissance de Coulonges-sur-l'Autize, vous passez par plusieurs villages et lieux-dits : Saint-Maixent-de-Beugné, le plan d'eau du Puy-Hardy, la fontaine Sainte-Anne, que les femmes venaient boire pour favoriser la lactation. Au centre du pigeonnier de Pouzay, avec ses 2 700 niches, vous admirez un chêne remarquable. Vous terminerez par le pont ferroviaire de la Roche, érigé vers 1867 et désaffecté 100 ans plus tard (ancienne ligne Niort-Angers).

DE CASTILLONNES A CAHUZAC A VELO

Place des Cornières
CASTILLONNÈS
✆ 05 53 36 87 44
www.castillonnestourisme.com

La commune de Castillonnès est le point de départ d'un itinéraire cycliste appelé Circuit des Pruniers d'Ente. Sur 52 km, on y découvre l'histoire et le patrimoine du pays de Dropt. Ce circuit peut être segmenté selon le temps disponible, et effectué dans les deux sens. Une idée : parcourez les 5 km qui séparent Castillonnès de Cahuzac. A l'arrivée, vous pourrez admirer le château de Cahuzac, avant de décider de faire demi-tour, ou de poursuivre le circuit en direction de Lalandusse.

CENTRE VTT

Allée des Marronniers
MONTAGRIER
✆ 05 53 90 13 25
http://vttmontagrier.e-monsite.com
Ouvert toute l'année. Location de VTT pour adulte à partir de 13 € la 1/2 journée, 10 € par enfant.

Haut perché dans le Ribéracois, Montagrier abrite le centre Sports Nature, point de départ de nombreux circuits accessibles et variés. Sa principale activité est le VTT avec des parcours pour débutants et confirmés. Environ 650 km de circuits balisés vous permettront de découvrir de magnifiques points de vue sur le Périgord. Ils sont classés par niveau de difficulté. L'ensemble des parcours est accessible dans un topo-guide, avec la possibilité de télécharger les traces GPX sur le site Montagrier VTT. Autres départs : Saint Astier, Ribérac, Paussac, Mensignac.

CHEMINS DU POITOU SECRET

NIORT
Ouvert toute l'année.

Voici un réseau de circuits de randonnées de plus de 110 kilomètres pour découvrir la région à son rythme. Au programme de nombreux monuments et sites parfois cachés, de magnifiques paysages mais surtout de jolis villages. Pour n'en citer que quelques-uns : Coulon, capitale du Marais Poitevin, les paysages gâtinais du Val de Flore à Soutiers, le Terrier du Fouilloux, point culminant des Deux-Sèvres ou encore le château de la Guyonnière, joyau médiéval. Rendez-vous dans les offices de tourisme de la région pour choisir vos parcours et vous procurer vos cartes !

FÉES DU SPORT

Rue des Remparts-Sainte-Foy
AGEN
✆ 05 53 68 78 60
www.fees-du-sport.com
Horaires selon la saison, consulter le site internet.

Cette association promeut la pratique du vélo comme sport mais également comme moyen d'insertion sociale et professionnelle. Elle permet notamment aux femmes de (re) trouver un chemin vers l'autonomie et le travail. Fées du Sport propose son parc de vélos à la location (adultes, ados, enfants, remorques, tandems…) sous réserve d'adhésion à l'association. Chaque location comprend un kit de réparation et de sécurité avec casque, gilet, antivol, pompe et panier de transport (sur demande). Vous pourrez ainsi partir sereinement à la découverte de la Voie Verte.

GROUPE CYCLO-ROCHELAIS

6, rue Pablo-Neruda - **LA ROCHELLE**
✆ 06 07 79 34 00
www.cyclorochelais.fr
Les circuits ont généralement lieu le mercredi, jeudi et dimanche. Se renseigner sur le site Internet pour les dates.

Plusieurs fois dans le mois, des dizaines de cyclistes s'élancent depuis la gare pour des promenades de 30 km à 100 km. Leur devise : on part ensemble, on rentre ensemble. Solidarité donc et convivialité, car le club offre les trois premières sorties, assurées sans licence, à tout nouvel arrivant. Peu importe le niveau, il faut juste venir avec son vélo (et le casque !), respecter le Code de la route et savoir pédaler. Un certificat médical est obligatoire. Toute l'actualité de l'association et les dates sont à retrouver sur le site Internet.

DE HOSSEGOR À CAPBRETON SUR LA VÉLODYSSÉE

HOSSEGOR
www.lavelodyssee.com

Longue de 1 400 km, la piste cyclable Vélodyssée relie l'Angleterre au Portugal tout en longeant la façade atlantique française. Cette voie offre 162 km de pistes cyclables dans les Landes, aussi accessibles aux piétons et rollers. Il est possible de la segmenter selon le temps disponible et le point de départ. Exemple facile : faire les 5 km séparant Hossegor du port de pêche de Capbreton. Attention cependant à l'afflux de touristes pendant la période estivale…

LE LAC

CHÂTEAUNEUF-LA-FORÊT

Le lac de 12 hectares se trouve à proximité immédiate du bourg, en contrebas. On s'y baigne (sous surveillance) en juillet et en août. Vous pourrez y louer des bateaux à pédales, des canoës-kayaks mais surtout des VTT ! La base VTT du lac est le point de départ de cinq circuits. Le plus difficile est celui du mont Gargan (30 km), le plus facile celui de la Villetelle (5 km). Sur place également se trouvent des courts de tennis, terrain de volley, ping-pong et des jeux pour enfants. De nombreuses animations sont proposées durant l'été. Le cadre est agréable.

LAC DE VASSIVIÈRE ★★

PEYRAT-LE-CHÂTEAU
✆ 05 55 69 76 70
www.lelacdevassiviere.com
Baignade surveillée en juillet et en août. Bateaux navettes et petit train de l'île d'avril à novembre. Randonnées.

Aux confins de la Haute-Vienne et de la Creuse, et à proximité de la Corrèze, le lac de Vassivière est la plus vaste étendue d'eau du Limousin, une véritable mer intérieure. Mille hectares d'eau limpide et cinq sites aménagés pour la baignade, de quoi proposer une large gamme d'activités nautiques, entre bateaux à pédales ou à moteur, canoës, bouées tractées, ski nautique, voile, etc., et l'on peut même passer son permis bateau. Au départ d'Auphelle, on embarque pour une croisière commentée. Pour la pêche, ce sont les carnassiers en général, et les truites en particulier qui peuplent le lac. De nombreux circuits de randonnées sont aménagés autour du lac, dont un qui en fait le tour complet sur 30 km : le Sentier de rives avec des espaces de pique-nique aménagés. Des kilomètres de sentiers balisés sont à retrouver sur le site et l'application « rando-Millevaches ». Pratique, les bateaux-navettes assurent les liaisons entre divers points du lac, et le petit train pour rejoindre l'île où se dresse le phare du Centre international d'Art contemporain et ses belles collections à découvrir. Vous ne manquerez pas non plus les œuvres en plein air, temporaires ou permanentes, du Bois de sculptures, ni la visite du Centre international d'art contemporain que vous pouvez aussi gagner par la passerelle piétonne depuis la presqu'île de Pierrefitte. Il y a de nombreuses animations tout au long de l'été, des villages typiques à découvrir et différents parcours géocaching Tèrra Aventura pour une découverte insolite hors des sentiers battus.

LA LIGNE VERTE

37 km dans le Châtelleraudais, le Lencloîtrais et le Loudunais

LOUDUN

Ouvert toute l'année.

En voilà une bonne idée : reconvertir une ligne de chemin de fer désaffectée datant de 1886 en un charmant circuit de promenade que l'on peut emprunter à pied, à vélo ou à cheval ! Sur le trajet, des pancartes vous renseignent sur les richesses de la flore, du patrimoine et de l'histoire des lieux que vous traversez. Cette ligne verte vous conduira dans les bois de Chăgnerettes en longeant la vallée de l'Envigne, dans la forêt de Boussevais et celle de Savigny puis dans celle de Scévolles, puis jusqu'à Loudun. Des aires de pique-nique sont aménagées.

PÉNINSULE DE MÉDOCAINE SUR LA VÉLODYSSÉE

68, rue de la Plage

SOULAC-SUR-MER

✆ 05 56 09 86 61

www.soulac.com

1h. Facile.

La Vélodyssée (1 400 km) est un parcours cycliste qui relie l'Angleterre au Portugal en longeant la façade atlantique de la France. Elle peut bien sûr être segmentée en différentes étapes, dont celle de la péninsule médocaine. Au départ de Soulac-sur-Mer, une piste cyclable de 8,6 km remonte la péninsule jusqu'à Vernon. De là, vous pourrez faire demi-tour ou embarquer sur une navette pour visiter le phare de Cordouan, haut de 68 mètres, qui surveille l'embouchure de la Gironde.

LA LIMOUSINE CYCLO

www.lalimousinecyclo.com

Chaque année au mois de juin, 1 800 concurrents s'affrontent sur les routes limousines dans le cadre de l'une des plus importantes cyclosportives francaises : la Limousine. La cyclosportive vous propose 3 circuits tracés dans le sud de la Haute-Vienne ; vous empruntez la célèbre route Richard-Cœur-de-Lion, puis traversez le parc régional Limousin-Périgord et découvrez la richesse des paysages limousins. Au-delà de l'hommage rendu au grand champion limousin André Dufraisse, les organisateurs ont souhaité faire de cette épreuve une compétition reconnue.

PÉRIGORD NOIR A VELO

www.perigordnoir.com/velo-et-vtt

En Dordogne, découvrez le Périgord Noir où vous pourrez profiter des multiples chemins ruraux pour les passionnés de vélo, cyclotouristes et cyclosportifs. Venez profiter des plus beaux circuits de la vallée de la Dordogne et de la Vézère, vous découvrirez une multitude de paysages et de reliefs dans une nature préservée. De multiples chemins ruraux sont à votre disposition pour vous adonner au VTT. Des prestataires vous permettent de louer du matériel et vous proposent des circuits guidés. Vous trouverez aussi de nombreuses informations sur le site Internet.

PARC NATUREL RÉGIONAL DES LANDES DE GASCOGNE

www.parc-landes-de-gascogne.fr

Ouvert toute l'année.

Situé à cheval sur les départements des Landes et de la Gironde, dans les Landes de Gascogne, ce parc naturel s'étend du bassin d'Arcachon au sud de la Grande Lande. Il suit les vallées de la Grande et Petite Leyre. Son territoire de 315 000 hectares offre de nombreuses activités : VTT, la Leyre en canoë, kayak sur le bassin d'Arcachon, visite des ports ostréicoles ou encore des domaines de Certes et de Graveyron, sentiers pédestres, randonnées équestres...

PISTE CYCLABLE ROGER LAPÉBIE

CRÉON

Piste cyclable ouverte toute l'année.

Au départ de Bordeaux, cette superbe piste cyclable aménagée de 54 km vous mènera jusqu'à Créon en traversant les beaux paysages de l'Entre-deux-Mers. Les amoureux de nature verront défiler sous leurs yeux, les vignes, les vallons, les petites bastides et tout un tas de monuments romans. Le relief étant très peu prononcé, cette jolie voie verte conviendra à toute la famille, même les sportifs du dimanche. Presque entièrement goudronnée, elle plaira également aux rollers et aux piétons.

PROMENADES A PIED OU VTT

SARE / SARAKOHERRIA

Pour les amateurs, plusieurs itinéraires pédestres et VTT sont possibles : circuit des palombières, de col en col, cross des contrebandiers, la venta noire, les redoutes de Sare... livrés avec explications, schémas et cartes à l'Office de tourisme, un document facile à manipuler et particulièrement bien fait. Par ailleurs, on vous fournira avec plaisir d'autres informations pour que vos sorties VTT, douces ou plus sportives, se déroulent dans les meilleures conditions. Le but : que vous en redemandiez et que vous continuiez à rouler sur l'asphalte ou tout terrain.

RESEAU CYCLABLE DU MARAIS POITEVIN

2, rue Brisson
NIORT
✆ 05 49 24 18 79
www.niortmaraispoitevin.com

Étendu sur trois départements, le Marais poitevin offre aux promeneurs et aux sportifs de bien belles opportunités de sorties, et pour cause : il concentre 500 kilomètres d'itinéraires cyclables jalonnés, dont plus de 50 kilomètres évoluent en site propre. Parmi eux, plus de 35 boucles courtes (de 15 à 50 km) raviront les moins entraînés, tandis que d'autres Vélo-routes, atteignant parfois les 80 km, charmeront davantage les cyclistes aguerris. Lancez-vous à votre rythme.

VALLÉE DU THOUET

1, place du Docteur-Bouchet
SAINT-LOUP-LAMAIRÉ
✆ 05 49 64 85 98
www.valleeduthouet.fr

Cet itinéraire en vallée du Thouet vous permettra de découvrir en toute simplicité et à vélo une nature riche où se conjuguent petits havres de paix, patrimoine bâti et surprises d'une rive à l'autre. De Montreuil-Bellay à Secondigny (Le Beugnon), 120 km de chemins s'offrent à vous, le circuit est jalonné par des bornes en pierre qui vous indiqueront la direction et les distances de la ville la plus proche. Des aires de repos permettent de faire des haltes et de découvrir les lieux. Retrouvez toutes ces informations sur le site Internet de la vallée.

VÉLO SUR LA BOUCLE DE CAMELEBREY

51, route de Daugnague
PISSOS
✆ 05 58 04 41 40
www.pissos.fr

Au départ de Pissos, une boucle de 8,2 km, balisée, rejoint les hameaux de Pignada et Camelebrey. Cette route est une belle introduction aux traditions landaises par ses airials et maisons à colombages qui jalonnent le parcours. À Pissos, observez les souffleurs de verre à l'œuvre dans la Maison des Artisans. Une deuxième boucle de 17 km, au départ de la Maison du Parc, prolonge la balade jusqu'à Escourolles. Les deux chemins sont accessibles aux randonneurs.

VÉLORAIL

Avenue du Plan-d'Eau
BUSSIÈRE-GALANT
✆ 05 55 78 86 12
www.espace-hermeline.com
Horaires variables selon saison.

Une excursion originale à savourer en famille ou entre amis, associant un effort minimal à un plaisir maximal ! Le vélo-rail, un petit engin léger pouvant accueillir jusqu'à 4 personnes, dont 2 conducteurs à l'avant, parcourt une ancienne voie ferrée. A bord de cette machine au charme d'un autre temps, on progresse à son propre rythme le long d'un circuit de 12 km aller-retour, explorant les paysages de la région et des sites autrefois inaccessibles. Il s'agit d'une balade parfaitement adaptée aux familles avec enfants, offrant une belle découverte.

VÉLORAIL DU CHEMIN DE FER CHARENTE-LIMOUSINE

Gare de Confolens
CONFOLENS
✆ 05 45 71 16 64
www.cf-charentelimousine.fr
5 personnes maximum. A partir de 35 €.

Le vélo-rail offre à voir de superbes paysages grâce aux parcours proposés par l'association Chemin de Fer Charente-Limousine. De Confolens à Manot (18 km AR) ou de Roumazières-Loubert à Manot (15 km), vous emprunterez notamment le vertigineux viaduc de Pontarand avant une belle montée, et vous traverserez la Charente depuis le viaduc de Laplaud. De quoi passer un très bon moment en famille et de profiter des fabuleux points de vue des divers paysages charentais.

LA VÉLOROUTE

MONFLANQUIN

Accès libre et gratuit toute l'année.

Document recensant pour les amoureux de la petite reine les circuits vélos de la vallée du Lot. Ce sont au total sur le Lot-et-Garonne près de 90 km entre Aiguillon et Fumel et une trentaine de boucles. Bien sûr ce document se trouve dans tous les offices de tourisme du Pays du Lot. A découvrir : grande boucle monflanquinoise (Monflanquin-Saint-Aubin), circuit du Prince Noir (Monflanquin-Paulhiac), circuit Bernard Palissy (Lacapelle-Biron-Montagnac-sur-Lède). À demander auprès du Comité départemental du tourisme ou à servicedocumentation@tourisme-lotetgaronne.com.

LA VOIE VERTE CANAL DE GARONNE

LE MAS-D'AGENAIS

Accès libre et gratuit toute l'année.

Cette voie verte à effectuer à pied, à vélo ou en rollers, suit le Canal de Garonne et ses berges depuis Toulouse jusqu'à Castets et Castillon en Gironde. Elle emprunte, selon les tronçons, l'une ou l'autre des deux rives. Les ponts, les écluses et leurs maisons typiques, tout comme le passage des bateaux, rendent ce parcours distrayant. Un itinéraire charmant et insolite sous une voûte de platanes qui permet d'apprécier tout du long les petits villages et la gastronomie locale.

VÉLOROUTE, LA VOIE VERTE MAZÈRE - LESCAR

PAU

C'est notamment grâce à l'engagement de l'association Pau à Vélo que ce projet a pu voir le jour. Cette voie verte relie Mazères-Lezons à Lescar avec un itinéraire pour vélo et piétons de 14 km et constitue aujourd'hui un lieu de loisir et de promenade privilégié pour les habitants de l'agglomération paloise. Cette voie fait aussi partie d'un projet plus vaste qui relie dorénavant Perpignan à Bayonne à vélo. Une passerelle sur le Gave de Pau, entre Nay et Igon, a été ouverte.

VOIE VERTE DES HAUTS DE TARDOIRE

CHAMPSAC

✆ 06 26 18 99 23

www.voieverte-enlimousin.com

Location vélos et rollers d'avril à novembre du lundi au vendredi et ouvert 7j/7 en juillet et août.

Aménagée sur l'ancienne voie ferrée reliant Oradour-sur-Vayres à Châlus, cette voie verte de 13 km permet à chacun de cheminer en pleine nature : randonneurs, cyclistes, et personnes à mobilité réduite peuvent emprunter la voie avec plaisir. Le revêtement est excellent, et l'aménagement est très complet : des bancs et des tables pique-nique sont mis à disposition des promeneurs. Dépliant, site Internet, audioguide gratuit, locations de vélos et animations facilitent la visite.

VILLETORTE LOISIRS

30, rue du Pont-Neuf - **LE TEICH**

✆ 05 56 22 66 80

https://villetorteloisirs.com/

Ouvert de mai à fin septembre. Canoë/kayak. Location de vélos. Balades à cheval (uniquement en juillet et août).

En dehors des balades en barque ou canoë proposées par la Maison de la Nature du Bassin d'Arcachon, située à l'entrée du Parc ornithologique, il existe un autre espace dédié aux loisirs de nature et à la famille. Cette base de loisirs a plus de 20 ans d'expérience dans l'accueil du public. Ici (presque) tout est possible : la location de kayak ou de canoë avec deux parcours au choix de 10 ou 20 km, la location de vélos pour partir à la découverte des sentiers du bassin ainsi que des promenades guidées à cheval en forêt et sur le bord de la rivière (compte 1h).

VTT-FFC DES MONTS DE GUÉRET

✆ 05 55 52 14 29

www.gueret-tourisme.fr

Location de VTT en ligne : 8 €/adulte pour la demi-journée, autres tarifs disponibles. Plan des circuits balisés.

Les circuits des Monts de Guéret offrent une multitude d'options, adaptées à tous, que l'on soit seul ou en famille. Que vous soyez novice ou expert, vous pouvez vous aventurer sur près de 700 kilomètres de pistes, emprunter 27 circuits balisés allant de 8 à 140 kilomètres de long, explorer 2 pistes de descente, vous mesurer à un parcours de *four cross* et explorer 4 zones de trial. Les débutants expérimenteront leurs premières sensations sur des pistes d'initiation.

LA BICYCLETTE VERTE

36, route de Saint-Hilaire
ARÇAIS
✆ 05 49 35 42 56
www.bicyclette-verte.fr
Horaires et tarifs sur le site internet.

Située à Arçais, la Bicyclette verte vous propose de découvrir le Marais poitevin en sillonnant les chemins de traverse (domaine cyclable de plus de 300 km). La location peut être à l'heure ou à la semaine : autrement dit, vous gérez votre temps de rando cycliste comme vous voulez, puisque les tarifs varient selon la durée de la promenade. Les vélos sont des VTT, des VTC, des vélos à assistance électrique, tous en excellent état, avec possibilité de mettre une remorque ou un siège enfant. Sachez qu'il existe aussi une formule qui cumule vélo, barque et auberge.

BIKE BUS

Voie Verte - **CASTELNAUD-LA-CHAPELLE**
✆ 05 53 31 10 61
www.bike-bus.com
De mai à sept. Location pour adulte dès 25 € la journée et 150 € la semaine, enfants de 20 € / jour à 80 € la semaine.

Basé en Périgord Noir, près de la vallée Dordogne à Castelnaud, ce spécialiste des vacances à vélo propose une découverte du Périgord par les sentiers insolites en VTC, VTT, Tandem-Enfant, Tabalong, Babycarrier ou vélo électrique. Selon votre besoin, la livraison s'effectue à l'endroit préféré autour de Castelnaud, ou Beynac, Vitrac, Carsac, Sarlat, Saint-Cyprien... Pour une journée, on vous fournit casques, kit de réparation, pompe, antivol, cartes d'itinéraire, et sacoches pour le déjeuner emballé, un bidon et un vélo ou deux. Réservation en ligne obligatoire.

LA BOITE À VÉLO

14, avenue Pasteur - **GUÉRET**
✆ 09 74 56 55 05
www.laboiteavelos.fr
Ouvert du mardi au vendredi de 9h à 12h et de 14h à 18h30 ; le samedi de 9h à 12h et de 14h à 18h.

Ce magasin, situé au cœur de Guéret, vous propose un large choix de vélos et d'accessoires ainsi qu'une sélection des plus grandes marques de vélos, VTT, BMX, Route, électrique. N'hésitez pas à vous laisser guider par des passionnés capables de vous conseiller sur toute leur gamme de vélos. Quel que soit votre style et votre niveau, il y a pour tous les goûts et portes-monnaies. Ils proposent également l'entretien et la réparation de vos vélos (hommes, femmes et enfants). Petit plus : il est possible de tester son vélo avant tout achat.

BOUTIQUE LE VÉLO PAR TBM

69, cours Pasteur - **BORDEAUX**
✆ 09 69 39 03 03
www.infotbm.com
Ouvert du lundi au samedi de 9h à 19h.

Le *Vélo par TBM*, c'est la nouvelle offre vélo sur mesure pour tous les cyclistes de la métropole : location longue durée, prêt gratuit pour les habitants des communes de la métropole, vélos en libre-service accessibles à tous et 24h/7j... Et des solutions pour stationner son vélo personnel au plus près de chez soi ou en connexion avec le réseau TBM bien sûr ! Besoin d'informations ? Contactez *Allo Le Vélo* ou rendez-vous sur le site www.infotbm.com. Sinon, vous pouvez d'ores et déjà vous rendre dans l'une des boutiques « Le vélo par TBM ».

CAP SUR LE VÉLO

52, boulevard du Grand Cerf
POITIERS
✆ 05 49 52 36 36
Ouvert du lundi au vendredi de 8h30 à 12h et de 13h15 à 17h30. Autre point de location sur le campus.

Pour ceux qui n'ont que leurs jambes pour avancer, Grand Poitiers met à disposition des vélos classiques, à assistance électrique, pliants et cargos. Un bon plan particulièrement appréciable pour les courts trajets quotidiens, vers le travail, le campus, le marché... La location de ces deux-roues bénéficie de tarifs convaincants : à la journée, à la semaine ou au mois, en fonction de vos revenus. Pour en disposer, prévoyez une pièce d'identité, un RIB, un justificatif de domicile et les justificatifs de votre situation. N'ayez plus peur d'user les pistes cyclables !

COCCI'VÉLOS

47, avenue du Maréchal de Lattre-de-Tassigny
GUJAN-MESTRAS
✆ 05 56 54 17 36
www.coccivelos.bike
Ouvert d'avril à octobre, consulter les horaires sur le Site Internet. Location de vélos.

Du côté de la Hume, à deux pas de l'office de tourisme et de la gare, connecté au réseau des pistes cyclables, Cocci'Vélos est pour le moins bien placé. Plusieurs tarifs et formules existent. Location de VTC, VTT, vélos électriques, tandems, suiveurs et remorques enfants : vous pourrez emmener toute votre petite famille en escapade ! Pour plus de tranquillité et parce qu'après l'effort vous aurez bien mérité le réconfort, choisissez les forfaits vélo avec pique-nique ou même dégustation d'huîtres. Cocci'Vélos propose également ses services de réparation.

COOL BIKE

77, quai des Chartrons
BORDEAUX
✆ 05 33 48 13 86
www.cool-bike.fr
Ouvert du mardi au samedi de 10h à 19h. Location vélo à partir de 10 €/jour. Réparations.

Qualifiée comme l'une des villes les plus « vélo friendly » de France, Bordeaux offre de beaux parcours à bicyclette. Pour vos balades en famille, on conseille *Cool Bike*, qui propose un large choix de vélos : enfant, adulte, tandem, remorque, vélo suiveur… Magasin de réparation et de personnalisation, *Cool Bike* propose aussi la location de vélos (y compris électriques) pour une journée, un week-end ou une semaine, ainsi que la vente d'accessoires. Côté atelier, vous pourrez bénéficier d'un service express et de différentes prestations à prix correct.

CULTURE VELO

2, rue Léon-Serpollet - **LIMOGES**
✆ 05 55 06 20 70
www.culturevelo.com
Ouvert du mardi au jeudi de 9h30 à 13h et de 14h à 19h ; le vendredi de 9h30 à 19h ; le samedi de 9h30 à 18h.

L'éventail des prix est large, du vélo de loisirs en entrée de gamme jusqu'à celui à plusieurs milliers d'euros pour les vélos de passionnés. Lapierre, Scott, Giant, Cannondale figurent parmi les marques au catalogue. Les accessoires indispensables et aux meilleurs prix sont réunis dans une vitrine « Prix Etoiles ». Culture Vélo commercialise aussi des modèles d'occasion qui sont révisés sur place par l'atelier. La boutique est très impliquée dans la vie sportive locale : elle parraine des courses cyclistes, ainsi que des clubs comme l'UV Limousine.

CYCLAIX LOCATION DE VELOS

Rue Marengo
ILE-D'AIX
✆ 09 66 85 58 23
www.cyclaix.com
Ouvert du 1er avril au 5 novembre. Basse saison : ouvert du mardi au dimanche. Haute saison : tous les jours.

Sur l'île d'Aix, pas question de circuler en voiture ! Pour profiter pleinement de votre journée, optez pour le vélo. S'il est possible d'embarquer avec le vôtre sur le bateau, vous pouvez également en louer un chez Cyclaix, qui se trouve au centre du village. Toute la famille trouvera le vélo qui lui convient : hollandais, VTT, de plage, BMX, pour enfant, tandem, et même des remorques pour transporter vos enfants. Futé, de nombreux accessoires sont disponibles : panier, casque, etc.

CYCLES BROGNIEZ

262, avenue du 14 Juillet
BISCARROSSE
✆ 05 58 78 13 76
Ouvert du mardi au samedi de 9h à 12h30 et de 15h à 19h.

Située en plein centre-ville de Biscarosse, la boutique les Cycles Brogniez vous accueille toute l'année. Vous y trouverez un large choix de vélos à la vente comme à la location (urbain, VTT, VTC, à assistance électrique, enfant) ainsi que de nombreux accessoires. De nombreuses grandes marques sont présentes, en particulier Giant dont l'équipe est une incontournable spécialiste ! La boutique abrite également un atelier pour vélo où vous pourrez amener votre deux-roues pour d'éventuelles réparations ou le montage de vos accessoires.

CYCLES DEMION

Rue du Puits-Neuf - **LE GRAND-VILLAGE-PLAGE**
✆ 05 46 47 59 64
www.cyclesdemion.fr
Ouvert avril à novembre 7j/7. 3 Boutiques sur l'île d'Oléron : Saint-Trojan-Les-Bains, Grand Village Plage, Le Château.

C'est l'une des trois boutiques d'une entreprise familiale que l'on ne présente plus ! Que ce soit ici au Grand-Village, au Château ou à Saint-Trojan-les-Bains, vous serez assurés de trouver des vélos de qualité et un accueil chaleureux. Fort de son expérience, ce loueur vous donnera tous les renseignements nécessaires afin de trouver le vélo le plus adapté à vos besoins. Du vélo enfant au vélo cargo électrique, de nombreux modèles sont disponibles. Tous offrent un confort agréable. Surtout, vous bénéficiez d'une assistance en cas de problème.

CYCLES DEMION

Quai Antony Dubois - **SAINT-TROJAN-LES-BAINS**
✆ 05 46 76 02 63
https://www.cyclesdemion.fr
3 magasins de location sur l'île d'Oléron. Réservation en ligne. Tarifs de 2 h à 7 jrs. Equipements et accessoires.

Cycles Demion est un loueur de vélos historique de l'île. Créée il y a 75 ans, cette entreprise familiale permet à tous ceux qui visitent l'île de bénéficier de vélos de qualité. À deux pas du centre du village, la boutique vous charmera par son large choix de vélos et par l'accueil chaleureux de l'équipe. Ces passionnés vous conseilleront de la meilleure des manières, du choix du vélo à celui de l'itinéraire. Du vélo enfant au Gravel en passant par l'inévitable électrique, vous trouverez facilement une monture. Futée, 100 km de pistes cyclables vous attendent !

CYCLES MARIANI

27, avenue Docteur-Nancel-Pénard - **PESSAC**
✆ 05 56 45 25 20
www.velo-scoot-pessac.com
Ouvert du mardi au vendredi de 8h30 à 12h et de 13h30 à 18h ; le samedi de 10h à 12h et de 13h30 à 17h.

Les cycles Mariani sont de réels spécialistes du deux-roues : ils vous accueillent pour vous présenter une large gamme de neufs et d'occasion : vélos Gitane, Bianchi, vélo de ville, vélos électriques mais aussi des scooters. Un atelier vélo et scooter assure la réparation ou l'entretien. Vous trouverez un stock important de pièces détachées d'occasions et neuves et ainsi qu'un show-room dans lequel vous pourrez essayer les derniers modèles. Un service de location de vélo est également proposé. Simple et rapide : 1 heure = 1 € !

CYCLO PARC

Avenue de la Monnaie - **LA ROCHELLE**
✆ 05 46 07 25 06
www.cycloparc.com
Horaires selon les saisons, consulter le site Internet pour le détail et les tarifs.

Pour sillonner la côte rocheloise à vélo, rendez-vous chez ce loueur. L'accueil est ici toujours chaleureux et les conseils pertinents. Laissez-vous guider par un personnel qui vous donnera tous les informations nécessaires pour passer un joli moment à vélo. Le choix est large : du fameux VTC au look sympa pour une balade urbaine, au VTT pour les chemins côtiers en passant par l'inévitable vélo électrique pour se rendre sur l'île de Ré. Futé, Cyclo Parc propose également de piloter une Rosalie, un drôle d'engin coloré qui ne manquera pas de séduire les enfants !

CYCLO-SURF

16, avenue d'Antioche et 23 bis avenue du Mail
LA COUARDE-SUR-MER
✆ 05 46 29 92 78
www.cyclo-surf.com
Ouvert tous les jours de 9h30 à 12h30 et de 14h à 18h30.

Avec ses venelles fleuries et de sa plage de sable fin, le village de la Couarde est le lieu parfait pour la pratique du vélo. Nous vous conseillons de vous rendre dans l'une des deux agences de ce loueur de vélo bien connu des voyageurs ! Facilement accessibles, ces deux points de location offrent un accueil agréable. L'occasion de partir en balade sur l'un des vélos disponibles à la location : VTT pour des sentiers de découverte, Eco pour ceux qui ont un petit budget ou Electrique pour pédaler sans effort. Il est possible de réserver directement en ligne.

DINGOVELOS

1, rue Grenier - **ARCACHON**
✆ 05 56 83 44 09
www.dingovelos.bike
Ouvert du 1er avril au 11 novembre. Du lundi au vendredi de 10h30 à 18h30 ; le week-end de 9h30 à 18h30.

Si vous entendez le fameux klaxon de la rosalie, c'est que les beaux jours arrivent. La rosalie, c'est cette petite voiture à pédales qui vous permet de transporter toute votre famille et dont Dingovelos s'est fait une spécialité. Plus de 150 vélos sont à louer : VTT/VTC, des vélos de villes, mais aussi des remorques, des vélos électriques et girafe (accessoires fournis). Les vélos peuvent être livrés à domicile. On vous y propose même des circuits avec toutes les informations nécessaires pour ne pas transformer une balade familiale en épreuve de force !

ECOCYCLE MÉRIGNAC

36, avenue Aristide-Briand - **MÉRIGNAC**
✆ 05 56 96 07 50
www.velo-occasion.com
Ouvert du mardi au vendredi de 8h30 à 19h ; le samedi de 8h30 à 18h. Réparation. Rachat. Location. Livraison.

Ici, rien ne se perd, tout se transforme ! Vous trouverez ici, et en permanence, plus d'une centaine de vélos pour hommes, femmes et enfants. Et de toutes catégories, y compris à assistance électrique, avec une préférence, avouons-le, pour les vélos hollandais ou vintage ! Ces derniers datent des années 70 et les propriétaires du magasin conseillent à ceux qui en ont de les garder. En effet, ils sont résistants et réparables puisqu'on trouve toujours les pièces détachées. Chez *Ecocycle*, quelques solex sont aussi à la vente et proposés en location.

FUN BIKE

109, avenue de Maubuisson - **CARCANS**
✆ 05 56 82 96 74
www.funbike.fr
Ouvert d'avril à la Toussaint. Jusqu'en décembre sur réservation. Vélo adulte à partir de 15 €/jour. Enfant 13 €/jour.

VTT, VTC, vélos et remorques pour enfant, coques bébé, tandem, vélos électriques... Vous allez pouvoir parcourir les pistes cyclables seul, à deux, entre amis ou en famille. Fun Bike a tout prévu, François et Christophe, les deux gérants, ont plus de 800 vélos à louer et tout est compris (antivol, panier et casque). Le magasin peut même accueillir des groupes. L'équipe connaît la forêt des Landes girondines et vous guide pour des balades mémorables. Fun Bike fait aussi la vente, la réparation et l'entretien de vos vélos. Réservation possible sur le site.

L'ATELIER VÉLO BY FUNBIKE

6, place du Sauvignon
PAUILLAC
✆ 05 56 09 76 62
www.funbike.fr

Ouvert tlj d'avril à octobre. Le reste de l'année sur réservation. Adulte : 17 €/jour. Enfant : 12 €/jour.

Visiter les vignobles du Médoc à vélo, à deux, entre amis ou en famille ? C'est toujours une bonne idée. Pour un après-midi dans les vignes ou pour la journée, rien de plus simple ! Rendez-vous au village de Bages, louez, pédalez et vibrez ! C'est d'ailleurs la devise de l'atelier du vélo by Fun Bike (le spécialiste de vélo de Carcans-Maubuisson). Ici, on loue vélos classiques ou électriques, tandems et vélos enfants. Ils vendent aussi des accessoires et s'occupent des réparations.

LA STATION VÉLO

60, boulevard Victor Hugo - **CRÉON**
✆ 05 57 34 30 95
www.station-velo-creon.fr

De mars à octobre. Location à la demi-journée à partir de 10 € pour un vélo adulte. Ateliers. Tourisme & Handicap.

Pour vos petites et grandes expéditions cyclo, la Station Vélo de Créons vous propose plusieurs vélos à la location. Il y a des VTC bien sûr, des vélos électriques, des tandems, des tricycles et même des vélos cargos électriques pour les adultes ainsi que des handbikes. Pour les sorties en famille, les enfants trouveront des équipements à leur taille et vous aurez même la possibilité d'ajouter un siège bébé ou une remorque. Les cadenas, casques et paniers sont offerts. Possible de louer à la demi-journée (4h), la journée, deux jours ou pour une semaine complète !

LOISIRS BOULEVARD

543, boulevard d'Arcachon - **BISCARROSSE**
✆ 05 58 78 33 63
www.location-velos-biscarrosse.com

Ouvert tous les jours d'avril à fin octobre de 9h45 à 13h et de 14h à 19h (hors période sur rdv). Tarifs en ligne.

Chez ce spécialiste du vélo, vous n'aurez que l'embarras du choix : VTC, VTT, e-bike, cruiser californien, tandem, vélo pour enfant, remorque et siège... *Loisirs Boulevard* assure aussi la vente et la réparation de vos deux-roues. Autres points de location : camping Campéole *Le Vivier* (Biscarosse-Plage), camping *Le Bimbo* (Biscarosse-Lac), résidence Pierre et Vacances *Domaine de Gascogne* et Port Navarrosse (Biscarosse-Lac). Et dans les résidences et hôtels partenaires ! Réservation en ligne et possibilité de livraison du matériel sur votre lieu de séjour. Malin !

VÉLO 4U

3, rue Georges Leclanché - **POITIERS**
✆ 05 16 83 41 60
www.velo4u.fr

Ouvert du mardi au vendredi de 9h à 12h et de 14h à 19h ; le samedi de 9h à 12h et de 14h à 18h. Atelier de réparation.

Vélo 4U, entendez « Vélo for you », est un spécialiste du vélo à assistance électrique. Ancien électronicien passionné par les cycles, il allait de soi que Cyril Hivert se lance dans l'affaire pour vous aider à faire le bon choix entre toutes les marques : O2 Feel, Granville et Trek. Le conseil est avisé. Ici, on répond aux exigences des cyclistes à la recherche de matériel fiable et de qualité. En plus, avant d'acheter, vous pouvez essayer ! Le magasin dispose d'un atelier de réparation et d'un service de location de vélos électriques au mois.

NOMADE

4, avenue Plantey - **LACANAU**
✆ 05 56 03 06 99
www.location-velo.org

Ouvert de Pâques à la Toussaint. Location vélo : 10 € la demi-journée et 12 € la journée - Enfant : 10 € la journée.

La commune de Lacanau est aujourd'hui reconnue comme l'un des territoires les mieux dotés en pistes cyclables et Nomade est le meilleur ami de vos vacances. Située en plein centre de Lacanau-Océan, cette jolie boutique aux couleurs vives propose des locations de Beach Cruiser, VTC, VTT, vélos enfants et suiveurs, vélos électriques ou carrioles. A la vente, de nombreux accessoires indispensables aux cyclistes avertis, mais aussi des vélos d'occasion... Thierry se fera un plaisir de vous concocter un programme sportif ou détente pour découvrir la région !

WOODEE BIKES

Quai de la Pêcherie - Horizons II - **CAPBRETON**
✆ 06 77 96 84 47
www.woodeebikes.com

Location du lundi au samedi de 9h à 13h et de 14h30 à 18h. Dès 20 € pour 2h de location.

Woodee Bikes est le pionnier français du Fat bike type beach cruiser à assistance électrique. Conçue et développée à Hossegor, la gamme Woodee allie confort, design et performance avec l'une des plus puissantes motorisations homologuées du marché. Avec ses plaques en bois originales sur le cadre, Woodee illustre parfaitement le lifestyle dont s'inspire la marque : la beach culture, les sports de glisse et la nature. La gamme convient à tous les profils et toutes les surfaces (sable, neige, chemins, routes...). Les modèles sont proposés à la vente et à la location.

OCCITANIE

L'Occitanie compte treize départements et déploie ses trésors naturels et patrimoniaux au gré de ses montagnes, les Pyrénées, qui dessinent la frontière entre la France et l'Espagne. Depuis son littoral qui court sur plus de 200 kilomètres, de la Camargue au golfe du Lion et dans ses terres qui abritent des villes et villages dynamiques, authentiques et accueillants, ce vaste territoire comporte de multiples trésors à découvrir et des incontournables à visiter. Ne manquez pas les gorges du Tarn, la Petite Camargue, la vallée de la Dordogne ou les Cévennes pour vous évader au cœur d'une nature généreuse et préservée. Perdez-vous dans les rues authentiques des villes de Toulouse, Montpellier ou encore Nîmes. Plongez dans l'histoire en visitant la cité de Carcassonne, le site du pont du Gard ou la fabuleuse cité épiscopale d'Albi. Les activités ne manquent pas et l'évasion est au rendez-vous en Occitanie !

AU CŒUR DES CAUSSES DU QUERCY (LOT)

- **Itinéraire :** Au cœur des Causses du Quercy.
- **Total :** 48,2 km.
- **Durée :** de 2 heures 30 à 5 heures, entre 20 et 10 km/h
- **Difficulté :** facile à moyen. Petites routes de campagne vallonnées et tranquilles.

LIEUX	Km partiel	Km cumul	Routes
MARCILHAC-SUR-CÉLÉ	0	0	D41
SAULIAC-SUR-CÉLÉ	6,5	6,5	D41
CABRERETS	8,5	15	D41
CRÉGOLS	10,5	25,5	D41, D662, D181, D8
CALVIGNAC	9,5	35	D8
MAS DE LA BORIE	9	44	D143
MARCILHAC-SUR-CÉLÉ	8	52	D82, Saint-Chels, D17

CURIOS - ADOBESTOCK

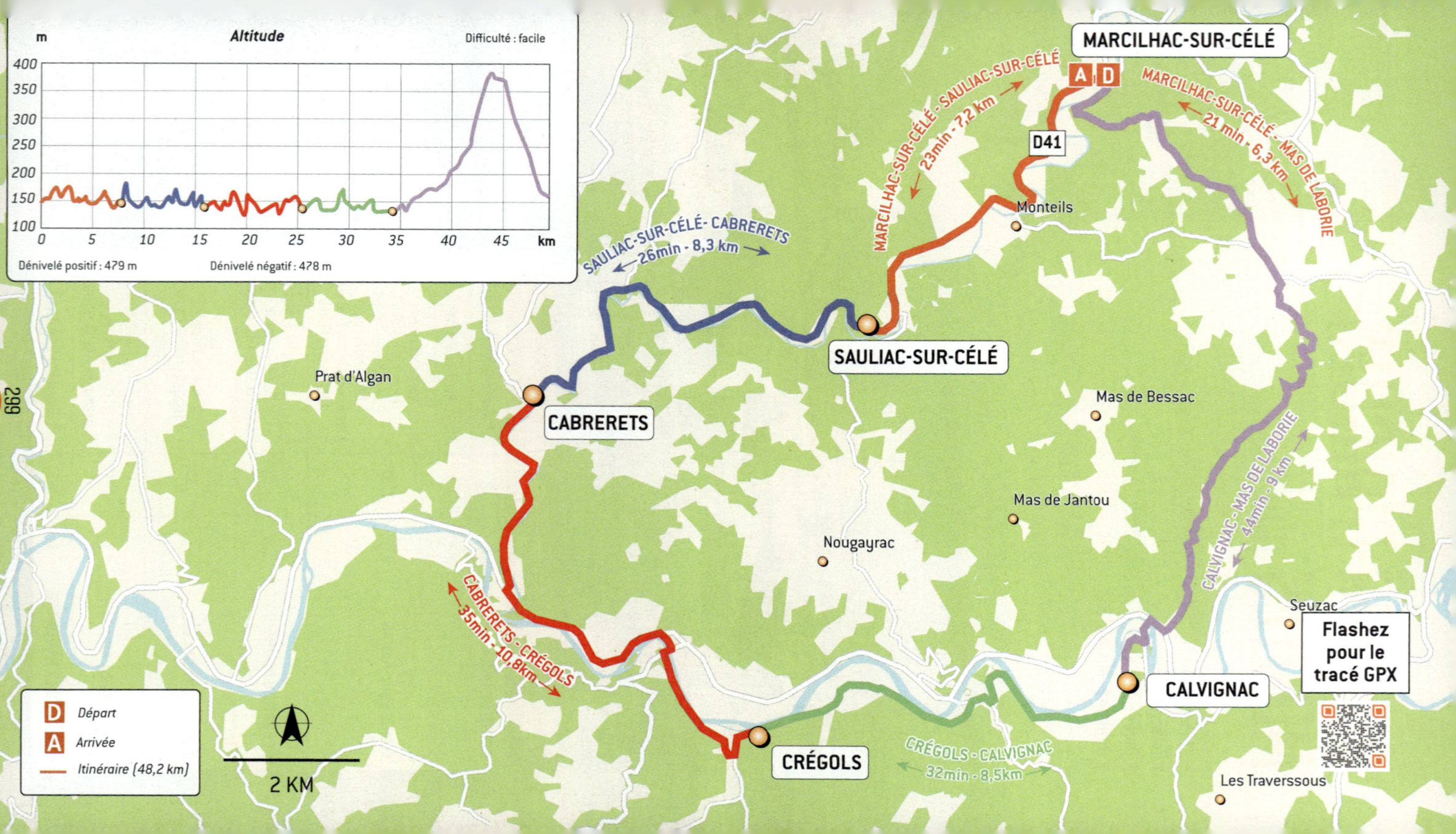

Altitude
m
Difficulté : facile
400
350
300
250
200
150
100
0
5
10
15
20
25
30
35
40
45
km
Dénivelé positif : 479 m
Dénivelé négatif : 478 m
MARCILHAC-SUR-CÉLÉ
A
D
MARCILHAC-SUR-CÉLÉ - SAULIAC-SUR-CÉLÉ
23min - 7,2 km
MARCILHAC-SUR-CÉLÉ - MAS DE LABORIE
21 min - 6,3 km
D41
Monteils
SAULIAC-SUR-CÉLÉ- CABRERETS
26min - 8,3 km
SAULIAC-SUR-CÉLÉ
Prat d'Algan
CABRERETS
Mas de Bessac
Mas de Jantou
Nougayrac
CALVIGNAC - MAS DE LABORIE
44min - 9 km
CABRERETS - CRÉGOLS
35min - 10,8km
Seuzac
Flashez pour le tracé GPX
CALVIGNAC
CRÉGOLS
CRÉGOLS - CALVIGNAC
32min - 8,5km
Les Traverssous
Départ
Arrivée
Itinéraire (48,2 km)
2 KM

AUTOUR D'AIGUES-MORTES (GARD)

- **Itinéraire :** Autour d'Aigues-Mortes.
- **Total :** 16,4 km.
- **Durée :** de 1 à 2 heures, entre 20 et 10 km/h.
- **Difficulté :** aucune. Plat.

LIEUX	Km partiel	Km cumul	Routes
PORTE DE LA GARDETTE	0	0	Grand-Rue Jean-Jaurès
PLACE SAINT-LOUIS	0,150	0,150	Rue Emile-Jamais Rue Roger-Salengro Boulevard Diderot Faubourg National Rue Alphonse-Daudet Chemin de la Pinède A droite vers chemin de la Pinède Chemin de la Pinède
ÉCLUSE DU BOURGIDOU	1,85	2	Passage à proximité du Mas Solan Rue de la Pinède Avenue de la Tour-de-Constance
TOUR DE CONSTANCE	5,5	7,5	D718 Rue du Vidourle Passage à proximité du Mas Reboul
MAS DE QUINCANDON	5	12,5	D718 D979 Avenue Tour-de-Constance
PORTE DE LA GARDETTE	4	16,5	Grand-Rue Jean-Jaurès

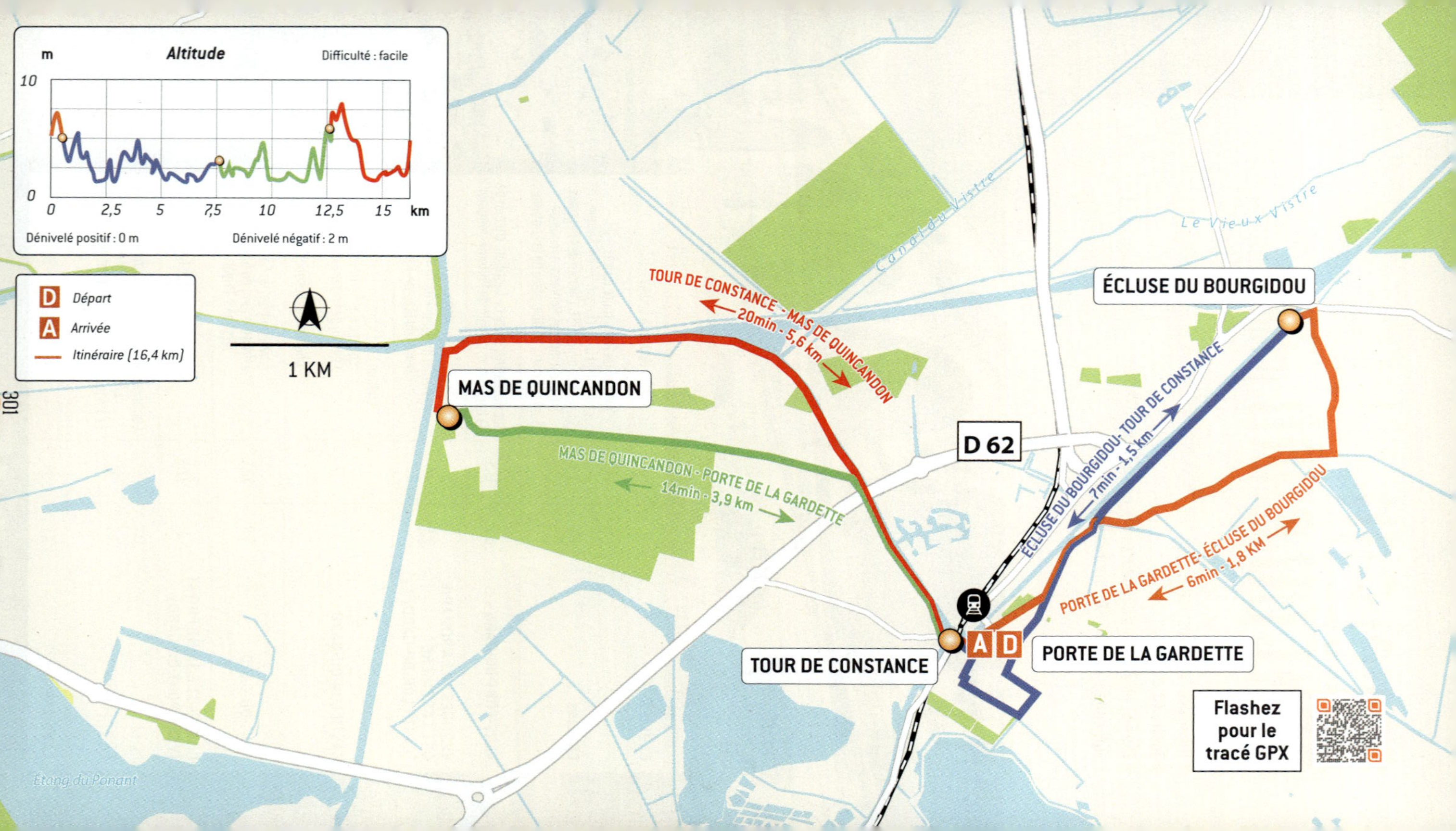
m
Altitude
Difficulté : facile
10
0
0
2,5
5
7,5
10
12,5
15
km
Dénivelé positif : 0 m
Dénivelé négatif : 2 m
D Départ
A Arrivée
Itinéraire (16,4 km)
1 KM
MAS DE QUINCANDON
TOUR DE CONSTANCE - MAS DE QUINCANDON
20min - 5,6 km
MAS DE QUINCANDON - PORTE DE LA GARDETTE
14min - 3,9 km
Canal du Vistre
Le Vieux Vistre
ÉCLUSE DU BOURGIDOU
D 62
ÉCLUSE DU BOURGIDOU - TOUR DE CONSTANCE
7min - 1,5 km
PORTE DE LA GARDETTE - ÉCLUSE DU BOURGIDOU
6min - 1,8 KM
TOUR DE CONSTANCE
A D
PORTE DE LA GARDETTE
Étang du Ponant
Flashez pour le tracé GPX

BOUCLE DU PONT DU GARD (GARD)

- **Itinéraire :** Boucle du pont du Gard.
- **Total :** 44,4 km
- **Durée :** de 2 heures à 3 heures 50, entre 20 et 10 km/h.
- **Difficulté :** Plutôt facile, routes vallonnées.

LIEUX	Km partiel	Km cumul	Routes
CABRIÈRES	0	0	Route de Collias – D3
COLLIAS	7,3	7,3	Avenue du Pont, route d'Uzès – D3 –, chemin du Grès, chemin Veille-Barque, croisement avec D981, Chemin des Bégudes, D112, chemin des Ronland, avenue de Santa-Vittoria-d'Alba, place de la Fontaine
VERS-PONT-DU-GARD	6,2	13,5	Rue du Marché, route de Castillon, chemin de la Cariérrasse, chemin du Puits-de-Jonquier
VESTIGES VILLA ROMAINE DE LA GRAMIÈRE (CASTILLON-DU-GARD)	2,5	16	D192 Chemin de Saint-Hilaire – D228 – Chemin du Mas-de-Raffin
CASTILLON-DU-GARD	1	17	Chemin Neuf, chemin de Pizouroux, chemin des Perrières Chemin de Fontgrasse D19 Chemin des Bosquets
PONT-DU-GARD	3,5	20,5	Traverser pont du Gard 1re à droite le long du Gardon Vers Saint-Privat
CHÂTEAU DE SAINT-PRIVAT (VERS-PONT-DU-GARD)	2	22,5	Retour vers pont du Gard
PONT-DU-GARD	3,5	26	Continuer sur même rive, chemin à gauche – 270 m avant rond-point Lafoux – Passage à proximité du circuit automobile de Lédenon
CABRIÈRES	13	39	Route de Collias – D3

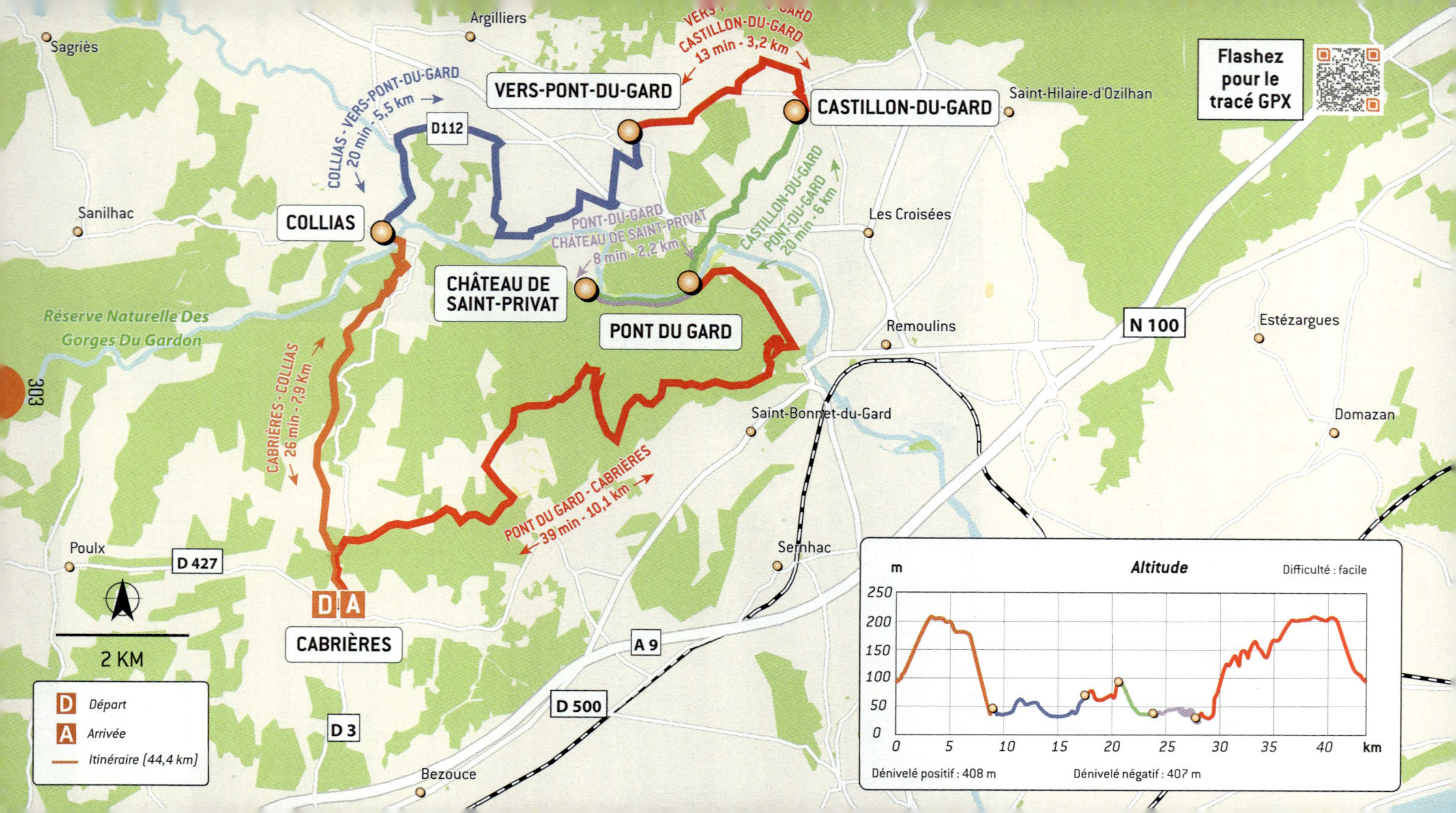
Flashez pour le tracé GPX
VERS-PONT-DU-GARD
CASTILLON-DU-GARD
COLLIAS
CHÂTEAU DE SAINT-PRIVAT
PONT DU GARD
CABRIÈRES
CASTILLON-DU-GARD
13 min - 3,2 km
COLLIAS - VERS-PONT-DU-GARD
20 min - 5,5 km
PONT-DU-GARD
CHÂTEAU DE SAINT-PRIVAT
8 min - 2,2 km
CASTILLON-DU-GARD
PONT-DU-GARD
20 min - 6 km
CABRIÈRES - COLLIAS
26 min - 7,9 Km
PONT DU GARD - CABRIÈRES
39 min - 10,1 km
Argilliers
Sagriès
Sanilhac
Saint-Hilaire-d'Ozilhan
Les Croisées
Remoulins
Saint-Bonnet-du-Gard
Sernhac
Estézargues
Domazan
Poulx
Bezouce
Réserve Naturelle Des Gorges Du Gardon
D112
N 100
D 427
A 9
D 500
D 3
2 KM
D Départ
A Arrivée
Itinéraire (44,4 km)
Altitude
Difficulté : facile
m
250
200
150
100
50
0
0 5 10 15 20 25 30 35 40 km
Dénivelé positif : 408 m
Dénivelé négatif : 407 m

COMTÉ DE COMMINGES ENTRE FRANCE ET ARAGON (HAUTE-GARONNE)

- **Itinéraire :** Comté de Comminges entre France et Aragon.
- **Total :** 58,7 km.
- **Durée :** de 3 à 6 heures, entre 20 et 10 km/h.
- **Difficulté :** Intermédiaire à difficile. Routes tranquilles et vallonnées dont une ascension.

© PHOVOIR

LIEUX	Km partiel	Km cumul	Routes
SAINT-GAUDENS	0	0	D5
ASPRET-SARRAT	8	8	D5 D8 D39
IZAUT-DE-L'HÔTEL	7,5	15,5	D39 D34
CAZAUNOUS	5,5	21	D39
SAINT-PÉ-D'ADRET	12	33	D618 D9
SAUVETERRE-DE-COMMINGES	7	40	D9
BARABZAN	4,5	44,5	D26
LABARTHE-RIVIÈRE	7,5	52	D33
SAINT-GAUDENS	6	58	D33 D8 D21

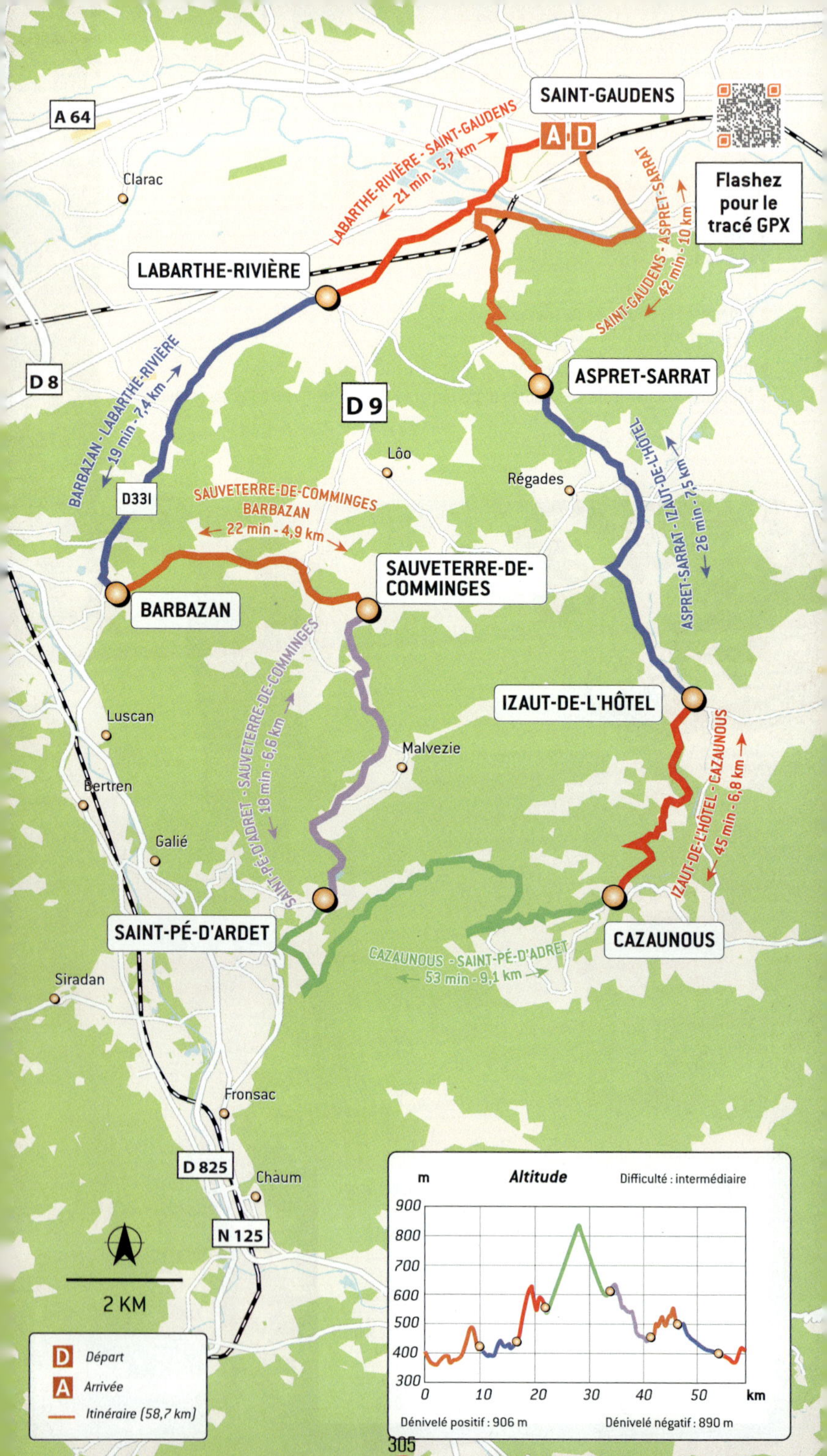
SAINT-GAUDENS
A D
Flashez pour le tracé GPX
A 64
Clarac
LABARTHE-RIVIÈRE - SAINT-GAUDENS ← 21 min - 5,7 km →
SAINT-GAUDENS - ASPRET-SARRAT ← 42 min - 10 km →
LABARTHE-RIVIÈRE
D 8
D 9
ASPRET-SARRAT
BARBAZAN - LABARTHE-RIVIÈRE ← 19 min - 7,4 km →
Lôo
Régades
D33I
SAUVETERRE-DE-COMMINGES
BARBAZAN
← 22 min - 4,9 km →
ASPRET-SARRAT - IZAUT-DE-L'HÔTEL ← 26 min - 7,5 km →
SAUVETERRE-DE-COMMINGES
BARBAZAN
SAINT-PÉ-D'ARDET - SAUVETERRE-DE-COMMINGES ← 18 min - 6,6 km →
IZAUT-DE-L'HÔTEL
Luscan
Malvezie
Bertren
Galié
IZAUT-DE-L'HÔTEL - CAZAUNOUS ← 45 min - 6,8 km →
SAINT-PÉ-D'ARDET
CAZAUNOUS
CAZAUNOUS - SAINT-PÉ-D'ADRET ← 53 min - 9,1 km →
Siradan
Fronsac
D 825
Chaum
N 125
2 KM
D Départ
A Arrivée
Itinéraire (58,7 km)
m
Altitude
Difficulté : intermédiaire
900
800
700
600
500
400
300
0
10
20
30
40
50
km
Dénivelé positif : 906 m
Dénivelé négatif : 890 m

LA DÉCOUVERTE DES GRANDES CAUSSES

(AVEYRON)

- **Itinéraire :** La découverte des Grandes Causses
- **Total :** 66,7 km.
- **Durée :** de 3 heures 30 à 6 heures 30, entre 20 et 10 km/h.
- **Difficulté :** moyen à difficile. Routes départementales avec dénivelé dans les gorges.

© EXODAMS - ADOBESTOCK

LIEUX	Km partiel	Km cumul	Routes
MILLAU	0	0	Avenue de l'Aigoual
LA ROQUE-SAINTE-MARGUERITE	13	13	D991
VEYREAU	14	27	D41 D584
LE ROZIER-PEYRELEAU	13	40	Direction Le Maynial D996
MILLAU	26	66	D29 D110

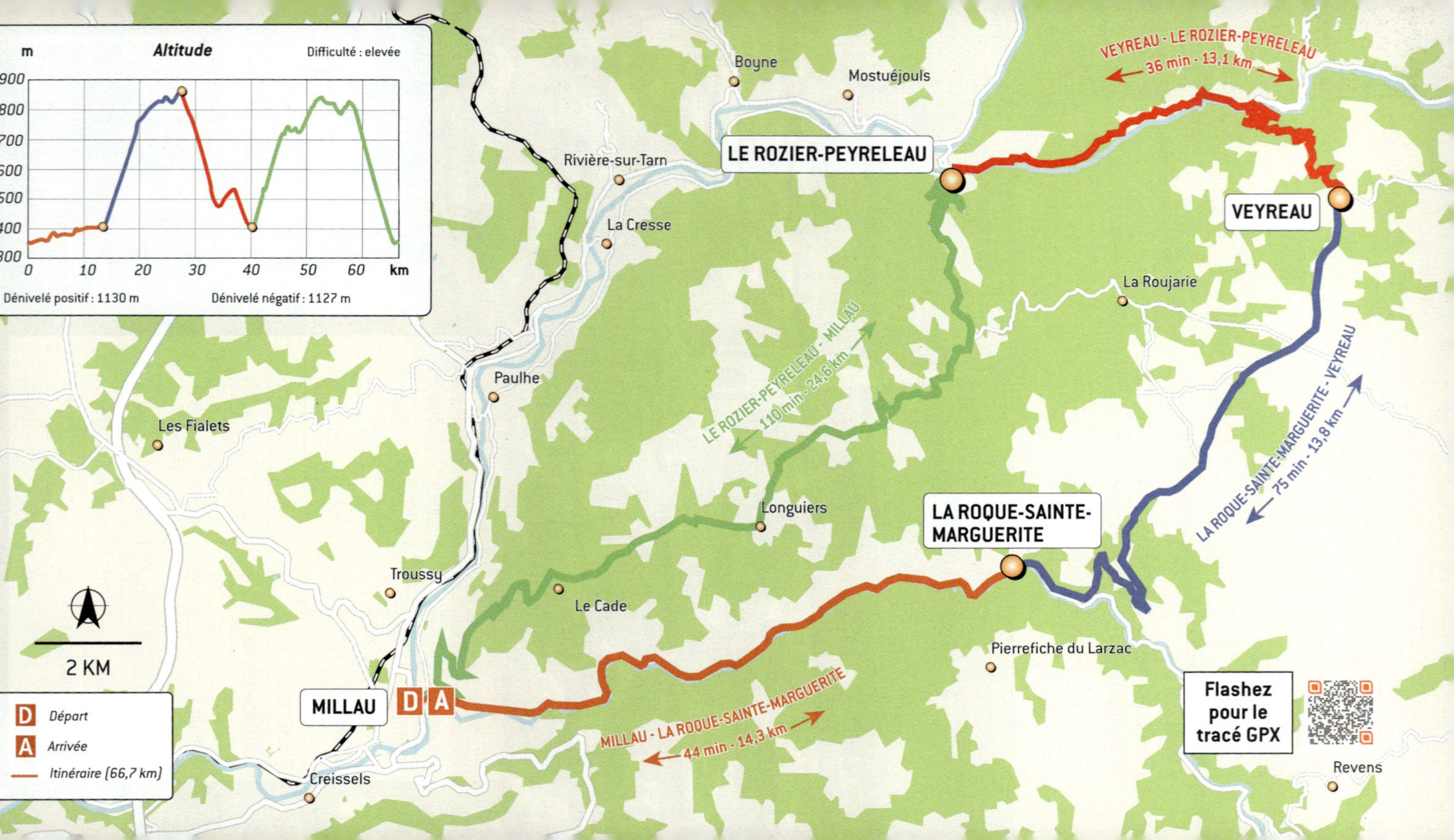

Altitude
m
Difficulté : elevée
900
800
700
600
500
400
300
0
10
20
30
40
50
60
km
Dénivelé positif : 1130 m
Dénivelé négatif : 1127 m
Boyne
Mostuéjouls
VEYREAU - LE ROZIER-PEYRELEAU
36 min - 13,1 km
Rivière-sur-Tarn
LE ROZIER-PEYRELEAU
VEYREAU
La Cresse
La Roujarie
LE ROZIER-PEYRELEAU - MILLAU
110 min - 24,6 km
Paulhe
Les Fialets
LA ROQUE-SAINTE-MARGUERITE - VEYREAU
75 min - 13,8 km
Longuiers
LA ROQUE-SAINTE-MARGUERITE
Troussy
Le Cade
Pierrefiche du Larzac
2 KM
MILLAU
D
A
MILLAU - LA ROQUE-SAINTE-MARGUERITE
44 min - 14,3 km
Flashez pour le tracé GPX
D Départ
A Arrivée
Itinéraire (66,7 km)
Creissels
Revens

LA GASCOGNE
(GERS)

- **Itinéraire :** La Gascogne.
- **Total :** 75,4 km.
- **Durée :** de 3 heures 45 à 7 heures 30, entre 20 et 10 km/h.
- **Difficulté :** facile à moyen. Petites routes de campagnes assez vallonnées.

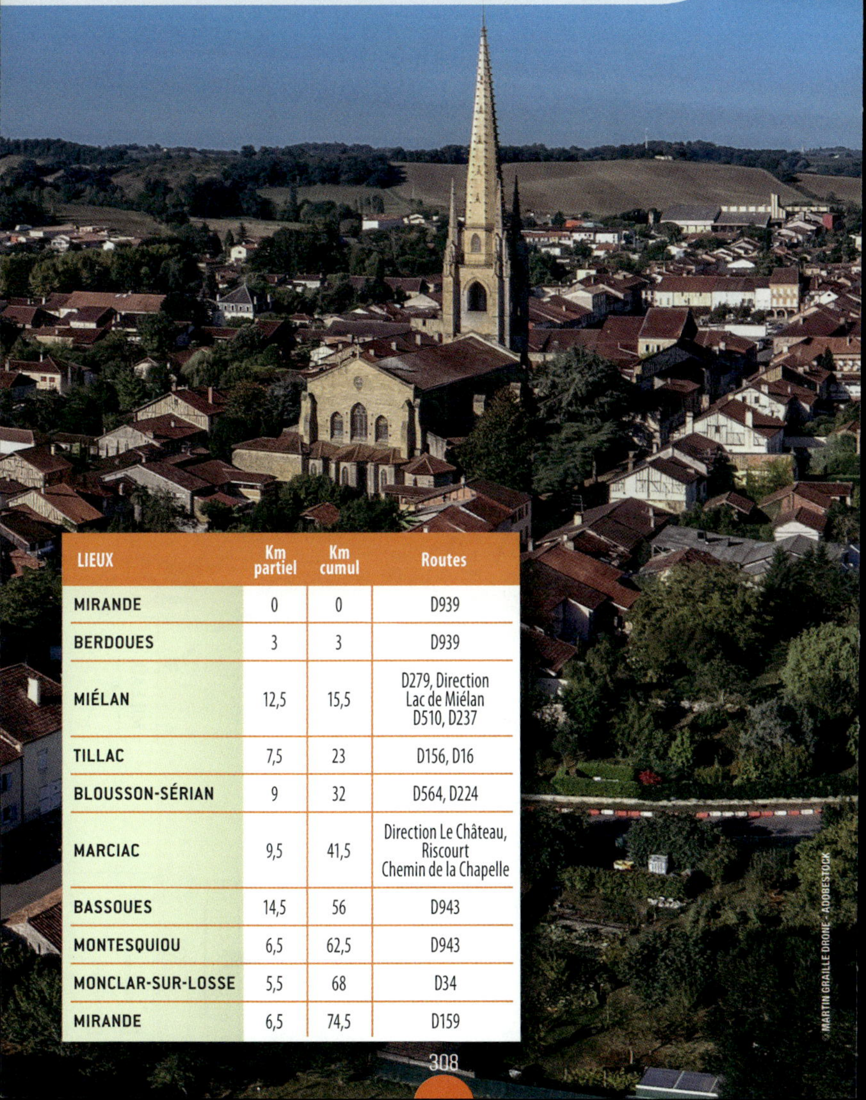

LIEUX	Km partiel	Km cumul	Routes
MIRANDE	0	0	D939
BERDOUES	3	3	D939
MIÉLAN	12,5	15,5	D279, Direction Lac de Miélan D510, D237
TILLAC	7,5	23	D156, D16
BLOUSSON-SÉRIAN	9	32	D564, D224
MARCIAC	9,5	41,5	Direction Le Château, Riscourt Chemin de la Chapelle
BASSOUES	14,5	56	D943
MONTESQUIOU	6,5	62,5	D943
MONCLAR-SUR-LOSSE	5,5	68	D34
MIRANDE	6,5	74,5	D159

© MARTIN GRAILLE DRONE - ADOBESTOCK

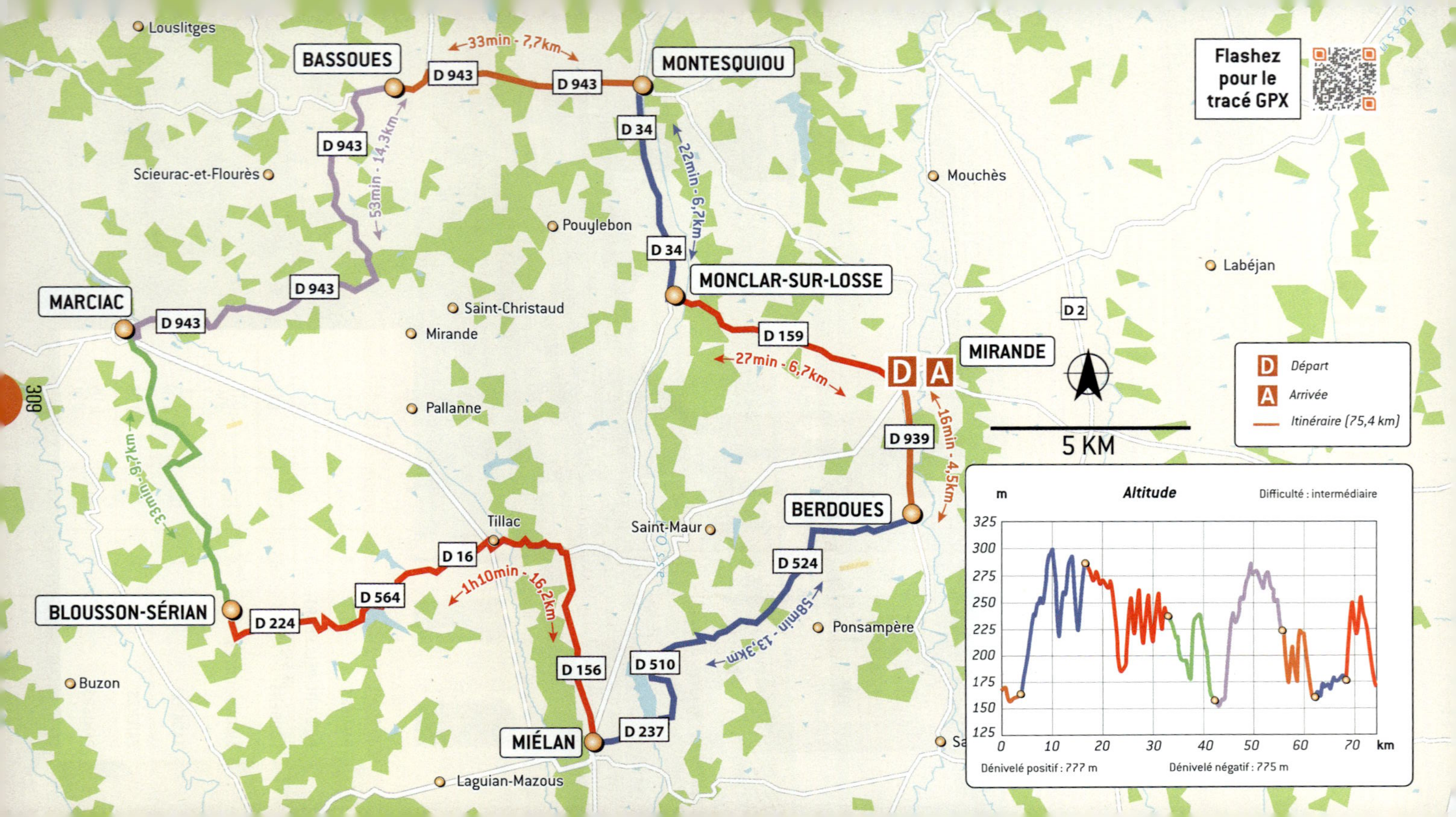
Flashez pour le tracé GPX
BASSOUES
MONTESQUIOU
MONCLAR-SUR-LOSSE
MIRANDE
MARCIAC
BLOUSSON-SÉRIAN
MIÉLAN
BERDOUES
D
A
Départ
Arrivée
Itinéraire (75,4 km)
5 KM
33min - 7,7km
53min - 14,3km
22min - 6,7km
27min - 6,7km
16min - 4,5km
58min - 13,3km
1h10min - 16,2km
33min - 9,7km
D 943
D 34
D 159
D 939
D 524
D 510
D 237
D 156
D 16
D 564
D 224
D 2
Louslitges
Scieurac-et-Flourès
Pouylebon
Saint-Christaud
Mirande
Pallanne
Mouchès
Labéjan
Tillac
Saint-Maur
Ponsampère
Laguian-Mazous
Buzon
Losse
Altitude
Difficulté : intermédiaire
m
km
Dénivelé positif : 777 m
Dénivelé négatif : 775 m

LA PLAINE ALLUVIALE DE L'ARIÈGE (ARIÈGE)

- **Itinéraire :** La plaine alluviale de l'Ariège.
- **Total :** 60 km.
- **Durée :** de 3 à 6 heures, entre 20 et 10 km/h.
- **Difficulté :** facile à moyen. Routes tranquilles et vallonnées.

LIEUX	Km partiel	Km cumul	Routes
PAMIERS	0	0	D 10
RIEUX-DE-PELLEPORT	7	7	D 11
LOUBENS	6,5	13,5	D 11
AIGUES-JUNTES	9	22,5	D 11 D1A
SABARAT	13	35,5	D 1A D 119
PAILHES	7,5	43	D 119
PAMIERS	17	60	D 119 D 10

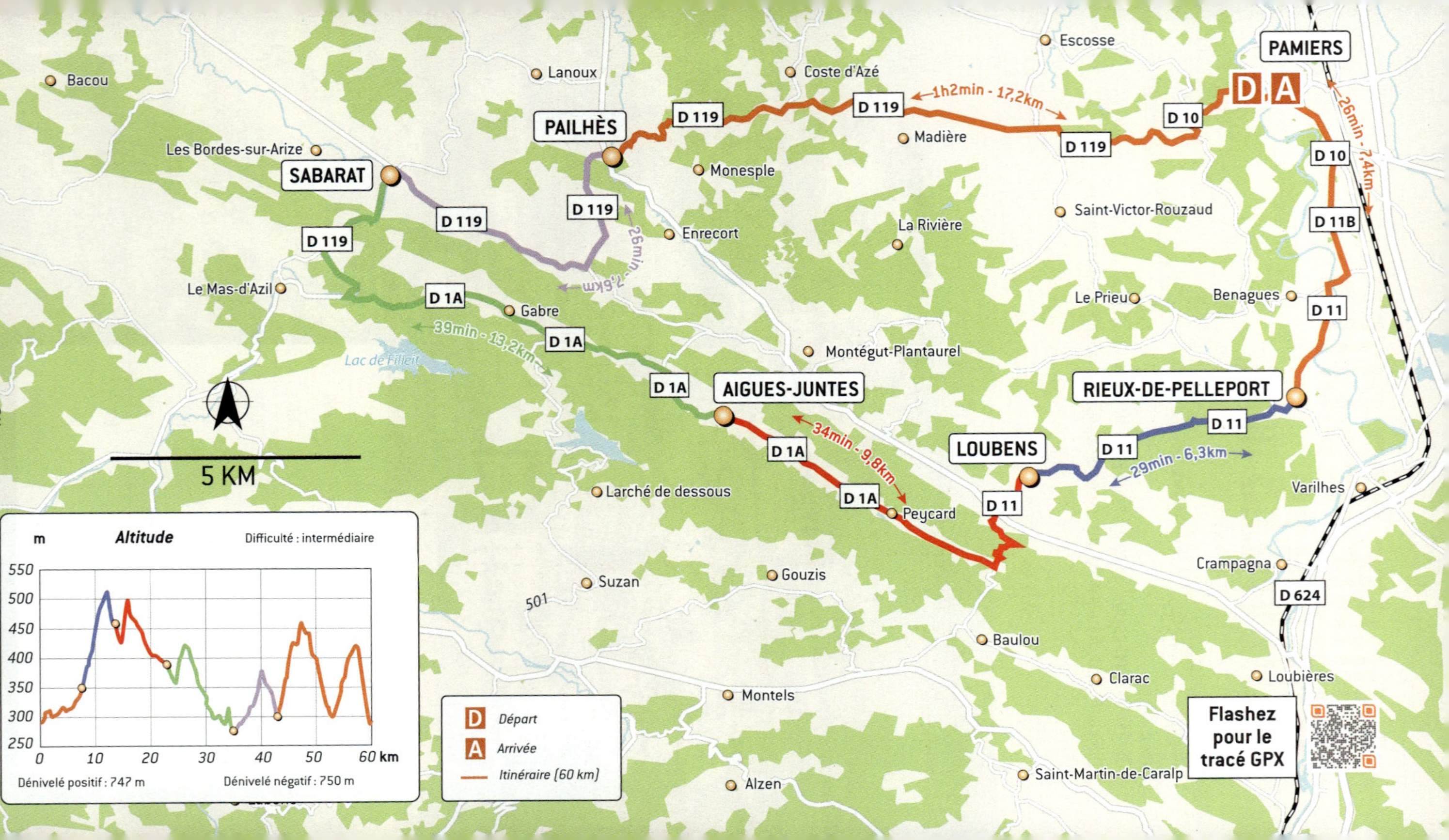
PAMIERS
D A
26min - 7,4km
D 10
D 11B
D 11
RIEUX-DE-PELLEPORT
29min - 6,3km
LOUBENS
D 11
34min - 9,8km
D 1A
Peycard
AIGUES-JUNTES
39min - 13,2km
Gabre
SABARAT
D 119
26min - 7,6km
PAILHÈS
1h2min - 17,2km
Escosse
Coste d'Azé
Madière
Monesple
Enrecort
La Rivière
Saint-Victor-Rouzaud
Le Prieu
Benagues
Montégut-Plantaurel
Varilhes
Crampagna
D 624
Loubières
Clarac
Baulou
Saint-Martin-de-Caralp
Gouzis
Montels
Alzen
Suzan
501
Larché de dessous
Lac de Filleit
Le Mas-d'Azil
Les Bordes-sur-Arize
Lanoux
Bacou
5 KM
Flashez pour le tracé GPX
D Départ
A Arrivée
Itinéraire (60 km)
Altitude
Difficulté : intermédiaire
m
550
500
450
400
350
300
250
0
10
20
30
40
50
60 km
Dénivelé positif : 747 m
Dénivelé négatif : 750 m

LA ROUTE DES CITÉS MÉDIÉVALES (TARN)

- **Itinéraire :** La route des cités médiévales.
- **Total :** 64 km.
- **Durée :** de 2 heures 30 à 5 heures, entre 20 et 10 km/h.
- **Difficulté :** facile à moyen. Petites routes de campagne vallonnées et tranquilles.

ANIBAL TREJO - ADOBESTOCK

LIEUX	Km partiel	Km cumul	Routes
CARMAUX	0	0	D41
TAIX	7	7	D3, D90
CAGNAC-LES-MINES	3	10	D90
CASTELNAU-DE-LÉVIS	11	21	D90, D1
CESTAYROLS	10	31	D1
NOAILLES	4	35	D30
CORDES-SUR-CIEL	6,5	41,5	D30, D992
SALLES	8,5	50	D91
MONESTIÉS	7	57	D91
CARMAUX	6	63	D91, D91B

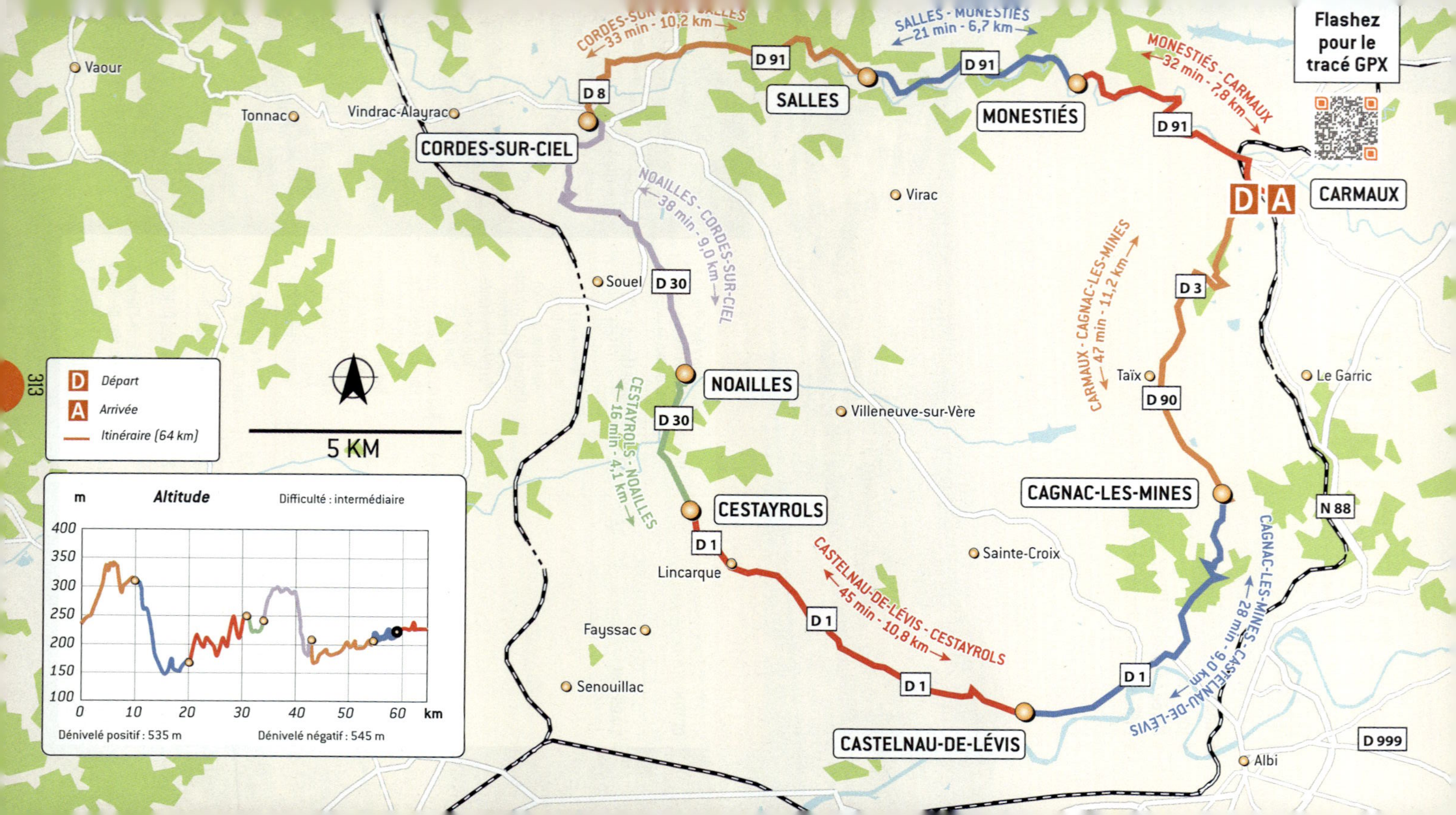
Flashez pour le tracé GPX
CARMAUX
D A
MONESTIÉS - CARMAUX
32 min - 7,8 km
SALLES - MONESTIÉS
21 min - 6,7 km
CORDES-SUR-CIEL - SALLES
33 min - 10,2 km
D 91
D 91
D 91
D 8
SALLES
MONESTIÉS
Vaour
Tonnac
Vindrac-Alayrac
CORDES-SUR-CIEL
Virac
NOAILLES - CORDES-SUR-CIEL
38 min - 9,0 km
CARMAUX - CAGNAC-LES-MINES
47 min - 11,2 km
D 3
Souel
D 30
Taïx
D 90
Le Garric
NOAILLES
D 30
Villeneuve-sur-Vère
CESTAYROLS - NOAILLES
16 min - 4,1 km
CAGNAC-LES-MINES
N 88
CESTAYROLS
D 1
Lincarque
Sainte-Croix
CASTELNAU-DE-LÉVIS - CESTAYROLS
45 min - 10,8 km
CAGNAC-LES-MINES - CASTELNAU-DE-LÉVIS
28 min - 9,0 km
D 1
D 1
D 1
Fayssac
Senouillac
CASTELNAU-DE-LÉVIS
D 999
Albi
D Départ
A Arrivée
Itinéraire (64 km)
5 KM
m
Altitude
Difficulté : intermédiaire
400
350
300
250
200
150
100
0
10
20
30
40
50
60
km
Dénivelé positif : 535 m
Dénivelé négatif : 545 m

LAC DU SALAGOU
(HÉRAULT)

- **Itinéraire :** Lac du Salagou.
- **Total :** 39 km.
- **Durée :** de 1 heure 50 à 3 heures 45, entre 20 et 10 km/h.
- **Difficulté :** Intermédiaire à difficile. Fort dénivelé.

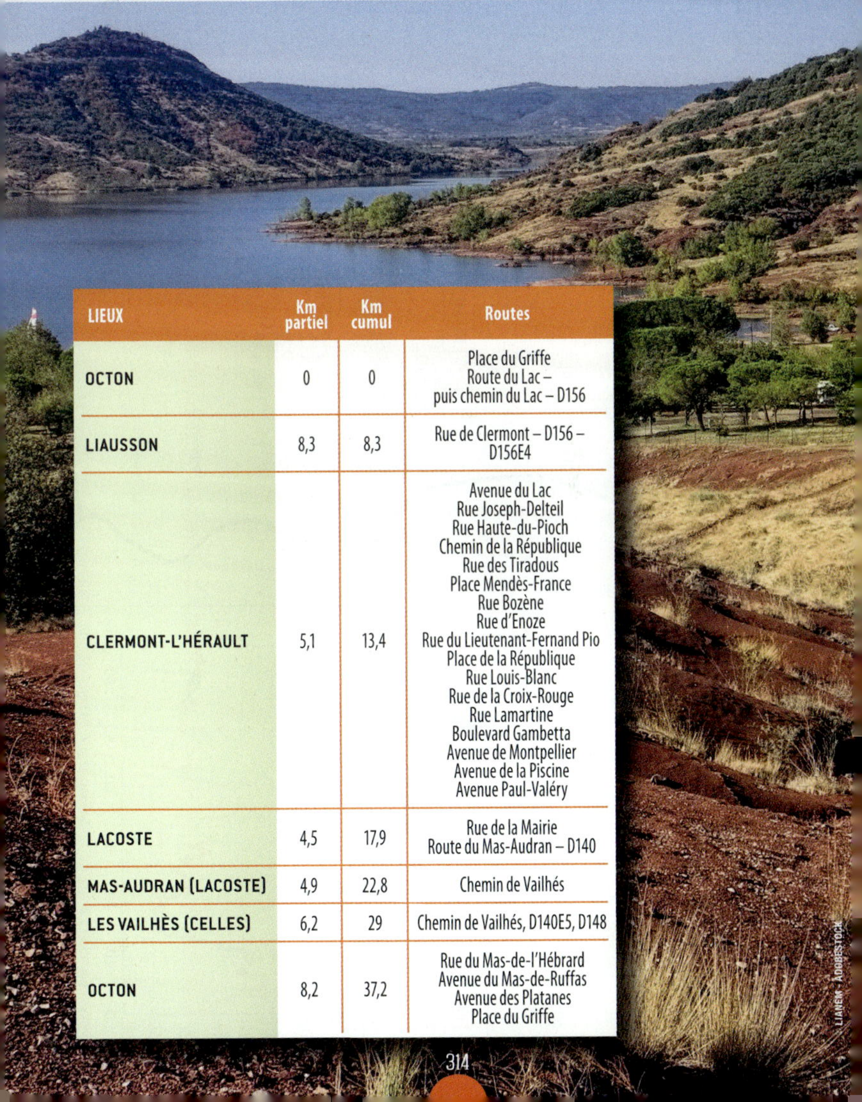
LIANEM - ADOBESTOCK

LIEUX	Km partiel	Km cumul	Routes
OCTON	0	0	Place du Griffe Route du Lac – puis chemin du Lac – D156
LIAUSSON	8,3	8,3	Rue de Clermont – D156 – D156E4
CLERMONT-L'HÉRAULT	5,1	13,4	Avenue du Lac Rue Joseph-Delteil Rue Haute-du-Pioch Chemin de la République Rue des Tiradous Place Mendès-France Rue Bozène Rue d'Enoze Rue du Lieutenant-Fernand Pio Place de la République Rue Louis-Blanc Rue de la Croix-Rouge Rue Lamartine Boulevard Gambetta Avenue de Montpellier Avenue de la Piscine Avenue Paul-Valéry
LACOSTE	4,5	17,9	Rue de la Mairie Route du Mas-Audran – D140
MAS-AUDRAN (LACOSTE)	4,9	22,8	Chemin de Vailhés
LES VAILHÈS (CELLES)	6,2	29	Chemin de Vailhés, D140E5, D148
OCTON	8,2	37,2	Rue du Mas-de-l'Hébrard Avenue du Mas-de-Ruffas Avenue des Platanes Place du Griffe

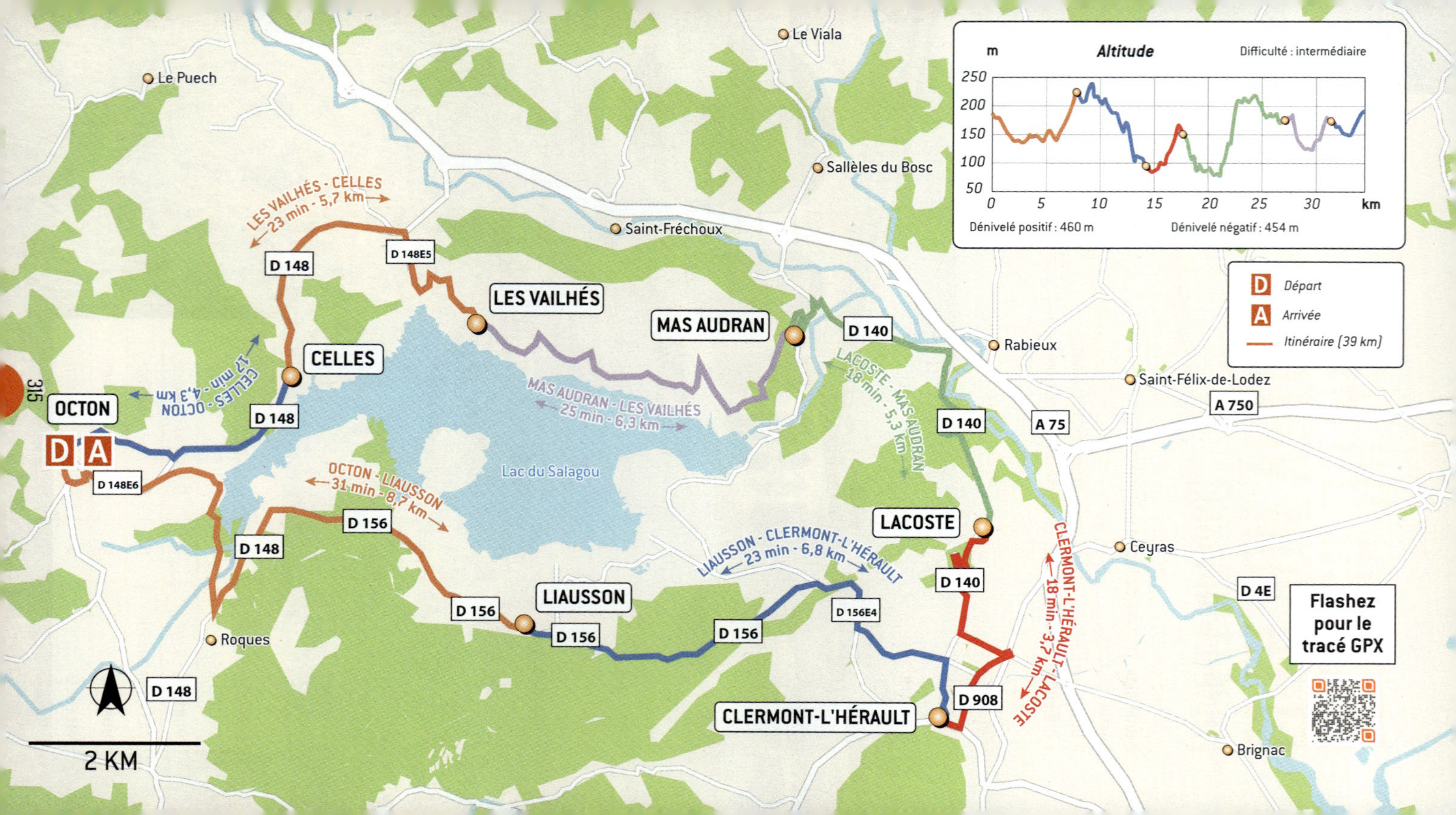

Altitude
Difficulté : intermédiaire
m
250
200
150
100
50
0
5
10
15
20
25
30
km
Dénivelé positif : 460 m
Dénivelé négatif : 454 m
Départ
Arrivée
Itinéraire (39 km)
Flashez pour le tracé GPX
Le Puech
Le Viala
Sallèles du Bosc
Saint-Fréchoux
Rabieux
Saint-Félix-de-Lodez
Ceyras
Brignac
Roques
OCTON
CELLES
LES VAILHÉS
MAS AUDRAN
LACOSTE
CLERMONT-L'HÉRAULT
LIAUSSON
Lac du Salagou
LES VAILHÉS - CELLES 23 min - 5,7 km
CELLES - OCTON 17 min - 4,3 km
MAS AUDRAN - LES VAILHÉS 25 min - 6,3 km
LACOSTE - MAS AUDRAN 18 min - 5,3 km
CLERMONT-L'HÉRAULT - LACOSTE 18 min - 3,7 km
LIAUSSON - CLERMONT-L'HÉRAULT 23 min - 6,8 km
OCTON - LIAUSSON 31 min - 8,7 km
D 148
D 148E5
D 148E6
D 140
D 156
D 156E4
D 908
D 4E
A 75
A 750
2 KM

LE CANAL DU MIDI ET LA VOIE VERTE
(TARN-ET-GARONNE)

- **Itinéraire :** Le canal du Midi et la Voie verte.
- **Total :** 55,8 km.
- **Durée :** de 2 heures 30 à 5 heures, entre 20 et 10 km/h.
- **Difficulté :** facile. L'itinéraire emprunte la Voie verte qui longe le canal du Midi.

ANIBAL TREJO - ADOBE STOCK

LIEUX	Km partiel	Km cumul	Routes
GRISOLLES	0	0	Voie Verte
MONTECH	17	17	Voie Verte
CASTELSARRASIN	14	21	Voie Verte
MOISSAC	10	31	Voie Verte
VALENCE	16	47	Voie Verte

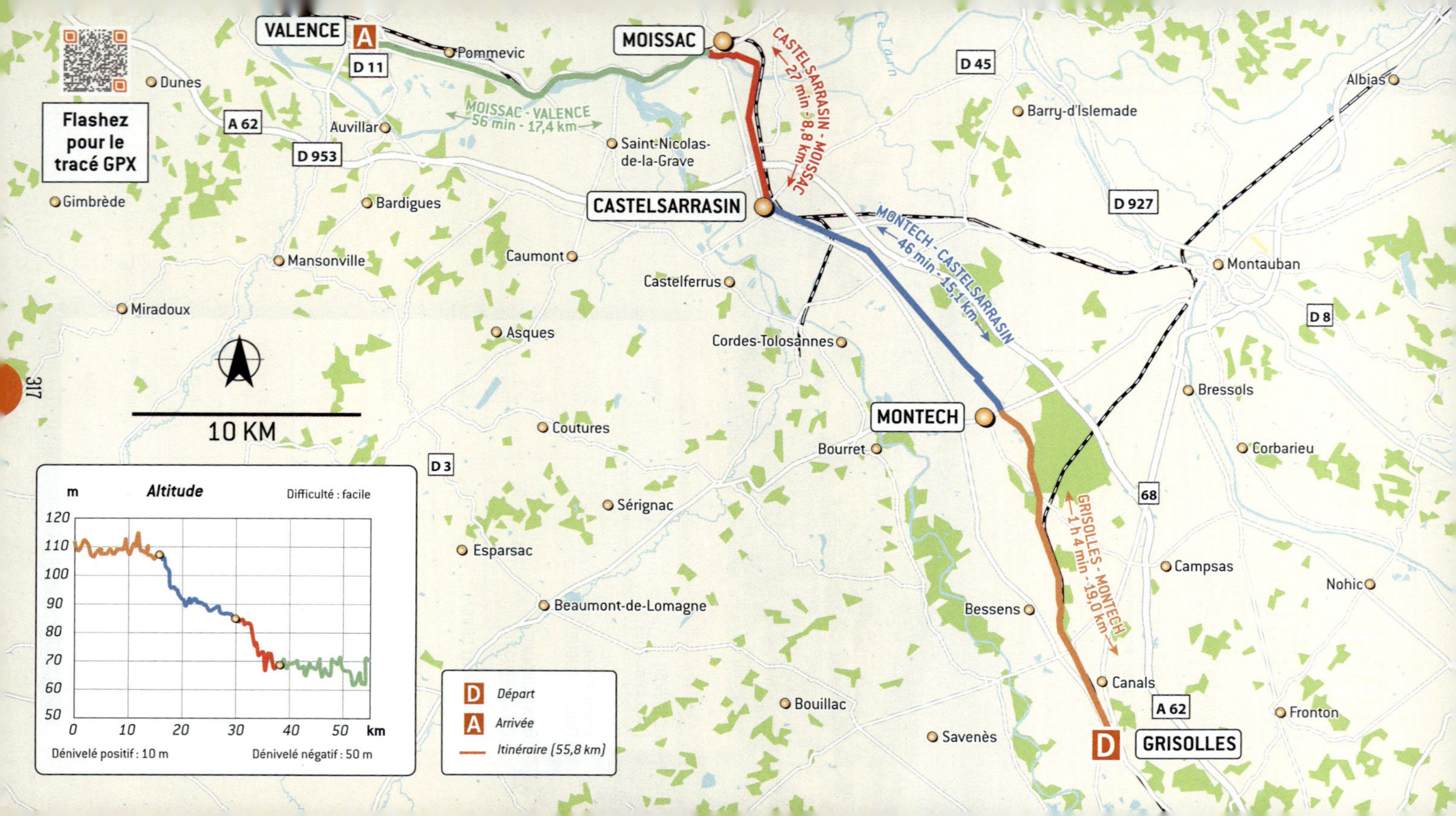
VALENCE
A
MOISSAC
CASTELSARRASIN
MONTECH
GRISOLLES
D
MOISSAC - VALENCE
56 min - 17,4 km
CASTELSARRASIN - MOISSAC
27 min - 8,8 km
MONTECH - CASTELSARRASIN
46 min - 15,1 km
GRISOLLES - MONTECH
1 h 4 min - 19,0 km
Flashez pour le tracé GPX
Dunes
Pommevic
Auvillar
Saint-Nicolas-de-la-Grave
Gimbrède
Bardigues
Mansonville
Caumont
Castelferrus
Miradoux
Asques
Cordes-Tolosannes
Coutures
Bourret
Sérignac
Esparsac
Beaumont-de-Lomagne
Bouillac
Savenès
Bessens
Canals
Barry-d'Islemade
Albias
Montauban
Bressols
Corbarieu
Campsas
Nohic
Fronton
Le Tarn
D 11
A 62
D 953
D 45
D 927
D 8
D 3
68
10 KM
Altitude
Difficulté : facile
m
120
110
100
90
80
70
60
50
0
10
20
30
40
50
km
Dénivelé positif : 10 m
Dénivelé négatif : 50 m
D Départ
A Arrivée
Itinéraire (55,8 km)

MONT AIGOUAL
(HÉRAULT)

- **Itinéraire :** Mont Aigoual.
- **Total :** 42,3 km.
- **Durée :** de 2 heures 10 à 4 heures 20, entre 20 et 10 km/h.
- **Difficulté :** Intermédiaire

LIEUX	Km partiel	Km cumul	Routes
L'ESPÉROU (VALLERAUGUE)	0	0	D986
COL DE LA SERREYRÈDE (VALLERAUGUE)	1,6	1,6	D269
MONT-AIGOUAL (VALLERAUGUE)	7,6	9,2	D118 D18 D269
CROISEMENT D986/ D986A	10	19,2	D986A
COL DE FAUBEL (SAINT-SAUVEUR-DE-CAMPRIEU)	3,8	23	D986A D48
COL DU MINIER (BRÉAU-ET-SALAGOSSE)	8,5	31,5	D48
COL DE LA BROUE (BRÉAU-ET-SALAGOSSE)	3,5	35	Route des Cascades – D548
CASCADES D'ORGON (ARPHY)	2,5	37,5	D548
COL DE MONTALS (ARPHY)	2,5	40	D548 Grande Draille
L'ESPÉROU (VALLERAUGUE)	3,5	43,5	D548A

Réserve Biologique Intégrale De La Brèze
Flashez pour le tracé GPX
MONT AIGOUAL
57 min - 12 km
15 min - 8 km
Réserve Biologique Intégrale De Hort De Dieu
COL DE LA SERREYRÈDE
L'ESPÉROU
D A
20 min - 4 km
COL DE FAUBEL
D 329
30 min - 8 km
COL DE MONTALS
5 min - 2 km
CASCADES D'ORGON
COL DU MINIER
22 min - 3,3 km
8 min - 2,5 km
COL DE LA BROUE
Salagosse
Arphy
2 KM
m
Altitude
Difficulté : intermédiaire
1600
1500
1400
1300
1200
1100
1000
0
5
10
15
20
25
30
35
40
km
Dénivelé positif : 793 m
Dénivelé négatif : 801 m
D Départ
A Arrivée
Itinéraire (42,3 km)

SUR LES PAS DES CHEVALIERS CATHARES
(PYRÉNÉES-ORIENTALES)

- **Itinéraire :** Sur les pas des Chevaliers Cathares.
- **Total :** 55 km.
- **Durée :** de 3 à 7 heures, entre 20 et 10 km/h.
- **Difficulté** : assez difficile. Dénivelé important avec 1 col de 6 km.

LIEUX	Km partiel	Km cumul	Routes
SOURNIA	0	0	
LE VIVIER	11	11	D7
SAINT-PAUL-DE-FENOUILLET	11	22	D7
ANSIGNAN	8	30	D9B
TRILLA	4,5	34,5	D9
TRÉVILLACH	7,5	42	D9B
SOURNIA	10,8	52,8	D2 Col des Auzines D619

JOCIDAR - ADOBESTOCK

Flashez pour le tracé GPX
SAINT-PAUL-DE-FENOUILLET
D 117
D 619
D 7
D 9B
D 2
Lesquerde
SAINT-PAUL-DE-FENOUILLET - ANSIGNAN 30 min - 9,7 km
LE VIVIER - SAINT-PAUL-DE-FENOUILLET 39 min - 13,2 km
Fosse
Saint-Martin-de-Fenouillet
Saint-Arnac
LE VIVIER
ANSIGNAN
Feilluns
ANSIGNAN - TRILLA 33 min - 5,0 km
Prats-de-Sournia
SOURNIA - LE VIVIER 36 min - 10,6 km
TRILLA
TRILLA - TRÉVILLACH 45 min - 8,2 km
D
A
SOURNIA
Campoussy
TRÉVILLACH - SOURNIA 44 min - 10,5 km
TRÉVILLACH
3 KM
Tarerach
Mas Bonnecase
m
Altitude
Difficulté : intermédiaire
700
600
500
400
300
200
100
0
10
20
30
40
50
km
Dénivelé positif : 968 m
Dénivelé négatif : 974 m
Départ
Arrivée
Itinéraire (55 km)

TOUR DE NARBONNE
(AUDE)

- **Itinéraire :** Tour de Narbonne
- **Total :** 58 km
- **Durée :** de 3 à 6 heures, entre 20 et 10 km/h.
- **Difficulté :** très facile. Balade avec très peu de dénivelé autour de Narbonne.

LIEUX	Km partiel	Km cumul	Routes
NARBONNE	0	0	Avenue Anatole-France
MOUSSAN	8	8	D607 D169
SAINT-MARCEL-SUR-AUDE	6	12	D469 D607
CUXAC-D'AUDE	7,5	19,5	D1118 via Sallèle-d'Aude
COURSAN	6	25,5	D1118
VINASSAN	4	29,5	Avenue Michel Flanzy D31
GRUISSAN	12,5	42	D31 D32
NARBONNE	16	58	D32 Route de Mandirac (centre hospitalier de Narbonne)

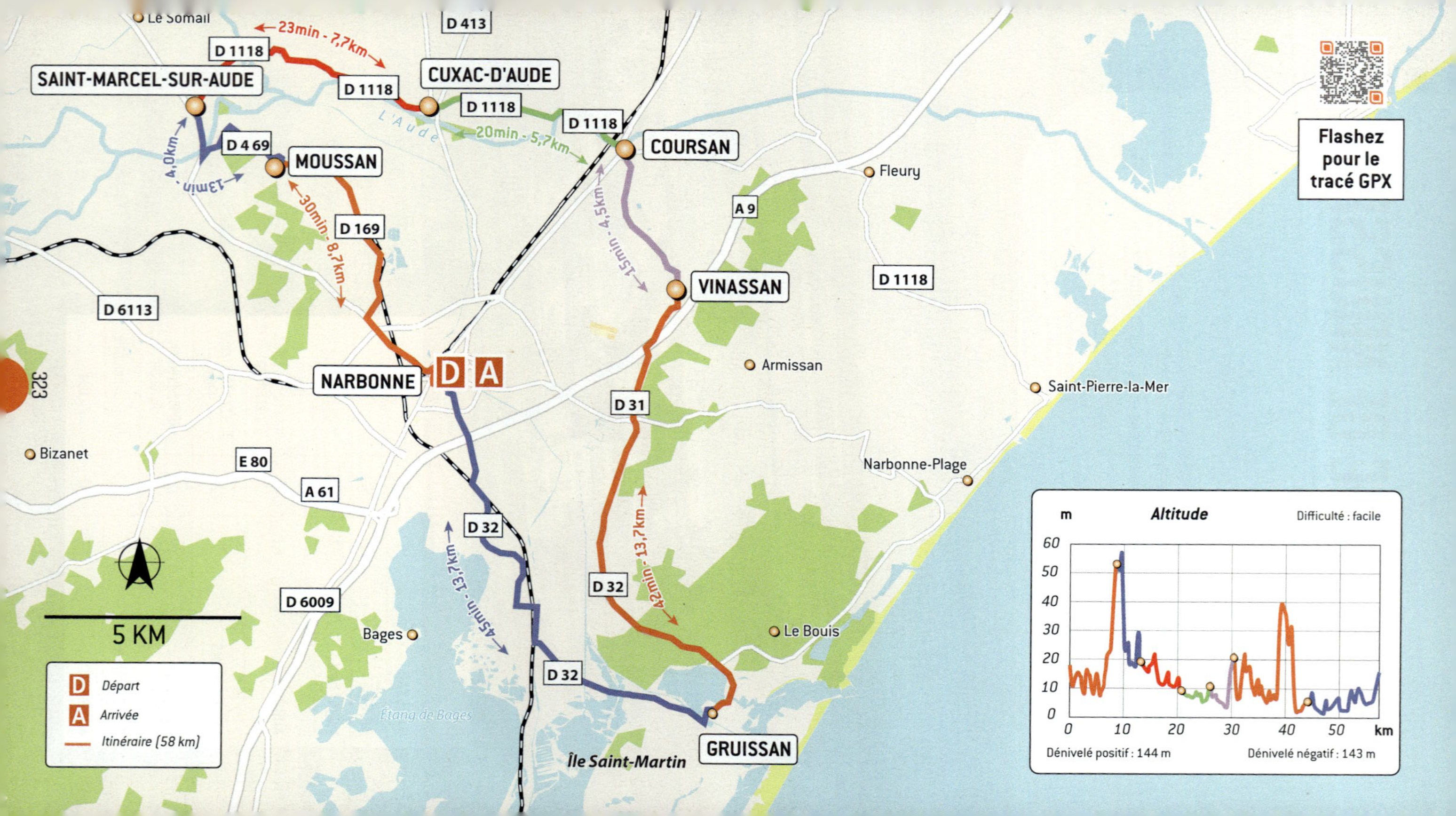

Le Somail
D 413
D 1118
23min - 7,7km
SAINT-MARCEL-SUR-AUDE
CUXAC-D'AUDE
D 1118
D 1118
D 1118
L'Aude
20min - 5,7km
COURSAN
D 4 69
MOUSSAN
4,0km - 13min
30min - 8,7km
D 169
15min - 4,5km
Fleury
A 9
VINASSAN
D 1118
D 6113
Armissan
Saint-Pierre-la-Mer
NARBONNE
D
A
D 31
Bizanet
E 80
A 61
Narbonne-Plage
D 32
45min - 13,7km
42min - 13,7km
D 32
D 6009
5 KM
Bages
Le Bouis
D 32
Étang de Bages
GRUISSAN
Île Saint-Martin
D Départ
A Arrivée
Itinéraire (58 km)
Flashez pour le tracé GPX
m
Altitude
Difficulté : facile
60
50
40
30
20
10
0
0
10
20
30
40
50
km
Dénivelé positif : 144 m
Dénivelé négatif : 143 m

TOUR DU LAC DE NAUSSAC
(LOZÈRE)

- **Itinéraire :** Tour du lac de Naussac.
- **Total :** 41 km.
- **Durée :** de 2 heures 15 à 4 heures, entre 20 et 10 km/h
- **Difficulté :** facile à moyen. Routes vallonnées et sinueuses autour du lac de Naussac.

LIEUX	Km partiel	Km cumul	Routes
NAUSSAC	0	0	D26
BRIGES	9,5	9,5	D26
FABRÈGES	3,3	12,8	D26
AUROUX	6,2	19	D26 Traverser les Salles et l'Herm
LES MOULINS	7	26	Direction Chastanier D988
LA CHAZE	3,8	29,8	RD988 direction Aurouzet
CHASTANIER	3	32,8	Route communale
NAUSSAC	9,2	42	D34

© GRAPHLIGHT - ADOBESTOCK

Flashez pour le tracé GPX
Départ
Arrivée
Itinéraire (41 km)
FABRÈGES
BRIGES
AUROUX
CHASTANIER
NAUSSAC
D A
D 26
D 988
D 34
12min - 3,0km
25min - 6,8km
33min - 9,7km
23min - 6,6km
10min - 3,1km
20min - 4,2km
27min - 8,9km
Canton de Langogne
Espinousette
Sinzelles
Beaune
La Fagette
Saint-Étienne-du-Vigan
Naussac-Fontanes
Pradelles
Champ Blazère
Le Mazel
Les Salles
Veymen
Le Meylet
Besses Basses
Chabannes
Les Moulins
La Chaze
Rocles
Pierrefiche
3 KM
Altitude
Difficulté : facile
m
km
Dénivelé positif : 416 m
Dénivelé négatif : 423 m

AMICALE ROUSSILLONNAISE DE CYCLOTOURISME

7, avenue Bachaga Saïd Boualam - **PERPIGNAN**
www.arc66perpignan.fr
Licence et assurance obligatoires téléchargeables sur Internet. En 2024 la première adhésion est gratuite.
Ce club de cyclotourisme affilié à la FFCT compte actuellement plus d'une centaine d'adhérents dont parmi eux quelques femmes. Des sorties « route » sont organisées régulièrement : les dimanches, mardis, jeudis ; sorties VTT : les samedis. De nombreuses activités extra sportives auxquelles peuvent participer l'ensemble des familles sont prévues. Chaque semaine des sorties longues sont aussi organisées par la joyeuse bande qui partage un groupe Facebook qu'il est possible de rejoindre.

BÉZIERS MÉDITERRANÉE CYCLISME

4, rue Edmond Michelet
BÉZIERS
✆ 06 51 53 59 43
www.bmcbeziers.fr/fr
Compétition sur route, cyclo-cross, VTT : le BMC soutient toutes les disciplines du cyclisme. Ce club particulièrement dynamique a compté dans ses rangs des grands noms du cyclisme : Stéphane Barthe, champion de France professionnel en compétition sur route, Roger Mascaro et Emmanuelle Marevery, respectivement champion de France et membre de l'équipe de France. Le BMC organise de nombreuses compétitions et des déplacements pour celles-ci dans toute la France.

COMITÉ DÉPARTEMENTAL CYCLOTOURISME LOT

11, place St Pierre-Es-Lien
PESCADOIRES
✆ 07 57 49 77 57
www.lot.ffvelo.fr
Bienvenue au comité départemental du Lot de la FFCT ! La région du Lot recèle de trésors à découvrir avec ses nombreux villages pittoresques et paysages de causses comme les vallées du Lot et du Célé, de la Dordogne, mais aussi sa célèbre falaise de Rocamadour. Randonnez sur les plus beaux circuits de la région et vous en serez comblé par sa beauté et son bon savoir-vivre. Profitez de la visite pour goûter ses produits du terroir avec son foie gras, sa truffe, etc.

COMITÉ DÉPARTEMENTAL DE CYCLOTOURISME DE L'AUDE

11, Avenue Henri Goût
CARCASSONNE
✆ 06 14 99 50 64
www.ffc11.com/
Le comité départemental de cyclotourisme de l'Aude fédère quelque 770 licenciés et une douzaine de clubs. Si la période de pandémie de Covid-19 avait pu mettre quelque peu à mal leurs statistiques, de nombreux clubs sont bel et bien toujours en activité. Alors foncez ! Les raisons de pratiquer le cyclotourisme dans l'Aude sont nombreuses. Touristiques, culturelles ou sportives mais aussi humaines : le sens de l'accueil, de la convivialité est bien présent sur le territoire cathare.

COMITÉ DÉPARTEMENTAL DE CYCLOTOURISME DE MILLAU

210, chemin de Grisolles
MILLAU
✆ 06 95 80 41 12
www.cyclotourismeaveyron.org
Le but de cette association est de faire découvrir l'Aveyron à vélo. Une riche idée qui permet de s'organiser des balades agréables et de parcourir des paysages uniques. Toutes les dates, tous les événements sont annoncés sur le site Internet, qui est très régulièrement mis à jour et entretenu par les membres de ce comité dynamique. C'est une vraie mine d'informations pour les amateurs de vélos ou pour ceux qui souhaiteraient s'initier à la petite reine dans un environnement adapté.

COMITÉ RÉGIONAL DE CYCLOTOURISME OCCITANIE

7, rue André Citroën
BALMA
www.occitanie.ffvelo.fr
Le Comité régional de cyclotourisme Occitanie a vu le jour en 2016 lors de la création de ladite grande région, réunissant ainsi 13 départements. Sur le site Internet, vous trouverez toutes les informations relatives au cyclotourisme en Occitanie, ainsi que des liens vers les comités départementaux. Actualités, événements, conseils, la promotion du vélo est à l'honneur et chacun y trouvera de quoi pédaler ! Quelques circuits et points de visite à ne pas manquer vous seront suggérés.

COMITE RÉGIONAL DU TOURISME D'OCCITANIE

15, rue Rivals - **TOULOUSE**
✆ 04 30 63 84 20
www.tourisme-occitanie.com
Ouvert du lundi au vendredi de 9h à 12h30 et de 14h à 17h30.

Tourisme Occitanie vous permet de faire le plein d'informations pratiques sur les activités dans le Grand sud, région qui s'étend de la Méditerranée aux Pyrénées et s'articule autour de Toulouse et Montpellier. Site internet et point accueil-infos s'adressent aux visiteurs de passage comme aux résidents voyageurs. Au menu : virée au bord des étangs méditerranéens, randonnée cévenole, dégustation sur les bords du Tarn, flânerie dans un village pyrénéen, découverte du Canal du Midi...

CYCLO-CLUB MENDOIS

CHASTEL-NOUVEL
✆ 06 79 64 74 73
www.cycloclubmendois.fr

Créé en 1994 au sein de la fédération française de cyclotourisme (FFCT), le Cyclo Club Mendois a pour objectif la promotion du cyclotourisme. Les sorties sont organisées sur les routes de Lozère le samedi après-midi et en semaine (lundi, mercredi et le vendredi). Le club propose quelques balades sympathiques. Le club est à l'origine du circuit qui fait le tour de la Lozère soit 600 km et 9 600 m de dénivelé, proposé en 6 étapes. Son site Internet dispose d'une cartothèque d'itinéraires pour découvrir le causse Méjean, le Sauveterre, le Mont Lozère, Charpal...

NÎMES CYCLISME

4 bis, rue des Hortensias
NÎMES
http://nimes-cyclisme.fr

Nîmes Cyclisme est né de la fusion du célèbre Amical Vélo Club Nîmois et du Sprinter Vélo Club Nîmois. Avec la création d'une division régionale en Languedoc-Roussillon et les compétitions, c'est du sérieux : manches de challenge, championnats sur routes et contre-la-montre sont réservés aux coureurs sélectionnés. Plus tranquilles, les sorties petites mises en jambes pour les adhérents sillonnent le département. L'hiver, pour changer des courses et des entraînements « sur route », des sorties à VTT partent à travers les chemins et monotraces autour de Nîmes.

OFFICE DE TOURISME VILLENEUVE-LÈS-AVIGNON

Place Charles-David - **VILLENEUVE-LÈS-AVIGNON**
✆ 04 90 03 70 60
www.avignon-tourisme.com
Ouvert le lundi de 14h à 17h ; du mardi au vendredi de 9h30 à 12h30 et de 14h à 17h ; le samedi de 9h30 à 12h30.

L'office de tourisme de Villeneuve-lès-Avignon tient à votre disposition un parcours de santé et trois circuits balisés de 8, 12 et 23 kilomètres. En venant d'Avignon, les sentiers se découvrent sur la droite, juste après avoir dépassé la tour Philippe le Bel. Pendant des kilomètres, à pied ou à vélo on longe les bords du Rhône. Les points de départ sont en face de la place Charles-David, en contrebas de la tour Philippe le Bel et à l'entrée du camping municipal de la Laune.

LA RÉBENNE

1, place du 8 mai 1945 - **FOIX**
✆ 05 61 65 20 93
www.larebenne.com/fr
Ouvert du lundi au vendredi de 9h à 12h30 et de 14h à 17h30.

Pour le randonneur à pied qui aime aussi pédaler, La Rébenne est une agence spécialisée dans le voyage à vélo, le cyclotourisme, le cyclosportif, la randonnée VTT ou VTC, et vous accompagne sur les routes et chemins des Pyrénées. Avec elle, franchissez les cols, traversez les montagnes, rejoignez mer et océan et profitez d'une logistique de grande qualité ! Traversée des Pyrénées à vélo, canal du Midi en VTC, châteaux cathares à vélo, en itinérance ou en étoile, avec moniteur, accompagnateur ou en liberté, avec ou sans assistance : les séjours sont sur mesure.

VCCB

8, rue Paul-Eluard
BOUJAN-SUR-LIBRON
✆ 04 67 30 34 61
www.veloclubcheminotsbiterrois.com

Ce club membre de la Fédération française de cyclisme compte une soixantaine d'adhérents de tous âges. Tous les mercredis, samedis et dimanches, des entraînements démarrent de la coopérative viticole de Béziers. Les coureurs, encadrés par une équipe de trois éducateurs diplômés par la fédération, effectuent des parcours d'une centaine de kilomètres. Le VCCB, Vélo Club des Cheminots du Biterrois, participe à toutes les compétitions du grand sud de la France. Il n'y a pas de cotisation pour être adhérent, on s'acquitte seulement du montant de la licence.

Lac du Salagou.

BALADE NOCTURNE À VÉLO

5, avenue Collignon
TOULOUSE
www.bntoulouse.wordpress.com
De mars à octobre. Gratuit. Port du casque obligatoire pour les enfants de moins de 12 ans. Éclairage obligatoire.

L'association 2P2R (Deux Pieds Deux Roues) vous propose de découvrir ou de redécouvrir la ville d'une façon insolite : à bicyclette... et de nuit ! Une fois par mois, elle organise des circuits urbains qui vous permettent de pédaler autour de thèmes variés. Chaque promenade d'une dizaine de kilomètres réunit entre cent et cent cinquante cyclistes, soucieux de faire avancer la cause de la petite reine tout en partageant un moment convivial. Les itinéraires sont conçus pour accueillir les cyclistes de tous niveaux. Ici, un seul mot d'ordre : la bonne humeur !

LE BIKE PARK

LES ANGLES
✆ 04 68 04 32 76
https://bikeparklesangles.com
Ouvert tous les jours de fin juin à fin août, puis les week-ends de septembre. Tarif journée adulte : 26 €

C'est un bel espace pour profiter du domaine, avec cinq pistes aménagées pour le VTT : Le Mordor, la piste noire de 2,6 km, la rouge Izangard sur 4,8 km vous conduira sur une crête, dans des pierriers, des parties trialisantes, des ponts, etc. La bleue Aragorn rejoint sur le Pla del Mir ; l'autre bleue, la Gandalf de 4,9 km permet de découvrir les 5 portes d'entrée. Et enfin la Frodon est adaptée aux enfants et débutants. Le Bike Park des Angles propose également deux itinéraires « famille » : les sources de l'Aude (7,5 km) et les vallées du Soula (9,8 km),.

LE CANAL DU MIDI ET LA VOIE VERTE

www.canal-et-voie-verte.com

Vous pouvez relier l'océan Atlantique à la mer Méditerranée à vélo en empruntant la voie verte, le chemin de halage ou la véloroute. L'itinéraire qui longe le Canal permet de découvrir des sites prestigieux, des paysages et d'accéder à des lieux oubliés mais préservés de la région. N'hésitez pas à vous aider de L'Officiel du Canal du Midi qui vous fournira une carte interactive de la voie verte avec un grand nombre d'informations (hébergements, restaurants, points d'intérêts...).

CAROUX VTT

MONS
✆ 04 67 97 64 42
www.velo-caroux.fr
Ouvert toute l'année. Location vélo adulte de 18 à 54 € la journée. Séjours. Stages.

Voici une belle manière de découvrir les multiples facettes du Parc régional du haut Languedoc. La balade en VTT peut se faire seul ou accompagné par un titulaire du brevet d'état de cyclisme. Plusieurs randonnées sont proposées, selon le niveau et la durée. Le parcours va d'une balade autour de Rosis à un circuit de 20 km dans la vallée. Des sorties d'orientation sont organisées pour les groupes, à la fois ludiques et instructives ! Pour les plus sportifs passionnés de vélos, sont mis en place des week-ends VTT avec nuit en gîte, repas et veillée au coin du feu.

LES CYCLOS DU MALPAS

LA CANOURGUE
✆ 04 66 48 08 14
www.cyclo-club-canourguais.fr

Pas moins de 13 circuits sont téléchargeables sur le site Internet des Cyclos du Malpas : les gorges du Tarn, les Causses, l'Aubrac, il y en a pour tous les goûts, avec un choix de kilométrages et de dénivelés pour toutes les envies et tous les mollets... Une quarantaine d'adhérents du club se retrouve les lundis, mercredis et samedis à 13 heures sur la place du Pré commun de La Canourgue, pour les sorties d'entraînement sur route. Le club organise aussi des randos à vélo dans le département et au-delà tout au long de l'année.

LA LAURENT JALABERT

MAZAMET
✆ 06 35 17 43 68
www.uvmazamet.fr
En août. 4 courses, 2 randos à partir de 18 et 15 ans. Inscription web. Départ 8h.

La cyclosportive Jalabert se déroule chaque année au mois d'août et vous propose de découvrir la Route des lacs, les monts de Lacaune et son célèbre Pic du Montalet culminant à 1 256 m. Choisissez entre deux parcours : la Laurent, 142 km et 2500 m de dénivelé, et la Nicolas, 105 km et 1450 m de dénivelé. Une randonnée cyclotouriste de 40 km pour tous permet de participer à cette fête du vélo en découvrant les paysages de la Vallée du Thoré, sur la Voie Verte, entre Mazamet et Lacabarède pour une journée placée sous le signe du plaisir de rouler ensemble.

LA MONTÉE JALABERT À VÉLO

Place du Foirail
MENDE
✆ 04 66 94 00 23
www.ot-mende.fr

Parce qu'il en faut pour tous les niveaux, nous nous adressons cette fois aux plus sportifs d'entre vous, à qui peut-être la montée Jalabert évoque quelque chose… Il s'agit en fait de la côte de la Croix-Neuve, rebaptisée ainsi par les Mendois depuis la victoire de Laurent Jalabert à l'une des courses cyclistes organisées ici. Vous vous sentez l'âme d'un champion ? Rendez-vous alors à l'Office de Tourisme pour vous procurer une carte du site, et en selle !

MONTEE SPORTIVE DE CORDES-TOLOSANNES A VELO

100, boulevard Hubert-Gouze
MONTAUBAN
✆ 05 63 21 79 65
www.tourisme-tarnetgaronne.fr
Gratuit. 6,6 km, assez difficile.

Avant de vous lancer pour cette étape sportive, pourquoi ne pas prendre le temps de visiter l'abbaye de Belleperche qui sert de cadre au musée des Arts de la Tables et que vous pouvez aujourd'hui visiter gratuitement. Vous êtes fin prêt ? Alors en selle ! Les 6,6 kilomètres qui vous attendent s'annoncent assez rudes, mais le jeu en vaut bien la chandelle : à votre arrivée à Cordes-Tolosannes, vous jouirez d'un panorama exceptionnel sur la vallée de la Garonne et les coteaux du Quercy.

MONTPELLIER À VÉLO

Place de la Comédie - **MONTPELLIER**
✆ 04 67 60 60 60
www.montpellier-tourisme.fr
Stations en libre-service ouvertes 7j/7 et 24h/24. Deux premières heures de location gratuites. Puis, 0.50€/heure.

Vous êtes sportif ou amateur de balades ? Montpellier dispose d'un réseau cyclable de près de 160 kilomètres pour vous. Moins cher, plus écologique, plus rapide aux heures de pointe et très agréable pour une escapade sous le soleil, le vélo se présente comme une activité aux nombreux bienfaits. Si vous ne possédez pas votre propre vélo, l'agglomération se charge de vous en fournir un en location. Rendez-vous dans l'une des 49 stations automatiques de Vélomagg' et servez-vous : plus de 2 000 vélos sont à votre disposition dans toute la ville de Montpellier !

NATURAVÉLO

Office de tourisme - **TORREILLES**
✆ 04 68 28 41 10
www.tourisme-pyreneesorientales.com
Ouvert toute l'année. Dépliant à télécharger et QR- codes à scanner sur les panneaux de balisage des 3 circuits à vélo.

L'Office de Tourisme et l'association Torreilles Vivre le sport ont créé des parcours destinés à la découverte du village et de ses alentours. Littoral sauvage, ruelles typiques du Vieux-Torreilles et hauts lieux de son patrimoine culturel : Naturavélo vous propose trois circuits de 9 km, 14 km ou 20 km, considérés comme faciles et idéals pour des balades en famille. On peut rejoindre le Barcarès, Sainte-Marie, Rivesaltes et même Perpignan. Vous découvrirez des paysages bruts avec en point de mire la chaîne des Pyrénées catalanes et le mythique Canigó.

PISTE CYCLABLE EDMOND BLANC À BEAUCAIRE

BEAUCAIRE
www.provence-camargue-tourisme.com

À pied ou à vélo, vous évoluerez le long du Rhône, sur une piste en sable sans trop de dénivelé, jusqu'à l'abbaye de Saint-Roman. Il est déjà prévu que d'ici quelques années, cette Voie verte soit prolongée jusqu'au Pont du Gard ; elle mesurera alors 18 kilomètres, cette route cyclable qui relie le lac Léman à la Méditerranée. Mais rassurez-vous, cela vous laisse le temps de vous perfectionner !

- **Tarif :** gratuit.
- **Distance :** 4 km.
- **Difficulté :** facile.

RANDO-VELOS TOULOUSE METROPOLE

6, rue René-Leduc - **TOULOUSE** ✆ 05 67 73 80 79
www.toulouse-tourisme.com
Premier dimanche du mois d'avril à novembre. Départ place du Capitole. Gratuit, sans inscription. À partir de 12 ans.

Dès que les beaux jours arrivent, Toulouse Métropole donne rendez-vous à tous les amateurs de la petite reine chaque premier dimanche du mois, à 10 heures, place du Capitole, pour deux heures de randonnée urbaine. Ces promenades sont gratuites, sans inscription, ouvertes à tous à partir de douze ans (les mineurs doivent toutefois être accompagnés). C'est un plan futé pour apprécier de façon conviviale le patrimoine toulousain, car chaque promenade propose un circuit différent.

RANDONNÉE VTT BALISÉE

Point de départ : la Tour Philippe le Bel
VILLENEUVE-LÈS-AVIGNON

Une balade en vélo rafraichissante et assez facile. Les vignes, la garrigue et la faune vous accompagnent tout du long !

L'itinéraire propose trois boucles de 25 km au total. Il ne comporte pas de difficultés majeures et ravira les amateurs de nature. En suivant les balises de couleur le long du contre canal, vous pénétrez d'abord les terres puis les sous-bois qui vous conduiront jusqu'au barrage de Villeneuve. Traversez, dépassez le camping, il suffit de suivre les bornes ou les panneaux et de longer le Rhône pour revenir au point de départ, la Tour Philippe Le Bel. C'est une balade rafraîchissante et intéressante, entre eau, vigne, garrigue et faune diversifiée.

SUR LES RAILS DU LARZAC

Gare - **SAINTE-EULALIE-DE-CERNON**
✆ 05 65 58 72 10
www.surlesrailsdularzac.com

De 16 € à 25 € par adulte, 7 à 10 € par enfant, selon âge et parcours. Réservation préalable sur le site demandée.

Voilà une façon originale de découvrir la vallée du Cernon, en parcourant une ancienne voie ferrée pleine de charme et de mystère au départ de Sainte-Eulalie-de-Cernon. Plusieurs parcours sont proposés : le grand voyage, les explorateurs, les orchidées, et les papillons, sur lesquels tunnels et viaducs s'enchaînent. Accessible à tous, les balades durent entre une et quatre heures et l'on peut à loisir s'arrêter et prendre une photo de la vallée. Bravo au propriétaire pour la sauvegarde du patrimoine ferroviaire qui permet une randonnée originale et amusante.

RANDONNÉE VTT SALAGOU MANIA

www.salagoumania.fr

Adultes : 13 €, moins de 16 ans : 6 €, moins de 12 ans : gratuit. Inscription obligatoire.

La Salagou Mania est une randonnée VTT qui se déroule au mois de septembre. Elle comporte des parcours adaptés aux différents niveaux de pratiques. Le Salagou est l'un des lieux les plus réputés pour la pratique familiale ou sportive du VTT. La Salagou Mania, c'est avant tout un site, surprenant, attachant, ludique, mais qui peut aussi être technique et varié. Cette manifestation a déjà fait ses preuves. Plus de 1200 vététistes répondent présent chaque année. Inscrivez-vous !

LE TOUR DE LA LOZÈRE CYCLOTOURISTE

CHASTEL-NOUVEL
✆ 04 66 94 07 63
www.cycloclubmendois.fr

Tarifs : 7 € pour les licenciés FFCT,10 € pour les autres participants.

Le Tour de la Lozère est une randonnée permanente labellisée par la fédération française de cyclotourisme (F.F.C.T.) et initiée par le Cyclo Club Mendois. Il ne vous reste plus qu'à vous laisser guider sur les petites routes de Lozère, le long des 600 km. Vos pérégrinations vous conduiront à la découverte du parc national des Cévennes. Après inscription, on reçoit un dossier comprenant les cartes du parcours, des informations sur les sites et monuments ainsi qu'un carnet de route.

ROUTE DES COLS

www.lespyrenees.net/route_des_cols

Le site Web de la Route des Cols est édité par la Confédération pyrénéenne de tourisme. La Route des Cols passe par 34 grands cols de montagne répartis sur 952 km. Près de la moitié de son parcours est située dans la région Midi-Pyrénées. Selon vos envies et votre niveau cycliste, vous pourrez bien sûr parcourir toute la Route des Cols à vélo ou gravir seulement un ou plusieurs de ses grands cols. Dans l'onglet Cols, vous trouverez le profil des parcours conduisant à chacun des grands cols de Midi-Pyrénées (point de départ, distance, dénivelé)... A vos guidons !

LA VÉLITTORALE (EV8) - LE BARCARÈS À CANET-PLAGE

Place de la République - **LE BARCARÈS**
✆ 04 68 86 16 56
www.portbarcares.com

Tarif : gratuit. Distance : 13 km. Difficulté : facile.

Comme son nom l'indique, cette Véloroute évolue le long des plages, et comme son nom l'indique, elle est uniquement praticable à vélo. Dommage pour les piétons, qui devront trouver une autre option. Aménagés dans le cadre d'un plus vaste projet qui reliera plus tard Le Barcarès à Argelès-Plage, ses 13 kilomètres vous donnent de sympathiques opportunités pour vous entraîner entre Le Barcarès et Canet-Plage. Constituée à 70 % de Voie verte, la piste longe en grande partie la RD 81.

VELOCITÉ LANGUEDOC

23, rue de la Condamine
MONTPELLIER
www.velocite-montpellier.fr
Adhésion chômeurs : 5 € ; adhésion simple : 8 € ; adhésion couples 12 € ; adhésion de soutien 16 € ou plus.

Vélocité est née du mouvement Vélorution en automne 2005. Montpellier a ainsi rejoint le club des villes « vélorutionnaires ». Les Vélorutions sont des manifestations à vélo avec un côté festif. L'objectif est de valoriser le déplacement à vélo, rassembler et défendre les usagers du vélo, améliorer la sécurité des cyclistes et vivre dans des villes plus humaines, plus respirables. L'association propose également des balades « balades de Vélocité » qui permettront de découvrir la ville et ses alentours. Elles vont de 10 km aller/retour à des boucles de 100 km.

VELOROUTE DE L'AVEYRON - MONTAUBAN ET BRUNIQUEL

4, rue du Collège - **MONTAUBAN**
✆ 05 63 63 60 60
www.montauban-tourisme.com
Tarif : gratuit. Distance : 36 km (ou partie seulement). Difficulté : facile.

Voici une portion de la Véloroute de la Vallée de l'Aveyron, qui relie Montauban et Laguépie. Vous partez donc du chef-lieu de Tarn-et-Garonne, et empruntez des petites routes, jalonnées de panneaux directionnels. En 36 kilomètres, l'itinéraire atteint finalement Bruniquel via les communes de Saint-Étienne-de-Tulmont, Nègrepelisse, Bioule, Saint-Laurent-de-Maynet et Montricoux. Si vous ne vous sentez pas de le parcourir dans son intégralité, vous pouvez bien sûr ajuster votre circuit !

VELOROUTE ENTRE SAINT-CIRQ-MADELON ET GOURDON

24, Rue du Majou
GOURDON
✆ 05 65 27 52 50
www.tourisme-gourdon.com
Tarif : gratuit. Distance : 8 km. Difficulté : facile.

Si cette Véloroute débute bien à Saint-Cirq-Madelon, elle se termine très exactement au plan d'eau d'Écoute s'il Pleut, à l'entrée de Gourdon. Ne comptez donc pas relier les deux centre-villages. Si vous êtes à la recherche d'une sortie vélo sympa, en revanche, cette promenade en Bouriane saura vous combler. Agréable, son itinéraire évolue sur des petites routes plus sécuritaire que la moyenne, à tel point même qu'on l'apparenterait presque à une Voie verte.

VOIE VERTE ENTRE CARMAUX ET CAP' DECOUVERTE

Moulin albigeois
ALBI
✆ 05 63 77 32 10
www.af3v.org
Accès libre.

Cette voie verte suit le cheminement de l'ancienne voie ferrée qui reliait autrefois Carmaux à la mine de la Découverte. Aujourd'hui, les rails ont laissé place à une plaisante balade ombragée et la mine à une base de loisirs plutôt complète. Disposant de 35 kilomètres de pistes cyclables accessibles gratuitement, elle vous permettra de poursuivre votre effort physique un peu plus longtemps. Seul bémol : le revêtement n'est pas idéal pour les rollers.

Le Barcarès, port de la Côte Radieuse.

2 ROUES VERTES

185, avenue des Etats-Unis - **TOULOUSE**
✆ 09 50 21 30 98
www.2rouesvertes.fr
Ouvert le mardi, le mercredi, le vendredi et le samedi de 10h à 13h et de 14h à 18h30 ; le jeudi de 14h à 20h.

Installé au nord des Minimes, 2 Roues Vertes est le leader de la mobilité électrique à Toulouse. Cette enseigne assure la vente, la maintenance et la location des vélos à assistance électrique et des équipements annexes. C'est la bonne adresse pour disposer d'un vélo de ville électrique haut de gamme : VTC électrique pour s'éloigner un peu des voies goudronnées, VTT électrique pour la randonnée sportive assistée, mais aussi des motos électriques et même des patinettes électriques. Une autre adresse de l'enseigne est située le long du canal à Labège.

LE BARJONAUTE

282, rue Carnot - **VAUVERT**
✆ 06 03 53 65 64
www.lebarjonaute.com
Ouvert toute l'année (en fonction de la météo). Location 1/2 journée : à partir de 30 € ; guidage à partir de 30 €.

Jean-Jacques Courrée est un globe-trotter qui a parcouru les grands espaces en voiture, à vélo et en voilier. Installé à Vauvert, il souhaite vous faire partager sa passion des barjomobiles ! Ces drôles d'engins ressemblent à des tricycles couchés que l'on conduit allongé sur le dos. Ces étranges vélos sont à louer à la demi-journée, et pour les plus courageux, à la journée ou pour plusieurs jours. Le Barjonaute vous propose des locations de trikes, version anglaise de ces barjomobiles. Vous pourrez louer sacoches et remorque pour vos randonnée de plusieurs jours.

AU BON VÉLO

52, rue Saint-Guilhem
MONTPELLIER
✆ 04 99 67 65 25
www.aubonvelo.com
Du mardi au samedi de 10h à 13h et de 14h à 18h30.

Si le ronronnement des moteurs se fait de plus en plus discret dans le centre de Montpellier, c'est bien parce que le cœur de l'Écusson est devenu le terrain de jeu des piétons et des cyclistes. Il faut dire que ça pédale dans les ruelles de la cité ! Les profils d'utilisateurs sont très variés. Une seule chose les unit : le besoin d'avoir une adresse de confiance où obtenir et/ou entretenir leur monture. Au Bon Vélo a su répondre à ce besoin en s'implantant dans l'hypercentre. Toutes les bicyclettes y sont entretenues avec le même amour et talent.

LE CANAL DU MIDI À VÉLO

Allées Paul-Riquet - **BÉZIERS**
✆ 06 38 12 32 82
www.relaxrentals.fr
Location de vélo de 75 € pour 3 jours (durée mini) à 120 € la semaine. Tarifs des grands itinéraires sur le site.

À 400 m de la gare de Béziers, Relax Rentals propose des vélos et VTT à la location pour la journée ou à la semaine. Il vous sera possible d'en louer près du canal du Midi pour improviser vos promenades. Dès l'arrivée des beaux jours, c'est idéal pour une sortie en famille ! Attention, une pièce d'identité est demandée et une assurance de responsabilité civile est préférable. Pour les longues randonnées, des services de transfert sont proposés. Retrouvez les différentes formules sur le site Internet et n'hésitez pas à prendre contact avec l'agence pour réserver.

CIGALE AVENTURE

3, rue de l'Horloge - **LE VIGAN**
✆ 09 80 36 37 84
www.cigaleaventure.com
Ouvert de fin mars à début octobre. Réservation obligatoire. Tarifs complets sur le site.

Cigale Aventure est l'adresse qu'il faut avoir dans un coin de sa tête lorsqu'on manque d'inspiration pour ses vacances. En effet, cet établissement n'est pas qu'un loueur de vélo, c'est aussi un magicien des vacances. De nombreuses activités sont proposées pour tous les âges : l'escalade, du canyoning, de la spéléologie, via ferrata, parcours aventures, canoës-kayaks, randonnées famille en VTT... Et des parcours sur mesure en VTT qui traversent causses et montagnes, jusqu'à l'horizon maritime. C'est une vraie mine d'or ! De bons moments nature en perspective !

CYCLABLE MONTPELLIER

7 bis, quai des Tanneurs
MONTPELLIER
✆ 04 67 10 07 77
montpellier-centre.cyclable.com
Ouvert du mardi au samedi de 10h à 13h et de 14h à 19h.

Afin de correctement vous équiper et d'entretenir votre monture, plusieurs magasins de cycles ont vu le jour en ville et dans les communes alentour. Cyclable a suivi cet engouement de près et propose depuis 2005 de se charger de votre équipement. Membre d'une société présente aux quatre coins du pays, la boutique a su mettre en avant sa grande expertise tout en conservant sa nature de magasin de proximité. Que ce soit pour une acquisition, une réparation ou encore de la location, la petite équipe des lieux sera là pour vous guider avec le sourire.

CYCLOLIBRE CARCASSONNE

53, bd Jean Jaurès
✆ 04 68 77 73 12
Location vélos électriques 7j/7, 24h/24, 365 j/an. 1€ pour débloquer le vélo, premier ¼ d'heure gratuit, puis 3€/heure.

Cyclolib, c'est la façon idéale de circuler à Carcassonne en mobilité douce. En effet, ce ne sont pas moins de 50 vélos électriques, d'une autonomie de 60 km qui sont mis à disposition du grand public, en libre service, sur 5 stations de recharge et 4 autres points de dépôt. Ce moyen de transport répond à une nécessité de la part de la ville, d'améliorer les déplacements intramuros, et est indissociable du plan de création des pistes cyclables développé depuis 2015. Téléchargez l'appli cyclolib pour l'utilisation de votre vélo.

EBIKE PREMIUM

13, boulevard Ledru Rollin - **MONTPELLIER**
✆ 06 82 59 65 82
www.ebikepremium.com
Ouvert du lundi au samedi de 9h30 à 19h. Achat. Location (1h 15€, une journée 45€, week-end 70€).

Spécialisée dans la vente et la location de vélos électriques, la boutique s'est bâtie une belle réputation auprès des amateurs et des professionnels de la branche. Entre ses murs, des dizaines de cycles n'attendent qu'à être essayés et appréciés. Vélos vintage, customiser, adaptés à la plage, il y en a pour toutes les tendances. Côté composition, vous découvrirez le confort des freins à disques hydrauliques, d'un cadre en aluminium, d'un moteur à propulsion arrière, de la belle mécanique ! Location à prix très attractifs, réservation conseillée.

FLYING CAT

1, quai Charles Lemaresquier - **SÈTE**
✆ 09 60 46 18 20
www.flying-cat.fr
Ouvert du lundi au samedi de 9h à 12h et de 14h à 19h. Location vélo à partir de 19 €/jour. Possible jusqu'à 14 jours.

Tout style de vélo à assistance électrique pour toutes utilisation du typé VTT au typé beach, du plus U.S au plus pliable (au fond du coffre de la voiture ou du bateau). On compte pas moins de 6 modèles et tous d'excellentes qualités. Wilfrid et Jacques assemblent même du sur mesure si vous voulez le vélo de vos rêves. La gamme Flying-Cat utilise des batteries au lithium-ion, (li-ion) offrant un bon rapport poids puissance. Les cadres sont en alu. Et les vélos sont beaux, tout simplement. Le S.A.V est de la même veine : efficace et professionnel.

GALEXIA

104, avenue Vauban
FRONTIGNAN
✆ 06 19 98 75 88
D'avril à septembre + vacances scolaires, du vendredi au mardi 9h-12h et 14h-17h. Vélo adulte à partir de 15€/jour.

Galexia assure vente, réparation et location de vélos pour adultes et enfants : vélos électrique, de ville, VTT, tandems, vélos pour PMR, mais aussi remorque, siège bébé... Bonus : on peut se faire livrer son vélo sur le lieu de ses vacances. L'équipe fait également guide pour partir en balade-nature autour de Frontignan. Plusieurs circuits amènent à découvrir la richesse de la lagune de Thau, les parfums de garrigue, les salins... Il existe même des sorties gourmandes qui se terminent sur une dégustation de coquillages et de muscat. Une adresse à partager.

HOSTELLERIE DE LA POSTE €€

16, avenue Victor-Pilhes
TARASCON-SUR-ARIÈGE
✆ 05 61 05 60 41
www.lhostellerieposte.fr
Logis de France. Ouvert toute l'année midi et le soir. Menus du terroir 22 €. Menu enfant 12 €.

L'Hostellerie de la poste, situé au bord de la rivière est un ancien relais de poste au charme rustique, authentique. Vous vous régalerez dans la grande salle réchauffée par une imposante cheminée, s'il fait un peu frisquet.. ou vous pourrez opter pour la vaste terrasse couverte offrant une vue panoramique d'exception sur la vallée avec les montagnes comme fond d'écran ! Au menu, de quoi vous faire plaisir : foie gras poêlé au muscat, *azinat* spécialité locale à base de choux et de charcuterie de pays, agneau au four, cassoulet. Incontournable. Garage moto, vélo

INDIGO WEEL - VÉLOS ET SCOOTERS

TOULOUSE
www.indigoweel.com
Vélo : à partir de 0,05 € la minute. Scooter : à partir de 0,28 € la minute.

Les vélos en flotte libre, vous connaissez : vous localisez le vélo le plus proche à l'aide d'une application dédiée, vous l'utilisez le temps nécessaire et vous le laissez à la disposition du prochain client à votre point d'arrivée. Depuis 2019, Indigo Weel vous permet à Toulouse de louer un scooter exactement sur le même principe. 50 km/h maximum, deux places, deux casques, un top-case : futé pour les courses en ville sans souci de stationnement !

LOCAVÉLO

3, rue du Plô-d'Orbiel
TRÈBES
✆ 04 68 78 68 81
www.locavelo.fr
En été ouvert tous les jours de 10h à 20h, sur rdv le reste de l'année.

Installé à Trèbes, depuis plus de 14 ans au cœur du vieux village, entre l'église et le canal du Midi, le credo de Locavélo est de satisfaire vos moindres désidératas. Quelle que soit votre envie, le type de sortie que vous envisagez, ils vous conseilleront au mieux pour vous trouver le type de monture adaptée. Leur situation géographique offre un départ idéal pour des balades et randonnées à votre rythme. Vous trouverez chez eux tous les accessoires indispensables à la pratique du cycle (casques, kit anti-crevaison, pompe, remorque enfants, sièges bébé...).

OZONE VTT

1, avenue du Lac-du-Salagou
CLERMONT-L'HÉRAULT
✆ 04 67 96 27 17
www.vtt-salagou.com
Basse saison : ouvert du mardi au samedi de 9h à 12h et de 15h à 19h. Haute saison le lundi aussi.

Tenu par des passionnés, ce magasin offre tout le matériel et les conseils pour entreprendre une randonnée autour du lac du Salagou. Ozone, spécialiste incontesté, loue et répare tous les engins, propose des circuits (de la demi-journée à la journée), libres ou encadrés par un moniteur diplômé et organise même des stages tous niveaux, une belle balade pour découvrir le lac et sa nature environnante. Évadez-vous dans des paysages surprenants sur le site du Salagou, le cœur d'Hérault et ses gorges, le Larzac et ses contreforts escarpés qui vous enchanteront.

LE PETIT PLATEAU

rue de la gare
LES CABANNES
✆ 06 42 42 84 35
www.vtt-location-ariege.com
Ouvert tous les jours de 8h30 à 12h30. Après-midi sur réservation.

« Quand on partait de bon matin, quand on partait sur les chemins... à bicyclette ». En Ariège, il y a Montand et descendant. Vous pourrez louer aux Cabannes ou sur le plateau de Beille des VTT enfants et adultes, à assistance électrique, pour des promenades en famille, seul ou avec un guide ! Le matériel est récent et performant. On peut également louer ou acheter un large panel d'accessoires pour agrémenter la rando. Robin réparera et en prendra le plus grand soin. Bon à savoir, pendant la saison de ski, vente de forfaits. Location luge, raquettes.

VELO LOVE

140, boulevard Jean-Moulin - **VALRAS-PLAGE**
✆ 04 67 37 34 79
www.velo-love.com
A partir de 13 € la demi-journée/ 19 € la journée/ 44 € la semaine pour un VTT ou vélo de ville. Location de rosalies.

Installé depuis des lustres dans la station balnéaire, Vélo Love loue des Rosalies (de 2 à 15 places), et des cycles, l'occasion idéale pour faire une petite balade le long du boulevard du Front-de-Mer. Les vélos individuels, pour adultes et enfants, mais aussi des tandems peuvent se louer à la demi-journée, à la journée, et même jusqu'à deux semaines. Des itinéraires cyclotouristiques sont à votre disposition, et un large choix d'accessoires apporte plus de confort à votre location (remorque, siège bébé, panier...). La réservation est vivement conseillée.

LES VÉLOS D'ADRIEN

2 ter, rue des Cinq-Parts
MARCIAC
✆ 06 51 32 38 62
Réservation par téléphone tous les jours pendant le festival.

Passionné par les vélos, Adrien les a collectionnés, restaurés et parfois même transformés. Il a amassé pas moins d'une centaine de vélos en tous genres qui, à sa disparition en 2009, semblaient voués à l'oubli. C'était sans compter sur la détermination de Jeannot et Rémi Lacour qui ont lancé un service de location de deux-roues. Vélo de ville, VTT, VTC et même tandem sont disponibles pour arpenter les environs pendant le festival. Les compères louent aussi des rosalies aux abords du lac. Elles peuvent embarquer de 4 à 6 personnes, pour des balades de 30 minutes.

W - VILLE & VÉLO

41, boulevard de Strasbourg - **MONTPELLIER**
✆ 06 98 67 95 12
www.velo-et-ville.net/
Ouvert du mardi au samedi de 10h à 19h. Vente. Réparation. Location.

Erwin a débarqué des Pays-Bas avec une passion commune à tous les Hollandais : le vélo ! Son rêve était de devenir « le docteur du vélo » et il l'a réalisé en 2015. Dans son atelier, on trouve un large choix de vélos de ville essentiellement des Pays-Bas. De très beaux deux-roues design sous la marque Roetz ou encore Union ou Sandwichbikes qui propose de drôles de vélos en bois à monter soi-même ! Avec l'office de tourisme, Erwin vous propose 3 itinéraires touristiques bien sympas à dos de vélo : Montpellier Urbaine, Le Chemin des Plages, Entre Vignes et Oliviers.

PAYS DE LA LOIRE

Ce territoire de l'Ouest de la France, largement ouvert sur la mer et son littoral, couvre six départements : Mayenne, Sarthe, Loire-Atlantique, Maine-et-Loire et Vendée. Comprenant une trentaine de réserves naturelles régionales et nationales, profitant de la douceur angevine et de ses trésors patrimoniaux, traversée par la Loire, fleuve royal par excellence, la région des Pays-de-la-Loire est une destination qui saura combler toutes les envies d'activités plus ou moins sportives. Des fleurons touristiques que sont l'abbaye de Fontevraud, le Puy du Fou ou encore les Sables-d'Olonne, aux aquariums qui lèvent les secrets des richesses des fonds marins, en passant par le fabuleux Zoo de la Flèche qui, entre brousse et plaine asiatique, héberge de nombreuses espèces, et les escales citadines au Mans, avec son célèbre circuit, à Nantes et à Angers, à la découverte du patrimoine, vous avez le choix !

BEAULIEU-SUR-LAYON – LES COTEAUX DU LAYON
(MAINE-ET-LOIRE)

- **Itinéraire :** Beaulieu-sur-Layon, les coteaux du Layon.
- **Total :** 56,4 km.
- **Difficulté :** facile avec des dénivelés sur les coteaux du Layon.
- **Durée :** entre 2 heures 30 et 5 heures, entre 20 à 10 km/h

LIEUX	Km partiel	Km cumul	Routes
BEAULIEU-SUR-LAYON	0	0	Rue de l'Orée
MOZÉ-SUR-LOUET	6	6	D204
BRISSAC-QUINCÉ	6	12	D130
VAUCHRÉTIEN	3,5	15,5	D55
FAYE-D'ANJOU	6	21,5	D55
BONNEZEAUX	3,5	25	D199
MARTIGNÉ-BRIAND	7,5	32,5	D199 D114
AUBIGNÉ-SUR-LAYON	3	35,5	D748
FAVERAYE-MACHELLES	5	40,5	D408
RABLAY-SUR-LAYON	9,5	50	D120 D125
BEAULIEU-SUR-LAYON	2,5	52,5	D54

MOZÉ-SUR-LOUET
BRISSAC-QUINCÉ
Flashez pour le tracé GPX
D 204
D 130
D 55
L'Oisellerie
31min - 9,5km
20min - 6,4km
Vauchrétien
La Châtaigneraie
BEAULIEU-SUR-LAYON
Le Fondreau
33min - 10km
La Mercerie
D 90
D
A
2,5km
14min
D 54
Bois De La Blanchetière
FAYE-D'ANJOU
RABLAY-SUR-LAYON
C 5
D 125
BONNEZEAUX
13min - 3,7km
Le Moulin Milon
D 199
Chavagnes
45min - 11km
Thouarcé
Champ-sur-Layon
D 114
D 20
La Grouas
Faveraye
28min - 8,5km
Les Brosses
Etiau
Faveraye-Mâchelles
MARTIGNÉ-BRIAND
D 408
D 748
Villeneuve
12min - 3,8km
Les Petits Marchais
Valanjou
La Comerie
D 84
AUBIGNÉ-SUR-LAYON
Tigné
3KM
D Départ
A Arrivée
Itinéraire (56,4 km)
m
Altitude
Difficulté : facile
120
100
80
60
40
20
0
10
20
30
40
50
km
Dénivelé positif : 325 m
Dénivelé négatif : 336 m
Vihiers

DE SAINT-JEAN-DE-MONTS AUX SABLES D'OLONNE, LA CÔTE DE LUMIÈRE (VENDÉE)

- **Itinéraire :** De Saint-Jean-de-Monts aux Sables-d'Olonne, la Côte de Lumière.
- **Total :** 52 km.
- **Durée :** de 3 heures 15 à 6 heures 30, entre 20 et 10 km/h.
- **Difficulté :** facile. Balade sur le littoral via pistes cyclables et voies partagées.

© CHRISTIAN MUSAT - ADOBESTOCK

LIEUX	Km partiel	Km cumul	Routes
SAINT-JEAN-DE-MONTS	0	0	Remblai
SAINT-HILAIRE-DE-RIEZ	11,4	11,4	Piste cyclable
BRÉTIGNOLLES-SUR-MER	27,6	39	Piste cyclable
BERN-SUR-MER	8,6	47,6	Piste cyclable
LES SABLES-D'OLONNE	16,4	64	Piste cyclable Remblai

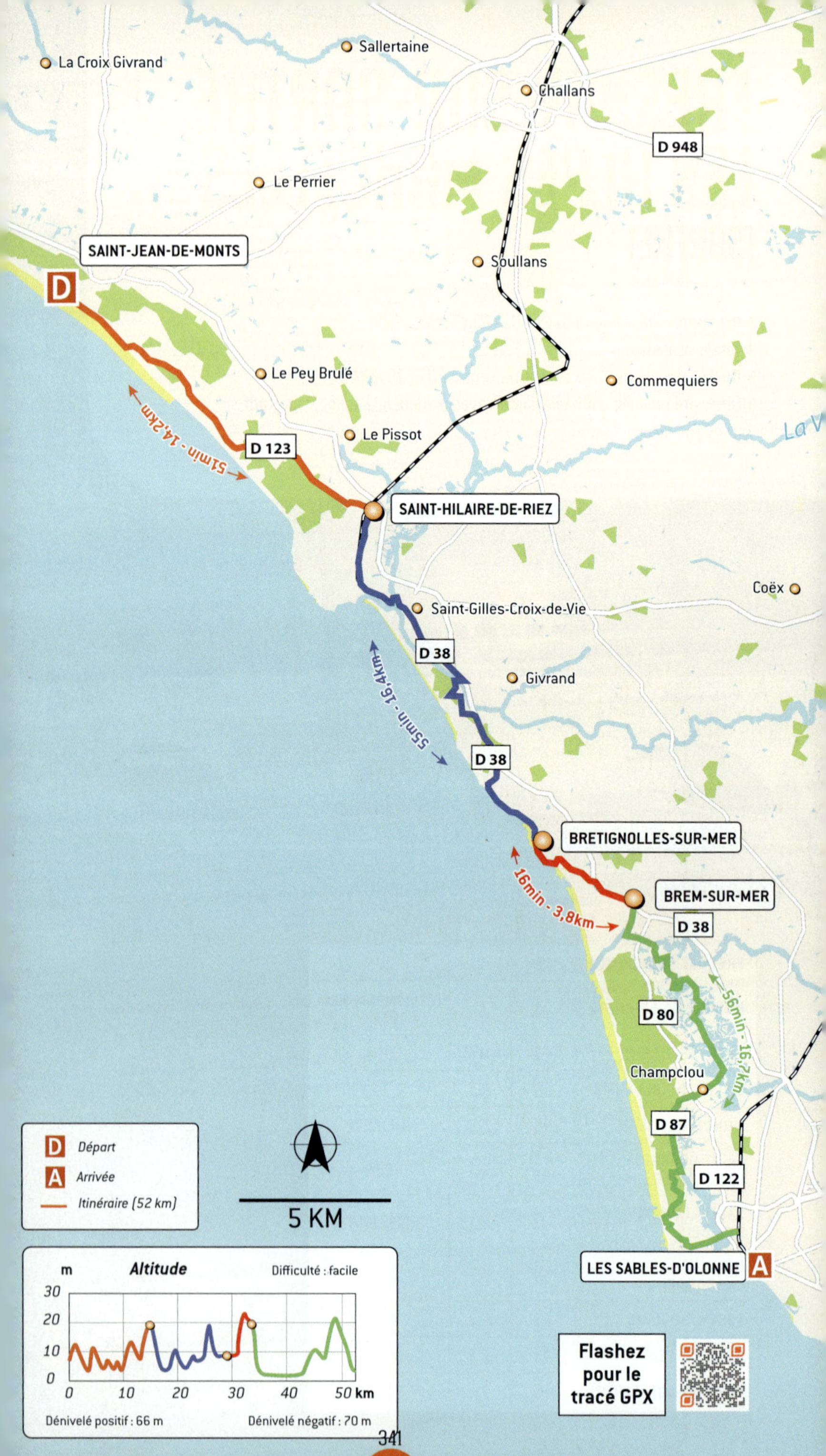

La Croix Givrand
Sallertaine
Challans
D 948
Le Perrier
SAINT-JEAN-DE-MONTS
D
Soullans
Le Pey Brulé
Commequiers
51min - 14,2km
D 123
Le Pissot
La V
SAINT-HILAIRE-DE-RIEZ
Coëx
Saint-Gilles-Croix-de-Vie
D 38
Givrand
55min - 16,4km
D 38
BRETIGNOLLES-SUR-MER
16min - 3,8km
BREM-SUR-MER
D 38
D 80
56min - 16,7km
Champclou
D 87
D 122
LES SABLES-D'OLONNE
A
D Départ
A Arrivée
Itinéraire (52 km)
5 KM
m
Altitude
Difficulté : facile
30
20
10
0
0
10
20
30
40
50 km
Dénivelé positif : 66 m
Dénivelé négatif : 70 m
Flashez pour le tracé GPX

FRESNAY-SUR-SARTHE, LES ALPES MANCELLES (SARTHE)

- **Itinéraire :** Fresnay-sur-Sarthe, les Alpes mancelles.
- **Total :** 71,2 km.
- **Durée :** de 3 heures 30 à 7 heures, entre 20 et 10 km/h.
- **Difficulté :** moyen à difficile. Circuit avec un dénivelé assez important.

LIEUX	Km partiel	Km cumul	Routes
FRESNAY-SUR-SARTHE	0	0	D21
MONTREUIL-LE-CHÉTIF	7,3	7,3	D21 suivre Saint-Aubin D226B
PEZÉ-LE-ROBERT	7,5	14,8	D173
SILLÉ-LE-GUILLAUME	5,7	20,5	D5
MONT-SAINT-JEAN	9,3	29,8	D310, D105
SAINT-GEORGES-LE-GAULTIER	6,7	36,5	D105
SAINT-LÉONARD-DES-BOIS	12,6	49,1	D105, D204
MOULINS-LE-CARBONNEL	5,9	55	D146
ASSÉ-LE-BOISNE	6,2	61,2	D200
SAINT-VICTEUR	4,3	65,5	D106 bis
FRESNAY-SUR-SARTHE	5,5	71	D111, D15

© IMLADRIS - ADOBESTOCK

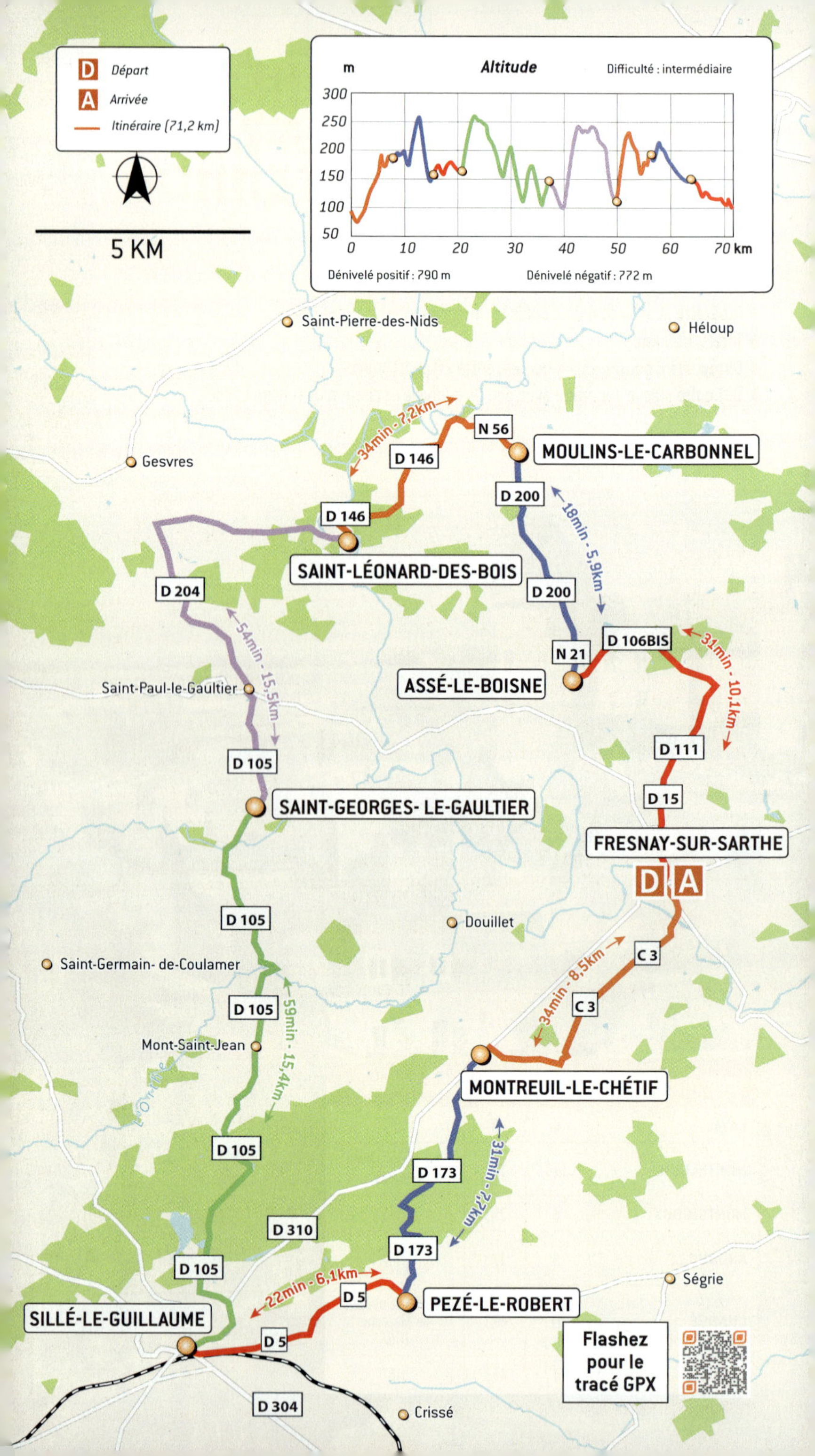

D Départ
A Arrivée
Itinéraire (71,2 km)
5 KM
m
Altitude
Difficulté : intermédiaire
300
250
200
150
100
50
0
10
20
30
40
50
60
70 km
Dénivelé positif : 790 m
Dénivelé négatif : 772 m
Saint-Pierre-des-Nids
Héloup
34min - 7,2km
N 56
D 146
MOULINS-LE-CARBONNEL
Gesvres
D 200
18min - 5,9km
D 146
SAINT-LÉONARD-DES-BOIS
D 204
D 200
D 106BIS
31min - 10,1km
N 21
54min - 15,5km
ASSÉ-LE-BOISNE
Saint-Paul-le-Gaultier
D 111
D 105
D 15
SAINT-GEORGES- LE-GAULTIER
FRESNAY-SUR-SARTHE
D
A
D 105
Douillet
C 3
Saint-Germain- de-Coulamer
34min - 8,5km
D 105
59min - 15,4km
C 3
Mont-Saint-Jean
L'Orthe
MONTREUIL-LE-CHÉTIF
31min - 7,7km
D 105
D 173
D 310
D 173
D 105
22min - 6,1km
Ségrie
D 5
PEZÉ-LE-ROBERT
SILLÉ-LE-GUILLAUME
D 5
Flashez pour le tracé GPX
D 304
Crissé

LAVAL, LE CHEMIN DE HALAGE DE LA MAYENNE
(MAYENNE)

- **Itinéraire :** Laval, chemin de hâlage de la Mayenne.
- **Total :** 43,5 km.
- **Durée :** de 2 heures 15 à 4 heures, entre 20 et 10 km/h.
- **Difficulté :** facile. Itinéraire avec peu de dénivelé et chemin de halage balisé.

JEAN PIERRE MARTIN - ADOBESTOCK

LIEUX	Km partiel	Km cumul	Routes
LAVAL	0	0	
MONTFLOURS	15,3	15,3	Chemin de halage (balisé PK)
MONTGIROUX	6	21,3	D250
ANDOUILLÉ	8	29,3	D12 D225
CHANGÉ	11	40,3	D131 via Saint-Jean-de-Mayenne D167
LAVAL	4	44,3	D167

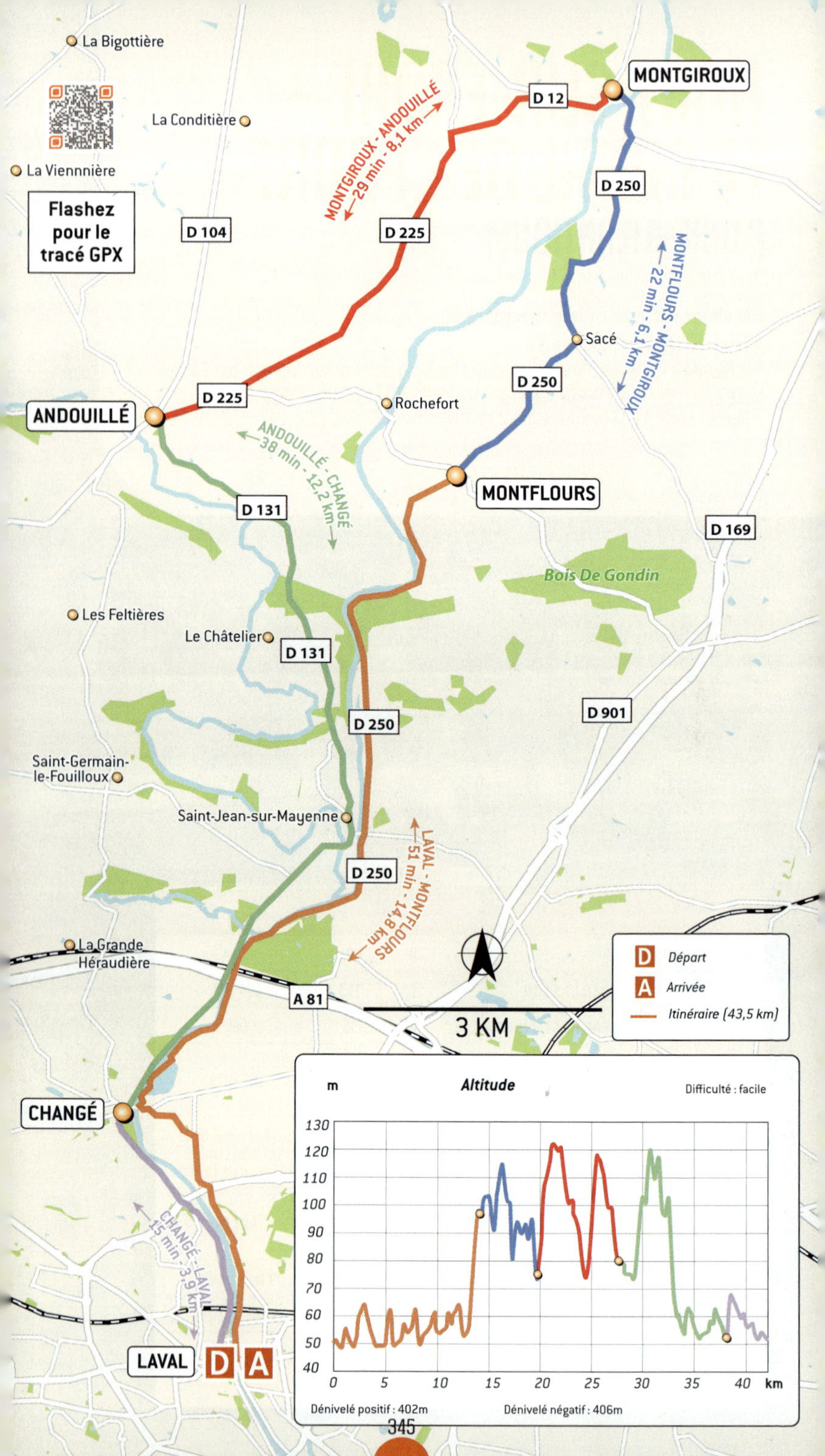
La Bigottière
La Conditière
La Viennnière
Flashez pour le tracé GPX
D 104
MONTGIROUX
D 12
MONTGIROUX - ANDOUILLÉ
29 min - 8,1 km
D 225
D 250
MONTFLOURS - MONTGIROUX
22 min - 6,1 km
Sacé
ANDOUILLÉ
D 225
Rochefort
ANDOUILLÉ - CHANGÉ
38 min - 12,2 km
MONTFLOURS
D 131
D 169
Bois De Gondin
Les Feltières
Le Châtelier
D 131
D 250
D 901
Saint-Germain-le-Fouilloux
Saint-Jean-sur-Mayenne
LAVAL - MONTFLOURS
51 min - 14,8 km
D 250
La Grande Héraudière
A 81
3 KM
D Départ
A Arrivée
Itinéraire (43,5 km)
CHANGÉ
CHANGÉ - LAVAL
15 min - 3,9 km
LAVAL
D
A
m
Altitude
Difficulté : facile
130
120
110
100
90
80
70
60
50
40
0
5
10
15
20
25
30
35
40
km
Dénivelé positif : 402m
Dénivelé négatif : 406m

NORT-SUR-ERDRE – LE CANAL DE L'ERDRE

(LOIRE-ATLANTIQUE)

- **Itinéraire :** Nort-sur-Erdre, le canal de l'Erdre.
- **Total :** 52 km et/ou 46,5 km.
- **Difficulté :** facile avec quelques dénivelés. 2 parcours possibles, soit par Casson soit en prenant la D26 pour accéder sur les bords de l'Erdre (le Lavoir).
- **Durée :** entre 3 et 5 heures, entre 20 à 10 km/h.

LIEUX		Km partiel	Km cumul	Routes
NORT-SUR-ERDRE		0	0	D164
SUCÉ-SUR-ERDRE	PAR CASSON	13,5	13,5	D26, D37
	PAR LA D69 (LE LAVOIR)	16	16	D69
CARQUEFOU		6	19,5 / 22	D37, D178
LE GRAND FRESNE		8	27,5 / 30	D178, les lieux-dits : Le Chêne Plante, La Ceriseraie, La Noë
SAINT-MARS-DU-DÉSERT		6,5	34 / 36,5	D89, D9
PETIT-MARS		5,5	39,5 / 42	D9, les lieux-dits : La Tréluère, La Bouffetière, La Bourdinière
NORT-SUR-ERDRE		7	46,5 / 49	D178

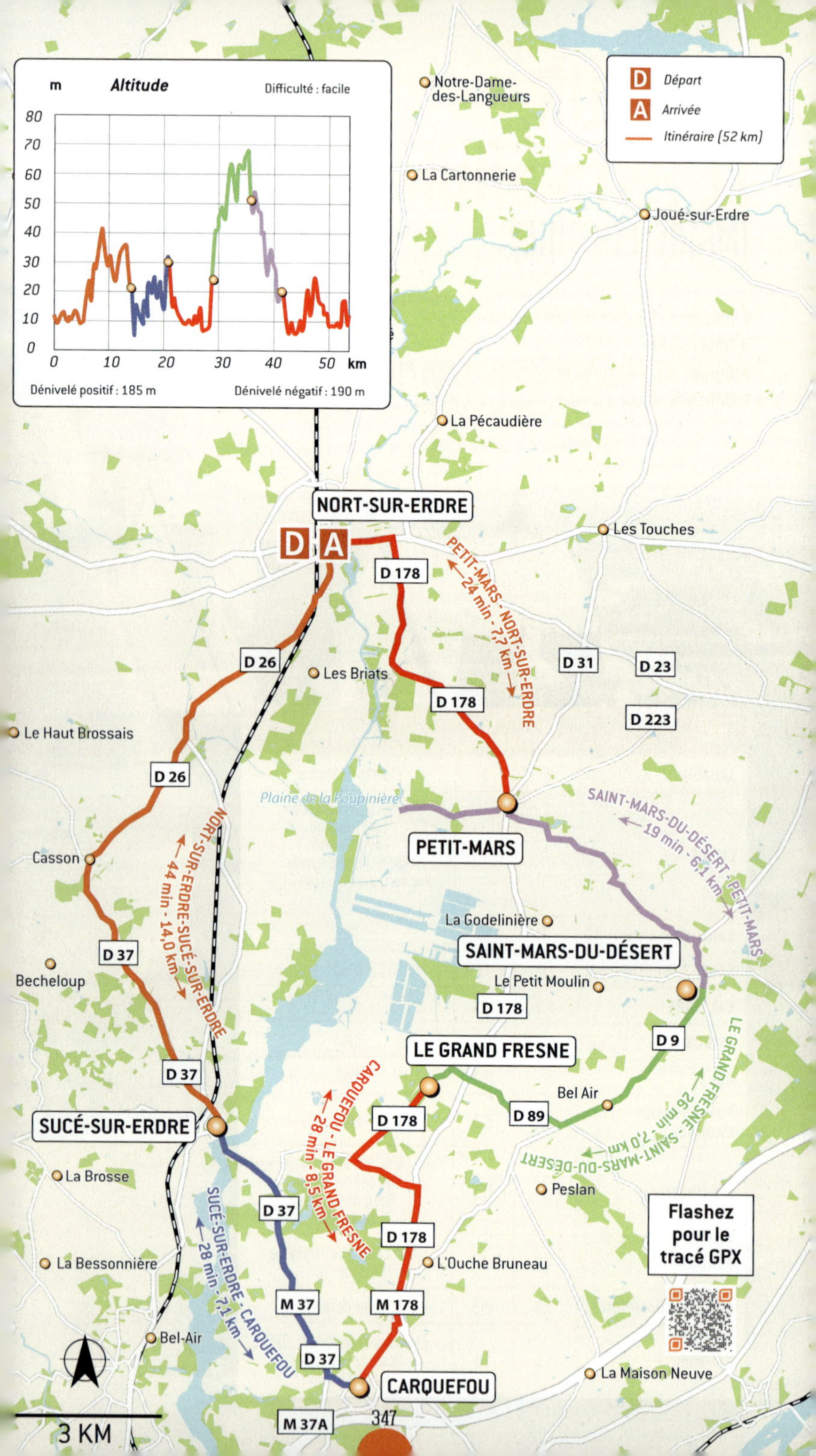

m
Altitude
Difficulté : facile
80
70
60
50
40
30
20
10
0
0
10
20
30
40
50
km
Dénivelé positif : 185 m
Dénivelé négatif : 190 m
D Départ
A Arrivée
Itinéraire (52 km)
Notre-Dame-des-Langueurs
La Cartonnerie
Joué-sur-Erdre
La Pécaudière
NORT-SUR-ERDRE
D
A
Les Touches
D 178
PETIT-MARS - NORT-SUR-ERDRE
24 min - 7,7 km
D 26
Les Briats
D 31
D 23
D 178
D 223
Le Haut Brossais
D 26
Plaine de la Poupinière
PETIT-MARS
SAINT-MARS-DU-DÉSERT - PETIT-MARS
19 min - 6,1 km
Casson
NORT-SUR-ERDRE-SUCÉ-SUR-ERDRE
44 min - 14,0 km
La Godelinière
SAINT-MARS-DU-DÉSERT
D 37
Becheloup
Le Petit Moulin
D 178
D 9
LE GRAND FRESNE
LE GRAND FRESNE - SAINT-MARS-DU-DÉSERT
26 min - 7,0 km
D 37
CARQUEFOU - LE GRAND FRESNE
28 min - 8,5 km
Bel Air
SUCÉ-SUR-ERDRE
D 178
D 89
La Brosse
Peslan
D 37
Flashez pour le tracé GPX
D 178
La Bessonnière
L'Ouche Bruneau
SUCÉ-SUR-ERDRE - CARQUEFOU
28 min - 7,1 km
M 37
M 178
Bel-Air
D 37
La Maison Neuve
CARQUEFOU
3 KM
M 37A
347

SAUMUR, LE PAYS SAUMUROIS

(MAINE-ET-LOIRE)

- **Itinéraire :** Saumur, le Pays saumurois.
- **Total :** 60 km.
- **Durée :** entre 3 heures et 5 heures 30, entre 20 et 10 km/h.
- **Difficulté :** facile à moyen, routes vallonnées.

CARLOS - ADOBESTOCK

LIEUX	Km partiel	Km cumul	Routes
SAUMUR	0	0	Château de Saumur
CHACÉ	7	7	Rue du Maréchal-Leclerc Pont Fouchard Rue du Dolmen Rue du Vieux-Bagneux Rue des Gravelles (suivre D160) D205
SAINT-CYR-EN-BOURG	3	10	D93
SAINT-JUST-SUR-DIVE	3	13	D162
BALLOIRE	5,5	18,5	D178
EPIEDS	3,5	22	D266
BRÉZÉ	3,5	25,5	D93
FONTEVRAUD-L'ABBAYE	7	32,5	D162
MONTSOREAU	9	41,5	Centre-ville, Rue Robert-d'Arbrissel Rue de l'Hermitage Route de Couziers La Roncheraie
TURQUANT	3,5	45	D751, Chemin de Herpinière Route des Vins
SOUZAY-CHAMPIGNY	5,5	50,5	Route des Vins
SAUMUR	5,5	56	Chemin de la Rouaillière, D145 Route de Champigny Rue des Moulins

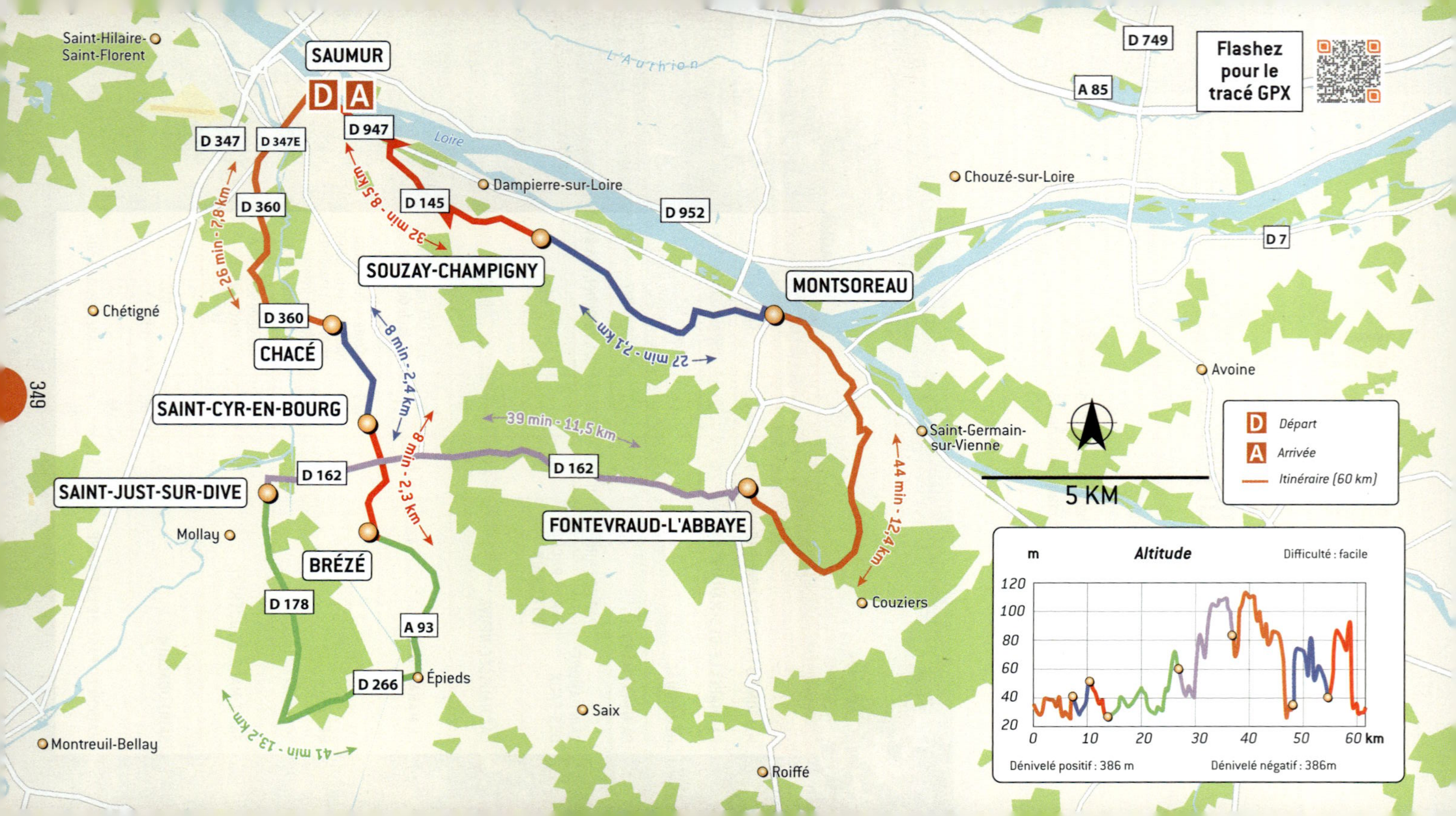

Saint-Hilaire-Saint-Florent
SAUMUR
D
A
D 347
D 347E
D 947
Loire
L'Authion
D 749
A 85
Flashez pour le tracé GPX
Dampierre-sur-Loire
D 145
D 360
26 min - 7,8 km
32 min - 8,5 km
Chouzé-sur-Loire
D 952
D 7
SOUZAY-CHAMPIGNY
MONTSOREAU
Chétigné
D 360
CHACÉ
8 min - 2,4 km
27 min - 7,1 km
Avoine
SAINT-CYR-EN-BOURG
39 min - 11,5 km
8 min - 2,3 km
Saint-Germain-sur-Vienne
D 162
D 162
SAINT-JUST-SUR-DIVE
FONTEVRAUD-L'ABBAYE
44 min - 12,4 km
5 KM
D Départ
A Arrivée
Itinéraire (60 km)
Mollay
BRÉZÉ
Couziers
D 178
A 93
D 266
Épieds
Saix
Montreuil-Bellay
41 min - 13,2 km
Roiffé
m
Altitude
Difficulté : facile
120
100
80
60
40
20
0
10
20
30
40
50
60 km
Dénivelé positif : 386 m
Dénivelé négatif : 386m

LE PARC NATUREL DE LA BRIÈRE

(LOIRE-ATLANTIQUE)

- **Itinéraire :** Parc naturel de la Brière.
- **Total :** 54 et/ou 68,7 km.
- **Durée :** entre 3 heures 30 et 6 heures, entre 20 à 10 km/h.
- **Difficulté :** facile, tour du Grand Étang de la Brière.

LIEUX		Km partiel	Km cumul	Routes
MAISON DU PARC DE LA BRIÈRE		0	0	Île de Fredun
LA CHAPELLE-DES-MARAIS		10	10	D50 par Saint-Joachim
HERBIGNAC		7,5	17,5	Rue de la Saulzaie, D2, Sapillon, D33
SAINT-LYPHARD		7	24,5	D47
SAINT-ANDRÉ-DES-EAUX	PAR KERHINET	13,5	28	D51, *Kerhinet*, D48, D47
	PAR LE ROCHER DU ROHAIN	11	35,5	D47
LA CHAUSSÉE-NEUVE		3,5	31,5 39	D127
LE MARAIS-D'UST		5	36,5 44	D127, D47, route de Brais, route de l'Angle
BERT		6	42,5 50	Route de Quémeneau, route de Cuneix, Marsac, route des Grenouillères, Aucard-Trembly, rue des Grimaudières
SAINT-MALO-DE-GUERSAC		5	47,5 55	Route de Bert, Loncé, rue des Pâtures, Le Pin, D50
SAINT-JOACHIM		5	52,5 60	D50
MAISON DU PARC DE LA BRIÈRE		1,5	54 61,5	Route Maison du Parc

© HASSAN BENSLIMAN - ADOBESTOCK

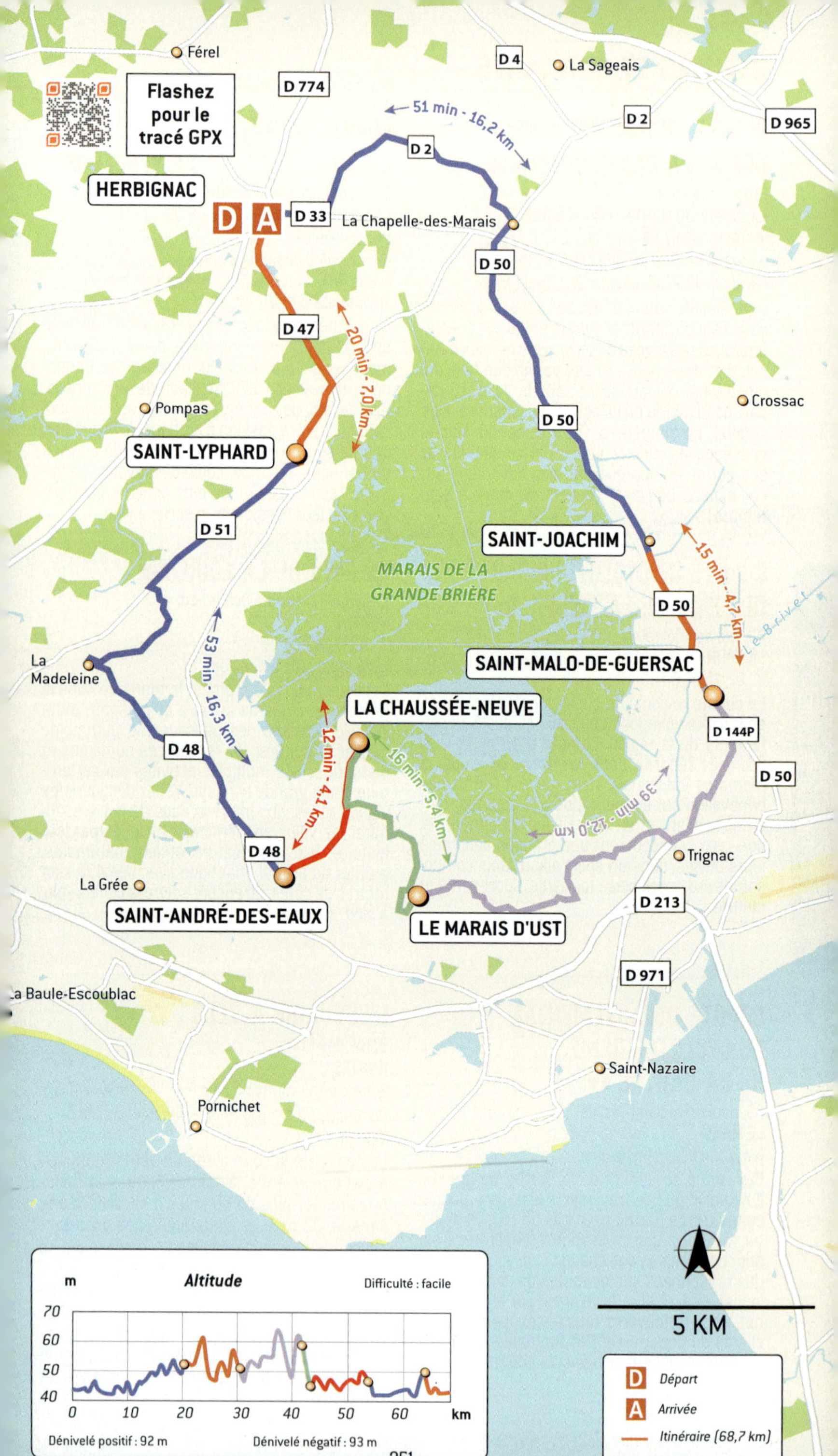

Flashez pour le tracé GPX
Férel
D 774
D 4
La Sageais
D 2
D 965
51 min - 16,2 km
D 2
HERBIGNAC
D
A
D 33
La Chapelle-des-Marais
D 50
D 47
20 min - 7,0 km
Pompas
Crossac
D 50
SAINT-LYPHARD
D 51
SAINT-JOACHIM
15 min - 4,7 km
MARAIS DE LA GRANDE BRIÈRE
D 50
Le Brivet
La Madeleine
53 min - 16,3 km
SAINT-MALO-DE-GUERSAC
LA CHAUSSÉE-NEUVE
D 144P
12 min - 4,1 km
16 min - 5,4 km
D 48
D 50
39 min - 12,0 km
D 48
Trignac
La Grée
D 213
SAINT-ANDRÉ-DES-EAUX
LE MARAIS D'UST
D 971
La Baule-Escoublac
Saint-Nazaire
Pornichet
m
Altitude
Difficulté : facile
70
60
50
40
0
10
20
30
40
50
60
km
Dénivelé positif : 92 m
Dénivelé négatif : 93 m
5 KM
D Départ
A Arrivée
Itinéraire (68,7 km)

BOUCLE DU DAVIAUD A VÉLO DEPUIS LA BARRE-DE-MONTS

Place de la Gare
LA BARRE DE MONTS - FROMENTINE
✆ 02 51 68 51 83
www.fromentine-vendee.com
Distance 11,7 km, environ 2h. Circuit facile.

Cette balade nature à l'est de La Barre-de-Monts vous fera découvrir le marais tel qu'il fut autrefois, avec ses levées de terre, ses chenaux d'eau salée et d'eau douce et ses vannes en bois qui aujourd'hui disparaissent sous la vase. Au départ de la mairie du village, votre itinéraire vous conduit notamment à l'écomusée du Marais vendéen ; les curieux qui décideront de pousser ses portes en apprendront bien davantage sur cet espace paysager (ouvert de mars à septembre).

COMITÉ DE CYCLOTOURISME DES PAYS-DE-LA-LOIRE

80, rue des Coteaux
SAUMUR
✆ 02 41 67 64 40

Le comité régional de cyclotourisme des Pays-de-la-Loire, composé des comités des 5 départements de la région, compte environ 11 000 licenciés répartis dans environ 220 clubs et membres individuels. C'est grâce à l'effort des bénévoles, qui animent clubs et comités, tout en accueillant et en conseillant les adhérents, que ceux-ci découvrent une pratique adaptée à leurs envies, dans un sport alliant trois composantes indissociables : tourisme, sport-santé et culture.

COMITÉ DÉPARTEMENTAL DE CYCLOTOURISME DE LA SARTHE

29, boulevard Saint-Michel
LE MANS
www.sarthe-cyclisme.com

Bienvenue au comité de la Sarthe de la FFCT. Il ne suffit pas de traverser « le pays » pour le connaître. La Sarthe n'est pas un musée à visiter, mais bien une civilisation à rencontrer. C'est pour cette raison que chaque club vous propose des randonnées sur les routes de campagne et la visite de nombreux villages. Sur le site Internet, vous retrouverez tous les événements cyclistes du département et l'actualité autour de la petite reine pour de beaux moments sportifs.

COMITÉ DÉPARTEMENTAL DE CYCLOTOURISME DE LA VENDÉE

202, boulevard Aristide Briand
LA ROCHE-SUR-YON ✆ 06 08 99 33 25
http://vendee.ffct.org
« La Vendée au fond du cœur », 5 boucles labellisées BPF, 1 grande boucle « Tour de Vendée », cyclotourisme 700 km.

Le comité de Vendée de la Fédération française de Cyclotourisme vous invite dans le département vendéen pour parcourir les routes et sentiers, au travers d'un vaste choix de randonnées, tout au long de l'année. Vous y trouverez de quoi satisfaire votre passion à pratiquer la bicyclette, que ce soit en sortie loisir ou pour de courtes randonnées de type cyclo-découverte en famille. Les novices et les plus aguerris pourront partager leur passion de la sortie à vélo.

EN PAYS DE LA LOIRE

7, rue du Général de Bollardière
NANTES
✆ 02 40 89 89 89
www.enpaysdelaloire.com

L'agence régionale promeut le tourisme dans la Région des Pays de la Loire et présente toute la belle diversité des paysages, le patrimoine naturel et culturel, les ressources humaines et historiques, les multiples activités sur ce territoire d'une grande richesse. Venez découvrir les vignes et les vins *made in* Pays de la Loire, admirer les villes emblématiques, riches par leur histoire, leur architecture et leur patrimoine, profiter du littoral atlantique avec ses 450 kilomètres de côtes, ou encore suivre la Loire à vélo, à pied, sur l'eau...

L'ESTUAIRE À VÉLO

9, rue des États
NANTES
www.nantes-tourisme.com
Distance : 60 km (au total) ; difficulté : facile à difficile. Gratuit.

L'estuaire de la Loire abrite un véritable musée à ciel ouvert entre la ville de Nantes et Saint-Nazaire. Sur plus de 60 km, s'y succèdent une série de 33 œuvres contemporaines apportant chacune un regard singulier sur l'espace qui lui est dédié. Sortez vos vélos ou courez en louer un, et pédalez à votre rythme au gré de la brise ligérienne. Bien entendu, vous n'êtes pas obligé de vous rendre jusqu'à Saint-Nazaire ! Laissez-vous surprendre par cet itinéraire fléché, signalé au départ de Nantes et réconciliant la ville et son fleuve.

LA LOIRE À VELO

SAVENNIÈRES

✆ 02 41 23 51 51

www.loireavelo.fr

Ouvert toute l'année.

En selle ! Depuis Nevers, situé dans le centre de la France, jusqu'à Paimbœuf en Loire-Atlantique, le parcours « La Loire à Vélo » offre près de 800 kilomètres d'itinéraire balisé. Ce voyage permet de relier les prémisses du fleuve royal à son embouchure, sur la côte Atlantique. Le parcours, truffé de lieux incontournables, atypiques ou méconnus, est une véritable rencontre avec soi et les autres. À votre rythme, en famille, entre amis ou en solitaire, des centaines d'établissements vous accueillent tout au long de ce chemin magnifique et passionnant. En Maine-et-Loire, la Loire à Vélo conduit de Montsoreau (commune frontalière de l'Indre-et-Loire) à Champtoceaux. Le parcours traverse le département de bout en bout, alliant pistes cyclables et petites routes peu fréquentées. Pour traverser Angers, deux itinéraires vous sont proposés : un premier par la ville, où l'on partage la route avec les autres véhicules, ou un second par le sud (via Trélazé et Les Ponts-de-Cé), où l'on jouit de la tranquillité des communes excentrées et de leurs paysages verdoyants. Après Angers, sur le chemin en direction de l'Atlantique, vous aurez l'opportunité de découvrir Savennières et ses paysages enchanteurs, ou encore l'île de Béhuard et son église à ciel ouvert, toutes deux classées « Petite cité de caractère ». Au départ de Bouchemaine, de Montjean ou d'ailleurs, rejoignez l'aventure d'où il vous plaira ! Retrouvez toutes les informations utiles dans les offices de tourisme du département, ou sur la page Facebook « Fan de Loire à Vélo ».

LA LOIRE À VÉLO EN MAINE-ET-LOIRE

Place Kennedy

ANGERS

✆ 02 41 23 51 51

www.anjou-tourisme.com

© STÉPHAN SZEREMETA

À quelques encablures d'Angers, nous avons la chance de pouvoir admirer l'un des plus beaux fleuves d'Europe et le plus grand de France ! Sur les 1 012 kilomètres qui le composent, 126 traversent le département. S'aventurer le long des rives angevines de la Loire, c'est d'abord contempler de magnifiques paysages : îlots sableux, villages en tuffeau, sans oublier ses célèbres châteaux. Pour trouver l'itinéraire qui vous sied le mieux, rendez-vous sur le site d'Anjou Tourisme.

LA LOIRE À VÉLO- LE MARAIS D'AUTHION

2, place du Port Charles Sigogne

LOIRE-AUTHION

✆ 02 41 57 01 82

www.loire-a-velo.fr

Itinéraire bis de La Loire à Vélo, ce parcours plat est idéal en famille. La vallée et les bords de l'Authion offrent un paysage rural typique sur lequel le frêne règne en maître. Dans ses étendues marécageuses se succèdent roselières animées par les oiseaux tels que le héron, espaces cultivés par les horticulteurs et maraîchers, moulins... 4 itinéraires classiques sont proposés au départ de Saint-Mathurin, ainsi que 4 circuits VTT (au départ de Brain-sur-l'Authion).

RANDONNÉES PÉDESTRES ET CYCLISTES

BRISSAC LOIRE AUBANCE

Blaison-Saint-Sulpice est réputé pour être un lieu privilégié pour les randonnées pédestres (plus de 60 kilomètres de sentiers balisés) et le VTT. Les randonneurs que n'effraient pas les fortes côtes découvriront de somptueux panoramas sur le fleuve et la vallée. Renseignez-vous également auprès de l'office de tourisme Loire-Layon-Aubance (située à Chalonnes-sur-Loire, ayant aussi un bureau à Brissac) pour trois circuits en plus, dont deux accessibles aux cavaliers et aux vélos.

LES SENTIERS CYCLABLES DE VENDÉE

www.vendee-tourisme.com

Aujourd'hui, 1 000 km d'itinéraires cyclables sillonnent la Vendée. Sur ces sentiers, tout est mis en œuvre pour votre sécurité : voies en site propre ou à faible circulation, signalétique adaptée. Restez cependant vigilants et respectez scrupuleusement le code de la route. À terme, vous pourrez parcourir tout le littoral vendéen, une interconnexion avec la Loire-Atlantique au nord et le Marais Poitevin au sud vous permettra même de prolonger encore le plaisir.

LE VELOO DE LA FORET

105, rue Joseph Benatier - **LES SABLES-D'OLONNE**

✆ 06 10 52 42 59

www.veloodelaforet.fr/

Haute saison : ouvert tous les jours de 10h à 19h. Ce point de location est ouvert uniquement en saison.

Les vélos de Guénael ne manquent pas d'originalité avec leur robe noire à poids blancs. Il propose un large choix de modèles pour les petits et les grands, ainsi que des vélos électriques. Ce magasin proche du Super U propose la vente, la location et aussi la réparation de cycles. En plus de la location à l'heure, la demi-journée, journée ou plus, Guénael propose de faire des balades insolites (minimum 10 personnes) : brunch dans les marais, dégustation d'huîtres, rencontre avec un skipper... En saison, un autre point de location ouvre au Château-d'Olonne.

SENTIERS CYCLOS

DAMVIX

Brochure en vente disponible à l'office de tourisme de Maillezais qui décrit ces différents tracés avec précision.

Au départ de Damvix, il y a trois circuits : des Vals d'Autize (33 km), des écluses (20 km), des frênes (20 km), qui vous promèneront à travers le Marais mouillé pour profiter de splendides paysages. Au départ du Mazeau, le circuit des Garennes (26 km) vous fera visiter les ports et cales caractéristiques de la région. Le port de Courdault sera le départ du circuit du halage (16 km) qui vous conduira sur les anciens chemins de halage. Le circuit des Ragondins (16 km) débute à Saint-Pierre-le-Vieux et vous fera parcourir une petite boucle entre marais et plaine.

LE VIGNOBLE À VÉLO : ENTRE BRETAGNE ET ANJOU

LA BOISSIÈRE-DU-DORE

Ce circuit fait une boucle de 9 km au départ de la Boissière-du-Doré. En traversant la Divatte, vous pourrez faire une halte à la ferme de la Péquinière pour ensuite rejoindre le zoo. En passant devant les Tuileries, rejoignez le centre avec son église de style romano-byzantin, avant de revenir vers l'Aubinière et sa chapelle du XVIIe siècle. La fiche de ce circuit est disponible à l'office de tourisme du Loroux-Bottereau et elle est téléchargeable sur le site www.cc-vallet.fr.

UNION CYCLISTE NANTES ATLANTIQUE

25, rue Gaston-Turpin

NANTES

✆ 02 40 93 37 44

www.ucna.fr

La grande équipe cycliste nantaise, qui évolue au niveau DN1 (national), est aussi un vivier de jeunes talents et une excellente formation pour les jeunes amateurs, des minimes aux juniors qui pourront rejoindre plus tard les seniors, puisque toutes les catégories sont représentées. L'UCNA accueille également une école de vélo pour enfants. On y pratique notamment le cyclisme de route, de piste, le BMX, le VTT, le cyclo cross et d'orientation et le vélo Handisport.

VTT

VAL-DU-LAYON

Ouvert toute l'année.

Les coteaux du Layon et de l'Aubance, réputés pour leurs vins moelleux, font le bonheur des amateurs de deux-roues. 13 circuits sont répertoriés selon leur niveau de difficulté. Ici, des tracés pour tous les niveaux (bleu, rouge, vert) vous conduiront à travers les nombreux vignobles du coin où il fait bon goûter aux crus locaux, avec modération si vous devez remonter sur votre vélo…

- Le circuit de Beaulieu-sur-Layon à Bonnezeaux, avec son dénivelé de plus de 300 m et ses 38 km, promet des sensations fortes, doublées de joies esthétiques.

L'ATELIER DU POUPOUPIDOU

21, quai Ernest Renaud - **NANTES**
✆ 06 79 35 83 89
https://lepoupoupidou.fr
Le mardi et le mercredi de 11h30 à 17h ; le jeudi de 8h à 16h ; le vendredi de 8h à 19h ; le samedi de 10h30 à 19h.

L'histoire du Poupoupidou commence en 2015, quand Céline et Marc créent la pince à jupe à vélo afin de faciliter l'usage de la bicyclette en robe ou en jupe. L'accessoire mène le couple jusqu'au concours Lépine où il reçoit la médaille d'argent. Marc ouvre son atelier à vélo en 2017 à Nantes. Chez Poupoupidou, on répare vos bicyclettes, on monte l'assistance électrique sur votre vélo, et on vous propose des accessoires indispensables (perles pour les rayons, stickers réfléchissants, casques airbag et pliant d'Overade, ponchos, paniers...). Une belle adresse !

L'AUTO BÉCANE

8, Rue de la Chaume - **L'ILE-D'YEU**
✆ 02 51 58 70 42
www.autobecane.fr
Ouvert tous les jours de 9h à 12h et de 14h à 18h. Vélo à partir de 15 € la journée. Vélo électrique : 64 €.

Depuis plus de 30 ans, ce loueur à 50 m de la gare maritime, propose la location de vélos, VTT, VTC, tandems, beach bike, vélos enfants, et vélos à assistance électrique. Les parents rajouteront la remorque pour les plus petits qui accueille deux enfants. Les moins courageux trouveront des deux-roues motorisés avec ou sans permis (scooters 50 cm^3, motos 125 cm^3), des voitures dont un de type Suzuki vitara décapotable, et pour les petits groupes, des voitures 7 places ou minibus (jusqu'à 9 personnes). Le dépannage vélo est gratuit.

BICLOO

12, rue Léon Maître - **NANTES** ✆ 01 30 79 33 44
www.bicloo.nantesmetropole.fr
Sans abonnement : 0,75 € la 1re 1/2h. BiclooPlus illimité avec abonnement 36 € : 0,50 € la 1re 1/2h.

Son garde-boue orange a envahi les rues de Nantes. Le bicloo, c'est le système de vélo en libre service de Nantes Métropole. La ville compte aujourd'hui 123 stations installées tous les 300 mètres, et propose pas moins de 1 230 vélos dans un périmètre élargi des facultés jusqu'au sud Loire et de la place Mellinet au boulevard Dalby, aux Nantais et aux touristes. C'est un service disponible 7 jours sur 7 et 24 heures sur 24. Les 30 premières minutes sont offertes. Bien entendu, c'est un excellent moyen de découvrir la ville et de profiter des pistes cyclables.

BIKÉVASION

9, rue du Général Leclerc - **LE POULIGUEN**
✆ 02 40 24 09 10
www.bikevasion.fr
Du mardi au samedi de 9h30 à 12h30 et de 14h à 18h30. De Pâques à la Toussaint tous les jours sur ces horaires.

Basé au port du Pouliguen-La Baule, venez découvrir la boutique de passionnés de cyclisme et de nature, convaincus que le vélo traditionnel ou électrique est un formidable moyen pour rencontrer librement des paysages, des lieux et des personnes. Vous pourrez y louer des vélos adultes et enfants, électriques, tandems, triporteurs et remorques. Parmi les vélos proposés à la location, vous retrouverez la gamme Neomouv. Vous pourrez tester tous les modèles pour la location comme pour la vente. L'établissement propose également des parcours adaptés gratuits.

BLOO BIKE

12 bis, avenue de la Forêt - **SAINT-JEAN-DE-MONTS**
✆ 06 22 60 53 21
www.bloobike.fr
De Pâques à la Toussaint. Haute saison : 7j/7 10h-20h. VTC/VTT : 4 €/h, 14 € pour 1 jour. Vélo électrique, 1 jour 30 €.

Ce loueur propose des vélos de tous styles : VTC, VTT, tandems, rosalies ainsi que les sièges et remorques enfants. Pour les moins courageux, il y a aussi des vélos électriques. La durée de location s'étend de 1 heure à 28 jours. Vous trouverez des équipements famille, avec casques et sièges gratuits. Idéal pour les amoureux ou les parents, le tandem ou les rosalies, que vous avez certainement déjà croisées sur le remblai, sont parfaits. Certaines rosalies accueillent jusqu'à 9 passagers. L'assistance dépannage et l'atelier de réparation sont un plus.

CYCLABLE

25, quai de Versailles
NANTES
✆ 02 28 24 54 03
Du mardi au samedi de 9h à 19h.

Cyclable, c'est un peu la Mecque du vélo à Nantes si tant est que vous soyez un client exigeant avec un portefeuille plutôt bien garni. La qualité, ça se paye ! Vous trouverez ici une belle gamme de vélos, du triporteur familial au vélo de randonnée en passant par le désormais incontournable vélo à assistance électrique ou le vélo pliable, pratique pour combiner transports et pistes cyclables. Vous trouverez également de nombreux accessoires, notamment vintages (casques, sacoches, lampes, etc.) et un atelier pour faire réparer votre fidèle destrier à 2 roues.

CYCLES CHARIER

23, avenue Joseph-Pineau
NOIRMOUTIER-EN-L'ILE
✆ 02 51 39 01 25

Du mardi au samedi, de 9h à 12h30 et de 14h à 18h30. En juillet-août tous les jours de 8h à 19h.

Les Cycles Charier, installés à Noirmoutier, vous accueillent tout au long de l'année pour la location de vélos. Vous aurez le choix parmi plusieurs types : VTT, VTC, entre autres. Depuis peu, la boutique loue des vélos à assistance électrique, idéals pour vous aider dans les montées et rendre vos déplacements plus confortables. Si besoin, complétez avec des accessoires comme des remorques et porte-bagages. Les Cycles Charier vous accompagnent pour la réparation de vos vélos et fait aussi de la location de scooters, à vous les belles balades.

DÉTOURS DE LOIRE

Péniche « Drôle de barge » - **NANTES**
✆ 02 55 10 11 74
https://detoursdeloire.com/

Ouvert du lundi au samedi de 9h30 à 12h30 et de 16h à 18h30 ; le dimanche de 9h30 à 12h30 et de 17h30 à 19h.

Découvrez tranquillement la vallée de la Loire à vélo, ses trésors cachés et ses chemins de traverse avec l'agence Détours de Loire. À vous le doux voyage au son du vent qui glisse dans les rayons du vélo électrique ou mécanique. Le concept est simple : de Nevers à Saint-Brévin, les agences Détours de Loire et de nombreux partenaires (hôtels, campings) vous facilitent la location ou la restitution de votre vélo. Ainsi, vous louez des vélos à Nantes et les rendez à Saint-Brévin. Détours de Loire propose également un service « clés en main » en Touraine.

LES CYCLES DE LA BAIE

74, avenue du Général de Gaulle
PORNICHET
✆ 02 40 42 39 09
www.lescyclesdelabaie.fr

Ouvert le lundi de 14h à 19h ; du mardi au samedi de 9h à 12h30 et de 14h à 19h.

Les amateurs de la petite reine seront comblés ici. Vous pourrez louer des vélos, en acheter ou bien faire réparer votre propre vélo. Vous trouverez également tout l'équipement nécessaire dans la boutique. La gamme de vélos de location des Cycles de la Baie se compose de vélos de ville, à assistance électrique, VTT, VTC, et de vélos de course. À noter que le magasin tient à votre disposition une zone de ravitaillement avec café et petits encas, l'occasion de reprendre des forces après votre balade. Vous obtiendrez à coup sûr ce que vous souhaitez.

L'ÎLOT FAMILLES

site des Chantiers
NANTES
✆ 07 60 22 74 81
www.ilot-familles.com

Horaires selon les périodes (voir site internet). A partir de 9 €/h pour un vélo adulte (5 € enfant).

Située sur l'île de Nantes, l'association L'îlot Familles propose une belle gamme de vélos à la location. Sa particularité est de faire la part belle aux transports adaptés aux familles avec des équipements dédiés comme les sièges enfants, les biporteurs, triporteurs et tandems dotés de cabines pour transporter les enfants les cheveux au vent. Certains vélos sont également équipés pour des personnes à mobilité réduite. Des tarifs avantageux sont réservés aux adhérents. Des conseils de balades sont prodigués avec plans et cartes.

CYCLES VAL D'HUISNE

49, avenue du Général de Gaulle
LA FERTÉ-BERNARD
✆ 02 43 71 44 44

Ouvert du lundi au vendredi de 10h à 12h et de 14h à 18h30 ; le samedi de 10h à 12h et de 14h à 17h30.

C'est une petite adresse bien pratique pour les cyclotouristes qui y trouvent tout ce qu'il faut pour l'entretien et la réparation de leur deux-roues, peu importe le modèle. Le lieu fait aussi boutique avec plusieurs modèles de vélos en vente, pour les adultes comme pour les enfants, tels que des VTT ou des VTC. De multiples accessoires et textiles sont également proposés. Louer des vélos y est possible, électriques ou non, le temps de votre séjour. C'est une escale de spécialistes sur votre itinéraire cycliste, où l'on propose des conseils et des prix honnêtes.

L'ÎLE À VÉLO

12, Rue du Boucaud - **NOIRMOUTIER-EN-L'ILE**
✆ 02 51 35 97 76
www.lile-a-velo.com

Été : 7j/7, 8h-19h. Mi-saison 8h30-18h30. VTT/VTC : 1 jour 14 €, enfant 9 €/11 €. Fatbike 22 €. Vélo électrique 30 €.

Le meilleur moyen de locomotion pour découvrir l'île de Noirmoutier : le vélo. Profitez des paysages au travers des 80 km de pistes cyclables aménagées. Ce loueur de vélos propose la location de vélos (marque Arcade) et accessoires, avec assistance dépannage et livraison gratuite sur l'île, et aussi la vente de cycles et la réparation. Pour la location : vélos pour enfant de 14 à 24 pouces, VTC mixte, VTC pour homme avec grand cadre, remorques enfants et aussi pour les chiens, des tandems, tricycles, des Fat adultes, des vélos électriques (également en vente ici).

LOC & GO

59, impasse Ampère - **LA ROCHE-SUR-YON**
© 02 51 07 01 93
www.locandgo.fr
Vélo adulte/enfant : 1 jour 15 €/11 € ; 1 semaine 49 €/41 €. Vélo électrique : 1 jour 28 € ; 1 semaine 96 €.

Ce loueur de vélos basé à La Roche-sur-Yon propose aux particuliers (mais aussi aux professionnels) une large gamme de vélos à louer ainsi que la vente de cycles et l'entretien et la réparation. L'atelier est également sur place. Fort de quinze années d'expérience, ils offrent une flotte de 1 800 vélos, et le sérieux de professionnels. A louer des VTT, VTC, tandem, vélos enfants et remorques. Ils disposent de plusieurs points de locations dans différents établissements de la côte vendéenne, entre La Tranche-sur-Mer et l'île de Noirmoutier.

SARDINES À VÉLO

13, Boulevard de la Prairie-au-Duc - **NANTES**
© 02 51 72 37 42
www.sardinesavelo.com
Ouvert du mardi au vendredi de 10h à 12h30 et de 14h à 19h ; le samedi de 10h à 12h30 et de 14h à 18h.

Chez Sardines à Vélo, on vend et on répare votre bicyclette. Grâce aux conseils et à l'expertise de l'équipe vous trouverez le vélo qui vous convient, parmi quelques marques plutôt haut de gamme. Vous profiterez aussi d'un large choix d'accessoires : sacoches Ortlieb, porte-bagages Tubus ou casques Abus. Côté atelier (situé au 13, rue de la Tour-d'Auvergne), les doigts de fée de Rémi viendront à bout des roues crevées et de l'entretien de votre Petite Reine, quels que soient sa marque et son état ! Profitez du distributeur de chambres à air en libre-service.

LE VEL' HOP

1, rue du Centre - **BARBÂTRE**
© 02 51 35 80 61
www.cyclhop.fr
D'avril à novembre. Haute saison : 7j/7 9h30-12h30/14h-19h. Autres adresses : La Guérinière et Noirmoutier-en-l'Île.

Vous séjournez sur Barbâtre et recherchez un loueur de vélos pour découvrir cette magnifique île propice aux balades à vélo, permettant de s'arrêter facilement sur les plages ou dans la forêt, ce loueur propose la livraison gratuite à domicile, l'assistance sur toute l'île si vous tombez en panne. Il propose une gamme de vélos de ville et VTC adultes, vélos à assistance électrique, des vélos pour enfants avec location des accessoires (carriole,...). Autre type de balade à faire en famille, en louant une rosalie ! Tarifs dégressifs si vous louez plusieurs jours.

VÉLO COMPANY

21, rue du Pertuis-Breton
LA TRANCHE-SUR-MER
© 02 51 30 40 50
Basse saison : du mardi au samedi de 9h30 à 12h30 et de 14h30 à 18h30. Haute saison : tous les jours de 9h30 à 19h30.

Cette boutique réunit un atelier de réparations de cycles et la vente puisque c'est son parc qu'elle revend en partie chaque saison : VTT, VTC, vélos de ville ou pliants, vélos électriques, Cruiser, trottinettes, sans oublier les accessoires. Sur les deux sites (du centre-ville et du quartier de la Grière), on vous propose aussi des sorties et animations, à la journée ou à la demi-journée. Franchement, ces balades valent le coup. Ce sont des balades et randonnées encadrées où vous apprécierez les paysages qu'offrent la baie d'Aunis.

VELO HORIZON

49, avenue Jean Joxé - **ANGERS**
© 02 72 72 54 44
www.velo-horizon.fr
Ouvert du mardi au vendredi de 9h30 à 12h30 et de 14h à 19h ; le samedi jusqu´à 18h. Labellisé Loire à Vélo.

Anciennement Vert Event, ce spécialiste du vélo électrique a fusionné avec son voisin nantais Vélo Contact, expert du vélo classique. Le magasin de 300 m² est incontournable dans la ville d'Angers et abrite un large choix de vélos toutes catégories et de trottinettes, des accessoires, ainsi qu'un atelier de réparation, d'entretien et de service après-vente. Il est possible d'y louer un vélo, électrique ou classique, à choisir parmi un panel d'une centaine vélos et de faire transférer vos bagages dans certaines villes le long de la Loire !

VELOCITE

6, rue de la Gare
ANGERS
© 02 41 18 13 21
www.angers.fr
Ouvert du mardi au samedi de 9h30 à 12h30 et de 14h à 19h. Fermeture à 18h le samedi.

Emprunter un vélo gratuitement durant plusieurs mois ? C'est possible, à Angers avec le concept Vélocité. Un concept économique et écologique, dont les étudiants sont friands, mais qui s'adresse bien à tout le monde. Pour bénéficier de l'un des vélos du parc de la ville, il suffit simplement d'être majeur, domicilié à Angers ou d'y travailler au quotidien. Une fois inscrit, il ne vous reste plus qu'à ouvrir grand les yeux pour repérer ces fameux vélos. Toutes les informations pratiques sur Vélocité sont accessibles sur le site Internet de la ville.

PASSPORT

PROVENCE-ALPES-CÔTE D'AZUR

Direction le Sud, le soleil, les cigales, la mer et la garrigue ! En dehors des traditionnels clichés, la région Provence-Alpes-Côte-d'Azur offre pléthore d'activités et de lieux à découvrir, tout particulièrement pour les familles férues de nature et de grands espaces. Les parcs naturels régionaux et les réserves naturelles de la région, au climat méditerranéen chaud, possèdent des sites remarquables et très caractéristiques, parfaits pour la pratique de sports de plein air. Le littoral vous offrira, pour sa part, toutes les palettes de la mer et des bords de plage, parfaits pour les activités nautiques, tandis que l'arrière-pays se fera plus authentique et propice aux randonnées. Ne manquez pas la très cosmopolite Marseille, la très chic Nice ou encore l'antique Arles. Histoire et patrimoine vont de pair, arts et traditions font le charme de cette région appréciée des familles.

ARLES, PORTE DE LA CAMARGUE

(BOUCHES-DU-RHÔNE)

- **Itinéraire :** Arles, porte de La Camargue.
- **Total :** 84 km.
- **Durée :** entre 3h et 5h30, 10 à 20 km/h.
- **Difficulté :** facile. Routes tranquilles sans aucun relief.

LIEUX	Km partiel	Km cumul	Routes
ARLES	0	0	D36
VILLENEUVE	14	14	D37
SALIN-DE-BADON	11	25	D36B
SAINT-BERTRAND	4	29	D36C
PEAUDURE	12	41	D36
SAMBUC	6	47	D36
ARLES	19	66	D36

TRAVELPETER · ADOBESTOCK

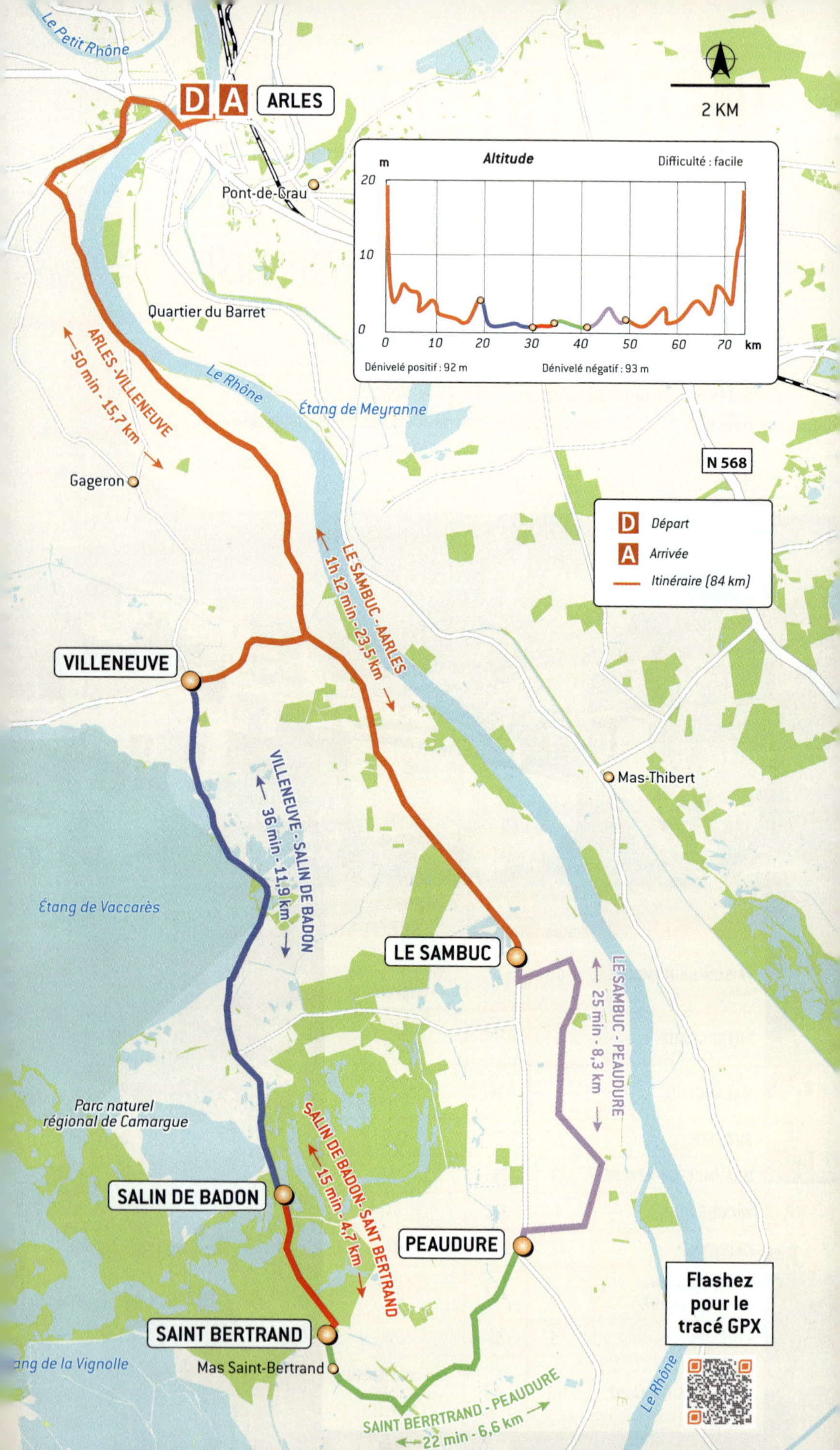

Le Petit Rhône
D A ARLES
2 KM
Altitude
Difficulté : facile
m
20
10
0
0 10 20 30 40 50 60 70 km
Dénivelé positif : 92 m
Dénivelé négatif : 93 m
Pont-de-Crau
Quartier du Barret
ARLES -VILLENEUVE
←50 min - 15,7 km →
Le Rhône
Étang de Meyranne
Gageron
N 568
D Départ
A Arrivée
Itinéraire (84 km)
LE SAMBUC - AARLES
← 1h 12 min - 23,5 km →
VILLENEUVE
Mas-Thibert
VILLENEUVE - SALIN DE BADON
← 36 min - 11,9 km →
Étang de Vaccarès
LE SAMBUC
LE SAMBUC - PEAUDURE
← 25 min - 8,3 km →
Parc naturel régional de Camargue
SALIN DE BADON-SANT BERTRAND
← 15 min - 4,7 km →
SALIN DE BADON
PEAUDURE
Flashez pour le tracé GPX
SAINT BERTRAND
ang de la Vignolle
Mas Saint-Bertrand
SAINT BERRTRAND - PEAUDURE
←22 min - 6,6 km →
Le Rhône

DÉCOUVERTE DU MASSIF DES DENTELLES DE MONTMIRAIL (VAUCLUSE)

- **Itinéraire :** Découverte du massif des Dentelles de Montmirail.
- **Total :** 65 km.
- **Durée :** de 3 heures 30 à 7 heures, entre 20 et 10 km/h.
- **Difficulté :** facile à moyen. Routes entretenues et circulation tranquille.

LIEUX	Km partiel	Km cumul	Routes
VAISON-LA-ROMAINE	0	0	Centre-ville direction Camping Carpe Diem
ENTRECHAUX	7	7	D151 D205
MALAUCÈNE	7	14	D13 D938
SUZETTE	8	22	D90
BEAUMES-DE-VENISE	7,5	29,5	D90
VACQUEYRAS	4	33,5	D7
CAIRANNE	12	45,5	D7
SAINT-ROMAIN-DE-MALEGARDE	7	52,5	D51
BUISSON	3,5	56	D51
VAISON-LA-ROMAINE	11,5	67,5	D51 via Villedieu D94 direction Centre-ville

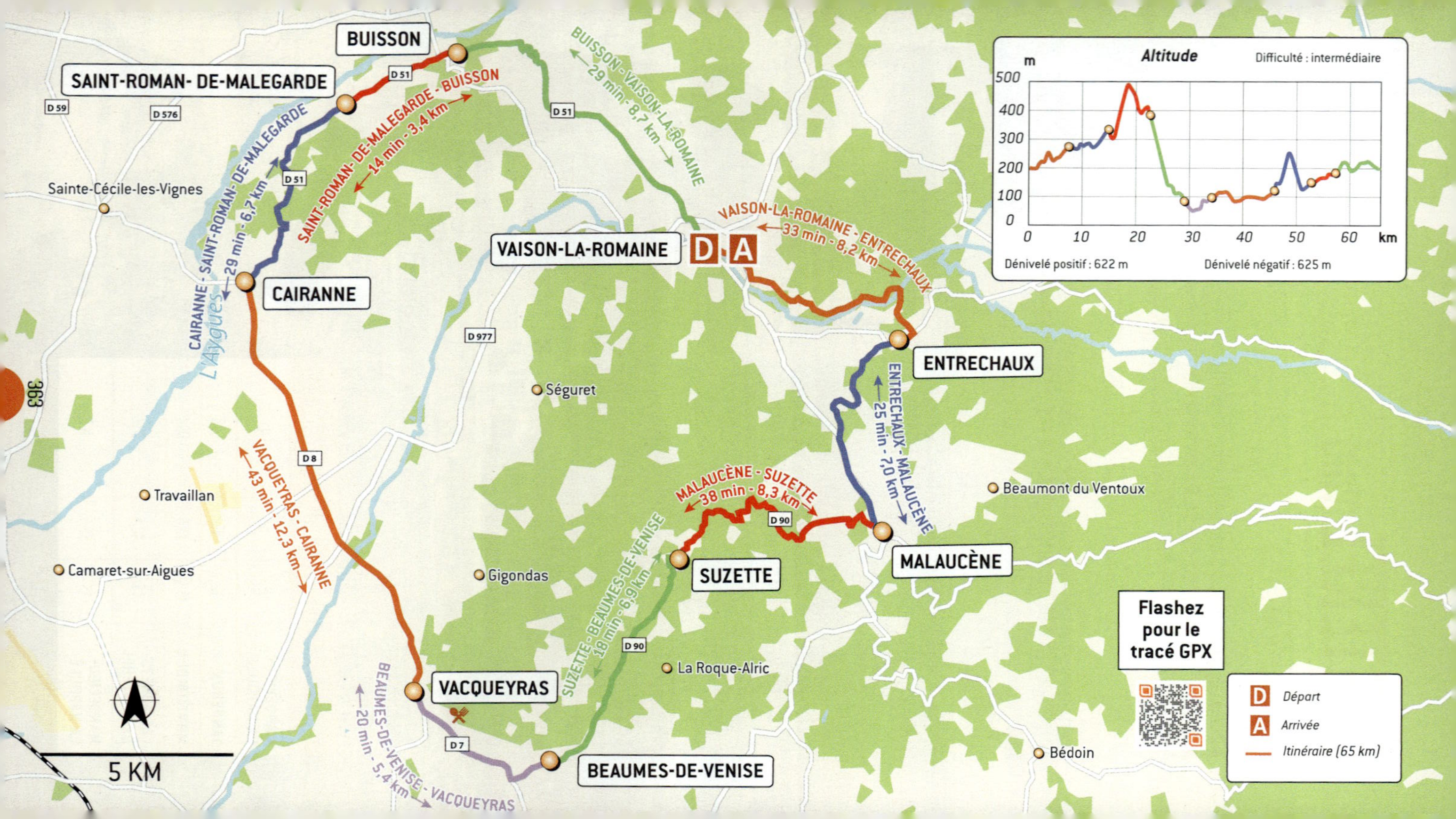

BUISSON
SAINT-ROMAN- DE-MALEGARDE
VAISON-LA-ROMAINE
D A
CAIRANNE
ENTRECHAUX
MALAUCÈNE
SUZETTE
VACQUEYRAS
BEAUMES-DE-VENISE
BUISSON - VAISON-LA-ROMAINE 29 min - 8,7 km
SAINT-ROMAN-DE-MALEGARDE - BUISSON 14 min - 3,4 km
CAIRANNE - SAINT-ROMAN-DE-MALEGARDE 29 min - 6,7 km
VAISON-LA-ROMAINE - ENTRECHAUX 33 min - 8,2 km
ENTRECHAUX - MALAUCÈNE 25 min - 7,0 km
MALAUCÈNE - SUZETTE 38 min - 8,3 km
SUZETTE - BEAUMES-DE-VENISE 18 min - 6,9 km
BEAUMES-DE-VENISE - VACQUEYRAS 20 min - 5,4 km
VACQUEYRAS - CAIRANNE 43 min - 12,3 km
Sainte-Cécile-les-Vignes
Séguret
Travaillan
Camaret-sur-Aigues
Gigondas
La Roque-Alric
Beaumont du Ventoux
Bédoin
L'Aygues
D 59
D 576
D 51
D 977
D 8
D 90
D 7
5 KM
Altitude
Difficulté : intermédiaire
m
500
400
300
200
100
0
0 10 20 30 40 50 60 km
Dénivelé positif : 622 m
Dénivelé négatif : 625 m
Flashez pour le tracé GPX
Départ
Arrivée
Itinéraire (65 km)

L'ESTEREL (VAR)

- **Itinéraire** : L'Esterel
- **Total :** 59 km.
- **Durée :** de 2 heures 45 à 5 heures 30, entre 20 et 10 km/h.
- **Difficulté :** intermédiaire à difficile. Routes tranquilles et plutôt vallonnées. Sauf la route principale où le débit de circulation risque d'être élevé.

LIEUX	Km partiel	Km cumul	Routes
MANDELIEU-LA-NAPOULE	0	0	N7
TANNERON	12	12	D38
MONTAUROUX	13,5	25,5	D94
LES-ADRETS-DE-L'ESTEREL	15	40,5	D37
MANDELIEU-LA-NAPOULE	15	55,5	N7

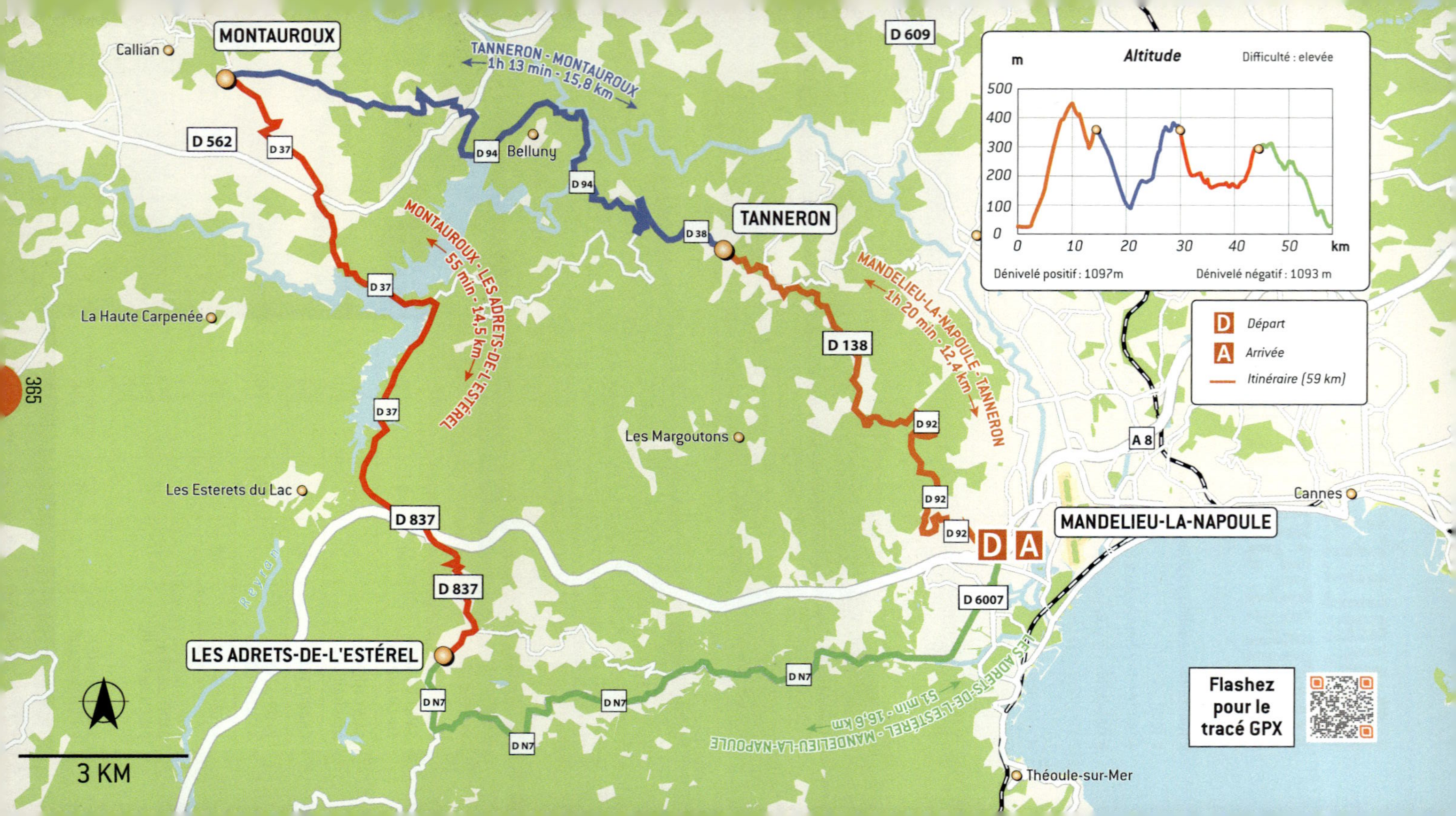
MONTAUROUX
Callian
TANNERON - MONTAUROUX
1h 13 min - 15,8 km
D 609
D 562
D 37
D 94
Belluny
D 94
D 38
TANNERON
MONTAUROUX - LES ADRETS-DE-L'ESTÉREL
55 min - 14,5 km
MANDELIEU-LA-NAPOULE - TANNERON
1h 20 min - 12,4 km
La Haute Carpenée
D 37
D 138
D 37
D 92
Les Margoutons
Les Esterets du Lac
D 837
D 92
D 92
D 837
Reyran
D 6007
LES ADRETS-DE-L'ESTÉREL
D N7
D N7
D N7
D N7
LES ADRETS-DE-L'ESTÉREL - MANDELIEU-LA-NAPOULE
51 min - 16,6 km
3 KM
Altitude
Difficulté : elevée
m
500
400
300
200
100
0
0 10 20 30 40 50 km
Dénivelé positif : 1097m
Dénivelé négatif : 1093 m
D Départ
A Arrivée
Itinéraire (59 km)
A 8
Cannes
MANDELIEU-LA-NAPOULE
D A
Flashez pour le tracé GPX
Théoule-sur-Mer

LA VALLÉE DU CHAMPSAUR (HAUTES-ALPES)

- **Itinéraire :** La Vallée du Champsaur.
- **Total :** 46 km.
- **Durée :** de 2 heures 30 à 5 heures, entre 20 et 10 km/h.
- **Difficulté :** elevée.

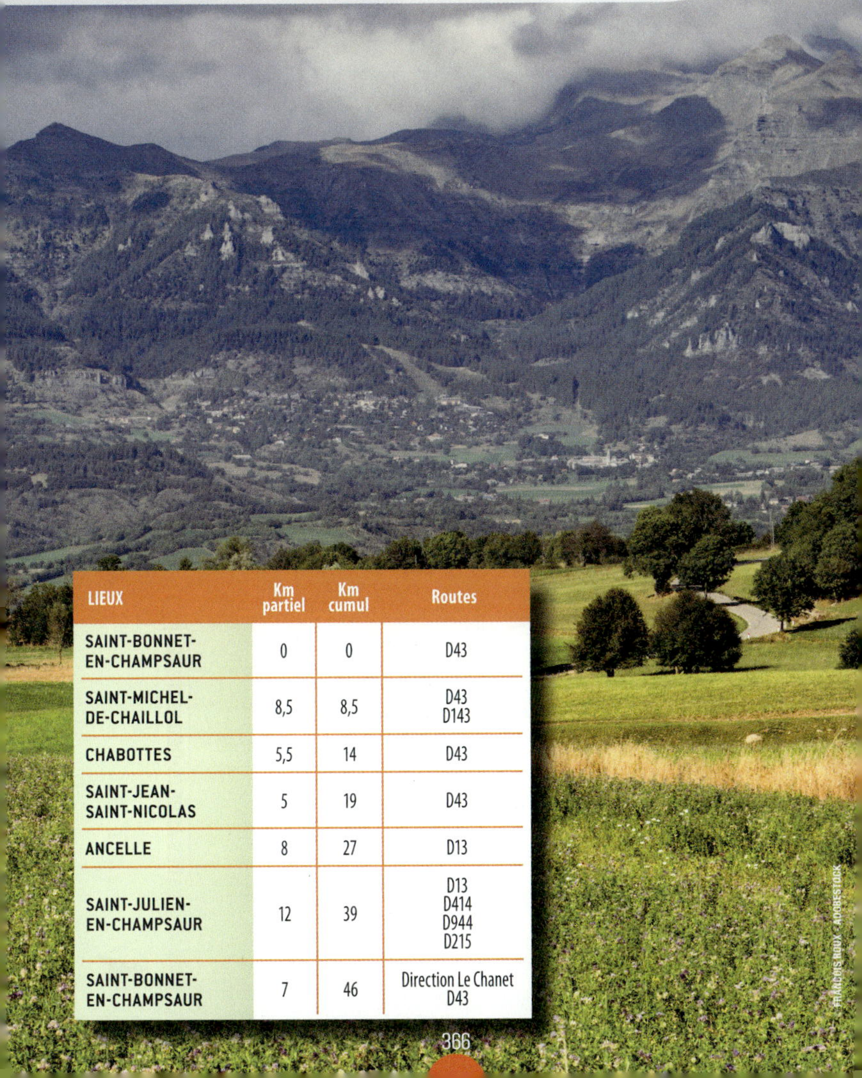

FRANÇOIS ROUX - ADOBESTOCK

LIEUX	Km partiel	Km cumul	Routes
SAINT-BONNET-EN-CHAMPSAUR	0	0	D43
SAINT-MICHEL-DE-CHAILLOL	8,5	8,5	D43 D143
CHABOTTES	5,5	14	D43
SAINT-JEAN-SAINT-NICOLAS	5	19	D43
ANCELLE	8	27	D13
SAINT-JULIEN-EN-CHAMPSAUR	12	39	D13 D414 D944 D215
SAINT-BONNET-EN-CHAMPSAUR	7	46	Direction Le Chanet D43

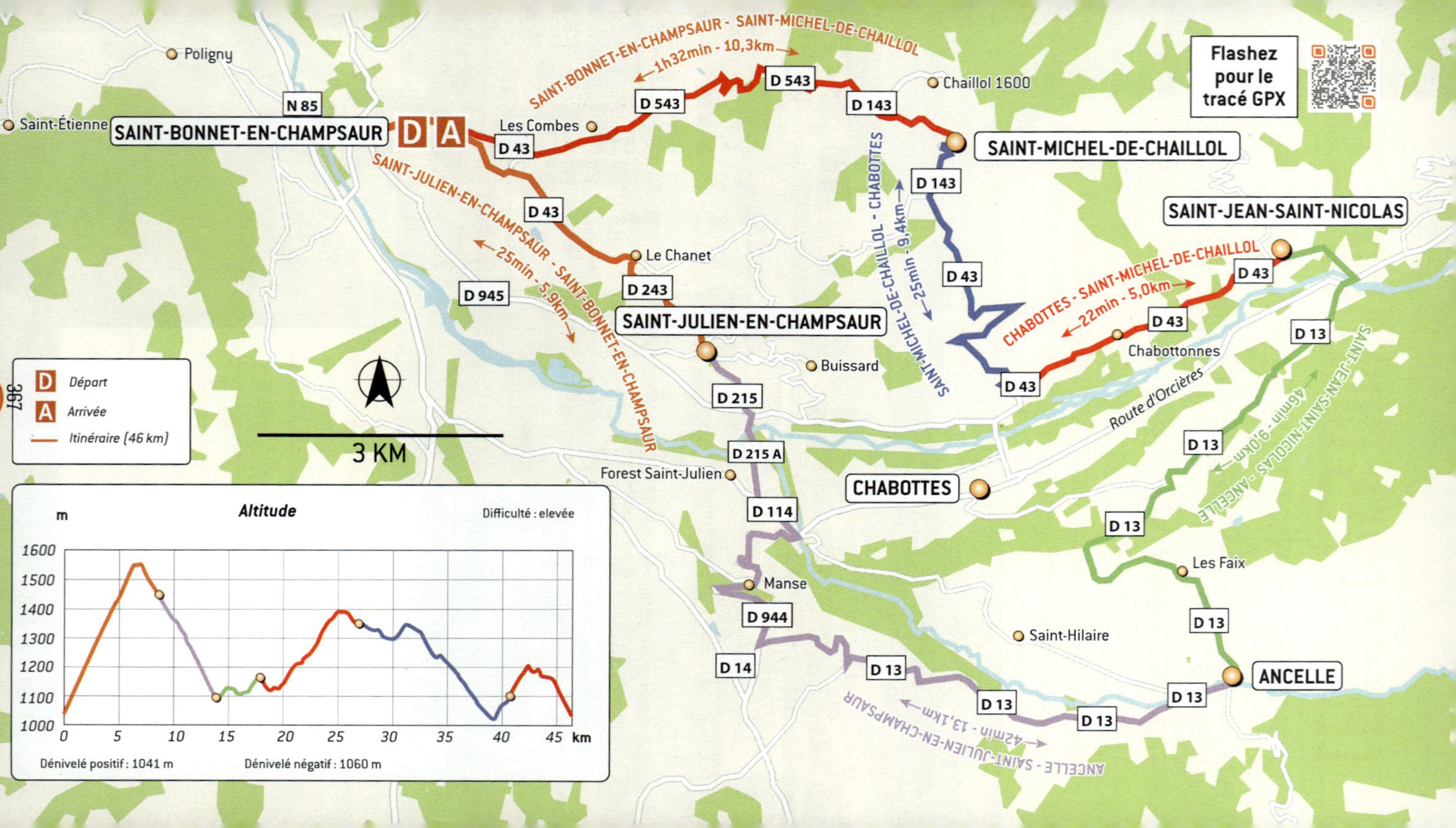
Flashez pour le tracé GPX
Poligny
Saint-Étienne
N 85
SAINT-BONNET-EN-CHAMPSAUR
D'A
Les Combes
D 43
SAINT-BONNET-EN-CHAMPSAUR - SAINT-MICHEL-DE-CHAILLOL
←1h32min - 10,3km→
D 543
D 543
D 143
Chaillol 1600
SAINT-MICHEL-DE-CHAILLOL
D 143
SAINT-MICHEL-DE-CHAILLOL - CHABOTTES
←25min - 9,4km→
D 43
D 43
SAINT-JEAN-SAINT-NICOLAS
CHABOTTES - SAINT-MICHEL-DE-CHAILLOL
←22min - 5,0km→
D 43
D 43
Chabottonnes
Route d'Orcières
D 13
SAINT-JEAN-SAINT-NICOLAS - ANCELLE
←46min - 9,0km→
D 13
D 13
Les Faix
D 13
ANCELLE
D 13
D 13
D 13
D 13
ANCELLE - SAINT-JULIEN-EN-CHAMPSAUR
←42min - 13,1km→
D 14
D 944
Manse
Saint-Hilaire
D 114
CHABOTTES
Forest Saint-Julien
D 215 A
D 215
Buissard
SAINT-JULIEN-EN-CHAMPSAUR
D 243
Le Chanet
D 43
D 945
SAINT-JULIEN-EN-CHAMPSAUR - SAINT-BONNET-EN-CHAMPSAUR
←25min - 5,9km→
3 KM
D Départ
A Arrivée
Itinéraire (46 km)
Altitude
Difficulté : elevée
m
1600
1500
1400
1300
1200
1100
1000
0
5
10
15
20
25
30
35
40
45
km
Dénivelé positif : 1041 m
Dénivelé négatif : 1060 m

LES GORGES DU LOUP
(ALPES-MARITIMES)

- **Itinéraire :** Les Gorges du Loup.
- **Total :** 27 km.
- **Durée :** de 3 heures 45 à 7 heures 15, entre 20 et 10 km/h.
- **Difficulté :** intermédiaire à difficile. Routes sinueuses avec une seule longue ascension.

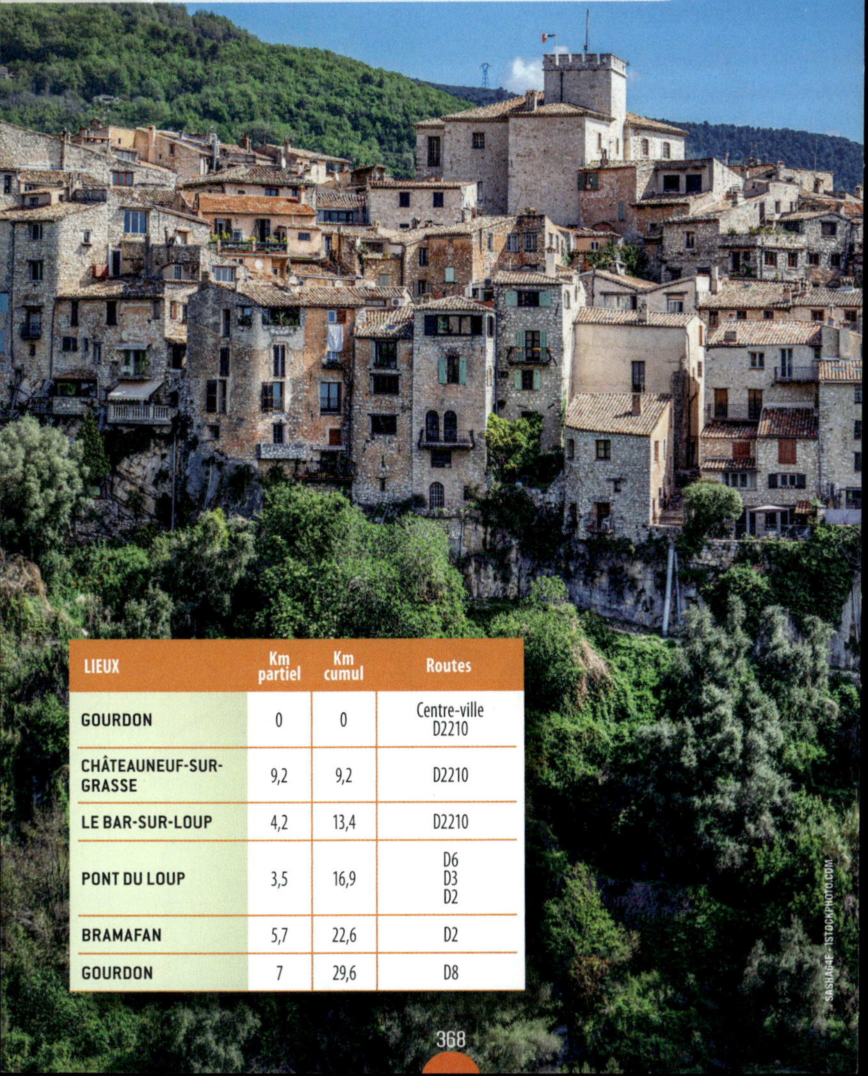

SASHA64E - ISTOCKPHOTO.COM

LIEUX	Km partiel	Km cumul	Routes
GOURDON	0	0	Centre-ville D2210
CHÂTEAUNEUF-SUR-GRASSE	9,2	9,2	D2210
LE BAR-SUR-LOUP	4,2	13,4	D2210
PONT DU LOUP	3,5	16,9	D6 D3 D2
BRAMAFAN	5,7	22,6	D2
GOURDON	7	29,6	D8

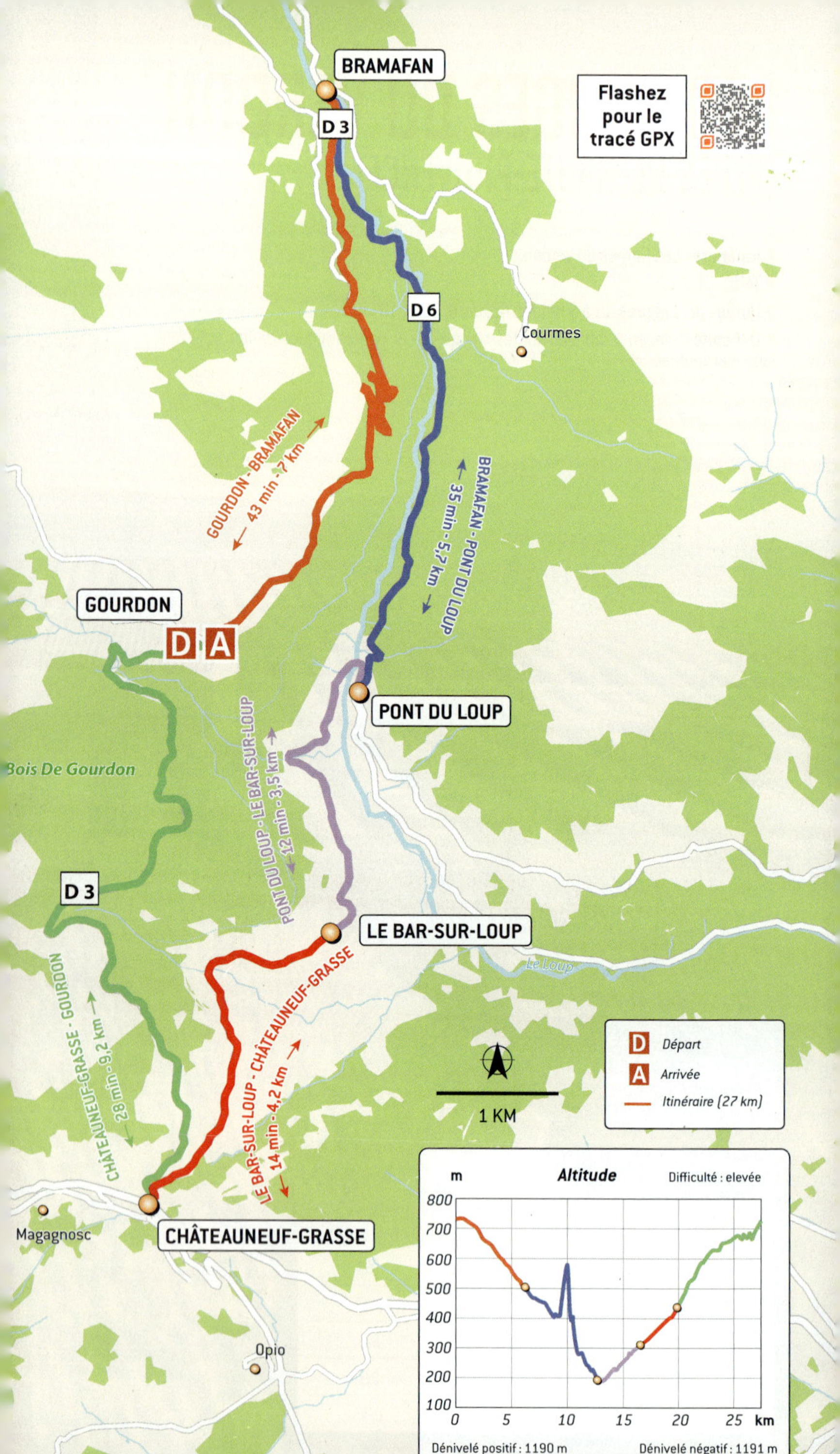

BRAMAFAN
Flashez pour le tracé GPX
D 3
D 6
Courmes
GOURDON - BRAMAFAN 43 min - 7 km
BRAMAFAN - PONT DU LOUP 35 min - 5,7 km
GOURDON
D A
PONT DU LOUP
Bois De Gourdon
PONT DU LOUP - LE BAR-SUR-LOUP 12 min - 3,5 km
D 3
LE BAR-SUR-LOUP
Le Loup
CHÂTEAUNEUF-GRASSE - GOURDON 28 min - 9,2 km
LE BAR-SUR-LOUP - CHÂTEAUNEUF-GRASSE 14 min - 4,2 km
D Départ
A Arrivée
Itinéraire (27 km)
1 KM
Magagnosc
CHÂTEAUNEUF-GRASSE
Opio
m
Altitude
Difficulté : elevée
800
700
600
500
400
300
200
100
0
5
10
15
20
25
km
Dénivelé positif : 1190 m
Dénivelé négatif : 1191 m

LES GORGES DU VERDON
(ALPES-DE-HAUTE-PROVENCE)

- **Itinéraire :** Les Gorges du Verdon.
- **Total :** 61,2 km.
- **Durée :** de 3 heures 10 à 5 heures 45, entre 20 et 10 km/h.
- **Difficulté :** moyen à difficile. Routes tranquilles et panoramiques de dénivelé modéré à prononcé.

LIEUX	Km partiel	Km cumul	Routes
MOUSTIERS-SAINTE-MARIE	0	0	D82
LA PALUD-SUR-VERDON	19,8	19,8	D952
COLLET BARRIS	16,6	36,4	D23
LA PALUD-SUR-VERDON	14,4	50,8	D23
MOUSTIERS-SAINTE-MARIE	19,8	70,6	D952

© FRANÇOIS ROUX - ADOBESTOCK

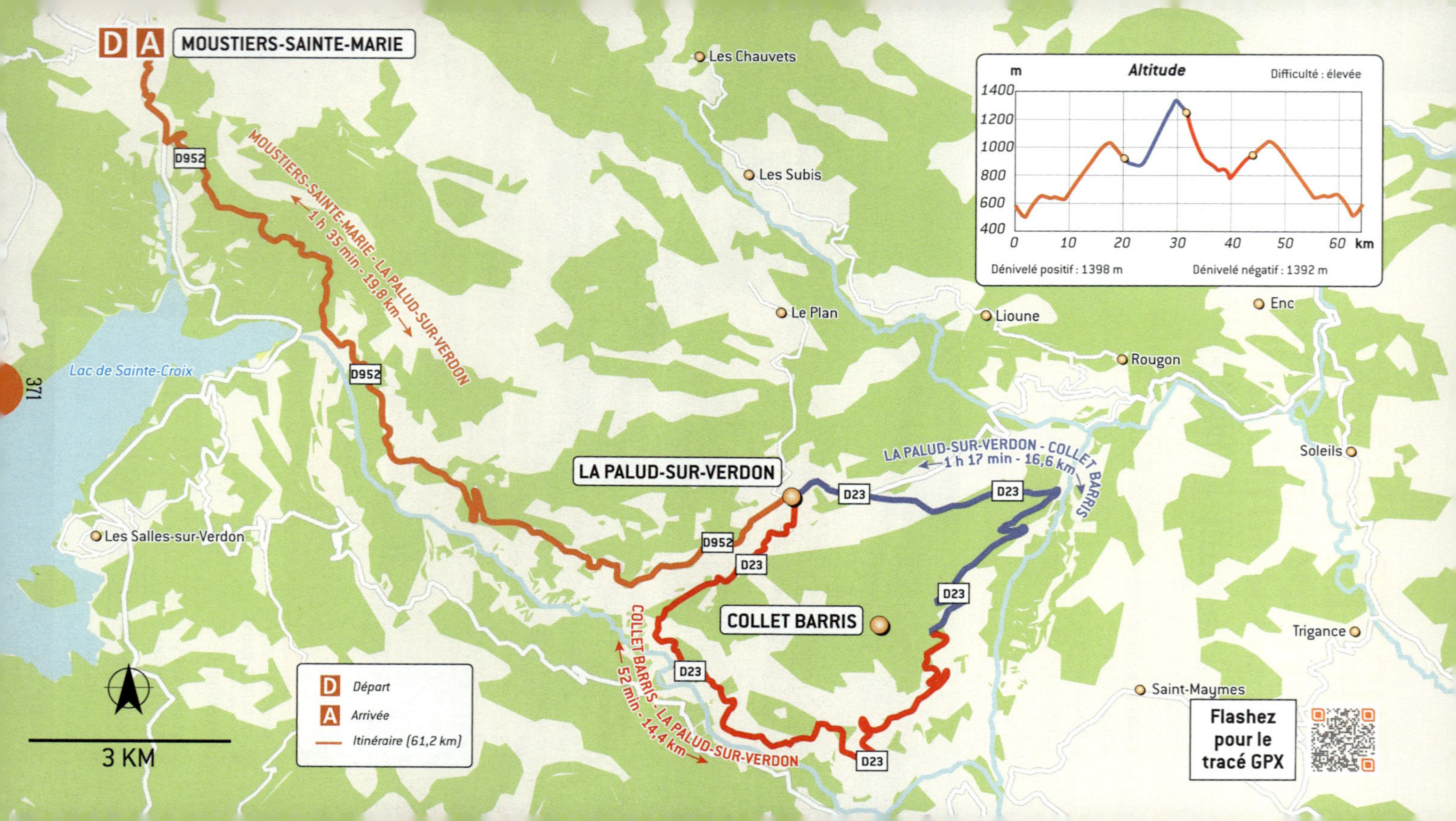

D A MOUSTIERS-SAINTE-MARIE
Les Chauvets
Les Subis
Le Plan
Lioune
Enc
Rougon
Soleils
Trigance
Saint-Maymes
Lac de Sainte-Croix
Les Salles-sur-Verdon
D952
MOUSTIERS-SAINTE-MARIE - LA PALUD-SUR-VERDON
1 h 35 min - 19,8 km
LA PALUD-SUR-VERDON
D23
LA PALUD-SUR-VERDON - COLLET BARRIS
1 h 17 min - 16,6 km
COLLET BARRIS
COLLET BARRIS - LA PALUD-SUR-VERDON
52 min - 14,4 km
Altitude
Difficulté : élevée
m
1400
1200
1000
800
600
400
0
10
20
30
40
50
60
km
Dénivelé positif : 1398 m
Dénivelé négatif : 1392 m
D Départ
A Arrivée
Itinéraire (61,2 km)
3 KM
Flashez pour le tracé GPX

SUR LES CRÊTES DE LA SAINTE BAUME

(ALPES-DE-HAUTE-PROVENCE)

- **Itinéraire :** Sur les crêtes de la Sainte-Baume.
- **Total :** 57,4 km.
- **Durée :** de 3 à 6 heures, entre 20 et 10 km/h.
- **Difficulté :** facile à moyen. Routes tranquilles et une longue montée.

LIEUX	Km partiel	Km cumul	Routes
SAINT-MAXIMIN-LA-SAINTE-BAUME	0	0	D64
MAZAUGUES	16	16	D64
PLAN-D'AUPS-SAINTE-BAUME	16,5	32,5	D95
SAINT-ZACHARIE	9,5	42	D480
SAINT-MAXIMIN-LA-SAINTE-BAUME	17	59	N560

© PIERRE VIOLET - ADOBESTOCK

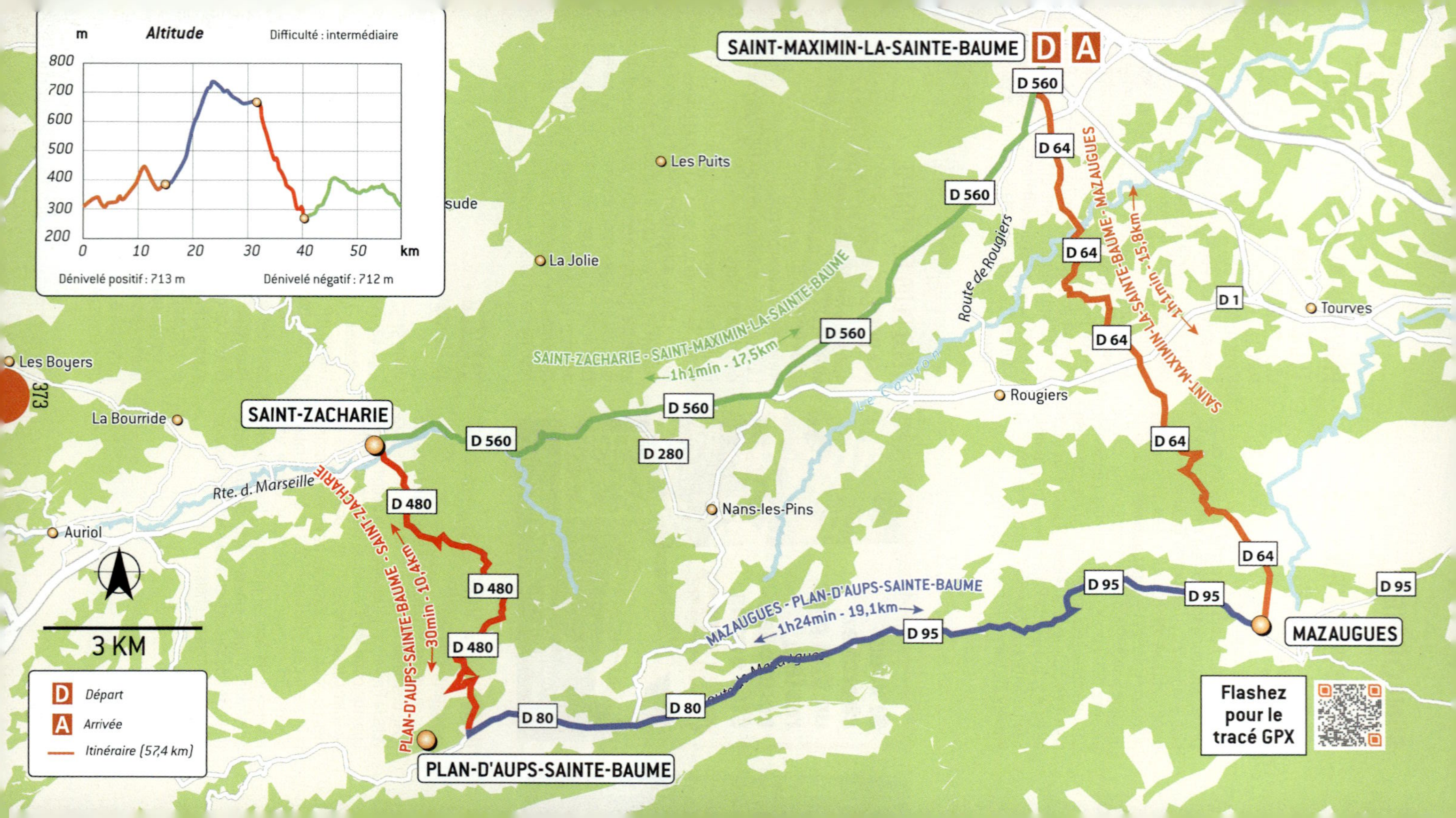

Altitude
m
Difficulté : intermédiaire
800
700
600
500
400
300
200
0
10
20
30
40
50
km
Dénivelé positif : 713 m
Dénivelé négatif : 712 m
SAINT-MAXIMIN-LA-SAINTE-BAUME
D
A
D 560
D 64
Les Puits
D 560
sude
Route de Rougiers
D 64
La Jolie
SAINT-MAXIMIN-LA-SAINTE-BAUME - MAZAUGUES
1h1min - 15,8km
D 1
Tourves
D 560
D 64
SAINT-ZACHARIE - SAINT-MAXIMIN-LA-SAINTE-BAUME
1h1min - 17,5km
Les Boyers
La Bourride
SAINT-ZACHARIE
D 560
Rougiers
Le Cauron
D 560
D 280
D 64
Rte. d. Marseille
PLAN-D'AUPS-SAINTE-BAUME - SAINT-ZACHARIE
30min - 10,4km
D 480
Nans-les-Pins
Auriol
D 480
D 64
MAZAUGUES - PLAN-D'AUPS-SAINTE-BAUME
1h24min - 19,1km
D 95
D 95
D 95
D 95
MAZAUGUES
3 KM
D 480
D 80
D 80
PLAN-D'AUPS-SAINTE-BAUME
Flashez pour le tracé GPX
Départ
Arrivée
Itinéraire (57,4 km)

AVC AIX-EN-PROVENCE

35, chemin Albert-Guigou
AIX-EN-PROVENCE
✆ 04 42 39 12 35
www.avcaix.com

L'Amicale Vélo Club fait partie de l'élite du cyclisme amateur français. C'est l'un des clubs les plus importants du sud de la France avec plus d'une centaine de licenciés. Les plus jeunes peuvent également s'initier aux joies du vélo de manière ludique le mercredi après-midi. L'AVCA propose des stages pour coureurs confirmés. Les nombreuses épreuves qu'elle organise sont très courues : la célèbre Ronde d'Aix mais aussi le grand prix du Pays d'Aix, grand prix de la Sainte-Victoire, le tour PACA, le trophée Sipec, la Provençale Sainte-Victoire…

PROVENCE À VELO

www.provence-a-velo.fr

Bienvenue en Provence ! Ce portail vous propose des balades en famille et des circuits à travers la Provence entre amis, à la découverte du Luberon et du Mont Ventoux. Vous pourrez choisir votre circuit vélo selon votre pratique, vos envies ou selon les paysages traversés ; sillonnez la Provence en VTC. Des hôtels et des chambres d'hôtes de charme labellisées « vélo » vous réservent un accueil privilégié, des week-ends ou séjours d'une semaine, pour profiter pleinement de vos circuits en vélo sans vous soucier du reste. À vous de choisir !

PROVENCE-ALPES-CÔTE D'AZUR TOURISME

61, La Canebière
MARSEILLE (1er)
✆ 04 91 56 47 00
www.provence-alpes-cotedazur.com

Entre mer, collines et montagnes, Découverte PACA vous dévoile quelques propositions d'escapades pour vos courts séjours ou vos week-ends... Dans les Hautes-Alpes, dont de nombreux cols ont été rendus célèbres par le passage du Tour de France, les amateurs de la petite reine pourront suivre les traces des champions. Plus de 500 km de pistes ont été tracés pour les vététistes, adaptés aux différents niveaux, mais d'autres chemins, plus plats, raviront aussi les promeneurs du dimanche.

VÉLO CLUB LA POMME MARSEILLE

462, boulevard Mireille-Lauze
MARSEILLE (11e)
✆ 04 91 35 16 10
www.veloclublapomme.com
Licence 28 € + adhésion 85 € ou 105 € (si encadré). Maillot offert.

Route, piste, cyclo-cross, cyclotourisme, VTT : toutes les pratiques sont ici représentées. La devise reflète assez bien l'esprit du Vélo Club. « Sport et convivialité ». Il est ouvert à tous, des amateurs qui cherchent des compagnons de balade aux cyclistes confirmés qui souhaiteraient faire de la compétition. Sur le site du club, vous pourrez également consulter des annonces de ventes de vélos d'occasion qui ont servi à l'équipe pro la saison passée.

VIAVÉLO

16, rue d'Italie
NICE
✆ 06 51 52 49 85
www.viavelo-nice.fr
Adhésion : 20 € par an.

Viavélo est une association gérée intégralement par des bénévoles permettant aux adhérents passionnés de la petite reine de se retrouver dans cet atelier pour échanger, entretenir ou trouver un moyen de recycler leur bicyclette, ou tout ce qui roule à la force des jambes. De la simple crevaison au réglage de la transmission en passant par le dévoilage... les mystères de la mécanique sont accessibles à tous dans la bonne humeur et dans une ambiance des plus conviviales. Ne manquez pas l'apéro tous les troisièmes jeudis du mois de septembre à juin.

AIXPRIT VÉLO

3, Boulevard Aristide Briand
AIX-EN-PROVENCE
✆ 04 42 21 24 05
www.aixpritvelo.com
Ouvert le lundi, le mardi et du jeudi au samedi de 9h à 12h et de 14h à 18h.

Cette boutique propose la location, la vente ou la réparation de cycles : vélos de ville, vélos pliants, VTT ou tandems. Un service de location de vélos en ligne est proposé, via le site Internet : une bonne idée lorsque l'on vient de loin. Les tarifs sont raisonnables, à la demi-journée ou à la journée. Aixprit Vélo organise également des randonnées et des balades, sportives ou non, à la carte. Ces sorties s'adressent à des groupes constitués d'au moins cinq personnes. En selle pour « rouler » sur les pas de Cézanne et découvrir le refuge du peintre !

BIKE PARK

Station du Seignus - **LE SEIGNUS**
✆ 04 92 83 02 81
www.valdallos.com/bike-park-le-seignus
Accès par les remontées mécaniques ouvertes 7j/7 l'été, et les week-ends en juin. Accès VTT : 7,20 € la montée adulte

Grâce à ses 1 000 mètres de dénivelé, Le Seignus devient, durant la saison estivale, le lieu de prédilection des vététistes ! Avec 8 itinéraires de descentes balisées, débutants comme confirmés y trouveront leur compte. Le téléphérique et les deux télésièges du Clos-Bertrand et du Gros-Tapys permettent d'accéder facilement aux sommets des pistes : trois vertes, deux bleues, trois rouges. Le site est également labellisé par la Fédération française de cyclisme pour ses nombreuses boucles et itinéraires de cross-country ou boardercross.

CAFÉ DU CYCLISTE

16, quai des Docks - **NICE**
✆ 09 67 02 04 17
www.cafeducycliste.com
Du mardi au samedi de 8h30 à 18h. Dimanche de 8h30 à 13h30.

Cyclistes passionnés ou amateurs, ce magasin propose des vêtements et des accessoires pour hommes et femmes rigoureusement étudiés pour vous donner la plus grande satisfaction : des tissus de qualité et performants pour rouler en toute saison dans les meilleures conditions. Des vélos en location y sont également proposés. Mais ce qui fait la particularité de cet établissement, c'est bien l'espace café, cosy et très chic avec son ambiance boisée épurée, où vous pourrez échanger des conseils entre amateurs de cyclisme tout en dégustant un bon cappuccino.

CYCLES AJP

460, chemin de la Pioline
AIX-EN-PROVENCE
✆ 04 42 38 09 29
www.cycles-ajp-aix.fr
Ouvert le lundi de 14h à 19h ; du mardi au samedi de 10h à 19h.

Cette boutique, plus grande et agréable, remplace avantageusement l'ancienne. Du vélo utilitaire au vélo de loisir, le choix est conséquent, avec du neuf et de l'occasion dans de nombreuses marques et à tous les prix. Accessoires, pièces détachées et un grand choix aussi dans les accessoires de sécurité et de protection, casques, coudières, genouillères, combinaisons dorsales, gants chauffants pour l'hiver : l'offre est complète. Le service après-vente est assuré sur place, entretien, réglage et préparation de votre vélo. L'équipe est jeune et dynamique.

CYCLES D'ÉMOTION BY MOBICITY

12, rue Gustave-Desplaces
AIX-EN-PROVENCE
✆ 04 42 39 90 37
www.cyclesdemotion.com
Ouvert du lundi au vendredi de 10h à 12h15 et de 14h à 19h.

Le magasin se situe en face de la gare SNCF et à 5 minutes de la gare routière. Cycles d'émotion propose à la vente et à la location des vélos à assistance électrique dont il s'est fait une spécialité. Avec les VAE, vous arpenterez les ruelles de la vieille ville ou les boulevards extérieurs sans vous fatiguer car on ne dirait pas, mais du sud vers le nord, la ville monte ! L'autonomie peut aller de 30 à 100 km. C'est l'occasion de faire un essai... vous serez conquis !

CYCLES ROBERT

13, boulevard Sixte-Isnard
AVIGNON
✆ 04 90 86 62 72
Ouvert du mardi au vendredi de 10h à 12h30 et de 14h30 à 19h.

Jean-Michel fut dans les années 2000 un sportif de haut niveau. A l'extérieur, de multiples vélos d'occasion, des VTT et des vélos de route, de ville et à assistance électrique vous attendent : Wilier, T-Bird, Neomouv, Bottecchia en électrique, Merida, Cipollini ainsi que les e-bikes pliants signés. Un rayon accessoires bien fourni et textile et un atelier de réparation toutes marques complètent l'offre. Jean-Michel Robert et son équipe se feront un plaisir de partager la passion du vélo et de vous indiquer les bonnes randos cyclistes des environs.

CYCLOTOURISME

SAULT

Le pays de Sault, station verte de vacances, compte plus de 160 km d'itinéraires de randonnées VTT et plus de 260 km d'itinéraires pédestres, figurant sur des cartes et des topo-guides diffusés par l'office de tourisme. En somme, ce sont de belles balades en perspective, à travers forêts de chênes et de pins, champs de lavande et de petit épeautre. À votre disposition à l'office de tourisme, vous trouverez également un cyclo-guide comportant 9 circuits vélo au départ de Sault dont 66 km au travers des gorges de la Nesque et 33 km par le plateau d'Albion.

NATURE BIKE

1, rue de la République - **ORANGE**
✆ 04 90 34 75 08
www.nature-bike-provence.com
Location de vélos, voir site pour les tarifs.

On y loue des VTC, VTT, vélos de route ou vélos électriques et on vous propose des parcours au départ de la ville :

- **Circuit de la Pierre aux Galets :** 32 km de niveau déjà un peu expert. Le parcours est vallonné et traverse les vignobles. 3h.
- **Circuit d'Orange à Sérignan-du-Comtat :** 26 km. Découverte du village de Piolenc, des vignobles colorés alternent avec oliviers et chênes avec pour toile de fond le mont Ventoux et les Dentelles de Montmirail. Visite du village de Sérignan-du-Comtat, belles maisons provençales.

Les plans sont disponibles à l'office de tourisme

DÉCOUVERTE DU LUBERON SUR LA VELOROUTE DU CALAVON

APT
✆ 04 90 74 03 18
www.luberon-apt.fr
1h30. Facile.

Le trajet de la véloroute emprunte le tracé de l'ancienne voie ferrée Cavaillon-Apt. Le circuit, d'une trentaine de kilomètres, passe alternativement d'une voie verte à une route partagée. Vous pourrez par exemple partir du hameau de Lumière, suivre la vallée du Calavon et finir votre périple du côté de Castellet. Ne manquez pas le magnifique pont Julien, quelques kilomètres après Lumière, c'est une véritable merveille. Admirez le paysage provençal et ses villages perchés.

PISTE CYCLABLE ENTRE LA BARQUE ET TRETS

✆ 04 42 16 11 61
www.aixenprovencetourism.com
12 km. Facile.

C'est une piste cyclable en alternative à la voiture et à la très encombrée D6 entre Fuveau et Trets. Son revêtement lisse, son très faible dénivelé et ses très beaux points de vue sur la Sainte-Victoire constituent d'autres arguments de taille qui, peut-être, vous convaincront d'abandonner définitivement le volant au profit du guidon ! Si vous êtes encore réticent, laissez-vous au moins tenter par quelques coups de pédales pour le plaisir au départ du hameau de La Barque, sur la D96.

LES GORGES DE LA NESQUE À VÉLO

Avenue de la Promenade
SAULT
✆ 04 90 64 01 21
www.saultenprovence.com
1h30 (facile).

Le canyon de la Nesque peut se découvrir à vélo, par une boucle de 65 kilomètres qui relie les communes de Villes-sur-Auzon, Méthamis, Sault et Monieux. Cet itinéraire à flanc de montagne étant assez long, il est réservé aux sportifs. Vous pouvez cependant l'aborder par tronçons pour faciliter la balade. Par exemple, seulement 6 kilomètres séparent Sault de Monieux. Profitez-en pour visiter ces deux villages qui offrent de beaux panoramas sur la vallée.

RANDO-VÉLO SUR LE PLATEAU DE VALENSOLE

Place de la Mairie - **RIEZ**

« Doux » : voici certainement le plus approprié des adjectifs pour qualifier cet itinéraire… Doux d'abord pour son relief : évoluant sur le plateau de Valensole, ce ne sont pas les rudes montées qui viendront vous épuiser ! Doux, ensuite, pour ses paysages provençaux, qui se révèlent toujours plus colorés au fil des kilomètres avalés. Doux, encore, pour l'atmosphère si singulière qui règne dans cet environnement.

- **Tarif :** gratuit.
- **Durée :** 2h.
- **Difficulté :** moyenne.

© OLIVIER TUFFÉ - FOTOLIA

Sault.

ROC D'AZUR

Base nature François Léotard
FRÉJUS
✆ 09 69 36 88 21
www.rocazur.com
En octobre. Inscription en ligne sur le site de l'événement et sur la page Facebook.

C'est le plus grand événement VTT au monde ! Implanté depuis 1997 à Fréjus et à Roquebrune-sur-Argens, l'épreuve reine du VTT fait des émules : ce sont plus de 20 000 participants qui sont attendus chaque année. Amateurs et professionnels de tous âges sont de plus en plus nombreux à s'aligner aux départs des différentes courses proposées. Pendant cinq jours, de nombreuses animations sont proposées sur les différents sites de la base nature de Fréjus. Le Roc d'Azur est aussi un salon du cycle qui réunit les plus grandes marques du vélo.

ROLLER STATION

49, quai des Etats-Unis - **NICE**
✆ 04 93 62 99 05
roller-station.net
Horaires selon la saison, à consulter sur le site Internet. Location vélo à partir de 18 €/jour, rollers 15 €.

La location de vélo est une idée très futée pour circuler durant l'été. L'accueil d'Eric et de toute son équipe est excellent. Chez Roller Station on vous propose de louer des vélos, mais aussi des trottinettes électriques, rollers, skateboards ou encore des longboards. La boutique est idéalement située à quelques pas de la Promenade des Anglais, qui relie Nice à Cagne-sur-Mer sur 20 km, en passant par l'aéroport. On vous indiquera par ailleurs tout le réseau cyclable de Nice et ses alentours : une bonne adresse si vous passez par là.

LA ROUE LIBRE

11, rue Auguste-Gal - **NICE**
✆ 04 93 89 62 26
http://www.larouelibre.fr
Ouvert le lundi de 14h30 à 19h ; du mardi au samedi de 8h30 à 12h et de 14h30 à 19h. Location à partir de 25 €/jour.

La Roue Libre à Nice c'est plus de 30 ans de passion. VTT enduro, descente ou route, le choix est important. À l'atelier, vous pourrez profiter des conseils et du savoir-faire de ces professionnels lors d'une révision ou de la réparation de votre petite reine. Elle en ressortira toute neuve et fonctionnelle pour retourner fouler l'asphalte ou le tout terrain. Vous avez la possibilité de louer un vélo de route à la journée ou à la semaine : 4 modèles Giant sont mis à votre disposition. L'équipe est professionnelle et à l'écoute : une bonne adresse.

SUN E BIKE

1, avenue Clovis-Hugues
BONNIEUX
✆ 04 90 74 09 96
www.sun-e-bike.com
Ouvert en saison. Voir horaires sur le site. Présent aussi à Vaison-la-Romaine.

Cette agence vous propose une nouvelle façon de découvrir le Luberon et le Haut-Vaucluse en louant, à la journée ou demi-journée, des vélos électriques, peut-être pour les moins sportifs... Sont mis à votre disposition plusieurs circuits tout au long desquels il est possible de recharger ses batteries, une solution agréable et écolo pour monter les côtes... Et pour des circuits organisés, on vous propose des journées découverte avec visite de domaines viticoles, de musées, pique-nique et fous rires en prime ! Et bien sûr un professionnel répare si besoin !

SUN-E-BIKE

2, rue Camille-Pelletan
SAINT-RÉMY-DE-PROVENCE
© 04 32 62 08 39
Haute saison : tous les jours de 9h à 18h30. À partir de 28 € la demi-journée. Tarifs dégressifs à partir de 3 vélos.

Avec ses 200 vélos électriques en location (à la demi-journée, à la journée ou à la semaine), Sun-e-bike propose de découvrir les Alpilles à travers six circuits : La route des oliviers ; A la découverte des Baux ; La découverte de l'abbaye de Frigolet ; Le tour des Alpilles ; Sur la route d'Arles ; Les terres agricoles. Plus besoin désormais de recharger les batteries en cours de route, grâce aux nouveaux vélos qui ont une très grande autonomie (entre 70 et 100 km). De quoi faire une très belle balade agréable et écolo avec vente de vélos électriques sur place.

VÉLO ATTITUDES

46, chemin de la Petite Bastide
VENELLES
© 04 42 54 19 04
www.veloattitudes.fr
Ouvert du mardi au samedi de 10h à 18h.

Équipementier pour vélos réputé depuis des années avec une autre adresse à Aix-en-Provence (Giant Store), cette enseigne propose toutes les gammes à la vente, mais également des vélos d'occasion de toutes marques et de la location. On fait le tour du magasin pour jeter un coup d'œil au petit rayon d'articles de *sportswear* bien sélectionnés. Pratique, un atelier d'entretien et de réparation sur place vous reçoit sur rendez-vous de préférence. C'est le magasin qu'il vous faut pour vous lancer dans la pratique du vélo dans la région.

AU VELO ÉLECTRIQUE

64, rue Raphael-Ponson - **MARSEILLE** (8e)
© 09 50 95 22 22
www.veloland-marseille.fr
Ouvert du mardi au jeudi de 12h à 19h ; le vendredi et le samedi de 10h à 18h. Location à partir de 59 € par mois.

Pour développer l'usage des vélos électriques dans la cité phocéenne, on vous propose de découvrir plus d'une centaine de modèles de qualité. Il est possible de s'initier à la pratique durant une journée, accompagné d'un moniteur diplômé. Vous pourrez également louer bicyclettes et vélos électriques en solo. Cela vous convaincra peut-être à réinvestir la ville autrement en prenant soin de l'environnement. Un bon choix de vélos de ville, de VTT, VTC et de vélos pliants, des accessoires et un atelier vous attendent pour bichonner et entretenir vos deux-roues.

LE VÉLO MARSEILLE PROVENCE MÉTROPOLE

MARSEILLE (1er) © 01 30 79 29 13
www.levelo-mpm.fr
Utilisation entièrement gérée depuis l'application mobile consacrée. Déblocage gratuit. 1€ les 30 minutes.

Après avoir recouvert le réseau urbain marseillais de vélos mécaniques en libre-service, une nouvelle petite révolution a eu lieu au tournant 2022-2023 avec la mise en service de vélos électriques eux aussi en libre-service. Une vraie amélioration pour les utilisateurs qui peuvent profiter de près de 2 000 vélos à ce jour, pouvant monter jusqu'à 25 km/h de vitesse. Différentes formules d'abonnements avantageux, combinées notamment avec les transports publics.

VÉLORAIL DE HAUTE-PROVENCE

MALLEMOISSON
© 04 94 72 79 93
Ouvert tous les jours de 9h à 12h et de 13h à 19h. Tarif : 25 € le Vélorail 4-5 personnes (réservation obligatoire).

Le Vélorail se présente indéniablement comme un moyen original et convivial pour parcourir les kilomètres de rails désaffectés. Un engin en acier, deux à trois pédaliers, parfois quelques sièges pour les moins téméraires, et c'est parti pour un périple atypique à la conquête du patrimoine historique et culturel de l'Hexagone ! Arpentez les forêts, sillonnez les plaines, traversez ponts, tunnels et viaducs : un véritable retour en arrière à partager entre amis ou en famille !

VOIE VERTE DE CADEROUSSE

VILLES-SUR-AUZON
© 04 90 80 47 00
www.provenceguide.com
Tarif : gratuit. Durée : 1h. Difficulté : facile.

Construite en 2009, la Voie verte de Caderousse relie le centre du village aux rives du Rhône en empruntant une ancienne digue. Le chemin est donc entièrement sécurisé et accessible aux cyclistes, piétons et rollers. C'est une balade idéale pour un dimanche ensoleillé en famille ou pour faire un jogging à la sortie du travail. Cette voie s'inscrit dans deux grands projets cyclables : elle permet de rejoindre la via Venaissia, une autre Voie verte qui part de Jonquières. Elle sera aussi à terme reliée à la via Rhôna, un itinéraire reliant la Suisse et la Camargue.

INDEX

D

E

F

G

H

I

K

L

M

N

O

P

R

S